JN059823

枠組壁工法住宅工事仕様書

［解説付］

2023年版

この仕様書は、フラット35の設計検査に添付してお使いいただくことができます。

建　築　主	住所	
	氏名	
工事施工者	住所	
	氏名	
設　計　者	住所	
	氏名	
工事監理者	住所	
	氏名	
住宅の名称等 （建売住宅に限る。）		

＊仕様書を工事請負契約等に添付して使用する場合には、氏名欄に記入した名前の右横にそれぞれ押印してください。

目　次

はじめに

本仕様書は、設計者にとっては設計のつど、仕様書を作成する手間と経費を削減し、また建築主にとっては、工事を安心して施工者に任せることができるよう、フラット35技術基準のほか、標準的な仕様をまとめ、広く皆様にお使いいただけるように作成したものです。なお、本仕様書は、2023年1月1日現在の関係規格等を勘案して作成しています。本仕様書に掲載されている事項のうち、建築基準法等関係法令に規定される事項は、必要に応じて、現行の運用等をご確認のうえ、ご活用ください。

①工事請負契約書に添付する仕様書として

発注者（建築主）と請負業者（施工者）間の工事請負契約時には、配置図、平面図、立面図等の設計図面のほかに仕様書を契約図書として用意することが必要です。

本仕様書は、さまざまな標準的仕様を列挙しているものですので、ご自分の工事内容にあわせて採用する仕様項目を選択し、あるいは、適宜添削してご利用ください（3頁参照）。

本仕様書を工事請負契約等に添付して使用する場合には、氏名欄に記入した名前の右横にそれぞれ押印してください。

②設計・施工の技術的解説書として

本仕様書には、技術的な事項の理解を深めるために用語解説、参考図、付録等を掲載していますので、技術的な解説書としてもご活用いただけます。

③フラット35の設計検査提出書類の一部として

フラット35を利用し、適合証明検査機関に設計検査を申請する場合には、申請住宅がフラット35技術基準に適合していることを確認できる設計図書の提出が必要です。

本仕様書には、フラット35技術基準に関係する仕様について整理した「フラット35技術基準適合仕様確認書」が添付されており、この確認書を活用することにより、ご自分の設計仕様がフラット35技術基準に適合しているかどうかを確認できるとともに、設計検査のための申請書類としてもご活用いただけるものとなっています。

また、フラット35S及びフラット35維持保全型の申請の際にもご利用いただけるように、「フラット35S（金利Bプラン）技術基準適合仕様確認書」、「フラット35S（金利Aプラン）技術基準適合仕様確認書」、「フラット35S（ZEH）技術基準適合仕様確認書」及び「フラット35維持保全型技術基準適合仕様確認書」が添付されています。設計検査申請の際に、ご自身の設計仕様が各基準に適合しているかどうかをご確認いただけるとともに、設計検査のための申請書類としてもご活用いただけるものとなっています。

さらに、機構財形住宅融資に係る技術基準にも対応していますので、同融資の設計検査のための申請書類としてもご活用いただけます。

なお、設計検査申請書類として、本仕様書にほかの独自の特記仕様書を添付することや、本仕様書以外の別の仕様書を用いることも可能です。

本仕様書の構成及びフラット35技術基準等との関係

本仕様書は、建築基準法に基づく告示等及びフラット35技術基準に基づく仕様を掲載しています。

本仕様書に掲載されている事項のうち、建築基準法に関連する部分は、原則として告示等により示された仕様を記載しています。構造計算による場合及び国土交通大臣の認定を受けた仕様による場合は、本仕様書によらないことができますので、違法建築物とならないことをよくお確かめのうえ、該当部分を添削してご利用ください。

工事仕様書の「3.土工事・基礎工事」、「4.躯体工事」において、平成13年国土交通省告示第1540号の第1から第8及び同告示第1541号の第1から第2に該当する箇所は、次表のとおりアンダーライン「＿＿＿＿」「-.-.-.-.-」を付して表現しています。告示第1540号の第9、第10の規定または告示第1541号の第3の規定に基づく構造計算による場合、国土交通大臣の認定を受けた仕様等による場合は、本仕様書によらないことができますので、違法建築物とならないことをよくお確かめのうえ該当部分を添削してご使用ください。

フラット35技術基準に該当する箇所は、次表のとおりアンダーラインを付して表現しています。

本仕様書の本文中アンダーライン「〰〰〰」「＿＿＿＿」の部分は、フラット35技術基準に該当する仕様ですので、訂正(添削)するとフラット35がご利用いただけない場合があります。「〰〰〰」の部分は、フラット35を利用するすべての住宅に適用となる事項です。「＿＿＿＿」の部分は、住宅の構造、フラット35Sやフラット35維持保全型の利用の有無に応じて適用となる事項です。

基　準	記 載 内 容	表 記 方 法
告示	告示本文に係る事項	該当箇所を＿＿＿＿で表示
	告示ただし書き等に対応する事項	該当箇所を-.-.-.-.-で表示
フラット35技術基準	すべての住宅に適用となる事項	該当箇所を〰〰〰で表示
	住宅の構造、フラット35Sやフラット35維持保全型の利用の有無に応じて適用となる事項*	該当箇所を＿＿＿＿で表示

＊具体的に適用する事項については、4～18頁の「フラット35技術基準適合仕様確認書」、「フラット35S技術基準適合仕様確認書」、「フラット35維持保全型技術基準適合仕様確認書」によりご確認ください。

【仕様書本文の工事内容にあわせた使用例】

①本仕様書の内容から選択する場合

選択できる項目には、□（チェックボックス）が付いていますので、選択した項目に☑（チェック）を入れてください。

> **3.4 平屋建又は2階建の基礎工事**
>
> 3.4.1 一般事項
>
> 1. 基礎は、1階の外周部耐力壁及び内部耐力壁の直下に設ける。
> 2. 基礎の構造は地盤の長期許容応力度に応じて、次のいずれかとする。ただし、1階の内部耐力壁直下の基礎は床ばりに代えることができる。
>   イ. □布基礎（長期許容応力度　30kN/m²以上）
>   ロ. □腰壁と一体になった布基礎（長期許容応力度　30kN/m²以上）
>   ハ. ☑べた基礎（長期許容応力度　20kN/m²以上）
>   ニ. □基礎ぐいを用いた構造（長期許容応力度　20kN/m²以上）

②本仕様書の内容によらず、図面へ記載または独自の特記仕様書を用いる場合

□（チェックボックス）が付いている場合

「～特記による。」と記載されている項目に☑（チェック）を入れ、図面へ記載するか、または独自の特記仕様書を添付してください。

> 4.3.2 床枠組
>
> 床枠組による和室と廊下・洋室等との段差の解消方法は、次のいずれかによる。
>   イ. □すべての範囲の床下張りを同一レベルで張り、和室以外の部分を二重床にする。
>   ロ. □1階に限り、和室の床根太とその他の部分の床根太の寸法型式を変え、床仕上げ面の段差を解消する。
>   ハ. ☑その他、水平構面の剛性に十分配慮した方法で、特記による。

□（チェックボックス）が付いていない場合

その項目を削除し、「特記による。」と記載したうえで、図面へ記載するか、または独自の特記仕様書を添付してください。

> **5.3 金属板ぶき**
>
> 5.3.1 材料
>
> 1. 金属板の品質は、次のいずれかの規格に適合するもの又はこれらと同等以上の性能を有するものとする。
>   ~~イ. □JIS G 3312（塗装溶融亜鉛めっき鋼板及び鋼帯）の屋根用~~
>   ~~ロ. □JIS G 3318（塗装溶融亜鉛−5％アルミニウム合金めっき鋼板及び鋼帯）の屋根用~~
>   ~~ハ. □JIS G 3321（溶融55％アルミニウム−亜鉛合金めっき鋼板及び鋼帯）の屋根用~~
>   ~~ニ. □JIS G 3322（塗装溶融55％アルミニウム−亜鉛合金めっき鋼板及び鋼帯）の屋根用~~
>   ~~ホ. □JIS G 3320（塗装ステンレス鋼板及び鋼帯）の屋根用~~
>   ~~ヘ. □JIS K 6744（ポリ塩化ビニル被覆金属板及び金属帯）の屋根用~~
>   ~~ト. □JIS H 3100（銅及び銅合金の板並びに条）の屋根用~~
>
> 特記による。

フラット35技術基準適合仕様確認書

【本確認書の使い方】

- 本確認書は、本仕様書の内容のうち、フラット35技術基準に該当する仕様項目を整理した表です。
- 「住宅の構造」欄には、構造ごとに実施しなければならない仕様項目について、○印で示してあります。つまり、○印を付した該当項目について、仕様書本文中にあるアンダーライン「＿＿＿」「＿＿＿」部分が、遵守しなければならない基準となります。
- 選択した住宅の構造に☑（チェック）を入れてください。
- フラット35技術基準に適合していることをこの確認書の仕様項目に基づき確認し、実施する仕様の「適合確認欄」のチェックボックスに☑（チェック）を記入してください。
- 仕様書によらずその性能を確保する場合、「特記欄」に「特記」と記入し、その内容について特記仕様書等を作成してください。
- ☑（チェック）を記入した仕様項目について、仕様書の該当部分を添削した場合には、「特記欄」に「添削」と記入してください。また、添削をした場合には、その箇所がアンダーライン部分でないことを確認してください。アンダーライン部分を訂正すると、フラット35がご利用いただけない場合があります。

基準項目		仕様書		住宅の構造		適合確認欄 ☑	特記欄
		仕様項目	ページ	木造（耐久性）□	準耐火・耐火 □		
基礎の高さ		Ⅱ-3.4.2、3.4.3	37、38	○		□	
床下換気 1)	いずれかを選択	Ⅱ-3.4.9	39	○		□	
基礎断熱工法 2)	いずれかを選択	Ⅱ-3.5	54	○		□	
床下防湿		Ⅱ-3.4.13	40	○		□	
土台の防腐・防蟻措置		Ⅱ-4.4.1	76	○	○	□	
土台以外の木部の防腐・防蟻措置		Ⅱ-4.4.2	76	○		□	
床下地面の防蟻措置		Ⅱ-4.6	78	○		□	
浴室等の防水措置		Ⅱ-4.7	78	○		□	
住戸間の界壁（連続建てに限る）		Ⅱ-4.10.14	121	○	○	□	
小屋裏換気（または屋根断熱）		Ⅱ-4.13.1	147	○		□	
点検口の設置（給排水設備）		Ⅱ-6.1.1	171	○	○	□	
断熱工事 3)4)	計算により仕様を決定	Ⅱ-9-1.1.2の2	177	○	○	□	
	施工部位	Ⅱ-9-1.2	180	○	○	□	
	躯体の断熱性能	Ⅱ-9-1.3	184	○	○	□	
	防湿材の施工	Ⅱ-9-1.4.3の2	192	○	○	□	
	外壁通気	Ⅱ-9-1.4.7の5、6	194	○	○	□	
	屋根通気（屋根断熱とする場合）	Ⅱ-9-1.4.9の2、3	194	○	○	□	
	開口部の断熱性能	Ⅱ-9-1.7.1	212	○	○	□	
	日射遮蔽措置	Ⅱ-9-1.8	215	○	○	□	
省エネ設備工事 3)4)	計算により仕様を決定	Ⅱ-9-2.1.2の1	217	○	○	□	
	暖房設備	Ⅱ-9-2.2	217	○	○	□	
	冷房設備	Ⅱ-9-2.3	218	○	○	□	
	換気設備	Ⅱ-9-2.4	218	○	○	□	
	給湯設備	Ⅱ-9-2.5	218	○	○	□	
	照明設備	Ⅱ-9-2.6	219	○	○	□	

フラット35技術基準適合仕様確認書

<table>
<tr><td rowspan="3">建築物エネルギー消費性能基準[3)4)]</td><td>外皮性能</td><td>Ⅱ−9-3.1.2の2</td><td>221</td><td>○</td><td>○</td><td>□</td><td></td></tr>
<tr><td>一次エネルギー消費量</td><td>Ⅱ−9-3.1.2の2</td><td>221</td><td>○</td><td>○</td><td>□</td><td></td></tr>
<tr><td>防湿材の施工</td><td>Ⅱ−9-3.2</td><td>221</td><td>○</td><td>○</td><td>□</td><td></td></tr>
<tr><td colspan="2">換気設備の設置（浴室等）</td><td>Ⅱ−13.4.1</td><td>265</td><td>○</td><td>○</td><td>□</td><td></td></tr>
<tr><td colspan="2">省令準耐火構造[5)6)]</td><td>Ⅱ−14</td><td>267</td><td></td><td rowspan="4">○</td><td>□</td><td></td></tr>
<tr><td colspan="2">45分準耐火構造[5)]</td><td>Ⅱ−16.1</td><td>289</td><td></td><td rowspan="2">□</td><td></td></tr>
<tr><td colspan="2">1時間準耐火構造[5)]</td><td>Ⅱ−16.2</td><td>296</td><td></td><td></td></tr>
<tr><td colspan="2">耐火構造</td><td>Ⅱ−17</td><td>300</td><td></td><td>□</td><td></td></tr>
</table>

注 1）玄関周りなど一部が土間コンクリート床の場合、その他の部分に床下換気孔が適切に設置されている必要があります。
2）基礎断熱工法とは、床に断熱材を施工せず、住宅全周の基礎の外側、内側または両側に地面に垂直に断熱材を施工し、床下換気孔を設けない工法をいいます。
3）地域の区分については、仕様書の付録8を参照してください。
4）「断熱工事」及び「省エネ設備工事」か、または「建築物エネルギー消費性能基準」のいずれかを選択してください。
5）「住宅の構造」を準耐火とする場合は、仕様書のⅡ−14、Ⅱ−16.1、Ⅱ−16.2のいずれかの仕様とする必要があります。
6）省令準耐火構造の基準項目をまとめた「省令準耐火構造チェックリスト（一戸建て住宅用）」を、仕様書のⅡ−14（省令準耐火構造の住宅の仕様）に掲載しています。

フラット35S（金利Bプラン）技術基準適合仕様確認書

フラット35Sとは、フラット35をお申込みのお客様が、省エネルギー性、耐震性などに優れた住宅を取得される場合に、フラット35のお借入金利を一定期間引き下げる制度です。

フラット35Sは、お申込みの受付期間及び募集枠に制限があります。詳細は「フラット35サイト（www.flat35.com）」にてご確認ください。

フラット35S（金利Bプラン）をご利用いただく場合は、フラット35の技術基準に加えて次表の1～4のいずれか1つ以上の基準を満たす住宅であることが必要です。

フラット35S（金利Bプラン）の技術基準（※1）

1 省エネルギー性	断熱等性能等級5以上の住宅 または 一次エネルギー消費量等級6の住宅
2 耐　震　性	耐震等級（構造躯体の倒壊等防止）2以上の住宅
3 バリアフリー性	高齢者等配慮対策等級3以上の住宅
4 耐久性・可変性	劣化対策等級3の住宅、かつ、維持管理対策等級2以上の住宅 （共同住宅等の場合は、一定の更新対策（※2）が必要）

※1　各技術基準（建築物エネルギー消費性能基準に適合する住宅を除く。）は、「住宅の品質確保の促進等に関する法律」に基づく住宅性能表示制度の性能等級等と同じです。なお、住宅性能評価書を取得しなくても、所定の物件検査に合格すれば、フラット35S（金利Bプラン）をご利用いただけます。

※2　一定の更新対策とは、躯体天井高の確保（2.5m以上）及び間取り変更の障害となる壁または柱がないことです。

注）　以下のいずれかに該当する場合は、フラット35S及びフラット35維持保全型を利用できません。
・住宅の全部または一部が土砂災害特別警戒区域（通称：レッドゾーン）内に含まれる場合
・都市再生特別措置法（平成14年法律第22号）第88条第1項に基づく届出を行った場合において、同条第5項に基づく市町村長による公表の措置を受けたとき

【本確認書の使い方】

- 本確認書は、本仕様書の内容のうち、フラット35S（金利Bプラン）の各基準に該当する仕様項目を整理した表です。
- フラット35Sをご利用される場合は、本確認書を「フラット35技術基準適合仕様確認書」とあわせてお使いください。
- 各仕様項目において、仕様書本文中にあるアンダーライン「＿＿＿＿」部分が、遵守しなければならない基準となります。
- フラット35Sの技術基準に適合していることを、この確認書の仕様項目に基づき確認し、実施する仕様の「適合確認欄」のチェックボックスに☑（チェック）を記入してください。
- 仕様書によらずその性能を確保する場合、「特記欄」に「特記」と記入し、その内容について特記仕様書等を作成してください。
- ☑（チェック）を記入した仕様項目について、仕様書の該当部分を添削した場合には、「特記欄」に「添削」と記入してください。また、添削をした場合には、その箇所がアンダーライン「＿＿＿＿」部分でないことを確認してください。アンダーライン部分を訂正すると、フラット35Sがご利用いただけない場合があります。
- 表中の「評価方法基準項目番号」欄には、住宅の品質確保の促進等に関する法律（平成11年法律第81号）に基づく評価方法基準（平成13年国土交通省告示第1347号）の項目番号を記載しています。

フラット35S（金利Bプラン）技術基準適合仕様確認書

1. 省エネルギー性に関する基準（断熱等性能等級5）

<table>
<tr><th colspan="3" rowspan="2">項　目</th><th rowspan="2">評価方法
基準項目番号</th><th colspan="2">仕　様　書</th><th rowspan="2">適合
確認欄
☑</th><th rowspan="2">特記欄</th></tr>
<tr><th>仕　様　項　目</th><th>ページ</th></tr>
<tr><td colspan="3">性能基準による場合</td><td>5-1(3)イ(等級5)、ロ(等級5)、ハ③</td><td>Ⅲ-1.1.2(適用)の2</td><td>303</td><td>□</td><td></td></tr>
<tr><td rowspan="8">仕様基準による場合</td><td colspan="2">断熱構造とする部分</td><td>5-1(3)ただし書き</td><td>Ⅲ-1.2(施工部位)</td><td>304</td><td>□</td><td></td></tr>
<tr><td rowspan="5">躯体の断熱性能等</td><td>断熱材の熱抵抗値又は厚さ</td><td>5-1(3)ただし書き</td><td>Ⅲ-1.3(断熱性能)</td><td>305</td><td>□</td><td></td></tr>
<tr><td>防湿材の施工</td><td>5-1(3)ハ②a</td><td>Ⅲ-1.4.3(防湿材の施工)の2</td><td>312</td><td>□</td><td></td></tr>
<tr><td>屋根通気</td><td>5-1(3)ハ③b</td><td>〈屋根を断熱構造とする場合〉
Ⅲ-1.4.9(屋根の施工)の2、3</td><td>314</td><td>□</td><td></td></tr>
<tr><td>外壁通気</td><td>5-1(3)ハ③b</td><td>Ⅲ-1.4.7(壁の施工)の5、6</td><td>313</td><td>□</td><td></td></tr>
<tr><td colspan="5" style="display:none"></td></tr>
<tr><td rowspan="2">開口部の断熱性能等</td><td>断熱性能</td><td>5-1(3)ただし書き</td><td>Ⅲ-1.7(開口部の断熱性能)</td><td>321</td><td>□</td><td></td></tr>
<tr><td>日射遮蔽措置</td><td>5-1(3)ただし書き</td><td>Ⅲ-1.8(開口部の日射遮蔽措置)</td><td>321</td><td>□</td><td></td></tr>
</table>

2. 省エネルギー性に関する基準（一次エネルギー消費量等級6）

<table>
<tr><th colspan="2" rowspan="2">項　目</th><th rowspan="2">評価方法
基準項目番号</th><th colspan="2">仕　様　書</th><th rowspan="2">適合
確認欄
☑</th><th rowspan="2">特記欄</th></tr>
<tr><th>仕　様　項　目</th><th>ページ</th></tr>
<tr><td colspan="2">性能基準による場合</td><td>5-2(3)イ①</td><td>Ⅲ-2.1.2(適用)の1</td><td>323</td><td>□</td><td></td></tr>
<tr><td rowspan="6">仕様基準による場合</td><td>暖房設備</td><td>5-2(3)イ②</td><td>Ⅲ-2.2(暖房設備)</td><td>325</td><td>□</td><td></td></tr>
<tr><td>冷房設備</td><td>5-2(3)イ②</td><td>Ⅲ-2.3(冷房設備)</td><td>325</td><td>□</td><td></td></tr>
<tr><td>換気設備</td><td>5-2(3)イ②</td><td>Ⅲ-2.4(換気設備)</td><td>325</td><td>□</td><td></td></tr>
<tr><td>給湯設備</td><td>5-2(3)イ②</td><td>Ⅲ-2.5(給湯設備)</td><td>325</td><td>□</td><td></td></tr>
<tr><td>照明設備</td><td>5-2(3)イ②</td><td>Ⅲ-2.6(照明設備)</td><td>326</td><td>□</td><td></td></tr>
<tr><td>躯体の断熱性能</td><td>5-2(3)イ②</td><td>Ⅲ-2.7(躯体の断熱性能)</td><td>326</td><td>□</td><td></td></tr>
</table>

注）一次エネルギー消費量等級6を仕様基準で適合させる場合は、断熱等性能等級が5以上であることが必要であるため、仕様書のⅣ-1(省エネルギー性に関する基準(断熱等性能等級5かつ一次エネルギー消費量等級6)に係る仕様)が適用となります。

3. 耐震住宅に関する基準（耐震等級（構造躯体の倒壊等防止）2）

〈使い方〉

・枠組壁工法の建築物における基準（壁量計算等）、保有水平耐力計算等または限界耐力計算により、住宅性能表示制度「耐震等級（構造躯体の倒壊等防止）2」以上の耐震性能が確保できることを確認したうえで、その設計内容をもとに必要事項を記入してください。

・記入内容が複数ある場合は、カッコ内にそれぞれ併記してください。

項　目	内　容
計算方法	□ 壁量計算　※階数が2階以下の場合のみ →「壁量計算による場合の確認項目」に記入してください。 □ 許容応力度計算 □ その他（　　　　　　　　　　）

フラット35S（金利Bプラン）技術基準適合仕様確認書

壁量計算による場合の確認項目

項目		評価方法基準項目番号	仕様項目	適合確認欄 ✓	特記欄
耐力壁	耐力壁の方式	1-1(3)へ①	□ 面材による　□ 筋かい併用	□	
	外壁		種類（　　）　厚さ（　　mm） くぎ種類（　　）　くぎ間隔（　　mm）　倍率（　　）	□	
			種類（　　）　厚さ（　　mm） くぎ種類（　　）　くぎ間隔（　　mm）　倍率（　　）	□	
	・筋かい併用		筋かいの断面寸法（　　mm ×　　mm）	□	
	内壁		種類（　　）　厚さ（　　mm） くぎ種類（　　）　くぎ間隔（　　mm）　倍率（　　）	□	
			種類（　　）　厚さ（　　mm） くぎ種類（　　）　くぎ間隔（　　mm）　倍率（　　）	□	
	・筋かい併用		筋かいの断面寸法（　　mm ×　　mm）	□	
準耐力壁	内壁 □ 算入あり		種類（　　）　厚さ（　　mm） くぎ種類（　　）　くぎ間隔（　　mm）　倍率（　　）	□	
壁量		1-1(3)へ①	／1階（cm）／2階（cm）／準耐力壁算入	□	
	性能表示で定める存在壁量		X軸方向／　／　／□ 算入あり Y軸方向／　／　／算入できる準耐力壁量の上限は必要壁量の20%		
	性能表示で定める必要壁量		X軸方向／　／ Y軸方向／　／		
接合部	外壁	1-1(3)へ①b(i)	金物種類／出隅部／掃き出し／一般部／その他 1階 脚部 2階 脚部 2階 頭部	□	
	内壁	1-1(3)へ①b(i)	／端部／端部開口脇／一般部／その他 1階 脚部 2階 脚部	□	
	確認方法	1-1(3)へ①b(i)	□ 許容応力度計算 □ 簡易計算法（日本ツーバイフォー建築協会） □ 接合部倍率表（日本ツーバイフォー建築協会） □ その他（　　）	□	
基礎	根入れ深さ	1-1(3)へ①	深さ（　　mm）	□	
	基礎の各部寸法		立上り部分　高さ（　　mm）　厚さ（　　mm）	□	
			底盤の寸法　厚さ（　　mm）　幅（　　mm）	□	
	基礎の配筋		主筋　（径　　mm）	□	
			標準部の補助筋　（径　　mm）	□	
			開口直下の補助筋　（径　　mm）	□	
	確認方法	1-1(3)へ①	□ 基礎リスト（種類　日本ツーバイフォー建築協会） □ 許容応力度計算 □ その他（　　）	□	
その他	確認事項	1-1(3)へ③	□ 建築基準法施行令第36条から第38条までの規定、建築基準法施行規則第8条の3の規定及び告示の規定に適合していること	□	

フラット35S（金利Bプラン）技術基準適合仕様確認書

4. バリアフリー性に関する基準（高齢者等配慮対策等級3）

項　　目	評価方法基準項目番号	仕様書		適合確認欄 ☑	特記欄
		仕様項目	ページ		
①部屋の配置	9-1(3)ハ①	Ⅲ-4.2.1（部屋の配置）	329	□	
②段差	9-1(3)ハ②	Ⅲ-4.3.1（段差の解消）	330	□	
③階段	9-1(3)ハ③	Ⅲ-4.4.1（住戸内階段の勾配）	334	□	
		Ⅲ-4.4.2（住戸内階段の構造）の2	334	□	
④手すり	9-1(3)ハ④	Ⅲ-4.5.1（手すりの設置箇所） （2のロにおいては（イ）に限る。）	337	□	
⑤通路及び出入口の幅員	9-1(3)ハ⑤	Ⅲ-4.6.1（廊下及び出入口の幅員の確保）	343	□	
⑥寝室、便所及び浴室の規模	9-1(3)ハ⑥a	Ⅲ-4.7.1（寝室、便所及び浴室の規模）の1	346	□	
	9-1(3)ハ⑥b	Ⅲ-4.7.1（寝室、便所及び浴室の規模）の2	346	□	
	9-1(3)ハ⑥c	Ⅲ-4.7.1（寝室、便所及び浴室の規模）の3	346	□	

5. 耐久性・可変性に関する基準（劣化対策等級3及び維持管理対策等級2など）

項　　目		評価方法基準項目番号	仕様書		適合確認欄 ☑	特記欄
			仕様項目	ページ		
外壁の枠組等		3-1(3)イ①a	Ⅲ-5.5.2（外壁の枠組の防腐・防蟻措置）	349	□	
		3-1(3)イ①a	Ⅲ-5.5.3（外壁下地材の防腐・防蟻措置）	350	□	
土台		3-1(3)イ①b	Ⅲ-5.5.1（土台の防腐・防蟻措置）	349	□	
浴室及び脱衣室		3-1(3)イ①c	Ⅲ-5.7（浴室等の防水措置）	350	□	
地盤		3-1(3)イ①d	Ⅲ-5.6（床下地面の防蟻措置）	350	□	
基礎		3-1(3)イ①e	Ⅲ-5.2（基礎工事）	349	□	
床下		3-1(3)イ①f	Ⅲ-5.3（床下換気）	349	□	
			Ⅲ-5.4（床下防湿）	349	□	
小屋裏		3-1(3)イ①g	Ⅲ-5.8（小屋裏換気）	351	□	
専用配管	コンクリート内への埋込み禁止	4-1(3)イ①	Ⅲ-5.9（専用配管）の1	351	□	
	地中埋設管	4-1(3)イ②	Ⅲ-5.9（専用配管）の2	351	□	
	排水管の内面	4-1(3)イ④	Ⅲ-5.9（専用配管）の3	351	□	
共用配管等	コンクリート内への埋込み禁止	4-2(3)イ①	Ⅲ-5.10（共用配管等）の1	351	□	
	地中埋設管	4-2(3)イ②	Ⅲ-5.10（共用配管等）の2	351	□	
	掃除口	4-2(3)イ③	Ⅲ-5.10（共用配管等）の3	351	□	
	開口	4-2(3)イ④	Ⅲ-5.10（共用配管等）の4	351	□	
	排水管の内面	4-2(3)イ⑤	Ⅲ-5.10（共用配管等）の5	351	□	
	他の住戸専用部内設置禁止	4-2(3)イ⑦	Ⅲ-5.10（共用配管等）の6	351	□	
更新対策	躯体天井高	4-4(3)イ	Ⅲ-5.11（更新対策（住戸専用部））の1	352	□	
	住戸専用部の構造躯体	4-4(3)ロ	Ⅲ-5.11（更新対策（住戸専用部））の2	352	□	

フラット35S(金利Aプラン)技術基準適合仕様確認書

フラット35Sとは、フラット35をお申込みのお客様が、省エネルギー性、耐震性などに特に優れた住宅を取得される場合に、フラット35のお借入金利を一定期間引き下げる制度です。

フラット35Sは、お申込みの受付期間及び募集枠に制限があります。詳細は「フラット35サイト(www.flat35.com)」にてご確認ください。

フラット35S(金利Aプラン)をご利用いただく場合は、フラット35の技術基準に加えて次表の1～4のいずれか1つ以上の基準を満たす住宅であることが必要です。

フラット35S(金利Aプラン)の技術基準(※1)

1 省エネルギー性	次のいずれかの住宅に適合すること ・断熱等性能等級5以上の住宅、かつ、一次エネルギー消費量等級6の住宅 ・認定低炭素住宅(※2) ・性能向上計画認定住宅(※3)
2 耐震性	耐震等級(構造躯体の倒壊等防止)3の住宅 または 免震住宅(※4)
3 バリアフリー性	高齢者等配慮対策等級4以上の住宅
4 耐久性・可変性	長期優良住宅(※5)(※6)

※1 各技術基準(長期優良住宅を除く。)は、「住宅の品質確保の促進等に関する法律」に基づく住宅性能表示制度の性能等級と同じです。なお、住宅性能評価書を取得しなくても、所定の物件検査に合格すれば、フラット35S(金利Aプラン)をご利用いただけます。

※2 都市の低炭素化の促進に関する法律(平成24年法律第84号)の規定により低炭素建築物新築等計画が認定された住宅または、同法の規定により集約都市開発事業計画が認定された住宅です。

※3 建築物のエネルギー消費性能の向上に関する法律(平成27年法律第53号)(通称 建築物省エネ法)の規定により建築物エネルギー消費性能向上計画が認定された住宅です。

※4 免震住宅は、評価方法基準第5の1-3に適合しているものを対象とします。

※5 長期優良住宅の普及の促進に関する法律(平成20年法律第87号)の規定により長期優良住宅建築等計画が認定された住宅です。

※6 長期優良住宅の場合は、フラット35S(金利Aプラン)とフラット35維持保全型の基準に適合します。

注) 以下のいずれかに該当する場合は、フラット35S及びフラット35維持保全型を利用できません。
・住宅の全部または一部が土砂災害特別警戒区域(通称:レッドゾーン)内に含まれる場合
・都市再生特別措置法(平成14年法律第22号)第88条第1項に基づく届出を行った場合において、同条第5項に基づく市町村長による公表の措置を受けたとき

【本確認書の使い方】

・本確認書は、本仕様書の内容のうち、フラット35S(金利Aプラン)の各基準に該当する仕様項目を整理した表です。

・フラット35Sをご利用される場合は、本確認書を「フラット35技術基準適合仕様確認書」とあわせてお使いください。

・各仕様項目において、仕様書本文中にあるアンダーライン「＿＿＿＿」部分が、遵守しなければならない基準となります。

・フラット35Sの技術基準に適合していることを、この確認書の仕様項目に基づき確認し、実施する仕様の「適合確認欄」のチェックボックスに☑(チェック)を記入してください。

・仕様書によらずその性能を確保する場合、「特記欄」に「特記」と記入し、その内容について特記仕様書等を作成してください。

・☑(チェック)を記入した仕様項目について、仕様書の該当部分を添削した場合には、「特記欄」に「添削」と記入してください。また、添削をした場合には、その箇所がアンダーライン「＿＿＿＿」部分でないことを確認してください。アンダーライン部分を訂正すると、フラット35Sがご利用いただけない場合があります。

・表中の「評価方法基準項目番号」欄には、住宅の品質確保の促進等に関する法律(平成11年法律第81号)に基づく評価方法基準(平成13年国土交通省告示第1347号)の項目番号を記載しています。

フラット35S（金利Aプラン）技術基準適合仕様確認書

1. 省エネルギー性に関する基準（断熱等性能等級5以上かつ一次エネルギー消費量等級6）

フラット35S（金利Aプラン）の省エネルギー性（断熱等性能等級5以上かつ一次エネルギー消費量等級6）をご利用いただく場合は、「1-1. 省エネルギー性に関する基準①（断熱等性能等級5以上）」かつ「1-2. 省エネルギー性に関する基準②（一次エネルギー消費量等級6）」を満たす住宅であることが必要です。

1-1. 省エネルギー性に関する基準①（断熱等性能等級5以上）

項目			評価方法基準項目番号	仕様書 仕様項目	仕様書 ページ	適合確認欄 ☑	特記欄
性能基準による場合			5-1(3)イ（等級5）、ロ（等級5）、ハ③	Ⅲ-1.1.2（適用）の2	303	□	
仕様基準による場合	断熱構造とする部分		5-1(3)ただし書き	Ⅲ-1.2（施工部位）	304	□	
	躯体の断熱性能等	断熱材の熱抵抗値又は厚さ	5-1(3)ただし書き	Ⅲ-1.3（断熱性能）	305	□	
		防湿材の施工	5-1(3)ハ②a	Ⅲ-1.4.3（防湿材の施工）の2	312	□	
		屋根通気	5-1(3)ハ③b	〈屋根を断熱構造とする場合〉Ⅲ-1.4.9（屋根の施工）の2、3	314	□	
		外壁通気	5-1(3)ハ③b	Ⅲ-1.4.7（壁の施工）の5、6	313	□	
	開口部の断熱性能等	断熱性能	5-1(3)ただし書き	Ⅲ-1.7（開口部の断熱性能）	321	□	
		日射遮蔽措置	5-1(3)ただし書き	Ⅲ-1.8（開口部の日射遮蔽措置）	321	□	

1-2. 省エネルギー性に関する基準②（一次エネルギー消費量等級6）

項目		評価方法基準項目番号	仕様書 仕様項目	仕様書 ページ	適合確認欄 ☑	特記欄
性能基準による場合		5-2(3)イ①	Ⅲ-2.1.2（適用）の1	323	□	
仕様基準による場合	暖房設備	5-2(3)イ②	Ⅲ-2.2（暖房設備）	325	□	
	冷房設備	5-2(3)イ②	Ⅲ-2.3（冷房設備）	325	□	
	換気設備	5-2(3)イ②	Ⅲ-2.4（換気設備）	325	□	
	給湯設備	5-2(3)イ②	Ⅲ-2.5（給湯設備）	325	□	
	照明設備	5-2(3)イ②	Ⅲ-2.6（照明設備）	326	□	

2. 省エネルギー性に関する基準（認定低炭素住宅）

仕様項目	仕様書ページ	適合確認欄 ☑	特記欄
都市の低炭素化の促進に関する法律（平成24年法律第84号）の規定に基づく低炭素建築物新築等計画に係る認定書を取得（予定を含む。）	360	□	

フラット35S（金利Aプラン）技術基準適合仕様確認書

3. 省エネルギー性に関する基準（性能向上計画認定住宅（建築物省エネ法））

仕　様　項　目	仕様書ページ	適合確認欄 ✓	特記欄
建築物のエネルギー消費性能の向上に関する法律（平成27年法律第53号）の規定により建築物エネルギー消費性能向上計画に関する認定書を取得（予定を含む。）	362	□	

ZEH水準等※の木造住宅に関する注意事項

●ZEH水準等の木造住宅については、他の住宅よりも、断熱材の増加や太陽光パネルの設置によって建物荷重が増える傾向があります。そのため、国土交通省において「壁量等の基準の見直し」が検討されており、2022年10月28日に「木造建築物における省エネ化等による建築物の重量化に対応するための必要な壁量等の基準（案）の概要」が公表されました。

●国土交通省によると、ZEH水準等の木造住宅の多くに用いられている「構造計算」の方法により構造安全性を確認する場合は、「壁量等の基準の見直し」による影響はありません。
壁量等の基準の見直しに関する詳細は、国土交通省のホームページをご覧ください。
（国土交通省ホームページ）
https://www.mlit.go.jp/jutakukentiku/build/jutakukentiku_house_tk_000166.html

●「壁量等の基準の見直し」を含む建築基準法施行令等の改正が2025年4月に施行予定であることを踏まえ、住宅金融支援機構は、2024年4月から新築住宅で、壁量計算により耐震性を確認するもので、【フラット35】S（ZEH）または【フラット35】S（金利Aプラン）省エネルギー性をご利用する場合は、先行して見直し後の壁量等の基準を融資の要件とすることを予定しています。

なお、壁量等の基準の見直しに伴う変更後の融資要件の詳細については、改めて住宅金融支援機構のホームページ等でお知らせいたします。

※強化外皮基準（住宅の品質確保の促進等に関する法律第3条の2第1項に規定する評価方法基準における断熱等性能等級5以上の基準（結露の発生を防止する対策に関する基準を除く。））を満たし、かつ再生可能エネルギーを除いた一次エネルギー消費量が省エネ基準の基準値から20%削減（一次エネルギー消費量等級6の基準）となる省エネ性能の水準（ZEH水準）のほか、同基準（案）ではZEH-M水準等を含みます。

4. 耐震性に関する基準（耐震等級（構造躯体の倒壊等防止）3）

〈使い方〉

・枠組壁工法の建築物における基準（壁量計算等）、保有水平耐力計算等または限界耐力計算により、住宅性能表示制度「耐震等級（構造躯体の倒壊等防止）3」以上の耐震性能が確保できることを確認したうえで、その設計内容をもとに必要事項を記入してください。

・記入内容が複数ある場合は、カッコ内にそれぞれ併記してください。

項　　目	内　　容
計算方法	□ 壁量計算　※階数が2階以下の場合のみ →「壁量計算による場合の確認項目」に記入してください。 □ 許容応力度計算 □ その他（　　　　　　　　　　）

フラット35S（金利Aプラン）技術基準適合仕様確認書

壁量計算による場合の確認項目

項目		評価方法基準項目番号	仕様項目	適合確認欄☑	特記欄
耐力壁	耐力壁の方式	1-1(3)へ①	□ 面材による　□ 筋かい併用	□	
	外壁 ・筋かい併用		種類（　　）厚さ（　　mm） くぎ種類（　　）くぎ間隔（　　mm）倍率（　　）	□	
			種類（　　）厚さ（　　mm） くぎ種類（　　）くぎ間隔（　　mm）倍率（　　）	□	
			筋かいの断面寸法（　　mm ×　　mm）	□	
	内壁 ・筋かい併用		種類（　　）厚さ（　　mm） くぎ種類（　　）くぎ間隔（　　mm）倍率（　　）	□	
			種類（　　）厚さ（　　mm） くぎ種類（　　）くぎ間隔（　　mm）倍率（　　）	□	
			筋かいの断面寸法（　　mm ×　　mm）	□	
準耐力壁	内壁 □ 算入あり		種類（　　）厚さ（　　mm） くぎ種類（　　）くぎ間隔（　　mm）倍率（　　）	□	
壁量	性能表示で定める存在壁量 性能表示で定める必要壁量	1-1(3)へ①	（下表）	□	
接合部	外壁	1-1(3)へ①b(i)	（下表）	□	
	内壁	1-1(3)へ①b(i)	（下表）	□	
	確認方法	1-1(3)へ①b(i)	□ 許容応力度計算 □ 簡易計算法（日本ツーバイフォー建築協会） □ 接合部倍率表（日本ツーバイフォー建築協会） □ その他（　　）	□	
基礎	根入れ深さ	1-1(3)へ①	深さ（　　mm）	□	
	基礎の各部寸法		立上り部分　高さ（　　mm）厚さ（　　mm）	□	
			底盤の寸法　厚さ（　　mm）幅（　　mm）	□	
	基礎の配筋		主筋　（径　　mm）	□	
			標準部の補助筋　（径　　mm）	□	
			開口直下の補助筋　（径　　mm）	□	
	確認方法	1-1(3)へ①	□ 基礎リスト（種類　日本ツーバイフォー建築協会） □ 許容応力度計算 □ その他（　　）	□	
その他	確認事項	1-1(3)へ③	□ 建築基準法施行令第36条から第38条までの規定、建築基準法施行規則第8条の3の規定及び告示の規定に適合していること	□	

壁量

		1階（cm）	2階（cm）	準耐力壁算入
性能表示で定める存在壁量	X軸方向			□ 算入あり 算入できる準耐力壁量の上限は必要壁量の20%
	Y軸方向			
性能表示で定める必要壁量	X軸方向			
	Y軸方向			

接合部（外壁）

金物種類		出隅部	掃き出し	一般部	その他
1階	脚部				
2階	脚部				
	頭部				

接合部（内壁）

		端部	端部開口脇	一般部	その他
1階	脚部				
2階	脚部				

フラット35S（金利Aプラン）技術基準適合仕様確認書

5. 免震住宅に関する基準（地震に対する構造躯体の倒壊等防止及び損傷防止）

項目	評価方法基準項目番号	仕様書 仕様項目	仕様書 ページ	適合確認欄 ☑	特記欄
平成12年建設省告示第2009号第2に規定された免震建築物	1-3（3）イ	Ⅳ-5.2（基礎）	365	□	
		Ⅳ-5.3（免震層）	366	□	
		Ⅳ-5.4（上部構造）	367	□	
		Ⅳ-5.5（下部構造）	367	□	
免震層及び免震材料の維持管理	1-3（3）ロ	Ⅳ-5.6（維持管理等に関する事項）	368	□	

6. バリアフリー性に関する基準（高齢者等配慮対策等級4）

項目	評価方法基準項目番号	仕様書 仕様項目	仕様書 ページ	適合確認欄 ☑	特記欄
部屋の配置	9-1（3）ロ①	Ⅳ-6.2.1（部屋の配置）	369	□	
段差	9-1（3）ロ②	Ⅳ-6.3.1（段差の解消）	369	□	
階段	9-1（3）ロ③	Ⅳ-6.4.1（住戸内階段の勾配）	373	□	
		Ⅳ-6.4.2（住戸内階段の構造）の2、3	373	□	
手すり	9-1（3）ロ④	Ⅳ-6.5.1（手すりの設置箇所）	373	□	
通路及び出入口の幅員	9-1（3）ロ⑤	Ⅳ-6.6.1（廊下及び出入口の幅員の確保）	374	□	
寝室、便所及び浴室の規模	9-1（3）ロ⑥a	Ⅳ-6.7.1（寝室、便所及び浴室の規模）の1、3	375	□	
	9-1（3）ロ⑥b	Ⅳ-6.7.1（寝室、便所及び浴室の規模）の2	375	□	

7. 耐久性・可変性に関する基準（長期優良住宅）

仕様項目	仕様書ページ	適合確認欄 ☑	特記欄
長期優良住宅の普及の促進に関する法律（平成20年法律第87号）に基づく長期優良住宅建築等計画に係る認定通知書を取得（予定を含む。）	376	□	

注）長期優良住宅の場合は、フラット35S（金利Aプラン）とフラット35維持保全型の基準に適合します。

フラット35S（ZEH）技術基準適合仕様確認書

フラット35Sとは、フラット35をお申込みのお客様が、省エネルギー性、耐震性などに特に優れた住宅を取得される場合に、フラット35のお借入金利を一定期間引き下げる制度です。

フラット35Sは、お申込みの受付期間及び募集枠に制限があります。詳細は「フラット35サイト（www.flat35.com）」にてご確認ください。

フラット35S（ZEH）をご利用いただく場合は、フラット35の技術基準に加えて、次に掲げる建て方に応じて次表のいずれかの区分の基準及び適用条件を満たす住宅であることが必要です。

フラット35S（ZEH）の技術基準

■一戸建ての住宅の場合の基準

	区　分	断熱等性能	一次エネルギー消費量（対省エネ基準）		適用条件
			再生可能エネルギーを除く	再生可能エネルギーを含む	
一戸建ての住宅	『ZEH』	強化外皮基準【断熱等性能等級5】相当	▲20％以上	▲100％以上	－
	Nearly ZEH			▲75％以上▲100％未満	寒冷地 低日射地域 多雪地域
	ZEH Oriented			（再生可能エネルギーの導入は必要ない）	都市部狭小地（※） 多雪地域

＊　Nearly ZEH及びZEH Orientedの住宅については、上表の各区分における適用条件に合致し、それぞれの区分における断熱等性能及び一次エネルギー消費量の基準を満たす場合にフラット35S（ZEH）の対象となります。フラット35S（ZEH）を利用する場合は、原則として、適合証明検査においてBELS評価書を提出していただきます。ただし、ZEH Orientedを利用する場合は、BELS評価書によらず設計内容説明書、計算書等の提出も可能です（その場合、設計検査を受けていただくことが必須になります）。

※　都市部狭小地の場合であっても、Nearly ZEHの断熱等性能及び一次エネルギー消費量の基準に適合するときは、Nearly ZEHの対象になります。

■一戸建ての住宅以外（共同建て、重ね建てまたは連続建て）の場合の基準

	区　分	断熱等性能	一次エネルギー消費量（対省エネ基準）		適用条件（住宅用途の階層数）
		全住戸で以下を達成	共用部を含む住棟全体で以下を達成		
			再生可能エネルギーを除く	再生可能エネルギーを含む	
一戸建ての住宅以外	『ZEH-M』	強化外皮基準【断熱等性能等級5】相当	▲20％以上	▲100％以上	－
	Nearly ZEH-M			▲75％以上▲100％未満	
	ZEH-M Ready			▲50％以上▲75％未満	4層以上
	ZEH-M Oriented			（再生可能エネルギーの導入は必要ない）	6層以上

＊　ZEH-M Ready及びZEH-M Orientedの住宅については、上表の各区分における適用条件に合致し、それぞれの区分における断熱等性能及び一次エネルギー消費量の基準を満たす場合にフラット35S（ZEH）の対象となります。フラット35S（ZEH）を利用する場合は、原則として、適合証明検査においてBELS評価書を提出していただきます。ただし、ZEH-M Orientedを利用する場合は、BELS評価書によらず設計内容説明書、計算書等の提出も可能です（その場合、設計検査を受けていただくことが必須になります）。

フラット35S（ZEH）技術基準適合仕様確認書

■適用条件

寒冷地	地域区分※1が1または2の地域の住宅
低日射地域	年間の日射地域区分※2がA1またはA2の地域の住宅
多雪地域	建築基準法施行令第86条第1項に規定する垂直積雪量が100 cm以上に該当する地域の住宅
都市部狭小地	北側斜線制限の対象となる用途地域等（第一種及び第二種低層住居専用地域、第一種及び第二種中高層住居専用地域並びに地方自治体の条例において北側斜線制限が定められている地域）であって、敷地面積が85 m^2未満の土地にある住宅（住宅が平屋建ての場合を除く。）
住宅用途の階層数	住宅用途部分が床面積の半分以上を占める階層の数（地階を含む。）

※1　付録8に定める地域区分

※2　一次エネルギー消費量の計算において用いられる、水平面全天日射量の年間積算値を指標として日本全国を日射の少ない地域から多い地域まで5地域に分類した地域区分

注）　以下のいずれかに該当する場合は、フラット35S及びフラット35維持保全型を利用できません。
- 住宅の全部または一部が土砂災害特別警戒区域（通称：レッドゾーン）内に含まれる場合
- 都市再生特別措置法(平成14年法律第22号)第88条第1項に基づく届出を行った場合において、同条第5項に基づく市町村長による公表の措置を受けたとき

【本確認書の使い方】

- 本確認書は、本仕様書の内容のうち、フラット35S（ZEH）の各基準に該当する仕様項目を整理した表です。
- フラット35Sをご利用される場合は、本確認書を「フラット35技術基準適合仕様確認書」とあわせてお使いください。
- 各仕様項目において、仕様書本文中にあるアンダーライン「＿＿＿＿」部分が、遵守しなければならない基準となります。
- フラット35Sの技術基準に適合していることを、この確認書の仕様項目に基づき確認し、実施する仕様の「適合確認欄」のチェックボックスに☑（チェック）を記入してください。
- 仕様書によらずその性能を確保する場合、「特記欄」に「特記」と記入し、その内容について特記仕様書等を作成してください。
- ☑（チェック）を記入した仕様項目について、仕様書の該当部分を添削した場合には、「特記欄」に「添削」と記入してください。また、添削をした場合には、その箇所がアンダーライン「＿＿＿＿」部分でないことを確認してください。アンダーライン部分を訂正すると、フラット35Sがご利用いただけない場合があります。

ZEH水準等※の木造住宅に関する注意事項

- ZEH水準等の木造住宅については、他の住宅よりも、断熱材の増加や太陽光パネルの設置によって建物荷重が増える傾向があります。そのため、国土交通省において「壁量等の基準の見直し」が検討されており、2022年10月28日に「木造建築物における省エネ化等による建築物の重量化に対応するための必要な壁量等の基準（案）の概要」が公表されました。
- 国土交通省によると、ZEH水準等の木造住宅の多くに用いられている「構造計算」の方法により構造安全性を確認する場合は、「壁量等の基準の見直し」による影響はありません。
  壁量等の基準の見直しに関する詳細は、国土交通省のホームページをご覧ください。
  （国土交通省ホームページ）
  https://www.mlit.go.jp/jutakukentiku/build/jutakukentiku_house_tk_000166.html
- 「壁量等の基準の見直し」を含む建築基準法施行令等の改正が2025年4月に施行予定であることを踏まえ、住宅金融支援機構は、2024年4月から新築住宅で、壁量計算により耐震性を確認するもので、【フラット35】S（ZEH）または【フラット35】S（金利Aプラン）省エネルギー性をご利用する場合は、先行して見直し後の壁量等の基準を融資の要件とすることを予定しています。

なお、壁量等の基準の見直しに伴う変更後の融資要件の詳細については、改めて住宅金融支援機構のホームページ等でお知らせいたします。

※強化外皮基準（住宅の品質確保の促進等に関する法律第3条の2第1項に規定する評価方法基準における断熱等性能等級5以上の基準（結露の発生を防止する対策に関する基準を除く。））を満たし、かつ再生可能エネルギーを除いた一次エネルギー消費量が省エネ基準の基準値から20％削減（一次エネルギー消費量等級6の基準）となる省エネ性能の水準（ZEH水準）のほか、同基準（案）ではZEH-M水準等を含みます。

フラット35S（ZEH）技術基準適合仕様確認書

1. 省エネルギー性に関する基準（ZEH）

（一戸建ての住宅の場合）

項　　目	仕　様　書		適合確認欄 ☑	特記欄
	仕　様　項　目	ページ		
外皮平均熱貫流率	V-1.1.2（適用）の1のイ（イ）	392	□	
平均日射熱取得率	V-1.1.2（適用）の1のイ（イ）	392	□	
一次エネルギー消費量 （再生可能エネルギーを除く）	V-1.1.2（適用）の1のイ（ロ）	392	□	
一次エネルギー消費量 （再生可能エネルギーを含む）	V-1.1.2（適用）の1のイ（ハ）（『ZEH』） V-1.1.2（適用）の1のロ　（Nearly ZEH）	392	□	

（一戸建ての住宅以外の場合）

項　　目	仕　様　書		適合確認欄 ☑	特記欄
	仕　様　項　目	ページ		
外皮平均熱貫流率	V-1.1.2（適用）の2のイ（イ）	392	□	
平均日射熱取得率	V-1.1.2（適用）の2のイ（イ）	392	□	
一次エネルギー消費量 （再生可能エネルギーを除く）	V-1.1.2（適用）の2のイ（ロ）	393	□	
一次エネルギー消費量 （再生可能エネルギーを含む）	V-1.1.2（適用）の2のイ（ハ）（『ZEH-M』） V-1.1.2（適用）の2のロ　（Nearly ZEH-M）	393	□	

フラット35維持保全型技術基準適合仕様確認書

フラット35維持保全型とは、フラット35をお申込みのお客様が、維持保全・維持管理に配慮した住宅や既存住宅の流通に資する住宅を取得する場合に、フラット35のお借入金利を一定期間引き下げる制度です。

フラット35維持保全型は、お申込みの受付期間及び募集枠に制限があります。詳細は「フラット35サイト(www.flat35.com)」にてご確認ください。

フラット35維持保全型をご利用いただく場合は、フラット35の技術基準に加えて、次表に掲げる基準(長期優良住宅)を満たす住宅であることが必要です。

フラット35維持保全型の技術基準

長期優良住宅 (※1)(※2)

※1 長期優良住宅の普及の促進に関する法律(平成20年法律第87号)の規定により長期優良住宅建築等計画が認定された住宅です。

※2 長期優良住宅の場合は、フラット35S(金利Aプラン)とフラット35維持保全型の基準に適合します。

注) 以下のいずれかに該当する場合は、フラット35S及びフラット35維持保全型を利用できません。
- ・住宅の全部または一部が土砂災害特別警戒区域(通称:レッドゾーン)内に含まれる場合
- ・都市再生特別措置法(平成14年法律第22号)第88条第1項に基づく届出を行った場合において、同条第5項に基づく市町村長による公表の措置を受けたとき

【本確認書の使い方】

フラット35維持保全型(長期優良住宅)をご利用される場合は、「フラット35S(金利Aプラン)技術基準適合仕様確認書」の「7. 耐久性・可変性に関する基準(長期優良住宅)」を「フラット35技術基準適合仕様確認書」とあわせてお使いください。

〔第I章〕 工 事 概 要

（設計図面に記載した場合は、ここに記入する必要はありません。）

1. 工事内容

(1) 構　　　造：(耐火構造、準耐火構造、省令準耐火構造、その他＿＿＿＿＿＿＿＿＿＿)
(2) 階　　　数：(平屋建、2階建、3階建)
(3) 床　面　積：1階＿＿＿ m^2、2階＿＿＿ m^2、3階＿＿＿ m^2、計＿＿＿ m^2
(4) 戸 建 型 式：(一戸建て、連続建て、重ね建て)
(5) 付帯設備工事：(電気、給排水、衛生、ガス、その他＿＿＿＿＿＿＿＿＿＿)
(6) 別 途 工 事：＿＿＿＿＿＿＿＿＿＿＿＿＿＿＿＿＿＿＿＿

2. 外部仕上表

各部名称	仕上げ	備考
基礎		
外壁		
屋根		
軒裏		
ひさし		
とい		
塗装　木部 　　　鉄部		

3. 内部仕上表

室　名	床	幅　木	壁	天　井	備　考
玄　関					
居住室					
押　入					
台　所					
便　所					
洗面・脱衣室					
浴　室					
廊　下					
階　段					

注1）塗装仕上げは、それぞれの欄に記入すること。
　2）備考欄には、設計に含まれているもの（システムキッチン、浴槽、便器、手洗い器、洗面台など）を記入すること。

4. 建築設備表

室　名	電　灯	スイッチ	コンセント	水　栓	ガス栓	電話用配管	電　話
玄　関	灯	個	個			個	個
居住室	灯	個	個		個	個	個
	灯	個	個		個	個	個
	灯	個	個		個	個	個
	灯	個	個		個	個	個
	灯	個	個		個	個	個
	灯	個	個		個	個	個
	灯	個	個		個	個	個
台　所	灯	個	個	個	個	個	個
便　所	灯	個	個	個			
洗面・脱衣室	灯	個	個	個	個	個	個
浴　室	灯			個	個		
廊　下	灯	個	個			個	個
階　段	灯	個	個				
	灯	個	個	個	個	個	個
	灯	個	個	個	個	個	個
	灯	個	個	個	個	個	個

注）電灯欄は、直付け、埋込み、コード吊り、ブラケットなど、それぞれ記入のこと。

〔第Ⅱ章〕 工 事 仕 様 書

〔第Ⅲ章〕 フラット35S（金利Bプラン）工事仕様書

〔第Ⅳ章〕　フラット35S(金利Aプラン)工事仕様書

〔第Ⅴ章〕 フラット35S(ZEH)工事仕様書

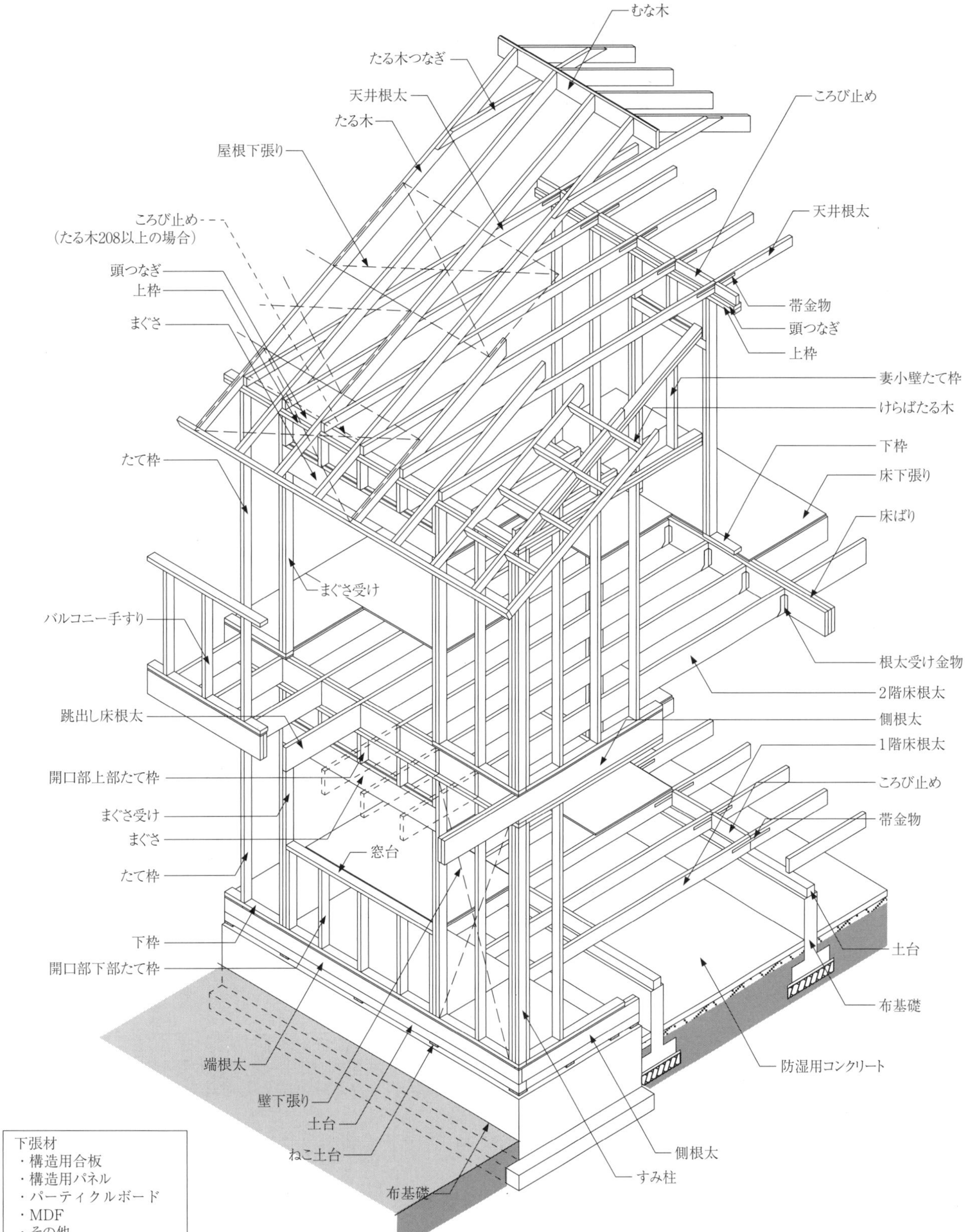

むな木
たる木つなぎ
天井根太
たる木
屋根下張り
ころび止め
（たる木208以上の場合）
頭つなぎ
上枠
まぐさ
たて枠
まぐさ受け
バルコニー手すり
跳出し床根太
開口部上部たて枠
まぐさ受け
まぐさ
窓台
たて枠
下枠
開口部下部たて枠
端根太
壁下張り
土台
ねこ土台
布基礎
すみ柱
側根太
ころび止め
天井根太
帯金物
頭つなぎ
上枠
妻小壁たて枠
けらばたる木
下枠
床下張り
床ばり
根太受け金物
2階床根太
側根太
1階床根太
ころび止め
帯金物
土台
布基礎
防湿用コンクリート
下張材
・構造用合板
・構造用パネル
・パーティクルボード
・MDF
・その他

各部材の名称

1. 一般事項

1.1 総則

1.1.1 基本原則

設計者、工事施工者及び工事監理者は、相互の協力のもと、住宅を長期にわたり良好な状態で使用するための措置を、その構造及び設備に講じるよう努める。

1.1.2 範囲

本仕様書は、平成13年国土交通省告示第1540号（枠組壁工法又は木質プレハブ工法を用いた建築物又は建築物の構造部分の構造方法に関する安全上必要な技術的基準を定める件。以下、「告示第1540号」という。）の第1から第8及び平成13年国土交通省告示第1541号（構造耐力上主要な部分である壁及び床版に、枠組壁工法により設けられるものを用いる場合における技術的基準に適合する当該壁及び床版の構造方法を定める件。以下「告示第1541号」という。）の第1から第2までの内容に基づいている。告示第1540号の第9、第10の規定又は告示第1541号の第3の規定に基づいて構造計算によって構造耐力上安全であることが確かめられた場合は、本仕様書のうち、告示第1540号第1及び第3から第7の規定に基づく部分については、本仕様書によらず特記とする。

1.1.3 工事範囲

工事範囲は、本仕様書及び図面の示す範囲とし、特記のない限り、電気工事については引込み口までの工事、給水・ガス工事については本管接続までの工事、排水工事については流末接続までの工事とする。

1.1.4 用語の定義

1. 「設計図書」とは、設計図、仕様書（特記仕様書、仕様書）をいう。
2. 「工事監理者」とは、工事請負契約書に監理者として記名捺印した者又はその代理人をいう。
3. 「施工者」とは、工事請負契約書に施工者として記名捺印した者又はその代理人をいう。
4. 「特記」とは、仕様書以外の設計図書に指定された事項をいう。

1.1.5 疑義

図面と仕様書との記載内容が相違する場合、明記のない場合又は疑義の生じた場合は、建築主又は工事監理者と協議する。

1.1.6 軽微な設計変更

現場のおさまり、取合せその他の関係で、材料の取付け位置又は取付け工法を多少変えるなどの軽微な変更は、建築主又は工事監理者の指示により行う。

1.1.7 別契約の関連工事

別契約の関連工事については、関係者は相互に協議のうえ、工事完成に支障のないように処理する。ただし、工事監理者がいる場合は、その指示による。

1.2 施工一般

1.2.1 材料等

1. 躯体工事に用いる材料は、建築基準法及びそれに基づく告示等による。
2. 各工事に使用する材料等で、日本産業規格（JIS）又は日本農林規格（JAS）の制定されている品目については、その規格に適合するもの又はこれらと同等以上の性能を有するものを使用する。また、優良木質建材等認証（AQ）として認証の対象となっている品目については、AQマーク表示又はこれと同等以上の性能を有するものを使用する。
3. 各工事に使用する材料等について品質又は等級の明記のないものは、それぞれ中等品とする。
4. クロルピリホスを添加した材料は使用しない。
5. 内装仕上材、下地材等の室内空気への影響が高い部分には、ホルムアルデヒド及び揮発性の有害化学物質を放散しない材料若しくは放散量の少ない材料を使用することとし、特記による。なお、特記のない場合は、F☆☆☆☆の材料を使用することとする。
6. 建築部品、仕上材の材質、色柄などで建築主又は工事監理者と打合せを要するものは、見本を提出し、十分打合せを行うものとする。

1.2.2 養生

工事中に汚染や損傷のおそれのある材料及び箇所は、適当な方法で養生する。

1.2.3 解体材、発生材等の処理

1. 解体材及び発生材等の処理は、資源の有効な利用の促進に関する法律、建設工事に係る資材の再資源化等に関する法律、廃棄物の処理及び清掃に関する法律等の関連法令に従って適正に処理する。
2. 解体材のうち、耐久年限を考慮したうえで現場において再利用を図るものは、特記による。
3. 解体材、発生材のうち、耐久年限を考慮したうえで再生資源としての利用を図るものは、分別を行い、所定の再資源化施設等に搬入する。
4. 2及び3以外の解体材、発生材については、場外処分とする。

1.2.4 注意事項

1. 工事の施工に必要な諸届・諸手続きで請負者が処理すべき事項は、速やかに処理する。
2. 工事現場の管理は関係法令等に従い、危険防止、災害防止に努め、特に火災には十分注意する。また、石綿を含む建材の解体作業にあたっては、法令等に従い、石綿ばく露防止対策等を徹底する。
3. 工事現場はつねに整理し、清潔を保ち、工事完了に際しては建物内外を清掃する。
4. 工程表及び工事チェックリストを作成し、各段階ごとに検査を行う。

用 語

JIS(Japanese Industrial Standardの略称)

日本産業規格。日本の産業製品に関する規格や測定方法等が定められた国家規格である。産業標準化法(昭和24年法律第185号。令和元年に「工業標準化法」から名称改正)に基づき制定される。

一般的に規格は任意のものであるが、法規などに引用された場合は強制力をもつ。

JAS(Japanese Agricultural Standardの略称)

日本農林規格。農林物資の品質の改善、生産・販売等の合理化、取引の円滑化、一般消費者の合理的な選択の機会拡大を図るため制定された国家規格。日本農林規格等に関する法律(昭和25年法第175号。平成29年に「農林物資の規格化等に関する法律」から名称改正)に基づき制定される。

AQ(Approved Qualityの略称)

安全性及び耐久性の優れた木質建材の供給の確保を図るため、JAS規格では対応できない新しい木質建材について公益財団法人日本住宅・木材技術センターが優良な製品の認証を行うものである。認証されたものには、AQマークが表示される。

関係法令

平成13年国土交通省告示第1540号・第1541号

枠組壁工法の旧技術基準であった昭和57年建設省告示第56号の全部が改正され、平成13年国土交通省告示第1540号及び関連告示第1541号となった。新告示は枠組壁工法と木質プレハブ工法建築物を対象としているが、本仕様書

においては、枠組壁工法建築物のみを対象とし、接着パネルによる木質プレハブ工法及び関連構造材である木質接着複合パネル等に関しては対象とはしていない。

室内空気汚染の低減のための措置

住宅の室内での空気汚染問題、特にホルムアルデヒド等の揮発性の高い化学物質による健康被害の例が報告されている。化学物質による健康への影響については、個人差が大きく、また、住宅の内外の条件によっても変化するが、有害物質の濃度を低減するためには、内装仕上材、下地材等の室内空気への影響が高い部分に有害化学物質を放散しない材料もしくは放散量の少ない材料を使用するとともに、工夫や適切な換気量の確保の措置が重要である。

平成15年7月にシックハウス問題への対応として、改正建築基準法が施行され、クロルピリホス及びホルムアルデヒドに関して衛生上の支障がないよう、建築材料及び換気設備について対策を講じることとした。

留意事項

木造住宅の長寿命化を支える耐久設計のポイント

住宅の耐用年数を長く維持するには、機能的な耐用年数を長くすることが重要であるが、これを可能とするには、躯体を物理的に長持ちさせることが大前提となる。すなわち、躯体の耐久性を長期にわたっていかに維持するかが重要となる。

木造住宅の場合、構造的に重要な部材、劣化しやすい部材（＝生物劣化を受けて腐りやすい部材）および点検・メンテナンスが困難な部材等について、耐久性に配慮した設計が求められる。その要因が複合的に重なる部分には、特に注意が必要である。木造住宅の長寿命化に向けた取り組みについては、付録15「木造住宅の長寿命化を支える耐久設計のポイント」にその概要を示すので参照されたい。

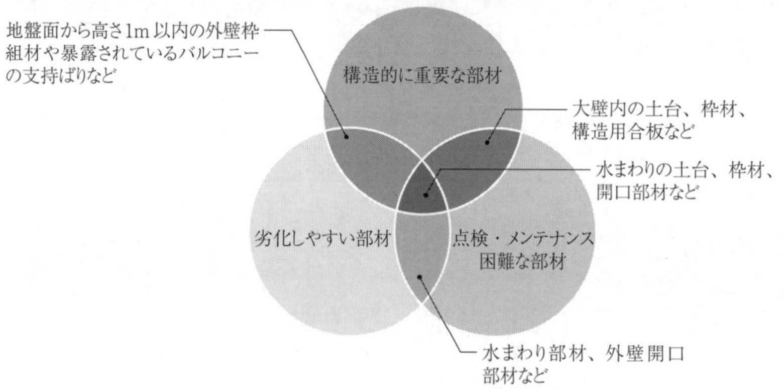

参考図1.1　耐久性向上措置が必要となる部材のイメージ
（出典：知っておきたい木造建築物の耐久性向上のポイント（一般社団法人木を活かす建築推進協議会））

施工中の雨がかりについて

建築工事中はできるだけ木部を雨にさらさないように養生を行い、濡れてしまった場合もよく乾燥させる必要がある。野地板が含水した状態で下ぶきを行うと、小屋裏の換気が不十分な場合には内部結露を引き起こす可能性がある。また、床下地が十分乾燥していないまま施工したフローリングにカビが発生した事例もある。

雨がかりを防ぐための養生シートの下に水がまわった場合、降雨後も被せたままにしておくと、かえって木部の乾燥を妨げる場合があるため注意する。

化学物質過敏症への対策

建築基準法による規制は、一般的な使用状態での対応を想定したものであり、いわゆる化学物質過敏症の対策ではない。化学物質過敏症は、化学物質の濃度がごく微量であっても反応や症状が現れる場合があることから、臨床環境医学などの専門医学に基づく診断・判断により対策を行うことが望ましい。

解体材・発生材等の処理

住宅の新築、解体工事に伴って生ずる建設系廃棄物等の処理については、「資源の有効な利用の促進に関する法律」、「建設工事に係る資材の再資源化等に関する法律」（建設リサイクル法）や「廃棄物の処理及び清掃に関する法律」及び関係法令に従い、適切な分別、保管、収集、運搬、中間処理、再生利用、最終処分等を図る必要がある。

特に、平成12年5月に公布された「建設工事に係る資材の再資源化等に関する法律」のうち、「第3章　分別解体等の実施」及び「第4章　再資源化等の実施」は、平成14年5月に施行されており、一定規模以上の建築物の解体工事や新築工事等については、一定の基準に従って、その建築物等に使用されているコンクリート、アスファルト、木材を現場で分別することが義務付けられるとともに、分別解体をすることによって生じたコンクリート廃材、アスファルト廃材、廃木材について、再資源化が義務付けられ、従来以上に分別解体や再資源化に向けた取組が必要となっている。

既存建築物の適正な解体

産業廃棄物の不法投棄の多くが建設廃棄物といわれ、その中でも木くず等の戸建住宅の解体工事に伴い排出される「建設解体廃棄物」の割合が多くを占めている。

適切な解体や処理を行うにあたっては「廃棄物の処理及び清掃に関する法律(昭和45年法律第137号)」に基づく必要があり、最終的に処分業者が適切に処理したことは、マニフェスト制度に基づき廃棄物の排出業者(建設業者)が処分業者から回収する「産業廃棄物管理票(マニフェスト)E票」により確認できる。

既存建築物の解体時における石綿(アスベスト)対策について

現在では、労働安全衛生法関係省令により、石綿含有建材の使用が原則として禁止されているが、既存建築物には石綿含有建材が使用されている可能性がある。既存建築物の解体、改修にあたり、石綿障害予防規則(平成17年厚生労働省令第21号)が一部改正、施行(令和4年4月1日)された。令和4年4月1日から既存建築物の改修、解体を行う際には、既存建築物への石綿の有無によらず、解体部分の延べ面積の規模、一定の請負金額以上の改修工事においては「石綿事前調査結果報告システム」による報告が義務化された。

なお、令和5年10月1日からは、事前調査は厚生労働大臣が定める講習修了者に限られる。

〈石綿障害予防規則の概要〉

○解体を行う建築物等への石綿使用の有無についての事前調査の義務
○解体等による労働者の安全性を確保するための作業計画作成の義務
○労働基準監督署への解体等作業届出の義務
○保護具の使用等の義務
○解体等による労働者の安全性を確保するための石綿除去・封じ込め・立入禁止等の措置の義務

当該規則の詳細については、厚生労働省ホームページで公開されている。

厚生労働省ホームページ　https://www.mhlw.go.jp/

住宅の浸水対策について

近年、建物や人命に危険を及ぼす浸水被害が増加しており、これまでに報告されていなかった地域においても浸水被害が発生するようになってきた。

国や自治体においても、ハザードマップの作成、「宅地建物取引業法」の改正によるハザードマップの重要事項説明項目への追加(2020年7月)等、施策の整備が進んでいるところである。

そこで、浸水対策に対する対策や考え方などを整理した「住宅における浸水対策の設計の手引き」が、一般社団法人住宅生産団体連合会より発行されているので、参考にされたい。

2. 仮設工事

2.1 なわ張り等

2.1.1 地なわ張り

建築主又は工事監理者の立会いのもとに、敷地境界など敷地の状況を確認のうえ、図面に基づき建築位置のなわ張りを行う。

2.1.2 ベンチマーク

木ぐい、コンクリートぐいなどを用いて移動しないよう設置し、その周囲を養生する。ただし、移動のおそれのない固定物がある場合は、これを代用することができる。なお、工事監理者がいる場合は、その検査を受ける。

2.1.3 やりかた

やりかたは、適切な材料を用い、建物のすみ部その他の要所に正確に、かつ、堅固に設け、建物の位置、水平の基準その他の墨出しを行う。なお、工事監理者がいる場合は、その検査を受ける。

用　語

なわ張り

敷地内における建物の位置を決定するため、敷地境界石などを基準にして建物の形態、位置を明示するためのなわ張りを行う。

ベンチマーク

建物の基準位置、基準高を決定するための原点ともなるもので、これをもとに、やりかたを設けて、根切りの深さ、基礎の高さ等を決める重要なものである。

施工方法

やりかた

やりかたは、建物所要の位置、高さを定めるために設けるもので、建物の各すみ、間仕切りなど要所に設ける。水ぐい頭は、いすかまたは矢はず等に加工し、不時の衝撃によるゆがみを容易に発見できるようにする。

水盛りやりかたは、建物に陸墨（水平を表示する墨）を出すまでは必要なものであり、十分注意して管理しなければならない。

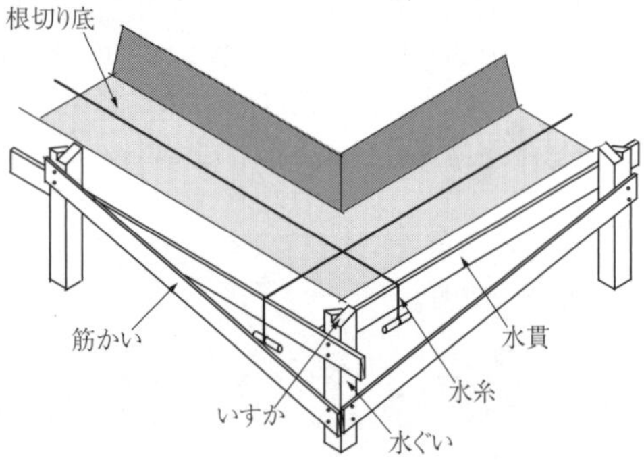

水貫は水ぐいの内側に取り付ける。
隅角部分は両側の水貫がそれぞれくぎ打ちできるよう、水ぐいの位置をずらす。

参考図2.1.3　やりかた

2.2 足場・仮囲い・設備

2.2.1 足場・仮囲い

足場及び仮囲いは、関係法令等に従い、適切な材料、構造とする。

2.2.2 設備

工事用水道、工事用電力などの関係法令等に基づく手続き及び設置は、施工業者が行う。

関係法令

足 場

足場は、工事の施工に適したもので、かつ、安全なものとし、関係法令等に従い、工事の種類・規模・場所・工期などに応じた材料及び構造によって堅固に設ける。足場組立て等に関する法令には、労働安全衛生法、同法施行令や労働安全衛生規則第559条～第575条（足場）などがある。

また、厚生労働省からは、手すり先行工法に関するガイドライン（平成21年4月24日付基発第0424001号）や足場先行工法に関するガイドライン（平成18年2月10日付基発第0210001号）などの具体的な方法が示されている。

仮囲い

工事現場の周囲には、工事期間中、関係法令等に従って仮囲いを設ける。仮囲いに関する法令には、建築基準法第90条（工事現場の危害の防止）や建築基準法施行令第136条の2の20（仮囲い）、第136条の5（落下物に対する防護）、第136条の8（火災の防止）、地方条例などがある。

3.土工事・基礎工事

3.1 土工事

3.1.1 地盤

イ. 敷地地盤の状態については、工事計画上支障のないように、地盤調査を実施するか、あるいは近隣の地盤に関する情報資料等により検討する。

ロ. 地盤調査の結果に基づき、地盤改良を行う場合は、特記による。

3.1.2 根切り

根切りの幅及び深さは、やりかたに従い正確に行う。なお、必要がある場合は、のり面をつけるか土留めを設ける。根切り底の仕上げは平滑に施工し、工事監理者が確認を行う。

3.2 地業

3.2.1 割栗地業

割栗地業は、次による。ただし、地盤が比較的良好な場合は、割栗によらず砕石による地業とすることができる。また、地盤が特に良好な場合は、これらを省略できる。

イ. 割栗石は、硬質なものを使用する。なお、割栗石の代用として玉石を使用する場合も同様とする。

ロ. 目つぶし砂利は、切り込み砂利、切り込み砕石又は再生砕石とする。

ハ. 割栗石は、原則として、一層小端立てとし、すき間のないようにはり込み、目つぶし砂利を充填する。

ニ. 締固めは、割栗地業の場合はランマー3回突き以上、砂利地業の場合はソイルコンパクター2回締め以上又は振動ローラー締めとし、凹凸部は、目つぶし砂利で上ならしする。

3.2.2 砕石地業

砕石地業は、次による。

イ. 砕石は、硬質なものを使用する。

ロ. 締固めは、ソイルコンパクター2回締め以上、振動ローラー等を用いた後、凹凸部は比較的細かい砕石を使って平たんにする。

3.2.3 くい打ち地業

くい打ち地業を必要とする場合は、特記による。

3.3 地下室の基礎壁

3.3.1 一般事項

地下室の各部の仕様は、特記による。

3.3.2 地階の壁

1. 地下室の壁(以下、「地階の壁」という。)は、基礎と一体の鉄筋コンクリート造(部材相互を緊結したプレキャストコンクリート造を含む。)とする。ただし、地上階数2以下の場合は、直接土に接する部分及び地面から30 cm以内の外周の部分以外の壁を、木造の壁とすることができる。
2. 外周部基礎壁沿いには、結露防止のため厚さ25 mm以上の発泡プラスチック系断熱材を基礎天端から貼り付ける。凍上のおそれのある場合の断熱材の厚さは50 mm以上とし、凍結深度よりも深い位置から貼り付ける。

3.3.3 地階の壁の一部を木造の壁とする場合

1. 本章3.3.2（地階の壁）のただし書きにより一部を木造の壁とする場合の地階の壁の構造は、別途構造計算により安全を確かめる。 3.3.2 ☞36頁
2. 木造の壁の構成等は、次による。
   イ．土台（下枠兼用）、たて枠、上枠及び頭つなぎには、すべて寸法型式206以上の製材又は集成材を用いる。なお、たて枠の間隔は、500 mm以内とする。
   ロ．アンカーボルトは、本章3.4.8（アンカーボルト）の1及び2の項によるほか、埋込み位置は、住宅の隅角部付近、土台の継手付近、開口部の両端部150 mm内外とし、その他の部分は間隔1,370 mm以内とする。 3.4.8の1・2 ☞38頁
   ハ．隅角部及び開口部の両端部は、土台とたて枠とをかど金物で緊結する。
3. 木造の壁に開口部を設ける場合は、次による。
   イ．隅角部から900 mm以内は、次の5による構造用合板を張った壁とする。
   ロ．たて枠、土台、上枠及び頭つなぎは切断しない。
   ハ．開口部を連続して設ける場合、その幅の合計を1m以下とする。
   ニ．一の壁面に設けることができる開口部の幅の合計は、当該壁面の長さの30％以下とする。
4. 木造の壁の頭つなぎと1階の床枠組との緊結は、次による。
   イ．側根太、添え側根太及び端根太から、CN75を250 mm以内に斜め打ちする。
   ロ．端根太ころび止めから、床根太相互間に2本のCN75を斜め打ちする。
5. 木造の壁には、厚さ9 mm以上の構造用合板（特類）を土台、側根太又は端根太まで張りつめる。くぎ打ちは、CN50を用い、合板の外周部及び頭つなぎ又は上枠に対しては100 mm間隔以下、中間部は200 mm間隔以下とする。

3.4 平屋建又は2階建の基礎工事

3.4.1 一般事項

1. 基礎は、1階の外周部耐力壁及び内部耐力壁の直下に設ける。
2. 基礎の構造は地盤の長期許容応力度に応じて、次のいずれかとする。ただし、1階の内部耐力壁直下の基礎は、床ばりに代えることができる。
   イ．□布基礎（長期許容応力度　30kN/m²以上）
   ロ．□腰壁と一体になった布基礎（長期許容応力度　30kN/m²以上）
   ハ．□べた基礎（長期許容応力度　20kN/m²以上）
   ニ．□基礎ぐいを用いた構造（長期許容応力度　20kN/m²以上）

3.4.2 布基礎

布基礎の構造は、次による。

1. 布基礎の構造は、一体の鉄筋コンクリート造（部材相互を緊結したプレキャストコンクリート造を含む。）とする。
2. 地面から基礎上端まで又は地面から土台下端までの高さは、400 mm以上とする。
3. 布基礎の立上りの厚さは、150 mm以上とする。底盤の厚さは150 mm以上、幅は450 mm以上とする。また、根入れ深さは、地面より240 mm以上とし、かつ、建設地域の凍結深度よりも深いもの、若しくは、凍結を防止するための有効な措置を講ずるものとする。
4. 基礎の配筋は、次による。
   イ．立上り部分の上・下主筋はD13以上とし、補助筋と緊結させる。
   ロ．立上り部分の補助筋はD10以上とし、間隔は300 mm以下とする。
   ハ．底盤部分の主筋はD10以上、間隔は300 mm以下とし、底盤の両端部のD10以上の補助筋と緊結させる。
   ニ．換気孔を設ける場合は、その周辺にD10以上の補助筋で補強する。

3.4.3 べた基礎・基礎ぐい

べた基礎の構造又は基礎ぐいを用いた構造は、次による。

1. べた基礎の構造及び基礎ぐいを用いた場合の基礎ばりの構造は、一体の鉄筋コンクリート造（部材相互を緊結したプレキャストコンクリート造を含む。）とする。
2. 地面から基礎上端まで又は地面から土台下端までの高さは、400 mm以上とする。
3. べた基礎の基礎底盤には、施工中の雨水等を排水するための水抜き孔を設置する。なお、工事完了後は、当該水抜き孔は適切にふさぐ。
4. その他の構造方法については、構造計算によるものとし、特記による。

3.4.4 腰壁

1. 1階の浴室まわり（当該浴室に浴室ユニットを使用した場合を除く。）には、鉄筋コンクリート造による腰壁を設けるか、又は壁枠組に対して防水上有効な措置を講じるものとする。
2. 鉄筋コンクリート造腰壁の構造方法は、特記による。

3.4.5 土間コンクリート床

1. 外周部布基礎沿いには、結露防止のため厚さ25 mm以上の発泡プラスチック系断熱材を布基礎天端（基礎の内側に施工する場合は、土間コンクリートの下端）から下方へ、底盤の上端まで施工する。ただし、温暖地等においては、断熱材を省略できる。
2. 凍上のおそれのある場合は、上記1の断熱材の厚さを50 mm以上とし、凍結深度以上貼り付ける。
3. 土間コンクリートの床の下層の盛土については、地盤面より2層に分けて行い、それぞれ十分突き固める。なお、盛土に使用する土は、有機性の土、活性の粘土及びシルト類を避け、これら以外のものを使用する。
4. 盛土の上に目つぶし砂利を厚さ50 mm以上敷き詰め十分突き固める。その上にJIS A 6930（住宅用プラスチック系防湿フィルム）、JIS Z 1702（包装用ポリエチレンフィルム）、若しくはJIS K 6781（農業用ポリエチレンフィルム）に適合するもの、又はこれらと同等以上の効力を有する防湿フィルムで厚さ0.1 mm以上のものを全面に敷く。
5. 土間コンクリート床は、厚さ120 mm以上とし、その中央部にワイヤーメッシュ（径4 mm以上の鉄線を縦横に間隔150 mm以内に組み合わせたもの）を配する。

3.4.6 コンクリートの調合及び強度等

基礎に用いるコンクリートの調合及び強度等は、次による。

1. コンクリートは、JIS A 5308（レディーミクストコンクリート）に規定されたレディーミクストコンクリートとする。
2. 呼び強度及びスランプは、特記による。特記がない場合のスランプは18 cmとし、呼び強度は24N/mm^{2}とする。

3.4.7 鉄筋材料

1. 異形鉄筋は、JIS G 3112（鉄筋コンクリート用棒鋼）のJIS規格品とし、その種類、径などは、特記による。
2. 鉄筋の径（d）は、異形鉄筋では呼び名に用いた数値とする。

3.4.8 アンカーボルト

1. アンカーボルト及び座金は、品質及び性能が明示された良質なものとする。
2. アンカーボルトの寸法は直径12 mm以上で、長さは35 cm以上とする。
3. アンカーボルトの埋設位置は、次による。
   イ. 住宅の隅角部付近、土台の継手付近とし、その他の部分は間隔2.0 m以内とする。ただし、3階建の場合は、上記以外に1階の床に達する開口部（以下、「掃出窓」

という。)のたて枠から150 mm以内の位置に配置する。

ロ. 1階床を土間コンクリート床で構成する場合で、掃出窓を設けた場合は、イのほか、まぐさ受けが取り付くたて枠の150 mm以内の部分。

4. アンカーボルトの心出しは、型板を用いて基準墨に正しく合わせ、適切な機器などで正確に行う。
5. アンカーボルトのコンクリートへの埋込み長さは250 mm以上とし、アンカーボルトの先端は、土台の上端よりナットの外にねじが3山以上出るように固定する。
6. アンカーボルトの保持は、型板を用いるなどして正確に行い、移動、下部の揺れなどのないように、十分固定する。
7. アンカーボルトの保持及び埋込み工法の種別は、特記による。特記がない場合は、アンカーボルトを鉄筋などを用いて組み立て、適切な補助材で型枠の類に固定し、コンクリートの打込みを行う。
8. アンカーボルトは、衝撃などにより有害な曲がりを生じないように取り扱う。また、ねじ部の損傷、さびの発生、汚損を防止するために布、ビニルテープなどを巻いて養生を行う。

3.4.9 床下換気

1. 床下空間が生じる場合の床下換気措置は、次のイ、ロのいずれかによる。ただし、本章3.5(基礎断熱工事)により基礎の施工を行う場合は、床下換気孔を設置しないこととする。 3.5 ☞54頁

イ. □外周部の基礎には、有効換気面積300 cm^{2}以上の床下換気孔を間隔4 m以内ごとに設ける。

ロ. □ねこ土台を使用する場合は、外周部の土台の全周にわたって、1 m当たり有効面積75 cm^{2}以上の換気孔を設ける。

2. 外周部の床下換気孔には、ねずみ等の侵入を防ぐため、スクリーンなどを堅固に取り付ける。
3. 外周部以外の室内の布基礎には、適切な位置に通風と点検に支障のない寸法の床下換気孔を設ける。

3.4.10 配管スリーブ

1. 基礎を貫通して設ける配管スリーブは、必要に応じて補強筋を設け、雨水が流入しない位置に設ける。
2. 基礎を貫通するスリーブと配管とのすき間には、防蟻性のある材料を充填する等、防蟻上有効な措置を施す。

3.4.11 養生

1. コンクリート打込み終了後は、直射日光、寒気、風雨などを避けるため、シートなどを用いて養生する。
2. 普通ポルトランドセメントを用いる場合の型枠の存置期間は、気温15℃以上の場合は3日間以上、5℃以上15℃未満の場合は5日間以上とする。なお、やむを得ず寒冷期に施工する場合は、気温に応じて適切な養生を行うとともに、工事監理者がいる場合は、その指示を受ける。
3. コンクリート打込み後1日間は、その上を歩行したり、重量物を載せてはならない。

3.4.12 天端ならし

やりかたを基準にして陸墨を出し、布基礎の天端をあらかじめ清掃、水湿し、セメント、砂の調合が容積比にして1:3のモルタルなどを水平に塗り付ける。ただし、セルフレベリング材を用いて天端ならしを行う場合は、特記による。

3.4.13 床下防湿

床下防湿措置は、次の1、2のいずれか又は両方による。ただし、基礎の構造をべた基礎とした場合は、この限りではない。

1. □防湿用のコンクリートを施工する場合
   イ. 床下地面全面に、厚さ60 mm以上のコンクリートを打設する。
   ロ. コンクリート打設に先立ち、床下地面は盛土し、十分突き固める。
2. □防湿フィルムを施工する場合
   イ. 床下地面全面にJIS A 6930（住宅用プラスチック系防湿フィルム）、JIS Z 1702（包装用ポリエチレンフィルム）、若しくはJIS K 6781（農業用ポリエチレンフィルム）に適合するもの、又はこれらと同等以上の効力を有する防湿フィルムで厚さ0.1mm以上のものを敷き詰める。
   ロ. 防湿フィルムの重ね幅は150 mm以上とし、防湿フィルムの全面を乾燥した砂、砂利又はコンクリート押えとする。

調査データ

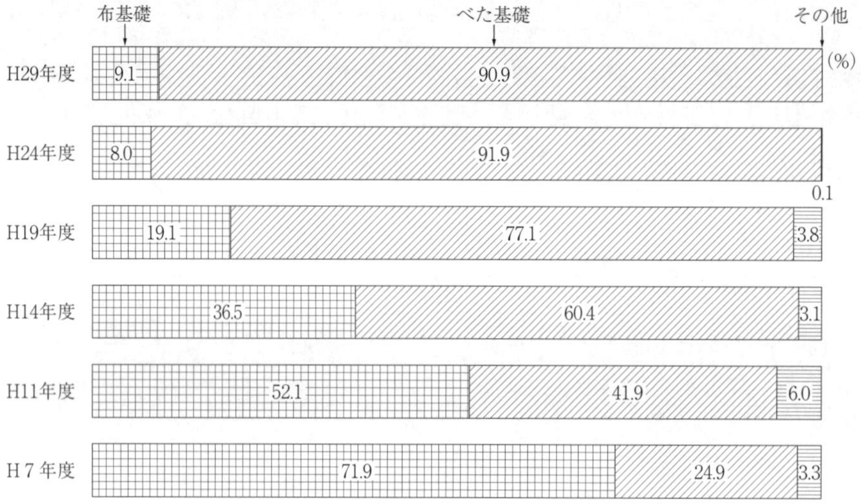

基礎の構造

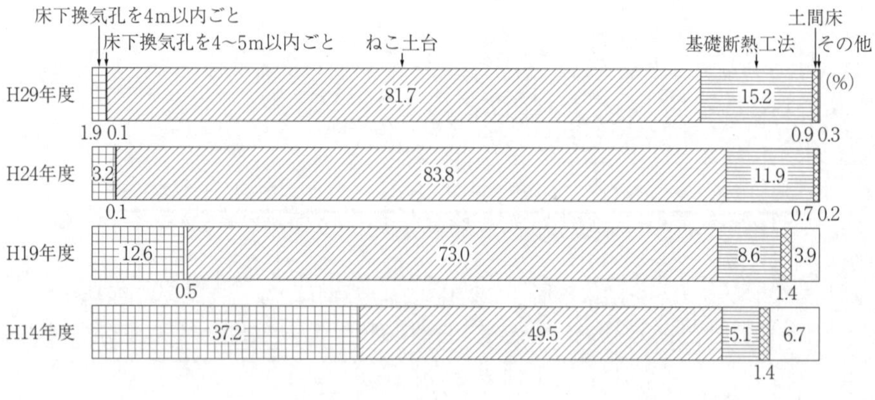

床下換気措置

［フラット35住宅仕様実態調査（住宅金融支援機構）］

用語

セルフレベリング材

せっこう系またはセメント系の自然流動材で、不陸のあるコンクリート床面や布基礎上端に5～20mm程度流して、平たん、平滑な面をこて押えなしで仕上げ、24時間以内に硬化し歩行が可能となる材料である。

一体の鉄筋コンクリート造

基礎は、一体の鉄筋コンクリート造とすることが構造上必要である。一体の鉄筋コンクリート造とするには、以下の3つの方法がある。

(1) コンクリートをすべて一度に打ち込む。

(2) 必要な打継ぎ処理を行い、複数回に分けてコンクリートを打ち込む。

(3) プレキャストコンクリートを鉄筋等により相互に緊結する。

コンクリートの打継ぎ部は、完全な一体化結合にはなりにくく、構造耐力や耐久性の低下をもたらす危険があるので、その処理は慎重に行わなければならない。

打継ぎ部の処理に関する具体的な注意事項は、以下のとおりである。

(1) 鉛直打継ぎ部は欠陥が生じやすいところであるので、できるだけ設けない。

(2) 打継ぎ部にレイタンス(コンクリート表面に形成する脆弱な薄膜)が生成された場合は、それを取り除き、健全なコンクリートを露出させる。

(3) 打継ぎ部の新旧コンクリートの一体化及び後打ちコンクリートの水和を妨げないため、打継ぎ部のコンクリート面を散水などにより十分に湿潤状態に保つ。ただし、水膜が残っていると打継ぎ部の一体化に有害であるため、打継ぎ部表面の水は取り除く。

コンクリートの呼び強度

コンクリート強度の呼称であり、生コン工場に発注する際に用いる強度である。通常、鉄筋コンクリート工事におけるレディーミクストコンクリートは、設計基準強度を求め、この強度に構造体強度補正値を加えた強度を呼び強度として発注する。

ねこ土台

土台と基礎との間にねこ(土台と基礎の間にかい込むものの総称)を挟んだもの。土台を浮かせて水湿しを防ぐとともに、基礎に孔を設けず床下換気が確保できる工法。

関係法令

地下室の設計・施工

地下室の設計、施工にあたっては、平成12年6月1日施行の建築基準法施行令第22条の2及び平成12年5月31日付建設省告示第1430号「地階における住宅等の居室に設ける開口部及び防水層の設置方法を定める件」において、下記のとおり技術的基準が定められているので、それに従い具体的な仕様を特記する必要がある。

なお、外周部基礎壁に沿って断熱材を施工する際は、結露やシロアリの被害にも留意する。詳しくは、本章3.5(基礎断熱工事)の解説を参照されたい。

1. 居室が次の(1)から(3)のいずれかに適合しているもの

(1) 地下室の開口部が次の①、②のいずれかの場所に面しているとともに、換気に有効な部分の面積が、当該居室の床面積に対して1/20以上であること。

①イからニのすべてに適合するからぼり

イ　底面が開口部より低い位置にあり、雨水を排水する設備が設けられているもの

ロ　上部が外気に開放されているもの

ハ　地下室の外壁から、その壁に面するからぼりの周壁までの水平距離が1m以上で、開口部の下端からからぼりの上端までの垂直距離の4/10以上であること

ニ　地下室の壁に沿った水平方向の長さが2m以上であり、かつ、開口部からの高さ以上であること

②開口部の前面に、当該住宅の建設敷地内で開口部の下端よりも高い位置に地面がない場所

(2) 換気設備(建築基準法施行令第20条の2に規定するもの)を設置する。

(3) 湿度調節設備を設置する。

2. 直接土に接する外壁、床、屋根には、次の①または②のいずれか(屋根は①)に適合する防水措置を講じる(ただし、常水面以上の部分にあっては、耐水材料で造り、かつ、材料の接合部及びコンクリートの打継ぎをする部分に防水措置を講ずる場合を除く)。

①埋戻しその他工事中に防水層がき裂、破断等の損傷をしないよう保護層を設ける。また、下地の種類、土圧、水圧の状況等に応じ、防水層に割れ、すき間が生じないよう、継目等に十分な重ね合せをする。

②直接土に接する部分を耐水材料で造り、かつ、直接土に接する部分と居室に面する部分の間に居室内への水の浸透を防止するための空隙(当該空隙に浸透した水を排水する設備が設けられているもの)を設ける。

基礎の構造

住宅の基礎については、建築基準法施行令第38条第3項において「建築物の構造、形態及び地盤の状況を考慮して国土交通大臣が定めた構造方法を用いるものとしなければならない。」と規定されており、平成12年5月23日付建設省告示第1347号「建築物の基礎の構造方法及び構造計算の基準を定める件」において、基礎の寸法、形状、鉄筋の配置の方法等が定められた。

本告示においては、下表のとおり、地盤に対応した基礎の種類を次のとおり定めているところであり、地震時のみならず、通常の使用時においても基礎の不同沈下を防止するためには、地盤の許容応力度、土質、建設地の積雪条件等を十分考慮して慎重に設計を行い、基礎の種類、鉄筋の配置方法等を決定する必要がある。

地盤の長期に生ずる力に対する許容応力度	基礎の種類
20kN/m^{2}未満	基礎ぐいを用いた構造
20kN/m^{2}以上30kN/m^{2}未満	べた基礎または基礎ぐいを用いた構造
30kN/m^{2}以上	布基礎、べた基礎または基礎ぐいを用いた構造

なお、本仕様書では、基礎ぐいを用いた構造、べた基礎を採用する場合にあたっては、建設地の状況や荷重条件を個別に把握し、構造計算等によって基礎の形状、鉄筋の配置方法等を決定し、その仕様を特記することとしている。

凍結深度

地中のある深さで土の温度がほぼ0℃となり、地盤の凍結が停止する位置を「凍結線」といい、地表から凍結線までの深さを「凍結深度」という。凍結深度については、建物の安全等を確保するため建築基準法第40条の規定に基づき地方公共団体が条例で定めている場合があるので、寒冷地等においては建物の設計前に検査機関等に照会する必要がある。

施工方法

床下換気

床下は、地面からの湿気の蒸発等により湿気がたまりやすい場所となり、ナミダタケ(寒冷地)やワタグサレダケ(温暖地)による被害をもたらしている。これらの木材腐朽菌は乾燥に弱いので、床下の換気が十分できるように、下記の点に注意して換気孔を設ける必要がある。なお、この主旨は、4mの等間隔で機械的に換気孔を設けることでなく、まぐさ受けの位置にも配慮したうえで、4m以内の間隔で有効な床下換気が行えるようにバランス良く換気孔を設置することにある。

(1) 床下のコーナー部は換気不足(湿気のこもり)になりがちなので、その箇所に換気孔を設けるのが効果的である。
(2) 床下がつねに乾燥している状態を保つために、換気孔はできるだけ高い位置に設ける。
(3) 外周部布基礎の換気孔から雨水が流入しないように、換気孔下端は外下がりに勾配をつける。
(4) 間仕切り壁の下部が布基礎の場合は、通風、点検のために換気孔を必ず設ける。
(5) 基礎を強固に保つため、換気孔まわりは斜め筋等により有効に補強する。

床下換気孔の形状は、所要面積が確保されていれば問わないが、ねこ土台によって床下換気孔を確保する場合には、構造上支障が生じないよう、ねこ部分の間隔、アンカーボルトの位置等について十分検討することが必要である。また、ねこ部分の材料については、性能及び品質が明らかなものを使用するよう注意が必要である。なお、基礎のモルタル塗り施工の際、換気孔の有効換気面積を低減させることがないよう、モルタルの厚さやはみ出しに注意が必要である。

留意事項

液状化対策

平成23年3月11日の東日本大震災により、大規模な地盤の液状化被害が発生した。戸建住宅では、スクリューウエイト貫入試験(JIS A 1221)などによる地盤調査が一般的であるが、より高い精度で液状化リスクを判定することが必要である。

地盤調査の必要性及び方法

構造耐力上安全な木造住宅を建設する前提条件として、建築予定敷地の地盤調査を行い許容地耐力を確認し、地業を十分に行い構造的に安全な基礎の設計を行う必要がある。

主な調査方法と概要は、次表のとおりである。

表3.1.1-1　地盤調査の方法と概要

調査方法	概　要
ハンドオーガーボーリング	専用の機材を人力で回転させながら地中に押し込んで土を採取し、地盤の特徴を調査する方法。
ロータリーボーリング	本格的な地盤調査を行う時に用いられる方法。
標準貫入試験	ロータリーボーリング用のロッドの先端に標準貫入試験用サンプラーを取り付け、63.5 kgのハンマーを75 cmの高さから自由落下させて、30 cm貫入させるのに必要な打撃回数により地盤を判定する方法。
スクリューウエイト貫入試験	スクリューポイントを取り付けたロッドの頭部に、1,000 Nまでの荷重を加えて貫入を測り、貫入が止まったらハンドルに回転を加えて地中にねじ込み、1 mねじ込むのに必要な半回転数を測定する方法。

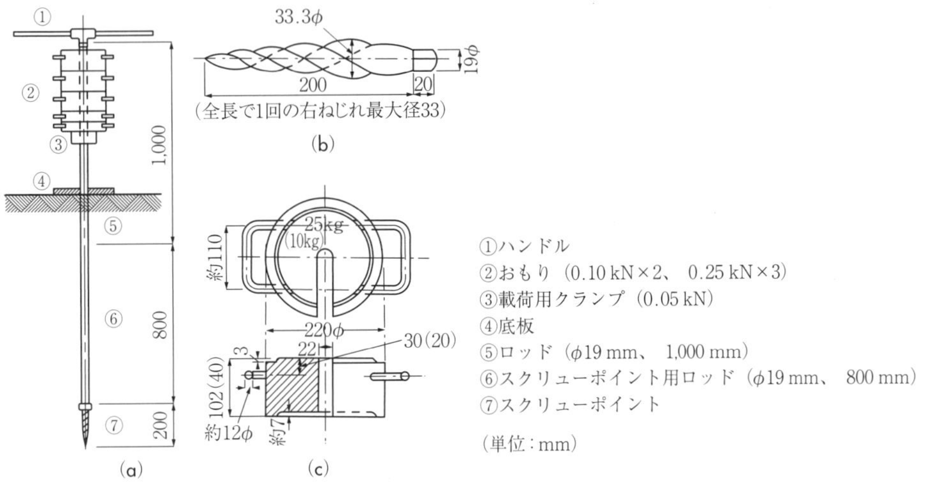

参考図3.1.1-1　スクリューウエイト貫入試験

地盤調査のポイント

建築敷地およびその周囲が平たんに見えても、過去の地形・地質の履歴により支持地盤の深さが一様でないこともある。支持地盤の高低を正しく把握し、不同沈下を起こさないようにするために、現地調査を確実に行う必要がある。

現地調査の項目および判断基準は、住宅瑕疵担保責任保険法人の現地調査チェックシート等が参考になる。

スクリューウエイト貫入試験（旧「スウェーデン式サウンディング試験」）

地盤調査の方法として、簡便に許容地耐力を確認できる「スクリューウエイト貫入試験」が一般的に採用されている。この方法は、平成13年国土交通省告示第1113号に基づき地盤の許容応力度を算定するものである。この方法は、砂礫層での礫の影響で測定値が過大となる傾向があることや、Nsw値（1m当たりの半回転数）をN値に換算する場合の誤差が生じやすい等の理由により、地盤の許容応力度の決定に際しては、計測の結果をふまえて余裕をもたせる必要がある。

スクリューウエイト貫入試験結果の読み方（概要）

試験結果の表は、［貫入深さ］、［記事貫入状況］、［土質］、［荷重kN］、［1m当たり半回転数Nsw］等を並べたグラフを表記し、土質別の計算式から［換算N値］を算出する。

表3.1.1-2 ［荷重kN］と［1m当たり半回転数Nsw］の合成グラフ

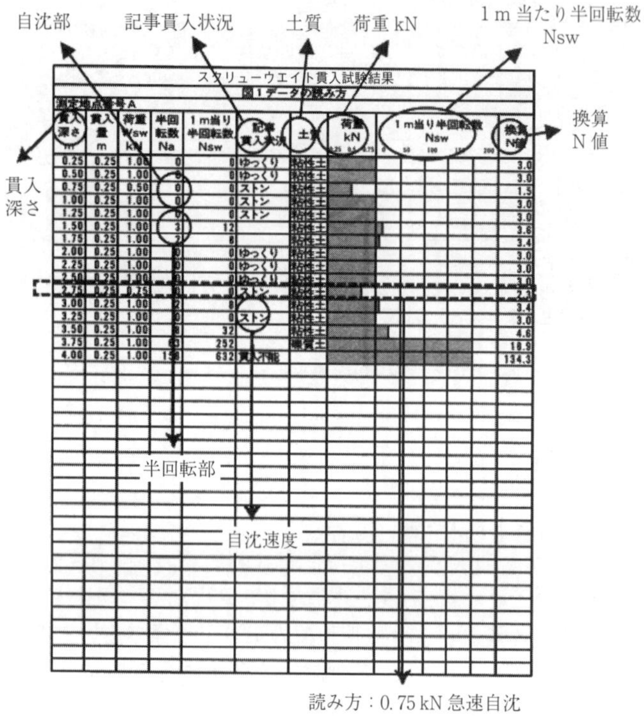

(A) 記入内容の例

［荷重kN］のグラフ

荷重を0.25kN単位で加え自沈が起こるか調査する部分であり、どの程度の荷重で沈下したかがわかる。この範囲でグラフが留まっていると軟弱な地盤であると判断される。なお、非常に軟弱な場合は、測定単位深さである25cmを超えて一気に沈下してしまう場合もあり、このようなケースの場合はデータの読み取りに注意する。

［1m当たり半回転数Nsw］のグラフ

荷重1.00kNで自沈が起こらなかった場合、1m貫入させるのに必要な半回転数が表現される。この部分までグラフがのびている場合は、比較的良い地盤層であると判断される。ただし、工場跡地などで、部分的にガリガリと音がした場合は、解体残物混入などのおそれがある。

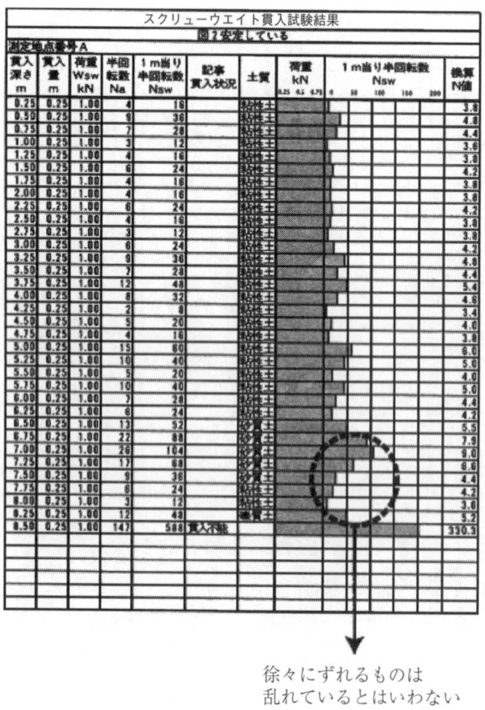

(B) 安定している例

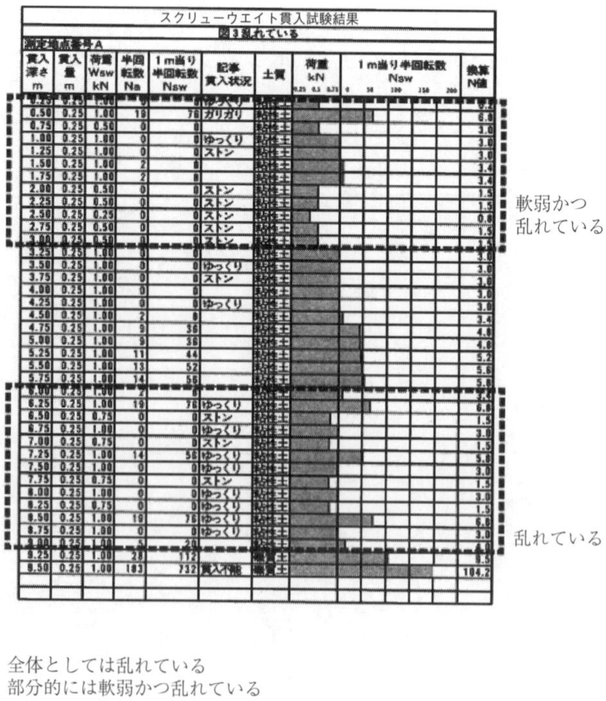

(C) 乱れている例

造成地盤における注意点

造成地盤は、造成前の地盤の状況等により問題点が多岐にわたる。近年、多く見られる不同沈下の事象には、水田などの軟弱な地盤に盛土を行い軟弱層に圧密沈下が生じるもの、傾斜地などに切土、盛土を行い盛土側で圧密沈下が生じるもの、擁壁を築造した際の埋戻し土が圧密して部分的に沈下が生じるものなどがある。

不同沈下を抑制するためには、適切な地盤調査を行い、適切な判断の下に基礎形式を選択すること、また、必要に応じて地盤改良を行うことが重要である。造成地盤における主な注意点は、以下のとおりである。

- 盛土を行う場合は、盛土30 cmの厚さごとに十分締固めを行う。
- 切土、盛土を行う場合は、建物を切土側に寄せる。
- 擁壁を築造する場合は、なるべく建物を擁壁から離して建てる。
- 基礎にかかる荷重は、所定の許容応力度を有する地山まで到達させる。

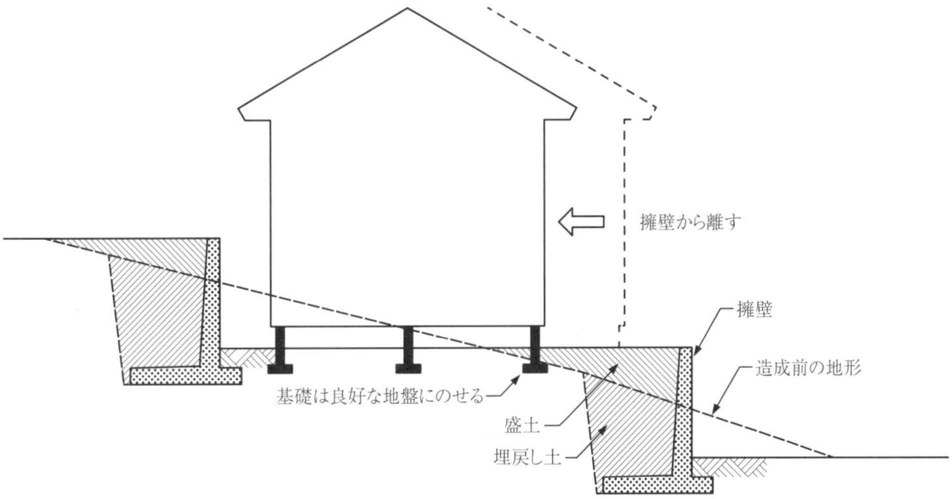

参考図3.1.1-2　傾斜地を造成した地盤における基礎の対応例

割栗地業

割られた石が相互にかみ合い、一つの板のようになって定着地盤の突固めを効果的に行うことを目的とする。割られた石とは、玉石の割られたもの及び砕石で、大きいものを表している。ただし、良質地盤においては、この地業を施すことにより地盤を乱し、かえって耐力を減ずることがあるから注意すること。

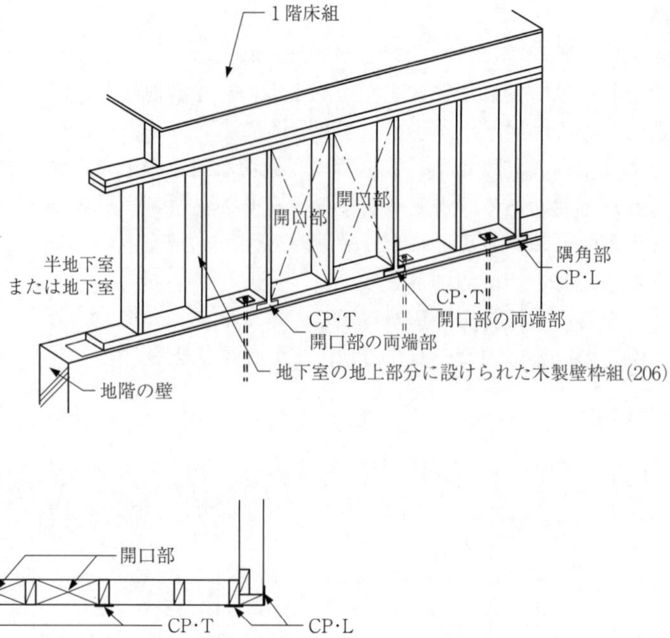

(A)隅角部及び開口部両端部の補強

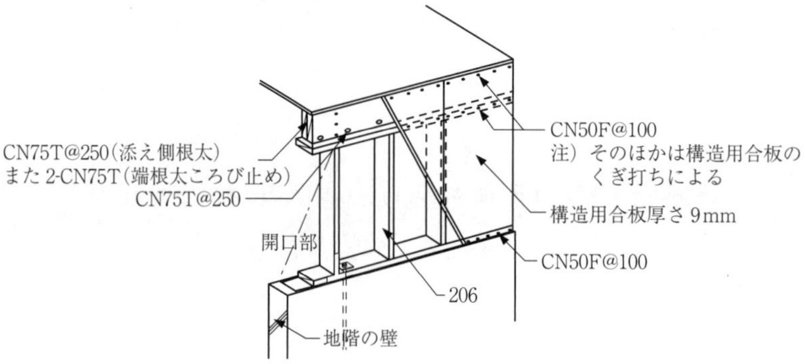

(B)くぎ打ち及び面材の張り方

参考図3.3.3　地階の壁の一部を木造とする場合の構造

留意事項

基礎の立上り高さの確保

基礎は、上部構造を支える部分であるため、その所要性能の確保と耐久性の担保は建物の長寿命化には不可欠である。そのため、本章3.4.2（布基礎）及び本章3.4.3（べた基礎・基礎ぐい）の仕様項目は適切に施工に反映されることが望まれる。

基礎の仕様のうち、立上りの高さは400 mm以上にすることとしている。この仕様は、土台・床などの木部を地面の湿気から隔離し、降雨時における雨滴の跳ね返りの影響を少なくすることにより、木部の腐朽や外壁の劣化を防止し、建物の寿命をより長く保つことを目的としている。

なお、基礎の高さを高くすることで、床下空間の内法高さが確保でき、床下点検を行いやすくする効果も期待できる。

基礎配管スリーブの設置

将来的な住宅設備の更新工事を想定して、あらかじめ設備配管の更新が容易となるよう配慮しておくことが望ましい。

例えば、基礎に配管スリーブを埋設し、設備配管を配管スリーブの中に通しておけば、基礎を損傷することなく設備配管の更新が可能となる。ただし、この場合、配管スリーブ部分は、基礎にとって構造的な弱点や雨水浸入につながるおそれがあることから、その埋設箇所はひび割れが生じにくい位置とし、設置高さにも注意が必要である。また、配管スリーブと配管とのすき間が蟻道となることを防止するため、当該すき間には防蟻性のある材料を充填することも重要である。

なお、基礎配管スリーブについては、Ⅲ−5.9（専用配管）の解説に施工例を掲載しているので参照されたい。

床下点検のしやすさへの配慮

木質材料の腐朽や蟻害の有無等を確認するため、床下点検が適切に実施できるようあらかじめ配慮しておくことが重要である。特に、1階の台所、浴室および洗面所は、機能上湿気の発生を伴うだけでなく、地面が湿潤になりやすい建物北側に配置することが一般的であるため、台所と洗面所に床下点検口を設けるとともに、洗面所床下から浴室床下（浴室ユニットの場合）も見通せるよう計画し、その床下を容易に点検できるよう計画するとよい。

また、基礎の人通口の配置計画にも留意する必要がある。適当な大きさの人通口を正しく配置することで、床下点検口を介してすべての床下空間の点検が可能となることから、適切な点検経路を想定した人通口の設置が求められる。人通口の大きさは、構造強度を確保するとともに点検者の移動が容易となるよう、幅は500 mm以上600 mm以下とし、高さは330 mm程度を確保する必要がある。

ただし、構造上の観点から、設置にあたっては基礎立上り部分を補強筋により補強する必要がある点に留意すること。補強にあたっては、布基礎は参考図3.4.2-2（D）、べた基礎は参考図3.4.3-2又は参考図3.4.3-3を参照されたい。

なお、人通口を設ける代わりに、床下収納庫、押入や物入等を利用した床下点検口を設ける方法もある。

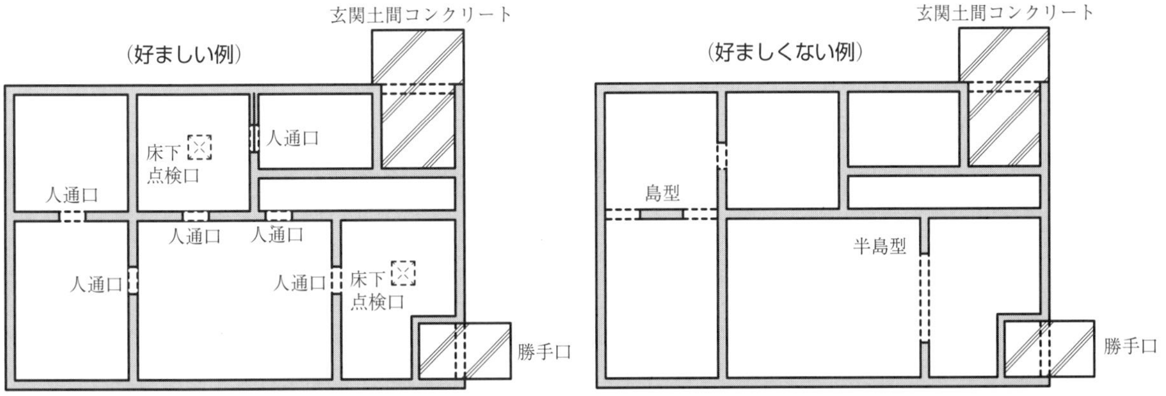

注）布基礎は、一体の鉄筋コンクリート造とし、特に耐力壁線直下の布基礎を島型や半島型にするのは好ましくない。なお、玄関等の出入口部分や床下点検口などの箇所で、布基礎の立上り部分に欠き込みを行う必要がある場合でも、欠き込み部分以外の立上り部分の布基礎を連続させておくことが望ましい。

参考図3.4.2-1　基礎人通口・床下点検口の設置例

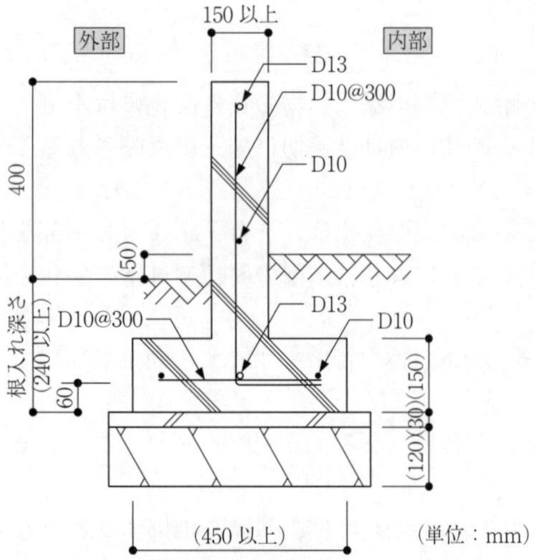

(A) 配筋図

注1) 布基礎各部の寸法のうち( )内の寸法は、一般的な参考例である。底盤の幅の決定にあたっては、荷重条件及び地盤の地耐力等を勘案して適切なものとする。

2) 横筋のうち上下主筋は、D13その他の横筋及び縦筋はD10とし、鉄筋の間隔は300 mmとすることを標準とする。

3) 立上りの補助筋に上端筋(主筋)を固定(結束)する際に、上端筋の正確な位置取りが困難な場合には、補助筋の頂部にフックを設けて上端筋を適切に配筋できるようにすることが好ましい。

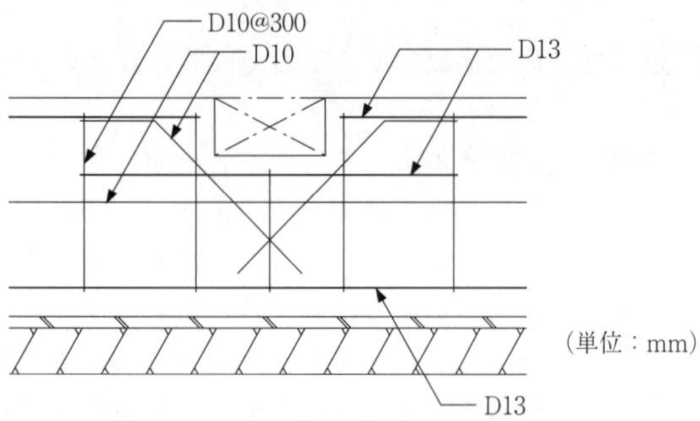

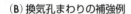

注1) 換気孔まわりは、D13の横筋とD10斜め筋により補強する。

2) D13横筋の長さは、500 mm＋換気孔の幅の長さ＋500 mmとする。

3) D10斜め筋の長さは、2×400 mm＝800 mm以上とする(コンクリートの呼び強度 24 N/mm^{2}の場合)。

(B) 換気孔まわりの補強例

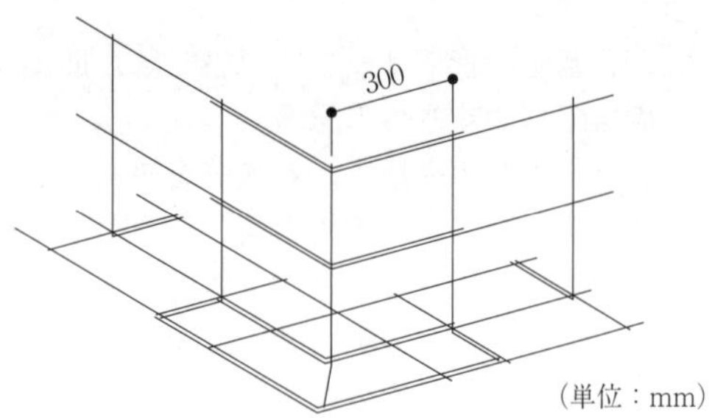

注) 隅角部では、各横筋を折り曲げたうえ、直交する他方向の横筋に300 mm以上重ね合せる。

(C) コーナー部の配筋おさまり例

参考図3.4.2-2 布基礎詳細例①

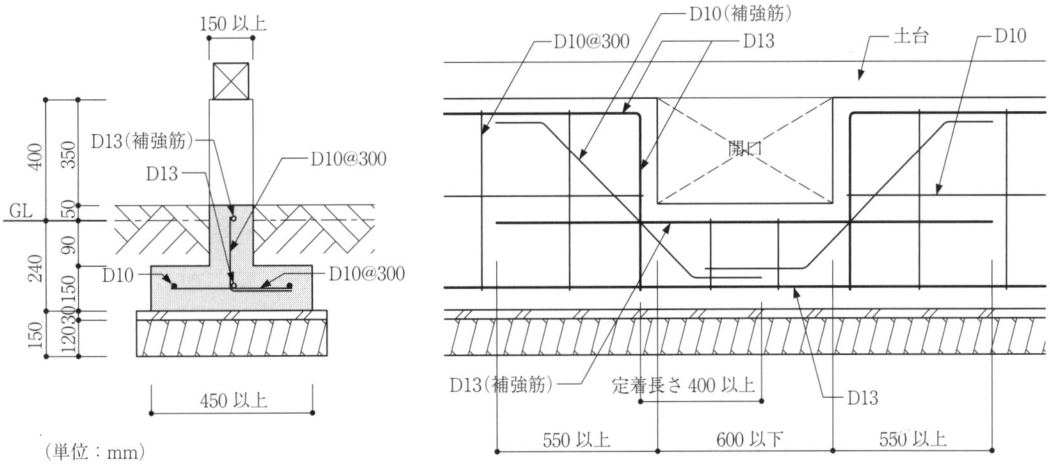

注1) 人通口まわりは、D13横筋とD10斜め筋により補強する。
2) 補強用D13横筋の長さは、550 mm + 人通口の幅の長さ + 550 mm以上とする。
3) 補強用D10斜め筋の定着長さは、400 mm以上とする。
4) 人通口の幅は600 mm以下とし、設置位置はたて枠間隔が1.82 m以下の下部で、かつ、たて枠から近いほうの人通口端部までの距離が300 mm以内とする。
5) たて枠間隔が1.82 mを超える下部に設ける場合は、構造計算を行い適切な補強を行う。
6) 補強用D10斜め筋の定着長さを400 mm以上確保する代わりに、通し筋としてもよい。

(D) 人通口まわりの補強例

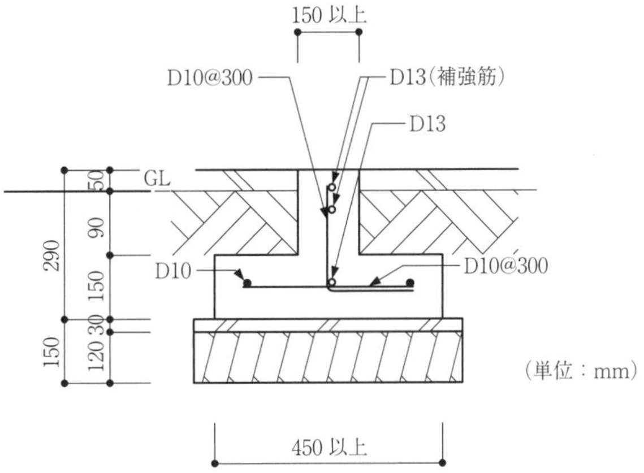

注1) 基礎の立上り高さが小さい部分は、D13横筋2本によって補強する。なお、補強用D13横筋2本は、開口部下部だけでなくその通り全体に配筋する。
2) 開口部の幅は2.73 m未満とする。
3) 開口部の幅が2.73 m以上の場合は、構造計算を行い適切な補強を行う。

(E) 基礎立上り高さが小さい場合(インナーガレージとする場合等)の補強例

参考図3.4.2-2　布基礎詳細例②

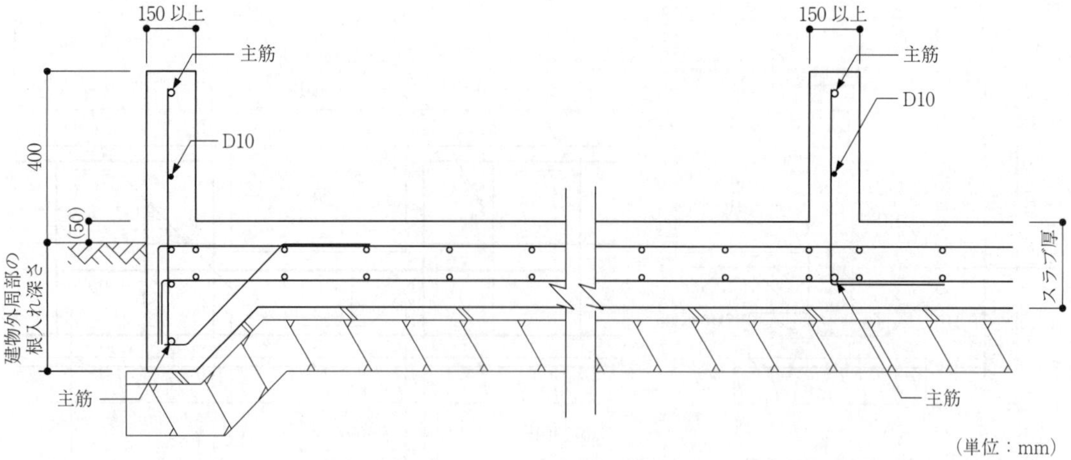

（単位：mm）

注1）べた基礎の寸法及び配筋については、建設敷地の地盤状況を勘案のうえ、構造計算により決定すること。
  2）1階の床下地面は、建物周囲の地盤より50 mm以上高くする。
  3）根入れ深さは12 cm以上、かつ、凍結深度以上（行政庁が規定している場合）とする。なお、建物内部の底盤の根入れ深さを建物外周部より浅く設定する場合は、その位置で許容応力度が確保されるように、その地盤に応じた適切な措置を行うとともに、建物外周部は基礎施工後の給排水・ガス工事等による地業･地盤の損傷による建物内部への雨水の浸入を防ぐために、適切な根入れ深さとする。
  4）配管類のための穴の間際に防蟻性のある材料（ルーフィング用コールタールピッチ、ゴム状の瀝青シール等）を充填する等、防蟻上有効な措置を施す。
  5）基礎底盤の雨水を排水するため、適切な位置に水抜き孔を設ける。なお、当該水抜き孔は工事完了後にふさぐ。

参考図3.4.3-1　べた基礎詳細例

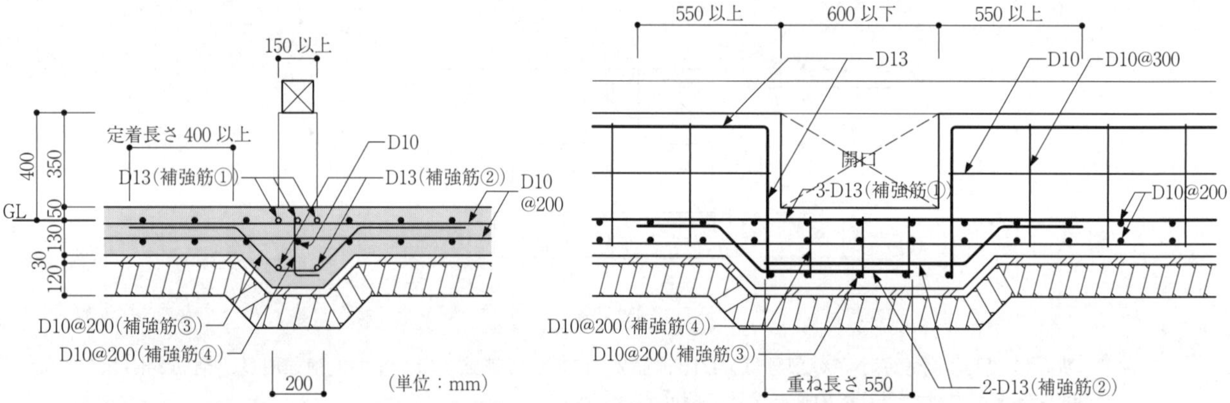

（単位：mm）

注1）人通口まわりは、D13補強筋（①～②）及びD10補強筋（③～④）により補強する。
  2）D13補強筋②の長さは、550 mm＋人通口の幅の長さ＋550 mm以上とし、その重ね長さは550 mm以上とする。
  3）D10補強筋③の定着長さは、400 mm以上とする。
  4）人通口の幅は600 mm以下とし、設置位置はたて枠間隔が1.82 m以下の下部で、かつ、たて枠から近いほうの人通口端部までの距離は300 mm以内とする。
  5）たて枠間隔が1.82 mを超える下部に設ける場合は、構造計算を行い適切な補強を行う。
  6）D13補強筋②の重ね長さを550 mm以上確保する代わりに、通し筋としてもよい。

参考図3.4.3-2　べた基礎の人通口まわりの補強例1

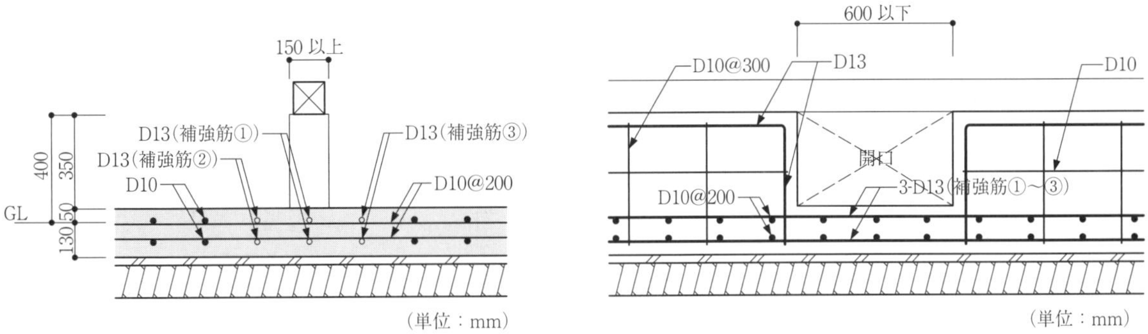

注1) 人通口の下部は、D13補強筋（①～③）で補強する。
2) 人通口の幅は600 mm以下とし、人通口を設ける位置はたて枠間隔が0.91 m以内の下部とする。
3) たて枠間隔が0.91 mを超える下部に人通口を設ける場合は、構造計算を行い適切な補強を行う。

参考図3.4.3-3　べた基礎の人通口まわりの補強例2

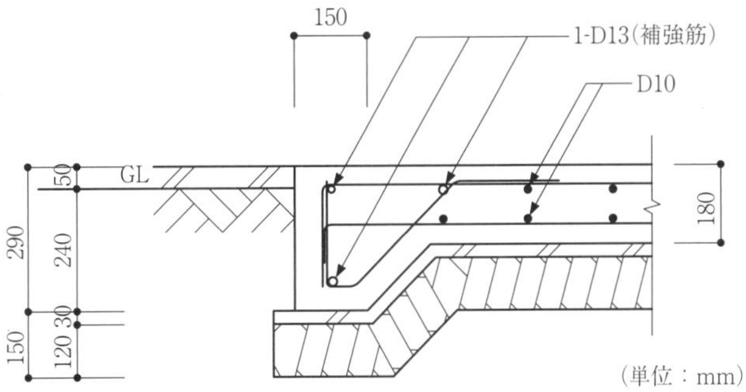

注1) 開口部下部は、D13補強筋により補強する。
2) D13補強筋は、開口部がある通り全体に配筋する。
3) 開口部の幅は2.73 m未満とする。
4) 開口部の幅が2.73 m以上の場合は、構造計算を行い適切な補強を行う。

参考図3.4.3-4　べた基礎の基礎立上り高さが小さい場合（インナーガレージとする場合等）の補強例

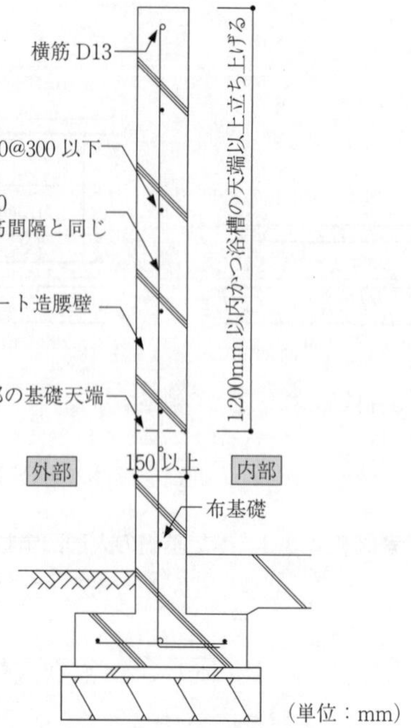

参考図3.4.4　腰壁詳細の例

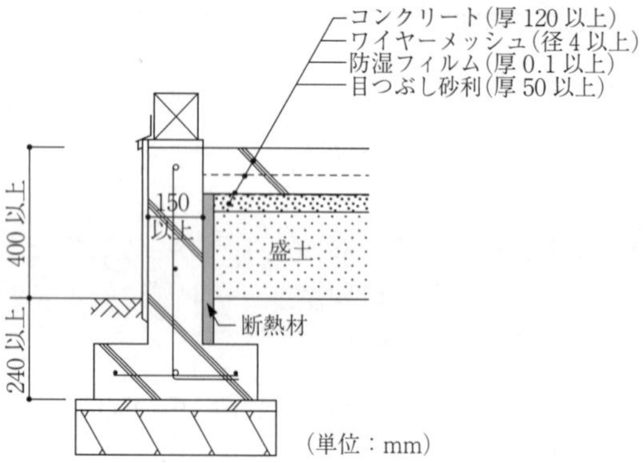

(A) 内断熱施工例

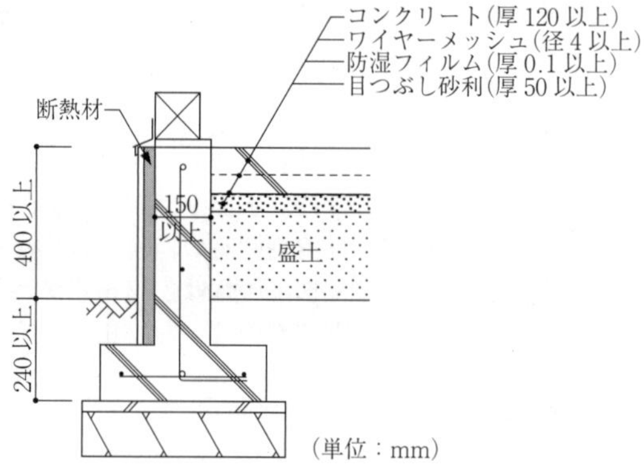

(B) 外断熱施工例

注1)　土間コンクリート床とは、盛土の上に、非構造スラブであるワイヤーメッシュ入りコンクリートスラブを設けるものをいう。

2)　地中に埋めた断熱材は一般的にシロアリの被害を受けやすいため、建設地周辺におけるシロアリの生息状況や被害状況を十分勘案して詳細仕様を検討するよう注意が必要である。本章3.5(基礎断熱工事)解説(断熱材の施工位置)を参照する。

3)　(A)の内断熱施工の場合、コンクリート部分が熱橋となるため、土間床部分が大きいと断熱性に影響することに注意する。

4)　住宅性能表示制度における断熱等性能等級4の住宅仕様基準に適合する住宅とする場合は、土間床等の外周部の断熱材は、基礎底盤上端から基礎天端まで連続して施工する必要がある。そのため、内断熱施工の場合でも、断熱材は土間コンクリート床を貫通して基礎天端まで施工する必要があることに注意する(本章、参考図9-1.2.1-2参照)。

参考図3.4.5　土間コンクリート床

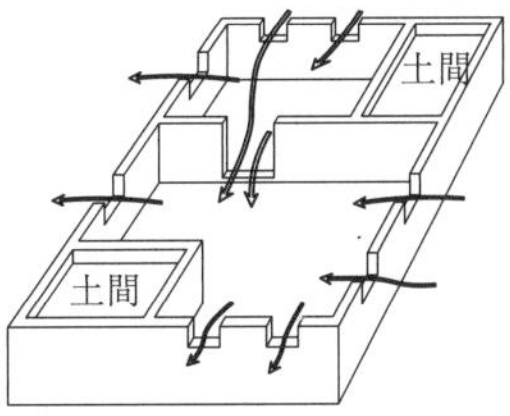

（良い例）

(a)床下換気孔の換気計画

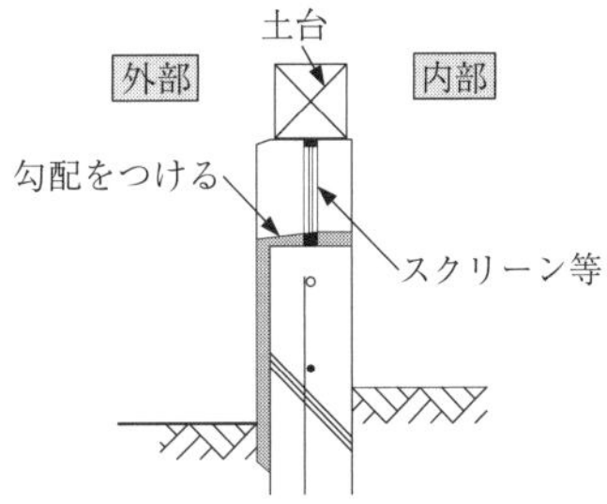

(b)床下換気孔断面図

(A) 床下換気孔による場合

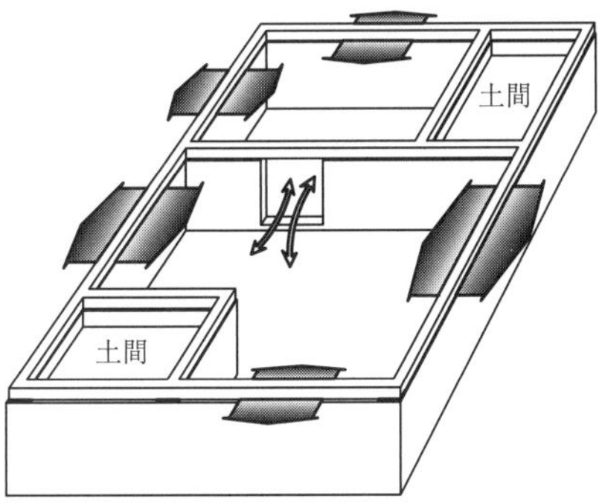

(a)ねこ土台の換気計画

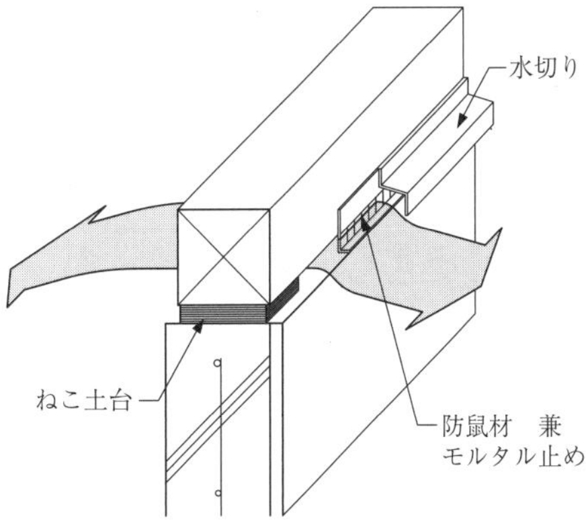

(b)ねこ土台による換気まわり詳細図

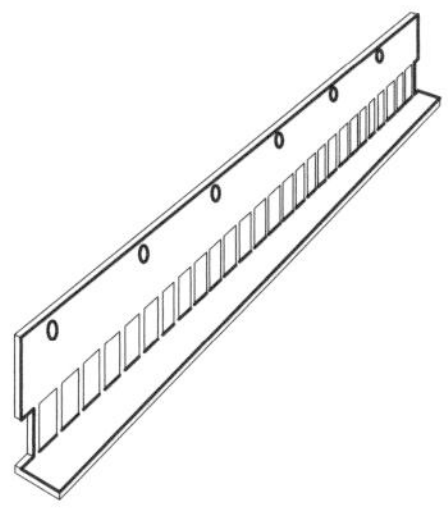

(c)防鼠材の例

(B) ねこ土台による場合

参考図3.4.9　床下換気

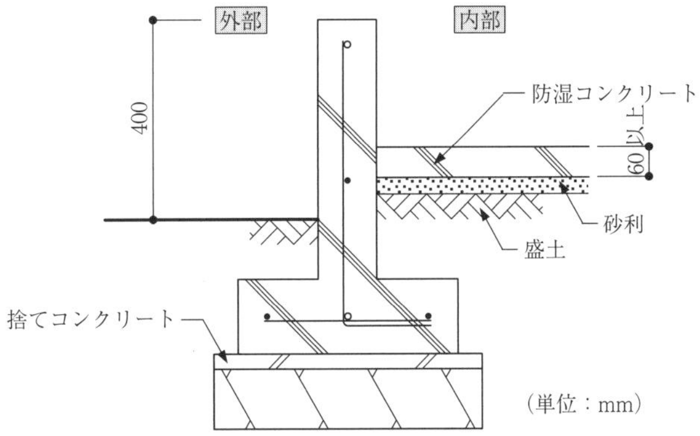

参考図3.4.13　床下防湿コンクリート

3.5 基礎断熱工事

3.5.1 一般事項

1. 基礎断熱工法に係る仕様は、この項による。
2. 本項でいう基礎断熱工法とは、床に断熱材を施工せず、基礎の外側、内側又は両側に地面に垂直に断熱材を施工し、床下換気孔を設けない工法をいう。

3.5.2 基礎における断熱材の施工

1. 断熱材は吸水性を有しない材料を使い、基礎の底盤上端から基礎天端まで打込み工法により施工する。
2. 断熱材の継目は、すき間がでないように施工する。型枠脱型後、すき間が生じているときは現場発泡断熱材などで補修する。
3. 基礎の屋外側に設ける断熱材が外気に接しないよう、外装仕上げを行う。
4. 基礎天端と土台との間には、すき間が生じないようにする。
5. ポーチ、テラス、ベランダ等の取合い部分で断熱欠損が生じないよう施工する。

3.5.3 断熱材の施工位置

基礎に施工する断熱材の施工位置は、次のいずれかとする。

イ. □基礎の内側
ロ. □基礎の外側
ハ. □基礎の両側(内側と外側両方)

3.5.4 断熱材の熱抵抗値又は厚さ

1. 基礎に施工する断熱材の熱抵抗値又は厚さは、地域の区分及び断熱材の種類(本章9-1(断熱工事)における地域の区分及び断熱材の種類)に応じ、次表に掲げる数値以上とする。ただし、使用する断熱材に、その断熱材の熱抵抗値が表示されている場合には、必要な熱抵抗値に適合していること。

地域の区分
(付録8 ☞411頁)
断熱材の種類
(9-1.3.2 ☞184頁)

地域の区分	必要な熱抵抗値 (m^2·K/W)	断熱材の種類・厚さ(mm)							
		A－1	A－2	B	C－1	C－2	D	E	F
1·2	1.2	65	60	55	50	50	45	35	30
3·4·5·6·7	0.6	35	30	30	25	25	25	20	15
8									

2. 1地域、2地域、3地域及び4地域において基礎を鉄筋コンクリート造のべた基礎とし、断熱材を基礎の内側に施工する場合には、次の部分について、吸水性を有しない断熱材により断熱補強の施工(長さ450 mm程度以上、厚さ20 mm程度以上)を行う。
   イ. 布基礎の立上り部分とべた部分の取合い部において、住宅内部に向かう部分(水平に施工)
   ロ. 間仕切り壁下部の布基礎において、外周部から住宅内部に向かう部分の両側(垂直に施工)

3.5.5 床下防湿・防蟻措置

床下地面には、次のいずれかの措置を講ずる。ただし、床下地面の防蟻措置が必要な地域(北海道、青森県、岩手県、秋田県、宮城県、山形県、福島県、新潟県、富山県、石川県及び福井県以外の地域)に建設する場合は、3又は4に限る。

1. □床下全面にJIS A 6930(住宅用プラスチック系防湿フィルム)、JIS Z 1702(包装用ポリエチレンフィルム)、若しくはJIS K 6781(農業用ポリエチレンフィルム)に適合するもの、又はこれらと同等以上の効力を有する防湿フィルムで厚さ0.1 mm以上のものを敷き詰める。なお、防湿フィルムの重ね幅は300 mm以上とし、防湿フィルムの全面をコンクリート又は乾燥した砂等で押さえ、押えの厚さは50 mm以上とする。

2. □床下全面に厚さ100 mm以上のコンクリートを打設する。
3. □鉄筋コンクリート造のべた基礎（厚さ100 mm以上で防湿コンクリートを兼ねる。）とする。
4. □布基礎と鉄筋により一体となって基礎の内周部の地盤上に一様に打設されたコンクリート（厚さ100 mm以上で防湿コンクリートを兼ねる。）でおおう。

施工方法

基礎断熱工法における注意点

床断熱工法に代えて基礎断熱工法（床に断熱材を施工せず、基礎の外側、内側または両側に地面に垂直に断熱材を施工し、床下換気孔を設けない工法）を採用する場合、次の点に注意する必要がある。

(1) 床下換気孔が設置されなくなることから、床下空間に耐久性上支障が生ずるような水蒸気の滞留、結露の発生が起きないように、床下地面からの防湿を入念に行う。また、1階床面などに換気孔を設け、基礎間には人通口などを設けることで、床下空間の空気質を室内と同質にし、床下における水蒸気の滞留を防止することも重要である。
(2) 地中に埋めた断熱材は、一般的にシロアリの被害を受けやすいため、本工法の採用にあたっては、建設地周辺におけるシロアリの生息状況や被害状況等の実状を十分勘案のうえ決定する。
(3) 床下空間の空気は外気ではなく、上部の居住空間の空気との交流が主となるため、床下空気中に防腐・防蟻薬剤が放散しないような工法、材料の選択をすることが望ましい。また、居住空間が高湿度となっている場合には、床下空間も高湿度となり、耐久性上支障となる結露やカビの発生が考えられるため、居住空間の温湿度の管理を適切に行う。
(4) 排水管からの漏水や雨漏りによる雨水が床下空間に浸入した等の異常を認めた際には、速やかに対策を講ずる。
(5) 床下の点検口等を使用して、定期的に床下空間の点検を行う。

基礎における断熱材の施工

基礎の断熱材施工後、断熱材同士の間にすき間が生じていると熱的な弱点が生じ、耐久性上支障となるおそれのある結露が生ずる要因となる。したがって、型枠脱型後に、断熱材同士の間にすき間が生じている場合は、現場発泡ウレタン材などで補修することが必要である。

断熱材の施工位置

地中に埋めた断熱材は、一般的にシロアリの被害を受けやすく、断熱材を地中に埋め込む本工法の採用にあたっては、建設地周辺におけるシロアリの生息状況や被害状況等の実状を十分勘案して、採用・不採用や詳細仕様を決定するような十分な注意が必要である。地中に埋め込んだ基礎の外側の断熱材が蟻道となるおそれが高いため、断熱材の施工位置を内側とする（参考図3.5-1参照）。

やむを得ず、基礎の外側に断熱材を施工する場合は、次のような蟻害を防ぐための工夫をする必要がある。しかしながら、蟻害を完全に防止することは非常に難しく、これらの工夫を実施した場合でも、定期的に蟻害がないか点検を行うなど、十分に注意が必要である。

(1) 公益社団法人日本木材保存協会が認定している防蟻剤処理断熱材または耐蟻性をもつ断熱材を、基礎との間にすき間が生じないよう施工する。
(2) (1)の措置を行ったうえで、公益社団法人日本しろあり対策協会が定めている「維持管理型しろあり防除工法標準仕様書」に則った維持管理を行う。

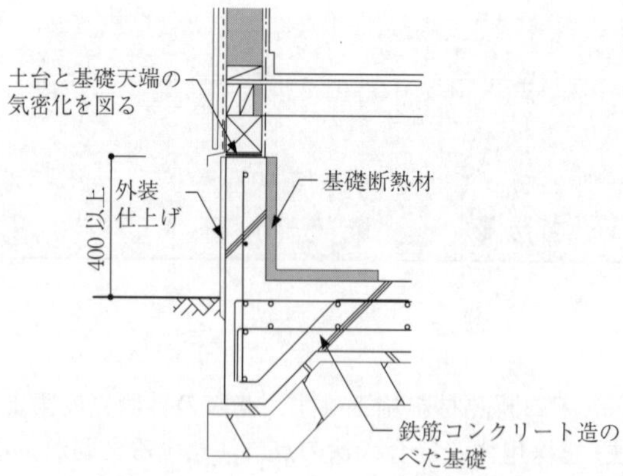

参考図3.5-1　床下地面の防蟻措置が必要な地域における基礎断熱工法（内側施工＋べた基礎仕様）

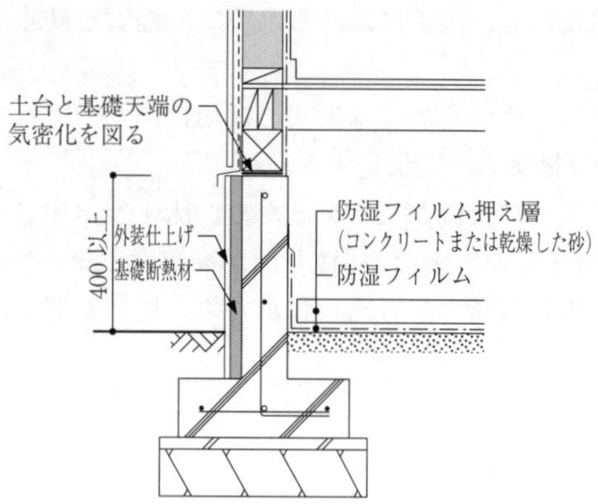

（A）床下防湿フィルムによる防湿仕様

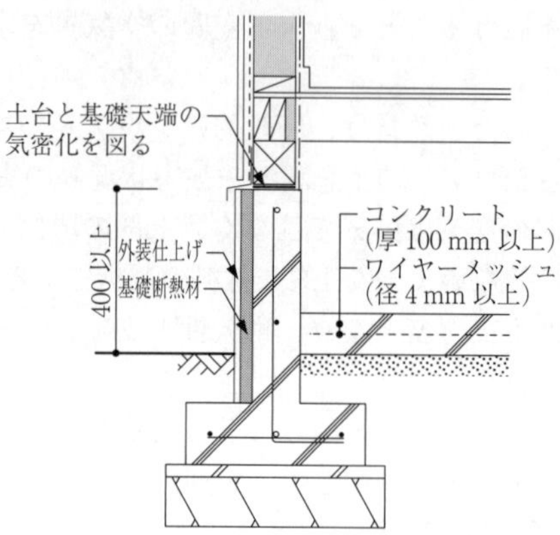

（B）コンクリート打設による防湿仕様

参考図3.5-2　床下地面の防蟻措置が不要な地域における基礎断熱工法

防湿フィルムの押え

床下防湿措置において、防湿フィルムを乾燥した砂で押さえる場合は、次の点に留意する。

(1) 設計・施工上の留意点

①防湿フィルムの施工にあたっては、あらかじめ地面に飛散する木片等を除去したうえ、地面を十分締め固め、平滑にし、フィルムの上に乾燥した砂を全面、かつ、均一に敷き詰める。

②配管工事、木工事など、床下空間で作業を行う場合は、敷き詰めた砂を乱さないように、また防湿フィルムが破損しないように十分注意する。

③地面やフィルム面、押え砂に木くず等が混入しないように清掃を行う。

④施工時の天候に留意し、万一、雨水等により地面や押え砂が濡れた場合は、十分乾燥させる。

⑤床組最下面と押え砂上面とは、300 mm程度以上の床下空間を確保することが望ましい。

(2) 維持管理上の留意点

①配管や床の点検、修繕など、床下にて作業を行う際には、地盤防湿性能が低下しないよう、十分留意して行う。

②修繕等の工事で押え砂や防湿フィルムを取り除く場合は、工事施工後、元通りに戻しておく。

コンクリートの乾燥

コンクリートを使用して床下防湿措置を講ずる場合、施工直後はコンクリート中に含まれた水分が蒸発することにより床下空間の湿度が高くなり、結露やカビ等が発生する危険性が高くなる。したがって、床下のコンクリートが十分乾燥してから床仕上げを行う等、十分注意することが必要である。

留意事項

基礎断熱とする場合の断熱材の厚さ

床下空間で耐久性上支障となるおそれのある結露が生ずる可能性を低くするため、基礎に施工する断熱材の熱抵抗値を設定している。

しかし、断熱性の観点からは、本章9-1.3（断熱性能）の表中における「土間床等の外周部分の基礎壁」の数値以上、フラット35S（省エネルギー性）または長期優良住宅の基準を選択する場合には、基礎断熱工法の断熱材厚さは、Ⅲ-1.3（断熱性能）の表中における「土間床等の外周部分の基礎壁」の数値を勘案し、決定する必要がある。

なお、フラット35及びフラット35S（省エネルギー性）または長期優良住宅の利用にあたり、性能基準を適用させることにより、基礎部（土間床の外周部）への断熱材厚さを低減できる場合もあるが、基礎断熱工法の断熱材厚さは、床下換気孔を設けない基礎断熱工法の耐久性確保の観点から、少なくとも本章3.5.4（断熱材の熱抵抗値又は厚さ）の1の表中の数値以上とする必要がある。

べた基礎等による防蟻措置について

基礎断熱工法では、床下空間の換気は屋外ではなく、主に上部の居住空間との間で行われることとなるため、シロアリの被害が想定される地域では薬剤による土壌処理に代わる効力を有するよう、本章3.5.5（床下防湿・防蟻措置）の3または4とする。

3.6 埋戻し・地ならし

3.6.1 埋戻し

埋戻しは、根切り土のうち良質な土を利用し、厚さ300 mm以内ごとにランマーなどで突き固める。

3.6.2 地ならし

建物の周囲1 mまでの部分は、水はけをよくするように地ならしをする。

4.躯体工事

4.1 一般事項

4.1.1 範囲

躯体工事に係わる仕様は、本項による。ただし、告示第1540号の第9、第10の規定又は告示第1541号の第3の規定により行う構造計算によって構造耐力上安全であることが確かめられた場合は、本項のうち、告示第1540号第1及び第3から第7の規定に基づく部分については、本項によらず特記による。

4.1.2 耐力壁の量

各階の張り間方向及びけた行方向に配置する耐力壁の量については、告示第1540号第5第5号の規定（壁量計算）によるものとし、特記による。

4.2 材料

4.2.1 構造材及び筋かい等

1. 構造耐力上主要な部分に用いる枠組材は、次表に掲げる規格に適合するものとする。なお、国土交通大臣がその樹種、区分及び等級等に応じてそれぞれ許容応力度及び材料強度の数値を指定したものについては、当該材料を使用することができ、特記による。

材料の規格

<table>
<tr><th></th><th>構造部材の種類</th><th colspan="2">規　　格</th></tr>
<tr><td>(1)</td><td>土台、端根太、側根太、まぐさ、たる木及びむな木</td><td colspan="2">甲種枠組材の特級、1級、2級、若しくはMSR製材
化粧ばり構造用集成柱
構造用単板積層材の特級、1級、2級
甲種たて継ぎ材の特級、1級、2級
構造用集成材</td></tr>
<tr><td>(2)</td><td>床根太及び天井根太</td><td colspan="2">(1)に掲げる規格
JIS G 3302(溶融亜鉛めっき鋼板及び鋼帯)の鋼板及び鋼帯
JIS G 3312(塗装溶融亜鉛めっき鋼板及び鋼帯)の鋼板及び鋼帯
JIS G 3321(溶融55%アルミニウムー亜鉛合金めっき鋼板及び鋼帯)の鋼板及び鋼帯
JIS G 3322(塗装溶融55%アルミニウムー亜鉛合金めっき鋼板及び鋼帯)の鋼板及び鋼帯
JIS G 3353(一般構造用溶接軽量H形鋼)の形鋼(鋼材の厚さが2.3 mm以上6 mm以下のものに限る)(以下「軽量H形鋼」という)の規格</td></tr>
<tr><td rowspan="2">(3)</td><td rowspan="2">壁の上枠及び頭つなぎ</td><td>耐力壁</td><td>(1)に掲げる規格
甲種枠組材の3級
乙種枠組材のコンストラクション、スタンダード
甲種たて継ぎ材の3級
乙種たて継ぎ材のコンストラクション、スタンダード</td></tr>
<tr><td>耐力壁以外</td><td>(2)に掲げる規格(ただし、軽量H形鋼の規格を除く)
甲種枠組材の3級
乙種枠組材のコンストラクション、スタンダード
甲種たて継ぎ材の3級
乙種たて継ぎ材のコンストラクション、スタンダード</td></tr>
<tr><td rowspan="2">(4)</td><td rowspan="2">壁のたて枠</td><td>耐力壁</td><td>(3)の耐力壁に掲げる規格(構造用集成材規格の非対称異等級構成集成材を除く)
たて枠用たて継ぎ材</td></tr>
<tr><td>耐力壁以外</td><td>(3)の耐力壁以外に掲げる規格
たて枠用たて継ぎ材</td></tr>
<tr><td rowspan="2">(5)</td><td rowspan="2">壁の下枠</td><td>耐力壁</td><td>(3)の耐力壁に掲げる規格
乙種枠組材のユーティリティ
乙種たて継ぎ材のユーティリティ</td></tr>
<tr><td>耐力壁以外</td><td>(3)の耐力壁以外に掲げる規格
乙種枠組材のユーティリティ
乙種たて継ぎ材のユーティリティ</td></tr>
<tr><td>(6)</td><td>筋かい</td><td colspan="2">(3)の耐力壁に掲げる規格(構造用集成材規格の非対称異等級構成集成材を除く)下地用製材の1級</td></tr>
</table>

注1) 上記の材料の規格に係る表記は、国土交通省告示第1540号(平成13年10月15日制定)に基づくものである。

2) 厚さ2.3 mm未満の鋼板又は鋼帯を床根太、天井根太、耐力壁以外の壁の上枠、頭つなぎ、耐力壁以外の壁のたて枠及び耐力壁以外の壁の下枠に用いる場合は、当該鋼板又は鋼帯の厚さを0.4 mm以上のものとし、かつ、冷間成形による曲げ部分(当該曲げ部分の内のりの寸法を当該鋼板又は鋼帯の厚さの数値以上とする。)又はかしめ部分を有するものとする。

2. 耐力壁の下張りに用いる製材は、製材のJASの下地用製材1級に適合するものとする。
3. 構造材は、含水率19 %以下の乾燥材又は含水率25 %以下の未乾燥材とする。

4.2.2 各種ボード類

1. 構造用合板、化粧ばり構造用合板及び構造用パネルの品質は、それぞれのJASに適合するものとする。
2. パーティクルボード、ハードボード、硬質木片セメント板、フレキシブル板、シージングボード、せっこうボード、ラスシート、ミディアムデンシティファイバーボード(MDF)、火山性ガラス質複層板等の品質は、それぞれのJISに適合するものとする。

3. 各ボード類のホルムアルデヒドの放散量に関する品質については、特記による。

4.2.3 くぎとねじ

1. 構造用枠組材を取り付けるくぎは、品質及び性能が明示された良質なものとする。JISで規定するくぎの種類は、以下のものがある。

くぎの種類及び寸法 (単位：mm)

くぎの種類	長　さ	胴部径	頭部径	備　考
CN50	50.8	2.87	6.76	JIS A 5508
CN65	63.5	3.33	7.14	
CN75	76.2	3.76	7.92	
CN90	88.9	4.11	8.74	
CNZ50	50.8	2.87	6.76	
CNZ65	63.5	3.33	7.14	
CNZ75	76.2	3.76	7.92	
CNZ90	88.9	4.11	8.74	
BN50	50.8	2.51	6.76	
BN65	63.5	2.87	7.54	
BN75	76.2	3.25	7.92	
BN90	88.9	3.43	8.74	
GNF40	38.1	2.34	7.54	
SF45	45.0	2.45	5.60	
SN40	38.1	3.05	11.13	

注）くぎの種類の欄に掲げる記号は、JIS A 5508-2005に規定する規格を表すものとする。

2. くぎ打ちは、木口打ち(E)、斜め打ち(T)、平打ち(F)とし、木口打ちにはCN90(又はCNZ90、BN90)を、斜め打ちにはCN75(又はCNZ75、BN75)を、平打ちで材料が厚さ38 mmの場合にはCN90(又はCNZ90、BN90)、筋かいの場合にはCN65(又はCNZ65、BN65)を用いることを原則とする。なお、BNくぎを使用する場合のくぎの種類、本数、間隔は付録6(BNくぎ)による。 付録6 ☞407頁

3. 耐力壁となるせっこうボードを取り付けるくぎ又はねじの品質は、JIS A 5508(くぎ)、JIS B 1112(十字穴付き木ねじ)又はJIS B 1125(ドリリングタッピンねじ)に適合するものとし、その種類は下表による。

ねじの種類

ねじの種類	
GNF40	JIS A 5508(くぎ)に定めるもの
SF45	JIS A 5508(くぎ)に定めるもの
WSN	JIS B 1112(十字穴付き木ねじ)に定めるもののうち、呼び径3.8 mmで長さ32 mm以上のもの
DTSN	JIS B 1125(ドリリングタッピンねじ)に定めるもののうち、頭部の形状がトランペットで呼び径4.2 mm、長さ30 mm以上のもの

4. くぎ又はねじについて特記がない場合は、そのくぎ又はねじの長さは打ち付ける板厚の2.5倍以上とする。
5. くぎ打ち等には、打ち付ける板等に割れが生じないよう適当な端あき及び縁あきを設ける。

4.2.4 諸金物

諸金物(接合金物)は、品質及び性能が明示された良質なものとする。

4.2.5 その他

1. 直交集成板のJASに適合する直交集成板については、本工事各項にかかわらず特記

による。
2. 国土交通大臣が認定した材料である、木質接着成形軸材料、木質複合軸材料、木質断熱複合パネル及び直交集成板については、本工事各項にかかわらず当該認定の範囲で使用するものとし、特記による。

留意事項

くぎまたはねじの長さ

くぎまたはねじの打込み長さは、その存在応力を十分に伝えるものとする。例えば、3インチ材を木口打ちに用いると、CN90では打込み長さが不十分で、必要な耐力を確保できない場合がある（参考図4.2.3参照）。その場合、ねじやその他の金物等を用いる必要がある。

くぎ頭部のめり込み

くぎ頭部が側材中に過度にめり込むと、所定の終局耐力や変形性能が得られない場合がある。このため、自動くぎ打ち機を使用する際には、側材の材質に応じて打込み圧を調整することなどにより、くぎ頭部が過度にめり込まないよう注意する。

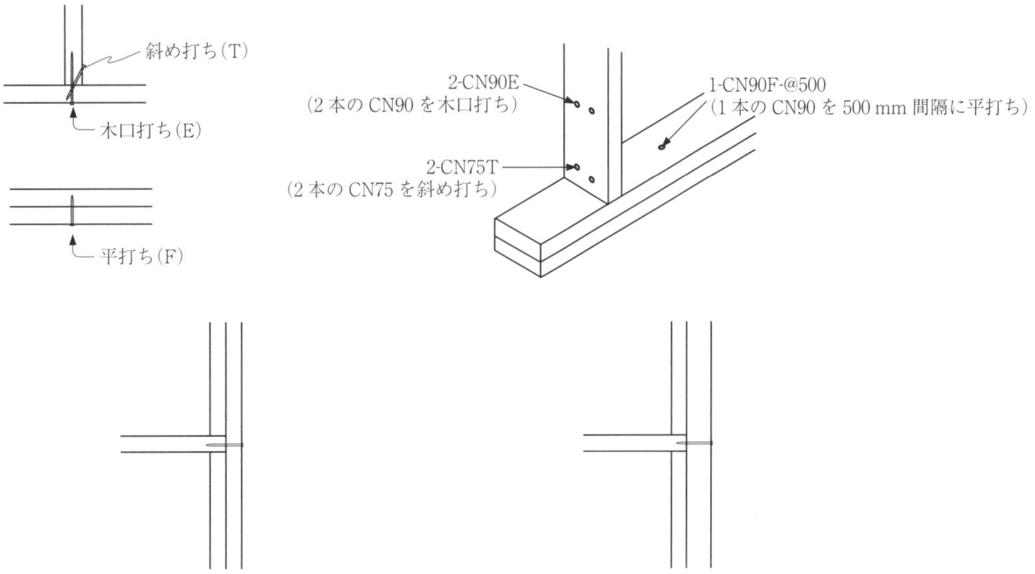

210などの2インチ材を介してCN90を木口打ちした場合は、十分な打込み長さが得られる。

310などの3インチ材を介してCN90を木口打ちした場合は、打込み長さが不十分で、必要な耐力を確保できない場合がある。

参考図4.2.3　くぎの打ち方と表示

関係法令

構造耐力上主要な部分に使用することができる海外規格枠組材

構造耐力上主要な部分に使用する材料は、告示第1540号においてJASに規定する製材等を用いることとされているが、JAS材以外でも国土交通大臣がその樹種、区分及び等級等に応じてそれぞれ許容応力度及び材料強度を指定した材料については、構造耐力上必要な部分への使用も認められている。海外の規格品のうち、材料強度等の指定を受けた材料については、付録14を参照すること。

留意事項

諸金物（接合金物）

枠組壁工法において、接合金物や接合具で構造部材を緊結することは重要であり、告示第1540号においても、躯体要所の金物等による緊結や構造計算時における接合部の耐力の確認が規定されている。

接合部に発生する存在応力を有効に伝達するためには、品質及び性能が明らかで良質な接合金物等を選択することが重要である。このような接合金物の一例として、公益財団法人日本住宅・木材技術センターが定める木造建築物用接合金物認定規程による接合金物規格（Cマーク表示金物）、同等認定品及び性能認定品があるが、これら以外にも昨今の技術開発によりさまざまな金物が開発されているので、施主及び設計・施工者で打合せのうえ、良質な金物を選択することが重要であり、また、ほとんどの接合金物はめっき処理されているが、接合金物に使用するくぎ等においても接合金物と同等以上の防錆処理されたものを使用することが望ましい。以下、Cマーク表示金物の一覧表を掲載するので参考にされたい。

集成材利用時の留意点

集成材は、雨水が直接かかる状況や直射日光を受ける環境下でなければ、接着層の劣化はきわめて少ないことがわかっている。一方、含水率変化が大きく、ひき板個々の寸法変化により接着層に繰り返し応力が生じる環境下では、接着層のはく離などに注意する必要がある。

集成材を構成するひき板は、製材と同様に、雨がかりや結露水が作用する場合には、干割れ（乾燥による割れ）や腐朽、蟻害などが発生する危険がある。

このようなことから、集成材を用いる場合は次の注意が必要である。

（集成材利用時の留意点）

- 雨がかり、直射日光の作用を抑えた設計とする。
- 直射日光を受ける場所に使用する場合は、日光が当たる面に集成材の接着層が見える面を配置するのではなく、ひき板1枚のみに当たるように配置する。

参考図4.2.4　Cマーク表示金物の種類

（単位：mm）

接合金物			接合具	用途
種類	記号	形状・寸法	接合具	用途
柱脚金物	PB-33*	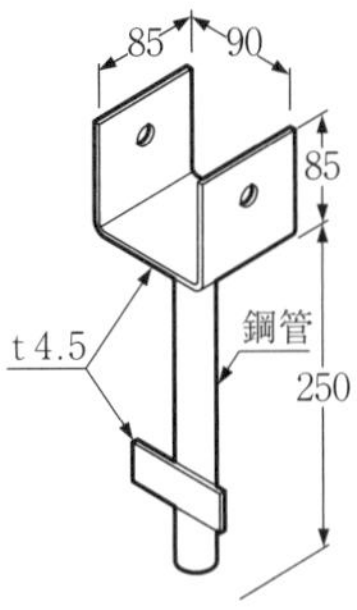	六角ボルト　1-M12×110 六角ナット　1-M12 または 全ねじボルト　1-M12×115 六角袋ナット　2-M12	独立柱の支持
	PB-42*	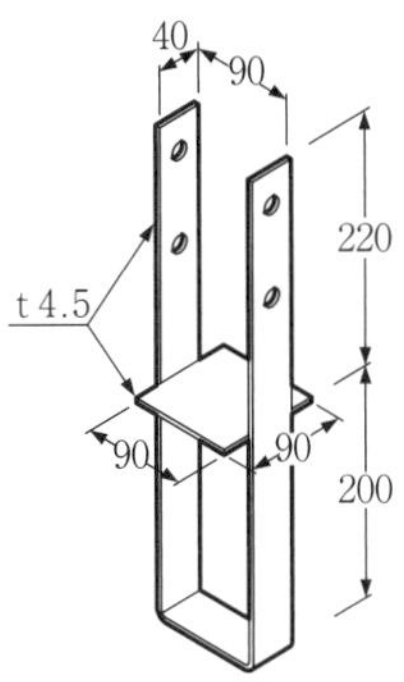	六角ボルト　2-M12×110 六角ナット　2-M12 または 全ねじボルト　2-M12×115 六角袋ナット　4-M12	
	GL-PB	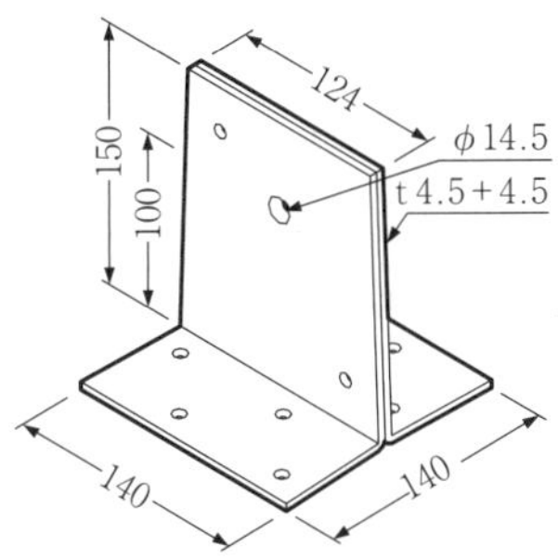	打込みピン　1-φ14×100 太めくぎ　8-ZN65	支持柱脚部と床枠組の緊結
柱頭金物	PC	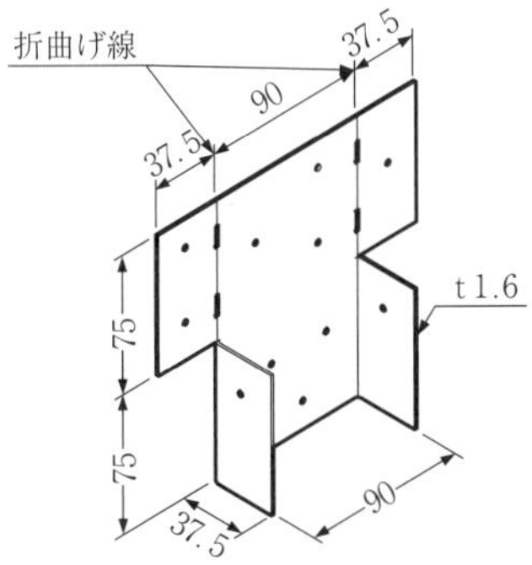	はりに　6-ZN65 柱に　6-ZN65	柱とはりの緊結
	GL-PC	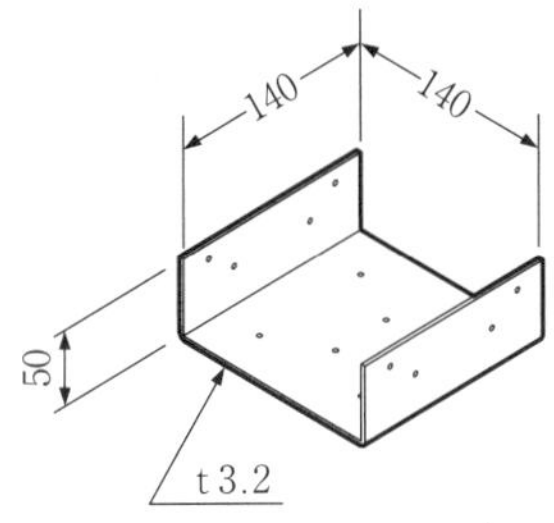	はりに　8-ZN65 柱に　6-ZN65	支持柱頭部とはりの緊結

注）記号に＊のある接合金物及び接合具は、公益財団法人日本住宅・木材技術センター規格によるZマーク表示金物とすることができる。

(単位：mm)

接合金物				
種類	記号	形状・寸法	接合具	用途
帯金物	S-30S	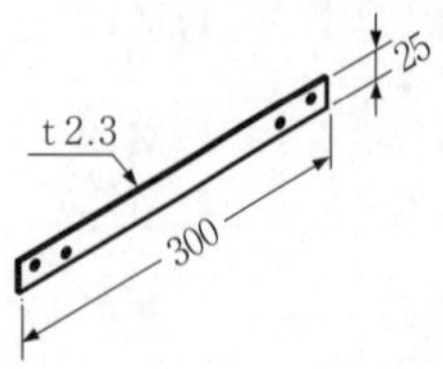	タッピンねじ　4-STS·C45	根太、上枠または頭つなぎ等の緊結
	S-45	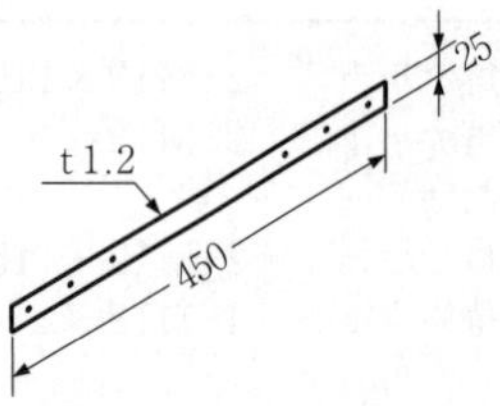	太めくぎ　6-ZN40	
	S-50	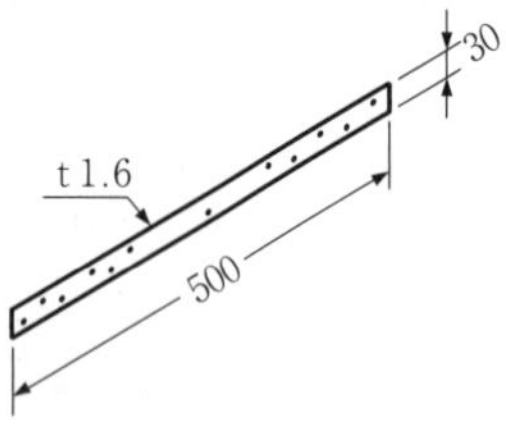	太めくぎ　12-ZN65	壁と床枠組の緊結 2階に両面開口を設けた時のすみ柱、側壁のまぐさ受け及びたて枠と1階壁との緊結等
	S-65	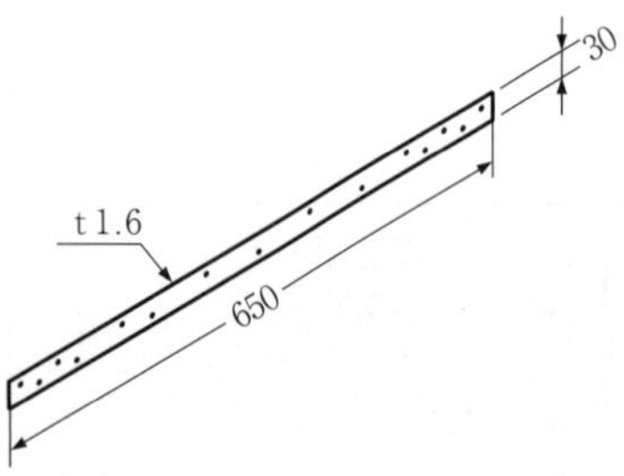	太めくぎ　15-ZN65	
	S-85S	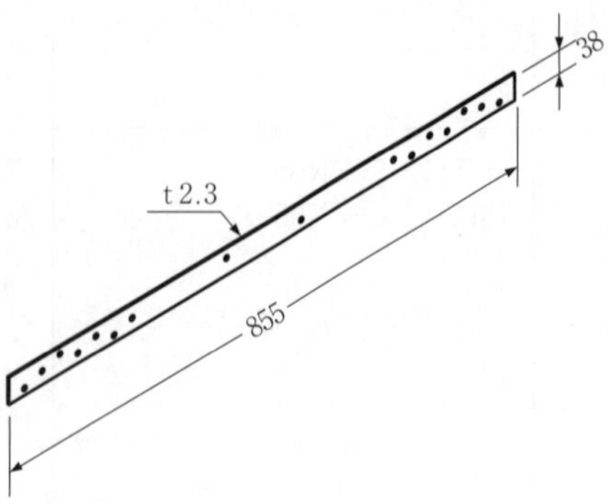	タッピンねじ　16-STS·C65	

（単位：mm）

接合金物				
種類	記号	形状・寸法	接合具	用途
帯金物	S-60S	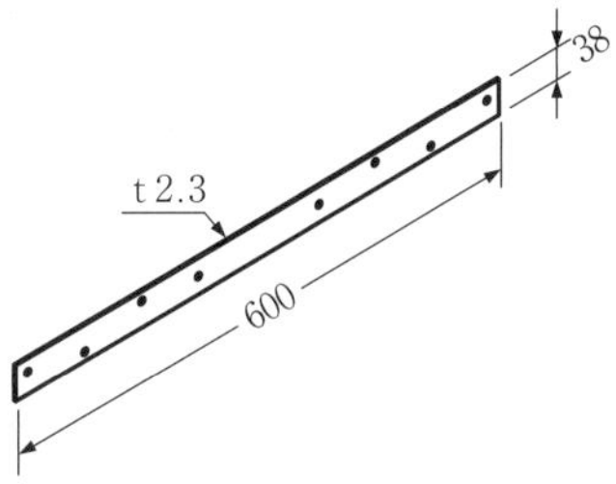	タッピンねじ　8-STS·C45	むね部たる木相互の緊結 オーバーハング等の隅角部の緊結
	S-90	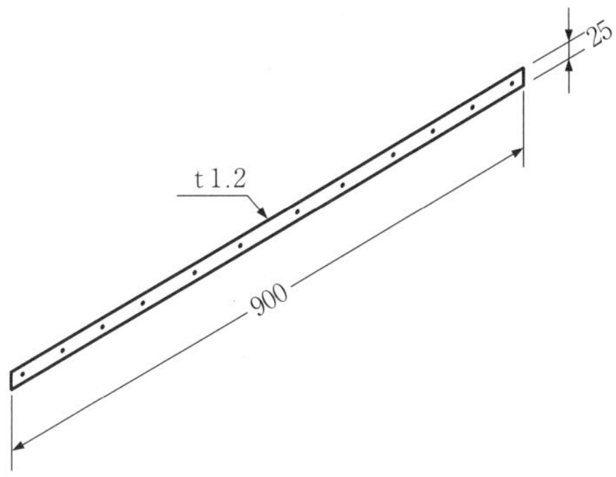	太めくぎ　12-ZN40	
	SW-67	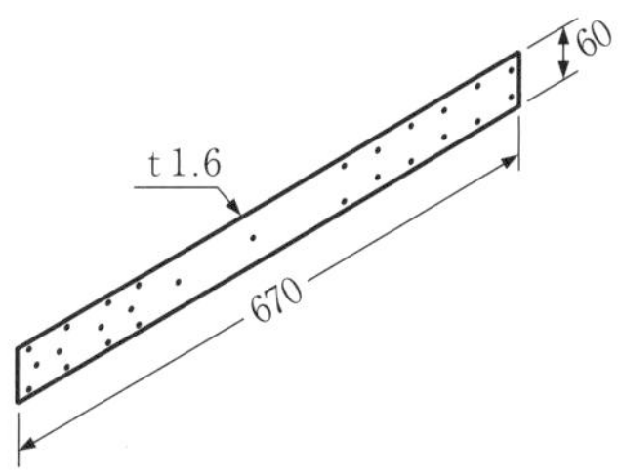	太めくぎ　26-ZN65	両面開口を設けた時の側壁のまぐさ受け及びたて枠と土台の緊結
	SW-26S	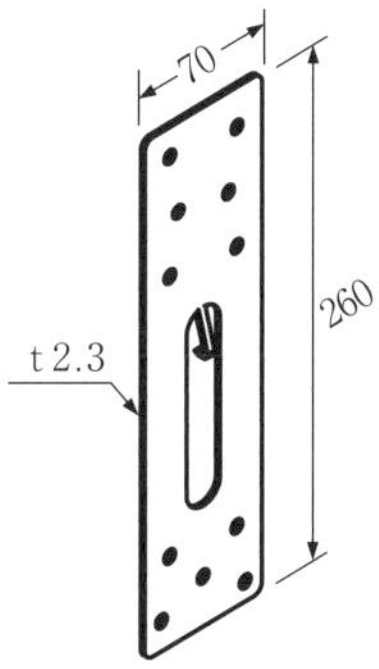	タッピンねじ　11-STS·C65	
ストラップアンカー	SA-65	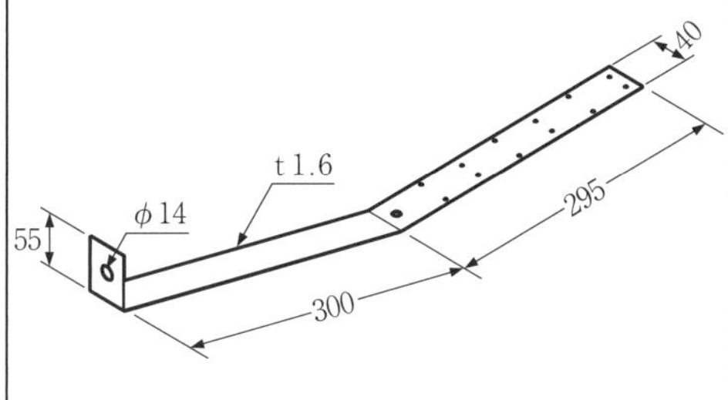	太めくぎ　12-ZN65 六角ボルト　1-M8×150 ちょうナット　1-M8 平座金　1-W1.6×23×φ9	土間コンクリート床スラブで構成し、両面開口を設けた場合のすみ柱及びたて枠ならびにまぐさ受けと土台の緊結

（単位：mm）

接合金物				
種類	記号	形状・寸法	接合具	用途
あおり止め金物	TS	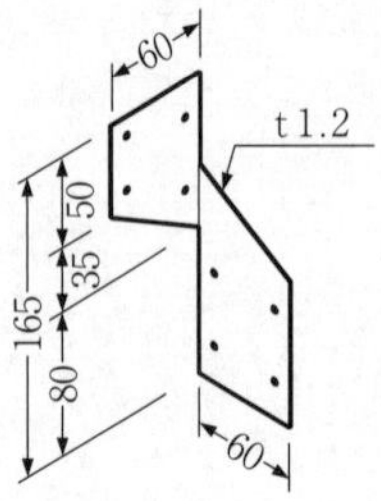	たる木に　4-ZN40 頭つなぎに　2-ZN40 上枠に　2-ZN40	たる木またはトラスと頭つなぎ及び上枠の緊結
	TW-23	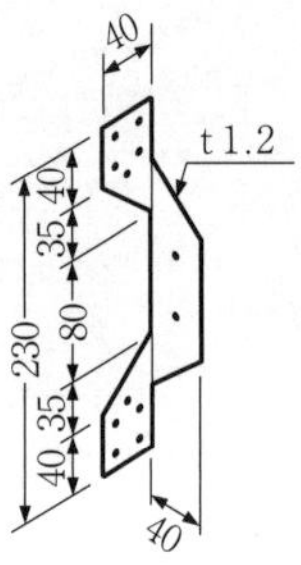	たる木に　5-ZN40 頭つなぎに　1-ZN40 上枠に　1-ZN40 たて枠に　5-ZN40	
	TW-30	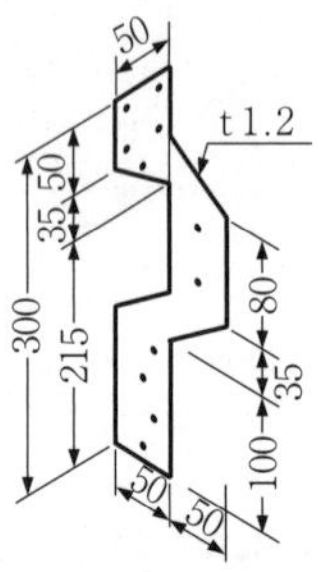	たる木に　5-ZN40 頭つなぎに　1-ZN40 上枠に　1-ZN40 たて枠に　4-ZN40	
根太受け金物	JH-S 204･206	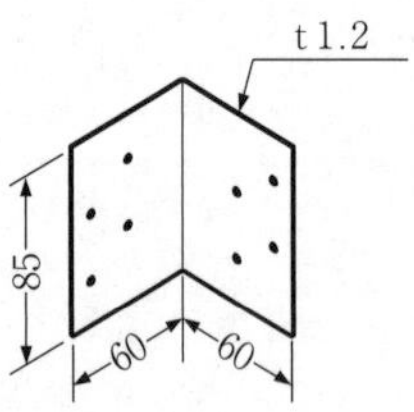	(204及び206用) 端根太に　4-ZN40 根太に　4-ZN40	床根太、たる木、屋根根太または天井根太の接合部に支持点がない場合の緊結
	JH 204･206	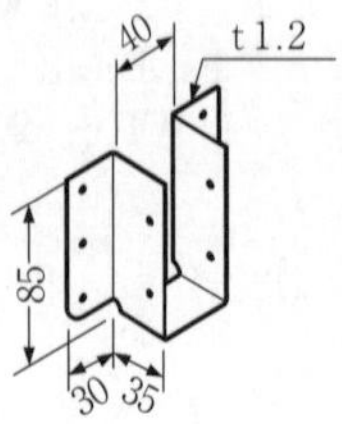	(204及び206用) 端根太に　6-ZN40 根太に　4-ZN40	

（単位：mm）

接　合　金　物				
種類	記号	形状・寸法	接　合　具	用　　　途
根太受け金物	JH 2-204 2-206	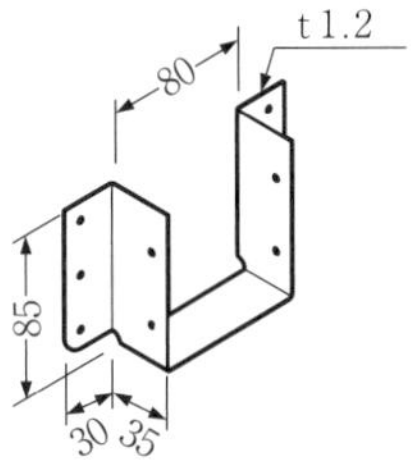	（2-204及び2-206用） 端根太に　6-ZN65 根太に　　4-ZN65	床根太、たる木、屋根根太または天井根太の接合部に支持点がない場合の緊結
	JH 208･210	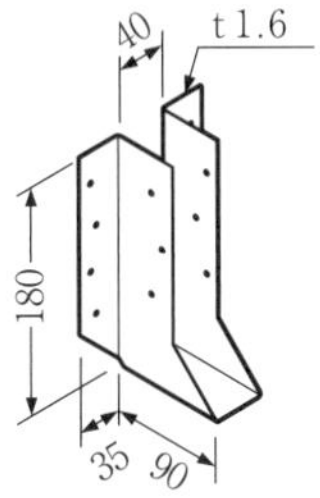	（208及び210用） 端根太に　8-ZN65 根太に　　6-ZN40	
	JH 212	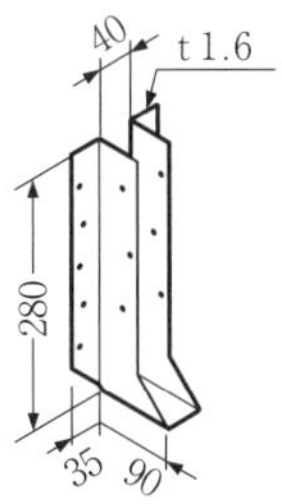	（212用） 端根太に　10-ZN65 根太に　　 6-ZN40	
	JHS 208･210R	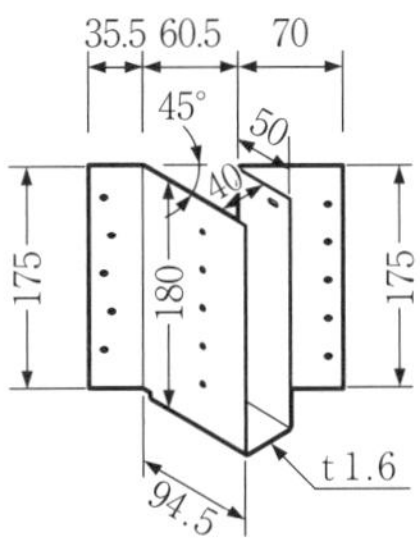	（208及び210用右勝手） 端根太に　10-ZN65 根太に　　 6-ZN40	45°に根太を緊結する場合の接合部に支持点がない場合の緊結
	JHS 208･210L	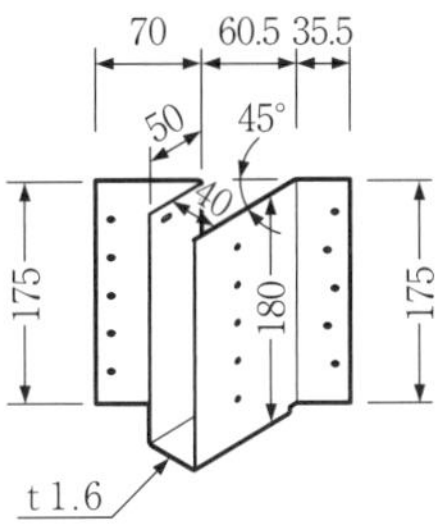	（208及び210用左勝手） 端根太に　10-ZN65 根太に　　 6-ZN40	

(単位：mm)

接合金物				
種類	記号	形状・寸法	接合具	用途
はり受け金物	BH 2-208	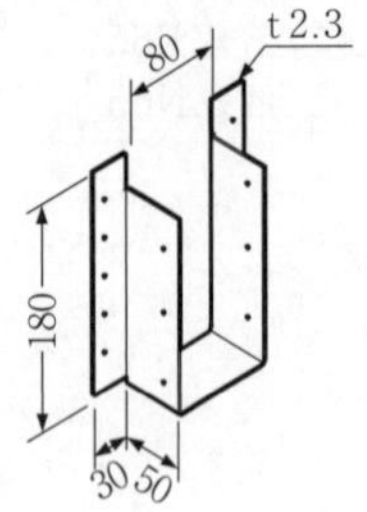	(2-208用) 受け材に　10-ZN65 はりに　　6-ZN65	はりの接合部に支持点がない場合のはりの緊結
	BH 2-210	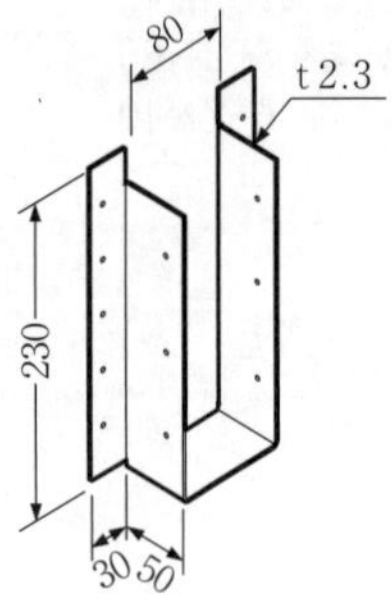	(2-210用) 受け材に　10-ZN65 はりに　　6-ZN65	
	BHH 2-210	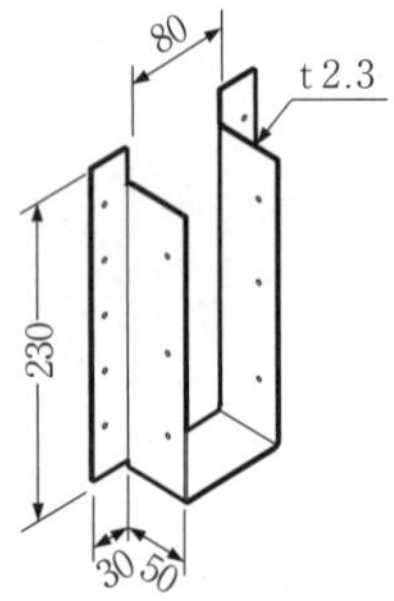	(BHH2-210用) 受け材に　10-ZN80 はりに　　6-ZN65	
	BH 2-212	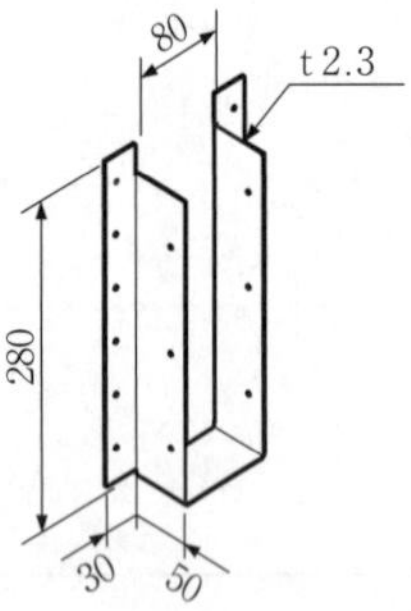	(2-212用) 受け材に　12-ZN90 はりに　　6-ZN65	
	BH 3-208	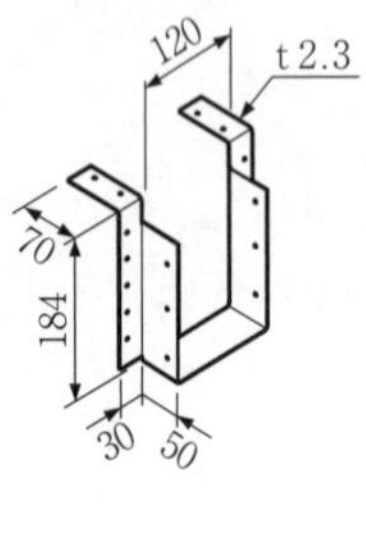	(3-208用) 受け材に　14-ZN90 はりに　　6-ZN90	

（単位：mm）

接合金物				
種類	記号	形状・寸法	接合具	用途
はり受け金物	BH 3-210	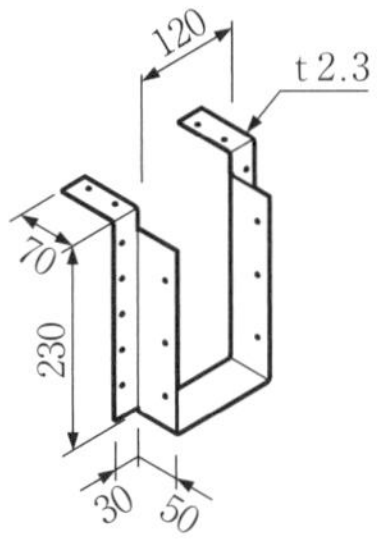	（3-210用） 受け材に　14-ZN90 はりに　　6-ZN90	はりの接合部に支持点がない場合のはりの緊結
	BHH 3-210	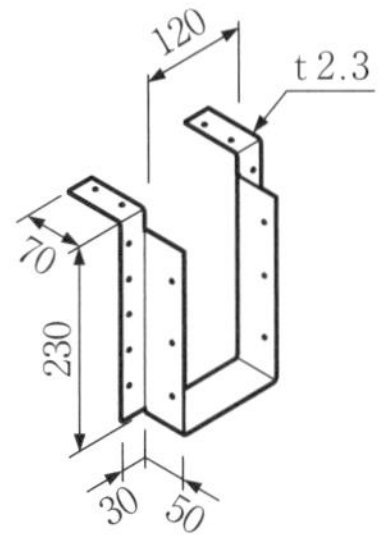	（BHH3-210用） 受け材に　14-ZN80 はりに　　6-ZN90	
	BH 3-212	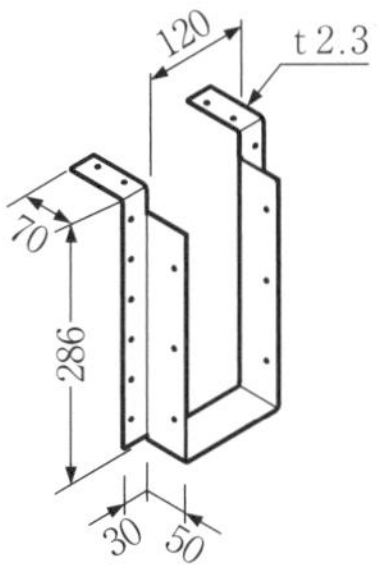	（3-212用） 受け材に　16-ZN90 はりに　　6-ZN90	
	BH 4-208	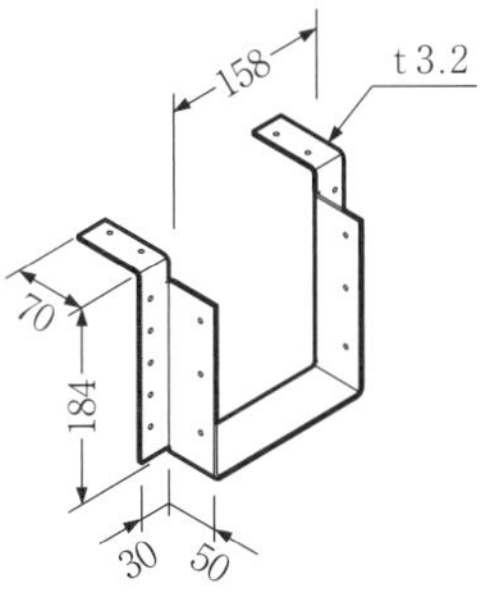	（4-208用） 受け材に　14-ZN90 はりに　　6-ZN90	
	BH 4-210	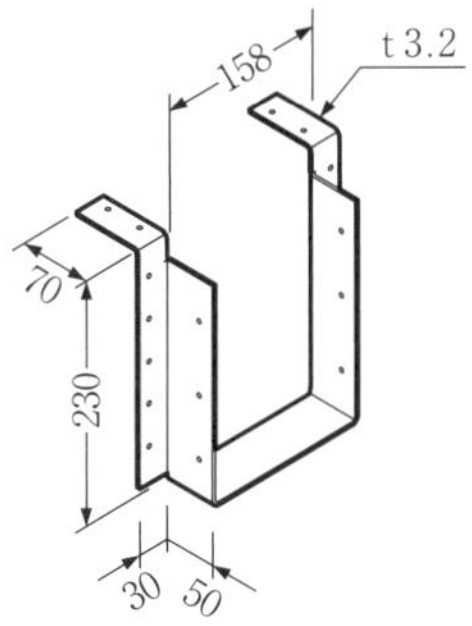	（4-210用） 受け材に　14-ZN90 はりに　　6-ZN90	

（単位：mm）

接合金物				
種類	記号	形状・寸法	接合具	用途
はり受け金物	BH 4-212	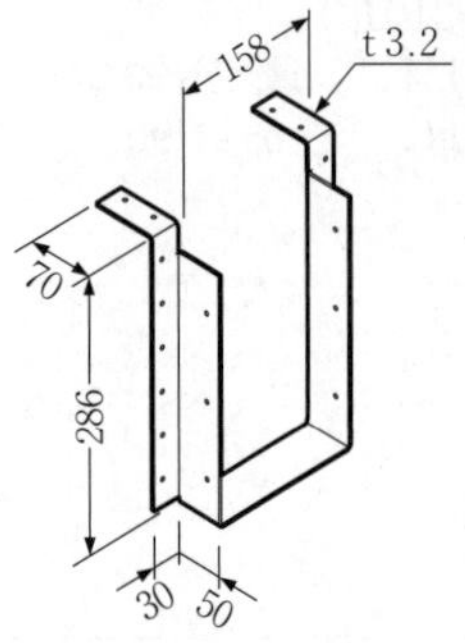	（4-212用） 受け材に　16-ZN90 はりに　　6-ZN90	はりの接合部に支持点がない場合のはりの緊結
	BHS 2-210R	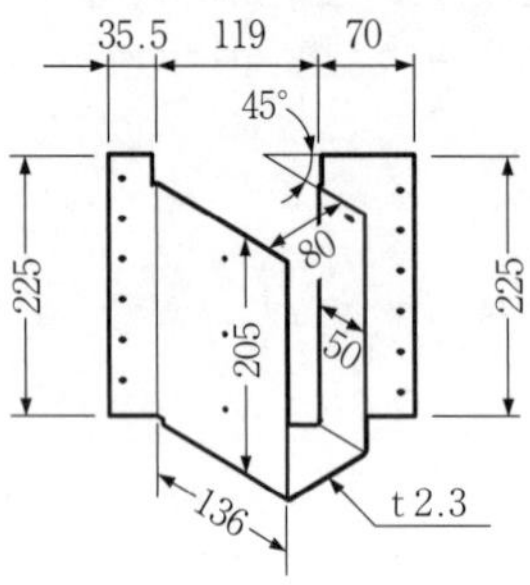	（2-210用右勝手） 受け材に　12-ZN65 はりに　　4-ZN65	45°にはりを緊結する場合の接合部に支持点がない場合のはりの緊結
	BHS 2-210L	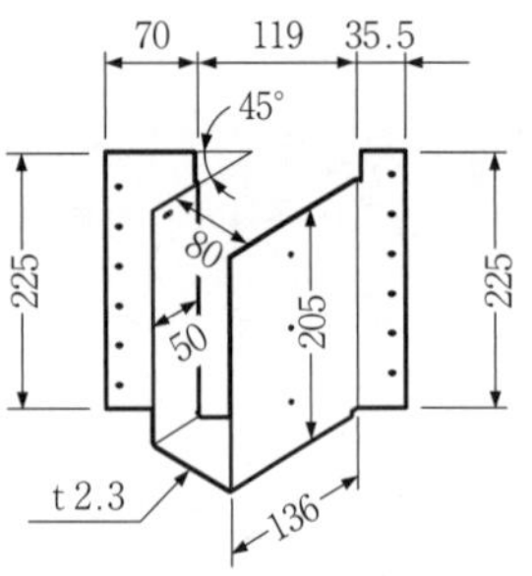	（2-210用左勝手） 受け材に　12-ZN65 はりに　　4-ZN65	
まぐさ受け金物	LH 204	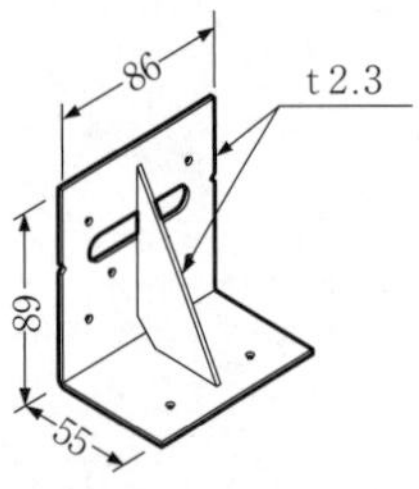	（2-204用） たて枠に　6-ZN65 まぐさに　2-ZN65	開口部の幅が1 m以下の場合のたて枠とまぐさの緊結
	LH 206	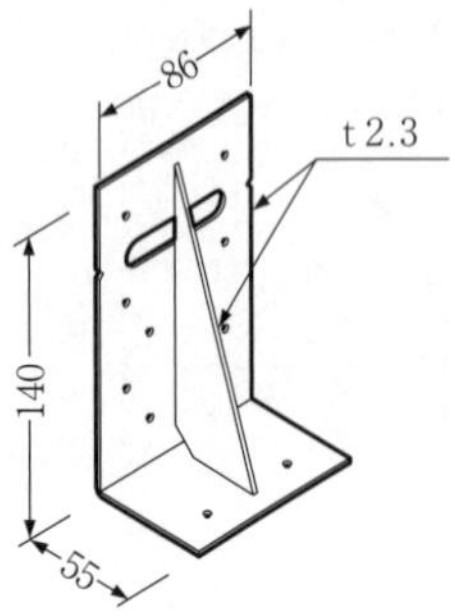	（2-206用） たて枠に　10-ZN65 まぐさに　2-ZN65	

（単位：mm）

接　合　金　物				
種類	記号	形状・寸法	接　合　具	用　　途
かど金物	CP·L*	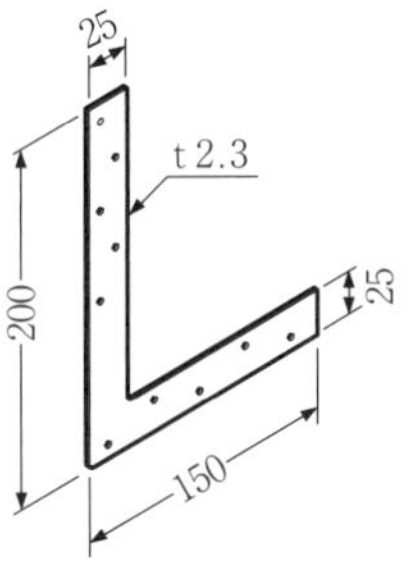	太めくぎ　10-ZN65	土間コンクリート床スラブの隅角部及び開口部両端の補強 半地下室のたて枠の隅角部及び開口部両端の補強
	CP·T*	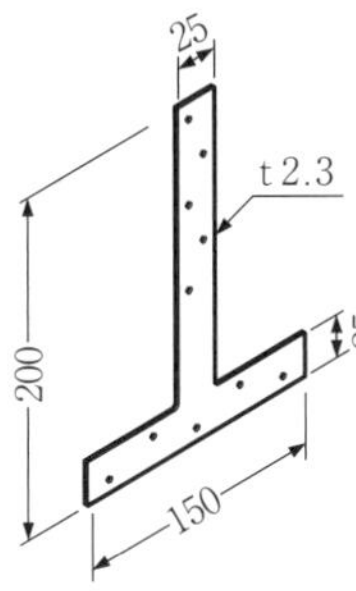	太めくぎ　10-ZN65	
コーナー金物	CP·CS	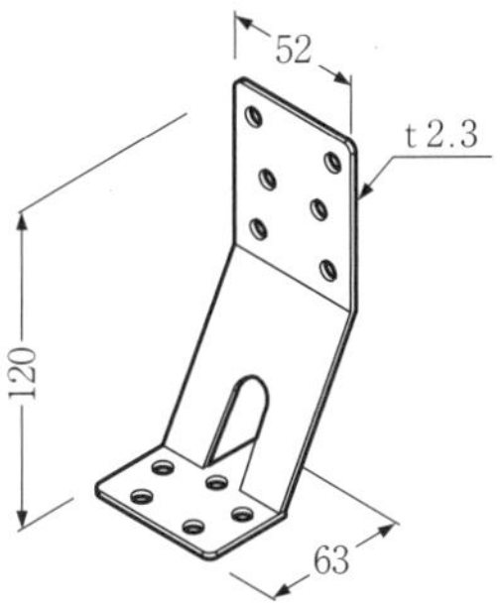	たて枠に　6-STS·C65 下枠に　5-STS·HC135	両面開口を設けた時の側壁のまぐさ受け及びたて枠と土台の緊結
パイプガード	PG	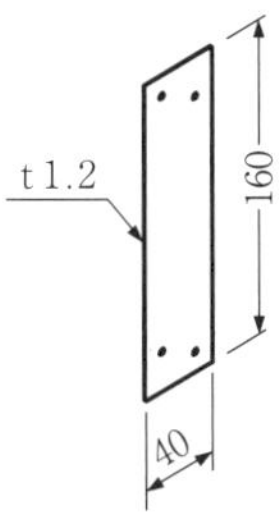	太めくぎ　4-ZN65	たて枠、床根太等の配線、配管の保護

注）記号に＊のある接合金物及び接合具は、公益財団法人日本住宅・木材技術センター規格によるZマーク表示金物とすることができる。

(単位：mm)

接合金物				
種類	記号	形状・寸法	接合具	用途
ホールダウン金物（引寄せ金物）	HD−S22C	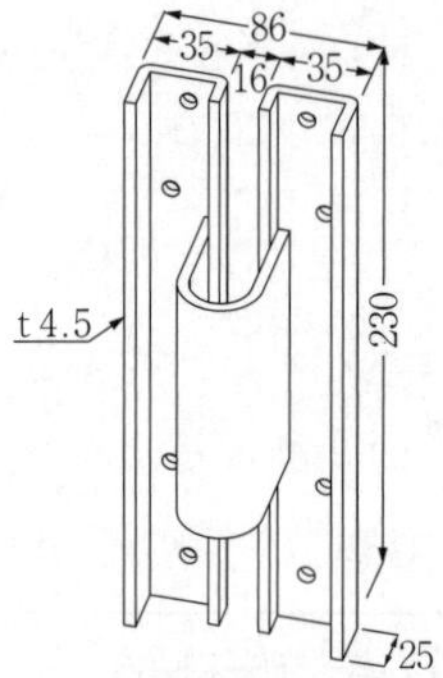	タッピンねじ　8-STS･HC90 構造用平座金　1-M16-200J (JIS G 1220)	たて枠と基礎(土台)またはたて枠相互の緊結
	HD−S29C	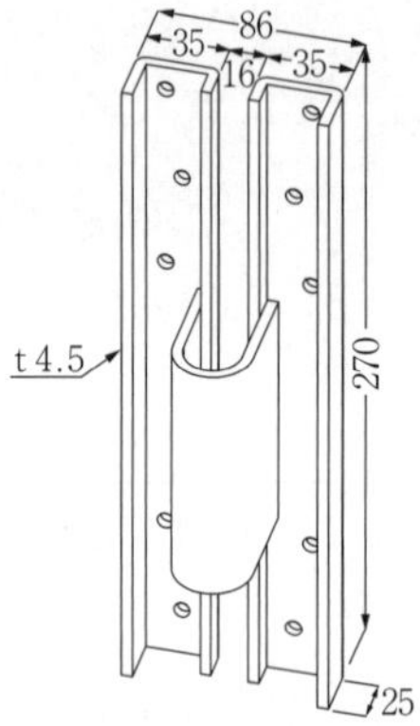	タッピンねじ　10-STS･HC90 構造用平座金　1-M16-200J (JIS G 1220)	
	S-HD10*	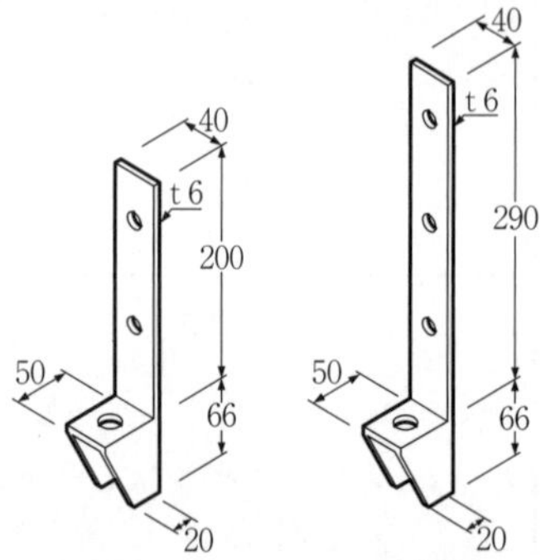S-HD10　S-HD15	六角ボルト　2-M12 角座金　2-W4.5×40×φ14 または ラグスクリュー　2-LS12	
	S-HD15*		六角ボルト　3-M12 角座金　3-W4.5×40×φ14 または ラグスクリュー　3-LS12	
	S-HD20*	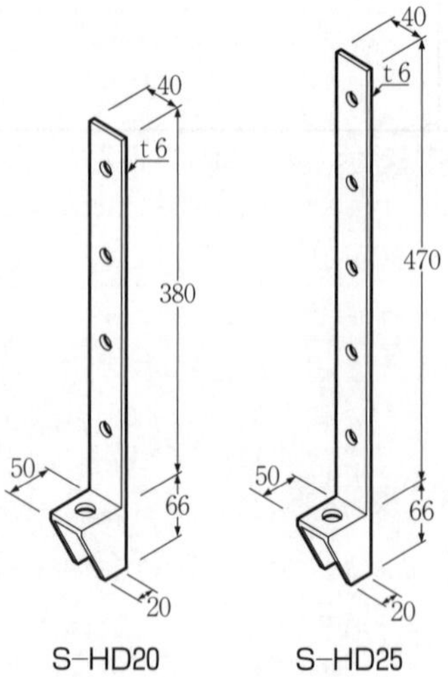S-HD20　S-HD25	六角ボルト　4-M12 角座金　4-W4.5×40×φ14 または ラグスクリュー　4-LS12	
	S-HD25*		六角ボルト　5-M12 角座金　5-W4.5×40×φ14 または ラグスクリュー　5-LS12	

注）記号に＊のある接合金物及び接合具は、公益財団法人日本住宅・木材技術センター規格によるZマーク表示金物とすることができる。

（単位：mm）

接合金物				
種類	記号	形状・寸法	接合具	用途
ホールダウン金物（引寄せ金物）	HD-B10*	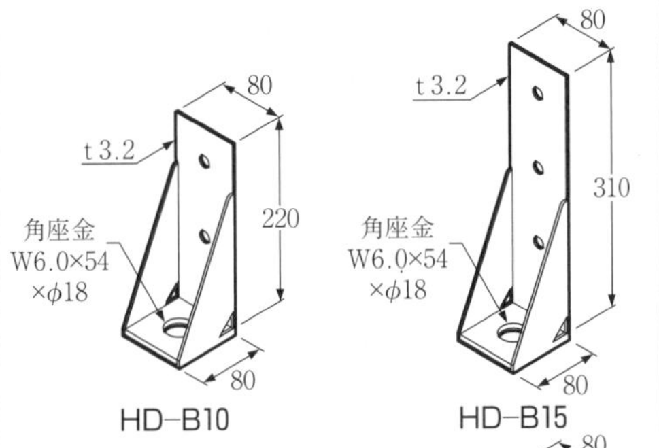	六角ボルト　2-M12 角座金　2-W4.5×40×φ14 または ラグスクリュー　2-LS12	たて枠と基礎（土台）またはたて枠相互の緊結
	HD-B15*		六角ボルト　3-M12 角座金　3-W4.5×40×φ14 または ラグスクリュー　3-LS12	
	HD-B20*	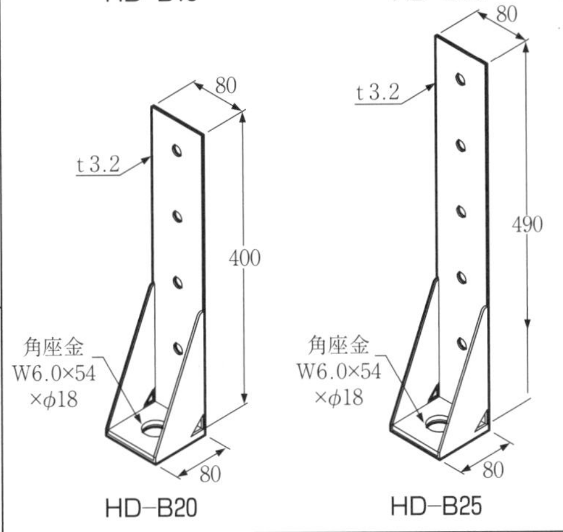	六角ボルト　4-M12 角座金　4-W4.5×40×φ14 または ラグスクリュー　4-LS12	
	HD-B25*		六角ボルト　5-M12 角座金　5-W4.5×40×φ14 または ラグスクリュー　5-LS12	
	HD-N5*	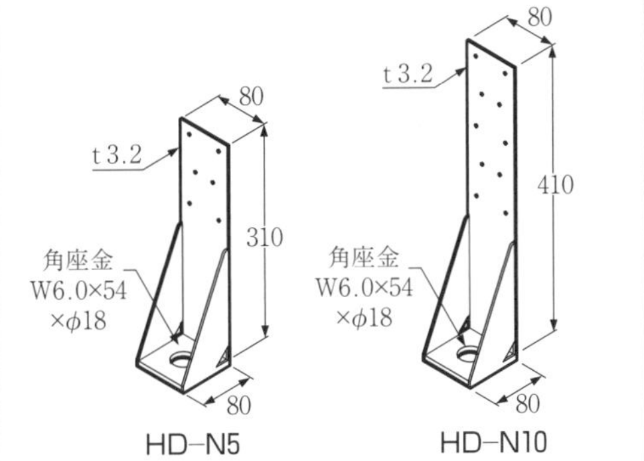	太めくぎ　6-ZN90	
	HD-N10*		太めくぎ　10-ZN90	
	HD-N15*	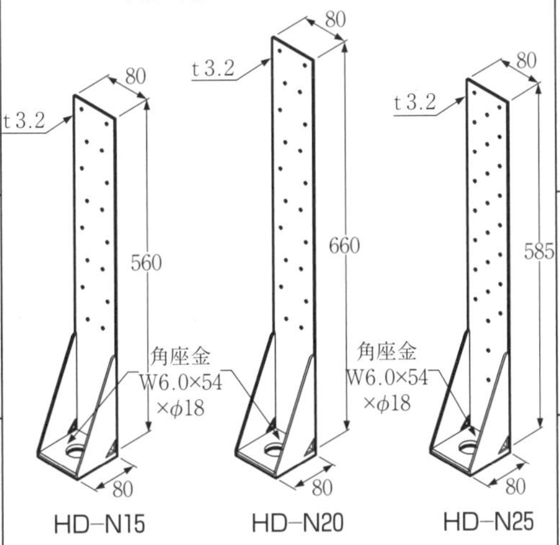	太めくぎ　16-ZN90	
	HD-N20*		太めくぎ　20-ZN90	
	HD-N25*		太めくぎ　26-ZN90	

注）記号に＊のある接合金物及び接合具は、公益財団法人日本住宅・木材技術センター規格によるZマーク表示金物とすることができる。

（単位：mm）

接　合　具

種類	記号	形状・寸法
アンカーボルト	M12*	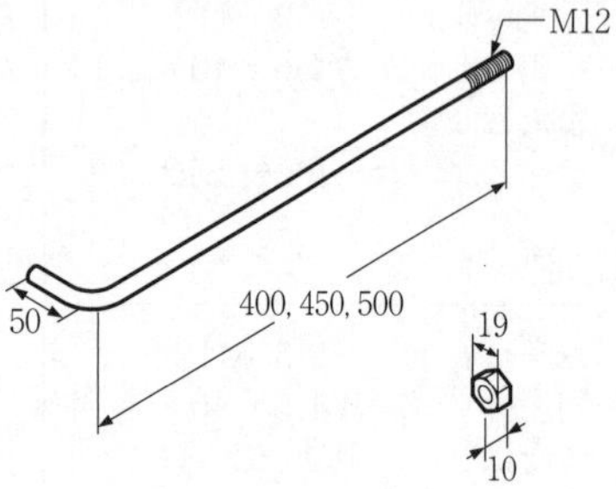
	M16*	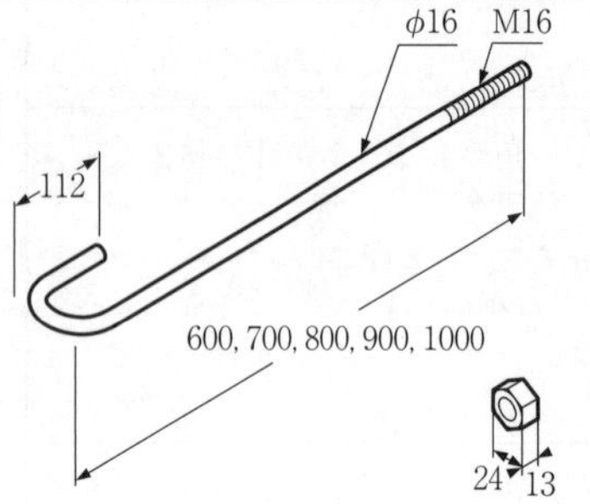
六角ボルト	M8	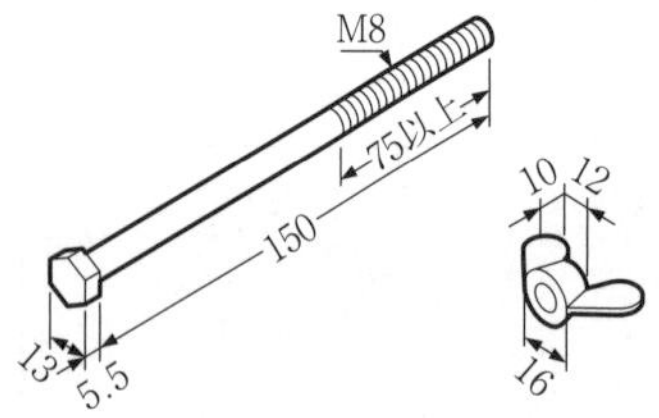
	M12*	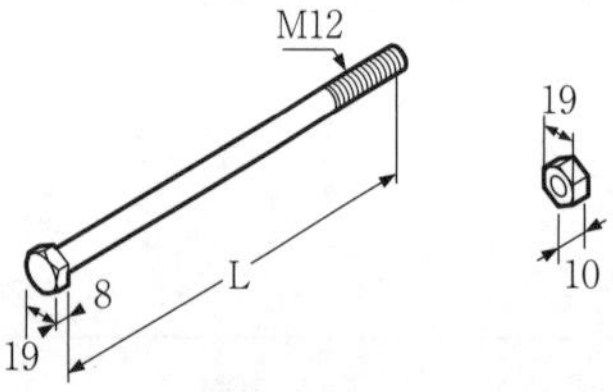L(mm)：105, 110, 115, 120, 125, 130, 135 140, 145, 150, 165, 180, 195 210, 225, 240, 255, 270, 285 300, 315, 330, 345, 360, 375, 390 405, 420, 435, 450, 480 510, 540, 570 600, 700, 800, 900, 1000
	M16*	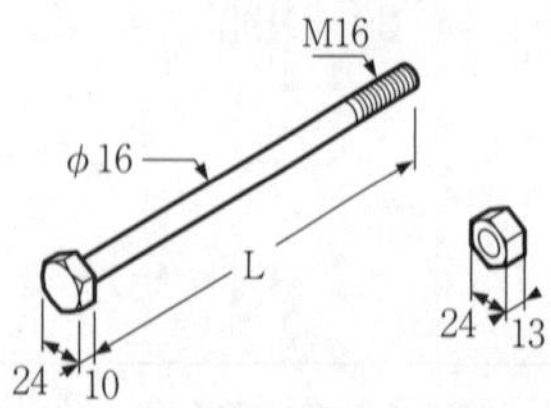L(mm)：110, 125, 140, 150, 165, 180, 195 210, 225, 240, 255, 270, 285 300, 315, 330, 345, 360, 375, 390 405, 420, 435, 450, 480 510, 540, 570 600, 700, 800, 900, 1000

種類	記号	形状・寸法
両ねじボルト	M12*	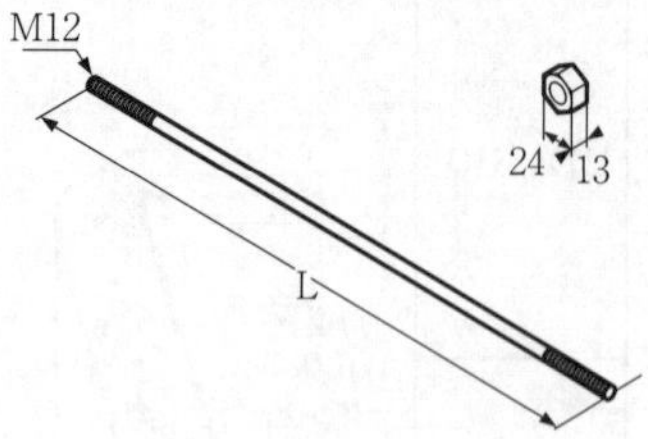L(mm)：300から30刻みで3300
	M16*	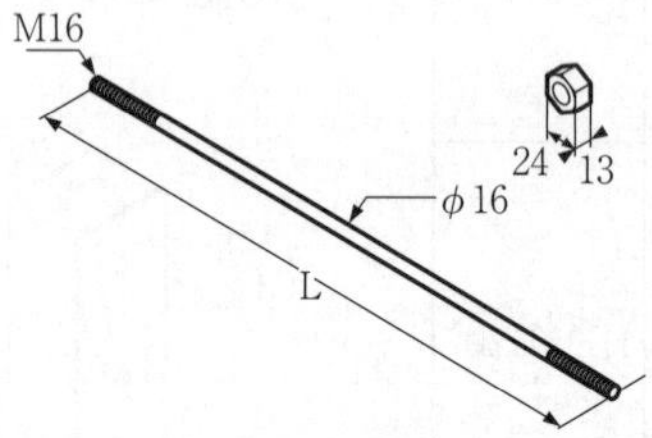L(mm)：300から30刻みで3300
全ねじボルト	M12*	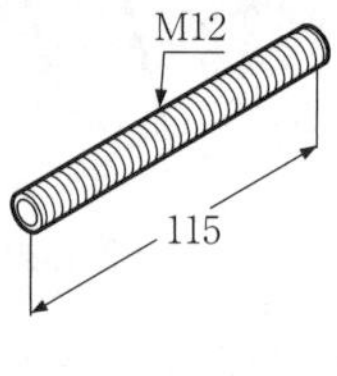
座金付きボルト	M16W*	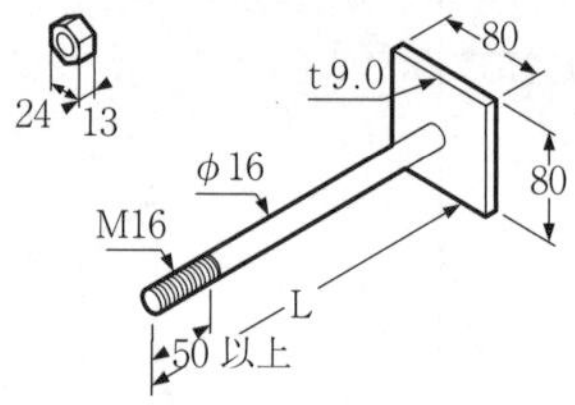L(mm)：110, 125, 140, 150, 165, 180, 195 210, 225, 240, 255, 270, 285 300, 315, 330, 345, 360, 375, 390 405, 420, 435, 450 510, 540, 570 600
ラグスクリュー	LS12*	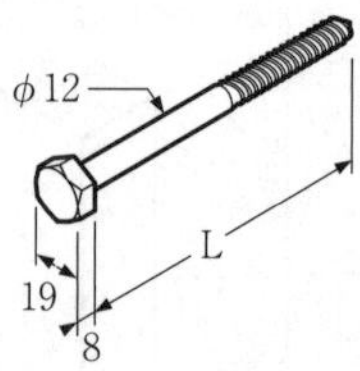L(mm)：110, 120, 125, 130, 140, 150
打込みピン	P14	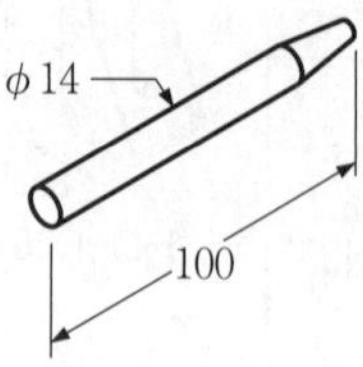

注）記号に＊のある接合金物及び接合具は、公益財団法人日本住宅・木材技術センター規格によるZマーク表示金物とすることができる。

（単位：mm）

接　合　具

種類	記号	形状・寸法
平座金	W1.6×23 ×φ9	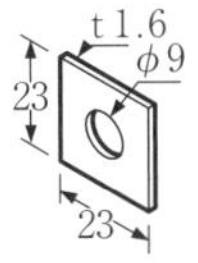 （ストラップアンカー SA-65 の専用座金）
角座金	W4.5×40 ×φ14* W6.0×54 ×φ18* W6.0×60 ×φ14* W9.0×80 ×φ18*	W4.5×40×φ14 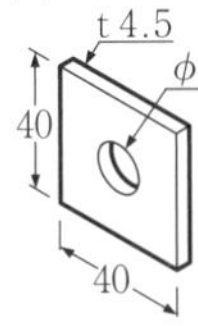 W6.0×54×φ18 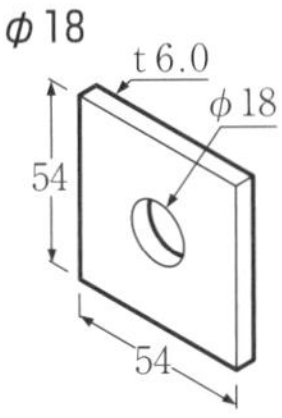 （ホールダウン金物HD-B またはHD-Nの専用座金） W6.0×60×φ14 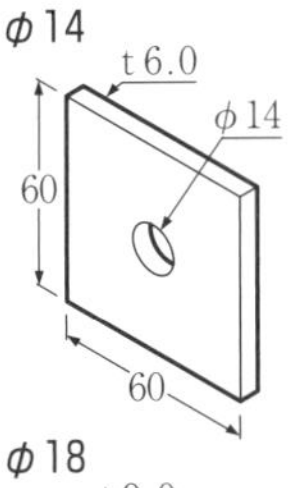 W9.0×80×φ18 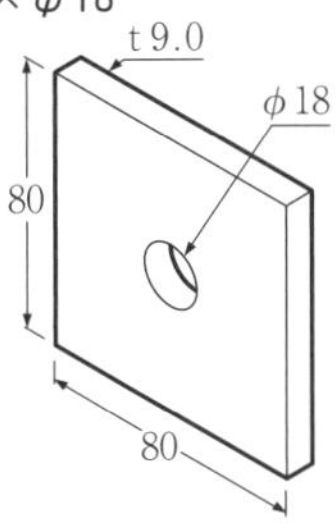
丸座金	RW6.0×68 ×φ14* RW9.0×90 ×φ18*	RW6.0×68×φ14 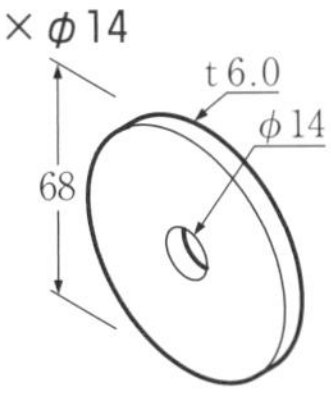 RW9.0×90×φ18 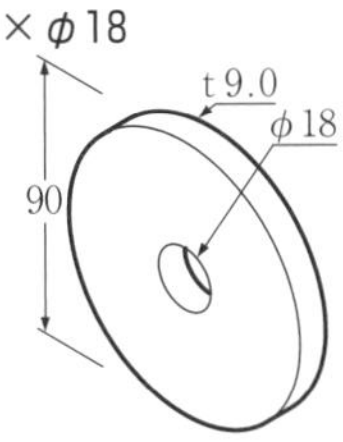

種類	記号	形状・寸法
座金用スプリング	SW12* SW16*	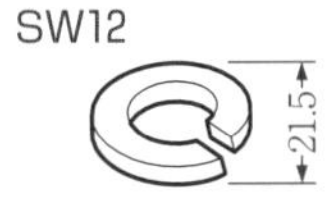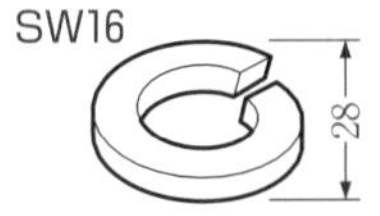
ジョイントナット	M12* M16*	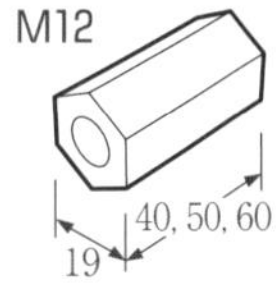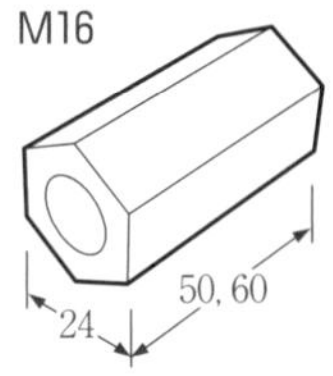
太めくぎ	ZN40* ZN65* ZN90* ZN80	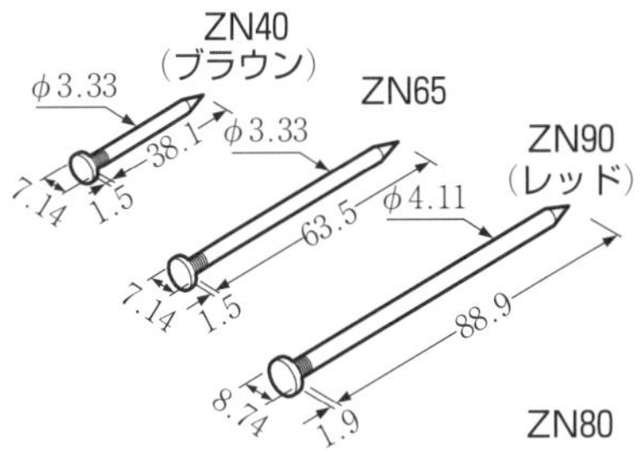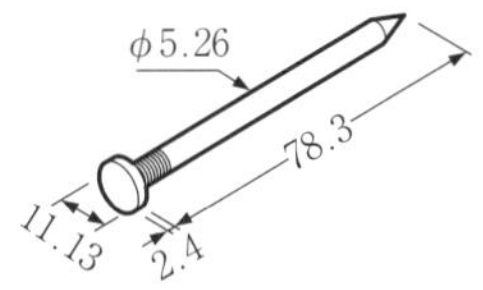 ZN40 と ZN65 のくぎ頭が同形のため、施工や検査時に確認ができるように ZN40 はブラウン、ZN90 はレッドに着色している。
四角穴付きタッピンねじ	STS·C45* STS·C65* STS·HC90* STS·HC135	STS·C45（緑） 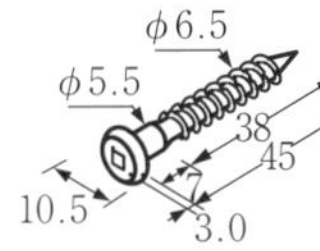 STS·C65（黄） 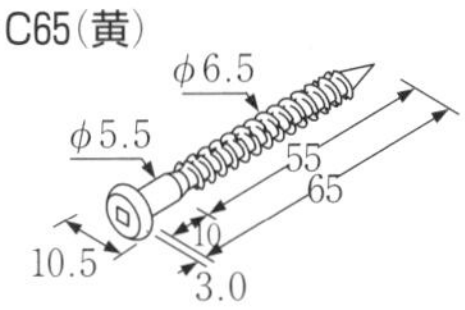 STS·HC90（赤） 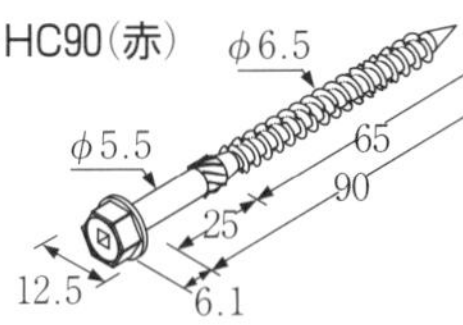 STS·HC135（黒） 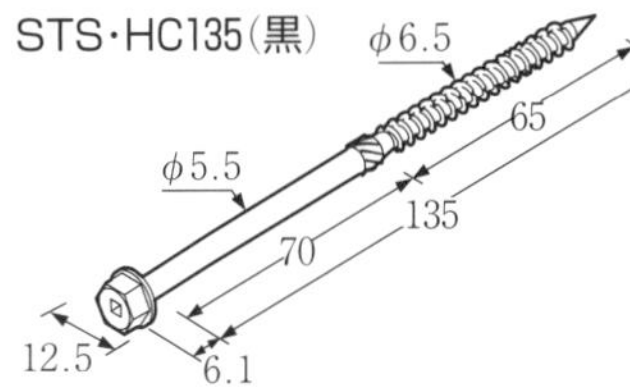 これらのねじは、施工や検査時に確認ができるように着色している。

注）記号に＊のある接合金物及び接合具は、公益財団法人日本住宅・木材技術センター規格によるZマーク表示金物とすることができる。
図中に表示した金物のほかにも、Cマーク表示金物と同様の品質・性能を有するものとして、同等認定金物及び性能認定金物がある。

4.3 断面寸法等

4.3.1 製材及び集成材の断面寸法

製材及び集成材は、表面調整を施したものとし、その寸法型式と寸法は、下表のとおりとする。

製材又は集成材の寸法型式及び寸法 (単位：mm)

区分	寸法型式	未乾燥材(含水率25%以下) 厚さ×幅	乾燥材(含水率19%以下) 厚さ×幅	備考
製材	104	20×90	19×89	
	106	20×143	19×140	
製材及び集成材	203	40×65	38×64	許容誤差は±1.5mm
	204	40×90	38×89	
	204W	—	76×89	
	205	40×117	38×114	
	206	40×143	38×140	
	208	40×190	38×184	
	210	40×241	38×235	
	212	40×292	38×286	
	304	65×90	64×89	
	306	65×143	64×140	
	404	90×90	89×89	
	405	90×117	89×114	
集成材	406	—	89×140	
	408	—	89×184	
	410	—	89×235	
	412	—	89×286	
	414	—	89×336	
	416	—	89×387	
	606	—	140×140	
	610	—	140×235	
	612	—	140×286	

注1) 上記寸法は、JASの格付け時の寸法を表しており、現場搬入時での実寸法は乾燥の度合い等で若干の誤差がある。
2) 集成材の含水率は、15%以下とする。
3) 204Wとは、寸法型式204を2枚合わせにした寸法のものである。

4.3.2 継手及び仕口

継手及び仕口は、突付け又は胴付けとし、乱に配置する。

4.4 木部の防腐・防蟻措置

4.4.1 土台の防腐・防蟻措置

1. 土台の防腐・防蟻措置(北海道及び青森県にあっては防腐措置のみ。以下、4.4において同じ。)は、次のいずれかによる。
   イ. □ヒノキ、ヒバ、ベイヒ、ベイヒバ、クリ、ケヤキ、ベイスギ、タイワンヒノキ、コウヤマキ、サワラ、ネズコ、イチイ、カヤ、ウェスタンレッドシーダー、インセンスシーダー又はセンペルセコイヤを用いた枠組壁工法構造用製材、若しくは、これらの樹種を使用した構造用集成材、構造用単板積層材、枠組壁工法構造用たて継ぎ材又は直交集成板を用いる。
   ロ. □枠組壁工法構造用製材及び枠組壁工法構造用たて継ぎ材のJASに定める保存処理性能区分K3相当以上の防腐・防蟻処理材(北海道及び青森県にあってはK2相当以上の防腐処理材)を用いる。
2. 土台に接する外壁の下端には、水切りを設ける。

4.4.2 土台以外の木部の防腐・防蟻措置

1. 地面からの高さが1m以内の外壁の枠組(土台を除く。)の防腐・防蟻措置は、次のいずれかによる。

イ. □枠組に、ヒノキ、ヒバ、ベイヒ、ケヤキ、タイワンヒノキ、スギ、カラマツ、ベイスギ、クリ、ダフリカカラマツ、ウェスタンレッドシーダー、ベイヒバ、コウヤマキ、サワラ、ネズコ、イチイ、カヤ、クヌギ、ミズナラ、ベイマツ(ダグラスファー)、アピトン、ウェスタンラーチ、カプール、ケンパス、セランガンバツ、タマラック、パシフィックコーストイエローシーダー、サイプレスパイン、ボンゴシ、イペ、ジャラ、インセンスシーダー又はセンペルセコイヤを用いた枠組壁工法構造用製材、若しくは、これらの樹種を使用した化粧ばり構造用集成柱、構造用集成材、構造用単板積層材、枠組壁工法構造用たて継ぎ材又は直交集成板を用いる。

ロ. □外壁内に通気層を設け、壁体内通気を可能とする構造とし、その仕様は、特記による。特記のない場合は、本章4.10.10(外壁内通気措置)による。 4.10.10 ☞118頁

ハ. □次の(イ)又は(ロ)の薬剤処理を施した枠組壁工法構造用製材、化粧ばり構造用集成柱、構造用集成材、構造用単板積層材、枠組壁工法構造用たて継ぎ材又は直交集成板を用いる。

(イ)□本章4.4.3(薬剤の品質等)の1に掲げる防腐・防蟻処理材として工場で処理したもの 4.4.3の1 ☞77頁

(ロ)□本章4.4.3(薬剤の品質等)の2に掲げる防腐・防蟻薬剤を、現場で塗布、吹付け又は浸漬したもの 4.4.3の2 ☞77頁

2. 地面からの高さが1m以内の外壁下地材の品質は、次のいずれかにより、本章4.4.3(薬剤の品質等)の1に掲げる防腐・防蟻処理材として工場で処理したもの、若しくは、本章4.4.3(薬剤の品質等)の2に掲げる防腐・防蟻薬剤を、現場で塗布、吹付け又は浸漬したものを用いる。ただし、外壁内に通気層を設け、壁体内通気を可能とする構造とした場合は、この限りでない。 4.4.3の1 ☞77頁 4.4.3の2 ☞77頁

イ. □合板のJASに適合する構造用合板

ロ. □構造用パネルのJASに適合する構造用パネル

ハ. □JIS A 5908に適合するパーティクルボードの耐水2(Pタイプ)

ニ. □JIS A 5905に適合するミディアムデンシティファイバーボード(MDF)のPタイプ

4.4.3 薬剤の品質等

1. 防腐・防蟻薬剤を用いて工場で処理した防腐・防蟻処理材を用いる場合は、次による。

イ. 枠組壁工法構造用製材等のJASの保存処理(K1を除く。)の規格に適合するものとする。

ロ. JIS K 1570(木材保存剤)に定める加圧注入用木材保存剤を用いてJIS A 9002(木質材料の加圧式保存処理方法)による加圧式保存処理を行った木材とする。

ハ. 公益社団法人日本木材保存協会(以下、「木材保存協会」という。)認定の加圧注入用木材防腐・防蟻剤を用いてJIS A 9002(木質材料の加圧式保存処理方法)による加圧式保存処理を行った木材とする。

ニ. イ、ロ又はハ以外とする場合は、防腐・防蟻に有効な薬剤が、塗布、加圧注入、浸漬、吹き付けられたもの又は防腐・防蟻に有効な薬剤を混入した接着剤を用いた防腐・防蟻処理材とし、特記による(ただし、集成材においては接着剤に混入されたものを除く。)。

2. 薬剤による現場処理を行う場合の防腐・防蟻薬剤の品質は、次による。

イ. 木部の防腐措置に使用する薬剤の品質は、特記による。特記のない場合は、木材保存協会認定の薬剤又はJIS K 1571(木材保存剤—性能基準及びその試験方法)によって試験し、その性能基準に適合する表面処理用薬剤とする。

ロ. 木部の防腐措置及び防蟻措置に使用する薬剤の品質は、特記による。特記がない場合は、公益社団法人日本しろあり対策協会(以下、「しろあり協会」という。)、又は木材保存協会認定の防腐・防蟻剤とする。

3. 薬剤による現場処理を行う場合の木材の処理方法は、特記による。特記がない場合

は、次による。

イ. 塗布、吹付け、浸漬に使用する薬剤の量は、木材及び合板の表面積1 m^2につき300 mℓを標準とする。

ロ. 処理むらが生じることのないよう、イの薬剤の範囲内の量で、十分に木材に吸収されるよう、入念に処理する。

ハ. 木材の木口、仕口、継手の接合箇所、き裂部分、コンクリート及び束石などに接する部分は、特に入念な処理を行う。

4. 2のロの薬剤を使用する場合の処理方法は、特記による。特記がない場合は、しろあり協会制定の標準仕様書に準ずる。

5. 現場の加工、切断、穿孔箇所等は3に準じて、塗布あるいは吹付け処理を行う。

4.5 薄板軽量形鋼又は軽量H形鋼の防錆措置

構造耐力上主要な部分に薄板軽量形鋼又は軽量H形鋼を用いる場合の表面仕上げは、JIS G 3302(溶融亜鉛めっき鋼板及び鋼帯)に規定するめっきの付着量表示記号Z27相当以上の有効なさび止め及び摩損防止のための措置を講じたものとしなければならない。ただし、次に掲げる場合にあっては、この限りでない。

イ. 薄板軽量形鋼又は軽量H形鋼を屋外に面する部分(防水紙等で有効に防水されている部分を除く。)及び湿潤状態となるおそれのある部分以外に使用する場合

ロ. 薄板軽量形鋼又は軽量H形鋼に床材、壁材又は屋根下地材等による被覆、その他これに類する有効な摩損防止のための措置を講じた場合

4.6 床下地面の防蟻措置

4.6.1 適用

床下地面に講じる防蟻措置は、次のいずれかによる。ただし、北海道、青森県、岩手県、秋田県、宮城県、山形県、福島県、新潟県、富山県、石川県及び福井県においては、地面に講ずる防蟻措置を省略することができる。

イ. □鉄筋コンクリート造のべた基礎

ロ. □地面を一様に打設したコンクリート(布基礎と鉄筋により一体となったものに限る。)でおおう。

ハ. □本章4.6.2(薬剤による土壌処理)の1に掲げる薬剤を用い、布基礎内周部及び束石の周囲の土壌処理を行う。 4.6.2の1 ☞78頁

4.6.2 薬剤による土壌処理

1. 薬剤による土壌処理を行う場合は、次のいずれかによる。

イ. □土壌の防蟻措置に使用する薬剤の品質は、特記による。特記がない場合は、しろあり協会又は木材保存協会認定の土壌処理剤、又はこれと同等の効力を有するものとする。

ロ. □土壌処理と同等の効力があるものとして、防蟻効果を有するシートを床下の土壌表面に敷設する工法、樹脂皮膜を形成する方法等を採用する場合は、特記による。

2. 薬剤を使用する場合の処理方法は、特記による。特記がない場合は、しろあり協会制定の標準仕様書に準ずる。

3. 給排水用の塩化ビニル管の接する部分に防腐・防蟻措置を講ずる場合は、薬剤によって損傷しないよう管を保護する。

4.7 浴室等の防水措置

1. 浴室の壁の枠組等(木質の下地材・室内側に露出した部分を含む。)、床組(地上2階以上の階にある場合は下地材を含む。)及び天井は、次のいずれかの防水措置を行う。ただし、1階の浴室まわりを鉄筋コンクリート造の腰壁又はコンクリートブロック造の腰壁とした部分は除く。

イ. □浴室ユニットとする。
ロ. □浴室の壁の枠組等、床組及び天井に対して、防水上有効な仕上げを行う。
ハ. □浴室の壁の枠組等、床組及び天井に対して、本章4.4.2(土台以外の木部の防腐・防蟻措置)の1のイからハのいずれか及び2による防腐・防蟻措置を行う。 4.4.2の1・2 ☞76頁

2. 脱衣室の壁の枠組等(木質の下地材・室内側に露出した部分を含む。)及び床組(地上階数2以上の階にある場合は下地材を含む。)は、次のいずれかの防水措置を行う。
イ. □脱衣室の壁の枠組等及び床組に対して、防水紙、ビニル壁紙、シージングせっこうボード、ビニル床シート又は耐水合板(普通合板1類、構造用合板特類又は1類)を用いる。
ロ. □脱衣室の壁の枠組等及び床組に対して、本章4.4.2(土台以外の木部の防腐・防蟻措置)の1のイからハのいずれか及び2による防腐・防蟻措置を行う。 4.4.2の1・2 ☞76頁

用 語

加圧式防腐・防蟻処理木材

加圧式防腐・防蟻処理木材は、工場において、注薬罐中に置かれた木材に薬液を加圧して注入する方法によって製造される。この処理木材は、加圧式防腐・防蟻処理土台として市販されているが、JAS製品については、次の4種類があり、それぞれ性能区分が示されている。

表4.4　加圧式防腐・防蟻処理木材(JAS製品)

表示の方法	性能区分	性能の目安	使用する薬剤名(記号)
保存処理K2	K2	気候が比較的寒冷な地域における住宅部材用	第四級アンモニウム化合物系(AAC-1) 第四級アンモニウム・非エステルピレスロイド化合物系(SAAC) ほう素・第四級アンモニウム化合物系(BAAC) 銅・第四級アンモニウム化合物系(ACQ-1)(ACQ-2) 銅・アゾール化合物系(CUAZ) アゾール・ネオニコチノイド化合物系(AZN) 脂肪酸金属塩系(NCU-E)(NZN-E)(VZN-E) ナフテン酸金属塩系(NCU-O)(NZN-O)
保存処理K3	K3	土台等住宅部材用	
保存処理K4	K4	土台等住宅部材用	上記のほか、クレオソート油(A)
保存処理K5	K5	屋外または接地用(鉄道の枕木等の用途)	銅・第四級アンモニウム化合物系(ACQ-1)(ACQ-2) 脂肪酸金属塩系(NCU-E) ナフテン酸金属塩系(NCU-O) クレオソート油(A)

この処理製材には、「格付機関名」、「構造材の種類」及び「等級」に加え、「性能区分」と「薬剤名(または記号)」が表示されており、これを使用する場合には、使用する木材の使用環境や用途により、必要に応じて、使用者が選択できるようになっている。
保存処理K4は、腐朽やシロアリ被害の激しい地域を対象にしている。
なお、保存処理K1は、広葉樹防虫辺材用であり、一般に「防虫処理ラワン」と呼ばれている。
また、枠組壁工法構造用製材及び枠組壁工法構造用たて継ぎ材のJASの保存処理(K1を除く)の規格に適合する工場処理による防腐・防蟻処理材と同等の効力があるものに、優良木質建材等認証(AQ)された木質建材などがある。

施工方法

木部防腐剤塗り

建築物の木材が腐朽しやすい箇所に塗布して腐朽を防ぐのが目的であるから、目的外の所には塗らないほうがよい。例えば、防腐・防蟻処理土台は、すでに防腐防蟻剤を注入してあるので、土台の木口等加工部分以外は塗る必要がない。

表4.4.2　建設地別の防腐・防蟻処理及び土壌処理の適用区分

建設地 ＼ 対象 区分		防腐・防蟻処理の適用区分[1]		土壌処理の適用区分
		加圧注入処理	表面処理	
Ⅰ	沖縄、九州、四国、中国、近畿、中部、関東、北陸、東北の各都府県	製材のJAS[2]等[3]の保存処理K3材または同等以上[4]	塗布、吹付けまたは浸漬による防腐・防蟻処理	土壌処理を行う
Ⅱ	北海道			必要に応じて[5]土壌処理を行う

注1）加圧注入処理と表面処理を併用することもできる。加圧注入処理した木材等の土台等にあっては、表面処理の際に塗布または吹付け処理対象から除外しなくてもよい。
2）平成19年8月29日農林水産省告示第1083号
3）合板（平成15年2月27日農林水産省告示第233号）、集成材（平成19年9月25日農林水産省告示第1152号）、単板積層材（平成20年5月13日農林水産省第701号）のJASを含む。
4）AQ認証保存処理製品の2種処理材以上。
5）「必要に応じて」とは、地域のシロアリの生息、被害状況による。
（『木造建築物等防腐・防蟻・防虫処理技術指針・同解説（令和元年）』（公益社団法人日本しろあり対策協会）より抜粋）

土壌処理

ヤマトシロアリ、イエシロアリなどは、地中から基礎、床束及びその他の地面と建物とを橋渡しするものを伝わって建物内に侵入する。これを防ぐために、地面の土壌を防蟻薬剤で処理することを土壌処理という。しかし、建物の防蟻にとって有効な土壌処理も状況の判断を誤まり施工すれば、薬剤によって井戸水あるいは地下水を汚染させることも引き起こしかねない。したがって、土壌処理を行う場合にあっては、敷地の状況、土質などを適切に判断し、処理薬剤の選択、処理方法を決定して、水質汚染につながらないよう慎重な考慮がはらわれなければならない。

留意事項

土壌処理の範囲

床下地面の防蟻措置において、薬剤による土壌処理を行う場合、布基礎内周部及び束石の周囲約20cm程度の土壌処理を行うことが望ましい。

防腐・防蟻措置が必要な木部

木造住宅は、地面からの高さが1m以内の範囲にある枠材が劣化を受けやすいため、本仕様書においては、それらの部分に何らかの防腐・防蟻措置を講ずることとしている。なお、ここでいう枠材には、壁枠組材及び耐力面材等が含まれる。

合板・集成材・単板積層材のJASにおける保存処理規定

林産物に関するJASのうち、保存処理について定められているものは、従前は「製材」、「枠組壁工法構造用製材及び枠組壁工法構造用たて継ぎ材」のみであったが、平成29年10月の改正において「合板」、「集成材」及び「単板積層材」についても保存処理の規定が追加された。

なお、合板等のJASにおいて追加された保存処理規定では、木材保存剤の吸収量の基準は「K3」のみ規定されている。

木材の耐腐朽性・耐蟻性

住宅に用いる木材は耐朽性はもちろんのこと、耐蟻性の高いものを選択することが建物を長もちさせるための重要なポイントである。特に土台は、その環境から考えると、日本の大部分の地域において、腐朽菌とシロアリの被害を受ける可能性をつねにもっている。樹種の選択にあっては、耐腐朽性・耐蟻性の高い樹種を選択することが望ましい。

また、木材の耐腐朽・耐蟻性は、どの樹種であっても心材であることにより十分に発揮される。辺材が含まれる場合は、防腐・防蟻処置を行うことが望ましい。

心材の耐腐朽性・耐蟻性比較表

区　　分	樹　　種
耐腐朽性・耐蟻性が大のもの	ヒバ・コウヤマキ・ベイヒバ
耐腐朽性が大、耐蟻性が中のもの	ヒノキ・ケヤキ・ベイヒ
耐腐朽性が大、耐蟻性が小のもの	クリ・ベイスギ
耐腐朽性・耐蟻性が中のもの	スギ・カラマツ
耐腐朽性が中、耐蟻性が小のもの	ベイマツ・ダフリカカラマツ
耐腐朽性・耐蟻性が小のもの	アカマツ・クロマツ・ベイツガ

水切りの設置について

土台は、他の構成部材と比較して劣化による被害の多い部分であるため、他の部材よりも手厚い劣化対策が必要である。

水切りの設置も土台の劣化対策の1つであり、その目的は、①壁体内結露水など壁体内に浸入した水の適切な排出、②雨水の跳ね上がり及び毛細管現象等による土台への水の浸入防止、などである。この目的が達成されるよう、水切りは適切に設置することが必要である。

土壌処理と同等の効力を有するもの

薬剤による土壌処理と同等の効力があるものには、床下土壌面からのシロアリの侵入を阻止する防蟻効果を有するシートを床下の土壌表面に敷設する工法や、樹脂皮膜を形成する方法などのほかに、次の参考図のように地面を一様に打設したコンクリート（布基礎と鉄筋により一体となったものに限る）でおおう、またはべた基礎で鉄筋コンクリート造としたものがある。

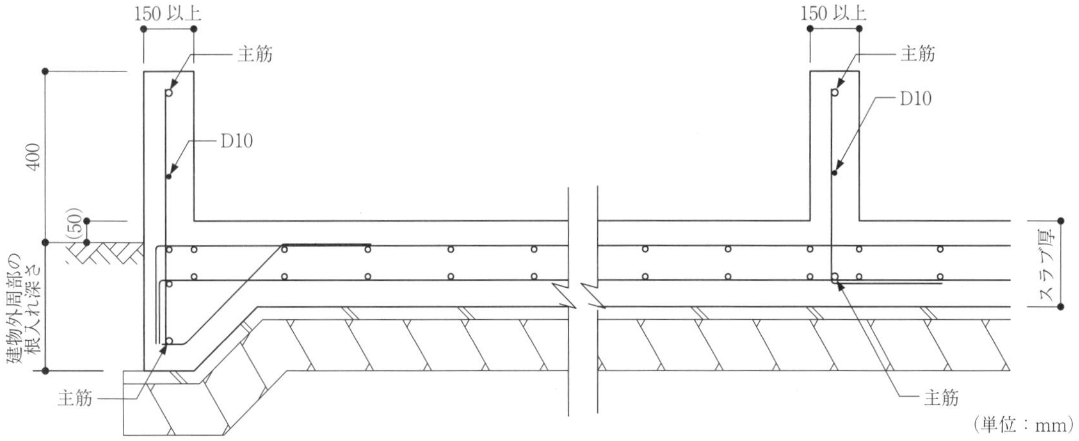

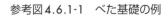

注1）べた基礎の寸法及び配筋については、建設敷地の地盤状況を勘案のうえ、構造計算により決定すること。
2）1階の床下地面は、建築周囲の地盤より50 mm以上高くする。
3）根入れ深さは12 cm以上、かつ、凍結深度以上（行政庁が規定している場合）とする。なお、建物内部の底盤の根入れ深さを建物外周部より浅く設定する場合は、その位置で許容応力度が確保されるようにその地盤に応じた適切な措置を行うとともに、建物外周部は基礎施工後の給排水・ガス工事等による地業・地盤の損傷による建物内部への雨水の浸入を防ぐために、適切な根入れ深さとする。
4）配管類のための穴の間際に防蟻性のある材料（ルーフィング用コールタールピッチ、ゴム状の瀝青シール等）を充填するなど、防蟻上有効な措置を施す。
5）基礎底盤の雨水を排水するため、適切な位置に水抜き孔を設ける。なお、当該水抜き孔は工事完了後にふさぐ。

参考図4.6.1-1　べた基礎の例

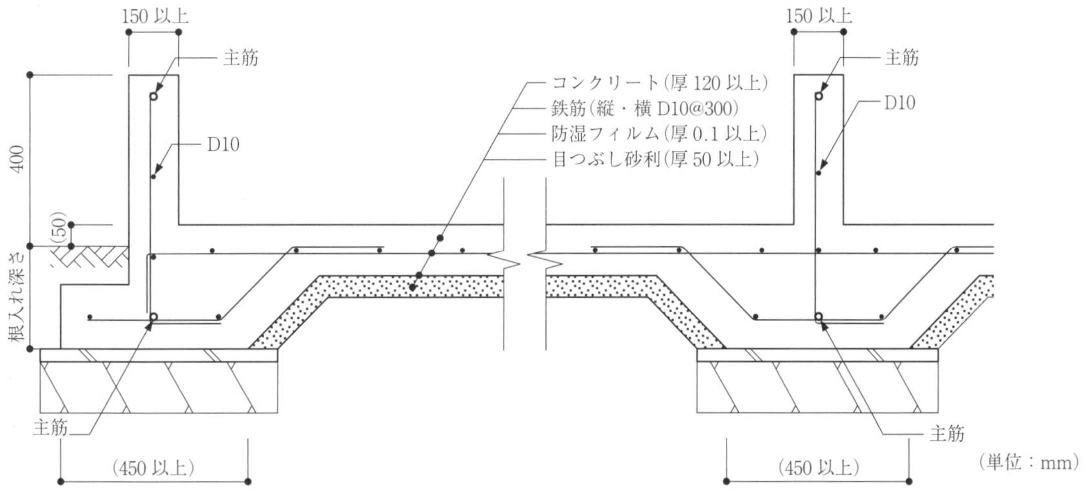

注1）べた基礎の寸法及び配筋については、建設敷地の地盤状況を勘案のうえ、決定すること。
2）1階の床下地面は、建物周囲の地盤より50 mm以上高くする。
3）配管類のための穴の間際に防蟻性のある材料（ルーフィング用コールタールピッチ、ゴム状の瀝青シール等）を充填するなど、防蟻上有効な措置を施す。

参考図4.6.1-2　防蟻用に打設したコンクリートの例

4.8 平屋建又は2階建の土台及び最下階の床組

4.8.1 土台の寸法型式等

1. 土台の寸法は、寸法型式204、205、206、208、304、306、404、406若しくは408に適合するもの又は厚さ38 mm以上、幅89 mm以上で国土交通大臣による基準強度の指定を得たものであって、かつ、土台と基礎若しくは床根太、端根太若しくは側根太との緊結に支障がないものとする。
   なお、座金ぼりは、寸法型式404、406又は408の場合のみである。
2. 土台が基礎と接する面には、防水紙、その他これに類するものを敷く等の防腐措置を講ずる。

4.8.2 土台の継手、仕口

寸法型式204、205、206、208、304、306、404、406若しくは408の土台の隅角部又はT字部の仕口及び継手には、寸法型式204、205、206、208、304及び306にあっては2本のCN65を、寸法型式404、406又は408にあっては3本のCN75を斜め打ちする。

4.8.3 大引き、束を用いた床組

1. 最下階の床枠組に根太を用いる場合の床枠組は、本章4.9(平屋建又は2階建の床枠組(最下階以外の床枠組))による。 4.9 ☞85頁
2. 最下階の床組を大引き、束、床根太を用いて構成する場合は、次による。
   イ. 土台には寸法型式404、床根太には寸法型式204以上、大引きには寸法型式404を用い、床根太相互の間隔は500 mm以内、大引き相互の間隔は1,370 mm以内とする。
   ロ. 土台には、座金ぼりを行う。
   ハ. 土台と大引きとの仕口は、土台を30 mm欠き込み大入れとし、3本のCN75を斜め打ちする。なお、土台と大引きとの仕口を大入れとしない場合は、土台と大引きを突付けとし、3本のCN75を斜め打ちした後、大引きの両面から根太受け金物を用いて取り付ける。
   ニ. 大引きの継手は、束の上で相欠き継ぎを行い、両面からそれぞれ2本のCN90を平打ちする。
   ホ. 束は、寸法型式404を大引き間隔に準じて入れ、大引きより4本のCN75を斜め打ちする。根がらみは寸法型式104を用い、すべての束に2本のCN65を平打ちする。
   ヘ. プラスチック束、又は鋼製束を用いる場合は、特記による。
3. 最下階の床組を床根太を用いず、大引き、束で構成する場合は、次による。ただし、次によらない場合は、長期の応力に対する許容応力度計算によって安全性を確認し、特記による。
   イ. 土台及び大引きには寸法型式404を用い、大引きの相互間隔は910 mm以下で束上に設置し、束の間隔は1,370 mm以内とする。
   ロ. 2のロ、ハ及びニにより、土台と大引きを緊結する。
4. 大引き、束及び根がらみは、本章4.4(木部の防腐・防蟻措置)による防腐・防蟻措置を講ずる。 4.4 ☞76頁

4.8.4 大引き、束を用いた床組の床下張り

1. 床下張材は、本章4.9.9(床下張り)による。 4.9.9 ☞95頁
2. 最下階の床枠組に根太を用いない場合の床下張りは、次による。ただし、次によらない場合は、長期の応力に対する許容応力度計算によって安全性を確認し、特記による。
   イ. 床下張材は、JASに適合する厚さ24 mm又は28 mmの構造用合板を用いる。なお、本章4.8.3(大引き、束を用いた床組)の3のイにおける大引きの相互間隔が455 mm以下の場合は、JASに適合する厚さ15 mm、24 mm又は28 mmの 4.8.3の3 ☞82頁

構造用合板を用いる。

ロ．上記のホルムアルデヒドの放散量に関する品質については、特記による。

ハ．合板へのくぎ打ちはCN65又はCN75などを用い、間隔は外周部で150 mm以内、中間部で200 mm以内とする。

4.8.5 土間コンクリート床の土台

1. 土間コンクリート床の場合には、土台を壁枠組の下枠と兼ねることができる。
2. 土台を下枠として使用する場合の土台の継手は、たて枠の中央で行い、寸法型式204、206又は208の土台を用いる場合は、土台から4本のCN90を木口打ち又はたて枠から4本のCN65を斜め打ちとし、寸法型式404の土台を使用する場合は、たて枠から4本のCN75を斜め打ちとする。

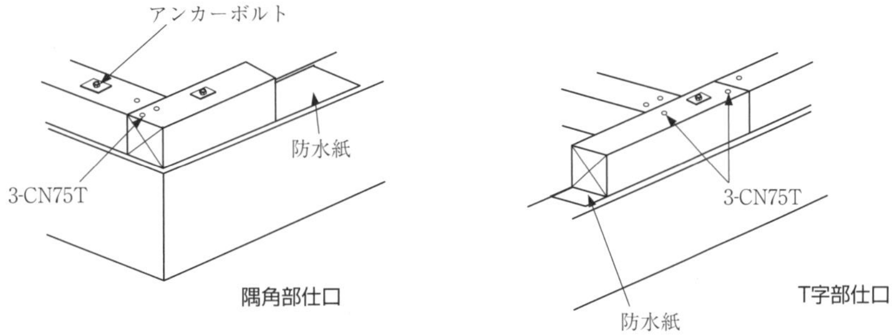

参考図4.8.2　寸法型式404の土台の継手及び仕口

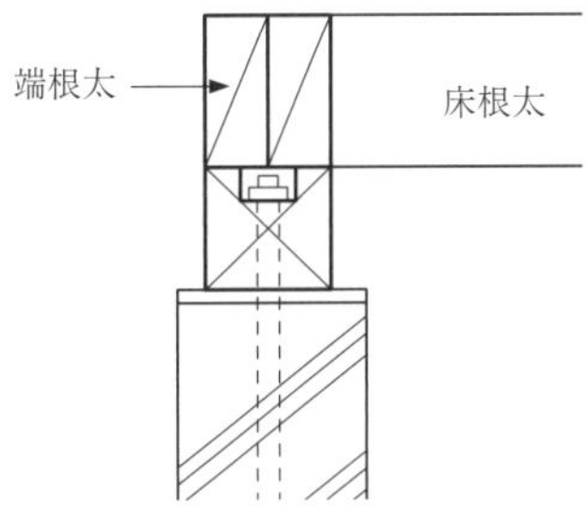

参考図4.8.3-1　座金ぼり

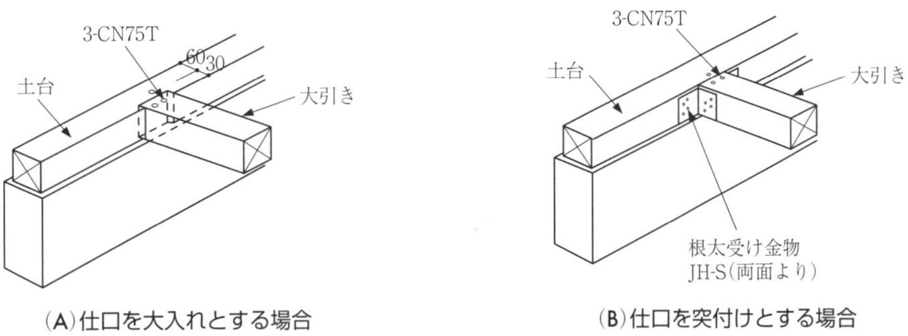

参考図4.8.3-2　土台と大引きの仕口

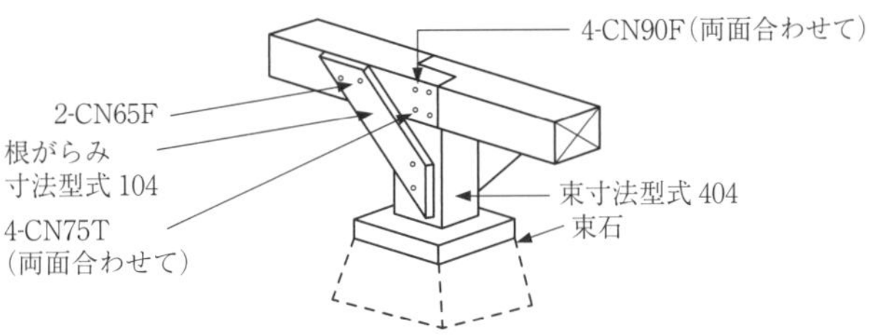

参考図4.8.3-3　大引きの継手

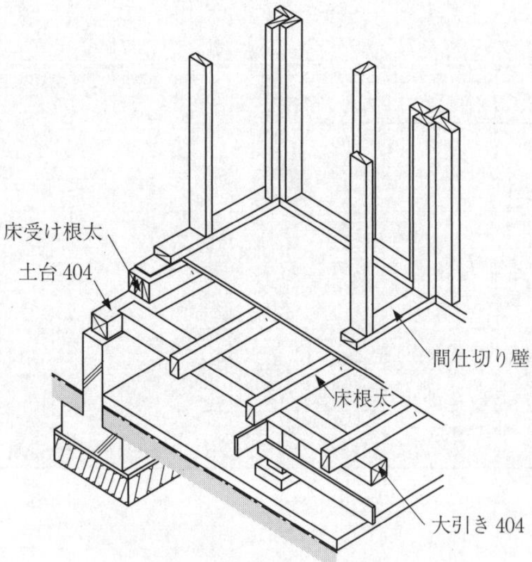

(A-1) 床根太を用いる場合

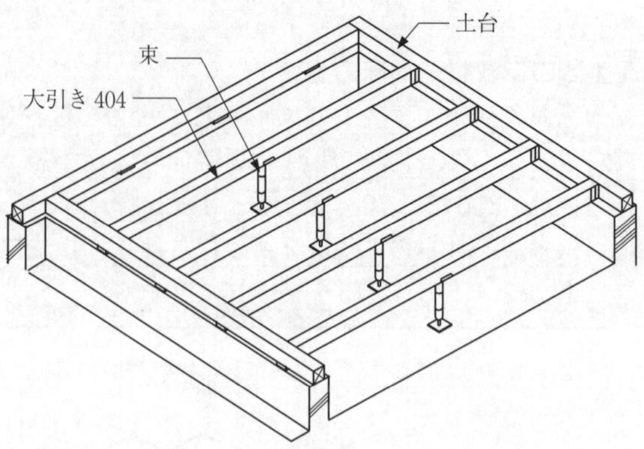

(A-2) 床根太を用いない場合

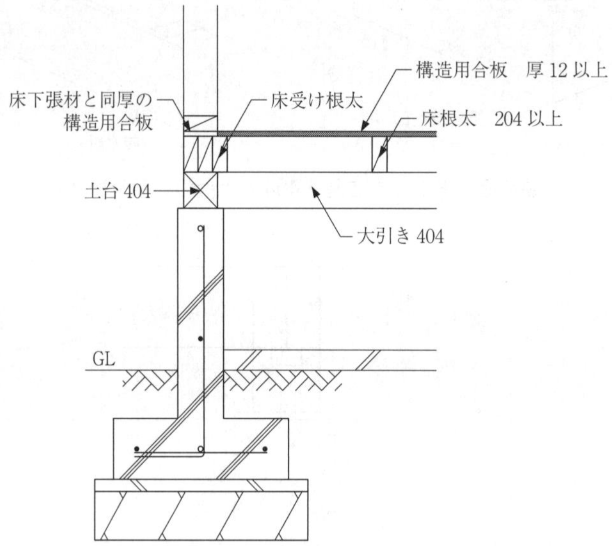

(B) 側根太と床受け根太

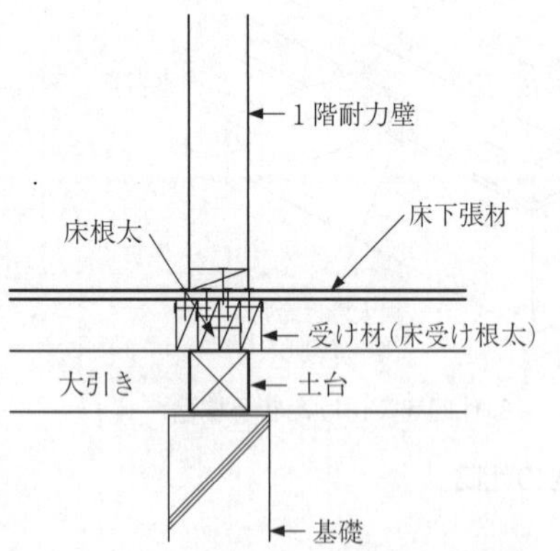

(C) 内部耐力壁下部の補強

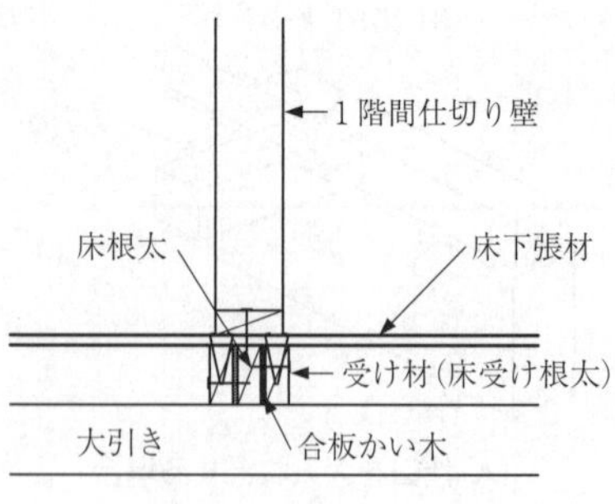

(D) 内部間仕切り壁下部の補強

参考図 4.8.4　大引き、束を用いた床組例

参考図4.8.5　土台を下枠として使用する場合の継手

4.9 平屋建又は2階建の床枠組（最下階以外の床枠組）

4.9.1 床根太等

1. 床根太、端根太及び側根太の寸法は、寸法型式206、208、210、212若しくは306に適合するもの又は厚さ38 mm以上、幅140 mm以上で国土交通大臣による基準強度の指定を得たものであって、かつ、床根太、端根太若しくは側根太と土台、頭つなぎ（本章4.10.3（耐力壁の頭つなぎ）の4により頭つなぎを省略する場合にあっては、上枠。以下、本項において同じ。）若しくは床材との緊結に支障がないものを縦使いする。 4.10.3の4 ☞102頁
2. 床根太相互の間隔は、本章4.9.11（50 cmを超える床根太間隔）による場合を除き、500 mm以内とする。 4.9.11 ☞98頁
3. 床根太の断面は、構造計算による。
4. 床根太のくぎ打ちは、土台、頭つなぎ、床ばりなどに対して、2本のCN75を斜め打ちする。ただし、1,100N以上の短期許容せん断耐力を有するくぎ打ちは、特記による。
5. 次の場合は、構造計算に基づき、特記による。
   イ．床根太に、木質接着成形軸材料、木質複合軸材料、薄板軽量形鋼又は軽量H形鋼を使用する場合
   ロ．床版に、木質断熱複合パネル又は直交集成板を使用する場合

4.9.2 床根太の継手

1. 床根太の継手は、土台、頭つなぎ又は床ばりの上で行う。
2. 床根太の継手は、次のいずれかによるものとし、床根太と同寸のころび止めを入れる。
   イ．□重ね合わせて継ぐ場合は、床根太を100 mm以上重ね、3本のCN90を平打ちする。
   ロ．□添え木を用いて継ぐ場合は、床根太と同寸で長さは400 mm以上とし、くぎは6本以上のCN90を平打ちする。
   ハ．□金物を用いて継ぐ場合は、帯金物を用い、くぎは6本のZN40を平打ちする。
   ニ．□厚さ12 mm以上の構造用合板又は構造用パネル3級以上を用いて継ぐ場合は、床根太と同せいで長さ400 mm以上とし、くぎは6本以上のCN65を平打ちする。
3. 床根太の継手部分には、それぞれの床根太から、土台、頭つなぎ又は床ばりに対して2本のCN75を斜め打ちする。

4.9.3 側根太と端根太

1. 側根太には、同寸の添え側根太を添え付け、くぎ打ちは、CN75を両端部2本、中間部300 mm間隔以内に千鳥に平打ちする。
2. 端根太と側根太、添え側根太及び床根太との仕口は、それぞれ3本のCN90を木口打ちする。
3. 端根太部には、床根太間及び床根太と添え側根太の間に端根太と同寸のころび止め（以下、「端根太ころび止め」という。）を設け、それぞれ4本のCN75を平打ちする。ただし、耐力壁線で囲まれる部分の床面積が40 m^2以下の場合で、かつ、床下張材を端根太の外側まで張りつめる場合、端根太ころび止めを省略することができる。この場合、端根太から土台又は頭つなぎへCN75を150 mm間隔以内で斜め打ちする。

4. 土台又は頭つなぎに対するくぎ打ちは、次による。

イ．側根太及び端根太からは、CN75を間隔250 mm以内に斜め打ちする。

ロ．添え側根太からはCN75を間隔500 mm以内に、端根太ころび止めからは1本のCN75を斜め打ちする。

5. 側根太と添え側根太の継手は、500 mm内外離して配置し、継手の両側200 mm内外の範囲内にそれぞれ3本のCN75を平打ちする。

6. 端根太の継手は、床根太間に設け、端根太と端根太ころび止めとのくぎ打ちは、継手の両側にそれぞれ3本のCN75を平打ちする。

4.9.4 ころび止め

1. 床根太に、寸法型式212に適合するもの又は辺長比（当該床根太に使用する製材の厚さに対する幅の比をいう。）が286を38で除した数値より大きい数値の製材を使用する場合にあっては、3.0 m以下ごとにころび止めを設けなければならない。ただし、当該床根太を2以上緊結して用いる場合又は床根太の支点間の距離を4.5 m未満とする場合は、ころび止めを省略することができる。

2. 居住室の間仕切り壁とその直上の床根太が直交する場合、又は平行するが間仕切り壁の直上に床根太（床根太と同寸のころび止めを含む。）が配置されない場合は、床根太と同寸のファイヤーストップ材を間仕切り壁直上に設ける。

3. 床根太と同寸若しくは1サイズ小さい寸法のころび止め、又は床根太と同寸のファイヤーストップ材のくぎ打ちは、3本のCN75を斜め打ちするか、3本のCN90を木口打ちする。

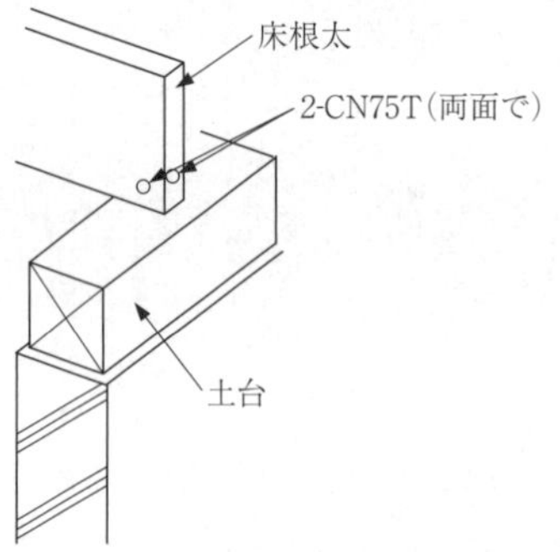

参考図4.9.1　床根太と土台とくぎ打ち

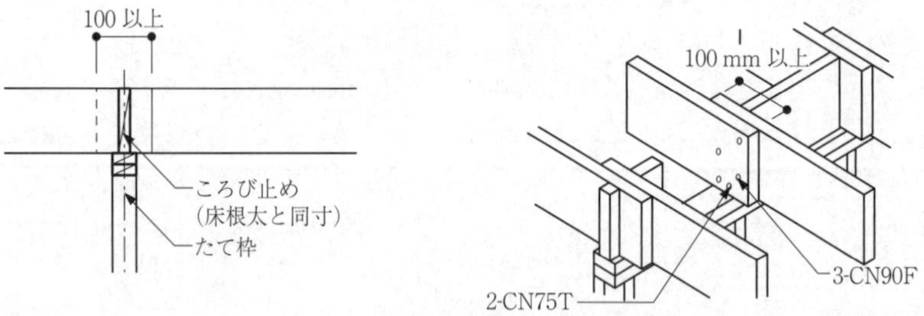

(A)重ね継ぎ

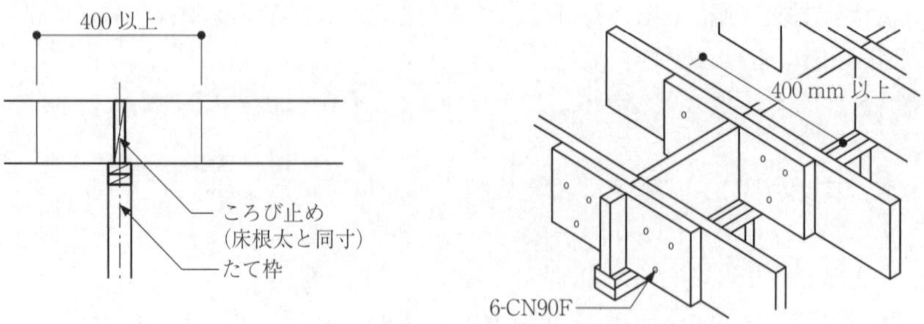

(B)添え木

参考図4.9.2　床根太の継手①

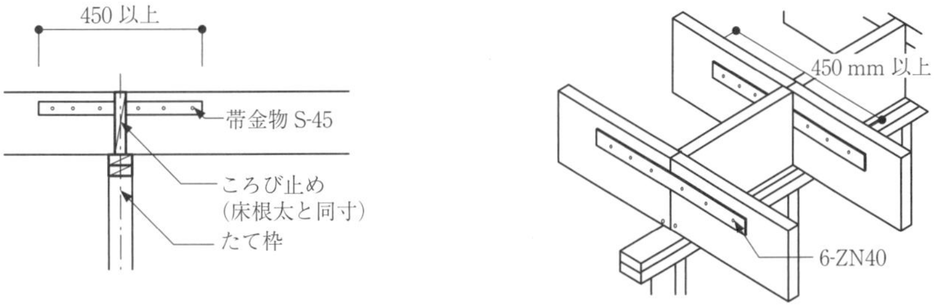

(C)帯金物

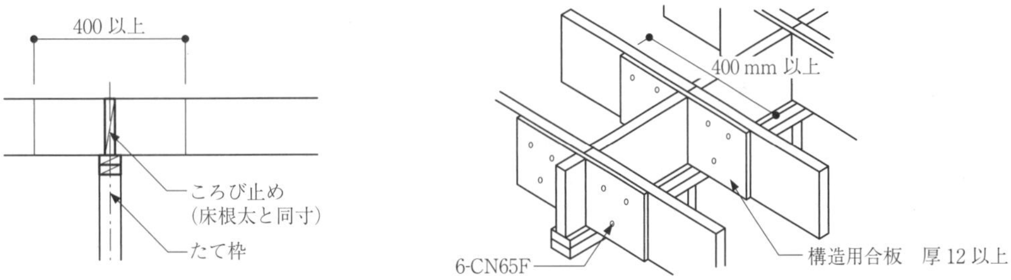

(D)構造用合板

参考図4.9.2　床根太の継手②

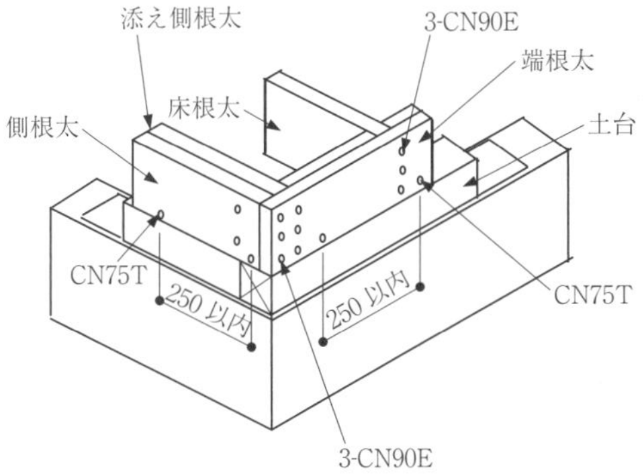

参考図4.9.3-1　端根太と側根太または床根太との仕口

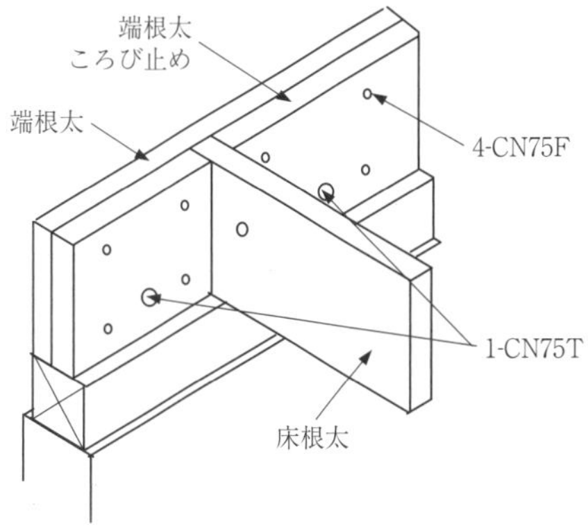

参考図4.9.3-2　床の補強

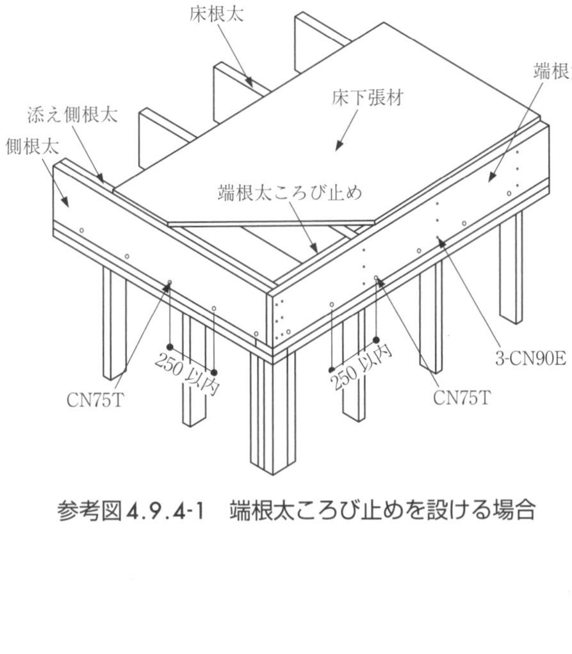

参考図4.9.4-1　端根太ころび止めを設ける場合

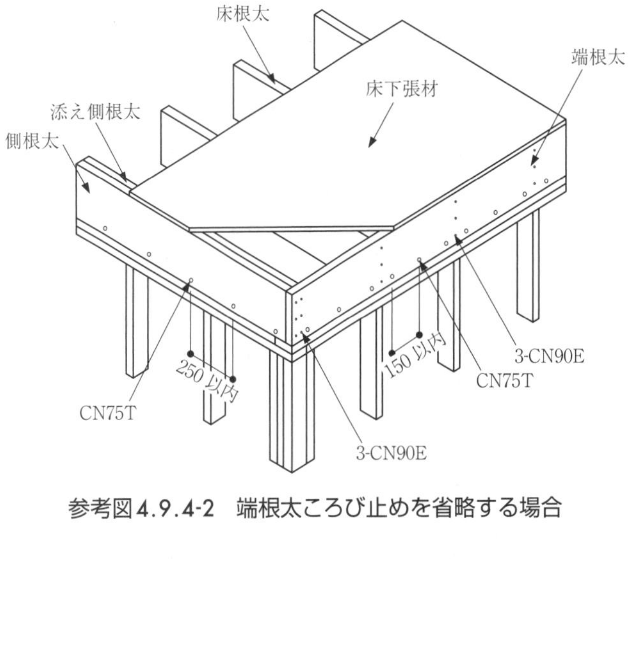

参考図4.9.4-2　端根太ころび止めを省略する場合

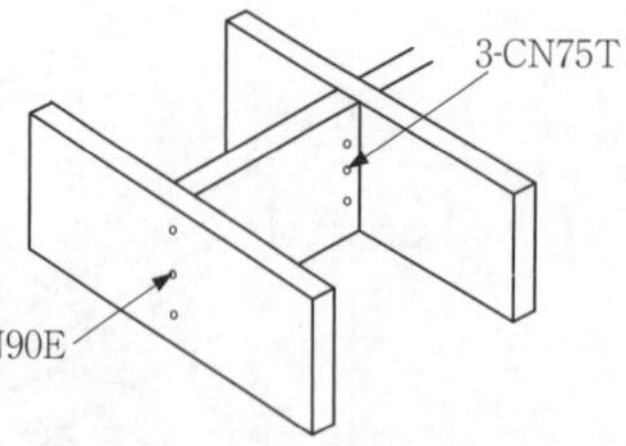

参考図4.9.4-3　床根太と同寸法によるころび止め

4.9.5 床開口部

4.9.5.1 一般事項

1. 床開口部を設ける場合の開口部の幅及び長さは、2.73m以下とし、床開口部の補強等はこの項による。ただし、これによらない場合は、別途、構造計算により安全を確かめる。
2. 床に矩形の開口部を設ける場合の開口部まわりの構成は、次による。
   イ．開口部端根太
   ロ．開口部側根太
   ハ．尾根太（開口部端根太に直交する床根太）
3. 開口部を補強する開口部端根太及び開口部側根太は、これを構成する床根太と同寸以上の寸法型式のものとする。

4.9.5.2 開口部端根太

1. 開口部端根太は、開口部の幅により、下表に示す寸法型式以上のものとする。

開口部の幅	寸法型式
1.2m以下	206
1.82m以下	2-208
2.73m以下	2-210

2. 2枚開口部端根太のくぎ打ちは、本章4.9.7（床ばり）の3と同様とする。 4.9.7の3　☞92頁
3. 開口部端根太と尾根太との取付けは、次による。
   イ．尾根太の長さが1.82m以下の場合は、開口部端根太から尾根太に3本のCN90を木口打ちした後、尾根太から開口部端根太へ2本のCN75を斜め打ちする。
   ロ．尾根太の長さが1.82mを超える場合は、本章4.9.7（床ばり）の5の床ばりと床根太の仕口と同様の手法で、尾根太を開口部端根太に取り付ける。 4.9.7の5　☞92頁
4. 1枚開口部端根太と開口部側根太との取付けは、次による。
   イ．開口部端根太に取り付く尾根太の長さが1.82m以下の場合は、開口部側根太から開口部端根太に3本のCN90を木口打ちした後、開口部端根太から開口部側根太へ2本のCN75を斜め打ちする。
   ロ．開口部端根太に取り付く尾根太の長さが1.82mを超える場合は、本章4.9.7（床ばり）の5の床ばりと床根太の仕口と同様の手法で、開口部端根太を開口部側根太に取り付ける。 4.9.7の5　☞92頁
5. 2枚合わせ開口部端根太は、開口部側根太にはり受け金物を用いて取り付ける。ただし、耐力壁又は鉛直力を支持する壁（以下、「支持壁」という。）を次により設ける場合は、開口部側根太から開口部端根太へ1枚につき3本のCN90を木口打ちすることができる。
   イ．開口部端根太の端部に、耐力壁又は支持壁を設ける。
   ロ．耐力壁又は支持壁の端部のたて枠を合わせたて枠（3枚合わせとするか、又は寸法型式404にもう1枚たて枠を添えたもの）とし、開口部端根太及び開口部側根太を支持する。この場合、合わせたて枠のくぎ打ちは、CN90を上下端2本、中間部300mm間隔以内に千鳥に平打ちする。

4.9.5.3 開口部側根太

1. 開口部側根太は、開口部の幅及び支点（耐力壁等）間の距離により、下表に示す寸法型式以上のものとする。

開口部の幅	支点間距離	寸法型式
0.5 m以下	—	206
0.91 m以下	2.73 m以下 3.64 m以下	2-208 2-210
1.82 m以下	1.82 m以下 2.73 m以下 3.64 m以下	2-208 3-208 2-210
2.44 m以下	1.82 m以下 2.73 m以下 3.64 m以下	2-208 2-210 3-210
2.73 m以下	開口部端根太の端部がすべて耐力壁又は支持壁で支持される場合	206

2. 2枚又は3枚合わせ開口部側根太のくぎ打ちは、本章4.9.7（床ばり）の3による。 4.9.7の3 ☞92頁

4.9.5.4 外壁に接する開口部端根太、開口部側根太

開口部を外壁に接して設ける場合の外壁面の補強は、次のいずれかによる。

イ. □外壁上にくる開口部の幅又は長さにより、外壁上にくる開口部端根太又は開口部側根太の枚数は、下表による。

外壁上にくる開口部の幅又は長さ	外壁上にくる開口部端根太 又は開口部側根太の枚数
1.82 m以下	2枚合わせ
1.82 mを超え2.73 m以下	3枚合わせとするか、寸法型式408又は410の集成材

ロ. □開口部に接する外壁を、本章4.10.13（階段、スキップフロアーまわり等の壁構成）の手法による長いたて枠とする。 4.10.13 ☞120頁

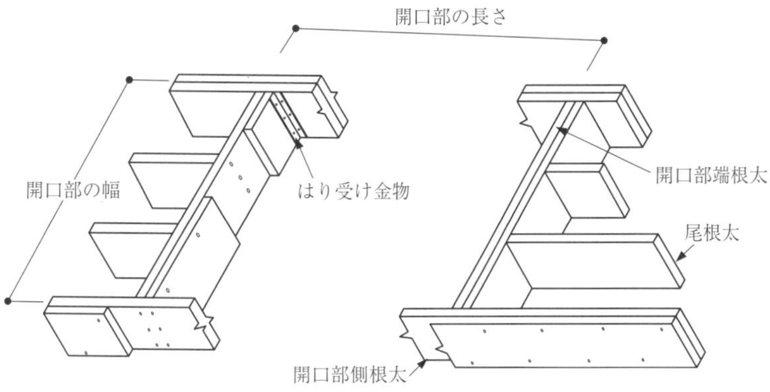

参考図4.9.5.1 床開口部まわりの補強

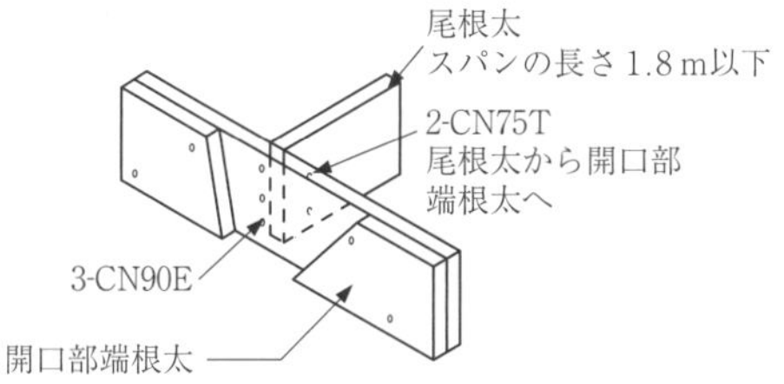

参考図4.9.5.2-1 尾根太のくぎ打ち

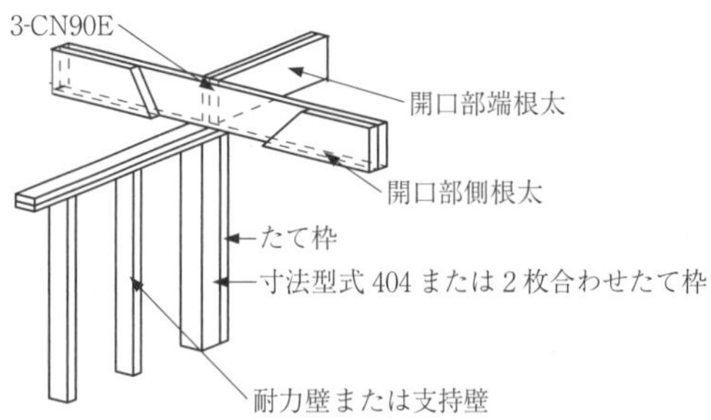

参考図4.9.5.2-2 開口部端根太端部の支持

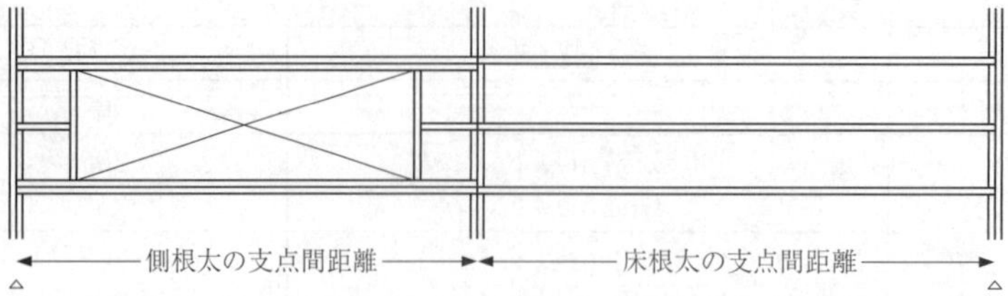

(A)開口部が支点間の中にある場合

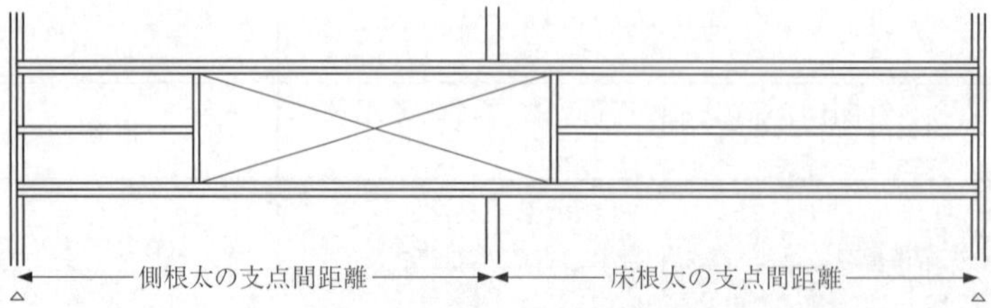

(B)開口部が支点間にまたがる場合

参考図4.9.5.3　側根太の支点間距離のとり方

4.9.6 床枠組の補強

4.9.6.1 一般事項

耐力壁のずれ等による床枠組の補強等は、この項による。なお、この項によらない場合は、別途、構造計算等により安全を確かめる。

4.9.6.2 耐力壁が一致している場合

床枠組上部の耐力壁と床枠組下部の耐力壁又は土台が一致している場合（以下、「耐力壁が一致している場合」という。）の床枠組上部の耐力壁線直下の床枠組の補強は、次のいずれかによる。

イ．□耐力壁線に平行する直下の床根太は2枚合わせ以上とし、頭つなぎ又は土台にそれぞれCN75を250 mm以内の間隔で斜め打ちする。

ロ．□耐力壁線に直交する直下の床根太の間には、本章4.9.4（ころび止め）により床根太と同寸のころび止めを設け、頭つなぎ又は土台に3本のCN75を斜め打ちする。 4.9.4 ☞86頁

4.9.6.3 根太と同せいのずれ

床枠組上部耐力壁と床枠組下部耐力壁又は土台が床枠組の床根太と同寸以内の範囲でずれて配置される場合（以下、「床根太と同せいのずれ」という。）の床枠組の補強は、次のいずれかによる。

イ．□床枠組の上部耐力壁に平行する直下の床根太は、2枚合わせ以上とする。また、床枠組の下部の耐力壁等に平行する直上の床根太の補強は、本章4.9.6.2（耐力壁が一致している場合）のイと同様とする。 4.9.6.2 ☞90頁

ロ．□床枠組の上部耐力壁線に直交する直下の床根太の間には、本章4.9.4（ころび止め）により床根太と同寸のころび止めを設ける。また、床枠組の下部耐力壁線等に直交する直上の床根太の補強は、本章4.9.6.2（耐力壁が一致している場合）のロと同様とする。 4.9.4 ☞86頁 4.9.6.2 ☞90頁

4.9.6.4 オーバーハング

1. 床枠組上部の外壁が床枠組下部の外壁の位置より床根太のせい以上室外側に張り出す場合（以下、「オーバーハング」という。）の張出し幅は、910 mm以内とし、床枠組下部の外壁開口部まぐさ等の断面は、構造計算による。
2. オーバーハングした場合の床枠組の補強等は、次による。

イ．床枠組下部の外壁に平行する直上の床根太は、2枚合わせ以上とし、それぞれ頭つなぎ及び床ばりにCN75を250 mm以内の間隔で斜め打ちする。

ロ．床枠組下部の外壁に直交の床根太の間には、本章4.9.4（ころび止め）により床根 4.9.4 ☞86頁

太と同寸のころび止めを設け、頭つなぎに3本のCN75を斜め打ちする。

3. 2の床枠組の隅角部は、帯金物で補強する。

4.9.6.5 セットバック

1. 床枠組上部の外壁が床枠組下部の外壁の位置より床根太のせい以上室内側に後退し、かつ床枠組上部の外壁の下部に耐力壁線がない場合（セットバック）の床枠組等の構成は、次のイ又はロによる。この場合、床ばり又は床根太の断面は、構造計算による。
   イ. 床根太と上部耐力壁線が平行の場合は床ばりを設けることとし、その仕様は本章4.9.7（床ばり）による。 4.9.7 ☞92頁
   ロ. 床根太と上部耐力壁線が直交する場合は、本章4.9.6.4（オーバーハング）の2により床枠組の補強等を行う。 4.9.6.4の2 ☞90頁
2. 床枠組上部の外壁の下部に床ばりを設ける場合の床枠組等の構成は、次による。
   イ. 床枠組（床下張材を含む。）は、下屋部分の外壁までのばし、下屋部分の外壁との緊結は、本章4.9.3（側根太と端根太）の4による。 4.9.3の4 ☞86頁
   ロ. 下屋部分の小屋は、床下張材を張りつめたあと、たる木が取り付く外周部に設けた補足上枠を用いて構成する。
   ハ. 補足上枠は、寸法型式204とし、CN90を間隔250 mm以内に平打ちする。
   ニ. 下屋部分をバルコニーとすることができる。

4.9.6.6 下屋付き構造

床枠組上部の外壁が床枠組下部の外壁の位置より床根太のせい以上室内側に後退し、かつ床枠組上部の外壁の下部に耐力壁線を設ける場合（下屋付き構造）の床枠組等の構成は、次による。この場合、耐力壁線開口部まぐさの断面は、構造計算による。

イ. 床枠組と下部耐力壁との緊結は、本章4.9.3（側根太と端根太）の4と同様とする。 4.9.3の4 ☞86頁
ロ. 下屋部分の天井部は、天井根太又はたる木による構成とすることができる。
ハ. 下屋部分の天井根太を床根太とし、バルコニーとすることができる。

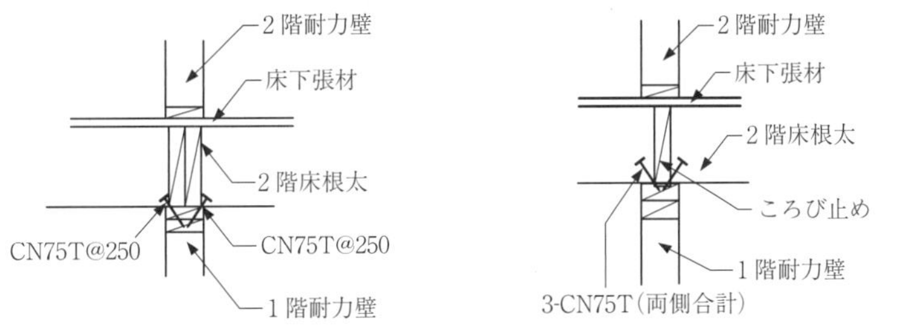

（A）耐力壁と床根太とが同じ方向の場合　（B）耐力壁と床根太とが直交する場合

参考図4.9.6.2　2階耐力壁下部の補強

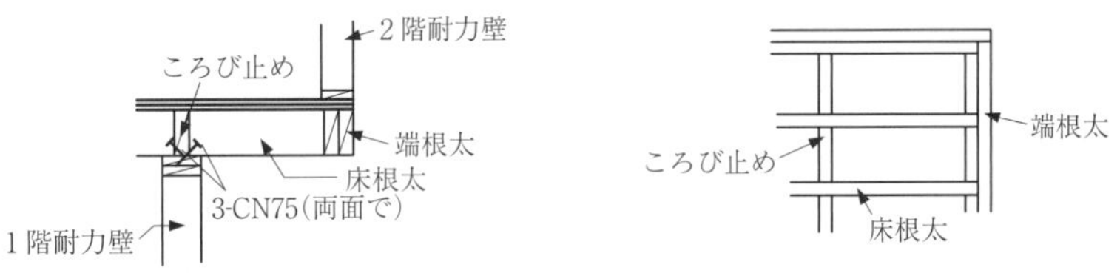

参考図4.9.6.4-1　オーバーハングした場合の床枠組と壁枠組の緊結

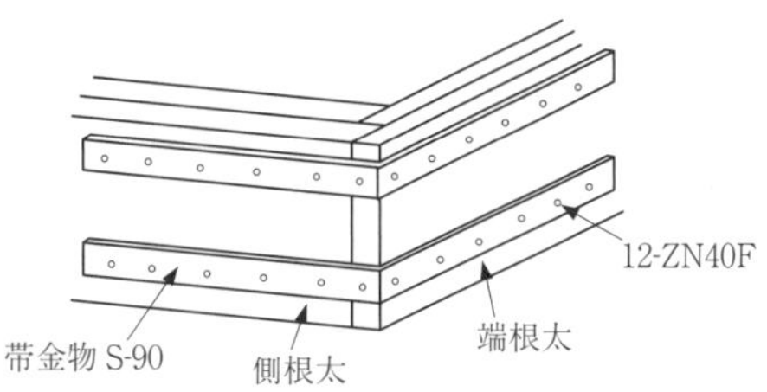

参考図4.9.6.4-2　オーバーハングした場合の隅角部の補強

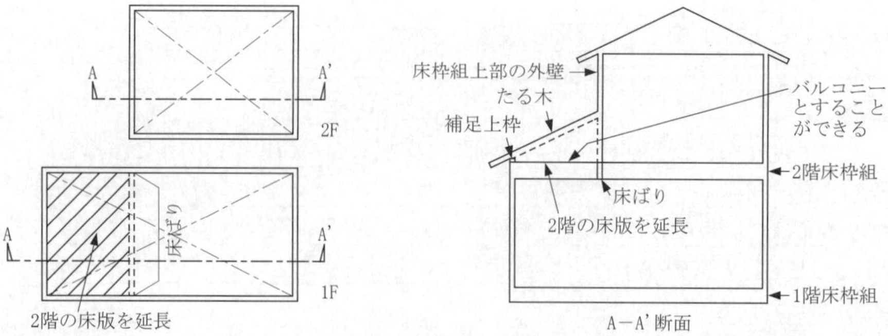

参考図4.9.6.5-1-イ　セットバックした場合の床枠組の構成（床根太と上部耐力壁線が平行の場合）

4.9.7　床ばり

1. 床根太を支える床ばりは、寸法型式208、210及び212のそれぞれ2枚合わせ若しくは3枚合わせ又は集成材の寸法型式408、410及び412とする。なお、集成材は寸法型式412を超える規格も用いることができる。
2. 床ばりの断面は、構造計算による。
3. 2枚合わせ床ばりのくぎ打ちは、両面からCN75を両端部2本、中間部200 mm間隔以内に千鳥に平打ち、又はCN90を両端部2本、中間部200 mm間隔以内に千鳥に平打ちする。3枚合わせ床ばりのくぎ打ちは、床ばりの両面からCN90を両端部2本、中間部400 mm間隔以内に千鳥に平打ちする。
4. 床ばりの両端部の支持は、次のいずれかによるものとし、支点への掛かりは、89 mm以上とする。
   イ. □床ばりを耐力壁及び支持壁の上で支持する場合は、床ばりの下部に、床ばりの合わせ枚数と同数のたて枠又は床ばりと同じ幅のたて枠を床ばりの支持材として設ける。側根太は、2本の帯金物で補強し、くぎはそれぞれ6本のZN40を平打ちする。合わせたて枠による床ばりの受け材のくぎ打ちは、CN90を上・下端2本、中間部300 mm間隔以内に千鳥に平打ちする。
   ロ. □床ばりを耐力壁及び支持壁の中で支持する場合は、壁の頭つなぎ及び上枠を床ばりの幅だけ欠き込んでおさめる。
   頭つなぎ及び上枠は帯金物で補強し、くぎはそれぞれ6本のZN40を平打ちする。ただし、床ばりをおさめるために欠き込んだ上枠又は頭つなぎを、外壁下張材に構造用合板を用いて、つなぐように張る場合には、帯金物を省略することができる。
   床ばりの直下の耐力壁内には、床ばりの合わせ枚数と同数のたて枠又は床ばりと同じ幅のたて枠を床ばりの支持材として設け、さらに床ばりの受け材の両側から添えたて枠を床ばりを抱くように設ける。
   合わせたて枠で構成される床ばりの支持材及び補助たて枠のくぎ打ちは、CN90を上・下端2本、中間部300 mm間隔に千鳥に平打ちする。
5. 床ばりと床根太の仕口は、本章4.9.1（床根太等）の4によるほかは、次のいずれかによる。 4.9.1の4　☞85頁
   イ. □根太受け材を用いる場合は、寸法型式204の2つ割り（38 mm×40 mm以上）の根太受け材から床ばりへ3本のCN90を平打ちし、床根太を欠き込んで根太受け材にのせかける。床根太から床ばりへのくぎ打ちは、3本のCN75を斜め打ちする。
   ロ. □金物を用いる場合は、床ばりに根太受け金物を取り付ける。
   ハ. □添え木を用いて継ぐ場合は、寸法型式204の2つ割り（38 mm×40 mm以上）の根太受け材から床ばりへ3本のCN90を平打ちし、床根太を欠き込んで根太受け材及び床ばりにのせかける。床根太の継手部分は、床ばり上に長さ400 mm以上の添え木を用い、4本のCN65を平打ちする。

6. 床ばりに鉄骨ばりを用いる場合は、特記による。ただし、この場合には構造耐力上安全であることを確認する。

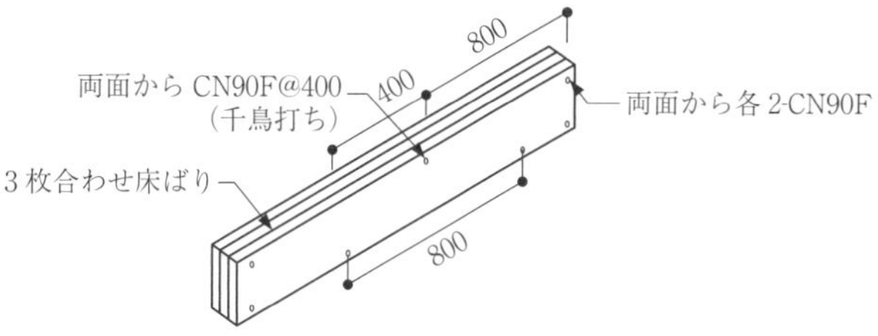

参考図4.9.7-1　合わせ床ばり

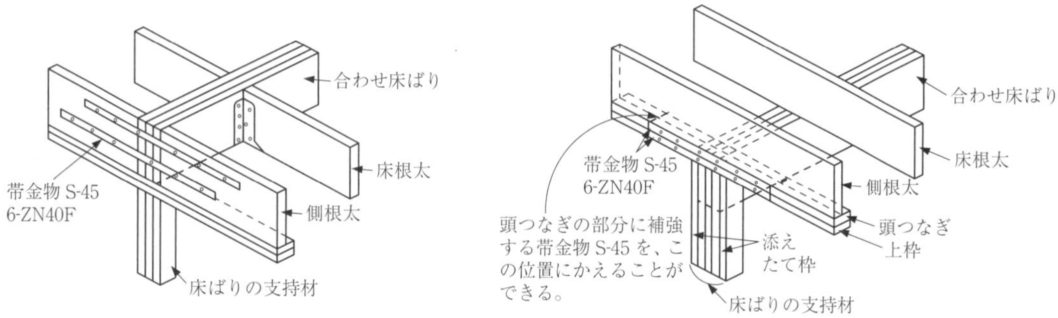

（A）床ばりの支持（壁の上）　　（B）床ばりの支持（壁の中）

参考図4.9.7-2　床ばりの支持

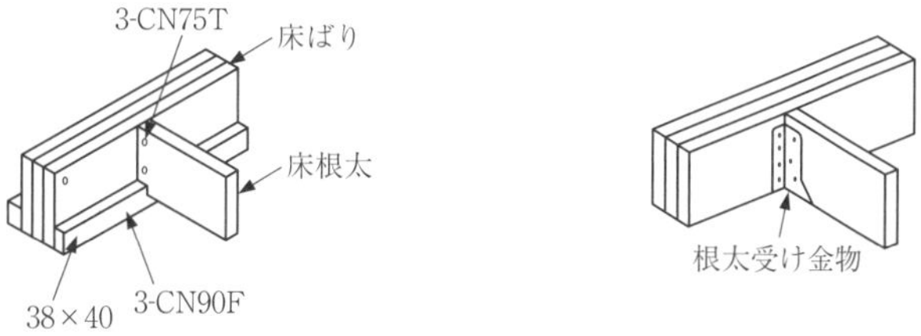

（A）　　（B）

参考図4.9.7-3　根太掛けの方法とくぎ打ち

4.9.8 床根太の欠き込みと穴あけ

4.9.8.1 一般事項

床根太を欠き込む場合は、この項による。なお、この項によらない場合は、別途、構造計算等により安全を確かめる。

4.9.8.2 欠き込み

1. 欠き込みできる範囲は、床根太の支点位置からスパンの両端1/3以内とする。
2. 上下端の欠き込み深さ及び幅は、床根太せいのそれぞれ1/6以下、1/2以下とする。ただし、床根太の端部支点で上端を欠き込む場合は、欠き込み幅を床根太のせい以下とし、その深さを床根太のせいの1/3以下とすることができる。
3. 上下端とも欠き込む場合は、床根太のせい以上離して欠き込む。

4.9.8.3 穴あけその他

1. 床根太に穴をあける場合は、床根太の上下端よりそれぞれ50 mm以上離して行い、穴の最大径を床根太せいの1/3以内とする。
2. 連続して穴あけを行う場合又は穴あけと欠き込みを連続して行う場合は、穴相互間又は穴と欠き込み部との距離はそれぞれ床根太のせいの長さ以上とする。
3. 便器などを取り付けるために、太管を配置する場合は、床根太と同じ寸法型式の製材を管のまわりに設け、床根太との仕口は3本のCN90を木口打ちする。

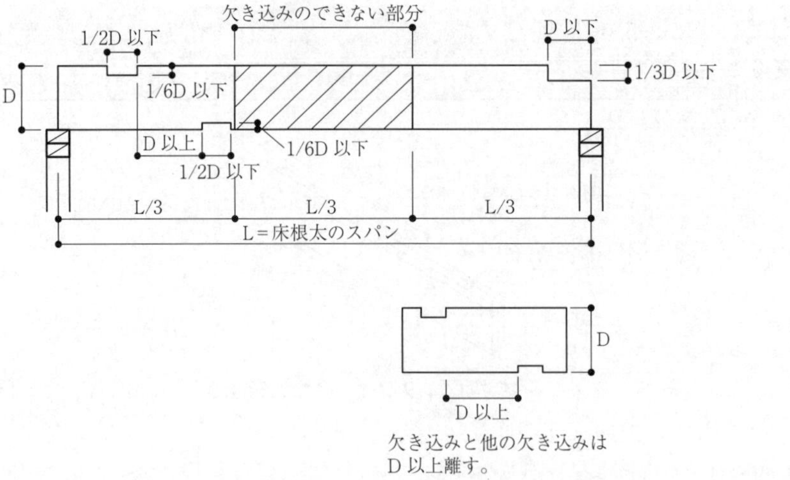

参考図4.9.8.2　床根太の欠き込みの制限

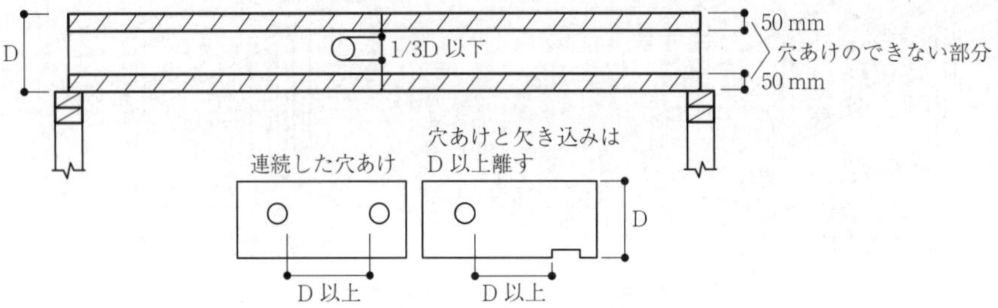

参考図4.9.8.3-1　床根太の穴あけの制限

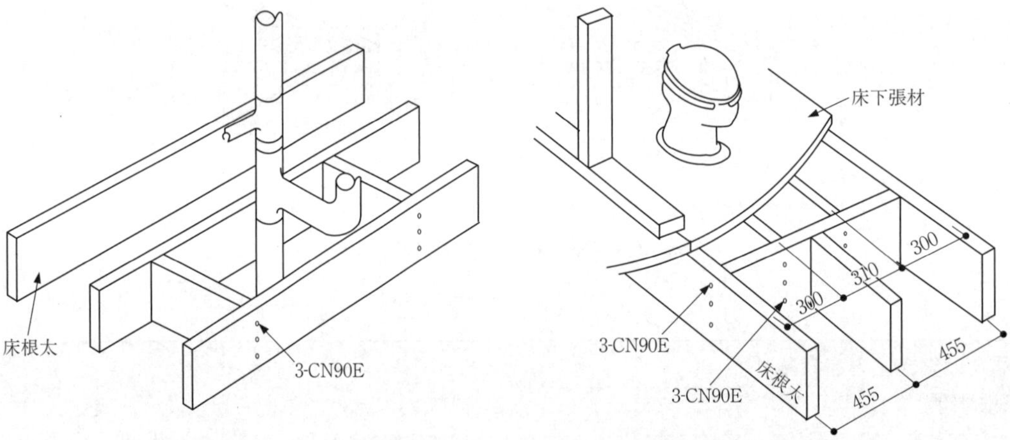

参考図4.9.8.3-2　太い管のおさめ方例

4.9.9 床下張り

1. 床下張材の品質は、次のいずれかによる。
   イ. □合板のJASに適合する構造用合板で、厚さ12mm以上のもの
   ロ. □JIS A 5908(パーティクルボード)に適合するもののうち、18M若しくは18Pタイプ、13M若しくは13Pタイプ、24−10M若しくは24−10Pタイプ、17.5−10.5M若しくは17.5−10.5Pタイプ、又は30−15M若しくは30−15Pタイプで、厚さ15mm以上のもの
   ハ. □構造用パネルのJASに適合するもので1級、2級又は3級のもの(床根太相互又は床根太と側根太の間隔が31cmを超える場合は1級又は2級のもの)
   ニ. □JIS A 5404(木質系セメント板)に適合する硬質木片セメント板で、厚さ18mm以上のもの(ただし、床根太の間隔が31cm以下の場合に限る。)
   ホ. □JIS A 5905(繊維板)に適合するMDFで、30タイプ(Mタイプ、Pタイプ)のもの
   ヘ. □JIS A 5440(火山性ガラス質複層板(VSボード))に適合するもののうち、HⅢのもの
2. 上記のホルムアルデヒドの発散量に関する品質については、特記による。
3. 構造用合板は、表面繊維方向が床根太方向と直交するように張り、パーティクルボード、構造用パネル、硬質木片セメント板、MDF及び火山性ガラス質複層板は、長手方向が床根太方向と直交するように張る。
4. 床下張りは、千鳥張りとし、3本以上の床根太に掛かるようにする。
5. 接着剤を用いて床下張りを行う場合は、JIS A 5550(床根太用接着剤)に適合するもののうち、構造用一類のもの又はこれと同等以上の性能を有するものを、床根太部分及び受け材部分又は本ざね部分のよごれ、付着物を除去したうえで塗布する。なお、この場合の床根太の断面は、構造計算による。
6. 床下張材の突合せ部分には、寸法型式204の2つ割り(38mm×40mm以上)の受け材を入れる。ただし、次のいずれかによる場合には省略することができる。
   イ. □床根太間隔を310mm以下とし、厚さ15mm以上の構造用合板又は構造用パネルの2級を用いる。
   ロ. □床根太間隔を500mm以下とし、厚さ18mm以上の構造用合板又は構造用パネルの1級を用いる。
   ハ. □床根太間隔を310mm以下とし、厚さ12mm以上の構造用合板で、「日合連」、「カナダ林産業審議会」(以下、「COFI」(Council of Forest Industries Canada)という。)若しくは「APA−エンジニアード・ウッド協会」(以下、「APA」という。)で定める継手(本ざね)加工の規格に適合するもの、又はこれらと同等以上のものを用いる。ただし、各連続する床面において、異なる規格を混在して使用してはならない。
   ニ. □床根太間隔を310mm以下とし、構造用パネル3級(厚さ11mm以上)で、「APA」で定める継手(本ざね)加工の規格に適合するもの、又はこれらと同等以上のものを用いる。
   ホ. □床根太間隔を500mm以下とし、厚さ15mm以上の構造用合板で、「日合連」、「COFI」若しくは「APA」で定める継手(本ざね)加工の規格に適合するもの、又はこれらと同等以上のものを用いる。ただし、各連続する床面において、異なる規格を混在して使用してはならない。
   ヘ. □床根太間隔を500mm以下とし、構造用パネル2級(厚さ15mm以上)で、「APA」で定める継手(本ざね)加工の規格に適合するもの、又はこれらと同等以上のものを用いる。
   ト. □床根太間隔500mm以下とし、厚さ15mm以上のパーティクルボードで、日本繊維板工業会で定める継手加工の規格に適合するもの、又はこれらと同等以上のものを用いる。
   チ. □床根太間隔を500mm以下とし、厚さ12mm以上の構造用合板で、「日合連」、

「COFI」若しくは「APA」で定める継手（本ざね）加工の規格に適合するもの、又はこれらと同等以上のものを用い、前号で定める床根太用接着剤を床根太部分及び本ざね部分に塗布する。ただし、各連続する床面において、異なる規格を混在して使用してはならない。

7. 床下張材のくぎ打ちは、次による。
   イ. CN50を周辺部150 mm間隔以内、中間部200 mm間隔以内で床根太又は床ばり及び受け材に平打ちする。ただし、MDF及び火山性ガラス質複層板のくぎ打ちは、特記による。
   ロ. 短期許容せん断耐力が周辺部2,800N/m、中間部2,100N/m以上を有するくぎ打ちは、特記による。
8. 床下張材に湿潤によるふくらみ等のおそれのある材料を用いる場合は、突付け部分を2～3 mmあけ、かつ、適切な防水措置を施す場合は、次のいずれかによる。
   イ. □タール系のペイント又は油性ペイントで、木口全面を塗布する。
   ロ. □目地の部分に防水テープを張る。
   ハ. □床養生シートを張る。

留意事項

床下張材のくぎ打ち

床下張材のくぎ打ちは、床下張材の厚さが15 mm以上の場合はCN65とすることが望ましい。

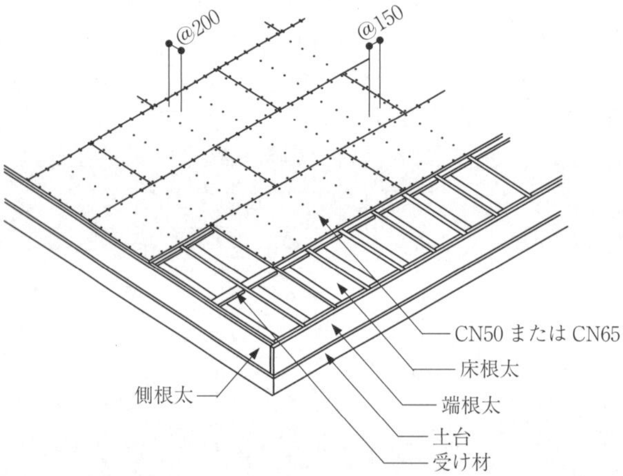

参考図4.9.9　床下張材の張り方とくぎ打ち

4.9.10 40 m²を超える区画

4.9.10.1 一般事項

平屋建又は2階建の住宅で、耐力壁線で囲まれた部分の床面積を40 m²を超え72 m²以下のもの（以下、「40 m²を超える区画」という。）とする場合の当該床枠組は、この項による。ただし、この項に掲げる事項に該当しないものについては、前各項による。

4.9.10.2 形状比

40 m²を超える区画で囲まれた床の形状は矩形とし、長辺（L）と短辺（D）の長さの比は、次による。
   イ. 40 m²を超え、60 m²以下の区画で囲まれた床の長辺（L）の長さは、短辺（D）の長さの3倍以下とする。
   ロ. 60 m²を超え、72 m²以下の区画で囲まれた床の長辺（L）の長さは、短辺（D）の長さの2倍以下とする。

4.9.10.3 床枠組の緊結

1. 土台又は頭つなぎとの緊結は、次による。
   イ. 側根太、添え側根太及び端根太からCN75を間隔250 mm以内に斜め打ちする。

ロ．端根太ころび止めから、2本のCN75を斜め打ちする。

2. 40 m^2を超える区画が建物の内部にある場合の土台又は頭つなぎとの緊結は、次による。

イ．耐力壁線に平行する直下の床根太は、2枚合わせ以上とし、それぞれCN75を250 mm以内の間隔で斜め打ちする。

ロ．耐力壁線に直交する直下の床根太の間に、本章4.9.4（ころび止め）による床根太と同寸の2枚合わせのころび止めを設け、それぞれCN75を床根太間に2本斜め打ちをする。 4.9.4 ☞86頁

3. 床根太と同せいのずれの床枠組と壁枠組との緊結は、次による。

イ．床枠組の上部耐力壁に平行する直下の床根太は、2枚合わせ以上とする。また、床枠組の下部の耐力壁等に平行する直上の床根太の補強は、2のイと同様とする。

ロ．床枠組の上部耐力壁に直交する直下の床根太の間には、本章4.9.4（ころび止め）の項による床根太と同寸の2枚合わせのころび止めを設ける。また、床枠組の下部耐力壁等に直交する直上の床根太の補強は、2のロと同様とする。 4.9.4 ☞86頁

4. オーバーハングした場合の床枠組と壁枠組との緊結は、次による。

イ．1階耐力壁線直上の床根太が耐力壁と平行する場合は、床根太を2枚合わせとし、それぞれ頭つなぎ及び床ばりにCN75を250 mm間隔以内で斜め打ちする。

ロ．1階耐力壁線直上の床根太が耐力壁と直交する場合は、床根太間に本章4.9.4（ころび止め）による2枚合わせの床根太と同寸のころび止めを設け、それぞれCN75を床根太間に2本斜め打ちする。 4.9.4 ☞86頁

4.9.10.4 床下張り

本章4.9.9（床下張り）によるほか、40 m^2を超える区画の耐力壁線上のくぎ打ち間隔は、100 mm以下とする。ただし、同項5の接着張りと併用する場合は、その間隔を150 mm以下とすることができる。 4.9.9 ☞95頁

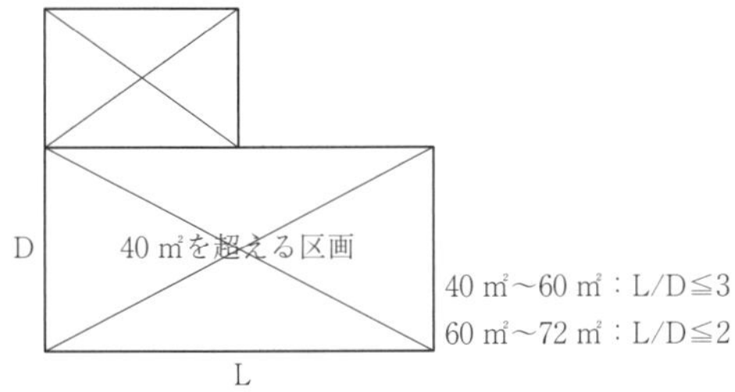

参考図4.9.10.2　40 m^2を超える区画の形状比

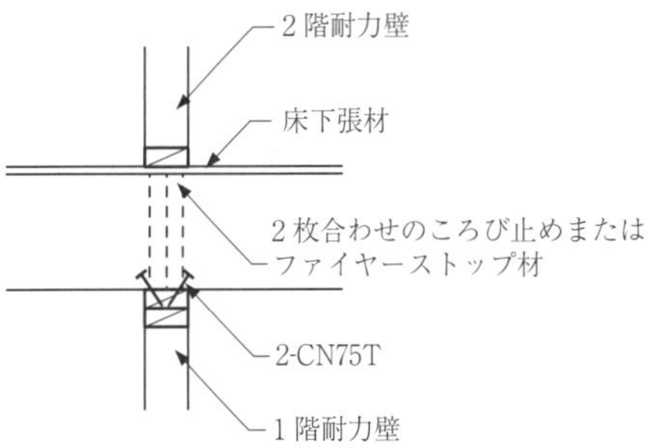

参考図4.9.10.3　耐力壁と床根太が直交する場合の 2 階耐力壁下部の補強

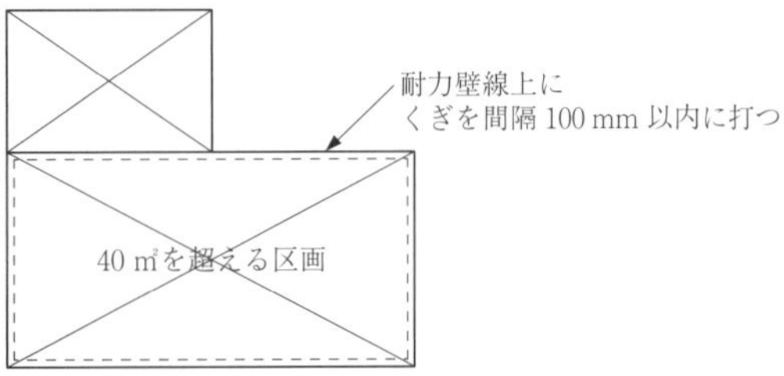

参考図4.9.10.4　「40 m^2区画を超える区画」の床下張り

4.9.11 50 cmを超える床根太間隔

4.9.11.1 一般事項

1. 床根太間隔を50 cmを超え65 cm以下とする場合（以下、「50 cmを超える床根太間隔」という。）の床枠組は、この項による。ただし、この項に掲げる事項に該当しないものについては、本章4.9（平屋建又は2階建の床枠組（最下階以外の床枠組））及び本章4.9.10（40 m²を超える区画）による。 4.9 ☞85頁 4.9.10 ☞96頁
2. 床根太の断面は、構造計算による。

4.9.11.2 端根太ころび止め

端根太ころび止めから土台又は頭つなぎに対するくぎ打ちは、3本のCN75を斜め打ちとする。

4.9.11.3 床枠組の補強

本章4.9.10.3（床枠組の緊結）の2のロによるころび止めから頭つなぎ又は土台に対するくぎ打ちは、それぞれCN75を床根太間に3本斜め打ちする。 4.9.10.3の2 ☞97頁

4.9.11.4 床開口部

床開口部の補強は、本章4.9.5（床開口部）によるほか、構造上有効な補強を行う。 4.9.5 ☞88頁

4.9.11.5 床下張り

1. 床下張材の品質は、次のいずれかによる。
   イ. □合板のJASに適合する構造用合板で、厚さ15 mm以上のもの
   ロ. □JIS A 5908（パーティクルボード）に適合するもののうち、18M若しくは18Pタイプ、13M若しくは13Pタイプ、24−10M若しくは24−10Pタイプ、17.5−10.5M若しくは17.5−10.5Pタイプ、又は30−15M若しくは30−15Pタイプで、厚さ18 mm以上のもの
   ハ. □構造用パネルのJASに適合するもので1級のもの
2. 上記のホルムアルデヒドの発散量に関する品質については、特記による。

4.9.12 バルコニー

4.9.12.1 跳出しバルコニー

跳出しバルコニーとする場合の仕様は、次による。

1. 外壁心からの跳出し長さは、1.365 m以下とする。
2. 跳出し部分には同一階の床根太を直接持ち出し、その寸法は寸法型式210以上とする。
3. 床下張りは、本章4.9.9（床下張り）による。 4.9.9 ☞95頁
4. FRP塗膜防水仕上げの下地は、次による。
   イ. 床下地板はJASに適合する普通合板の1類、若しくは構造用合板の1類又は特類、構造用パネルとする。
   ロ. 下地板を受ける根太間隔が350 mm以下では、下地板は厚さ12 mmを2枚張りとする。
   ハ. 下地板を受ける根太間隔が500 mm以下では、下地板は厚さ15 mmと12 mmの2枚張りとする。
   ニ. 専用の勾配付き断熱材を用いる場合は、下地板は厚さ12 mmを1枚張りとする。
   ホ. イからニによらない場合の下地板張りは、特記による。
5. 下地板は1/50以上の勾配を設け、溝部分では1/200以上の勾配を設ける。2枚以上重ねる場合は継目が重ならないようにし、目違い、段差及び不陸が生じないようにする。
6. バルコニーの立上り壁の仕様は両面を外壁外側の仕様とし、外壁内通気を行う場合は本章4.10.10（外壁内通気措置）による。その他の仕様とする場合は、特記による。 4.10.10 ☞118頁

4.9.12.2 その他のバルコニー

方づえ式バルコニー、既製金物等によるバルコニー、又はルーフバルコニー等は、特記による。

留意事項

跳出しバルコニーの支持方法

バルコニーを設ける壁面は、一般に外部環境が良好な向きであることが多く、その下階にも開口部が設けられる傾向にある。そのため、バルコニーの跳出しばりは開口部の上に掛け渡すまぐさが支える構造になることが多い。

特に、上下階の開口部の位置が異なり、耐力壁の位置がずれる場合は、跳出しバルコニーを支えるまぐさは、上階の耐力壁が受け持つ屋根荷重、上階の壁荷重及び跳出しバルコニーの荷重の合計の荷重を受け持つこととなる。

このように、跳出しバルコニー直下のまぐさは構造的に厳しい条件となることがあるため、まぐさの断面寸法を確保し、下階耐力壁間隔を小さくするなど、まぐさのたわみの発生に伴うバルコニーの防水不良や構造躯体の腐朽を予防することが重要である。

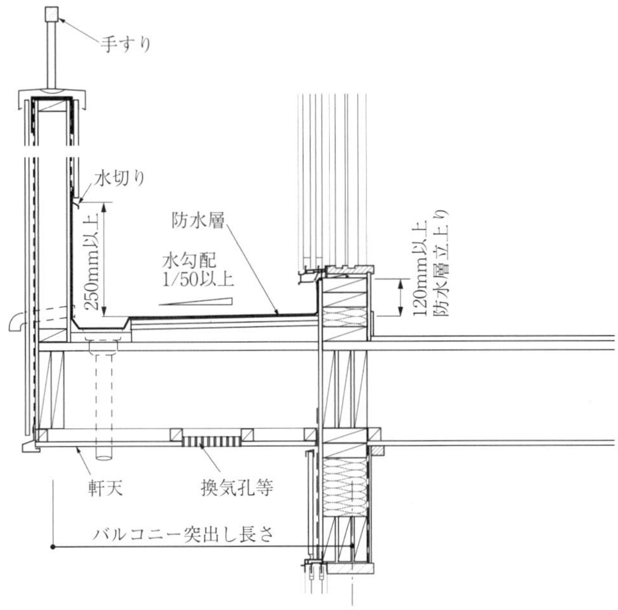

参考図4.9.12.1　跳出しバルコニーの取合いの例

バルコニーの構造躯体と防水下地板

1. 跳出しバルコニーの突出し長さは、2階床根太を持ち出すことにより一般より大きくとることができるが、突出しの長さと2階床根太スパンのバランスが悪いと先端部が跳ね上がることに注意する。
2. バルコニーの形式には、跳出し式、方づえ式、既製品を用いるもの、ルーフバルコニーなどさまざまな形式がある。バルコニーの構造は、バルコニー形式に応じて、積載荷重によるたわみなどが生じないよう留意する必要がある。特に、ルーフバルコニーの場合は下階への雨漏りが懸念されるため、たわみにより防水層の破断や欠損が生じないよう、強固に設計することが望ましい。
3. バルコニーの水勾配が両方向となる場合の下地板の頂部継目部分は、防水上の弱点となりやすいので、適切に目地処理を施す。
4. バルコニー下地板に一定の防火性能が求められる場合は、防火性能の高い防水下地板の使用を検討する必要がある。

4.10 平屋建又は2階建の壁枠組

4.10.1 耐力壁

1. 耐力壁の幅はその高さの1/3以上とし、耐力壁線相互の間隔は12 m以下とする。
2. 耐力壁の下枠、たて枠及び上枠の寸法は、寸法型式204、205、206、208、304、306、404、405、406、408若しくは204Wに適合するもの又は厚さ38 mm以上、幅89 mm以上で国土交通大臣による基準強度の指定を得たものであって、かつ、下枠、たて枠若しくは上枠と床版の枠組材、頭つなぎ(本章4.10.3(耐力壁の頭つなぎ)の4により頭つなぎを省略する場合にあっては、上枠。以下、本項において同じ。)、まぐさ受け若しくは筋かいの両端部との緊結及び下枠若しくは上枠とたて枠との緊結に支障がないものとする。 4.10.3の4 ☞102頁
3. たて枠相互の間隔は、本章4.10.17(50 cmを超えるたて枠間隔)による場合を除き500 mm以内とし、寸法型式204若しくは205に適合するもの又は厚さ38 mm以上、かつ、幅89 mm以上140 mm未満で国土交通大臣による基準強度の指定を得たものを多雪区域で用いる場合は350 mm以内とする。ただし、構造計算による場合には、350 mmを超え500 mm以内とすることができる。 4.10.17 ☞123頁
4. 1、2階の耐力壁は、原則として、同じ耐力壁線上に設ける。なお、これらによらない場合の補強は、本章4.9.6(床枠組の補強)による。 4.9.6 ☞90頁
5. 耐力壁の種類は、次表による。

耐力壁の種類と倍率

<table>
<tr><th colspan="4">耐力壁の種類</th><th rowspan="2">倍率</th></tr>
<tr><th>材料</th><th>断面</th><th>くぎ</th><th>くぎの間隔又は本数</th></tr>
<tr><td>構造用合板
化粧ばり構造用合板
(合板のJASに規定する特類で1級又は2級のもの)</td><td rowspan="2">厚さ12 mm以上</td><td rowspan="2">CN65
CNZ65</td><td rowspan="4">外周部5 cm以下
その他の部分20 cm以下</td><td rowspan="4">4.8</td></tr>
<tr><td>構造用パネル
(構造用パネルのJASに規定する1級、2級又は3級のもの)</td></tr>
<tr><td>構造用パーティクルボード
(JIS A 5908-2015に規定するもの)</td><td rowspan="2">−</td><td rowspan="2">CN50
CNZ50</td></tr>
<tr><td>構造用MDF
(JIS A 5905-2014に規定するもの)</td></tr>
<tr><td>構造用合板
化粧ばり構造用合板
(合板のJASに規定する特類で1級又は2級のもの)</td><td>厚さ12 mm以上</td><td>CN65
CNZ65</td><td>外周部7.5 cm以下
その他の部分20 cm以下</td><td>4.5</td></tr>
<tr><td>構造用合板
化粧ばり構造用合板
(合板のJASに規定する特類で1級又は2級のもの)</td><td rowspan="2">厚さ9 mm以上</td><td rowspan="2">CN50
CNZ50</td><td rowspan="2">外周部5 cm以下
その他の部分20 cm以下</td><td rowspan="2">3.7</td></tr>
<tr><td>構造用パネル
(構造用パネルのJASに規定する1級、2級、3級又は4級のもの)</td></tr>
<tr><td>構造用合板
化粧ばり構造用合板
(合板のJASに規定する特類で1級又は2級のもの)</td><td rowspan="2">厚さ12 mm以上</td><td rowspan="2">CN65
CNZ65</td><td rowspan="2">外周部10 cm以下
その他の部分20 cm以下</td><td rowspan="2">3.6</td></tr>
<tr><td>構造用パネル
(構造用パネルのJASに規定する1級、2級又は3級のもの)</td></tr>
<tr><td>構造用合板
化粧ばり構造用合板
(合板のJASに規定する特類で1級のもの)</td><td>厚さ9 mm以上</td><td>CN50
CNZ50</td><td>外周部10 cm以下
その他の部分20 cm以下</td><td>3.5</td></tr>
<tr><td>構造用合板
化粧ばり構造用合板
(合板のJASに規定する特類で1級のもの)</td><td>厚さ7.5 mm以上</td><td rowspan="3">CN50
CNZ50</td><td rowspan="3">外周部10 cm以下
その他の部分20 cm以下</td><td rowspan="3">3.0</td></tr>
<tr><td>構造用合板
化粧ばり構造用合板
(合板のJASに規定する特類で2級のもの)</td><td>厚さ9 mm以上</td></tr>
<tr><td>ハードボード
(JIS A 5905-1994に規定するハードファイバーボードの35タイプ又は45タイプのもの)</td><td>厚さ7 mm以上</td></tr>
</table>

パーティクルボード (JIS A 5908-1994に規定する18タイプ、13タイプ、24-10タイプ、17.5-10.5タイプ又は30-15タイプのもの)	厚さ12 mm以上	CN50 CNZ50	外周部分10 cm以下 その他の部分20 cm以下	3.0
構造用パーティクルボード (JIS A 5908-2015に規定するもの)	−			
構造用MDF (JIS A 5905-2014に規定するもの)	−			
構造用パネル (構造用パネルのJASに規定する1級、2級、3級又は4級のもの)	−			
構造用合板 化粧ばり構造用合板 (合板のJASに規定する特類で2級のもの)	厚さ7.5 mm以上	CN50 CNZ50	外周部分10 cm以下 その他の部分20 cm以下	2.5
ハードボード (JIS A 5905-1994に規定するハードファイバーボードの35タイプ又は45タイプのもの)	厚さ5 mm以上			
硬質木片セメント板	厚さ12 mm以上			
フレキシブル板 (JIS A 5430-2001に規定するもの)	厚さ6 mm以上	GNF40 SF45	外周部分15 cm以下 その他の部分30 cm以下	2.0
構造用せっこうボードA種 (JIS A 6901-2005に規定するもの)	厚さ12 mm以上	GNF40、SF45 WSN、DTSN	外周部分10 cm以下 その他の部分20 cm以下	1.7
構造用せっこうボードB種 (JIS A 6901-2005に規定するもの)	厚さ12 mm以上	GNF40、SF45 WSN、DTSN	外周部分10 cm以下 その他の部分20 cm以下	1.5
製材(斜め張り)	厚さ13 mm以上 ×幅210 mm以上	CN50 CNZ50	下枠、たて枠及び 上枠2本	
強化せっこうボード (JIS A 6901-2005に規定するもの)	厚さ12 mm以上	GNF40、SF45 WSN、DTSN	外周部分10 cm以下 その他の部分20 cm以下	1.3
せっこうボード (JIS A 6901-2005に規定するもの)	厚さ12 mm以上	GNF40、SF45 WSN、DTSN	外周部分10 cm以下 その他の部分20 cm以下	1.0
ラスシート	角波亜鉛鉄板部分 厚さ0.4 mm以上 メタルラス部分厚さ 0.6 mm以上	CN50 CNZ50		
シージングボード (JIS A 5905-1994に規定するもの)	厚さ12 mm以上	SN40		
筋かい	厚さ18 mm以上 ×幅89 mm以上	CN65 CNZ65	下枠、たて枠及び 上枠2本	0.5
製材(横張り)	厚さ13 mm以上 ×幅210 mm以上	CN50 CNZ50		

備考1) 壁下張りを両面に張った場合の倍率は、それぞれの倍率の和とすることができるが、加算した場合の倍率は5.0を限度とする。

2) 表以外には、国土交通省告示第1541号に定めるもの及び建築基準法施行規則第8条の3に基づき国土交通大臣が個別に認定しているものがある。なお、一般材料として指定されているMDFと火山性ガラス質複層板についても、耐力壁に使用する場合には大臣認定が必要であり、倍率及び留付けは同認定による。

6. 耐力壁として用いる前表材料のホルムアルデヒドの発散量に関する品質については、特記による。
7. 通常の耐力壁の下枠の下端から頭つなぎの上端までの寸法は、2,450 mmを標準とする。
8. 片流れ屋根、切妻屋根等の矢切り部分及び吹抜け部分に長いたて枠を用いる場合のたて枠の高さの限度は、寸法型式204にあっては3.8 m、寸法型式206にあっては6.0 mまでとし、構造計算等によって決定する。

4.10.2 耐力壁の上枠及び下枠

1. 上枠及び下枠は、それぞれの壁面ごとに一体のものを用いる。やむを得ず、中途において継ぐ場合は、次のいずれかによる。

イ. □上枠及び下枠の継手をたて枠の中央で行う場合は、たて枠にそれぞれCN90

を4本木口打ちする。この場合、上枠の継手は、はりをおさめる場合を除いて、T字部には設けない。

ロ. □上枠及び下枠の継手をたて枠相互間の中間位置で行う場合は、上枠の継手位置には添え上枠を設け、たて枠から1本のCN90を木口打ちした後、継手部分の上枠から4本のCN90を平打ちする。下枠の継手部分は下枠から4本のCN90を平打ちする。

この場合、上枠と下枠は同一面材内では継がない。

2. 上枠とたて枠の仕口は、上枠側から2本のCN90を木口打ちとする。また、下枠とたて枠の仕口は、下枠側から2本のCN90を木口打ちするか、たて枠から3本のCN75を斜め打ちする。ただし、1,000N以上の短期許容せん断耐力を有するくぎ打ちは、特記による。

4.10.3 耐力壁の頭つなぎ

1. 頭つなぎは、上枠と同寸の寸法型式のものとし、なるべく長尺材を用い、継手は上枠の継手位置より600 mm以上離す。
2. 隅角部及びT字部での頭つなぎの仕口は、上枠と頭つなぎが、相互に交差し重なるようにおさめる。
3. 頭つなぎと上枠との接合は、次のいずれかによる。

イ. □本章4.10.1(耐力壁)の4による耐力壁で、外壁下張材が頭つなぎにくぎ打ちされる場合の接合は、頭つなぎから上枠へCN90を端部は2本、中間部は500 mm間隔以内に平打ちとする。ただし、1,600N/m以上の短期許容せん断耐力を有するくぎ打ちは、特記による。 4.10.1の4 ☞100頁

ロ. □本章4.10.1(耐力壁)の4による耐力壁で、外壁下張材が上枠にくぎ打ちされる場合の接合は、頭つなぎから上枠にCN90を端部は2本、中間部は250 mm間隔以内に平打ちとする。 4.10.1の4 ☞100頁

4. 上枠と同寸法以上の床版の枠組材(床根太、端根太又は側根太)又は小屋組の部材(たる木、天井根太又はトラス)を、当該上枠と構造耐力上有効に緊結する場合は、1から3によらず頭つなぎを省略することができることとし、留付け方法は特記による。

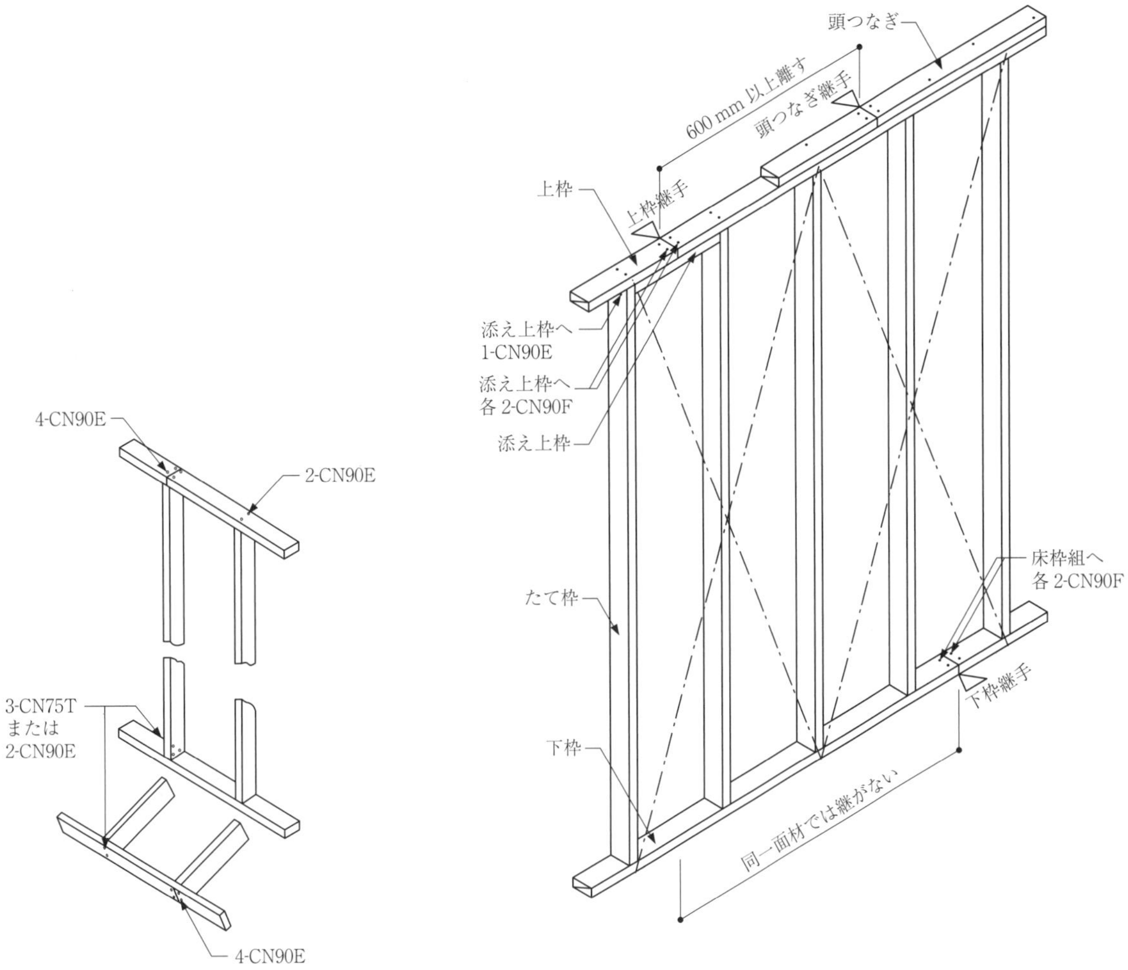

(A)たて枠の中央で継ぐ場合　(B)たて枠相互間の中間位置で継ぐ場合

参考図4.10.2　上枠及び下枠の継手と仕口のくぎ打ち

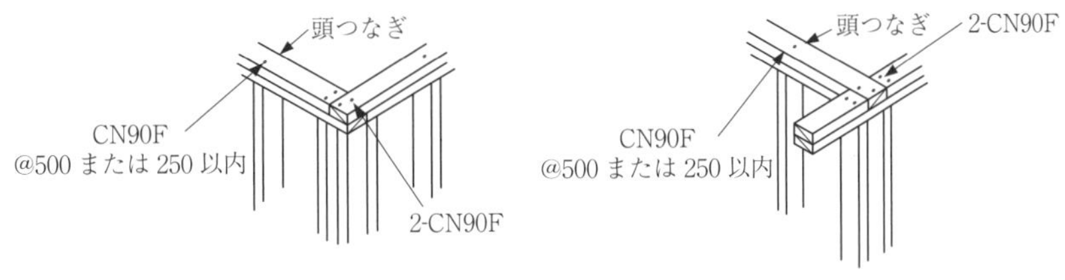

隅角部　T字部

参考図4.10.3　頭つなぎくぎ打ち

4.10.4 耐力壁のすみ柱

1. 耐力壁のすみ柱は、3本以上のたて枠で構成する。ただし、寸法型式204Wに適合する製材を1本使用したときは、寸法型式204に適合する製材を2本使用したものとみなし、寸法型式405に適合する製材を1本使用したときは、寸法型式204に適合する製材を3本使用したものとみなす。また、たて枠を寸法型式206以上とし、その間隔を一般地で50 cm以下、多雪区域、垂直積雪量1.0 m以下の区域で45 cm以下、垂直積雪量1.0 mを超え2.0 m以下の区域で35 cm以下とする場合、すみ柱のたて枠を2本とすることができる。
2. 耐力壁がL字型に接合する場合は、次のいずれかによる。
   イ. □隅角部に開口部がない場合は、2本のたて枠の間に、たて枠と同寸で長さ300～400 mmのかい木を上、中、下部の3箇所に入れ、合わせたて枠をつくり、両側のたて枠からそれぞれ3本のCN90を千鳥に平打ちし、取り付く耐力壁の端部たて枠(以下、「取り付くたて枠」という。)と合わせたて枠の接合は、CN90をかい木のある部分に2本、その他の部分は300 mm間隔以内に平打ちする。又は3本のたて枠を相互にCN90を300 mm間隔以内に平打ちする。
   ロ. □隅角部に開口部がある場合は、2本のたて枠の間に、厚さ12 mmの構造用合板でたて枠と同じ幅、長さ300～400 mmのかい木を上、中、下部の3箇所に入れ、合わせたて枠をつくり、両側のたて枠からそれぞれ3本のCN90を千鳥に平打ちする。取り付くたて枠と合わせたて枠との接合は、CN90を上・下端それぞれ2本、中間部300 mm間隔以内に千鳥に平打ちする。
3. 耐力壁がT字部に接合する場合は、次のいずれかによる。
   イ. □T字部分に開口部がない場合で、T字部に壁下張材の目地部分がこない場合は、たて枠を平使いで用い、両側のたて枠からCN90を300 mm間隔以内に平打ちする。壁と壁との接合には、取り付くたて枠からCN90を上・下端に2本、中間部300 mm間隔以内に千鳥に平打ちする。また、T字部に壁下張材の目地がくる場合は、通常のたて枠と交差部側に2本の平使いのたて枠を用い、取り付くたて枠からCN90を300 mm間隔以内で平打ちする。
   ロ. □T字部に開口部がある場合は、2のロに準ずる。
4. 耐力壁が十字型に接合する場合は、次のいずれかによる。
   イ. □十字部に開口部がない場合で、厚さ12 mmの構造用合板をかい木として用い、合わせたて枠をつくる場合は、合わせたて枠のくぎ打ちを、2のロと同じとし、四方のたて枠から合わせたて枠には、それぞれCN90を上・下端に2本、中間部300 mm間隔以内に千鳥に平打ちする。また、たて枠と同寸の木材をかい木用として用い、合わせたて枠をつくる場合は、合わせたて枠のくぎ打ちは、両側のたて枠からかい木にCN90を上・下端に2本、中間部300 mm間隔以内に千鳥に平打ちし、その他のたて枠から合わせたて枠にもCN90を同様に平打ちする。
   ロ. □十字部に開口部がある場合のくぎ打ちは、2のロに準ずる。
5. 耐力壁線の張り間方向とけた行方向とが直角に交わらない場合は、2に準じて行い、特記する。

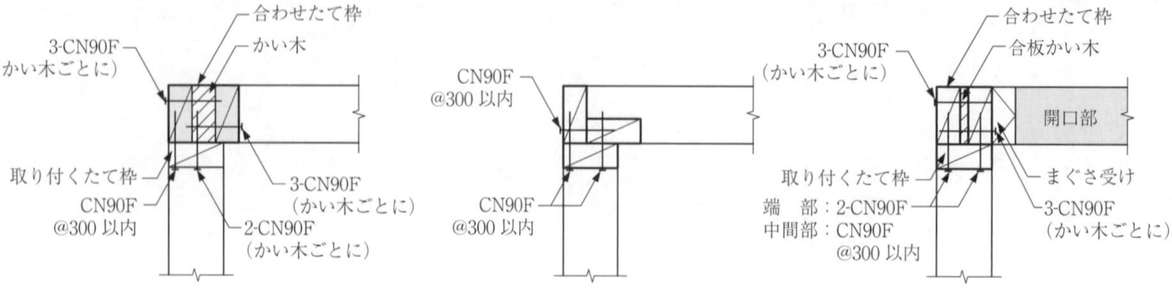

【合わせたて枠：2本のたて枠とかい木(合板かい木)で構成された組立柱】

参考図4.10.4-1　耐力壁がL字型に接合する場合のすみ柱構成

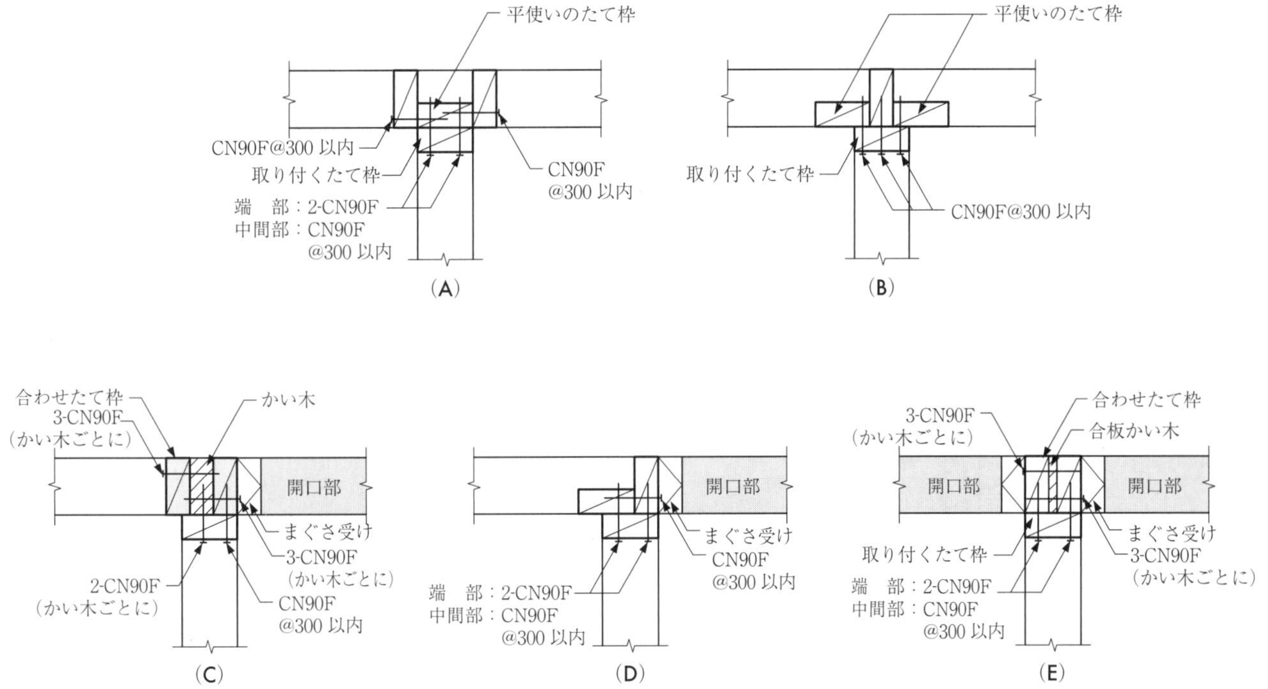

【合わせたて枠：2本のたて枠とかい木（合板かい木）で構成された組立柱】

参考図4.10.4-2　耐力壁がT字型に接合する場合のすみ柱構成

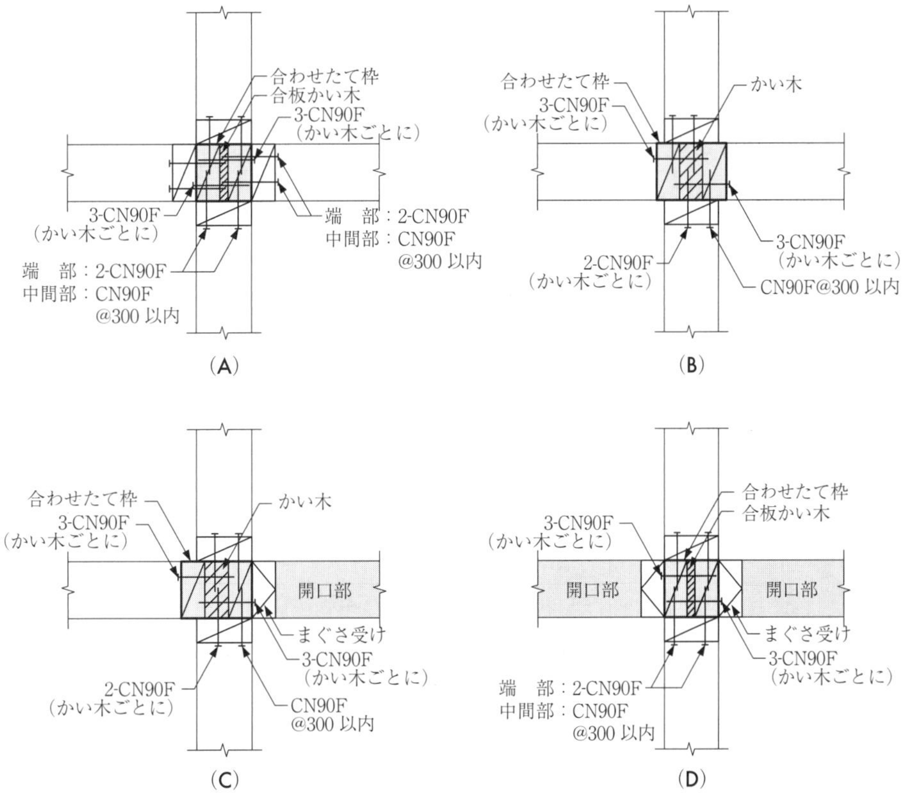

【合わせたて枠：2本のたて枠とかい木（合板かい木）で構成された組立柱】

参考図4.10.4-3　耐力壁が十字型に接合する場合のすみ柱構成

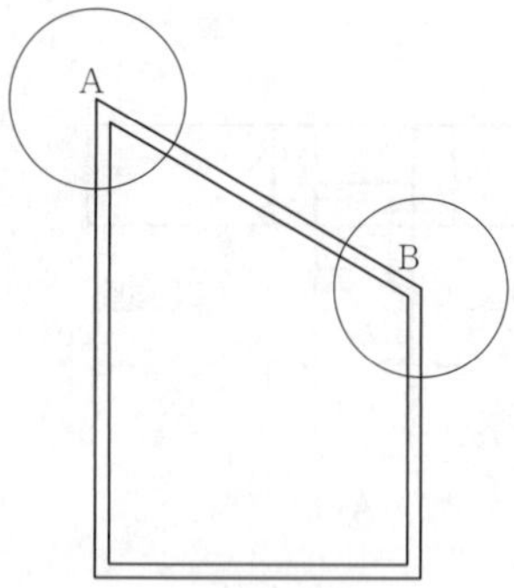

（A）壁線構成例

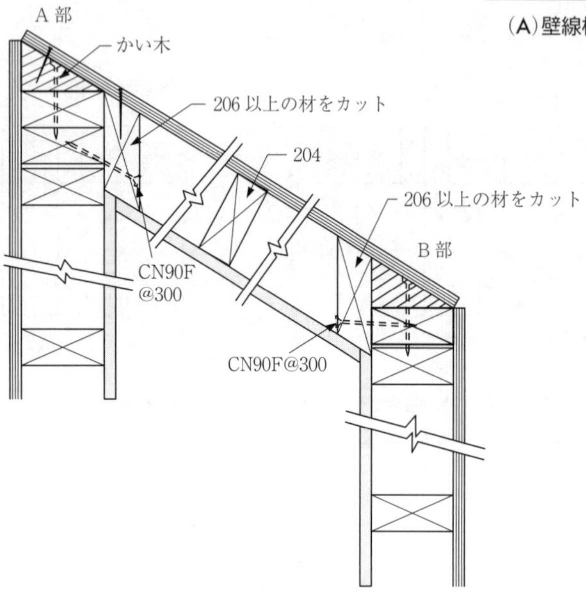

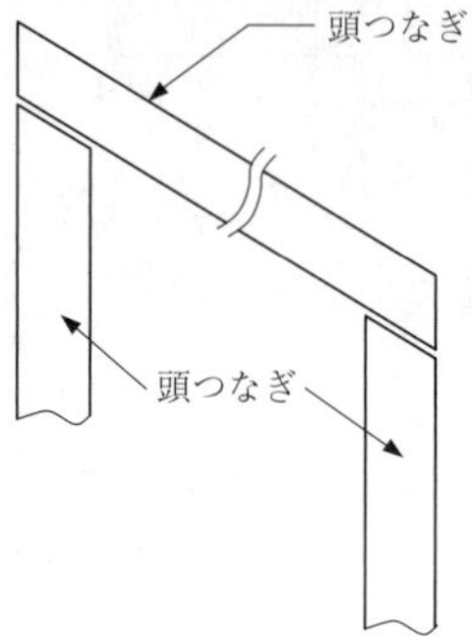

（B）詳細

（C）頭つなぎのおさめ方

参考図4.10.4-4　耐力壁が直角に交わらない場合のすみ柱の構成例

4.10.5 非耐力壁

1. 非耐力壁は、たて枠、上枠、下枠及び頭つなぎにより構成し、鉛直荷重のみを支持する支持壁の場合は寸法型式204以上、間仕切り壁の場合は寸法型式203以上の製材又は集成材とする。ただし、頭つなぎは省略できる。
2. 非耐力壁のたて枠間隔は、下表を標準とする。

非耐力壁のたて枠間隔

寸法型式			開口部あり	開口部なし
支　持　壁	204	縦使い	455	455
間仕切り壁	204	縦使い	600	600
		平使い	—	455
	203	縦使い	455	600

3. 上枠とたて枠の仕口は、上枠から2本のCN90を木口打ちとする。また、下枠とたて枠の仕口は、下枠から2本のCN90を木口打ちとするか、たて枠から3本のCN75を斜め打ちとする。
4. たて枠は通しものとし、その長さは寸法型式203にあっては、2.7 mまでとする。
5. 下枠から床枠組には、CN90をたて枠間に1本以上平打ちする。
6. 可動間仕切り壁などの製品の取付けは、製造所の仕様による。

4.10.6 耐力壁線の開口部

1. 耐力壁線に設ける開口部の幅は4 m以下とし、その開口部の幅の合計は、その耐力壁線の長さの3/4以下とする。
2. 耐力壁線に幅900 mm以上の開口部を設ける場合は、まぐさ及びまぐさ受けを用いる。

3. まぐさ受けは、開口部の幅が、2,730 mm以上の場合は、2枚合わせの寸法型式204とするか、1枚の寸法型式404とする。開口部の幅が、2,730 mm未満の場合は、1枚の寸法型式204とする。ただし、構造計算による場合はこれによる。
なお、開口部の幅が1m以下で、まぐさが2枚合わせの寸法型式204又は206の場合は、まぐさ受けに代わりまぐさ受け金物が使用できる。
ただし、外壁に使用する場合は、まぐさ受け金物が取り付くたて枠の外側にたて枠を1本添えて補強する。
4. まぐさの断面は、構造計算による。
5. 2枚合わせのまぐさの場合は、厚さ9 mm又は12 mmの構造用合板を原則として500 mm以内にかい、両面からそれぞれ4本のCN75を平打ちする。
6. まぐさの両側には、たて枠を接合して配する。
7. 耐力壁線に設ける開口部まわりのくぎ打ちは、次による。
   イ. まぐさ受けと窓台とのくぎ打ちは、まぐさ受けから窓台に2本のCN90を木口打ちするか、窓台からまぐさ受けに2本のCN75を斜め打ちする。
   ロ. まぐさ受けからたて枠へのくぎ打ちは、CN90又はCN75を上・下端それぞれ2本、中間部300 mm間隔以内に千鳥に平打ちする。開口部下部たて枠から下枠へのくぎ打ちは、3本のCN75を斜め打ちするか、下枠から開口部下部たて枠へ2本のCN90を木口打ちする。
   ハ. まぐさには、たて枠から4本のCN90を木口打ちするか、又はまぐさからたて枠に4本のCN75を斜め打ちする。開口部上部たて枠からまぐさには、3本のCN75を斜め打ちする。
   ニ. 窓台から開口部下部たて枠へのくぎ打ちは、2本のCN90を木口打ちする。
   ホ. まぐさ受け金物による場合のくぎ打ちは、まぐさ受け金物からたて枠へ、まぐさの断面が2－204の場合は6本のZN65を平打ちし、まぐさの断面が2－206の場合は10本のZN65を平打ちする。まぐさ受け金物からまぐさへは、2本のZN65を平打ちする。また、まぐさには、たて枠から2本のCN90を木口打ちするか、又はまぐさからたて枠に2本のCN75を斜め打ちする。
8. 出窓などの場合は、1から7に準じてまぐさを設ける。

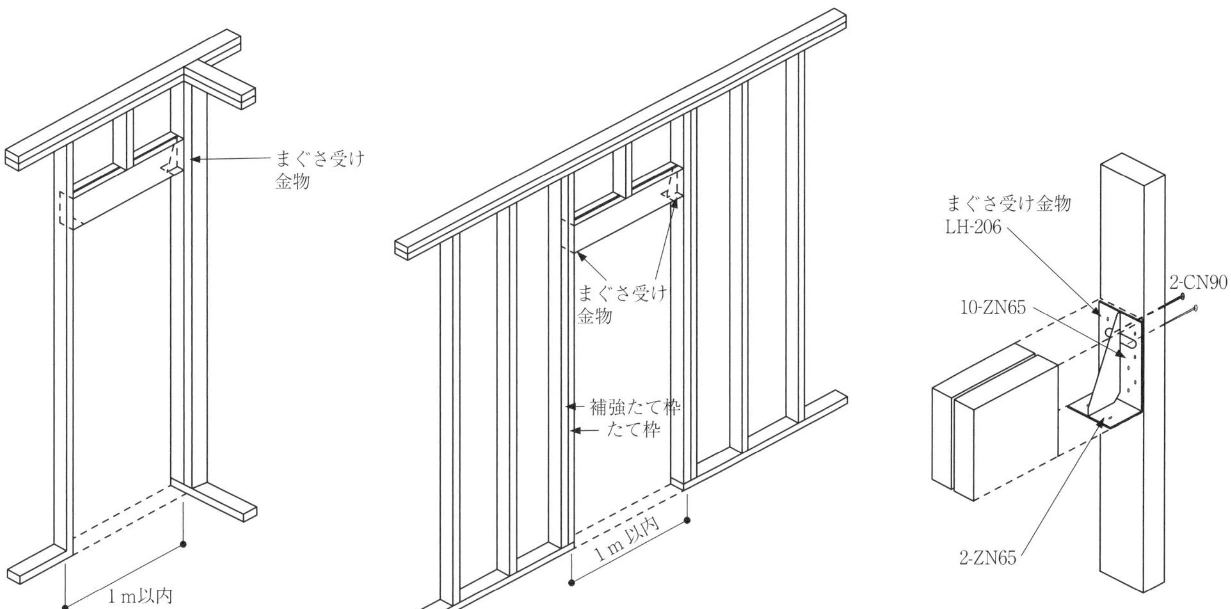

(A)まぐさ受け金物の使用例　(B)外壁で使用する場合の補強　(C)金物の取付け方

参考図4.10.6-1　まぐさ受け金物

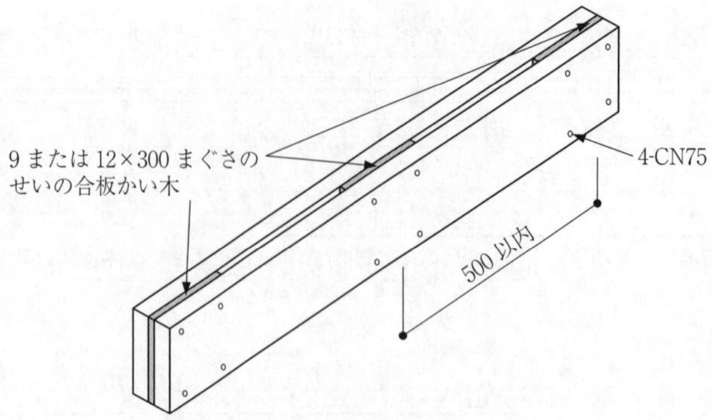

参考図4.10.6-2　2枚合わせのまぐさ

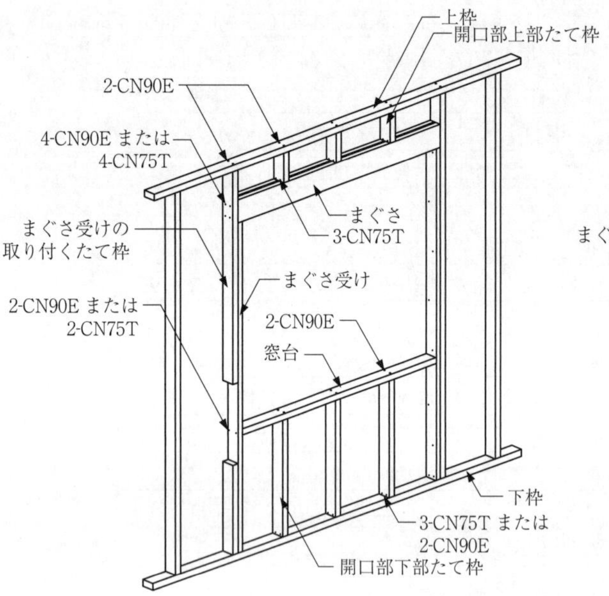

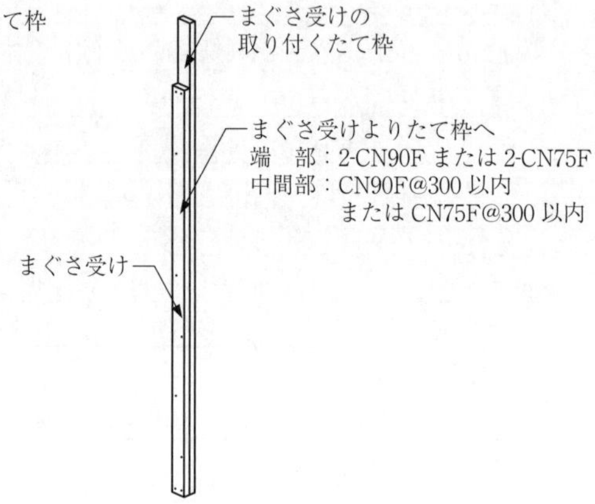

まぐさ受けとたて枠のくぎ打ち方法

参考図4.10.6-3　開口部まわりのくぎ打ち

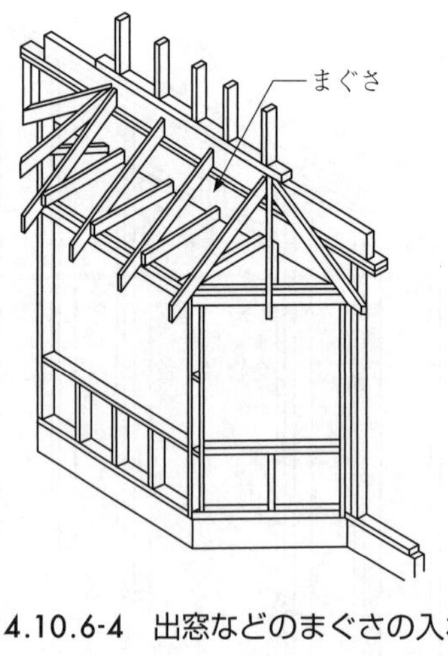

参考図4.10.6-4　出窓などのまぐさの入れ方例

4.10.7 両面開口部の補強等

4.10.7.1 一般事項

1. 建物外周部の隅角部に長さ900 mm以上の耐力壁を1以上設けることができない場合(以下、「両面開口」という。)の補強等は、2から7による。ただし、これによらない場合は、構造計算等によることとし、特記による。なお、この項に掲げる事項に該当しないものについては、本章4.10.6(耐力壁線の開口部)による。 4.10.6 ☞106頁
2. 両面開口は、各階ごとに1箇所を限度とする。
3. 両面開口部双方の幅の合計は、4 m以下とする。
4. 開口部の側には、いずれも910 mm以上の本章4.10.9.3(構造用合板)又は本章4.10.9.4(構造用パネル)による構造用合板又は構造用パネル耐力壁(以下、「側壁」という。)を設ける。 4.10.9.3 ☞115頁 4.10.9.4 ☞115頁
5. 側壁の両側のたて枠の下部150 mm内外に、本章3.4.8(アンカーボルト)によるアンカーボルトを設ける。 3.4.8 ☞38頁
6. 開口部の上下部には、下り壁及び高さ450 mm以上の腰壁を設け、いずれも耐力壁に用いる厚さの構造用合板又は構造用パネルを側壁部まで張りつめ、一体とする。ただし、2階建の場合いずれか片方の腰壁を、平屋建の場合は、腰壁を省略することができる。
7. 両面開口の隅角部には、寸法型式404又は同等断面以上の構造用集成材のすみ柱を設ける。

4.10.7.2 床枠組及び土台との緊結

1. 1階部分に両面開口を設ける場合、又は2階部分に両面開口を設けてその直下に床に達する開口部を設ける場合は、すみ柱、側壁の端部たて枠及びまぐさ受けと、1階の床枠組及び土台を、帯金物又はホールダウン金物で緊結する。
2. 基礎の構造を土間コンクリート床とし、両面開口を前項により設ける場合は、土台とすみ柱並びに側壁の端部たて枠及びまぐさ受けとはストラップアンカーで緊結する。
3. 2階部分に両面開口を設ける場合は、2階のすみ柱並びに側壁の端部たて枠及びまぐさ受けとそれらの直下の1階たて枠(開口部上部たて枠を含む。)とは、それぞれ帯金物2枚で緊結する。なお、この場合、緊結する部分の1階の壁のたて枠(開口部上部たて枠を含む。)は、2枚合わせとするか、又は寸法型式404を使用する。
4. 入隅部等で、すみ柱又はまぐさ受け材に帯金物が取り付けられない場合は、まぐさ受けを2枚合わせとするか、腰壁の開口部下部たて枠をまぐさ受けに添え付けて当該部分に帯金物又はホールダウン金物を取り付ける。
   この場合のくぎ打ちは、2枚合わせのまぐさ受けはCN90で両端部2本、中間部200 mm間隔以内に千鳥打ち、下部たて枠は、CN90を両端部2本、中間部100 mm間隔以内に千鳥打ちする。

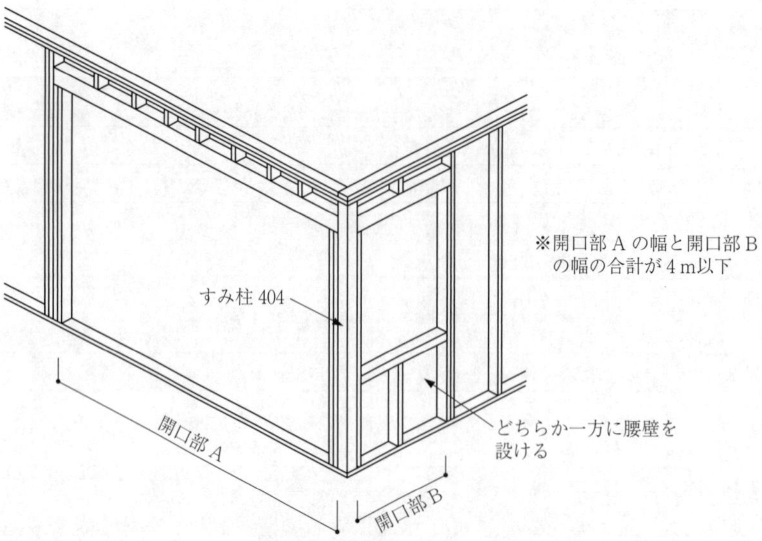

(A) 1階に両面開口を設けた場合

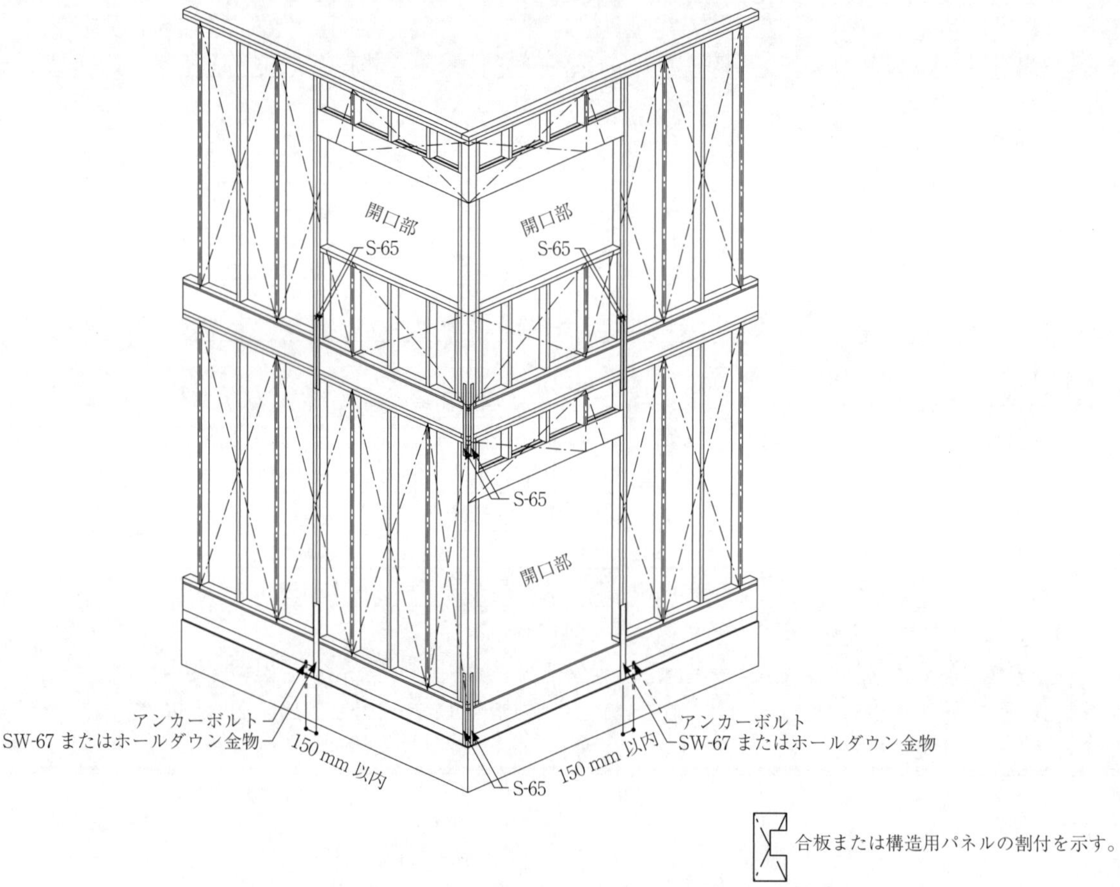

(B) 2階部分に両面開口を設けその直下に掃出窓を設けた場合

参考図4.10.7-1　両面開口部詳細

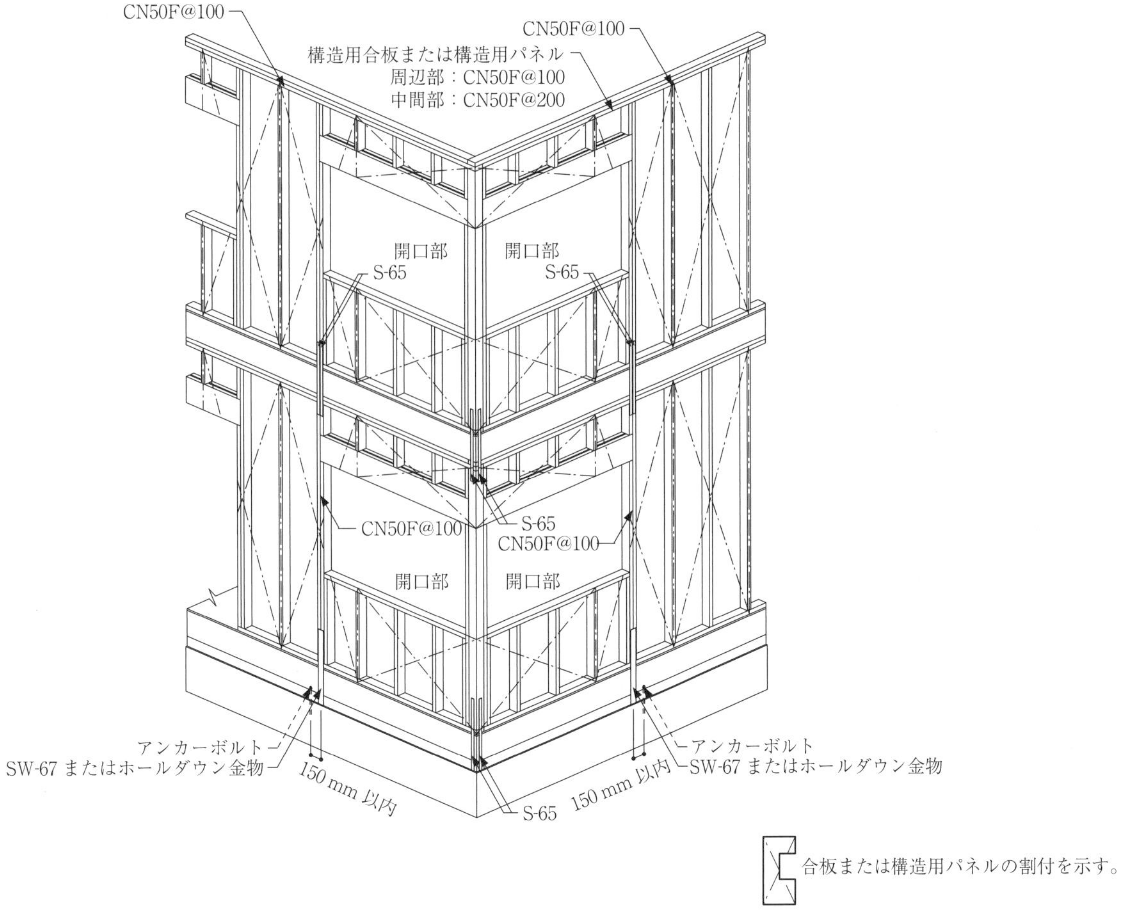

参考図4.10.7-2　構造用合板または構造用パネルの張り方

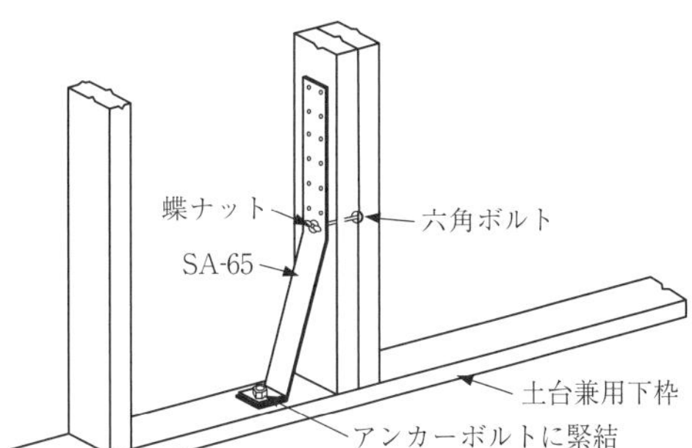

参考図4.10.7-3　ストラップアンカーの取付け方

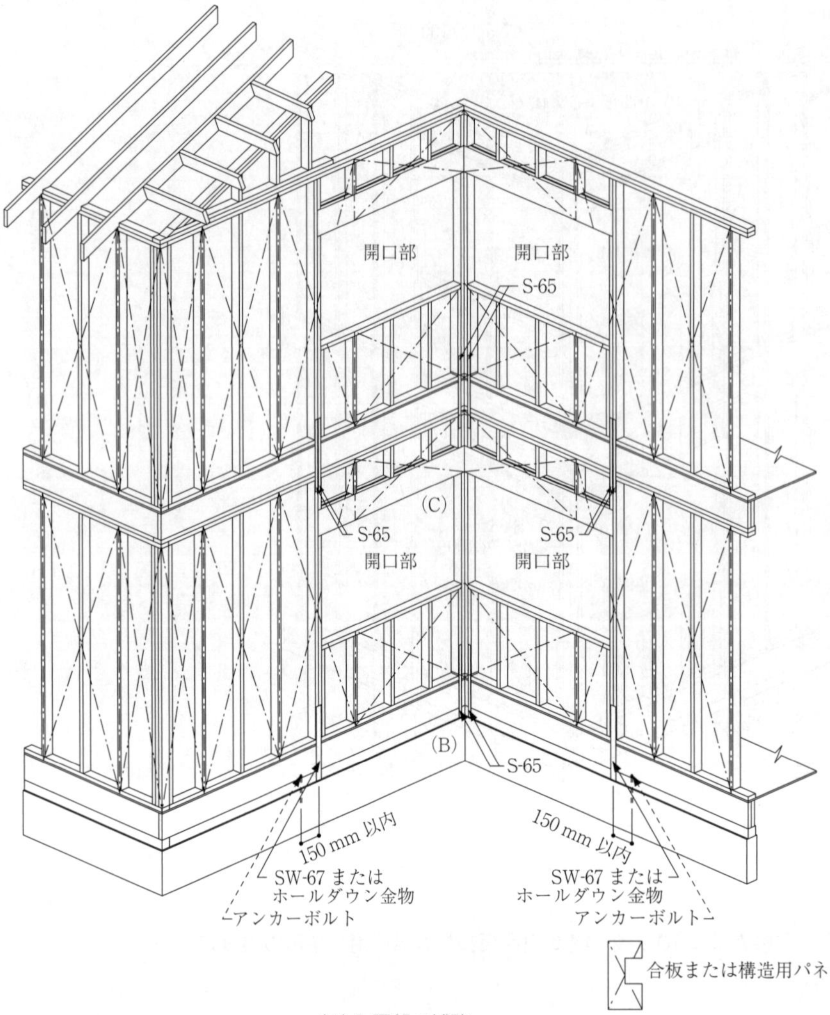

(A)入隅部の補強

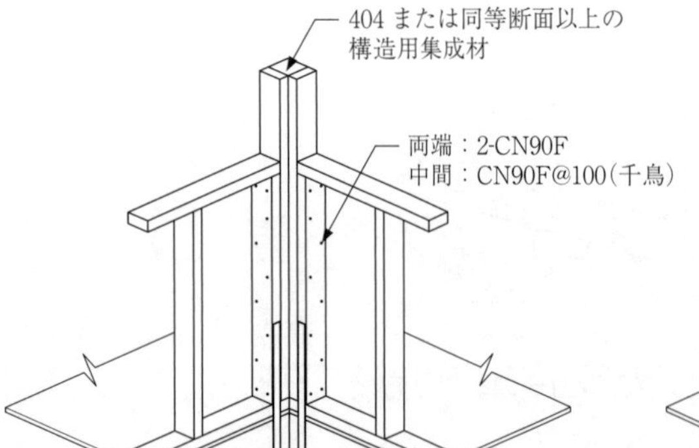

(B)1 階入隅部の緊結の詳細

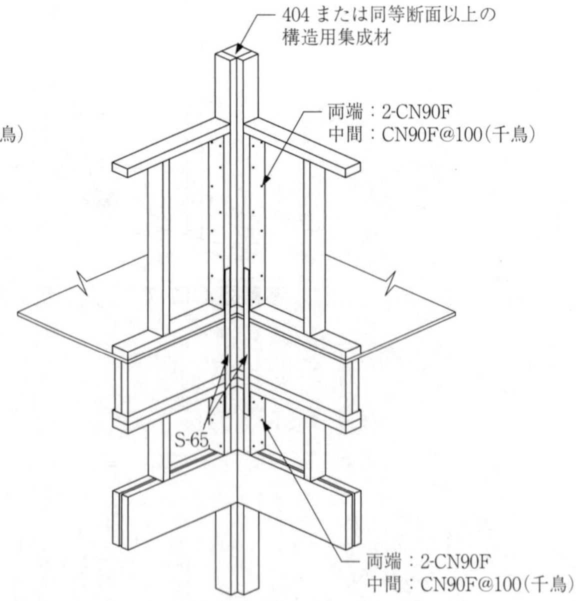

(C)2 階入隅部の緊結の詳細

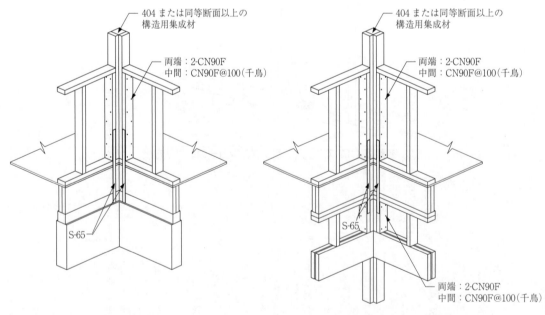

参考図 4.10.7-4　入隅部の補強

留意事項

建物外周部の隅角部に設ける耐力壁

これまでは告示1540号第5第七号の規定（外壁の耐力壁線の交さする部分に長さ90 cm以上の耐力壁を1以上設ける）から外れる場合には、保有水平耐力計算が必要であったが、平成27年8月の告示改正により耐力壁の長さの合計を90 cm以上確保することを条件に、許容応力度計算、接合部の応力伝達性能の確認及び各階の偏心率の確認により構造全体の安全性を確かめる方法も可能となった。

なお、耐力壁長さの合計とは、交さ部に対して取り付くX、Y方向等各方向の耐力壁長さを合計した数値（参考図4.10.7-5参照）をいう。この場合、構造計算上有効とされる耐力壁は、長さが600 mm以上のものに限られるので注意を要する*。

また、当該耐力壁の隅角部においては応力が集中することが懸念されるため、金物等を用い有効に補強する必要がある。

*「開口を含む耐力壁の条件（2018年枠組壁工法建築物構造計算指針（日本ツーバイフォー建築協会）85頁参照）」を満たす壁に接する長さ600 mm未満の壁は、構造計算上有効な耐力壁として取り扱うことができる。

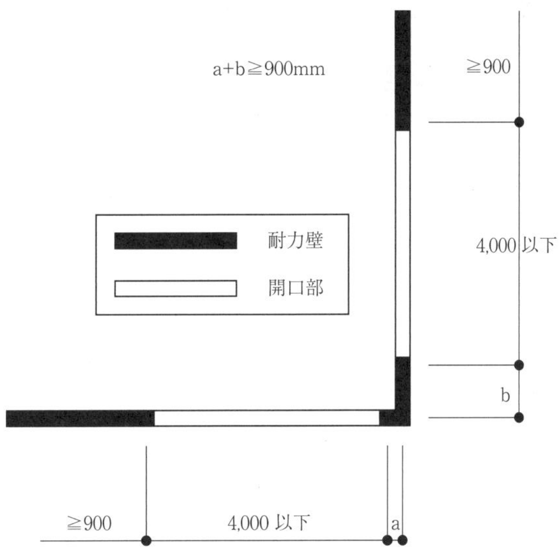

参考図4.10.7-5　建物外周部の隅角部に設ける耐力壁長さの算出方法

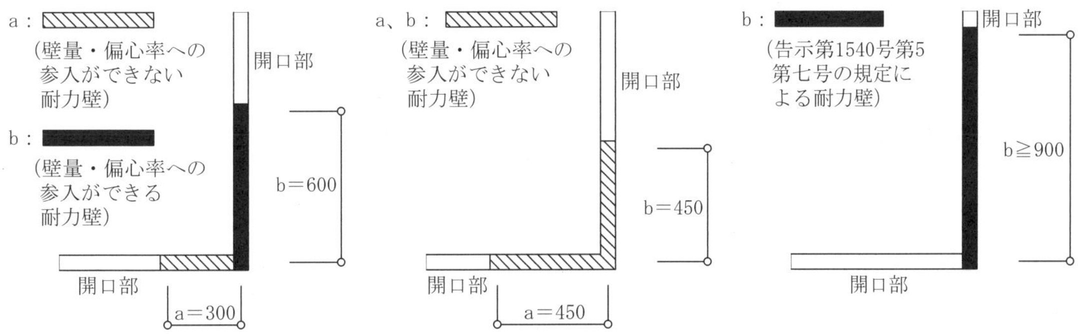

参考図4.10.7-6　外壁交さ部の耐力壁に係る壁量計算等への算入可否

4.10.8 耐力壁の枠組材の欠き込み及び穴あけ

4.10.8.1 たて枠

1. 耐力壁のたて枠の欠き込みは、原則として、その断面のせいの1/4以下とし、1本のたて枠の欠き込みは1箇所とする。なお、1/4を超えて欠き込む場合は見込みを40 mm以上残し、欠き込みをされた部分をパイプガードで補強する。
2. 耐力壁のたて枠に配線・配管などの穴をあける場合は、原則として、その断面のせいの1/4以下とする。なお、1/4を超える場合は、一方の見込みを30 mm以上残し、見込みが30 mmに満たない側をパイプガードで補強する。また、穴の最大径は、寸法型式204のたて枠にあっては40 mm、寸法型式206にあっては50 mmまでとする。
3. 1及び2によらない場合は、まぐさを設けて処理する。
4. 配線・配管等が壁下張材のくぎ打ち等によって損傷されるおそれのある場合は、1及び2にかかわらずパイプガードで保護する。

4.10.8.2 上下枠、頭つなぎの欠き込みと穴あけ

耐力壁の上下枠及び頭つなぎを配管やダクト工事のため、欠き込みや穴あけをする場合、その幅は上下枠および頭つなぎの幅の1/2以下とする。ただし、1/2を超える時は、2枚の寸法型式204、パイプガード又は帯金物で補強する。これ以外の場合で太い管を配する場合は、耐力上支障のない補強を行う。

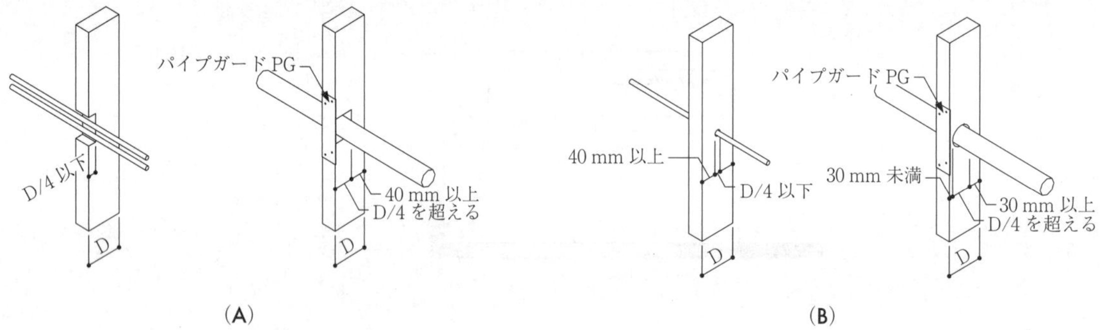

参考図4.10.8.1　たて枠の欠き込みと穴あけ

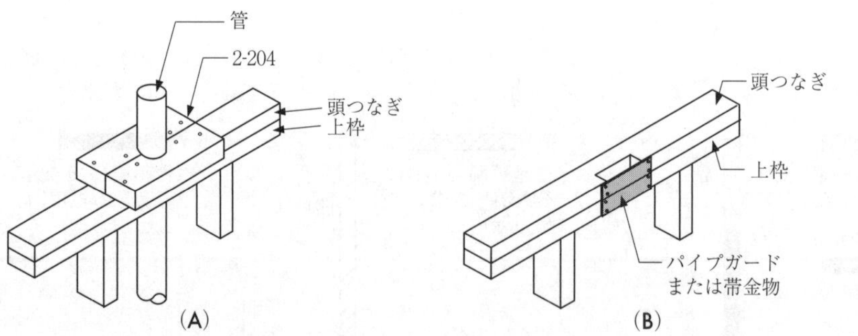

参考図4.10.8.2-1　上枠、頭つなぎの補強

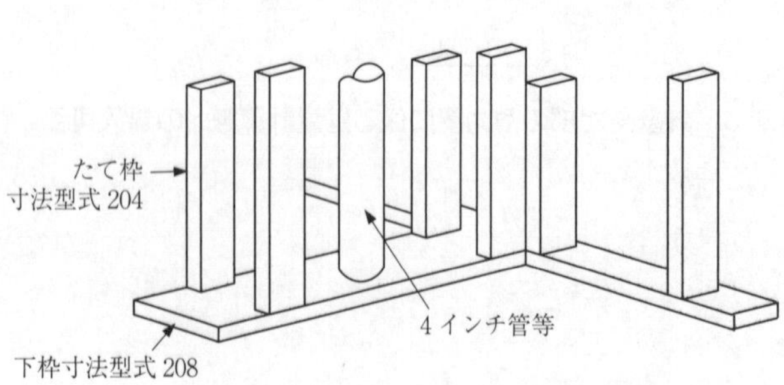

参考図4.10.8.2-2　太い管を壁中に配する方法例

4.10.9 外壁下張り

4.10.9.1 一般事項

1. 外壁下張材は、1階及び2階の床根太の部分で切断し、相互の上下間隔は、原則として、6mm以上あける。
2. 土間コンクリート床で土台と下枠を兼ねる場合は、外壁下張材を土台まで張りつめる。
3. 外壁下張材は、本章4.10.9.8(製材)により下張りを行う場合を除き、縦張りとする場合は、原則として、1枚の板で下枠又は土台及び頭つなぎ又は上枠まで張るものとする。 4.10.9.8 ☞116頁
4. 外壁下張材を横張りとする場合又は縦張りとする場合で、やむを得ず壁面の中途で板を継ぐ場合は、継手部分に寸法型式204の2つ割り(38 mm×38 mm)以上の受け材を入れる。なお、国土交通大臣が認めた仕様による耐力壁においては、受け材を省略することができる。
5. 外壁下張材の現場搬入後の保管については、直接地面に接しないようにリンギ敷きの上にたわみがでないように材料を置き、シート掛けを行う。
6. 建方後、屋根ふきまでに期間があく場合は、屋根に養生シート等による仮防水を行う。また、開口部についても雨の吹込みを防ぐ措置を施す。

4.10.9.2 外壁下張材の品質

外壁下張材のホルムアルデヒドの発散量に関する品質については、特記による。

4.10.9.3 構造用合板

1. 構造用合板の品質は、合板のJASに適合する構造用合板で、特類とする。
2. 張り方は、3'×8'(910 mm×2,440 mm)若しくは3'×9'(910 mm×2,730 mm)版を縦張り、又は4'×8'(1,220 mm×2,440 mm)版を横張り若しくは縦張りとする。
3. くぎ打ちは、4.10.1(耐力壁)の5及び4.10.17.4(耐力壁)の1の表(耐力壁の種類と倍率)による。 4.10.1の5 ☞100頁 4.10.17.4の1 ☞123頁

4.10.9.4 構造用パネル

1. 構造用パネルの品質は、構造用パネルのJASに適合するもので、1級、2級、3級又は4級とする。
2. 張り方は、3'×8'(910 mm×2,440 mm)若しくは3'×9'(910 mm×2,730 mm)版を縦張り、又は4'×8'(1,220 mm×2,440 mm)版を横張り若しくは縦張りにし、たて枠上の継目は2～3 mmあける。
3. くぎ打ちは、4.10.1(耐力壁)の5及び4.10.17.4(耐力壁)の1の表(耐力壁の種類と倍率)による。 4.10.1の5 ☞100頁 4.10.17.4の1 ☞123頁

4.10.9.5 パーティクルボード

1. パーティクルボードの品質は、JIS A 5908(パーティクルボード)に適合するもので、18タイプ、13タイプ、24−10タイプ、17.5−10.5タイプ又は30−15タイプとする。なお、耐水性は耐水2(Pタイプ)とする。
2. 張り方は、3'×8'(910 mm×2,420 mm)若しくは3'×9'(910 mm×2,730 mm)版を縦張り、又は4'×8'(1,210 mm×2,420 mm)版を横張り若しくは縦張りにして、たて枠上の継目は2～3 mmあける。
3. くぎ打ちは、4.10.1(耐力壁)の5及び4.10.17.4(耐力壁)の1の表(耐力壁の種類と倍率)による。 4.10.1の5 ☞100頁 4.10.17.4の1 ☞123頁

4.10.9.6 硬質木片セメント板

1. 硬質木片セメント板の品質は、JIS A 5404(木質系セメント板)のうち硬質木片セメント板に適合するものとする。
2. 張り方は、3'×9'(910 mm×2,730 mm)版を縦張りする。
3. くぎ打ちは、4.10.1(耐力壁)の5の表(耐力壁の種類と倍率)による。 4.10.1の5 ☞100頁

4.10.9.7 シージングボード

1. シージングボードの品質は、JIS A 5905(繊維板)のうちシージングボードに適合するものとする。

2. 張り方は、3'×8'(910 mm×2,420 mm)若しくは3'×9'(910 mm×2,730 mm)版を縦張り、又は4'×8'(1,210 mm×2,420 mm)版を横張り若しくは縦張りにして、たて枠上の継目は2～3 mmあける。
3. くぎ打ちは、4.10.1(耐力壁)の5及び4.10.17.4(耐力壁)の1の表(耐力壁の種類と倍率)による。 4.10.1の5 ☞100頁 4.10.17.4の1 ☞123頁

4.10.9.8 製材

1. 製材の品質は、製材のJASに適合する下地用製材で、板類の1級とする。
2. 張り方は、横張りの場合は継手の位置をたて枠の上で行い、隣接する板の継手が2つ以上並ばないようにし、斜め張りの場合はたて枠に対して45°に張る。
3. くぎ打ちは、4.10.1(耐力壁)の5の表(耐力壁の種類と倍率)による。 4.10.1の5 ☞100頁

4.10.9.9 ハードボード

1. ハードボードの品質は、JIS A 5905(繊維板)のうちハードファイバーボードに適合するもので、35タイプ又は45タイプとする。なお、7 mm未満のハードボードを用いる場合は、施工する1～2日前にきれいな水をハードボード裏面にまんべんなく散布し、裏面と表面を合わせて平積みし、シートなどでおおい養生する。
2. 張り方は、パーティクルボードと同様とする。
3. くぎ打ちは、4.10.1(耐力壁)の5及び4.10.17.4(耐力壁)の1の表(耐力壁の種類と倍率)による。 4.10.1の5 ☞100頁 4.10.17.4の1 ☞123頁

4.10.9.10 MDF

1. MDFの品質は、JIS A 5905(繊維板)のうちミディアムデンシティファイバーボード(MDF)に適合するもので、曲げ区分30タイプ、接着剤区分はMタイプ又はPタイプとする。
2. 張り方及びくぎ打ちは、国土交通大臣の認定を受けた仕様により特記による。

4.10.9.11 フレキシブル板

1. フレキシブル板の品質は、JIS A 5430(繊維強化セメント板)のうちスレート(ボード)に適合するフレキシブル板とする。
2. 張り方は、3'×8'(910 mm×2,420 mm)若しくは3'×9'(910 mm×2,730 mm)版を縦張りとする。
3. くぎ打ちは、4.10.1(耐力壁)の5及び4.10.17.4(耐力壁)の1の表(耐力壁の種類と倍率)による。 4.10.1の5 ☞100頁 4.10.17.4の1 ☞123頁

4.10.9.12 構造用パーティクルボード

1. 構造用パーティクルボードの品質は、JIS A 5908(パーティクルボード)に適合する構造用パーティクルボードとする。
2. 張り方は、3'×8'(910 mm×2,420 mm)若しくは3'×9'(910 mm×2,730 mm)版を縦張りにして、たて枠上の継目は2～3 mmあける。
3. くぎ打ちは、4.10.1(耐力壁)の5の表(耐力壁の種類と倍率)による。 4.10.1の5 ☞100頁

4.10.9.13 構造用MDF

1. 構造用MDFの品質は、JIS A 5905(繊維板)のうちMDFに適合する構造用MDFとする。
2. 張り方は、3'×8'(910 mm×2,420 mm)若しくは3'×9'(910 mm×2,730 mm)版を縦張りにして、たて枠上の継目は2～3 mmあける。
3. くぎ打ちは、4.10.1(耐力壁)の5の表(耐力壁の種類と倍率)による。 4.10.1の5 ☞100頁

4.10.9.14 火山性ガラス質複層板

1. 火山性ガラス質複層板(VSボード)の品質は、JIS A 5440(火山性ガラス質複層板(VSボード))に適合するもので、かさ比重分類H、曲げ強度区分Ⅲとする。
2. 張り方及びくぎ打ちは、国土交通大臣の認定を受けた仕様により特記による。

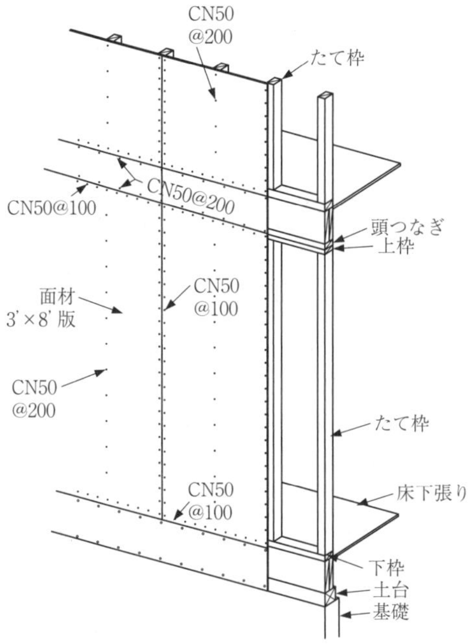

(A)面材 3'×8' 版の張り方

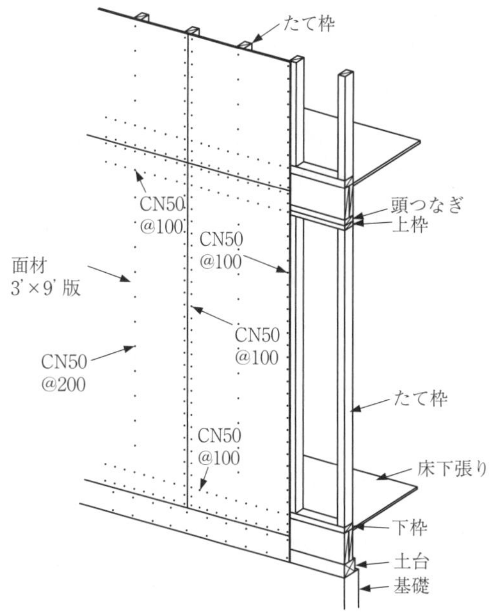

(B)面材 3'×9' 版の張り方

構造用合板を横張りにし、受け材を省略する仕様として国土交通大臣が認めたものに、次の図のものがある。

壁倍率	1.5
たて枠材料	長期許容応力度2.9 N/mm^2 (30 kgf/cm^2) 以上
たて枠間隔	50 cm以下
くぎ打ち間隔	CN50くぎを外周部10 cm、その他は20 cm
面材の種類	構造用合板2級、厚さ9 mm以上10 mm未満

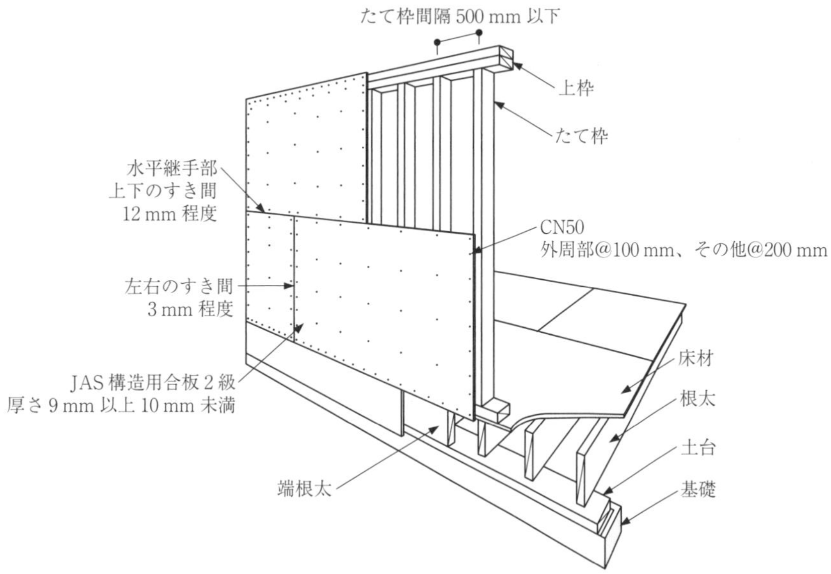

(C)横張り仕様(受け材省略)

参考図4.10.9　外壁下張材の張り方

4.10.10 外壁内通気措置

4.10.10.1 一般事項

外壁における通気措置は、次のいずれかによる。

1. □外壁内に通気層を設け、壁体内通気を可能とする構造とする。
   イ. 防風防水材は、JIS A 6111（透湿防水シート）に適合する透湿防水シート等、気密性と防水性及び湿気を放散するに十分な透湿性を有する材料とする。
   ロ. 通気層に用いる胴縁は、原則として乾燥材とする。
   ハ. 通気層の構造は、次のいずれかによる。
      (イ) □土台水切り部から軒天井見切り縁又は軒裏通気孔に通気できる構造
      (ロ) □土台水切り部から天井裏を経由し、小屋裏換気孔に通気できる構造
   ニ. 外壁仕上材及びその下地工法、土台水切り、見切り縁などは外壁内通気に支障ないものとし、特記による。
2. □1によらない場合は、特記による。

4.10.10.2 工法

本章4.10.10.1（一般事項）の1により、外壁内に通気層を設け、壁体内通気を可能とする場合の工法は、次による。 4.10.10.1の1 ☞118頁

1. 防風防水材の施工は、開口部まわり、外壁上下端部及び取合い部分の雨水処理、水切り取付け等の必要な先工事の終了後に行う。
2. 防風防水材は、下方向から上方向によろい状に張り上げ、重ね幅は上下方向90 mm、左右方向150 mm以上とし、たるみ、しわのないように張る。開口部まわりの処理は、本章11.1（外部建具及び止水）による。留付けは、ステープルで継目部分は300 mm間隔、その他の箇所は要所に行う。 11.1 ☞245頁
3. 通気胴縁は厚さ15 mm以上、幅45 mm以上で、外壁材留付けに適切な幅とし、かつ、外壁仕上材及び下地材の重量を躯体に伝達できるものとする。なお、外壁材を張る方向により縦胴縁、又は横胴縁のいずれかを用いる。
   イ. 縦胴縁とする場合は、仕上材継目部、壁の出隅部及び入隅部では、通気胴縁の幅を90 mm以上とする。開口部周囲は、建具枠周囲の通気が可能なように30 mm程度のすき間を設ける。なお、上下端部は雨仕舞よくおさめる。
   ロ. 横胴縁とする場合は、仕上材継目部、壁の出隅部及び入隅部では、通気胴縁の幅を90 mm以上とし、胴縁端部及び長さ1,820 mm内外に30 mm程度の通気のあきを設ける。
4. 胴縁を用いない通気措置は、特記による。

留意事項

外壁内通気措置と防水

住宅の外壁については、乾式または湿式いずれの仕上方法の場合であっても、外壁内通気措置を施すことが防水上も有効である。

外壁内通気措置とした場合には、万一、外装仕上材の継目等から外壁内に雨水が浸入しても、浸入した雨水や湿気が通気層を通じて屋外に排出されて滞留しにくいため、木部の腐朽を防止する機能を有する。

一方、モルタル仕上げラス直張り工法など外壁内通気措置を施さない場合は、雨水や湿気が雨漏りや腐朽の原因となる可能性が高いため、軒の出及びけらばの出を十分に確保し、外壁への雨がかりを少なくする対策が望まれる。

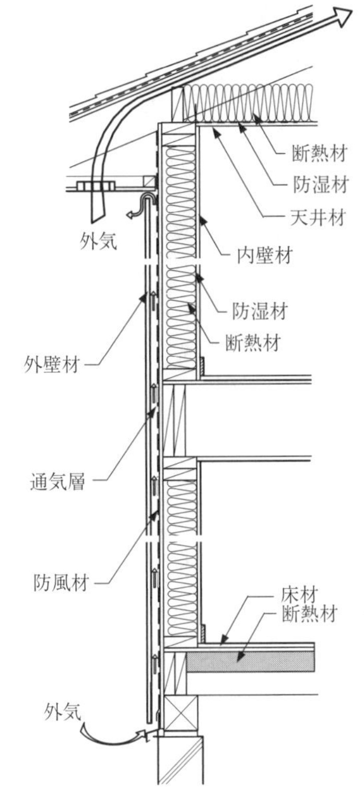

(A)軒天見切り縁に通気する構造

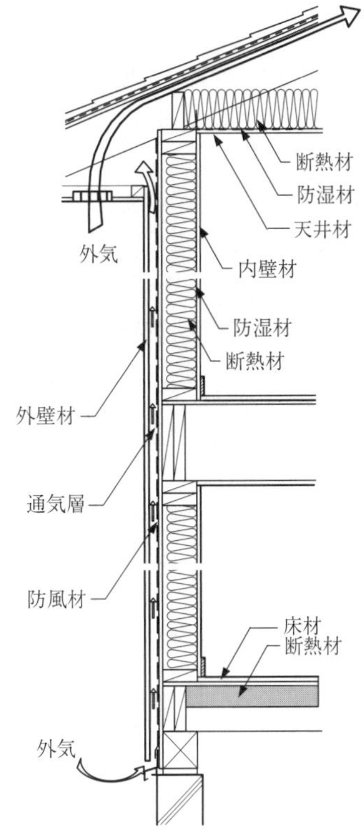

(B)小屋裏換気孔に通気する構造

留意事項

1. 図(B)の構造とする場合は、小屋裏に浸入する水蒸気量が図(A)より大きくなるため、小屋裏換気が適切に作用するよう特に注意する。
2. 通気内の気流により防風防水材の下端部分がめくれ上がり、壁体内に流入しないよう留意すること。

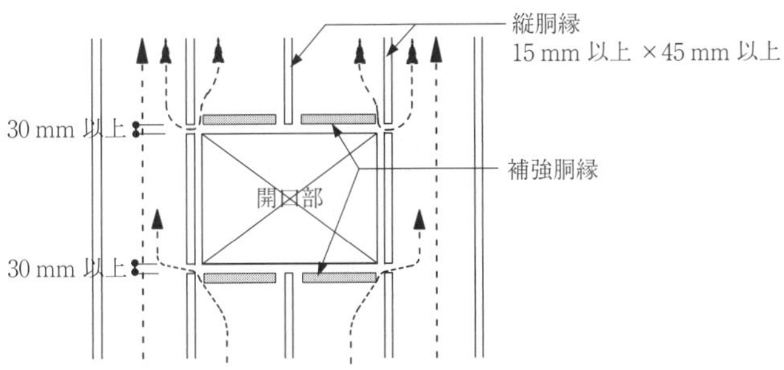

※外壁仕上材が開口部の上下で、割付幅 10 cm 以下となる場合は、補強胴縁を取り付ける。

(C)縦胴縁を用いた開口部まわり施工例

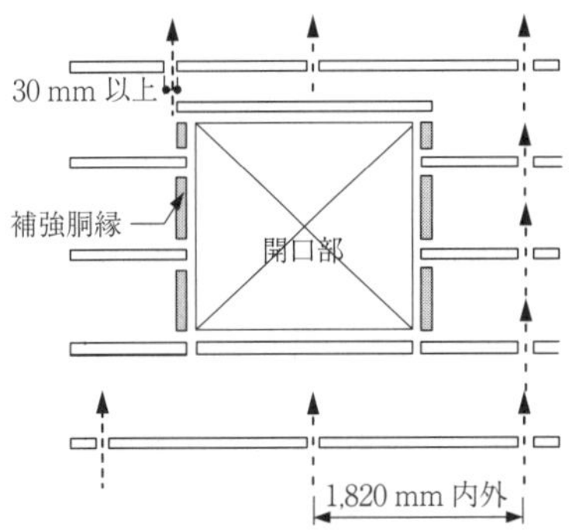

※外壁仕上材が開口部の左右で、割付幅 10 cm 以下となる場合は、補強胴縁を取り付ける。

(D)横胴縁を用いた開口部まわり施工例

参考図4.10.10　外壁に通気層を設け壁体内通気を可能とする構造

防腐処理胴縁の施工

通気層を確保するために用いる胴縁は、原則として乾燥材とする。乾燥材ではなく防腐処理された胴縁を使用する場合は、使用している薬剤と透湿防水シートの組合せが適切でない場合に透湿防水シートの性能を低下させることがあるため、施工中は胴縁を濡らさないようにし、胴縁の施工後は速やかに外装材を施工するよう留意する。

4.10.11 筋かい

1. 筋かいは、寸法型式104及び106の2種類とし、たすきには入れないものとする。
2. 筋かいは、幅900 mm以上の壁にわたるように入れ、筋かいを開口部の上下の壁まで使うことが望ましい。
3. 筋かいは、下枠に対して45°以上、たて枠 2 つ以上にわたるように入れる。
4. 筋かいは、たて枠、上枠及び下枠を欠き込んで入れる。この場合、施工順序によっては、頭つなぎを欠き込むことができる。
5. 筋かいのくぎ打ちは、筋かいから頭つなぎ、上枠、たて枠及び下枠に対してそれぞれ2本のCN65又はCNZ65を平打ちする。ただし、1,100N以上の短期許容せん断耐力を有するくぎ打ちは、特記による。

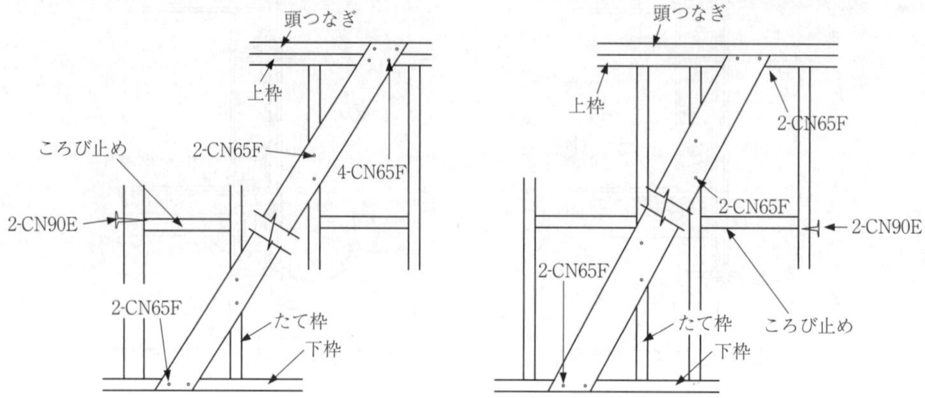

参考図4.10.11　筋かいのくぎ打ち

4.10.12 ころび止め

1. 筋かいを用いる耐力壁の場合、外壁のたて枠相互間には、寸法型式204のころび止めをできるだけ設けるものとする。
2. ころび止めのくぎ打ちは、たて枠から2本のCN90を木口打ちするか、又は2本のCN75をころび止めからたて枠へ斜め打ちする。

4.10.13 階段、スキップフロアーまわり等の壁構成

1. スキップフロアー等を支持する壁の構成は、床面のレベルごとにそれぞれ独立の壁を設ける場合を除いて、次の2から5による。
2. たて枠は寸法型式206を用い、たて枠を欠き込んで根太受け材（リボンプレート）を入れ、床根太をリボンプレートに載せる。
3. リボンプレートは寸法型式106以上を用い、たて枠に2本のCN75を平打ちする。
4. 床根太は、たて枠に5本のCN90を平打ちする。
5. 壁及び床には、たて枠及び床根太と同寸のかい木兼ファイヤーストップ材を入れる。

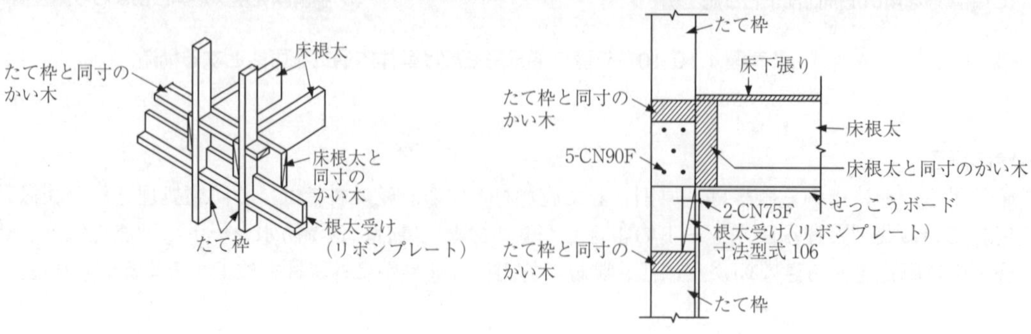

参考図4.10.13　スキップフロアーの構成例

4.10.14 住戸間の界壁

連続建ての住戸間の界壁の構造は、次のいずれかとし、小屋裏又は天井裏まで達せしめる。

イ. □二重壁とし、それぞれたて枠の室内側には厚さ12 mm以上のせっこうボードを2枚、壁心側には厚さ12 mm以上のせっこうボードを1枚張る。

ロ. □二重壁とし、それぞれのたて枠の室内側には厚さ12 mm以上のせっこうボードを2枚張る。また、界壁の室内には厚さ50 mm以上のロックウール（かさ比重0.04以上）又はグラスウール（かさ比重0.02以上）を入れる。

ハ. □一重壁とし、下枠、上枠及び頭つなぎに寸法型式206を用い、たて枠は、寸法型式204を間隔250 mm以内に千鳥に配置し、室内側に厚さ12 mm以上のせっこうボードを2枚張る。また、界壁の内部には厚さ50 mm以上のロックウール（かさ比重0.04以上）又はグラスウール（かさ比重0.02以上）を入れる。

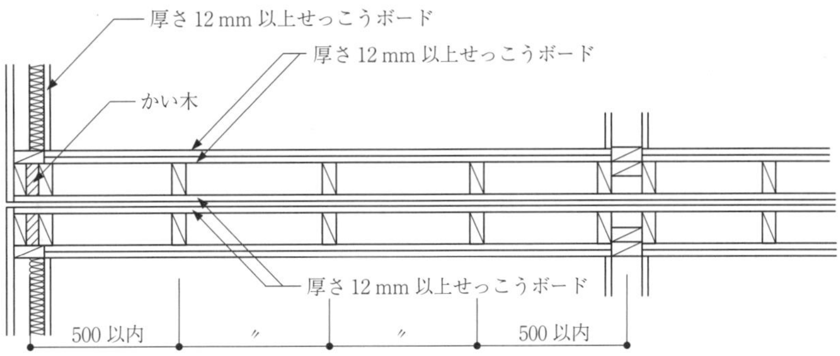

(A)二重壁とし壁心にせっこうボードを入れる場合

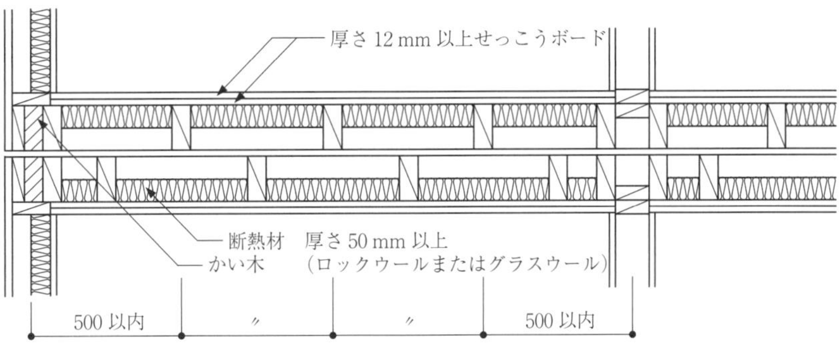

(B)二重壁とし壁心にせっこうボードを入れない場合

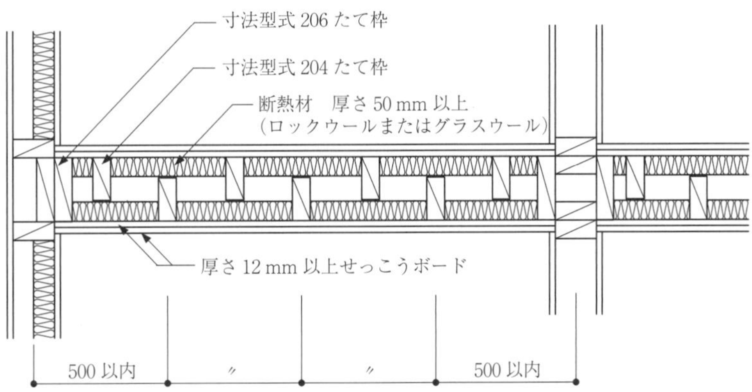

(C)一重壁とし上下枠等に206を使用する場合

参考図4.10.14　連続建ての住戸間界壁

4.10.15 壁枠組と床枠組及び土台との緊結

1. 外壁下張材が土台又は端根太若しくは側根太までくぎ打ちされている場合の壁枠組と床枠組との緊結は、下枠から端根太及び側根太へCN90を、たて枠間に1本平打ちする。ただし、1,600N/m以上の短期許容せん断耐力を有するくぎ打ちは、特記による。この場合、外壁下張材の上下の継手部分には6mm以上の目地をあける。
2. 外壁下張材が土台又は端根太若しくは側根太まで達しない場合の壁枠組と床枠組との緊結は、下枠から端根太及び側根太へCN90をたて枠間に2本平打ちする。
3. 内部の耐力壁と床枠組との緊結は、下枠から床根太又はころび止めへCN90をたて枠間に2本平打ちする。
4. 外壁の隅角部すみ柱又は外壁の開口部の両端に接する耐力壁のまぐさ受けが取り付くたて枠の下部の補強は、次による。
   イ. 2階にあっては、下階の壁のすみ柱又はたて枠と帯金物を用いて緊結する。なお、帯金物は外壁下張材を介して取り付けることができる。
   ロ. 1階にあっては、1階床を床枠組で構成する場合は、たて枠と土台及び端根太又は側根太とを帯金物で、1階床を本章3.4.5(土間コンクリート床)による土間コンクリート床で構成する場合は、たて枠と土台とをかど金物で緊結する。なお、帯金物は外壁下張材を介して取り付けることができる。
   ハ. 上記イ又はロにおいて構造用合板又は硬質木片セメント板を、2階にあっては端根太又は側根太まで、1階にあっては土台まで張りつめた場合は、帯金物又はかど金物を省略することができる。

3.4.5 ☞38頁

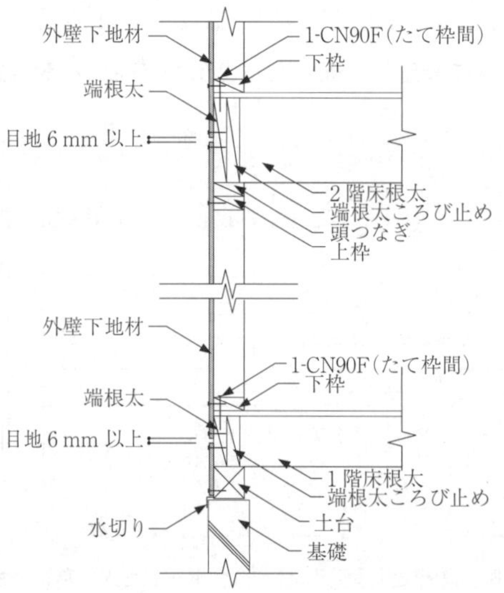

参考図4.10.15　帯金物(S-65)を省略する場合の壁下張りの張り方

4.10.16 40 m²を超える区画

4.10.16.1 一般事項

40 m²を超える区画の壁枠組は、この項による。ただし、この項に掲げる事項に該当しないものについては、本章4.10.1(耐力壁)から本章4.10.15(壁枠組と床枠組及び土台との緊結)までの各項による。 4.10.1～4.10.15 ☞100～122頁

4.10.16.2 壁枠組と床枠組との緊結

1. 外壁下張材が土台又は端根太若しくは側根太までくぎ打ちされている場合の外壁と床枠組との緊結は、下枠から床枠組へCN90をたて枠間に2本平打ちする。
2. 外壁下張材が土台又は端根太若しくは側根太に達しない場合の壁枠組と床枠組との緊結は、下枠から端根太及び側根太へ、2階にあってはCN90をたて枠間に2本、1階にあってはCN90をたて枠間に4本平打ちする。
3. 内部の耐力壁と床枠組との緊結は、下枠から床根太又はころび止めへ、2階にあってはCN90をたて枠間に2本、1階にあってはCN90をたて枠間に4本平打ちする。

4.10.17 50 cmを超えるたて枠間隔

4.10.17.1 一般事項

たて枠間隔を50 cmを超え65 cm以下とする場合(以下、「50 cmを超えるたて枠間隔」という。)の壁枠組は、この項による。ただし、この項に掲げる事項に該当しないものについては、本章4.10.1(耐力壁)から本章4.10.16(40 m²を超える区画)までの各項による。 4.10.1～4.10.16 ☞100～123頁

4.10.17.2 たて枠

1. たて枠の寸法型式は、次による。
   イ. 多雪区域以外の区域における2階建の1階は208以上又は厚さ38 mm以上、かつ、幅184 mm以上で国土交通大臣による基準強度の指定を得たものとし、平屋建及び2階建の2階は204以上とする。
   ロ. 多雪区域におけるたて枠の寸法型式は、特記による。
2. たて枠に寸法型式204を用いる場合のたて枠には、原則として、欠き込みを行ってはならない。ただし、配線・配管などのために穴をあける場合は、その径を断面せいの1/4以下とするか、その径が断面せいの1/4を超える時は同寸法のたて枠を添えて補強する。

4.10.17.3 たる木及び床根太とたて枠とのずれ

たる木及び床根太とたて枠の位置がずれる場合は、上枠を1枚重ねて補強する。なお、補強する上枠と上枠との接合は、本章4.10.3(耐力壁の頭つなぎ)による。 4.10.3 ☞102頁

4.10.17.4 耐力壁

1. 耐力壁の種類は、次表による。

耐力壁の種類と倍率

耐力壁の種類				倍率
材料	断面	くぎ	くぎの間隔又は本数	
構造用合板 化粧ばり構造用合板 (合板のJASに規定する特類で1級のもの)	厚さ7.5 mm以上	CN50 CNZ50	外周部分10 cm以下 その他の部分20 cm以下	3.0
構造用合板 化粧ばり構造用合板 (合板のJASに規定する特類で2級のもの)	厚さ9 mm以上			
構造用パネル (構造用パネルのJASに規定する1級、2級、3級又は4級のもの)	−			
ハードボード (JIS A 5905-1994に規定するハードファイバーボードの35タイプ又は45タイプのもの)	厚さ7 mm以上			
パーティクルボード (JIS A 5908-1994に規定する18タイプ、13タイプ、24-10タイプ、17.5-10.5タイプ又は30-15タイプのもの)	厚さ12 mm以上			
構造用合板 化粧ばり構造用合板 (合板のJASに規定する特類で2級のもの)	厚さ7.5 mm以上	CN50 CNZ50	外周部分10 cm以下 その他の部分20 cm以下	2.5
ハードボード (JIS A 5905-1994に規定するハードファイバーボードの35タイプ又は45タイプのもの)	厚さ5 mm以上			
構造用せっこうボードA種 (JIS A 6901-2005に規定するもの)	厚さ12 mm以上	GNF40、SF45 WSN、DTSN	外周部分10 cm以下 その他の部分20 cm以下	1.7
構造用せっこうボードB種 (JIS A 6901-2005に規定するもの)	厚さ12 mm以上	GNF40、SF45 WSN、DTSN	外周部分10 cm以下 その他の部分20 cm以下	1.5
フレキシブル板 (JIS A 5430-2001に規定するもの)	厚さ6 mm以上	GNF40 SF45	外周部分15 cm以下 その他の部分30 cm以下	
強化せっこうボード (JIS A 6901-2005に規定するもの)	厚さ12 mm以上	GNF40、SF45 WSN、DTSN	外周部分10 cm以下 その他の部分20 cm以下	1.3
せっこうボード (JIS A 6901-2005に規定するもの)	厚さ12 mm以上	GNF40、SF45 WSN、DTSN	外周部分10 cm以下 その他の部分20 cm以下	1.0
シージングボード (JIS A 5905-1994に規定するもの)		SN40		
筋かい	厚さ18 mm以上 ×幅89 mm以上	CN65 CNZ65	下枠、たて枠及び 上枠2本	0.5

備考1) 壁下張りを両面に張った場合の倍率は、それぞれの倍率の和とすることができるが、加算した場合の倍率は5.0を限度とする。

2) 表以外には、国土交通省告示第1541号に定めるもの及び建築基準法施行規則第8条の3に基づき国土交通大臣が個別に認定しているものがある。なお、一般材料として指定されているMDFと火山性ガラス質複層板についても、耐力壁に使用する場合には大臣認定が必要であり、倍率及び留付けは同認定による。

2. 耐力壁として用いる前表材料のホルムアルデヒドの発散量に関する品質については、特記による。

4.10.17.5 壁下張り

1. 構造用合板を使用する場合は、4'×8'版の横張りとし、継手部分に寸法型式204の受け材を入れる。
2. 構造用合板の縦張り及び構造用合板以外の材料を張る場合は、たわみを生じないよう、また使用上の支障のないよう受け材、ころび止めで補強する。

4.10.17.6 壁枠組と床枠組の緊結

1. 外壁下張材が土台又は端根太若しくは側根太までくぎ打ちされている場合の外壁と床枠組との緊結は、下枠から床枠組へCN90をたて枠間に3本平打ちする。
2. 外壁下張材が土台又は端根太若しくは側根太に達しない場合の壁枠組と床枠組との緊結は、下枠から端根太及び側根太へ、2階にあってはCN90をたて枠間に3本、1階にあってはCN90をたて枠間に5本平打ちする。

3. 内部の耐力壁と床枠組との緊結は、下枠から床根太又はころび止めへ、2階にあってはCN90をたて枠間に3本、1階にあってはCN90をたて枠間に5本平打ちする。

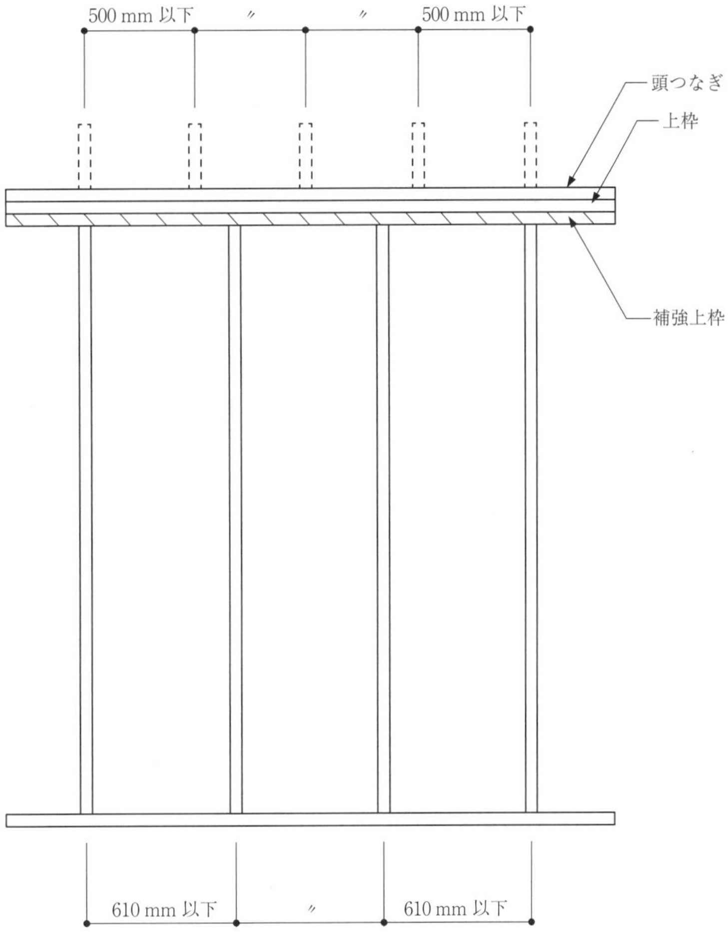

参考図4.10.17.3　たる木及び床根太とたて枠の位置がずれる場合の補強

関係法令

たて枠に使用することができる海外規格枠組材

たて枠に使用する材料は、JAS材以外でも国土交通大臣がその樹種、区分及び等級等に応じてそれぞれ許容応力度及び材料強度を指定した材料については使用することができる。海外の規格品のうち、材料強度等の指定を受けた材料については、付録14を参照すること。

4.11 支持柱

4.11.1 一般事項

多雪区域以外の区域ではりからの鉛直力を支持する柱（以下、「支持柱」という。）を設ける場合は、この項による。ただし、この項によらない場合又は多雪区域は、構造計算等により安全を確かめる。

4.11.2 支持柱及びはり

支持柱は寸法型式606の集成材とし、はりは6インチ系列の集成材を標準とする。

4.11.3 床枠組及びはりとの緊結

支持柱と床枠組及びはりとの緊結は、次による。

イ．支持柱が載る床下張材は構造用合板とし、支持柱は床下張材の上に柱脚金物を介して設ける。支持柱直下の床根太は、支持柱と同寸幅以上となるよう補強する。

ロ．支持柱の柱脚は、柱脚金物を用いて床枠組に緊結する。柱脚金物から床枠組へのくぎ打ちは、ZN65を8本平打ちする。支持柱と柱脚の緊結は、打込みピン（ϕ14）により行う。

ハ．支持柱の柱頭は、柱頭金物を用いて床ばりに緊結する。柱頭金物から床ばりへのくぎ打ちは、ZN65を8本平打ちする。柱頭金物から支持柱へのくぎ打ちは、ZN65を6本平打ちする。

4.11.4 基礎及び基礎との緊結

1. 支持柱の直下には、上階からの鉛直力及び地耐力を考慮した鉄筋コンクリート造による独立基礎等を設ける。
2. 支持柱直下の土台又は大引きは支持柱と同寸幅以上となるよう補強し、独立基礎にアンカーボルトにて緊結する。

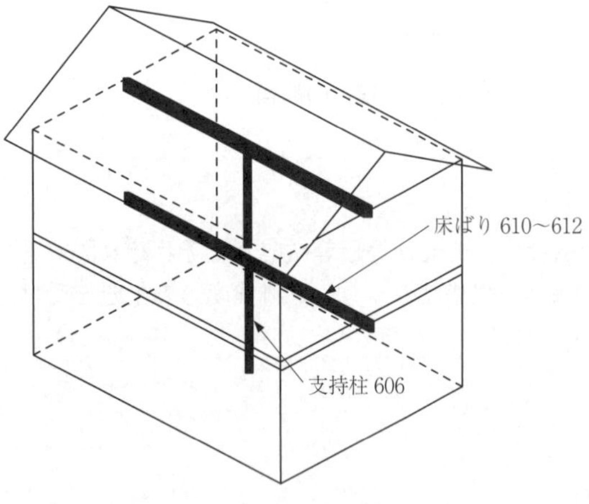

参考図4.11.2　支持柱

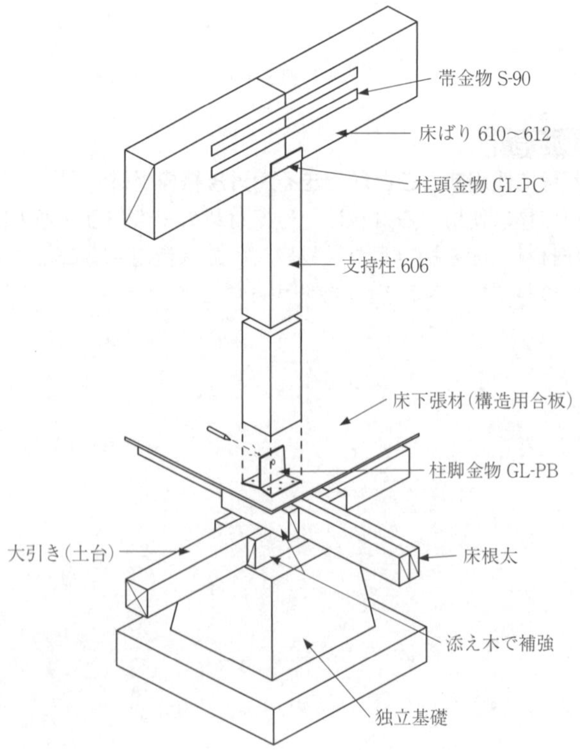

参考図4.11.3　支持柱とはり及び床とのおさまり

4.12 平屋建又は2階建の小屋組

4.12.1 一般事項

1. 小屋組は、屋根形状、屋根ふき材の種類に応じて、屋根勾配、軒の出などを考慮するものとし、次による。
   イ. 屋根形状は、雨仕舞のよい形状とする。
   ロ. 屋根勾配は、屋根ふき材と流れ長さに適した勾配を確保し、かつ、1/10以上とする。
   ハ. 軒の出及びけらばの出は、外壁を本章4.10.10.1（一般事項）の1による壁体内通気を可能とする構造としない場合は、次のいずれかによる。 4.10.10.1の1 ☞118頁
   （イ）軒の出及びけらばの出を60 cm以上とする。
   （ロ）軒の出及びけらばの出を30 cm以上とし、かつ、外壁には雨水の浸入を防止する有効な仕上げを施す。
2. 小屋組を構成するたる木及び天井根太の寸法は、寸法型式204、205、206、208、210、212若しくは304、306に適合するもの又は厚さ38 mm以上、幅89 mm以上で国土交通大臣による基準強度の指定を得たものであって、かつ、たる木若しくは天井根太とむな木、頭つなぎ（本章4.10.3（耐力壁の頭つなぎ）の4により頭つなぎを省略する場合にあっては、上枠。以下、本項において同じ。）若しくは屋根下地材との緊結に支障がないものとし、それら相互の間隔は650 mm以内とする。 4.10.3の4 ☞102頁
3. たる木の断面は、構造計算による。
4. 小屋組は、振止めを設ける等、水平力に対して安全なものとする。
5. 小屋組の構成は、次のいずれかによる。
   イ. □たる木方式：たる木、天井根太及びむな木によるもの
   ただし、勾配が2.5/10以下の場合、むな木の左右のたる木の長さ及び勾配が異なる場合又はすべてのたる木と天井根太の走行方向が異なる場合は、屋根ばり方式による。
   ロ. □屋根ばり方式：屋根ばり又は耐力壁又は、支持壁によって支持されるたる木によるもの
   ハ. □トラス方式：合板ガセット又はメタルプレートコネクターを用いたトラスによるもの
   ニ. □束建て方式：たる木、屋根ばり、束を天井ばりで支持するもの
6. 次の場合は、構造計算に基づき、特記による。
   イ. 屋根版に木質断熱複合パネル又は直交集成板を使用する場合
   ロ. 天井根太に軽量H形鋼を使用する場合

留意事項

十分な軒の出の確保

外壁における雨漏りやそれに伴う木部の腐朽などへの対策としては、外壁への雨がかりを可能な限り少なくすることも重要な事項のうちの1つである。雨がかり防止のためには、軒の出及びけらばの出を十分に確保することが有効である。

モルタル外壁仕上げについては、その性質上、小さなひび割れの発生まで完全になくすことは難しく、外壁内通気措置を施さない場合には、水分や湿気が雨漏りや腐朽の原因となる可能性が高いため、軒の出及びけらばの出を十分に確保して雨がかりを少なくする対策が望まれる。

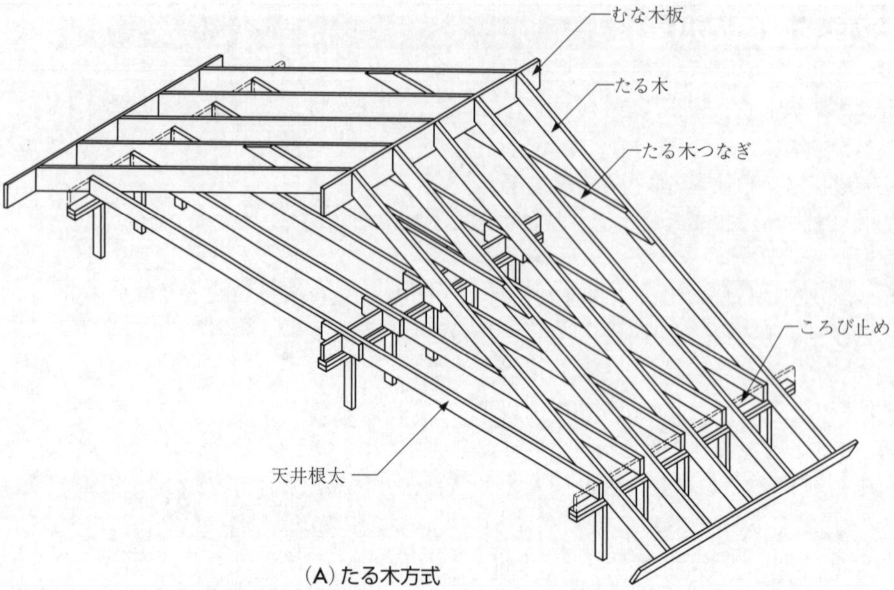

(A) たる木方式

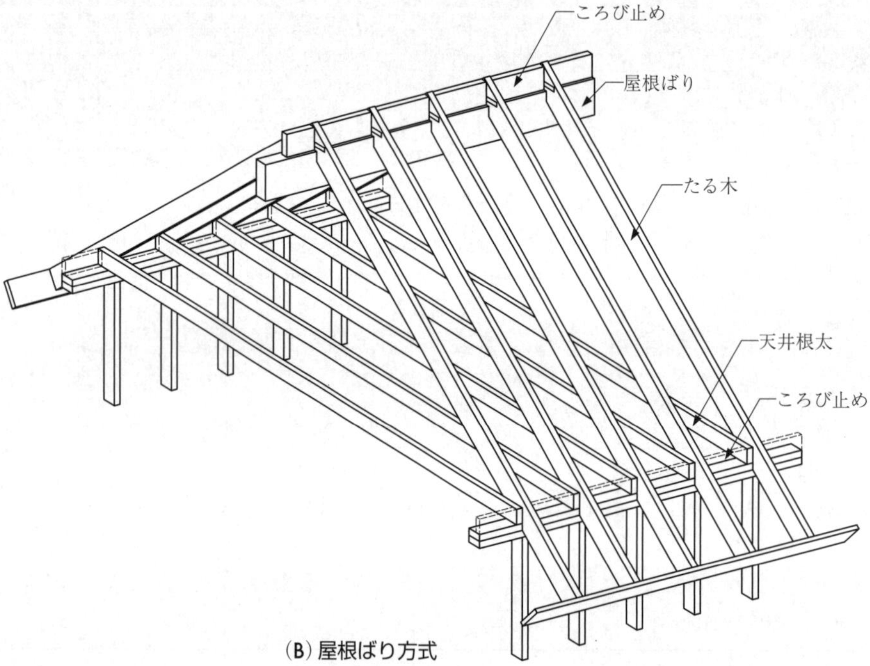

(B) 屋根ばり方式

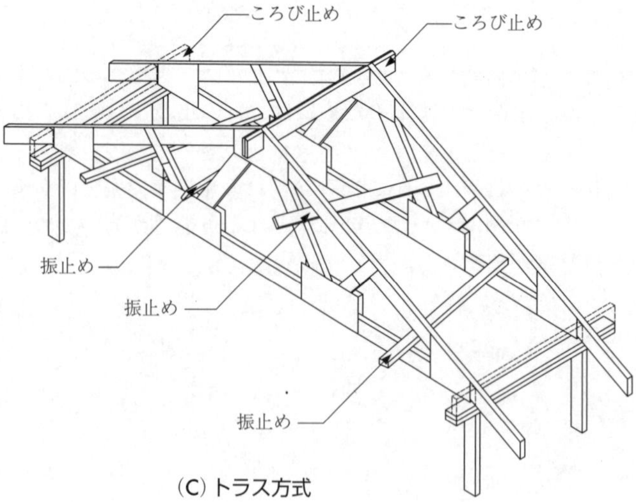

(C) トラス方式

参考図4.12.1　小屋組の構成①

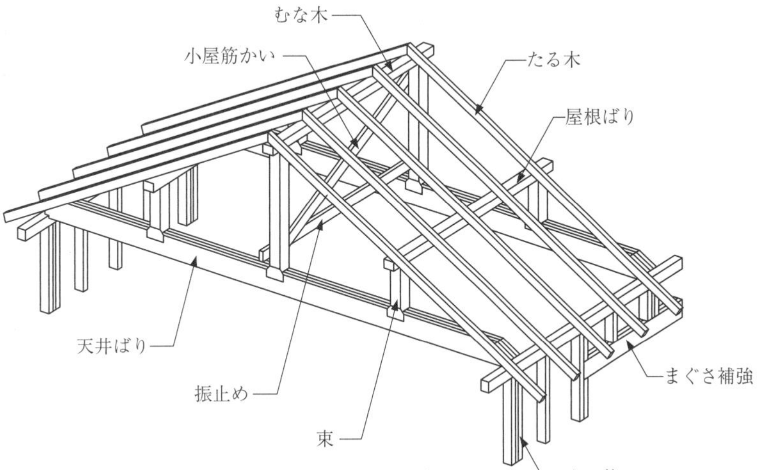

(D) 束建て方式

参考図4.12.1　小屋組の構成②

4.12.2 たる木による切妻屋根

4.12.2.1 天井根太

1. 天井根太から頭つなぎ又ははりに対しては、2本のCN75を斜め打ちする。ただし、1箇所当たり1,100 N以上の短期許容せん断耐力を有するくぎ打ちは、特記による。
2. 天井根太の継手は、耐力壁又ははりの上で、本章4.9.2（床根太の継手）の2と同様な手法で行い、金物を用いて継ぐ場合の帯金物はS-90とする。ただし、くぎ打ち本数は、本章4.12.2.5（たる木と天井根太の接合）の1による。 4.9.2の2　☞85頁　4.12.2.5の1 ☞130頁
3. 継手部分の天井根太から頭つなぎ又ははりに対しては、CN75を両側からそれぞれ2本斜め打ちする。
4. 小屋裏部屋を設けない場合の天井根太をはりで支持する場合のはりの断面は、構造計算による。
5. はりの構成及び端部の支持方法は、本章4.9.7（床ばり）と同様とする。ただし、天井根太を根太受け金物又は根太掛けを用いてはりに取り付ける場合は、向かい合う天井根太同士を帯金物等を用いて緊結し、そのくぎ打ち本数は、本章4.12.2.5（たる木と天井根太の接合）の1による。 4.9.7　☞92頁　4.12.2.5の1 ☞130頁
6. 天井根太面に開口部を設ける場合は、本章4.9.5（床開口部）に準ずる。 4.9.5　☞88頁
7. 天井根太に薄板軽量形鋼及び軽量H形鋼を使用する場合は、構造計算に基づき、特記による。

4.12.2.2 妻小壁

1. 妻側にけらばを出さない場合の妻小壁は、妻小壁たて枠を欠き込んでたる木をおさめ、たる木より2本のCN75を平打ちし、妻小壁たて枠から頭つなぎへは3本のCN75を斜め打ちする。
2. 妻側にけらばを出す場合の妻小壁は、次による。
   イ. 妻小壁は、妻小壁たて枠及び平使いの妻小壁上枠を用いて構成し、妻小壁上枠から妻小壁たて枠へは2本のCN90を木口打ち、妻小壁たて枠から頭つなぎへは3本のCN75を斜め打ちする。
   ロ. 妻小壁をあらかじめ構成する場合には、妻小壁下枠を用い、妻小壁下枠から妻小壁たて枠に2本のCN90を木口打ちする。
   ハ. むな木の支持は妻小壁たて枠で行い、その両側に添え妻小壁たて枠を設け、添え妻小壁たて枠から妻小壁たて枠（支持材）へCN90を上・下端2本、中間部150 mm間隔以内に千鳥に平打ちする。
   ニ. 妻小壁と下部外壁との緊結は、本章4.10.15（壁枠組と床枠組及び土台との緊結）に準ずる。 4.10.15　☞122頁

4.12.2.3 むな木とたる木の接合

1. むな木は、たる木より1サイズ以上大きな寸法型式のものを用い、頂部は勾配に沿って角度を付ける。ただし、むな木に代えて合板ガセットを用いる場合は、本章4.12.2.7(たる木つなぎ)のハによる。 4.12.2.7 ☞130頁
2. たる木からむな木へは、3本のCN75を斜め打ちする。ただし、1箇所当たり1,700N以上の短期許容せん断耐力を有するくぎ打ちは、特記による。

4.12.2.4 たる木と頭つなぎの接合

1. たる木と頭つなぎの接合は、次による。
   イ. たる木は、外壁の頭つなぎの部分で欠き込んでおさめる。ただし、たる木が寸法型式204の場合は、欠き込みを行ってはならない。
   ロ. たる木の欠き込み幅は、原則として、75 mm以上、欠き込み深さはたる木のせいの1/3以内とする。
2. たる木から頭つなぎに対しては、2本のCN75を斜め打ちする。ただし、1箇所当たり1,100 N以上の短期許容せん断耐力を有するくぎ打ちは、特記による。

4.12.2.5 たる木と天井根太の接合

1. たる木と天井根太の接合はCN90又はCN75を平打ちし、その本数は、下表による。ただし、1箇所当たり2,400N以上の短期許容せん断耐力を有するくぎ打ちは、特記による。

緊結する部分	くぎの種類	くぎの本数
たる木と天井根太	CN90	3本
	CN75	4本

2. 部分的にたる木と天井根太の走行方向が異なる場合は、次による。
   イ. 頭つなぎ部のたる木に最も近い天井根太(以下、「隣接天井根太」という。)から持送り天井根太をのばし、前項に準じてたる木と接合する。
   ロ. 持送り天井根太は、2枚合わせとした隣接天井根太に3本のCN75を斜め打ちした後、かど金物で緊結する。

4.12.2.6 軒の張出し

1. 軒を張り出す場合は、たる木と同寸の腕木、けらばたる木及び配付けたる木を用いて、次のいずれかにより構成する。
   イ. □軒の出が0.5 m以下の場合は、けらばたる木を軒の出と同じだけ内部にのばして、たる木に取り付ける。
   ロ. □軒の出が0.5 mを超え1 m以下の場合は、けらばたる木を2つのたる木間隔だけ内部にのばし、これを受けるたる木及び腕木は2枚合わせとする。けらばたる木は、2枚合わせたる木に根太受け金物で固定する。
2. 腕木、けらばたる木及び配付けたる木には、たる木、腕木又は破風板から2本のCN90を木口打ちする。
3. けらばたる木の相互間には、けらばたる木と同寸のころび止めを設ける。ころび止めのくぎ打ちは、けらばたる木より2本のCN90を木口打ちとするか、ころび止めからけらばたる木に3本のCN75を斜め打ちする。また、ころび止めから妻小壁上枠へは、CN75をけらばたる木間に2本斜め打ちする。
4. けらばたる木と妻小壁との緊結は、妻小壁上枠に両側からそれぞれ2本のCN75を斜め打ちし、あおり止め金物により緊結する。

4.12.2.7 たる木つなぎ

たる木つなぎは、次のいずれかにより設ける。

イ. □たる木つなぎに寸法型式106又は204を用いる場合は、天井裏スペースの頂部から1/3以内の位置に、たる木2本おきに設ける。寸法型式106のたる木つなぎは、それぞれのたる木に4本のCN65を、寸法型式204のたる木つなぎは、それぞれのたる木に3本のCN90を平打ちする。

ロ. □帯金物をたる木つなぎに用いる場合は、屋根下張りを行った後、たる木1本

おきに、それぞれのたる木に4本のZN40を平打ちする。

ハ. □厚さ12 mm以上の構造用合板ガセットをたる木つなぎに用いる場合は、それぞれのたる木に4本のCN65を平打ちする。この場合は、たる木の間に、むな木と同寸のころび止めを入れる。ころび止めのくぎ打ちは、たる木から2本のCN90を木口打ちするか、ころび止めから3本のCN75を斜め打ちする。

4.12.2.8 外壁との緊結

1. たる木、けらばたる木、配付けたる木(以下、「たる木等」という。)及び腕木と外壁の緊結は、あおり止め金物により緊結する。
2. たる木等に寸法型式208以上を用いる場合は、頭つなぎの位置にころび止めを設ける。ころび止めは、たる木等と同寸で換気孔を設けたもの又はたる木等より1サイズ小さい寸法型式のものを用い、頭つなぎに2本のCN75をたる木等の相互間に斜め打ちする。

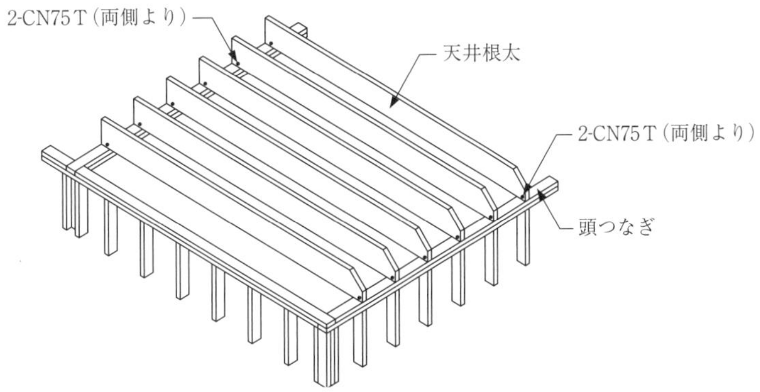

参考図4.12.2.1-1　天井根太と頭つなぎのくぎ打ち

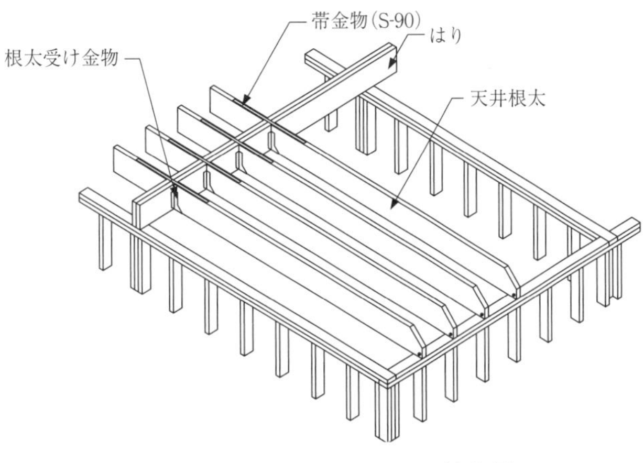

参考図4.12.2.1-2　はりへの接合例

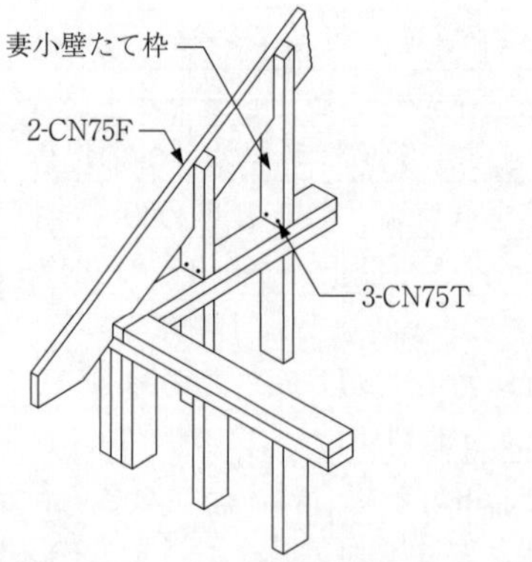

参考図4.12.2.2-1　妻小壁たて枠

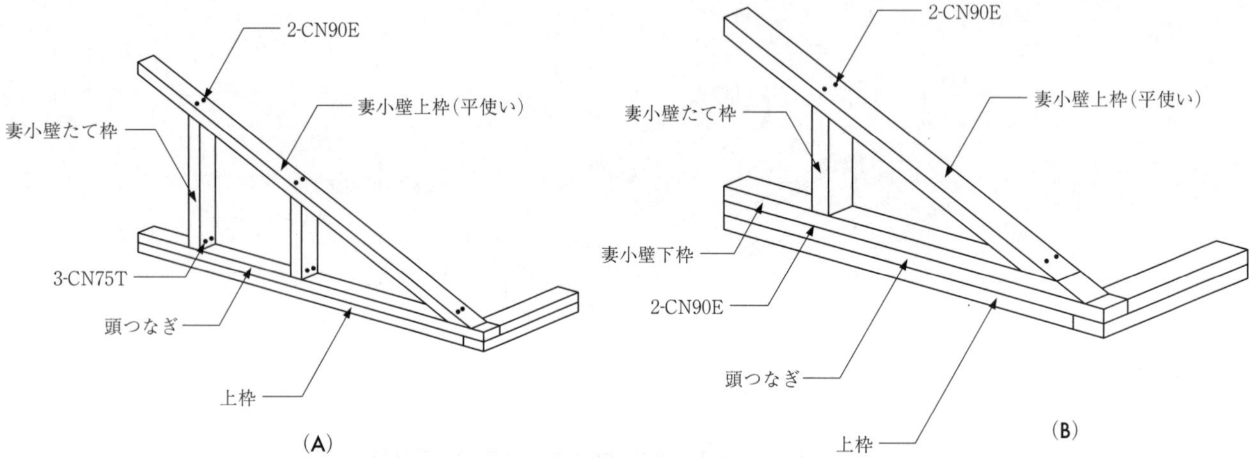

参考図4.12.2.2-2　妻小壁

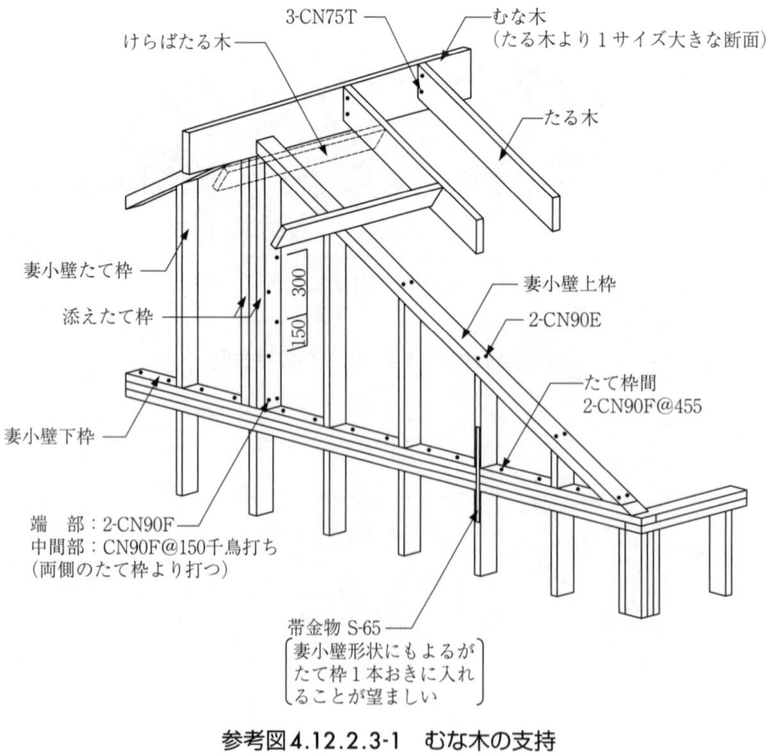

参考図4.12.2.3-1　むな木の支持

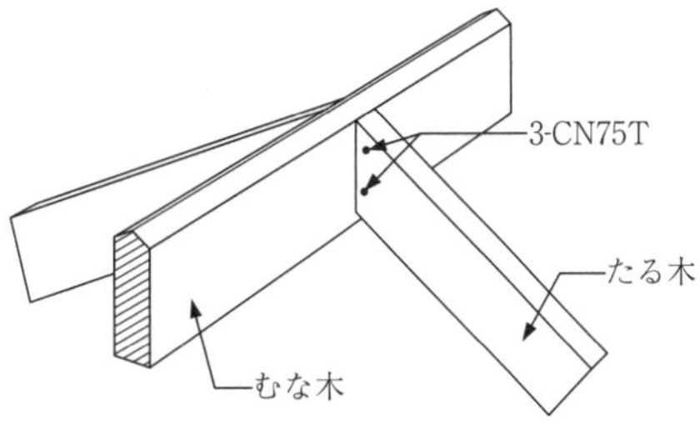

参考図4.12.2.3-2　むな木とたる木の仕口

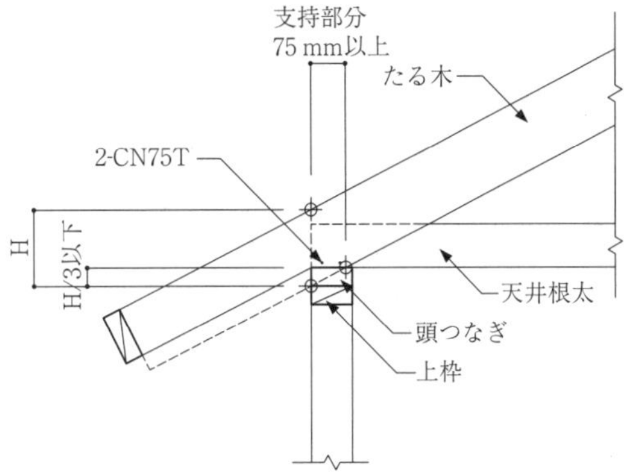

参考図4.12.2.4　たる木のおさまり

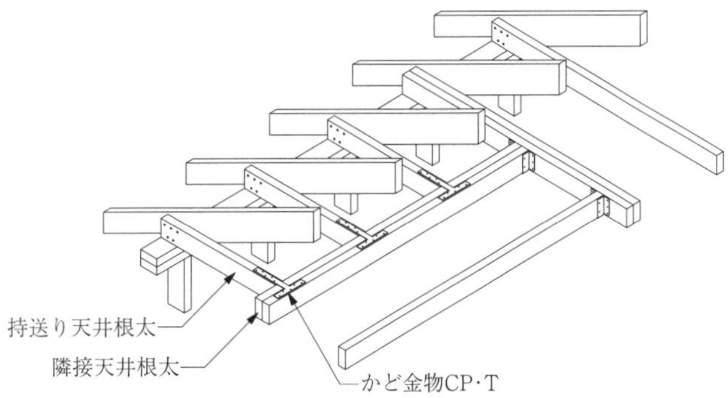

参考図4.12.2.5　部分的にたる木と天井根太の走行方向が異なる場合の緊結方法

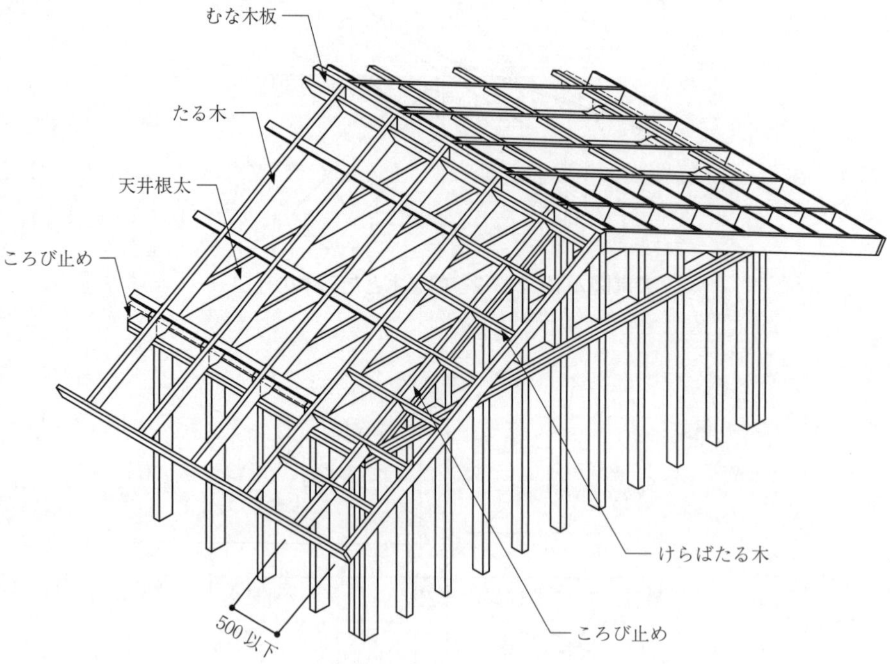

（A）けらばの出が 0.5 m以下の場合

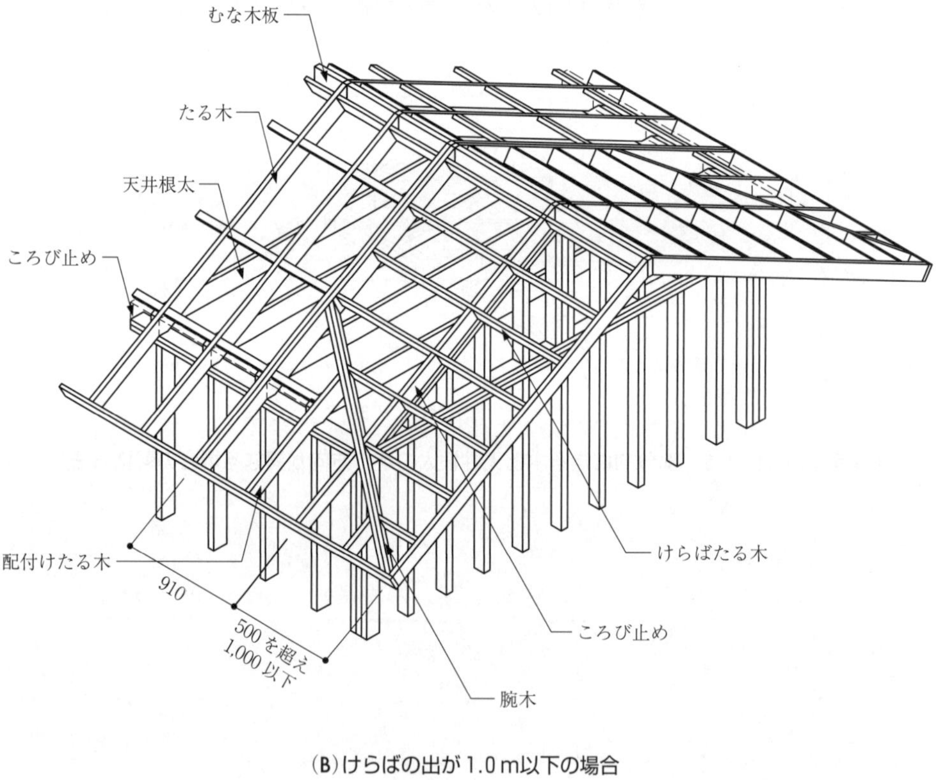

（B）けらばの出が 1.0 m以下の場合

参考図4.12.2.6　軒の張出し方

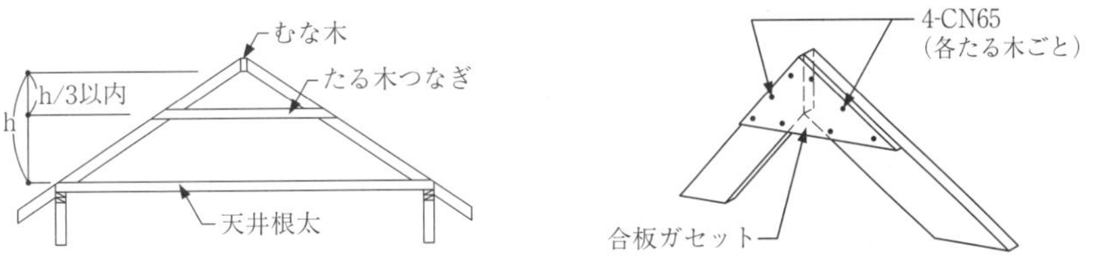

（A）たる木つなぎの取付け方　（B）合板ガセットのたる木つなぎの取付け方

参考図4.12.2.7　たる木つなぎ

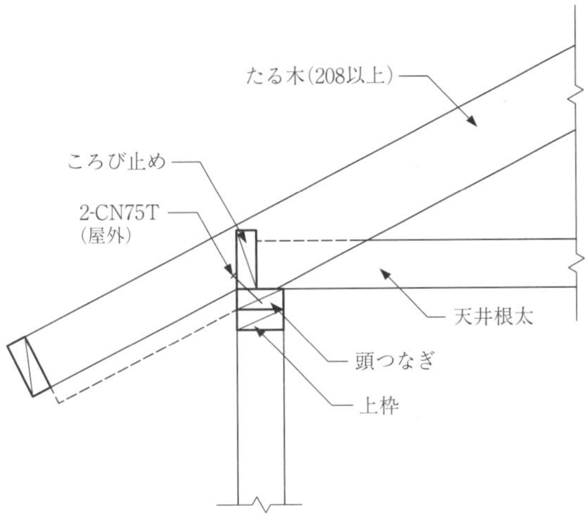

参考図4.12.2.8　たる木のころび止め

4.12.3 屋根ばりによる切妻屋根

4.12.3.1 妻小壁

妻小壁の構成は、本章4.12.2.2（妻小壁）に準ずる。 4.12.2.2 ☞129頁

4.12.3.2 屋根ばり

1. 屋根ばりの断面は、構造計算による。
2. 合わせ屋根ばりのくぎ打ち方法は、本章4.9.7（床ばり）に準ずる。 4.9.7 ☞92頁
3. 屋根ばりの支持は、次のいずれかにより行い、屋根ばりの支持材は、1、2階とも同じ位置に設ける。
   イ. □屋根ばりに平行する耐力壁で支持する場合は、合わせ屋根ばりと同じ枚数のたて枠を、構造用集成材の屋根ばりを用いる場合は、寸法型式404をそれぞれ屋根ばりの支持材とする。屋根ばりから屋根ばりの支持材へは、両側から4本のCN75を斜め打ちし、耐力壁のたて枠から屋根ばりの支持材へは、CN90を上・下端2本、中間部300 mm間隔以内に千鳥に平打ちする。
   屋根ばりと耐力壁は、帯金物を用い、6本のZN40を平打ちする。
   ロ. □屋根ばりに直交する耐力壁で支持する場合、合わせ屋根ばりの場合は同じ枚数のたて枠を、構造用集成材の屋根ばりを用いる場合は、寸法型式404をそれぞれ屋根ばりの支持材とする。平部分の耐力壁の上には、本章4.12.2.2（妻小壁）の2に準じて妻小壁を設ける。 4.12.2.2の2 ☞129頁
   屋根ばりの支持材には、両側の添えたて枠からCN90を上・下端2本、中間部300 mm間隔以内に千鳥に平打ちする。
4. 屋根ばりを継ぐ場合は、3による1、2階とも同じ位置の支持材の上で行い、継手の補強は、屋根ばりの両側から本章4.9.2（床根太の継手）の2のロ、ハ又はニによって行う。 4.9.2の2 ☞85頁
   なお、継手部分の屋根ばりの支持材は、上・下部分の両面を柱頭金物で緊結し、1本の寸法型式404と2本の寸法型式204を入れる。
5. 屋根ばりを用いる場合のたる木の接合は、次のいずれかによる。
   イ. □屋根ばりにたる木を載せる場合は、たる木を幅40 mm内外欠き込み、本章

4.9.2（床根太の継手）の2に準じて継ぎ、たる木から屋根ばりへCN75を2本斜め打ちする。	4.9.2の2 ☞85頁
ロ. □たる木の中間部に屋根ばりを設ける場合は、たる木を原則として、水平方向に75 mm以上、垂直方向にたる木のせいの1/3以内欠き込んで屋根ばりに載せ、CN75を2本斜め打ちする。	
ハ. □屋根ばりにたる木を接合する場合は、本章4.9.7（床ばり）の5に準ずる。	4.9.7の5 ☞92頁
6. 屋根ばりに鉄骨ばりを用いる場合は、特記による。ただし、この場合には構造耐力上安全であることを確認する。	
4.12.3.3 たる木と頭つなぎの接合	
1. たる木と頭つなぎの接合は、本章4.12.2.4（たる木と頭つなぎの接合）の1による。	4.12.2.4の1 ☞130頁
2. たる木から頭つなぎに対しては、両側からそれぞれ2本のCN75を斜め打ちする。	
4.12.3.4 軒の張出し	
軒の張出しの方法は、本章4.12.2.6（軒の張出し）による。	4.12.2.6 ☞130頁
4.12.3.5 外壁との緊結	
たる木等及び腕木と外壁の緊結は、本章4.12.2.8（外壁との緊結）による。	4.12.2.8 ☞131頁

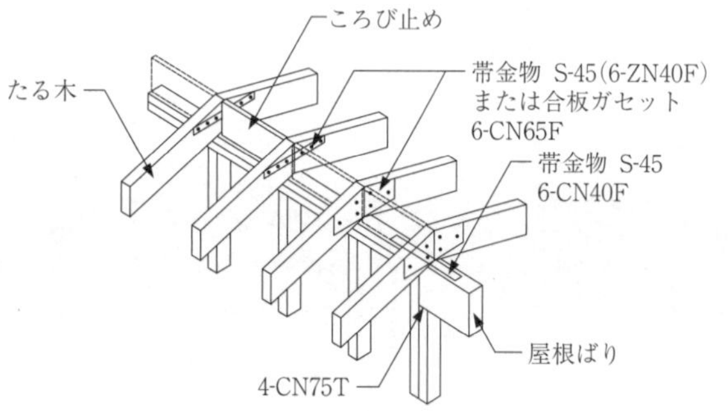

(A)屋根ばりに平行する耐力壁で支持

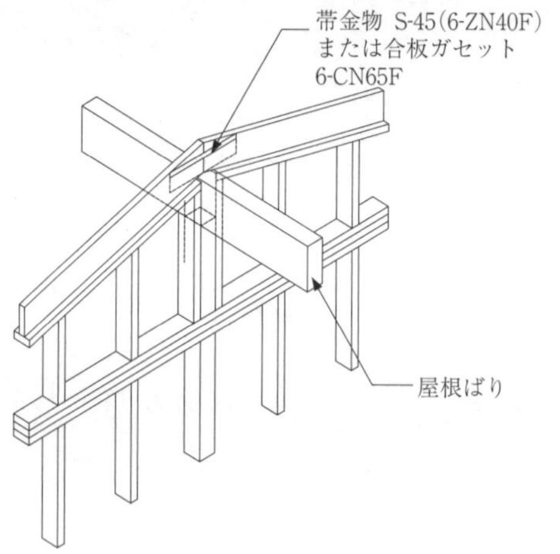

(B)屋根ばりに直交する耐力壁で支持

参考図4.12.3.2-1 屋根ばりの支持方法

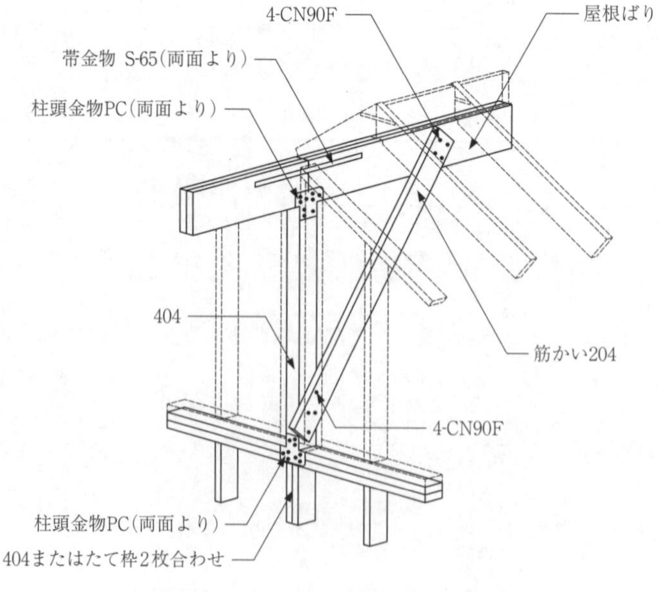

参考図4.12.3.2-2 屋根ばりの継ぎ方

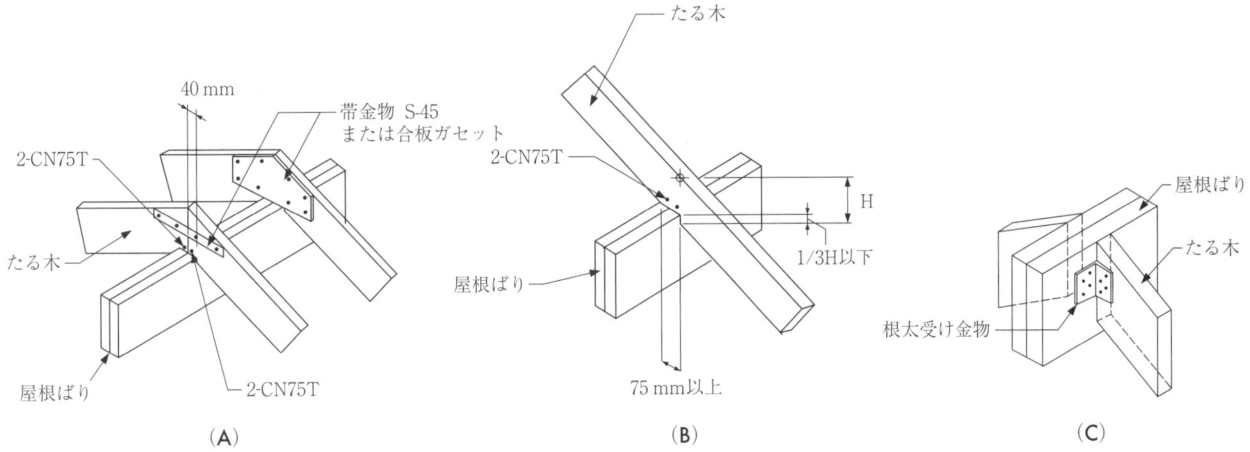

参考図4.12.3.2-3　屋根ばりとたる木接合

4.12.4 トラスによる切妻屋根

4.12.4.1 トラス

1. 合板ガセットによるトラスの使用部材及び各仕口部材のくぎ打ち本数は、構造計算による。
2. 構造計算等により安全を確かめた場合は、合板ガセットに代えてメタルプレートコネクターを使用することができる。

4.12.4.2 トラスと頭つなぎの接合

トラスから頭つなぎに対しては、2本のCN75を斜め打ちする。ただし、1箇所当たり1,100 N以上の短期許容せん断耐力を有するくぎ打ちは、特記による。

4.12.4.3 軒の張出し

軒の張出しの方法は、本章4.12.2.6（軒の張出し）による。 4.12.2.6 ☞130頁

4.12.4.4 外壁との緊結

トラスと外壁の緊結は、本章4.12.2.8（外壁との緊結）に準ずる。 4.12.2.8 ☞131頁

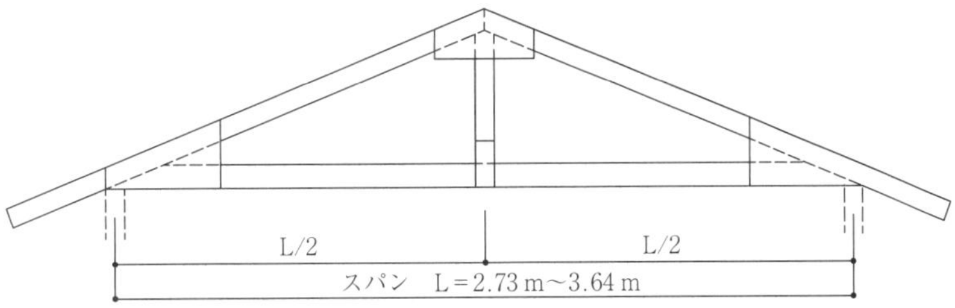

(A)キングポストトラス

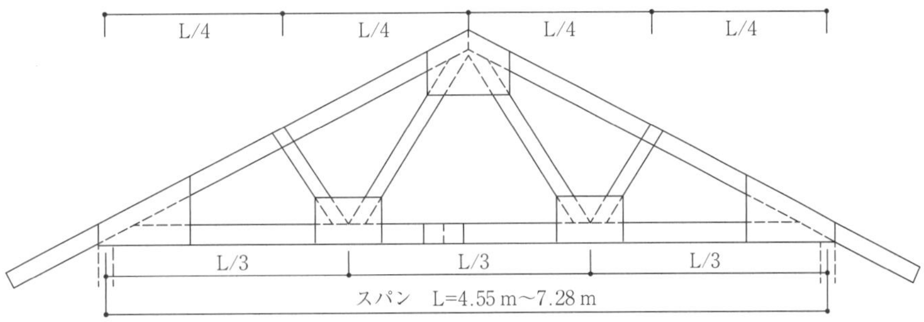

(B)フィンクトラス

参考図4.12.4　トラスの種類

4.12.5 たる木による寄棟屋根

4.12.5.1 天井根太

天井根太の取付けは、本章4.12.2.1（天井根太）による。 4.12.2.1 ☞129頁

4.12.5.2 すみたる木受けトラス

1. たる木による寄棟部分は、すみたる木、妻たる木、配付けたる木及びこれらを受けるすみたる木受けトラスにより構成する。
2. すみたる木受けトラスには、たる木より1サイズ大きな寸法型式のすみたる木を欠き込み、すみたる木掛けにのせかけ3本のCN75を斜め打ちし取り付ける。すみたる木掛けに用いる製材の寸法型式は、206以上とする。
3. たる木からすみたる木へは、3本のCN75を斜め打ちする。
4. すみたる木受けトラス及びすみたる木の使用部材及び各仕口部分のくぎ打ち本数は、構造計算による。

4.12.5.3 むな木とたる木の接合

むな木とたる木の接合は、本章4.12.2.3（むな木とたる木の接合）による。 4.12.2.3 ☞130頁

4.12.5.4 たる木と頭つなぎの接合

たる木と頭つなぎの接合は、本章4.12.2.4（たる木と頭つなぎの接合）による。 4.12.2.4 ☞130頁

4.12.5.5 たる木と天井根太の接合

たる木天井根太の接合は、本章4.12.2.5（たる木と天井根太の接合）による。 4.12.2.5 ☞130頁

4.12.5.6 たる木つなぎ

たる木つなぎは、本章4.12.2.7（たる木つなぎ）により設ける。 4.12.2.7 ☞130頁

4.12.5.7 外壁との緊結

1. たる木及びすみたる木受けトラスと外壁の緊結は、本章4.12.2.8（外壁との緊結）に準ずる。 4.12.2.8 ☞131頁
2. すみたる木、妻たる木及び配付けたる木は、それぞれ両側から2本のCN75を妻側の頭つなぎに斜め打ちする。ただし、持送り天井根太を本章4.12.2.5（たる木と天井根太の接合）に準じて設けた場合は、配付けたる木の外壁頭つなぎへのくぎ打ちを2本のCN75の斜め打ちとすることができる。あおり止め金具を用いて、すみたる木及びたる木とを外壁に緊結する。 4.12.2.5 ☞130頁

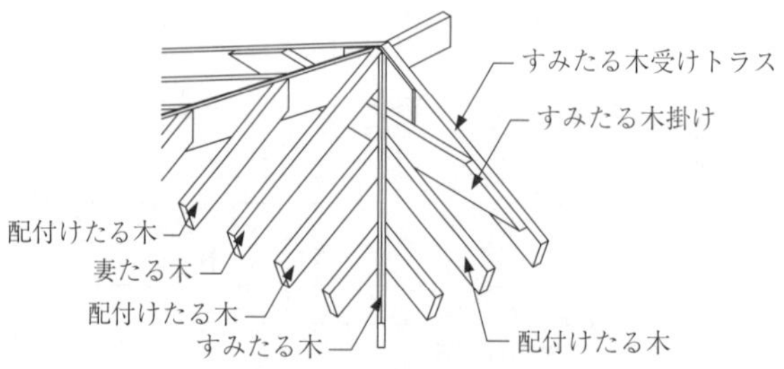

参考図4.12.5.2-1　寄棟部分の構成

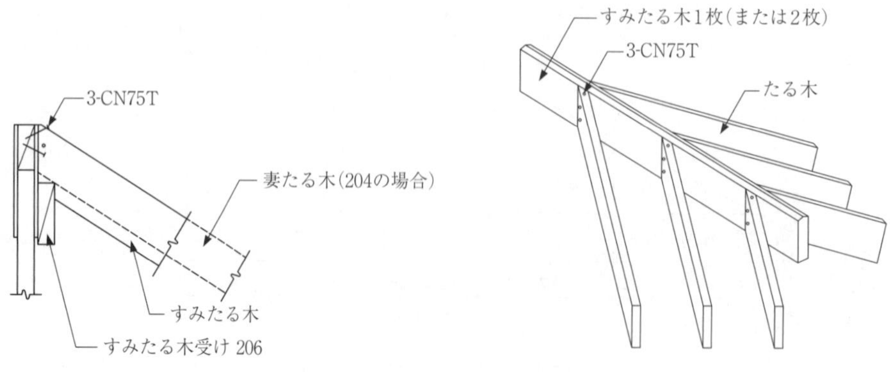

（A）すみたる木　（B）たる木

参考図4.12.5.2-2　寄棟部分のおさまり

4.12.6 トラスによる寄棟屋根

4.12.6.1 トラス

1. 平部分に使用する合板ガセットによるトラスは、本章4.12.4.1(トラス)による。 4.12.4.1 ☞137頁
2. 平部分にトラスを使用し、妻部分をたる木で構成する場合には、本章4.12.5.2(すみたる木受けトラス)に準ずる。 4.12.5.2 ☞138頁
3. 台形トラス、すみむねトラス、妻配付けトラス及び配付けトラスによって寄棟をつくる場合は、構造計算等によって安全を確かめるものとする。

4.12.6.2 トラスと頭つなぎの接合

トラスと頭つなぎの接合は、本章4.12.4.2(トラスと頭つなぎの接合)による。 4.12.4.2 ☞137頁

4.12.6.3 外壁との緊結

1. 平部分に使用する合板ガセットによるトラス及び台形トラスとけた側外壁の緊結は、本章4.12.2.8(外壁との緊結)に準ずる。 4.12.2.8 ☞131頁
2. 妻部分をたる木で構成する場合のすみたる木、妻たる木及び配付けたる木と妻側外壁の緊結は、本章4.12.5.7(外壁との緊結)の2による。 4.12.5.7の2 ☞138頁
3. 妻部分をトラスで構成する場合のすみむねトラス、配付けトラス及び妻配付けトラスと妻側外壁との緊結は、本章4.12.2.8(外壁との緊結)に準ずる。 4.12.2.8 ☞131頁

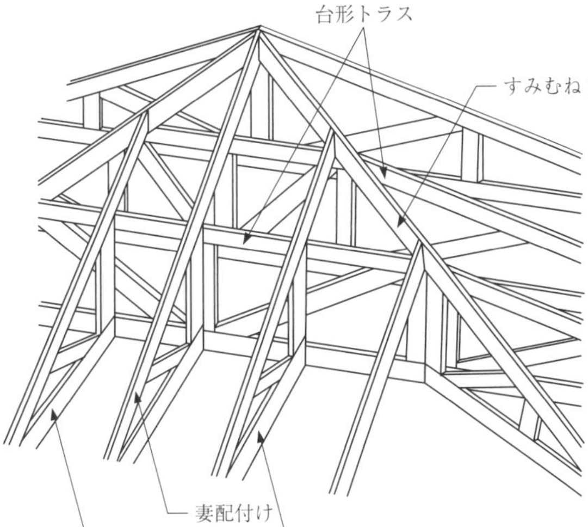

参考図4.12.6　トラスによる寄棟のおさまり例

4.12.7 たる木による入母屋屋根

4.12.7.1 天井根太

天井根太の取付けは、本章4.12.2.1(天井根太)による。 4.12.2.1 ☞129頁

4.12.7.2 入母屋たる木受けトラス

1. たる木による入母屋部分は、すみたる木、入母屋たる木、配付けたる木及びこれらを受ける入母屋たる木受けトラスにより構成する。
2. 入母屋たる木受けトラスには、すみたる木及び入母屋たる木を受ける入母屋たる木受けを設ける。入母屋たる木受けに用いる部材寸法は、206以上とする。
3. 入母屋たる木受けトラス及びすみたる木の使用部材及び各仕口部分のくぎ打ち本数は、構造計算による。

4.12.7.3 たる木と頭つなぎの接合

たる木と頭つなぎの接合は、本章4.12.2.4(たる木と頭つなぎの接合)による。 4.12.2.4 ☞130頁

4.12.7.4 たる木と天井根太

たる木と天井根太の接合は、本章4.12.2.5(たる木と天井根太の接合)による。 4.12.2.5 ☞130頁

4.12.7.5 たる木つなぎ

たる木つなぎは、本章4.12.2.7(たる木つなぎ)により設ける。 4.12.2.7 ☞130頁

4.12.7.6 外壁との緊結

1. たる木及び入母屋たる木受けトラスとけた側外壁の緊結は、本章4.12.2.8(外壁との緊結)による。 4.12.2.8 ☞131頁
2. すみたる木、入母屋たる木及び配付けたる木と妻側外壁の緊結は、本章4.12.5.7(外壁との緊結)の2による。 4.12.5.7の2 ☞138頁

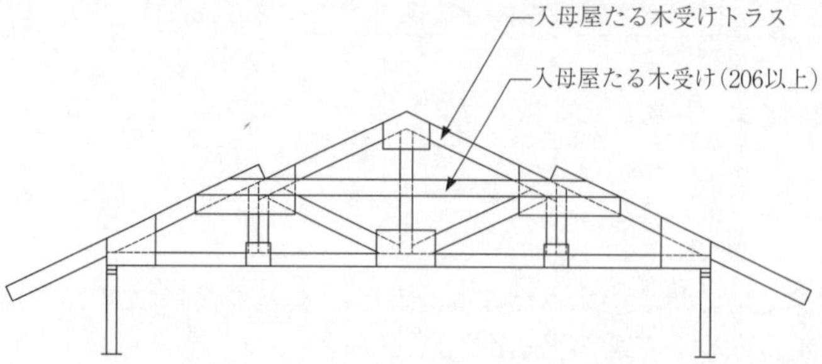

参考図4.12.7.2-1 入母屋たる木受けトラス

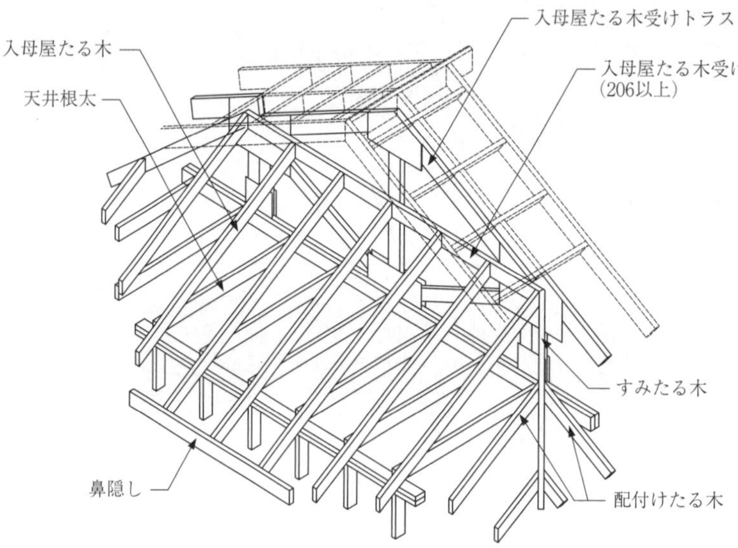

参考図4.12.7.2-2 入母屋の構成図

4.12.8 トラスによる入母屋屋根

4.12.8.1 トラス

1. 平部分に使用する合板ガセットによるトラスは、本章4.12.4.1(トラス)による。 4.12.4.1 ☞137頁
2. 平部分にトラスを使用し、妻部分をたる木で構成する場合には、本章4.12.7.2(入母屋たる木受けトラス)に準ずる。 4.12.7.2 ☞139頁
3. 台形トラス、すみむねトラス、妻配付けトラス及び配付けトラスによって入母屋をつくる場合は、構造計算等によって安全を確かめるものとする。

4.12.8.2 トラスと頭つなぎの接合

トラスと頭つなぎの接合は、本章4.12.4.2(トラスと頭つなぎの接合)による。 4.12.4.2 ☞137頁

4.12.8.3 外壁との緊結

1. 平部分に使用する合板ガセットによるトラス及び台形トラスとけた側外壁の緊結は、本章4.12.2.8(外壁との緊結)に準ずる。 4.12.2.8 ☞131頁
2. 妻部分をたる木で構成する場合のすみたる木、入母屋たる木及び配付けたる木と妻側外壁の緊結は、本章4.12.5.7(外壁との緊結)の2による。 4.12.5.7の2 ☞138頁
3. 妻部分をトラスで構成する場合のすみむねトラス、妻配付けトラス及び配付けトラスと妻側外壁との緊結は、本章4.12.2.8(外壁との緊結)に準ずる。 4.12.2.8 ☞131頁

4.12.9 片流れ屋根

4.12.9.1 平小壁、妻小壁

1. 軒の高い部分は、長いたて枠を用いるか、又は平小壁をつくっておさめる。
2. 妻側の外壁の上には、本章4.12.2.2(妻小壁)による妻小壁を設ける。 4.12.2.2 ☞129頁
3. 平小壁及び妻小壁と下部の外壁とが外壁下張材によって緊結されない場合には、たて枠1本おきに帯金物を用いて平小壁及び妻小壁たて枠と下部外壁たて枠を緊結する。

4.12.9.2 たる木と頭つなぎの接合

1. たる木と頭つなぎの結合は、本章4.12.2.4(たる木と頭つなぎの接合)の1による。 4.12.2.4の1 ☞130頁
2. たる木から頭つなぎに対しては、両側からそれぞれ2本のCN75を斜め打ちする。

4.12.9.3 軒の張出し

軒の張出し方法は、本章4.12.2.6(軒の張出し)による。 4.12.2.6 ☞130頁

4.12.9.4 外壁との緊結

たる木等及び腕木と外壁の緊結は、本章4.12.2.8(外壁との緊結)による。 4.12.2.8 ☞131頁

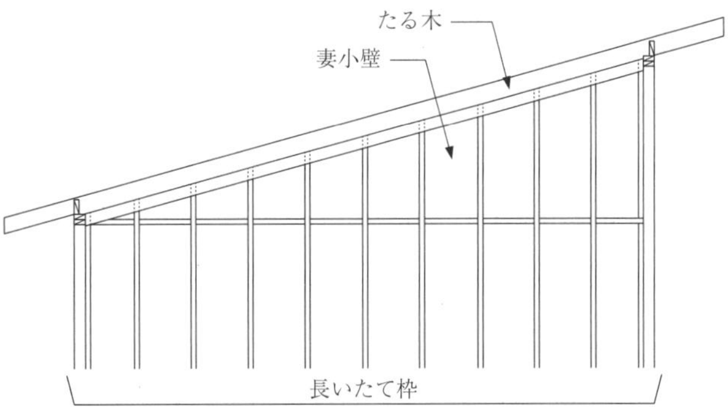

(A)長いたて枠による場合

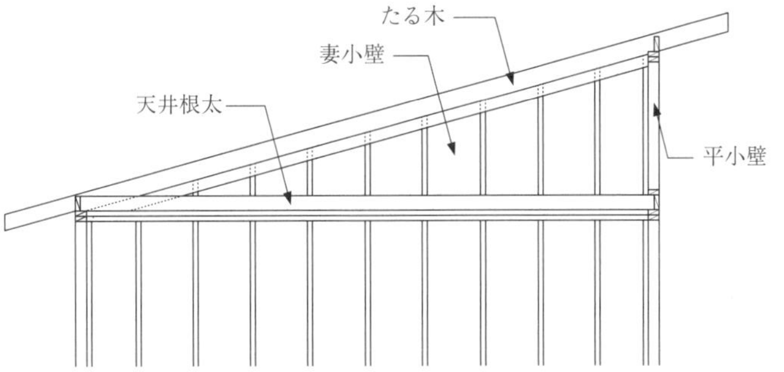

(B)平小壁による場合

参考図4.12.9-1 片流れ屋根の構成

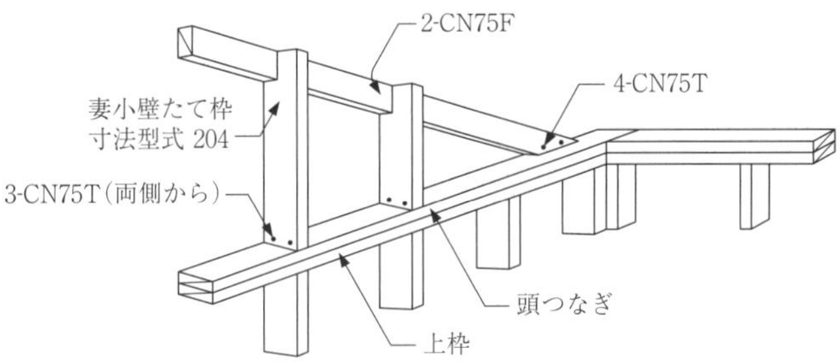

参考図4.12.9-2 妻小壁の詳細

4.12.10 陸屋根

4.12.10.1 たる木

1. たる木の継手は、耐力壁又は屋根ばりの上で行い、頭つなぎ又は屋根ばりに両側からそれぞれ2本のCN75を斜め打ちする。継手の方法は、本章4.9.2（床根太の継手）の2による。 4.9.2の2 ☞85頁
2. 屋根排水のためにたる木を先細にする。ただし、たる木の削り込みは30 mmまでとし、それ以上の勾配を必要とする場合は、たる木の上に木片を当てて勾配をとる。

4.12.10.2 軒の張出し

軒の張出しの方法は、本章4.12.2.6（軒の張出し）による。 4.12.2.6 ☞130頁

4.12.10.3 外壁との緊結

たる木等及び腕木と外壁の緊結は、本章4.12.2.8（外壁との緊結）による。 4.12.2.8 ☞131頁

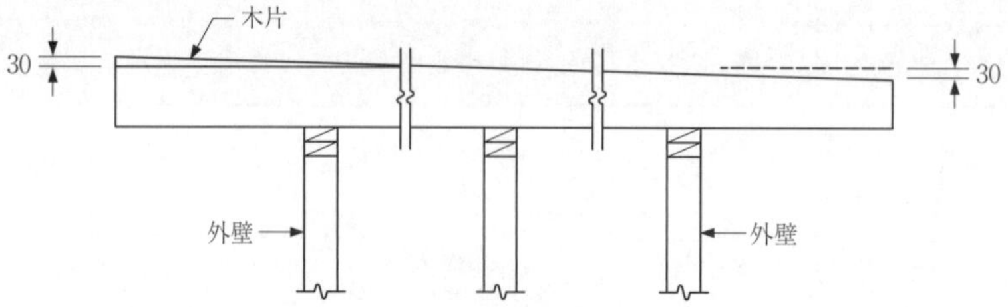

参考図4.12.10　陸屋根の勾配のとり方

4.12.11 束建てによる小屋根

4.12.11.1 構成部材

構成部材であるたる木、屋根ばり、束及び天井ばりの各部材の寸法、スパン等は、構造計算による。

4.12.11.2 天井ばり

天井ばりは製材品の3枚合わせ、又は構造用集成材とする。

4.12.11.3 接合部

束と屋根ばり及び天井ばりとは、両面より柱頭金物又は合板ガセットにより緊結する。

4.12.11.4 外壁の補強

天井ばりを支持する外壁内のたて枠は、補強たて枠により補強する。また、天井ばりが開口部の上部にある場合は、まぐさ及びまぐさ受けを必要に応じ補強する。

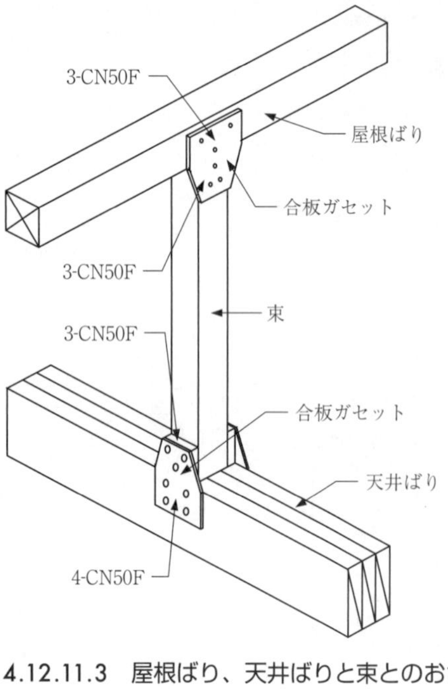

参考図4.12.11.3　屋根ばり、天井ばりと束とのおさまり

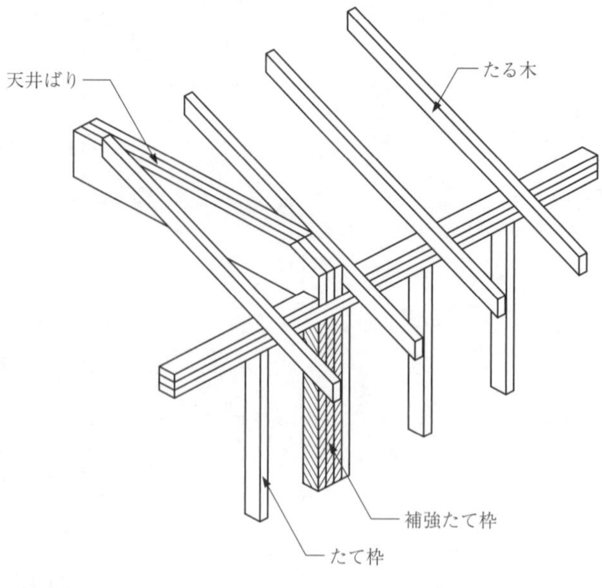

参考図4.12.11.4　天井ばりを支持する外壁たて枠の補強

4.12.12 L字屋根

L字屋根を構成する場合は、次のいずれかによる。

イ. □主たる屋根(大きい屋根)とその他の屋根(小さい屋根)の境界部の下部には、耐力壁又は支持壁を設ける。

ロ. □主たる屋根とその他の屋根の境界部には、ガータートラスを設け、主たる屋根のたる木及び天井根太と小さい屋根を支持する。なお、ガータートラスの使用部材及び各仕口部分のくぎ打ち本数は、構造計算による。

4.12.13 むね違い屋根

むね違い屋根を構成する場合は、次のいずれかによる。

イ. □むねがわり部分の妻小壁の下部には、耐力壁又は支持壁を設ける。

ロ. □耐力壁又は支持壁のない場合のむねがわり部分の妻小壁には、トラスを設ける。

なお、トラスは、構造計算によって安全を確かめる。

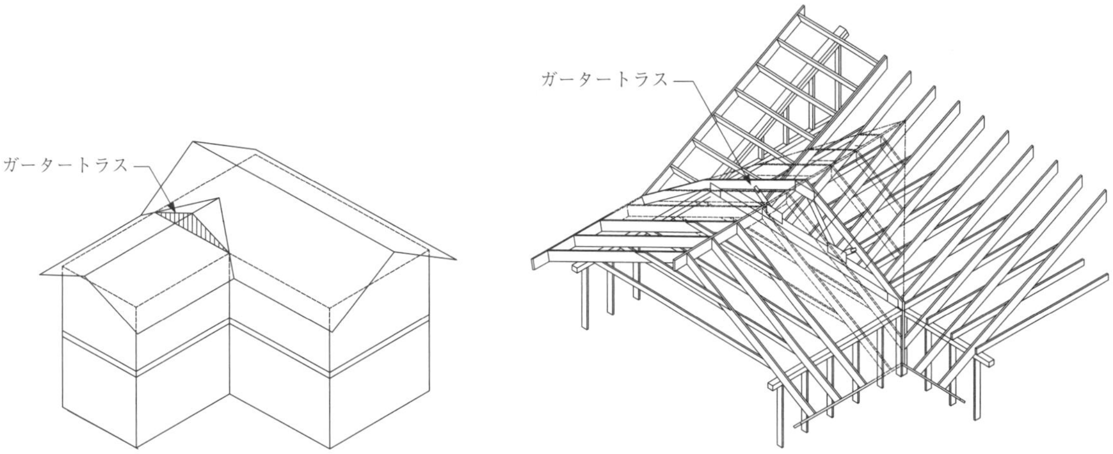

参考図4.12.12　L字屋根

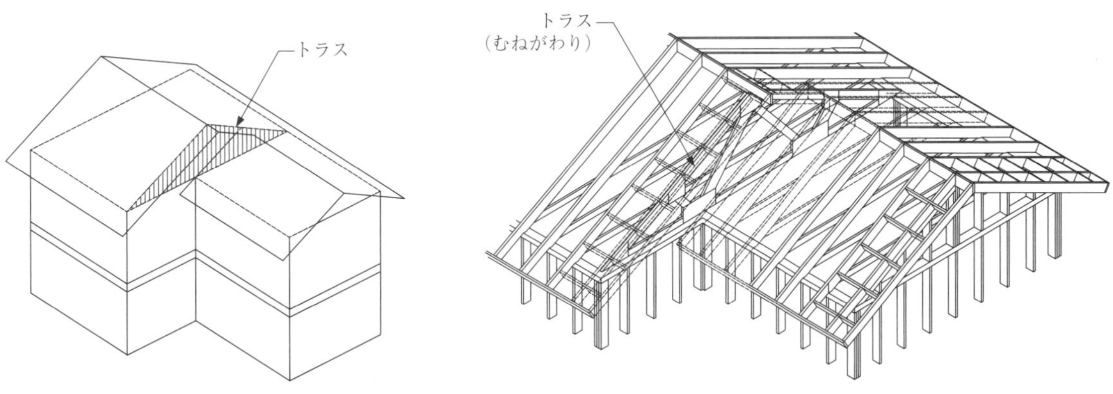

(むねがわり部分の妻小壁の下部に耐力壁または支持壁がない場合)

参考図4.12.13　むね違い屋根

4.12.14 小屋面の開口部

1. 小屋の屋根及び外壁（以下、「屋根等」という。）に明かりとりの開口部を設ける場合の開口部の幅は2 m以下とし、その開口部の幅の合計は、その屋根等の下端の幅の1/2以下とする。この場合の小屋の屋根部の開口部は、たる木と同寸以上の開口部端たる木及び開口部側たる木により構成し、それぞれ2枚合わせ以上とする。
2. 小屋の屋根部に設ける開口部で、開口部の位置が、屋根の端から距離が90 cm以上、他の開口部からの距離が180 cm以上である時は、開口部の幅を3 m以下とすることができる。この場合の補強は、次による。
   イ．開口部端たる木及び開口部側たる木の断面寸法は、構造計算により決定する。
   ロ．屋根下張材から開口部端たる木及び開口部側たる木へは、CN50を間隔150 mm以内に2列に平打ちする。
3. 屋根面から開口部の幅が90 cm以上の出窓をせり出す場合は、まぐさ及びまぐさ受けを本章4.10.6（耐力壁線の開口部）により構成し、まぐさのスパンは、構造計算による。 4.10.6 ☞106頁
4. 2枚合わせ以上のたる木のくぎ打ちは、本章4.9.7（床ばり）に準ずる。 4.9.7 ☞92頁
5. 開口部端たる木と開口部側たる木及びたる木との取付けは、本章4.9.5（床開口部）に準じて、構造計算等により決定する。 4.9.5 ☞88頁

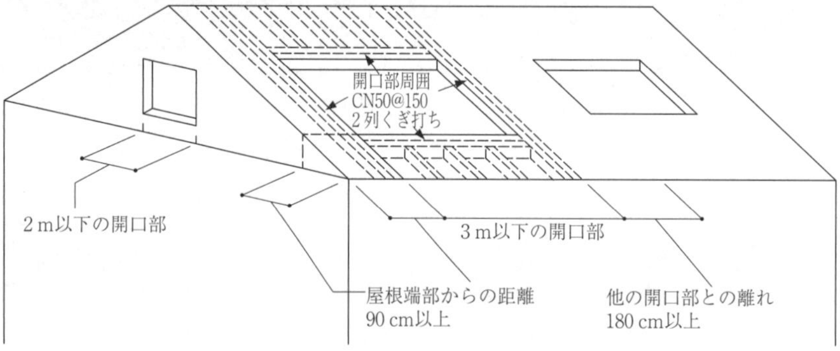

参考図4.12.14-1　屋根開口部のとり方

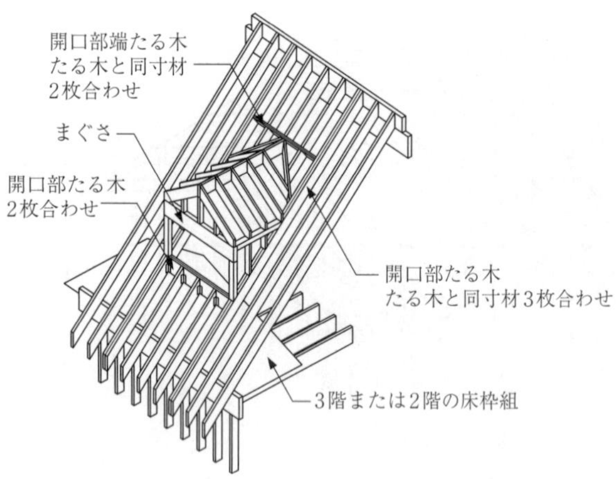

（A）屋根開口部2 m以下の補強方法

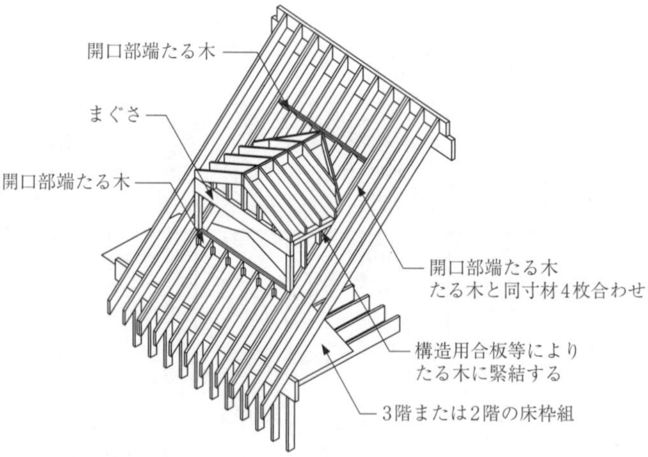

（B）屋根開口部3 mの補強方法

参考図4.12.14-2　屋根開口部の補強例

4.12.15 屋根下張り

1. 屋根下張材の品質は、次のいずれかによる。
   イ. □合板のJASに適合する構造用合板で、厚さ9mm以上のもの
   ロ. □JIS A 5908(パーティクルボード)に適合するもののうち、18M若しくは18Pタイプ、13M若しくは13Pタイプ、24−10M若しくは24−10Pタイプ、17.5−10.5M若しくは17.5−10.5Pタイプ、又は30−15M若しくは30−15Pタイプで、厚さ12mm以上のもの
   ハ. □構造用パネルのJASに適合するもの(たる木相互の間隔が31cmを超える場合は、1級、2級又は3級のもの)
   ニ. □JIS A 5404(木質系セメント板)に適合する0.9Cの硬質木質セメント板で、厚さ15mm以上のもの(たる木相互の間隔が31cmを超える場合は18mm以上のもの)
   ホ. □JIS A 5905(繊維板)に適合するMDFで、30タイプ(Mタイプ、Pタイプ)のもの
   ヘ. □JIS A 5440(火山性ガラス質複層板(VSボード))に適合するもののうち、HⅢのもの
2. 上記のホルムアルデヒドの発散量に関する品質については、特記による。
3. 構造用合板は、表面繊維方向がたる木又はトラス上弦材と直交するように張り、パーティクルボード、構造用パネル、硬質木片セメント板、MDF及び火山性ガラス質複層板は、長手方向がたる木又はトラス上弦材と直交するように張る。
4. 屋根下張りは千鳥張りとし、3本以上のたる木又はトラス上弦材に掛かるようにし、軒先面から張り始め、むな木頂部で寸法調整する。
5. 屋根下張材の継手部分には、寸法型式204の2つ割り(38mm×40mm以上)の受け材を入れる。ただし、次のいずれかの場合は省略することができる。
   イ. □たる木又はトラス上弦材の間隔を310mm以下とし、厚さ12mm以上の構造用合板又は構造用パネルの3級のものを用いる。
   ロ. □たる木又はトラス上弦材の間隔を500mm以下とし、厚さ15mm以上の構造用合板又は構造用パネルの2級のものを用いる。
   ハ. □たる木又はトラス上弦材の間隔を500mm以下とし、厚さ12mm以上の構造用合板で、「日合連」、「COFI」若しくは「APA」で定める継手(本ざね)加工の規格に適合するもの、又はこれと同等以上のものを用いる。ただし、各連続する屋根面において、異なる規格を混在して使用してはならない。
   ニ. □たる木又はトラス上弦材の間隔を500mm以下とし、構造用パネル3級(厚さ11mm以上)で、「APA」で定める継手(本ざね)加工の規格に適合するもの、又はこれらと同等以上のものを用いる。
   ホ. □たる木又はトラス上弦材の間隔を500mm以下とし、厚さ15mm以上のパーティクルボードで、日本繊維板工業会で定める継手加工の規格に適合するもの、又はこれらと同等以上のものを用いる。
6. 屋根下張材のくぎ打ちは、次による。
   イ. CN50を周辺部150mm間隔以内、中間部300mm間隔以内でたる木、屋根ばり又はトラス上弦材及び受け材に平打ちする。ただし、MDF及び火山性ガラス質複層板のくぎ打ちは、特記による。
   ロ. 短期許容せん断耐力が周辺部2,600N/m、中間部1,300N/m以上を有するくぎ打ちは、特記による。
7. 屋根下張材にパーティクルボード(耐水性のある接着剤を用いた規格を除く。)を用いる場合は、本章4.9.9(床下張り)の8に準じて防水処理を行う。

4.9.9の8 ☞96頁

留意事項

屋根下張材のくぎ打ち

屋根下張材のくぎ打ちは、屋根下張材の厚さが15 mm以上の場合はCN65とすることが望ましい。

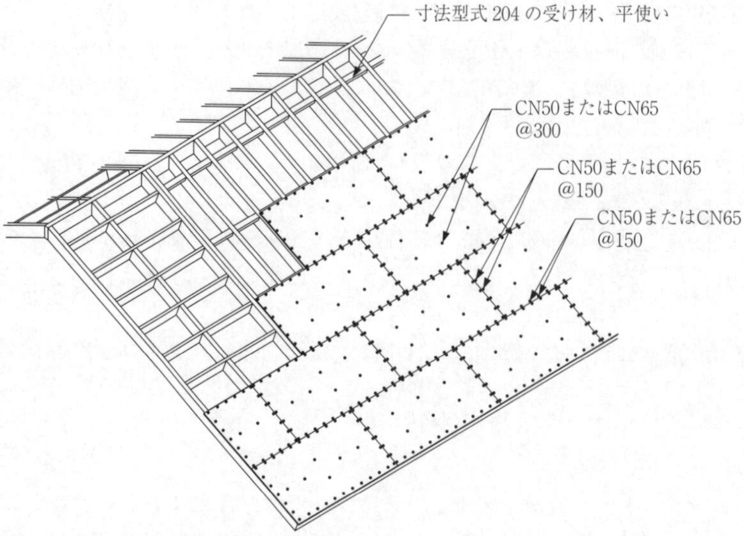

参考図4.12.15　屋根下張りのくぎ打ち

4.12.16 40 m²を超える区画の小屋組

4.12.16.1 一般事項

40 m²を超える区画とする場合の当該小屋組は、この項による。ただし、この項に掲げる事項に該当しないものについては、本章4.12.1（一般事項）から本章4.12.15（屋根下張り）までの各項による。　4.12.1～4.12.15 ☞127～145頁

4.12.16.2 壁枠組との緊結

1. たる木相互間には、すべてころび止めを設ける。ころび止めは、たる木と同寸で換気孔を設けたもの又はたる木より1サイズ小さな寸法のものとする。
2. ころび止めのくぎ打ちは、次による。
   イ．たる木又は天井根太とは、2本のCN75を斜め打ちする。
   ロ．2階外壁の頭つなぎへは、たる木間でそれぞれ2本のCN75を斜め打ちする。

4.12.17 50 cmを超えるたる木間隔

4.12.17.1 一般事項

1. 天井根太間隔及びたる木間隔を50 cmを超え65 cm以下とする場合（以下、「50 cmを超えるたる木間隔」という。）の小屋組は、この項によるか、又は構造計算によることとし、特記による。ただし、この項に掲げる事項に該当しないものについては、本章4.12.1（一般事項）から本章4.12.16（40 m²を超える区画の小屋組）までの各項による。　4.12.1～4.12.16 ☞127～146頁
2. たる木の断面は、構造計算による。

4.12.17.2 天井根太

天井根太の断面は、構造計算による。

4.12.17.3 外壁との緊結

1. 頭つなぎの位置には、すべてころび止めを設ける。ころび止めは、たる木と同寸で換気孔を設けたもの又はたる木より1サイズ小さな寸法のものとする。
2. ころび止めのくぎ打ちは、次による。
   イ．たる木又は天井根太とは、3本のCN75を斜め打ちする。
   ロ．2階外壁の頭つなぎへは、たる木間でそれぞれ3本のCN75を斜め打ちする。

4.12.17.4 屋根下張り

1. 屋根下張材の品質は、次のいずれかによる。

イ. □合板のJASに適合する構造用合板で、厚さ12 mm以上のもの

ロ. □JIS A 5908(パーティクルボード)に適合するもののうち、18M若しくは18Pタイプ、13M若しくは13Pタイプ、24−10M若しくは24−10Pタイプ、17.5−10.5M若しくは17.5−10.5Pタイプ、又は30−15M若しくは30−15Pタイプで、厚さ15 mm以上のもの

ハ. □構造用パネルのJASに適合するもので、1級又は2級のもの

ニ. □JIS A 5905(繊維板)に適合するMDFで、30タイプ(Mタイプ、Pタイプ)のもの

ホ. □JIS A 5440(火山性ガラス質複層板(VSボード))に適合するもののうち、HⅢのもの

2. 上記のホルムアルデヒドの発散量に関する品質については、特記による。

4.13 小屋裏換気・軒裏換気

4.13.1 小屋裏換気

小屋裏空間が生じる場合の小屋裏換気は、次の1及び2による。ただし、天井面ではなく屋根面に断熱材を施工する場合(屋根断熱)は、小屋裏換気孔は設置しないこととする。屋根断熱の場合の屋根の施工は、本章9-1.4.9(屋根の施工)による。 9-1.4.9 ☞194頁

1. 小屋裏換気孔は、独立した小屋裏ごとに2箇所以上、換気に有効な位置に設ける。
2. 換気孔の有効換気面積等は、次のいずれかによる。

イ. □両妻壁にそれぞれ換気孔(吸排気両用)を設ける場合は、換気孔をできるだけ上部に設けることとし、換気孔の面積の合計は、天井面積の1/300以上とする。

ロ. □軒裏に換気孔(吸排気両用)を設ける場合は、換気孔の面積の合計を天井面積の1/250以上とする。

ハ. □軒裏又は小屋裏の壁のうち屋外に面するものに吸気孔を、小屋裏の壁に排気孔を、垂直距離で900 mm以上離して設ける場合は、それぞれの換気孔の面積を天井面積の1/900以上とする。

ニ. □排気筒その他の器具を用いた排気孔は、できるだけ小屋裏頂部に設けることとし、排気孔の面積は、天井面積の1/1,600以上とする。また、軒裏又は小屋裏の壁のうち屋外に面するものに設ける吸気孔の面積は、天井面積の1/900以上とする。

ホ. □軒裏又は小屋裏の壁のうち屋外に面するものに吸気孔を設け、かつ、むね部に排気孔を設ける場合は、吸気孔の面積を天井面積の1/900以上とし、排気孔の面積を天井面積の1/1,600以上とする。

4.13.2 スクリーン

小屋裏換気孔には、雨、雪、虫等の侵入を防ぐため、スクリーン等を堅固に取り付ける。

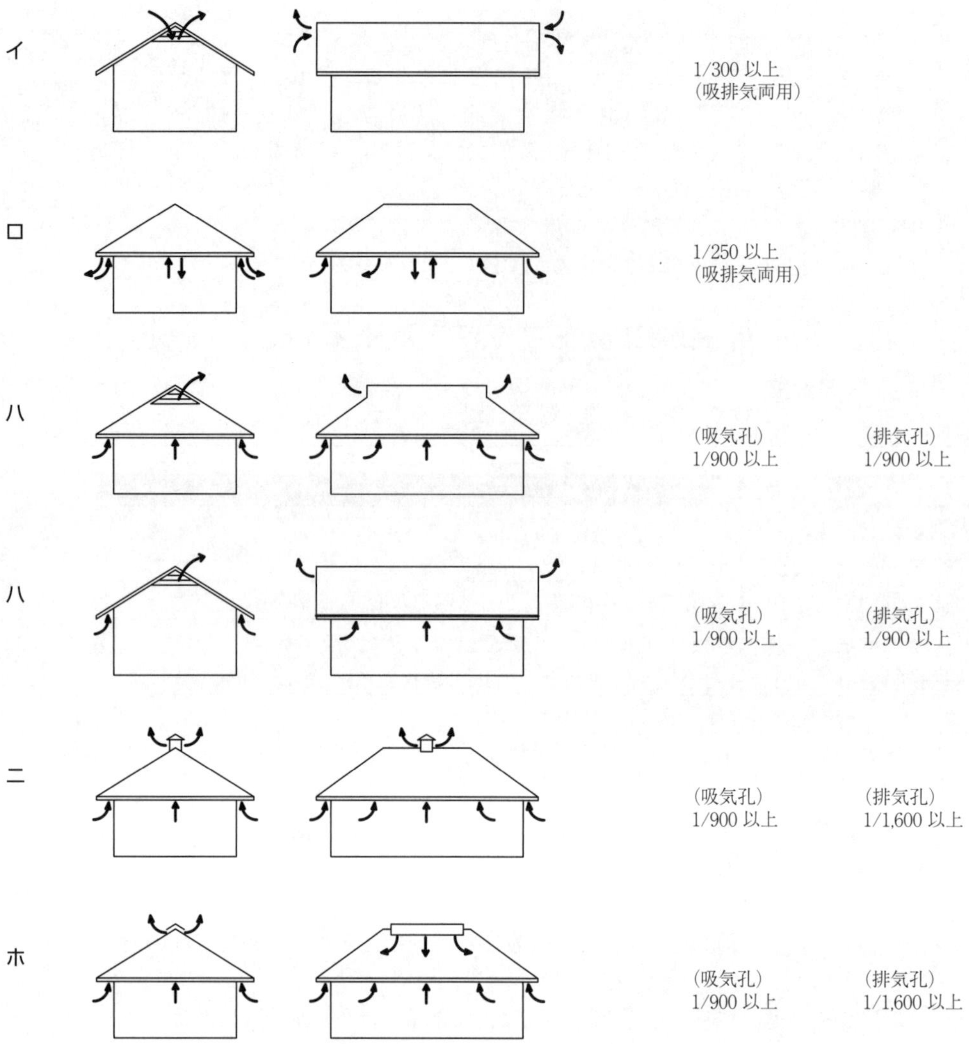

※片流れ屋根のけらば軒裏に、一様に有孔板を設置する場合は、
けらば軒裏に1/250以上(吸排気両用)確保すればよい。

参考図4.13.1-1　小屋裏換気孔の設置例

留意事項

むね部に設ける排気孔の面積

むね部に排気孔を設けて小屋裏換気を行う場合において、排気孔となるむね換気部材の孔(開口部)の形状が複雑で見付けの開口面積を求めることが難しい場合は、測定により求めた「相当有効開口面積」によることができる。

下屋部分等の小屋裏換気

小屋裏換気孔は、独立した小屋裏ごとに設ける必要がある。下屋がある場合は、当該下屋にある小屋裏部分についても、本章4.13.1に従い小屋裏換気孔を設置する。ルーフバルコニー下が小屋裏空間となっている場合も、同様に小屋裏換気孔の設置が必要となる。

施工方法

屋根断熱とする場合の注意事項

天井面ではなく屋根面に断熱材を施工する場合には、小屋裏換気孔は要さないが、以下の点に注意が必要である。

(1) 屋根断熱を施しても日射の輻射の影響を最も受けやすい空間で、室温が上昇する可能性がある。
(2) 室内の湿気が最も集まりやすい空間で、屋根構成木材について結露による腐朽の可能性がある。
(3) 屋根内部の断熱材に雨水や室内からの水蒸気によって結露が生ずる可能性がある。したがって、屋根内部に水分、水蒸気が滞留しないような措置を講じておく必要がある。

以上の理由から、耐久性上支障がでないような次の措置を講じておくことが望まれる。

①断熱材の外側には、通気層(厚さ30 mm程度)を設け、必要に応じ断熱材と通気層の間に防風層を設ける(屋根断熱の場合の屋根の施工は、本章9-1.4.9(屋根の施工)、本章参考図4.13.1-2、3、4を参照)。

②断熱材の室内側には防湿材によって防湿層を施工するなど、室内の水蒸気が屋根内部に浸入しないようにする。

③天井を張ることにより密閉した天井ふところがある場合には、屋根構成部材について点検が可能となるような点検口を設けておく。

④通気層の入口と出口を明確にし、通気層の経路に滞りがないよう連通させる。

⑤通気層が断熱材でふさがれないよう、特に繊維系断熱材を用いる場合には通気確保部材などを設置する。

⑥屋根通気層の空気の流れを滞りなくするためにはむね全体にむね換気部材を設けることが望ましいが、設計上全体に設置することができない場合は、屋根頂部の通気たる木を離すように設置し、頂部で横方向の連通を図り、むね換気部材まですべての空気が流れるよう考慮する。

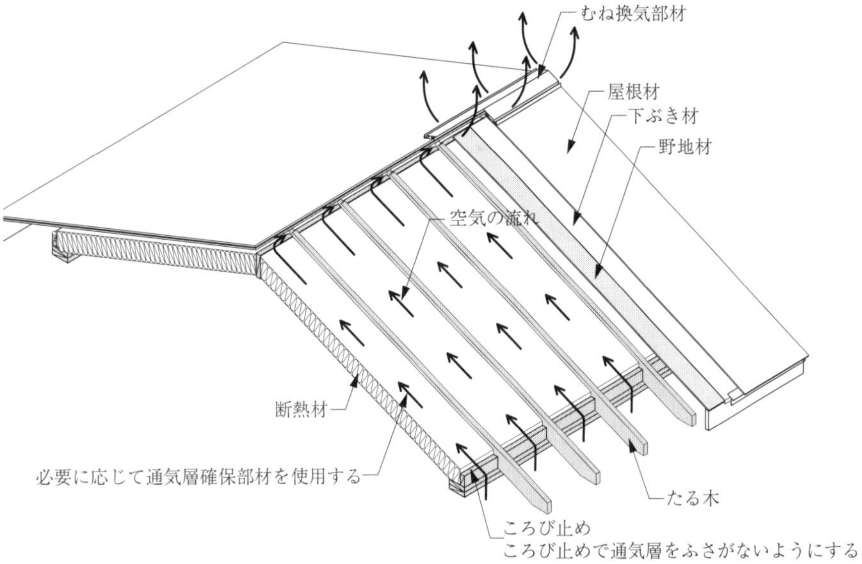

参考図4.13.1-2　屋根断熱の屋根通気の施工例1

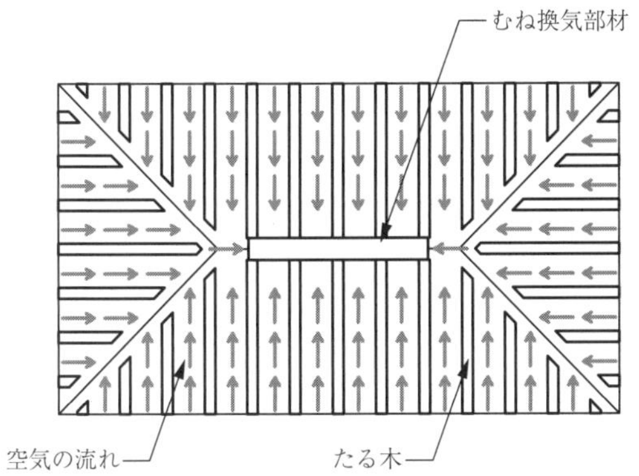

参考図4.13.1-3　屋根断熱の屋根通気の施工例2

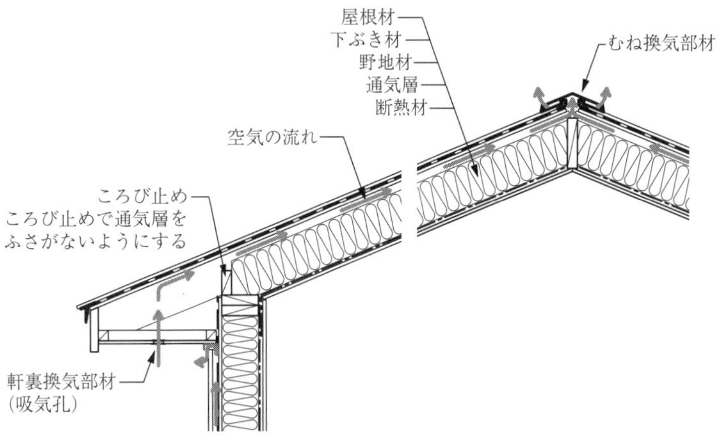

参考図4.13.1-4　屋根断熱の屋根通気層

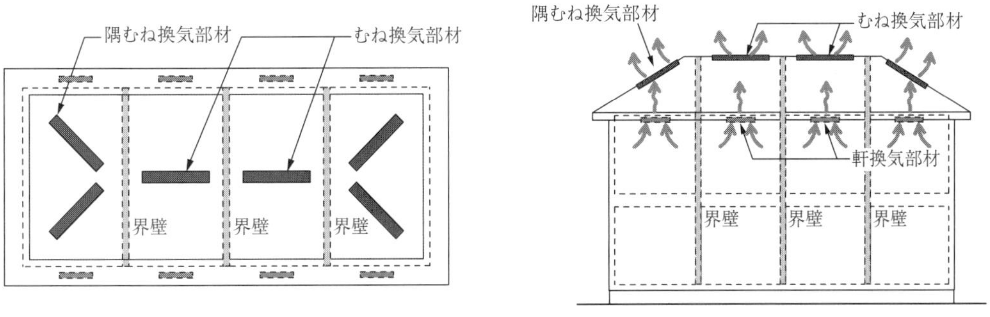

※小屋裏に界壁がある場合は、結露が生じないよう界壁区画ごとに換気部材を設置する。

参考図4.13.1-5　小屋裏に界壁が存在する場合のむね換気の施工例

5. 屋根工事

5.1 屋根工事一般

5.1.1 適用

1. 屋根の下ぶきは、本章5.2（下ぶき）による。 5.2 ☞150頁
2. 屋根ふき工事は、屋根ふき材の種類に応じて、本章5.3（金属板ぶき）以降の各項による。ただし、建築基準法に基づき構造計算を行う場合の仕様は、特記による。 5.3 ☞154頁

5.2 下ぶき

5.2.1 材料

1. アスファルトルーフィングは、改質アスファルトルーフィング又はJIS A 6005（アスファルトルーフィングフェルト）に適合するアスファルトルーフィング940以上とする。
2. 合成高分子系ルーフィングは、JIS A 6008（合成高分子系ルーフィングシート）に適合するものとし、種類は特記による。
3. 透湿ルーフィングは、JIS A 6111（透湿防水シート）に適合する屋根用透湿防水シートとし、施工方法は製造者の仕様に従う。

5.2.2 工法

1. アスファルトルーフィングのふき方は、次による。
   イ. 野地面上に軒先と平行に敷き込むものとし、上下（流れ方向）は100 mm以上、左右（長手方向）は200 mm以上重ね合わせる。
   ロ. 留付けは、重ね合せ部は間隔300 mm内外に、その他は要所をステープルなどで留め付ける。
   ハ. むね部においては250 mm以上の左右折り掛けとし、むね頂部から左右へ一枚ものを増し張りする。
   ニ. 谷部においては谷底から左右へ一枚ものを先張りし、その上に下ぶき材を左右に重ね合わせ、谷底から250 mm以上のばす。
   ホ. 軒先においては軒先水切り金物の上に重ね、両面接着防水テープで密着させる。これによらない場合は、特記による。
   ヘ. 壁面との取合い部においては、壁面に沿って250 mm以上、かつ、雨押え上端より50 mm以上立ち上げる。
   ト. むね板（あおり板）、かわら棒及び桟木などは、張りつつまない。
   チ. しわ又はゆるみが生じないように十分注意して張り上げる。
2. 合成高分子系ルーフィング等のふき方は、各製造所の仕様によることとし、特記による。
3. 屋根まわりの雨漏りの発生しやすい箇所では、1のハ及びニによる増し張りのほか、本章5.9（各屋根ふき材の水切り・雨押え）による適切な下ぶきの補強を行う。 5.9 ☞168頁

関係法令

屋根ふき材等の構造安全性に係る法令の適用

屋根ふき材等の外装材の構造安全性に係る建築基準法の規定は、いわゆる仕様規定と構造計算規定からなる。仕様規定については、同法施行令第39条第2項及び同条に基づく昭和46年建設省告示第109号で規定されており、すべての建築物の屋根ふき材、外装材及び屋外に面する帳壁に適用される。また、構造計算規定は、同法第20条で規定された建築物を対象として、具体的な計算方法は同法施行令第82条の4に基づく平成12年建設省告示第1458号及び同法施行令第82条の5に基づく平成12年建設省告示第1457号第11に規定されている（次表参照）。なお、本仕様書の内容は、前者の仕様規定に基づくものであるため、構造計算を行う建築物の場合は、別途、構造計算により安全性が確認された仕様とすることが必要である。このほか、限界耐力計算等による構造計算の方法もある。

表5.1　屋根ふき材等の外装材の構造安全性に係る建築基準法の規定

	法令（告示）の適用	
構造計算による構造安全性の確認を行う場合	仕様規定 昭和46年建設省告示第109号	構造計算規定 平成12年建設省告示第1458号
構造計算を行わない場合		

用語

下ぶき

　屋根ふき材料の下地とし、結露水や湿気を防ぐために使われるもので、アスファルトルーフィングぶきなどがある。

アスファルトルーフィング

　有機天然繊維を主原料とした原紙にアスファルトを浸透、被覆し、表裏面に鉱物質粉末を付着させたもの。単位面積質量による種類は、アスファルトルーフィング1500（従来の1巻35 kg相当）、アスファルトルーフィング940（従来の1巻22 kg相当）がある。

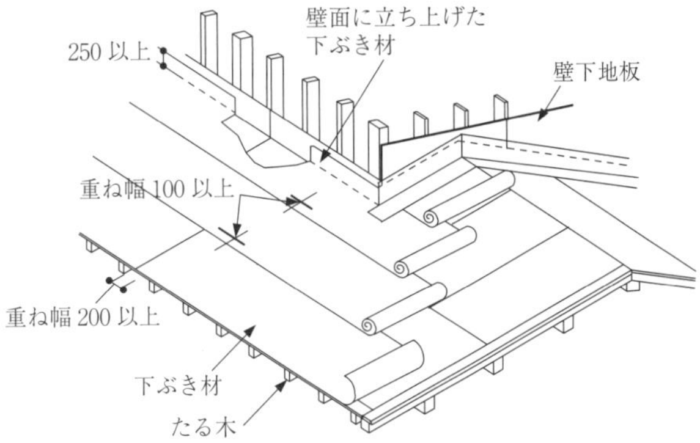

参考図5.2.2-1　下ぶき工法例

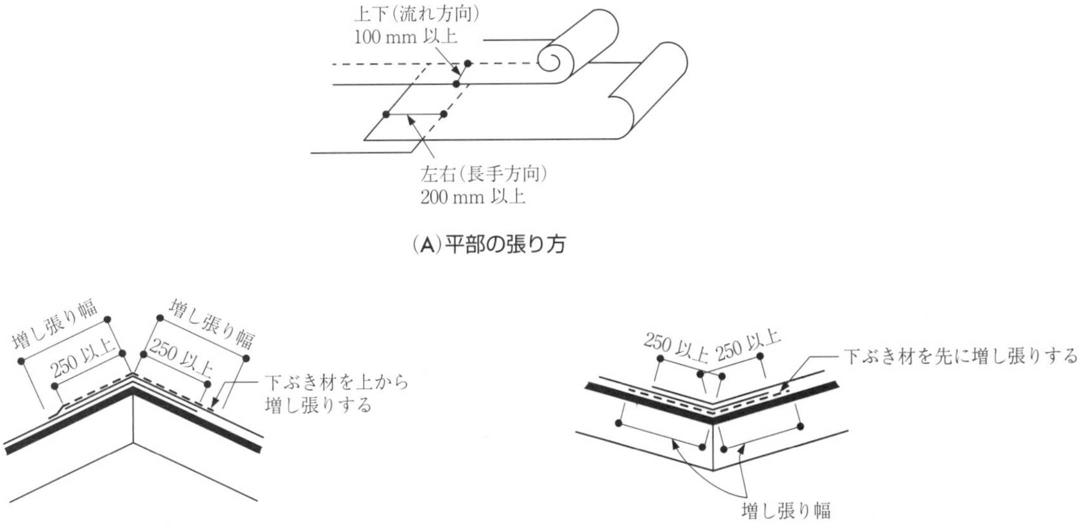

（A）平部の張り方

（B）むね部の張り方

（C）谷部の張り方

参考図5.2.2-2　下ぶき材の各部位の張り方例①

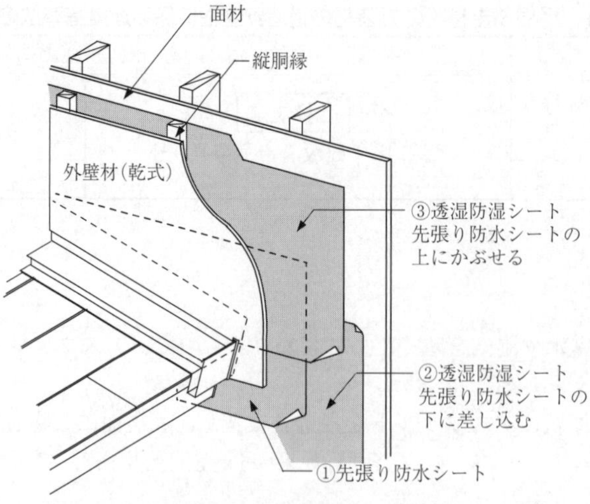

(D) 下屋根と壁の取合い部の張り方

参考図5.2.2-2　下ぶき材の各部位の張り方例②

ステープル

ステープルは、屋根下ぶき材、外壁の防水紙、ラス等を留め付けるために用いられるコの字型の接合具で、手打ちのできるものと機械打ちしなければならないものがある。なお、屋根下ぶき材を留め付けるためのステープルの足長さは16 mm程度とする。

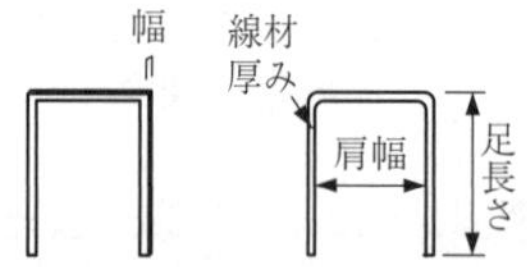

参考図5.2.2-3　ステープル

改質アスファルトルーフィング

アスファルトに合成ゴムや合成樹脂を混合してアスファルトの低温性状や高温性状を改良した改質アスファルトを使用したルーフィングである。一般ルーフィングタイプ、複層基材タイプ及び粘着層付きタイプがある。なお、改質アスファルトルーフィングの品質として、一般社団法人日本防水材料協会が推奨するARK規格04^{S}—03がある。

合成高分子系ルーフィング

合成ゴムや合成樹脂を主原料とした成形シート、あるいはこれに異種材料を塗布または積層したもの。長さや幅は、アスファルトルーフィングに似たものが多い。

留意事項

屋根まわりにおいて雨漏りの発生しやすい箇所

雨漏りの発生しやすい箇所は、屋根の各部おさまり部分や屋根と外壁の取合い部分など、屋根の構成が切り替わる部分である。具体的には、参考図5.2.2-4に示す①谷部、②けらば部、③軒先と壁の取合い部、④下屋根と壁の取合い部、⑤むね違い部、⑥トップライトまわり、⑦片流れ屋根むね部及び⑧片流れ屋根むね部軒裏と外壁の取合い部である。

これらの部分からの漏水は顕在化するまで長期間かかることがあり、その間に躯体の腐朽が生じ耐久性の低下につながりやすい。そのため、①から⑧の各部の防水について、次の留意事項に配慮することにより漏水の発生をできる限り少なくすることが望ましい。

(屋根まわりの防水に係る留意事項)

①谷部は、参考図5.2.2-2の(C)(谷部の張り方)に従い下ぶきを張り、参考図5.3.10(谷ぶき)の谷どいを適切に施工したうえで、屋根材をふく。

②けらば部は、かわらぶきの場合は登りよどをけらばに沿って取り付け、ルーフィングを登りよどにはりかけておさめる。その他のふき方の場合は各屋根ふき材メーカー等の施工マニュアルに基づき、適切におさめる。

③軒先と壁の取合い部は、参考図5.2.2-2(D)(下屋根と壁の取合い部の張り方)にならい、ルーフィング上を流れ落ちた雨水が壁に伝わらず壁止まり金物を通って軒どいに流れるように施工する。万が一、雨水が壁止まり金物に流れない場合でも、外壁防水紙の裏側に回らないよう外壁防水紙または改質アスファルト系防水シートなどを捨て張りしておく。

④下屋根と壁の取合い部は、かわらぶきの場合は本章5.4（粘土がわらぶき）、金属板ぶきの場合は参考図5.3.8-1（水上部分と壁との取合い）及び参考図5.3.8-2（流れ方向の壁との取合い）にならって施工する。
⑤むね違い部は、大きい屋根のけらばに小さい屋根のむねが交差するため、下ぶきを入念に張ったうえで、かわらぶきの場合は袖がわらとむねがわらのおさめ方、住宅屋根用化粧スレートぶき及び金属板ぶきの場合はけらば水切とむね包みのおさめ方を注意して施工する。
⑥トップライトまわりは、製造所の仕様に基づき施工する。
⑦片流れむね頂部は雨当たりが強く、鼻隠し板上の野地板露出部から雨水が浸入しやすい。浸入した雨水は野地板裏面を伝わって室内側に入り込むおそれがあるため、屋根下ぶき材を、むね包み下地材の下端まで張り下げるなどの対応が望ましい。
⑧片流れむね頂部軒裏は逆勾配となるため、風により軒裏にも雨水が当たりやすく、その雨水は軒裏から壁面へ流れる。頂部軒先では水切り措置を入念に行い、軒裏や壁に伝わる水を減らす工夫が必要となる。また、できるだけ軒の出を確保するとともに、軒裏と外壁の取合い部の防水措置を入念に施す。

① 谷部
② けらば部
③ 軒先と壁の取合い部
④ 下屋根と壁の取合い部
⑤ むね違い部
⑥ トップライトまわり
⑦ 片流れ屋根むね部
⑧ 片流れ屋根むね部軒裏と外壁の取合い部

※屋根ふき材の留付けに用いる緊結くぎ等が下ぶき材を貫通する部分から浸水した事例もあるため、注意する必要がある。緊結くぎ等が下ぶき材を貫通しないためには、背の高い下地材（桟木）を用いるなどの方法がある。

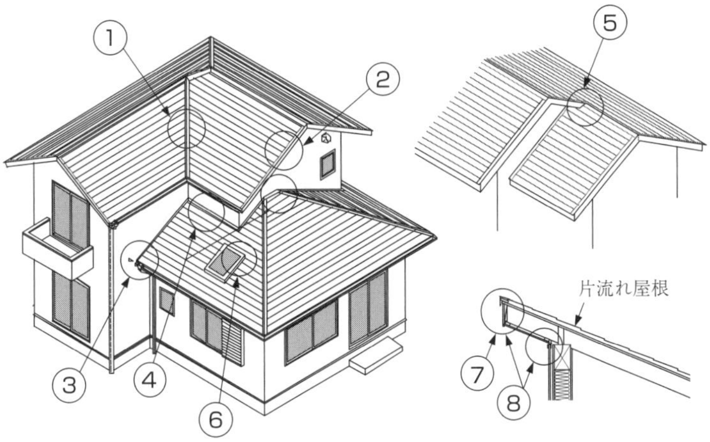

参考図5.2.2-4　雨漏りの発生しやすい箇所

太陽光発電システム設置・施工について

太陽光発電システムは普及が進んでいるところであるが、以下の点に留意して適切に設計・施工することが重要である。
①重量のある太陽光パネルを屋根面に設置するため、躯体の強度が耐えられるか、強風時に耐えられるかなど、構造上の確認を行う。
②雨がかりとなる屋根面に設置するため、雨漏りしないよう設計・施工する。屋根下地やルーフィングに穴を開けた場合は適切に防水措置を施すとともに、配線等による躯体貫通部には有効な防水措置を施す。
③太陽電池モジュール上は雪が滑落しやすいため、隣地への落雪が予想される場合は雪止めの設置を行う。
④太陽電池モジュールから太陽光が反射することによって近隣トラブルが発生しないか、近隣状況や太陽光パネルを設置する方向・角度などに十分留意して設計を行う。
⑤太陽電池モジュールの設置形態のうち、鋼板等なし型（裏面に鋼板がない太陽電池モジュールをルーフィング上に設置するタイプ）は、野地板への延焼につながる可能性が考えられることから、設置形態については十分に検討し、設置形態が不明の場合は製造メーカーに確認する。

また、さまざまな形状、おさまりがあるため、太陽光発電システムメーカー等のマニュアルを参考に適切な設置、施工を行うことが重要である。

浸入雨水による屋根下地の劣化軽減対策

屋根ふき材のすき間から入った雨水を内部に滞留させず、野地板等の劣化を防ぐためには、桟木類と下ぶき材の間に排水・通気用の縦桟木（流し桟木）を設置する方法（通気下地屋根構法）により工夫することなどが考えられる。このような方法による場合は、土ぼこり等がたまらないよう一定の排水断面を確保する必要がある。通気下地屋根構法は、通気の確保に加え、下ぶき材表面での雨水の滞留を減らすことができ、また、屋根ふき材の緊結くぎを下ぶき材に届かせないようにすることで下ぶき材を貫通するくぎ穴数を減らし、野地板への雨水の浸入をより抑制する効果が期待される。一方、屋根ふき材が十分に固定されるように、緊結する桟木類の品質、寸法、固定方法等に留意する必要があり、また、桟木類が二重、三重となることから、手間・コストが増加することとなる。

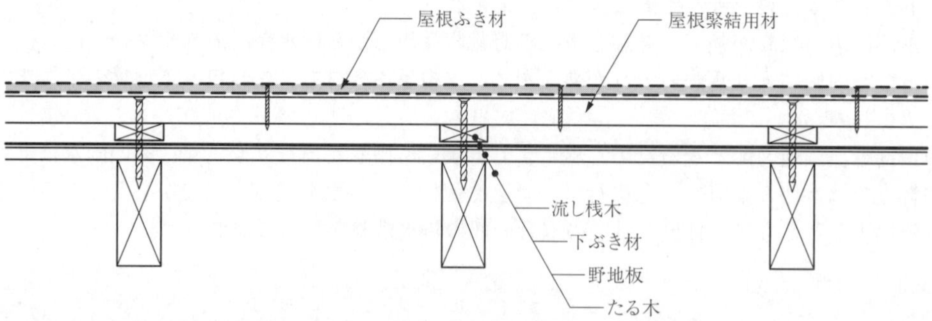

参考図5.2.2-5　通気下地屋根構法の概念図

5.3 金属板ぶき

5.3.1 材料

1. 金属板の品質は、次のいずれかの規格に適合するもの又はこれらと同等以上の性能を有するものとする。
   イ. □ JIS G 3312（塗装溶融亜鉛めっき鋼板及び鋼帯）の屋根用
   ロ. □ JIS G 3318（塗装溶融亜鉛―5 %アルミニウム合金めっき鋼板及び鋼帯）の屋根用
   ハ. □ JIS G 3321（溶融55 %アルミニウム－亜鉛合金めっき鋼板及び鋼帯）の屋根用
   ニ. □ JIS G 3322（塗装溶融55 %アルミニウム－亜鉛合金めっき鋼板及び鋼帯）の屋根用
   ホ. □ JIS G 3320（塗装ステンレス鋼板及び鋼帯）の屋根用
   ヘ. □ JIS K 6744（ポリ塩化ビニル被覆金属板及び金属帯）の屋根用
   ト. □ JIS H 3100（銅及び銅合金の板並びに条）の屋根用
2. 金属板の板厚は、次のいずれかによる。
   イ. □ ふき板の板厚は、0.35 mm以上とする。塗装ステンレス鋼板及び銅及び銅合金の板及び条を用いる場合は、0.3 mm以上とする。
   ロ. □ 谷の部分の板厚及びそのつり子等の部分の板厚は、0.4 mm以上の厚さとする。
   ハ. □ その他の部分の板厚は、特記による。
3. 留付けに用いるくぎは、ふき板と同系材料のものを使用し、長さは32 mm以上、つり子などの留付けに用いるくぎの長さは、45 mm以上とする。
4. その他の金属板ぶき材及び雪止め等の付属金具は、各製造所の仕様によるものとし、特記による。

5.3.2 加工

1. 金属板の折曲げは、次による。
   イ. 加工は、原則として、機械加工とし、塗膜に損傷や剥離が生じないよう折り曲げる。
   ロ. 塗膜の損傷部分の補修については、各製造所の仕様による。
2. 金属板の接合は、次による。
   イ. 一重はぜ（「こはぜ」又は「平はぜ」ともいう。）のはぜ幅は、上はぜ12 mm程度、下はぜ15 mm程度とする。
   ロ. 二重はぜ（「巻はぜ」ともいう。）1折り目のはぜはイと同様とし、2折り目は上下はぜ同寸とする。

ハ．リベット接合に用いるリベットは、鋼又はステンレスリベットとし、径は3 mm以上、間隔は30 mm以下とする。

ニ．はんだ接合に用いるはんだは、JIS Z 3282（はんだ−化学成分及び形状）に定められたもの又はこれと同等以上の性能を有するものとし、接合両面を十分に清掃し、接合後は助剤を完全に除去する。

3. 金属板の留付けは、つり子、通しつり子又は通し付け子によるものとし、次による。

イ．つり子は、幅30 mm、長さ70～80 mm内外とし、くぎ打ちとする。

ロ．通しつり子の各部分の寸法は、特記による。

ハ．通し付け子は、長さ900 mm内外とし、継手は突付け、両端及びその中間を間隔200 mm内外にくぎ打ちとし、通りよく取り付ける。

ニ．くぎ打ちのくぎ頭は、すべてシーリング処理を行う。

5.3.3 心木ありかわら棒ぶき

1. 銅板以外の板による屋根一般部分は、次による。

イ．かわら棒の間隔は、350 mm又は450 mmを標準とする。ただし、強風地域では実情に応じて間隔を狭くする。

ロ．心木は、下ぶきの上からたる木にくぎ留めする。

ハ．心木を留めるくぎは、たる木に40 mm以上打ち込むものとする。留付け間隔は、軒先、けらば及びむね付近では300 mm以内、その他の部分は600 mm以内とする。

ニ．溝板及びかわら棒包み板（「キャップ」ともいう。）は、全長通しぶきを標準とする。ただし、溝板又はかわら棒包み板に継手を設ける場合は、二重はぜ継ぎとする。

ホ．溝板の両耳は、かわら棒の心木の高さまで立ち上げたうえ、かわら棒包み板をかぶせ、かわら棒包み板の上から心木側面にくぎ留めとする。

ヘ．ホに用いるくぎの長さは、38 mm以上とする。くぎ打ち間隔は、軒先、けらば及びむね付近では200 mm以内、その他の部分は450 mm以内とする。

ト．特殊工法は、各製造所の仕様によるものとし、特記による。

2. 銅板による屋根一般部分は、次による。

イ．かわら棒の間隔は、320 mm及び365 mmを標準とする。ただし、強風地域では実情に応じて間隔を狭くする。

ロ．心木は、下ぶきの上からたる木にくぎ留めする。

ハ．心木を留めるくぎは、たる木に40 mm以上打ち込むものとする。留付け間隔は、軒先、けらば及びむね付近では300 mm以内、その他の部分は600 mm以内とする。

ニ．溝板及びかわら棒包み板（「キャップ」ともいう。）は、全長通しぶきを標準とする。ただし、溝板又はかわら棒包み板に継手を設ける場合は、二重はぜ継ぎとする。なお、板厚は0.35 mm以上とする。

ホ．溝板の両耳は、15 mm程度のはぜを設け、かわら棒の心木の高さまで立ち上げる。

ヘ．つり子は屋根と同材とし、長さ60 mm、幅30 mm程度のものを心木の両側に長さ32 mm以上のステンレス鋼くぎで留め付ける。つり子は溝板のはぜに確実に掛け合わせる。

ト．つり子間隔は、軒先、けらば及びむね付近では150 mm以内、その他の部分では300 mm以内とする。

チ．特殊工法は、各製造所の仕様によるものとし、特記による。

5.3.4 心木なしかわら棒ぶき

銅板以外の板による屋根一般部分は、次による。

イ．かわら棒の間隔は、350 mm又は450 mmを標準とする。ただし、強風地域では実情に応じて間隔を狭くする。

ロ. 溝板及びかわら棒包み板は、全長通しぶきを標準とする。

ハ. 溝板を所定の位置に並べたあと、通しつり子を溝板相互間にはめ込み、亜鉛めっき座金付きくぎで、野地板を通してたる木に留め付ける。

ニ. ハに用いるくぎは、40 mm以上打ち込める長さのものを用いる。くぎ打ち間隔は、軒先、けらば及びむね付近では200 mm以内、その他の部分では400 mm以内とする。

ホ. かわら棒包み板の留付けは、通しつり子になじみ良くはめ込み、通しつり子及び溝板の耳につかみ込み、二重はぜとし、はぜ締機などにより、均一、かつ、十分に締めつける。

ヘ. 特殊工法は、各製造所の仕様によるものとし、特記による。

5.3.5 一文字ぶき

1. 銅板以外の板による屋根一般部分は、次による。

イ. ふき板の寸法は、鋼板を224 mm×914 mmの大きさに切断して使用することを標準とする。ただし、強風地域では実情に応じて、ふき板の大きさを小さくする。

ロ. ふき板の四周は一重はぜとする。下はぜは18 mm、上はぜは15 mm程度とする。

ハ. つり子は、ふき板と同じ材で、幅30 mm、長さ70 mmとする。

ニ. つり子は、野地板にくぎ留めとする。取付け個数は、ふき板1枚につき2箇所以上とする。

ホ. 隣り合ったふき板は、一重はぜ継手として、千鳥に設ける。

2. 銅板による屋根一般部分は、次による。

イ. ふき板の寸法は、銅板を182.5 mm×606 mmの大きさに切断して使用することを標準とする。ただし、強風地域では実情に応じて、ふき板の大きさを小さくする。

ロ. ふき板の四周は一重はぜとする。下はぜは18 mm、上はぜは15 mm程度とする。

ハ. つり子は、ふき板と同じ材で、幅30 mm、長さ70 mmとする。

ニ. つり子は、野地板にくぎ留めとする。取付け個数は、ふき板1枚につき2箇所以上とする。

ホ. 隣り合ったふき板は、一重はぜ継手とし、千鳥に設ける。

5.3.6 段ぶき（横ぶき）

段ぶきの工法は、各製造所の仕様によるものとし、特記による。ただし、使用する工法は、公的試験機関又はそれに準ずる試験機関で、JIS A 1414-3（建築用パネルの性能試験方法−第3部：温湿度・水分に対する試験）に定められた水密試験を行った結果、異常が認められなかったものとする。

5.3.7 むね部分

1. 銅板以外の板による心木ありかわら棒ぶきのむね部分の工法は、次による。

イ. 溝板端部は、八千代折りとし、心木の高さまで立ち上げ、水返しを付ける。

ロ. むね板は、心木にくぎ留めとする。

ハ. むね包み板は、むね板寸法に折り合わせて、かわら棒部分ではかわら棒上端まで、また、溝板部分では溝板底部まで折り下げる。この場合、それぞれの先端は、あだ折りとし、20 mm程度を屋根面へ沿わせて折り曲げる。

ニ. むね包み板の継手は、一重はぜ継ぎとする。

ホ. むね包み板は、むね板の両側面に長さ32 mm以上のくぎを用いて、間隔300 mm内外に留め付ける。

ヘ. 通し付け子は、かわら棒部分ではかわら棒上端まで、また、溝板部分では溝板底部まで折り下げる。この場合、それぞれの先端は、あだ折りとし、20 mm程度を屋根面へ沿わせて折り曲げる。

ト. 通し付け子は、むね板の両側面に長さ32 mm程度のくぎで、間隔300 mm内外に留め付ける。

チ. 通し付け子を用いる場合のむね包みは、通し付け子の上耳にこはぜ掛けとする。

2. 銅板による心木ありかわら棒ぶきのむね部分の工法は、次による。

イ. 溝板端部は、八千代折りとし、心木の高さまで立ち上げ、水返しを付ける。

ロ. むね板は、心木にくぎ留めとする。

ハ. 通し付け子は、かわら棒部分ではかわら棒上端まで、また、溝板部分では溝板底部まで折り下げる。この場合、それぞれの先端は、あだ折りとし、20 mm程度を屋根面に沿わせて折り曲げる。

ニ. 通し付け子は、むね板の両側面に長さ25 mm程度のくぎで、間隔300 mm以下に留め付ける。

ホ. むね包み板は、通し付け子の上耳にはぜ掛けとする。

3. 銅板以外の板による心木なしかわら棒ぶきのむね部分の工法は、次による。

イ. 溝板端部は、八千代折りにして、むね板受け材の高さまで立ち上げ、水返しを付ける。

ロ. むね板は、むね板受け材にくぎ留めする。

ハ. むね包み板は、1のハ、ニ及びホによる。

ニ. 通し付け子を用いる場合は、1のヘ、ト及びチによる。

4. 銅板以外の板による一文字ぶきのむね部分の工法は、次による。

イ. むね板(あおり板)は、野地板を通してたる木にくぎ留めする。

ロ. 通し付け子は、1のトによる。

ハ. 平ぶき板の上耳は、通し付け子に沿わせてむね板(あおり板)の高さまで立ち上げる。

ニ. むね包み板は、ふき板のはぜ通し付け子の上耳を合わせてこはぜ掛けとする。

5. 銅板による一文字ぶきのむね部分の工法は、次による。

イ. むね板(あおり板)は、野地板を通してたる木にくぎ留めする。

ロ. つり子は一般部分と同じものを使用し、むね板の側面に屋根一般部分と同じ間隔に、長さ25 mm程度のくぎ留めとする。

ハ. むね板に接するふき板は、上端をむね板の厚さだけ立ち上げ、はぜを付ける。つり子は、はぜに十分掛ける。

ニ. むね包み板は、ふき板のはぜにはぜ掛けして留める。

5.3.8 壁との取合い

1. 心木ありかわら棒ぶき及び心木なしかわら棒ぶきの壁との取合いの工法は、次による。

イ. 水上部分の壁際に取り付く雨押え受け材は、かわら棒と同じ高さの部分(木材)をたる木にくぎ留めする。

ロ. 水上部分の溝板端部は、八千代折りとし、心木又は雨押え受け材の高さまで立ち上げ、水返しを付ける。

ハ. 水上部分の壁際に取り付く雨押え板は、心木又は雨押え受け材にくぎ留めとする。

ニ. 流れ方向の壁際に取り付く雨押え受け材は、かわら棒と同じ高さの部材(木材)をたる木にくぎ留めする。

ホ. 流れ方向の壁際部分の溝板端部は、雨押え受け材の高さまで立ち上げ、はぜを付ける。

ヘ. つり子は、ふき板と同じ板材で、長さ60 mm、幅30 mmとし、間隔は、銅板の場合は300 mm程度、銅板以外の場合は450 mm程度に、くぎ留めする。

ト. つり子を留めるくぎの長さは、銅板の場合は25 mm以上、銅板以外の場合は32 mm程度とする。

チ. 銅板以外の板の水上部分及び流れ方向の壁際の雨押え包み板は、上端を壁に沿って120 mm以上立ち上げ、先端をあだ折りし、壁下地に450 mm程度の間隔でくぎ留めとする。

リ．雨押え包み板は、雨押え板寸法に折り合わせて、かわら棒部分ではかわら棒上端まで、また、溝板部分では溝板底部まで折り下げる。この場合、それぞれの先端はあだ折りとし、20 mm程度を屋根面に沿わせて折り曲げる。

ヌ．雨押え包みは、雨押え板の側面に、長さ32 mm程度のくぎで、間隔450 mm程度に留め付ける。

ル．銅板の水上部分及び流れ方向の壁際の雨押え包み板は、上端を壁に沿って60 mm以上立ち上げ、先端をあだ折りとする。あだ折り部分は、つり子留めとする。

ヲ．つり子は、幅30 mm、長さ60 mmのものを、長さ25 mm程度のくぎで、間隔300 mm程度に留め付ける。

ワ．通し付け子は、かわら棒部分ではかわら棒上端まで、また、溝板部分では溝板底部まで折り下げる。この場合、それぞれの先端はあだ折りとし、20 mm程度屋根面に沿わせて折り曲げる。

カ．通し付け子は、雨押え板の側面に長さ25 mm程度のくぎで、間隔300 mm程度に留め付ける。

ヨ．雨押え包みの下端は、通し付け子の上耳にはぜ掛けとして留め付ける。

2. 一文字ぶきの壁との取合いの工法は、次による。

イ．水上部分の壁際に取り付く雨押え受け材は、40 mm×40 mm以上の部材（木材）を、野地板を通してたる木にくぎ留めする。

ロ．雨押え受け材に接するふき板は、雨押え受け材の高さまで立ち上げ、先端にはぜをつくる。

ハ．雨押え包み板の上端部分の留め方は、1のヘ及びトによる。

ニ．雨押え包み板が銅板以外の場合は、1のチ、リ及びヌによる。

ホ．雨押え包み板が銅板の場合は、1のル、ヲ、ワ及びカによる。

5.3.9 軒先・けらば

1. 銅板による一文字ぶき以外の軒先及びけらばの工法は、次による。

イ．唐草は、広小舞又は登りよどの端部にくぎ留めとする。くぎの長さは32 mm以上とし、間隔は300 mm程度とする。

ロ．唐草は、捨て部分を80 mm以上とし、下げ部分の下端は広小舞又は登りよどの下端より10 mm以上あける。

ハ．唐草の継手は、端部を各々あだ折りしたものを、長さ60 mm以上に重ね合わせ、くぎ留めする。

ニ．溝板及びふき板の軒先部分及びけらば部分は、下部に折り返し、唐草にこはぜ掛けとする。

2. 心木ありかわら棒ぶき及び心木なしかわら棒ぶきのけらば部分は、ふき板の上面から鋼板片の座金を付けたけらば留めくぎを用いて、間隔300 mm以内にたる木へ40 mm以上打ち込んで留める。

3. 心木ありかわら棒ぶきのかわら棒の木口包みは、桟鼻仕舞とする。桟鼻は、心木の木口面にくぎ留めし、溝板の両耳部分及びかわら棒包み板の端部を、桟鼻につかみ込ませる。

4. 心木なしかわら棒ぶきのかわら棒の木口包みは、桟鼻仕舞とする。桟鼻は、通しつり子の先端部に差し込み、溝板の両耳部分及びかわら棒包み板の端部を、桟鼻につかみ込ませる。

5. 一文字ぶきの軒先及びけらばの工法は、1による。

6. 銅板による一文字ぶきの軒先及びけらばの工法は、次による。

イ．通し付け子を広小舞又は登りよどの端部にくぎ留めとする。くぎの長さは25 mm程度とし、間隔は300 mm程度とする。

ロ．通し付け子は、捨て部分を60 mm以上とし、下げ部分の長さは、広小舞又は登りよどの下端より10 mm以上あける。

ハ. 唐草は、通し付け子の下がり部分の長さとし、上・下端に、各々反対方向に15 mm程度のはぜを付ける。なお、唐草の下端はぜは通し付け子につかみ込んで留める。

ニ. ふき板の端部は、唐草の端部にはぜ掛けしておさめる。

5.3.10 谷ぶき

谷ぶきは、次による

イ. 谷ぶき板は、ふき板と同種の板を用いて、全長通しぶきとし、底を谷形に折り曲げ両耳2段はぜとし、野地板につり子留めとする。また、同材を捨て板として用いるか、又はアスファルトルーフィングの増しぶきを行う。

ロ. つり子は、幅30 mmの長さ70 mm程度のものを、間隔300 mm程度に、長さ32 mm程度のくぎ留めとする。

ハ. 軒先は、唐草にのせかけ、軒どい内に落し曲げる。

ニ. むね際は、むね板(あおり板)下で立ち上げ、水返しを付ける。

ホ. 谷がむね部分で、両側からつき合う場合は、谷ぶき板を峠でつかみ合わせるか、馬乗り掛けはぜ継ぎとする。

ヘ. 屋根のふき板又は溝板は、谷縁で谷ぶき板の二重はぜ部分につかみ込んでおさめる。

用 語

塗装溶融亜鉛めっき鋼板

塗装溶融亜鉛めっき鋼板は、一般にカラー亜鉛鉄板等というもので、平板とコイルがある。これは、溶融亜鉛めっき鋼板の表面をリン酸化成処理をし、熱硬化性合成樹脂塗料を両面または片面(裏面はサービスコート)に焼付けしたもの。

塗膜の耐久性は3種類あるが、屋根用は2類(2ベーク、2コート)以上を使用する。塗膜はアルカリに弱い。

塗装溶融亜鉛－5 %アルミニウム合金めっき鋼板

塗装溶融亜鉛－5 %アルミニウム合金めっき鋼板は、塗膜の耐久性は塗装溶融亜鉛めっき鋼板と同じであるが、原板の耐食性、加工性及び塗装性は溶融亜鉛めっき鋼板に比べて優れている。

溶融55 %アルミニウム－亜鉛合金めっき鋼板

溶融55 %アルミニウム－亜鉛合金めっき鋼板は、鋼板の表面に質量比でアルミニウム55 %、亜鉛43.4 %、シリコン1.6 %の合金めっきを施している。アルミニウムの特性(耐食性、加工性、耐酸性、耐熱性、耐反射性)と亜鉛の特性(犠牲防触作用)を兼ね備えている。アルカリには弱い。無塗装のまま使用されることが多い。

一般に「ガルバリウム鋼板」と呼ばれ、近年、屋根ふき材としての使用が増えている。

塗装溶融55 %アルミニウム－亜鉛合金めっき鋼板

塗装溶融55 %アルミニウム－亜鉛合金めっき鋼板は、溶融55 %アルミニウム－亜鉛合金めっき鋼板に塗装溶融亜鉛めっき鋼板と同じ塗膜処理をしたもの。

ポリ塩化ビニル被覆金属板

ポリ塩化ビニル被覆金属板は、通称「塩ビ鋼板」といわれているもので、溶融亜鉛めっき鋼板を原板として、ポリ塩化ビニル樹脂を塗布または積層(貼付け)したもので、耐食性、耐アルカリ性、耐塩水性に優れているので工業地帯や海岸地帯などの使用に適している。

塗装ステンレス鋼板

塗装ステンレス鋼板は、ステンレス鋼板(屋根用はSUS304、SUS316)に塗装溶融亜鉛めっき鋼板と同種の塗料を塗装したものである。ステンレス鋼板は耐食性に優れ、さびにくい。鋼、銅、アルミニウムに比べて強度が大きく衝撃に強い。耐熱性、高温耐火性に優れている。熱伝導率が比較的小さく、熱膨張率もアルミニウムより小さい。

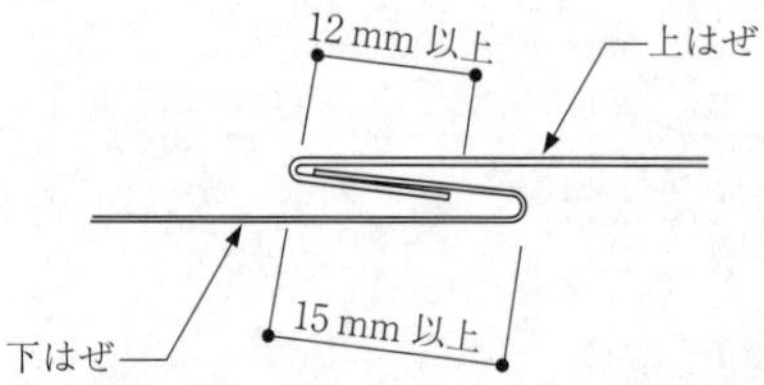

注）雨水の毛細管現象を防ぐために、はぜの折り返し寸法に十分注意する必要がある。

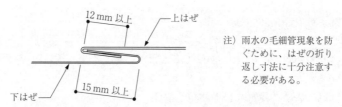

参考図5.3.2-1　はぜの名称及び折り返し幅

つり子（吊子）

金属板で屋根をふく時、板を留めるために用いる小さな短ざく形の金物。

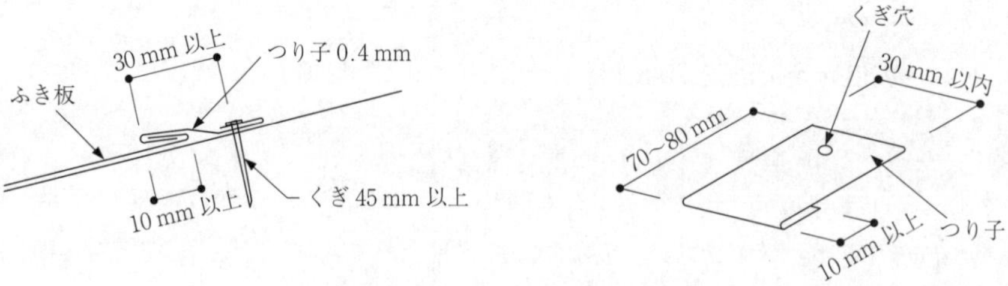

参考図5.3.2-2　つり子留め

かわら棒ぶき

かわら棒ぶきには、心木ありかわら棒ぶき、心木なしかわら棒ぶきがあり、長尺（コイル）の材料を使ってふくために、板の継目がないので、雨漏りのおそれが少なく、緩勾配の屋根でもふくことができる。なお、金属板ぶき工法のうち鋼板によるものについては、一般社団法人日本金属屋根協会及び一般社団法人日本鋼構造協会発行の「鋼板製屋根構法標準」を参考にするとよい。

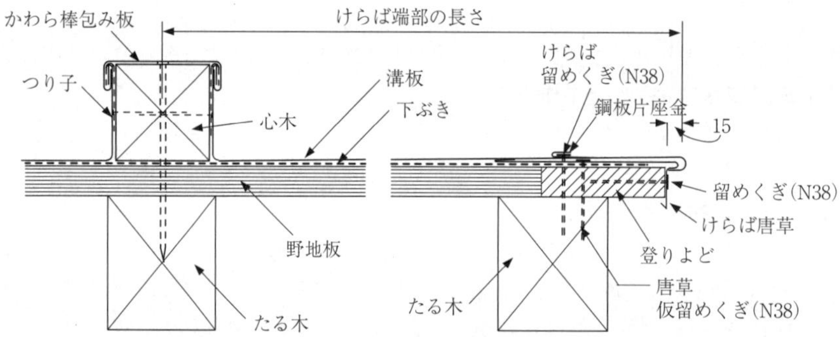

参考図5.3.3-1　かわら棒ぶきの工法（心木ありの場合）

施工方法

かわら棒の位置

心木ありかわら棒ぶきの場合、かわら棒（心木）が乾燥や湿気吸収を繰り返すことにより位置の変化、ねじれなどが生じ、雨漏りの原因となる。

また、長尺の板を使用するので、強風の場合、一部の欠陥が屋根全体に及び被害が大きくなるので、かわら棒とたる木の位置は一致させて確実に留めくぎをたる木に打ち込むことが必要である。かわら棒の間隔は、強風地域では350 mm以下にすることが必要である。

なお、銅板を用いる場合は、鋼板よりさらにかわら棒の間隔を小さくしなければならない。

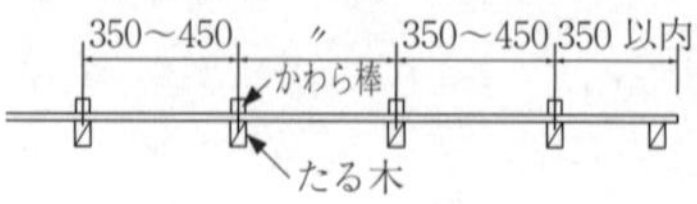

参考図5.3.3-2　かわら棒の位置

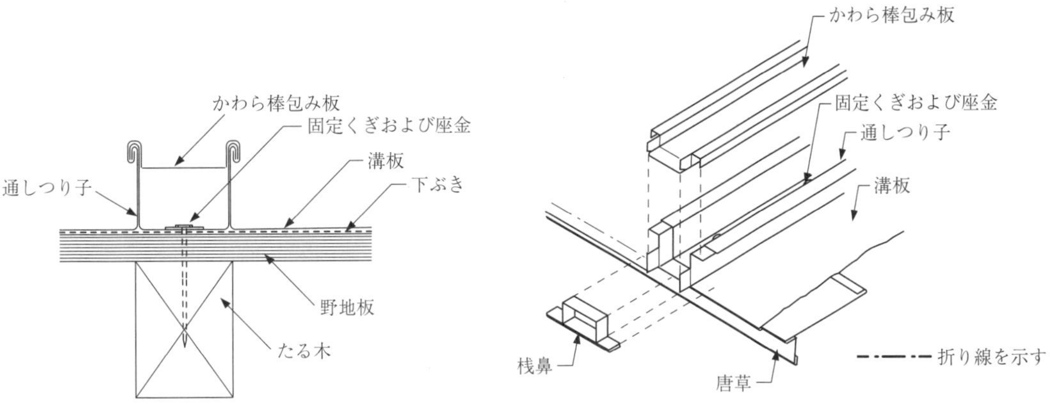

参考図5.3.4　かわら棒ぶきの工法（心木なしの場合）

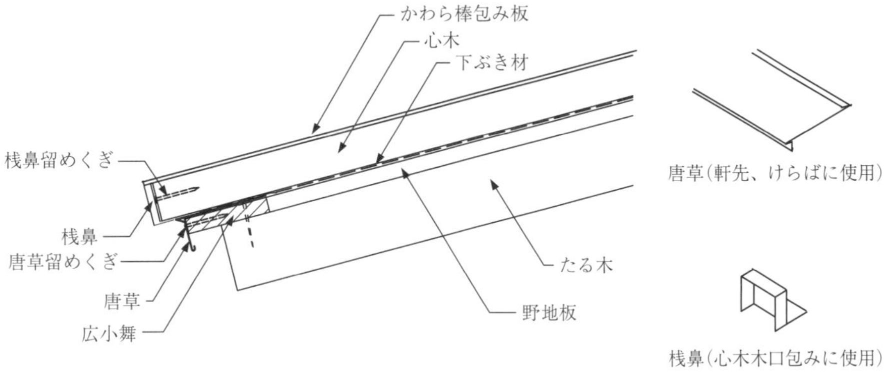

参考図5.3.9　軒部のおさまり

一文字ぶき

平板ぶきの代表的な屋根ふき工法の名称で、別名「あやめぶき」ともいう。鋼板や銅板を長方形に板取りして、横の継手が一の字につながるよう軒先からむねに向かって左右のいずれかの一方からふく工法である。

この工法は、耐風性にやや難点があるので、なるべく1枚のふき板の寸法を小さくして、単位面積当たりのつり子による留付け数を増やすことが必要である。

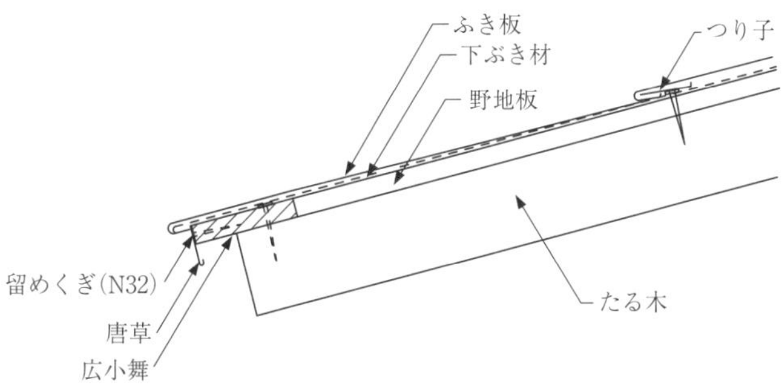

参考図5.3.5-1　一文字ぶきの軒先のおさまり

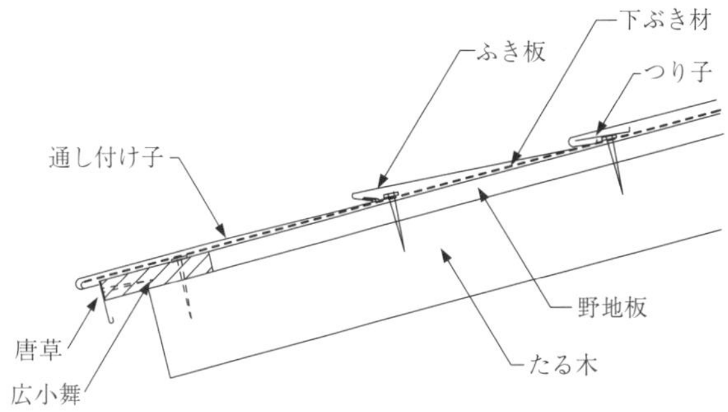

参考図5.3.5-2　銅板による一文字ぶき

段ぶき

段ぶきは通称「横ぶき」ともいわれており、古くからある一文字ぶきの応用として軽微な屋根に用いられてきた。一文字ぶきのやや平板的な仕上がりに対し、流れ方向の接合部を段状にして材質に厚みをもたせた意匠に仕上がる。

しかし、最近は、長尺板による段ぶきが大量に用いられている。これらの工法中には、風に弱いと思われるもの、雨漏りのおそれがあるものまで多種多様である。したがって、新しい工法による段ぶきを使用する場合は、本仕様書の主旨に沿って、十分にその性能を確認する必要がある。

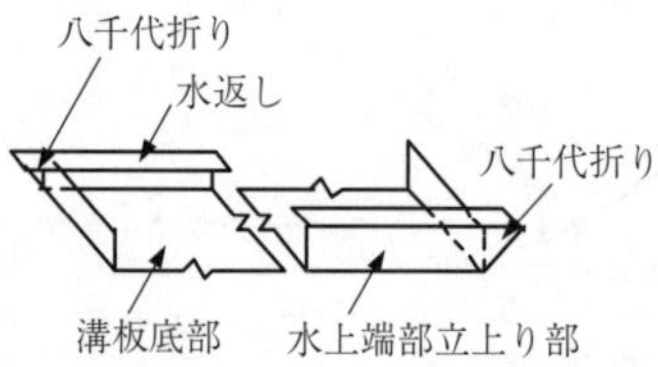

参考図5.3.7-1　八千代折り

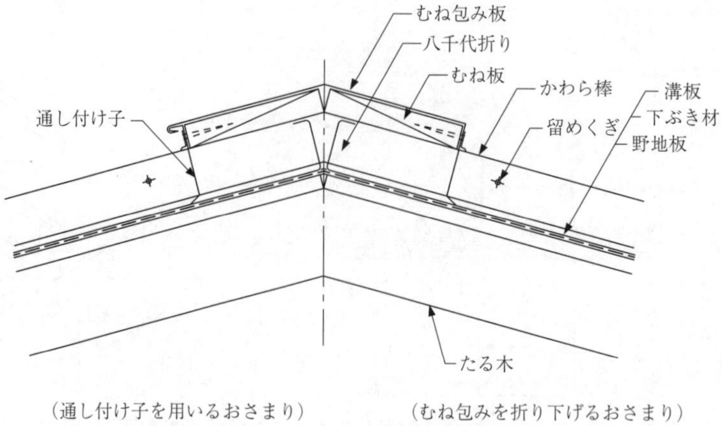

参考図5.3.7-2　かわら棒ぶきのむね部分のつり

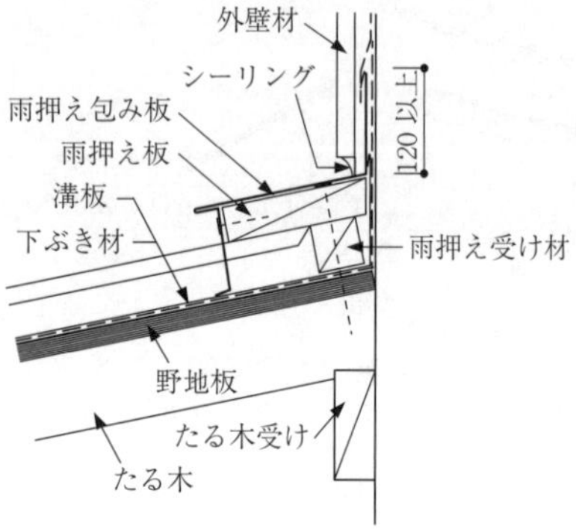

参考図5.3.8-1　水上部分と壁との取合い

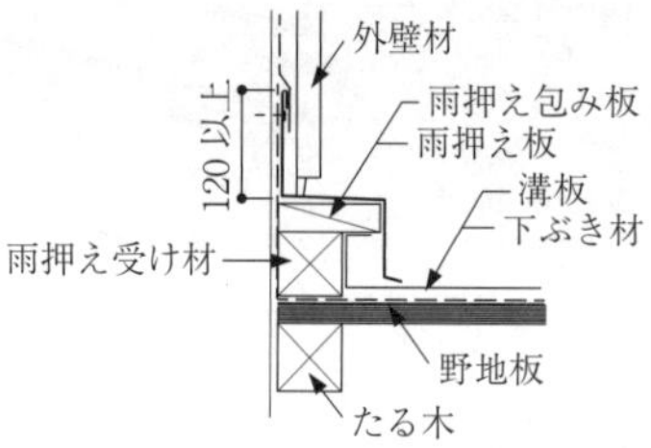

参考図5.3.8-2　流れ方向の壁との取合い

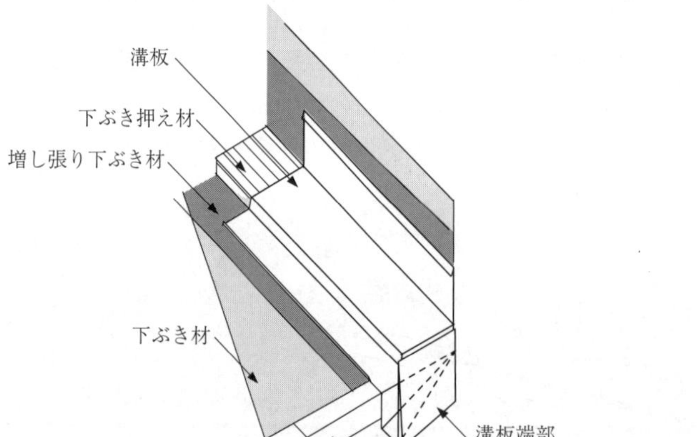

参考図5.3.8-3　壁止まり軒先と外壁との取合い部の施工例

谷ぶき

谷ぶきは、入隅にできるものと、「際谷」と称して壁際で一種のといの役目を果すものとがある。いずれの場合も雨漏りを防ぐため、1枚の板で端から端まで設ける必要がある。また、下ぶきを、谷ぶき部分に、さらに1枚増しぶきするのもよい。

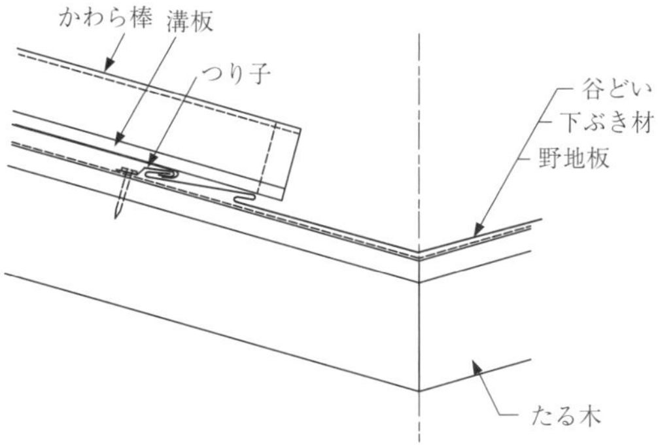

かわら棒ぶき二重はぜ谷どいのおさまり

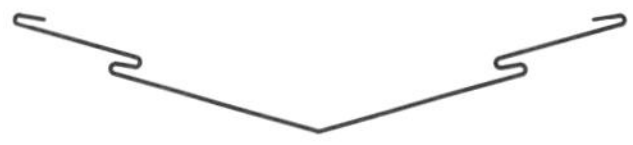

二重はぜ谷どい

参考図5.3.10　谷ぶき

5.4 粘土がわらぶき

5.4.1 材料

1. 粘土がわらの品質は、JIS A 5208(粘土がわら)-1996に適合するもの又はこれと同等以上の性能を有するものとし、形状及び製法による種類は、特記による。なお、役物その他はでき合い形で、いずれも留付け穴付きとする。
2. 雪止めがわら等、特殊なかわらとする場合は、特記による。
3. くぎ及び緊結線は、次表による。

	くぎ及び緊結線(mm)
く　ぎ	ステンレス(長さ55～、径2.4内外)
ね　じ	ステンレス(長さ45～)
緊結線	銅(径1.0以上)、ステンレス(径0.9以上)

5.4.2 一般工法

1. ふき方は、次による。
   イ. かわらの働き寸法を正確に測定し、袖がわら、軒がわら及び桟がわらを地割りに従い目通り正しくむねまでふき上げる。
   ロ. 軒がわら、袖がわらの出寸法を正確にそろえ、下端線を通りよく仕上げる。
   ハ. のしがわらの工法は、特記による。特記のない場合は、本むね3段以上、すみむね2段以上とし、良質のふき土又はモルタルで積み上げる。ただし、7寸丸かんむりがわら(直径210 mm内外)を用いる場合は、のしがわらを省く。
   ニ. むね面戸及び水切り面戸部分の構成は、面戸材を使用するか、しっくい塗りとし、下から2段目ののしがわら外面端部より15 mm以上内側となるよう施工する。
   ホ. 雪止めがわら等による場合は、特記による。
2. 留付け(緊結)は、次による。
   イ. 軒がわら(J形の軒がわら又はS形若しくはF形の桟がわら)は、くぎ又はねじ(以下この項において「くぎ等」という。)3本以上で下地に緊結する。
   ロ. 袖がわらは、3本以上のくぎ等で下地に緊結する。
   ハ. むねは、下地に緊結した金物(山形金物等)に芯材を取り付け、ねじで当該芯材に緊結する。
   ニ. イからハ以外の平部の屋根の部分は、かわらの種類や基準風速に応じ、次表に掲げる緊結方法とする。

基準風速 V_0 / かわらの種類	30 m/s	32～36 m/s	38～46 m/s
F形	くぎ等1本で緊結	くぎ等2本で緊結	(使用不可)
J形	くぎ等1本で緊結	くぎ等1本で緊結	(使用不可)
防災がわら(J形、S形、F形)	くぎ等1本で緊結	くぎ等1本で緊結	くぎ等1本で緊結

ホ．むね積みは、のしがわらを互いに緊結線で緊結し、かんむりがわら又は丸がわらを次のいずれかにより固定する。また、むね部において、割付を目的に一部を切断して用いるかわらは、くぎ又は緊結線で固定するか接着する。

(イ) 鉄筋コーチボルト及び横鉄筋を用い、のしがわら相互の緊結線を横鉄筋に緊結する。

(ロ) むね補強用金物に取り付けたむね補強用心材に、くぎ、ねじ又は緊結線で留め付ける。

へ．洋形がわらのむね施工でかんむりがわらを施工する場合は、ふき土を詰め、むね補強用金物に取り付けたむね補強用芯材に、くぎ等で留め付ける。

ト．鬼がわらは、その重量に耐えられるよう入念に緊結する。

5.4.3 谷ぶき及び壁との取合い

1. 谷ぶき板は、本章5.3.1（材料）に定める金属板を用い、全長通しぶきとする。ただし、全長通しぶきができない場合は、特記による。底を谷形に折り、両端は、両側谷縁桟に立ち上げ、段付けとし、くぎ打ち又はつり子留めとする。 5.3.1 ☞154頁
2. 谷ぶきの軒先及びむね際は、次による。

   イ．付け子又は捨て板に引っ掛け、軒どい内に折り下げ、むね際は、築地むねおおい下などに立ち上げ、深く差し込み、いずれも耳を折り返しくぎ打ち又はつり子留めとする。

   ロ．谷が両側からつき合う場合は、ふき板を峠でつかみ合わせるか馬乗り掛けにする。
3. 流れ方向の壁際に設ける捨て谷は、谷ぶき板を雨押え板下端まで立ち上げ、間隔600 mm内外にくぎ留めする。谷ぶき板の谷縁側は、1による。
4. 水上部分の壁面と取り合う場合で雨押え包み板を立ち上げる場合は、本章5.3.8（壁との取合い）の1のロ及びチに準ずる。 5.3.8の1 ☞157頁

用　語

かわら緊結用くぎまたはねじ

かわらをかわら桟木に留め付けるためのくぎまたはねじは、各部位で求められる耐力を十分に有するものを使用する。この観点で、「屋根ふき材、外装材及び屋外に面する帳壁の構造方法を定める件」（昭和46年建設省告示第109号）では、容易に抜け出ないように加工されたものを使用することとされている。2021年に策定された『瓦屋根標準設計・施工ガイドライン』（監修：国土交通省国土技術政策総合研究所・国立研究開発法人建築研究所、発行：一般社団法人全日本瓦工事業連盟等）では、容易に抜け出せないように加工されたくぎまたはねじの例として、呼び径が2.3 mm以上のスクリュー回転止め加工くぎ、リングくぎ、コーススレッドねじを挙げている。

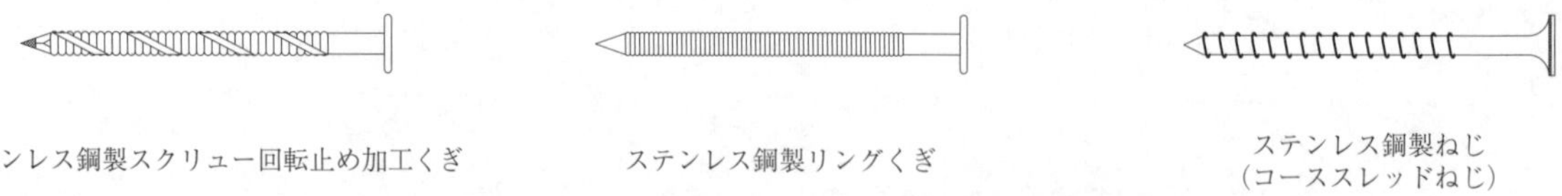

参考図5.4.1-1　かわら用緊結用くぎまたはねじの例

粘土がわら

粘土を主原料として混練、成形し焼成したもので、J形粘土がわら、S形粘土がわら、F形粘土がわらの3種類に大別される。また、焼成方法により、ゆう薬がわら、いぶしがわら及び無ゆう薬がわら（素焼きがわらを含む）に分類される。さらに、各形状の桟がわらには、地震や強風対策用に、突起やフックで隣接するかわらどうしを相互に組み合わせたものがあり、一般に「防災がわら」と呼ばれる。

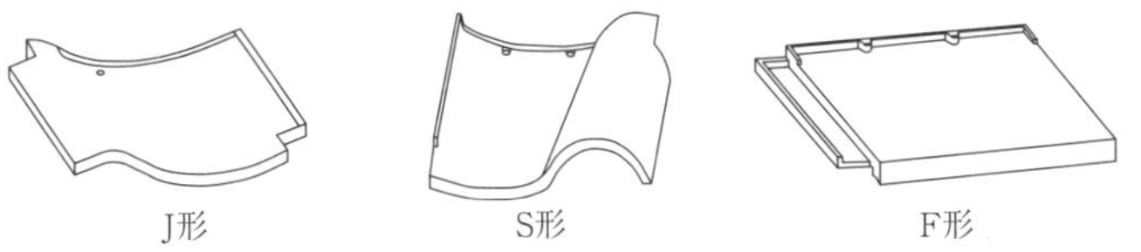

参考図5.4.1-2　粘土がわらの形状の種類

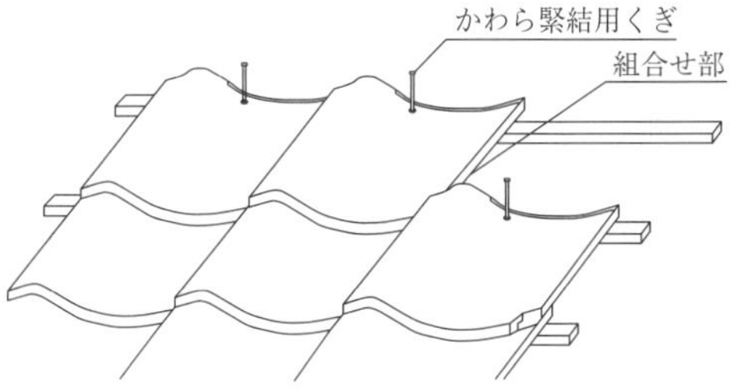

参考図5.4.2-1　J形の桟がわらの緊結例

なお、役物には、軒がわら、袖がわら、のしがわら、かんむり（「がんぶり」ともいう）がわらなどがある。

関係法令

粘土がわら等のふき方と留付け

かわらのふき方には、土ぶき工法、引掛け桟工法、直ぶき工法があり、それぞれの地域の気候、特性にあわせて施工されている。建築基準法の性能規定化等を背景として、関連の業界では、より耐震性及び耐風性に配慮した施工方法が提案されたり、一体形のむねがわらが製造される等の動きがある。一例として、一般社団法人全日本瓦工事業連盟等より発行された『瓦屋根標準設計・施工ガイドライン』（監修：独立行政法人建築研究所）では、法令に準拠した構造性能を確認するための標準試験方法、構造計算規定への対応方法ならびに法令の仕様規定より優れた標準施工方法等が紹介されている。また同ガイドラインでは、ふき方の原則を建築基準法の構造計算規定に示された性能を有していることを適正な試験により確認した方法とすべきだとしており、むねがわらについても、水平加速度1G程度の地震力により落下しない工法を採用すべきだとしている。

令和元年房総半島台風を踏まえた強風対策として、「屋根ふき材、外装材及び屋外に面する帳壁の構造方法を定める件」（昭和46年建設省告示第109号）の一部が改正となった。この改正により、平成13年に策定された『瓦屋根標準設計・施工ガイドライン』（監修：独立行政法人建築研究所、発行：社団法人全日本瓦工事業連盟等）に準拠した方法が、耐震性及び耐風性が確保された緊結方法として告示に位置づけられた。

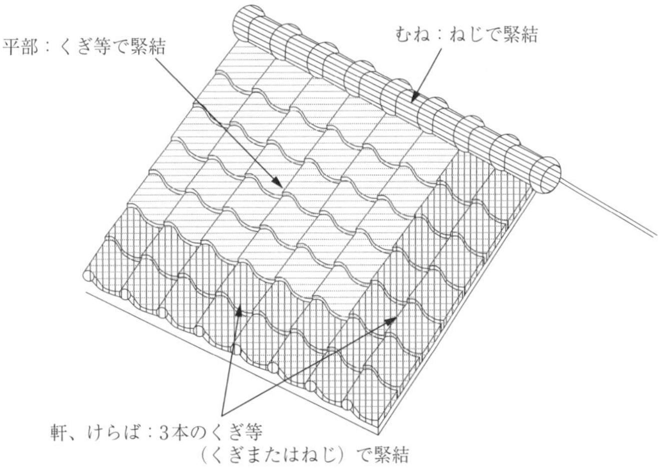

参考図5.4.2-2　部位別のかわらの緊結方法

施工方法

かわらの割付

屋根面に対するかわらの割付は、半端が出ないように考慮して行うものとし、割付に伴って軒、妻の出の修正が必要となる場合は、設計者との協議に基づいて行うものとする。

また、本むね・すみむねまわりなどで、切断して用いるかわらにくぎ打ち用の穴がない場合は、穴あけ加工等を行い、固定できるようにする。

のしがわらの積重ね

のしがわらを積み重ねる際は、本むね7段以下、すみむね5段以下を原則とする。

それ以上の段数を積む場合、重量がさらに増えていくため、のしむね積みだけでなく、建物全体の耐震性を考えての設計が必要となる。

留意事項

粘土がわらぶきの雨水対策

かわらのすき間から入った雨水を上手に排水し、野地板等の劣化を防ぐため、下面に水抜き用のスリットの付いたかわら桟木を用いる方法や、流し桟でかわら桟木を浮かせる方法などの工夫がある。

この場合、土ぼこり等がたまらないよう考慮した排水断面積を確保するほか、流し桟を用いる場合は、かわらが十分固定されるよう緊結する桟木の品質、寸法、固定方法等に留意する必要がある。

5.5 プレスセメントがわらぶき

5.5.1 材料

1. プレスセメントがわらの品質は、JIS A 5402(プレスセメントがわら)に適合するもの又はこれと同等以上の性能を有するものとする。なお、役物その他はでき合い形とし、いずれも留付け穴付きとする。
2. くぎ及び緊結線は、本章5.4.1(材料)の3による。 5.4.1の3 ☞163頁

5.5.2 工法

プレスセメントがわらの工法は、本章5.4(粘土がわらぶき)による。 5.4 ☞163頁

5.5.3 谷ぶき及び壁との取合い

本章5.4.3(谷ぶき及び壁との取合い)による。 5.4.3 ☞164頁

5.6 住宅屋根用化粧スレートぶき

5.6.1 材料

住宅屋根用化粧スレートの品質は、JIS A 5423(住宅屋根用化粧スレート)に適合するもの、又はこれと同等以上の性能を有するものとする。

5.6.2 工法

屋根用化粧スレートによる屋根一般部分は、次による。

イ. ふき板の切断及び穴あけは、押切りカッターによる。

ロ. ふき足及び重ねの長さは、JIS A 5423(住宅屋根用化粧スレート)の規定による。

ハ. ふき板は、1枚ごとに所定の位置に専用くぎで野地板に留め付ける。

ニ. 強風地域や特に対風耐力を必要とする場合は、接着剤若しくはくぎによる増し留めを行うものとし、特記による。

ホ. 特殊工法によるものは、各製造所の仕様によるものとし、特記による。

5.7 アスファルトシングルぶき

5.7.1 材料

1. アスファルトシングルは、品質及び性能が明示されたものとし、特記による。
2. くぎは、各アスファルトシングル専用のくぎとし、材質および形状は、各製造所の仕様による。
3. 接着剤は、各アスファルトシングル専用の接着剤とし、材質及び品質は各製造所の仕様による。

5.7.2 工法

1. アスファルトシングルは、1枚ごとに所定の位置に各専用くぎで野地板に留め付け、重ね部分は各専用接着剤を用いる。
2. 軒先は、軒先水切りの先端から半分程度ひかえた位置まで下ぶき材を張り付け、アスファルトシングルは軒先水切りの先端まで張り付ける。
3. 強風地域等においては、接着剤若しくはくぎによる増し留めを行うものとし、特記による。
4. 特殊工法によるものは、各製造所の仕様によるものとし、特記による。

5.8 各屋根ふき材のむねと壁との取合い、軒先、けらば及び谷ぶき

5.8.1 材料

むね、壁との取合い、軒先、けらば及び谷ぶきなどの各部分で特殊なものは、各製造所の仕様によるものとし、特記による。

なお、これらの部分で金属板を用いる場合は、本章5.3.1（材料）によるものとし、厚さは0.35 mm以上とする。 5.3.1 ☞154頁

5.8.2 工法

1. 所要の寸法形状に加工したものを、要所くぎ留めし、シーリング処理を行う。
2. 壁際の立上げは、壁に沿って60 mm以上とする。
3. 特殊工法による場合は、各製造所の仕様によるものとし、特記による。

用 語

プレスセメントがわら

セメントに細骨材を混和し、加圧成形したもので、平形、平S形、和形、S形、平板及び波形桟がわらに分類される。

住宅屋根用化粧スレート

住宅屋根用化粧スレートは、主としてセメント、ケイ酸質原料、石綿以外の繊維質原料、混和材料などを用いて加圧成形したもので、主として野地板の上にふかれる。外表面に彩色したり、小さいしわ状の凹凸を付けたものがある。

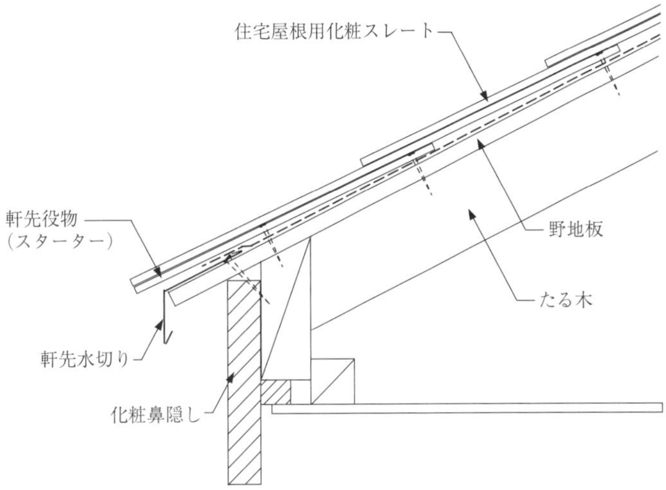

参考図5.6.2 住宅屋根用化粧スレートぶきのおさまり

アスファルトシングル

主としてガラス繊維を原料とした基材にアスファルトを含浸、塗布し、表面は比較的粒子の粗い顔料などで焼付け塗装した鉱物質粒子または天然砕石など、意匠と主層の保護を目的とした材料でおおい、裏面は鉱物質細粒などを散着した砂付きルーフィングを一定形状に裁断したものとする。

留意事項

アスファルトシングルの品質及び接着性能

アスファルトシングルは、防水性、耐風圧性、耐久性、防火性等について、品質の確かなものを選択する。また、施工性向上の観点や飛散防止等性能確保の観点から、あらかじめシングルのタブ上部等に接着剤が塗布されている商品が多いが、その接着性能が著しく低い商品を使用すると、台風などの突風によって剥がれなどが発生する可能性が高まるので、特に注意が必要である。なお、アスファルトシングルの品質として、一般社団法人日本防水材料協会が推奨するARK規格17[R]-02がある。

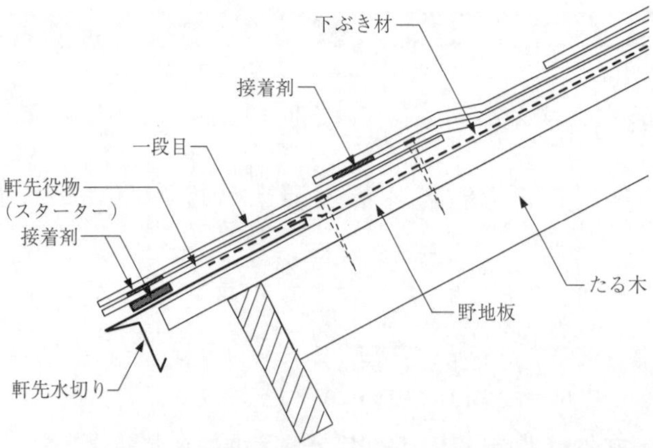

参考図5.7.2　アスファルトシングルぶきのおさまり

5.9 各屋根ふき材の水切り・雨押え

5.9.1 材料

材料は、本章5.3.1（材料）によるものとし、厚さは0.35 mmとする。　5.3.1 ☞154頁

5.9.2 工法

1. 所要寸法にたち、板端はすべて折り返し、要所をくぎ打ちシーリング処理とする。
2. 壁際立上りは、下地材裏に60 mm以上立ち上げ、雨仕舞よく施工する。

5.10 各屋根ふき材のとい

5.10.1 材料

1. といに用いる硬質塩化ビニル雨どいの品質は、特記による。
2. といに用いる金属板の品質は、本章5.3.1（材料）の1による。なお、このうち塗装溶融亜鉛めっき鋼板については同規格中の屋根用（記号R）又は建築外板用（記号A）、ポリ塩化ビニル（塩化ビニル樹脂）金属積層板については同規格中の高耐食耐候性外装用（A種）又は一般外装用（B種）とし、塗装ステンレス鋼板を含め、いずれも両面塗装品とする。　5.3.1の1 ☞154頁
3. といの板厚は、特記のないかぎり0.35 mm以上とする。

5.10.2 硬質塩化ビニル雨どい

1. 軒どいの工法は、次による。
   イ. 軒どいは、専用の継手を用い、接着剤を併用して接合する。接合した軒どいの長さは10 m以内とし、10 mを超える場合は、有効な伸縮継手を設ける。
   ロ. 軒どいの受け金物は、軒どいにあった形状寸法のものを間隔600 mm程度に、たる木又は鼻隠しに取り付ける。受け金物の鉄部は溶融亜鉛めっきを行う。
   ハ. 軒どいの取付け勾配は、1/200以上とする。
   ニ. 軒どいは、伸縮を妨げない程度に受け金物に緊結する。
   ホ. 特殊工法によるものは、各製造所の仕様によるものとし、特記による。
2. 竪どいの工法は、次による。
   イ. 竪どいは、専用の継手を用い、接着剤を併用して接合する。
   ロ. 竪どいの受け金物は、竪どいにあった形状寸法のものを間隔900 mm以下に取り付ける。受け金物は、ステンレス製又は鉄部に溶融亜鉛めっき（ドブ漬）を行ったものとする。
   ハ. 竪どいには、各受け金物ごとに、といと同質材で下がり止めを接着剤で取り付ける。
   ニ. 竪どいが曲がる場合は、専用の部品を用いる。工法はイによる。
   ホ. 特殊工法を用いる場合は、製造所の仕様によるものとし、特記による。
3. あんこう、じょうご及び呼びどいの工法は、次による。

イ．あんこうを用いる場合は、各製造所の仕様によるものとし、特記による。
ロ．じょうご及び呼びどいの組合せの場合は、軒どいと、竪どいにあったじょうごとし、呼びどいは竪どいと同じ形状寸法のものを用いる。
ハ．じょうご及び呼びどいの取付け方は、2による。

5.10.3 金属板どい

1. 軒どいの工法は、次による。
イ．軒どいは、所要寸法に加工し、丸どいの場合は両端を耳巻きする。
ロ．継手は、耳巻き部分の心線を相手側に差し込み、30 mm程度重ね合わせる。
ハ．出隅、入隅の場合は、重ね15 mm程度とし、ほかはロによって行う。
ニ．小口せき板は、軒どいの形状寸法に切り出した板の下辺部分を10 mm程度折り返し、軒どい内部に添え付けしてはんだ付けとする。また、しぼり（「菊しぼり」ともいう。）によることができる。
ホ．軒どいの受け金物は、軒どいにあった形状寸法のものを間隔600 mm程度に、たる木又は鼻隠しに取り付ける。受け金物は、ステンレス製又は鉄部に溶融亜鉛めっき（ドブ漬）を行ったものとする。
ヘ．軒どいの勾配は、1/200以上とする。
ト．軒どいは、銅線又はステンレス線で受け金物に堅固に緊結する。
チ．特殊工法によるものは、特記による。
2. 竪どいの工法は、次による。
イ．竪どいは、所要の形状寸法に加工する。はぎ目は5 mm以上の一重はぜ掛けとし、はぜの外れ止めを行う。
ロ．竪どいの継手は、上どい下どいに、といの直径又は角どいではその短辺の寸法程度を差し込む。この場合、といのはぎ目をそろえ、継手ははんだ付けする。
ハ．竪どい受け金物は、竪どいにあった形状寸法のものを間隔1,200 mm以下に取り付ける。受け金物は、ステンレス製又は鉄部に溶融亜鉛めっき（ドブ漬）を行ったものとする。
ニ．竪どいには、1本につき2箇所以上ずれ止めを付ける。ずれ止めは、竪どいと同材でつくり、はんだ付けで取り付ける。
ホ．竪どいが曲がる場合は、竪どいを角度にあわせて端部を加工し差し込み、止める。
ヘ．特殊工法によるものは、特記による。
3. あんこう、ます及び呼びどいの工法は、次による。
イ．あんこうは、背・腹及び銅板により、角形に組み合わせる。はぎ目は10 mm程度のダクトはぜとし、はんだ付けする。取付けは、上部は軒どいの両耳に積み掛け、下部は竪どいに差し込んで取り付ける。
ロ．ますは、あんこうに準じてつくり、呼びどいは、竪どいにならってつくる。ますの落口を、呼びどいに差し込み、はんだ付けする取付けは、イによる。
4. はいどい（流しどい）の工法は、次による。
イ．はいどいは角形とし、軒どいに準じてつくる。軒先部分は、軒どい内に曲げ下げる。両端部分は長さ250 mm程度のふち板を、中間部には幅25 mm以上のつなぎ板を、といの両耳に掛けはんだ付けする。
ロ．取付けは、屋根材面に留め付けた銅線又はステンレス鋼線により緊結して留める。
ハ．長さ2 m以下の軽微なはいどいの場合は、竪どいを用いてもよいものとし、特記による。
ニ．特殊工法によるものは、特記による。

5.10.4 雨水の処理

竪どいの下部は、落しどいとし、排水管に落し込むか、又は、コンクリート製のとい受けを据え付ける。この場合、竪どい周囲から塵芥や土砂が入らないようにする。

用語

硬質塩化ビニル雨どい

硬質塩化ビニル製雨どいは、さびや腐食を生じないこと、酸アルカリに侵されないこと、電気絶縁性があること、難燃軽量であることなどの利点があり、また、施工も簡単であるが、温度変化による変形、剛性が低い。また、北海道のような気温の低い地域で低温による強度低下などの欠点もある。

しかし、この製品には、形状や色彩など多くの種類がそろって、意匠性に富んでいる。

金属板製とい

塗装溶融亜鉛めっき鋼板や、ポリ塩化ビニル（塩化ビニル樹脂）金属積層板及び塗装ステンレス鋼板は、といの寿命をのばすばかりでなく、塗装の手間を省く経済性も考えられるので、両面塗装品を使用する必要がある。

また、接合をはんだ付けした場合、必ず各製造所の仕様による補修塗装を行うこと。

通常、といは、常時水はけが悪く、さらに塵芥や土砂が堆積しやすいため、屋根よりも腐食の進行が早い。したがって、とい材は、屋根材より板厚の厚いものか、またはめっき量の多い板を用いる必要がある。

銅板は、耐久性、耐食性共に優れており、さらに加工性が非常に優れている。あんこうをはじめ、といの各部分で細かい加工が可能で、意匠性が豊かである。

軒どい

屋根からの雨水を軒先で受けるといで、竪どいに向かって水勾配1/80～1/200程度に取り付ける。形状は通常、半円型または角型で、丸どいの深さは直径1/2を標準とする。

金属製の丸どいの両耳は、亜鉛めっき鋼線または黄銅線の直径3 mm程度のものを巻き込み、耳巻きとしている。

通常、軒どいは、水上で屋根材の軒先部分に可能な限り近づけて設け、また、軒先の先端部よりとい幅の半分以上が外側になるよう設ける。しかし多雪地域では、全体にやや低く、さらに外壁側にひかえて設ける。これは、落雪時の被害を避けるための処置である。

これよりも雪の多い地域は、といを付けないか、冬期間中、軒どいを外す方法としている。

竪どい

軒どいから、あんこうか呼びどいを経て雨水を垂直に壁に沿って地上に導くといである。

竪どいは、なるべく直管とすることがよく、曲がりが多くなると流水の抵抗が増すため流量の低下をきたす。この場合は、といの断面積を大きくする必要がある。

あんこう、ます、呼びどい

あんこうは、ます（硬質塩化ビニル雨どいでは、「じょうご」と呼んでいる）と呼びどいを一体とし、意匠性をもたせたものであり、両者とも機能的には同一のものである。

あんこうは通常、角型とし、竪どいの接合部分で丸にすることが多い。

あんこうやます（じょうごも含む）は、その取付け部分で軒どいの温度伸縮を吸収させることが多い。この場合は、あんこう、またはますの左右で近い位置で軒どい受け金物を設けなければならない。

6. 給排水設備工事

6.1 一般事項

6.1.1 法令等の遵守

1. 上水道を引き込む場合及び給湯設備工事を行う場合は、次のいずれかによる。
   イ. □水道事業者が定める諸規定の適用を受ける場合は、その規定による。
   ロ. □水道事業者が定める諸規定の適用を受けない場合及び水道事業者の諸規定がない事項は、本章6.2（給水・給湯設備工事）による。 6.2 ☞171頁
2. 汚水管、雑排水管、雨水管等の工事を行う場合は、次のいずれかによる。
   イ. □下水道法・条例その他の関係諸規定が適用される場合は、その規定による。
   ロ. □下水道法・条例その他関係諸規定の適用を受けない場合及び諸規定に規定のない事項は、本章6.3（排水設備工事）による。 6.3 ☞171頁
3. 炊事室に設置される排水管、給水管及び給湯管が、仕上材等により隠されている場合には、配管設備を点検するために必要な開口部又は掃除口による清掃を行うために必要な開口を、当該仕上材等に設ける。

6.1.2 水圧試験等

1. 給水設備及び給湯設備の水圧試験は、特記による。
2. 器具取付け後に通水、通湯試験を行う。
3. 排水設備は、衛生器具等の取付け完了後に通水試験を行う。

6.2 給水・給湯設備工事

6.2.1 材料

1. 衛生設備設計図及び配管計画書に基づく各経路の管、継手、弁類及び給水栓の品質は、特記による。
2. 高温設定が可能な給湯器を使用する場合は、管及び継手の品質は、各製造所の仕様による。
3. 防露・保温材の品質は、特記による。

6.2.2 配管

配管の施工は、特記による。

6.2.3 その他

1. 給湯設備は、転倒・移動しないよう適切に設置する。
2. 給湯設備工事は、建築基準法、同法施行令、同法告示、同法に基づく条例その他関係法令に基づいて施工する。

6.3 排水設備工事

6.3.1 材料

衛生設備設計図及び配管計画書に基づく各経路の管及び継手の品質は、特記による。

6.3.2 配管

配管の施工は、特記による。

6.3.3 ます

1. ますの構造は、特記による。
2. ますの施工は、特記による。

留意事項

給排水設備の設計・施工

給排水設備の施工にあたっては、「空気調和・衛生設備工事標準仕様書（空気調和・衛生工学会規格SHASE-S010）」、「給排水衛生設備規準・同解説（空気調和・衛生工学会規格SHASE-S206）」及び「給排水設備技術基準・同解説（2006年版）」（一般財団法人日本建築センター）を参照すること。

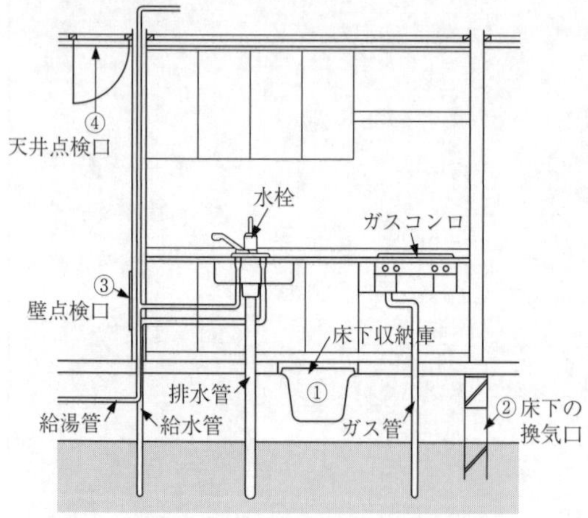

参考図6.1.1　点検口の位置例

（単位：mm）

①	床下収納庫の開口を利用して床下の点検ができる（開口寸法534×534）。
②	人が出入りできる換気口とし、すべての水まわりの床下へ行けるように設置（開口寸法540×280）。
③	壁点検口よりパイプスペース部の点検ができる。点検口位置は、配管継手の見える部分とする（開口寸法400×400）。
④	2階に台所や浴室等のための給排水管がある場合は、天井点検口により天井配管の点検が容易にできる（開口寸法450×450）。

その他の水まわり
- 洗面まわりは、厨房まわりと同寸のおさまりとする。
- ボイラーまわりはすべて露出配管で天井で立ち上げる（天井に点検口）。

将来の設備更新への備え

将来的な住宅設備の更新工事を想定して、あらかじめ設備配管の更新や点検が容易となるよう配慮しておくことが望ましい。

例えば、上下階の同じ位置に配管スペースを配置しておけば上下方向の配管の更新が容易になり、上階に設けた水まわりの近くに配管スペースを配置しておけば配管を更新する際に壁や天井を取り壊す範囲を少なくすることができる。

また、横引き管の曲がり部分に天井点検口を設けることで不具合予防のための定期的な点検が容易になり、縦配管スペースの壁面ボードをねじ留めとすることで更新コストが低減できる。

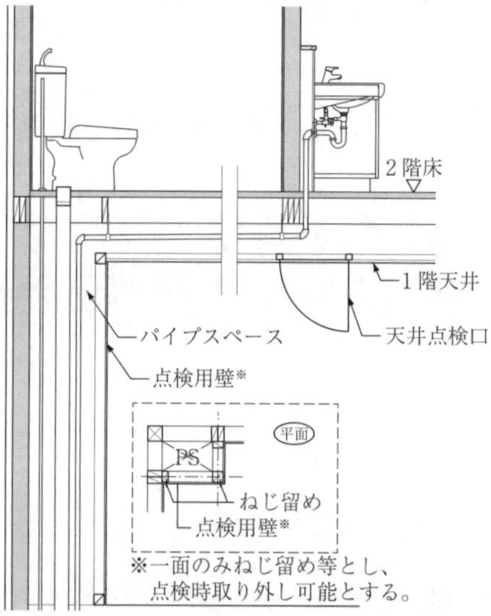

参考図6.4　配管スペースの確保例

関係法令

水道事業者の諸規定

水道法（昭和32年6月15日法律第177号）に基づいて、各地方公共団体が条例を制定し、水道事業者となり、さらに施行規定を設けて給水工事に関して守らなければならない事項を定めているものをいう。

給湯設備（電気温水器、給湯ユニット等）の転倒防止対策

大規模地震による給湯設備の転倒・移動による被害を防止するため、「建築設備の構造耐力上安全な構造方法を定める件」（平成12年建設省告示第1388号）が平成24年12月に改正された。

この改正により、電気給湯機だけでなく、満水時の質量が15 kgを超える給湯設備について、転倒防止等の措置の基準が明確化された。

この告示では、①仕様を選択する（固定部位、設置場所、質量等に応じて所定のアンカーボルトの種類、本数により固定する）、②計算により安全上支障のないことを確認する、のいずれかの方法とすることを定めている。

仕様を選択する場合、給湯設備の転倒防止対策は、給湯設備の、①底部を緊結、②上部及び底部（底部は質量60 kgを超える場合に緊結）を緊結、③側部を緊結、のいずれかによること。詳細は同告示を参照されたい。

なお、外壁に緊結した給湯設備が地震力などにより、外壁を毀損することのないよう、設置方法について留意する。

参考図6.2.1　給湯設備の転倒防止対策

①底部を緊結	②上部及び底部を緊結		③側部を緊結
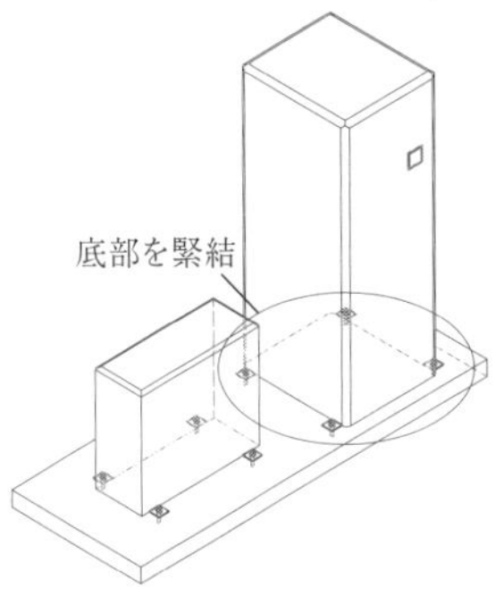	質量：60 kg 以下 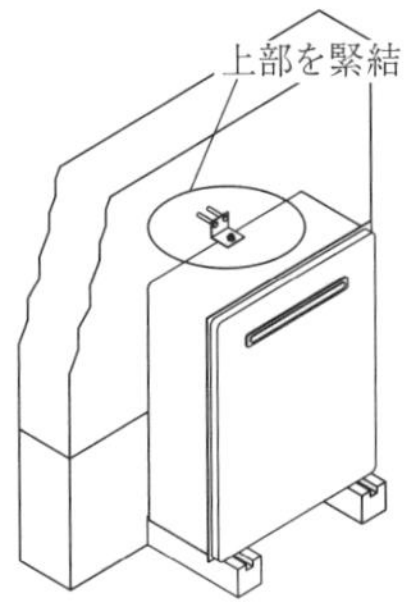	質量：60 kg 超 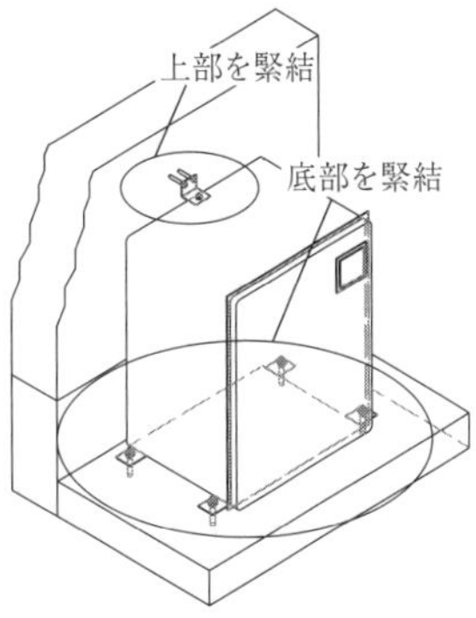	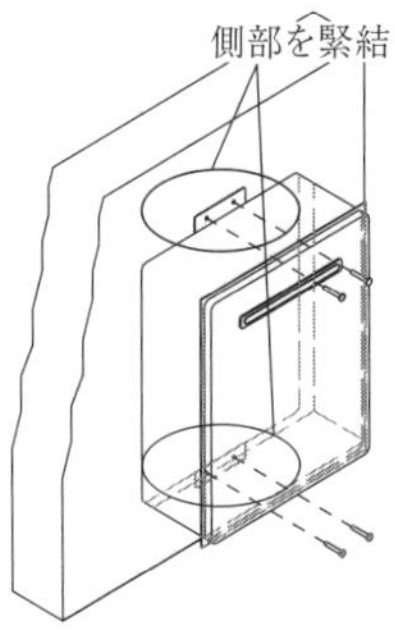

7. ガス設備工事・ガス機器等設置工事

7.1 一般事項

7.1.1 法令等の遵守

1. 都市ガス用設備工事は、ガス事業法、同法施行令、同法施行規則、ガス工作物の技術上の基準を定める省令、同告示、同解釈例、その他関係法令及びガス事業者が規定する供給約款、技術基準等に基づきガス事業者が設計、施工、検査を行う。
   都市ガス機器等設置工事は、ガス事業法、同法施行令、同法施行規則、特定ガス消費機器の設置工事の監督に関する法律、同法施行令、同法施行規則、消防法、ガス機器の設置基準及び実務指針（一般財団法人日本ガス機器検査協会発行）、その他関係法令に基づき施工する。
2. 液化石油ガス用設備工事・液化石油ガス機器等設置工事は、高圧ガス保安法、同法施行令、同法液化石油ガス保安規則及び同法規則関係基準、同法容器保安規則、液化石油ガスの保安の確保及び取引の適正化に関する法律、同法施行令、同法施行規則及び同法規則関係基準、特定ガス消費機器の設置工事の監督に関する法律、同法施行令、同法施行規則、消防法、ガス機器の設置基準及び実務指針（一般財団法人日本ガス機器検査協会発行）、並びにその他関係法令に基づき施工する。なお、工事の施工にあたっては、液化石油ガス設備士（液化石油ガスの保安の確保及び取引の適正化に関する法律に規定する液化石油ガス設備士をいう。）が工事の施工、検査及び試験を行う。
3. 炊事室に設置されるガス配管が、仕上材等により隠されている場合には、配管設備を点検するために必要な開口部又は掃除口による清掃を行うために必要な開口を、当該仕上材等に設ける。

7.2 ガス設備工事

7.2.1 都市ガス設備の材料等

管及び継手の品質は、特記による。

7.2.2 液化石油ガス設備の材料等

管及び継手の品質は、特記による。

7.2.3 配管

配管の施工は、特記による。

7.2.4 ガス栓の取付け

ガス栓の取付けは、特記による。

7.3 ガス機器等

7.3.1 ガス機器

ガス機器は、特記による。

7.3.2 ガス漏れ警報器

ガス漏れ警報器は、特記による。

関係法令

ガス事業法と液化石油ガス法

ガスの供給方式には、導管によりガスを供給する方式と、ボンベ等で個別に供給する方式がある。前者のうち簡易なガス発生設備によりガスを発生させ、一つの団地内におけるガスの供給地点の数が70以上のものを「簡易ガス事業」、その他を「一般ガス事業」といい、いずれもガス事業法の規制を受けている。

一方、液化石油ガスをボンベ等で一般消費者等に販売する事業を「液化石油ガス販売事業」といい、液化石油ガスの保安の確保及び取引の適正化に関する法律の規制を受ける。ただし、ガス事業法の規制を受ける「一般都市ガス事業」及び「簡易ガス事業」は適用除外となっている。

留意事項

ガス機器の設置

ガス機器の設置にあたっては、「ガス機器の設置基準及び実務指針（一般財団法人日本ガス機器検査協会）」を参照すること。

8. 電気工事

8.1 一般事項

8.1.1 法令等の遵守

この工事は、電気事業法、電気設備に関する技術基準を定める省令、電気用品安全法、建築基準法、消防法、電気工事士法、その他関係法令、一般社団法人日本電気協会が定める内線規程及び各電力会社の供給規程に基づいて施工する。

8.1.2 試験

1. 電気設備工事の絶縁抵抗の試験は、配線の電線相互間、電線と大地間及び機器と大地間について、開閉器等で区切ることのできる区間ごとに測定し、絶縁抵抗値は、機器を含み2 MΩ以上とする。
2. 弱電設備工事の絶縁抵抗の試験は、電線相互間及び電線と大地間について、1回路又は1系統ごとに測定し、絶縁抵抗値は、機器を含み1 MΩ以上とする。ただし、絶縁抵抗試験を行うのに不適当な部分は、これを除外して行う。
3. 絶縁抵抗測定試験が完了したあとは、必要な手順に従って通電のうえ、各種動作試験を行い、不都合な点のある場合は、適正な動作をするように調整する。
4. 接地抵抗測定試験の抵抗値は、D種接地工事では100Ω以下とし、C種接地工事では10Ω以下とする。

8.2 電力設備工事・弱電設備工事

8.2.1 器具及び材料

電気設計図に基づく各回路の器具及び材料は、特記による。

8.2.2 施工

電力設備・弱電設備の施工は、特記による。

9.断熱及び省エネ設備工事

9-1.断熱工事(断熱等性能等級4)

9-1.1 一般事項

9-1.1.1 総則

1. 断熱工事(断熱等性能等級4)に適合する住宅の仕様は、この項による。ただし、これによらない場合は、本章9-3(建築物エネルギー消費性能基準)に適合する仕様とする。 9-3 ☞221頁
2. 本項におけるアンダーライン「＿＿＿」の付された項目事項は、断熱工事(断熱等性能等級4)に係る仕様であるため、当該部分の仕様以外とする場合は、住宅金融支援機構の認めたものとする。

9-1.1.2 適用

1. 地域の区分は、巻末付録8(地域の区分一覧表)による。 付録8 ☞411頁
2. □断熱等性能等級4に適合する仕様を計算により決定する場合、以下のイ及びロを満たすものとする。
   イ. 外皮平均熱貫流率及び冷房期の平均日射熱取得率は、以下の表に掲げる数値以下を満たすものとし、その仕様は特記による。

	地域の区分							
	1地域	2地域	3地域	4地域	5地域	6地域	7地域	8地域
外皮平均熱貫流率(W/(m²・K))	0.46	0.46	0.56	0.75	0.87	0.87	0.87	—
冷房期の平均日射熱取得率	—				3.0	2.8	2.7	6.7

   ロ. 結露の発生を防止する対策については、本章9-1.1.2(適用)の3のヘによる。 9-1.1.2の3 ☞177頁
3. □断熱等性能等級4に適合する仕様を仕様により決定する場合、以下のイからヘまでを満たすものとする。
   イ. 断熱工事の施工部位は、本章9-1.2(施工部位)による。 9-1.2 ☞180頁
   ロ. 各部位の断熱性能は、本章9-1.3(断熱性能)による。 9-1.3 ☞184頁
   ハ. 開口部の断熱性能は、本章9-1.7(開口部の断熱性能)による。 9-1.7 ☞212頁
   ニ. 開口部の日射遮蔽措置は、本章9-1.8(開口部の日射遮蔽措置)による。 9-1.8 ☞215頁
   ホ. 気密工事は、充填断熱工法又は繊維系断熱材を用いた外張断熱工法による場合は本章9-1.5、発泡プラスチック系断熱材を用いた外張断熱工法による場合は本章9-1.6による。 9-1.5 ☞201頁 9-1.6 ☞210頁
   ヘ. 防湿材の施工、通気層の設置及び防風層の設置は、本章9-1.4.3(防湿材の施工)の2、本章9-1.4.7(壁の施工)の5及び6、本章9-1.4.9(屋根の施工)の2及び3による。 9-1.4.3の2 ☞192頁 9-1.4.7の5・6 ☞194頁 9-1.4.9の2・3 ☞194頁

9-1.1.3 断熱材

1. 断熱材の品質は、JISの制定のあるものはこの規格に適合したもので、原則として、JISマーク表示品とする。
2. 断熱材の形状及び種類は、次表による。なお、これ以外の断熱材を使用する場合は、性能及び生産品質が確かめられたものに限るものとする。

形　状	種　類	
	材　種	材料名
フェルト状断熱材	無機繊維系断熱材	グラスウール断熱材 ロックウール断熱材
ボード状断熱材	無機繊維系断熱材	グラスウール断熱材 ロックウール断熱材
	有機繊維断熱材	木質繊維断熱材 ポリエステル繊維断熱材 建材畳床
	発泡プラスチック系断熱材	ビーズ法ポリスチレンフォーム断熱材 押出法ポリスチレンフォーム断熱材 硬質ウレタンフォーム断熱材 ポリエチレンフォーム断熱材 フェノールフォーム断熱材
吹込み用断熱材	無機繊維系断熱材	吹込み用グラスウール断熱材 吹込み用ロックウール断熱材
	木質繊維系断熱材	吹込み用セルローズファイバー
現場発泡断熱材	発泡プラスチック系断熱材	建築物断熱用吹付け硬質ウレタンフォーム

3. 断熱材のホルムアルデヒドの発散量に関する品質については、特記による。

9-1.1.4 構造材及び主要な下地材

断熱構造部を構成する構造材には、含水率19%以下の乾燥した材料を用いる。

9-1.1.5 断熱材の保管・取扱い

1. 断熱材が雨などによって濡れることがないよう、十分配慮する。
2. 無機繊維系断熱材については、断熱材の上に重量物を載せないように十分注意する。
3. 発泡プラスチック系断熱材については、火気に十分注意する。

9-1.1.6 養生

1. 断熱工事終了後、後続の工事によって断熱材及び防湿材が損傷を受けないよう、必要に応じて養生を行う。
2. 施工中、屋外に面する断熱材は、雨水による濡れ、あるいは直射日光による劣化などにより損傷を受けないよう、必要に応じてシート類で養生する。

9-1.1.7 注意事項

1. 断熱工事は、他種工事との関連に十分留意し、確実な施工に最も適した時期に実施する。
2. 使用する断熱材、防湿材の種類に応じ、工具、作業衣などをあらかじめ準備する。

用　語

断熱工事に関する基準（断熱等性能等級4）

「住宅の品質確保の促進等に関する法律」における日本住宅性能表示基準及び評価方法基準（以下、「性能表示基準」という。）の「断熱等性能等級4」には、性能基準と仕様基準が定められている。

外皮等

外気等（外気または外気に通じる床裏、小屋裏、天井裏等をいう。）に接する天井（小屋裏または天井裏が外気に通じていない場合には、屋根）、壁、床（土間床等を含む。）及び開口部をいう。また、共同住宅等における界壁、界床についても外皮として取り扱うため、注意が必要である。

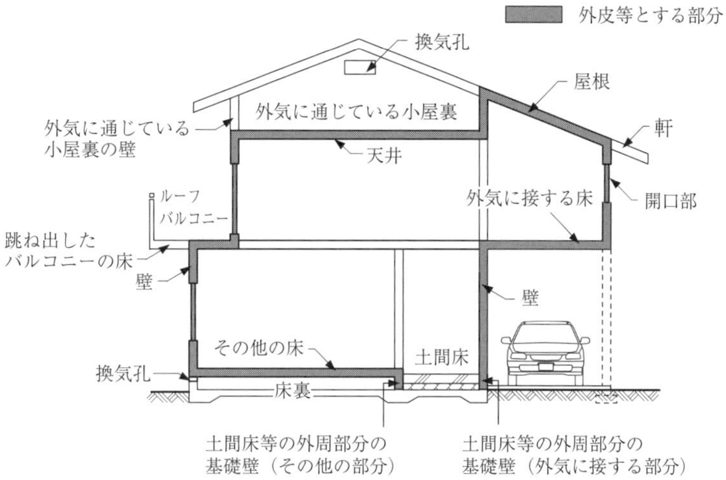

参考図9-1.1　外皮等となる部分

断熱材の種類

(1) 無機繊維系断熱材

ガラス原料や高炉スラグ等を溶かして繊維状にしたもの。原料が無機質のため、不燃性が高い。施工にあたっては、透湿性があるため防湿層付きの製品を使用するか、別に防湿材等を室内側に施工して、防湿層を設ける必要がある。

(2) 発泡プラスチック系断熱材

プラスチックを発泡させたもので、板状製品と施工現場で発泡して用いるものとがある。吸水性が少なく、断熱性に優れているが、燃焼性にやや難があるので、内装下地材にせっこうボード等の不燃材を使用することが望ましい。また、発泡剤として、フロンを使用しているもの（フロン品）と使用していないもの（ノンフロン品）があるが、地球温暖化防止の観点より、ノンフロン品を使用することが望ましい。

(3) 有機繊維断熱材

有機繊維断熱材には、木質繊維断熱材とポリエステル断熱材がある。木質繊維断熱材は、主に木材などの植物繊維を成形したものであり、ポリエステル断熱材は、廃ペットボトルなどのポリエステルを溶融して繊維状にし、成形したものである。

優良断熱材認証制度

JIS規格の有無やJIS規格への適合にかかわらず、一般社団法人日本建材・住宅設備産業協会が断熱材の製品性能（試験品質）と品質管理体制（生産品質）を審査し、性能表示値が適正であることを認証する制度である。認証された断熱材には、当該製品の熱抵抗値を明示した「優良断熱材認証（EI）マーク」が表示される。

地域の区分

住宅の省エネルギー基準においては、各地域の標準暖房度日（D18―18）を勘案し、全国を気候条件に応じて8つの地域に市区町村を区分している。

共同住宅等

本章では複合建築物の住宅部分も含むとしており、具体的には共同建て住宅、連続建て住宅、重ね建て住宅及び一戸建店舗等併用住宅の住宅部分を指す。

留意事項

住宅の省エネルギー基準・日本住宅性能表示基準とフラット35技術基準の関係

住宅の省エネルギー性能に関する技術基準には、「エネルギーの使用の合理化及び非化石エネルギーへの転換等に関する法律」（省エネ法）に基づく基準（昭和55年告示による基準、平成4年告示による基準及び平成11年告示による基準）、「建築物のエネルギー消費性能の向上に関する法律」（建築物省エネ法）に基づく基準（平成28年告示による基準）、「都市の低炭素化の促進に関する法律」（エコまち法）に基づく基準等がある。

また、「住宅の品質確保の促進等に関する法律」（品確法）に基づく「日本住宅性能表示基準」では、住宅の省エネルギー性能に関係する性能表示事項として、「断熱等性能等級」及び「一次エネルギー消費量等級」が定められている。

住宅の省エネルギー性能に関する各基準及び日本住宅性能表示基準に基づく等級とフラット35の技術基準との関係は、おおむね次表のとおりとなる。

表9-1.1　住宅の省エネルギー基準・フラット35技術基準・日本住宅性能表示基準の関係

住宅の省エネルギー基準		フラット35における技術基準		日本住宅性能表示基準[1]	
				断熱等性能等級	一次エネルギー消費量等級
昭和55年告示（旧省エネ基準）	≒	—	≒	等級2	—
平成 4 年告示（新省エネ基準）	≒	—	≒	等級3	—
平成11年告示（次世代省エネ基準）	−	—	−	—	—
平成28年告示（建築物省エネ法）	≒	融資要件	＝	等級4	等級4
認定低炭素住宅基準（エコまち法）	＝	フラット35S（金利Aプラン）（省エネルギー性）	≒	等級5	等級6
性能向上計画認定住宅（建築物省エネ法）	＝		≒	等級5	等級6

1）品確法に基づく住宅性能評価を受けた住宅、もしくは同法に基づく住宅型式性能認定を受けた住宅は、その等級に応じて該当するフラット35技術基準に適合することとなる。

乾燥材の使用

木材の乾燥収縮により、防湿フィルムに応力がかかり、すき間が生じて気密性能が低下しないよう、断熱構造部を構成する構造材には、乾燥した材料（重量含水率19％以下のもの）を使用することが重要である。なお、枠組壁工法構造用製材及び枠組壁工法構造用たて継ぎ材のJASでは、含水率19％以下のものを乾燥材として「D」の文字を表示することとなっている。

9-1.2 施工部位

9-1.2.1 断熱構造とする部分

断熱工事の施工部位は、次による。ただし、本章9-1.2.2（断熱構造としなくてもよい部分）については、断熱構造としなくてもよい。　9-1.2.2 ☞180頁

イ．住宅の屋根（小屋裏又は天井裏が外気に通じていない場合）、又は屋根の直下の天井（小屋裏又は天井裏が外気に通じている場合）

ロ．外気に接する壁

ハ．外気に接する床及びその他の床（床下換気孔等により外気と通じている床）

ニ．外気に接する土間床等の外周部分の基礎壁及びその他の土間床等の外周部分の基礎壁（床下換気孔等により外気と通じている床裏と接する土間床等の基礎壁）

9-1.2.2 断熱構造としなくてもよい部分

本章9-1.2.1（断熱構造とする部分）にかかわらず、断熱構造としなくてもよい部分は、次による。　9-1.2.1 ☞180頁

イ．居住区画に面する部位が断熱構造となっている物置、車庫、その他これに類する区画の外気に接する部位

ロ．外気に通じる床裏、小屋裏又は天井裏の壁で外気に接するもの

ハ．断熱構造となっている外壁から突き出した軒、袖壁、ベランダ、その他これらに類するもの

ニ．玄関土間、勝手口土間及び玄関土間又は勝手口土間につながる非居室の土間部分

ホ．床下換気孔等により外気に通じている場合で、バスユニットの裏面に断熱材が貼り付けられている、又は吹き付けられていることにより、断熱構造になっている浴室下部の土間床部分

用　語

土間床等

地盤面をコンクリートその他これに類する材料でおおった床または基礎断熱とした場合の床裏が外気に通じない床をいう。

留意事項

断熱構造とする部分

住宅の断熱の基本は、居住空間を断熱材で包み込むことである。このため、外気に接している天井（または屋根）、壁、床に断熱材を施工し、開口部に断熱に配慮した建具を用いる必要がある。

小屋裏（下屋を含む）における断熱材は、外気に通じる小屋裏換気孔が設けられている場合は天井に、それ以外の場合は屋根に施工する。壁における断熱材は、壁体の中または壁体の外に施工することとなるが、壁体の中に入りきらない場合は、入りきらない断熱材相当分を壁体の外に付加して施工することが必要である。床を土間床等とする場合、その外周部に断熱工事を行わなければならない。

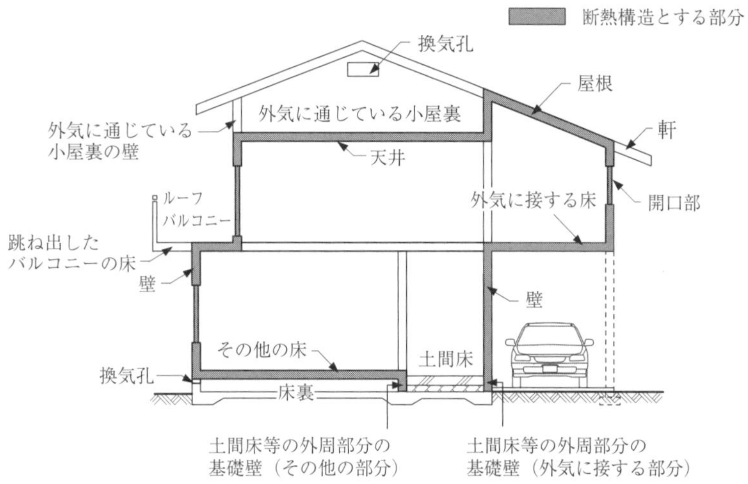

参考図9-1.2.1-1　断熱構造とする部分

断熱構造としなくてもよい部分

本章9-1.2.2（断熱構造としなくてもよい部分）のイは、居住部分との境界が断熱施工されている車庫等において、その外壁部には断熱が必要ないことを示す。ロは、小屋裏換気が行われている場合の妻小屋などには、断熱の必要はないことを示す。ハは、直接居住部分に影響しない部分である。

ニは、断熱材の施工が望ましいが、施工手間や意匠上の観点から断熱材の施工が困難となる場合が多く、住宅全体に占める熱損失量は影響が少ない部分であることから、断熱材の施工を省略できる。なお、ニは、玄関土間、勝手口土間及び玄関土間または勝手口土間につながる非居室の土間部分について、面積にかかわらず適用することができる。

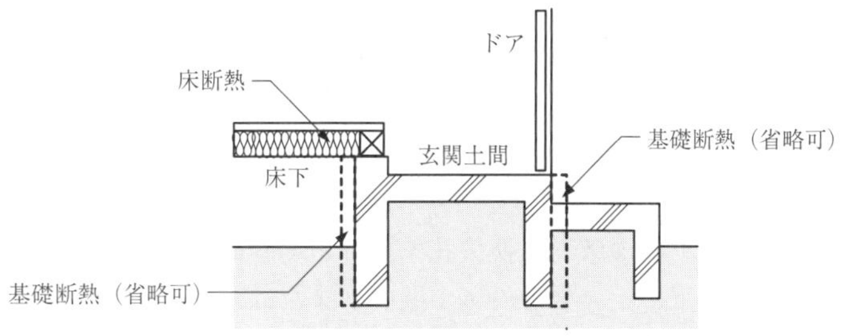

参考図9-1.2.2-1　玄関土間等における断熱施工を省略する場合

施工方法

土間床等の外周部

土間床等の外周部に施工する断熱材は、基礎の外側、内側または両面に、地盤面に垂直に施工する必要がある。また、断熱材は、基礎底盤上端から基礎天端まで連続して施工する。

ただし、べた基礎または防蟻用のコンクリートが全面に施工されているような場合で、基礎の内側に断熱材を施工する場合には、コンクリートの折り返し部分までの断熱施工で構わない。

なお、地中に埋めた断熱材は、一般的にシロアリの被害を受けやすいため、蟻害を防ぐよう基礎の形状や断熱材の施工位置等を工夫する必要がある（本章3.5（基礎断熱工事）施工方法（断熱材の施工位置）参照）。

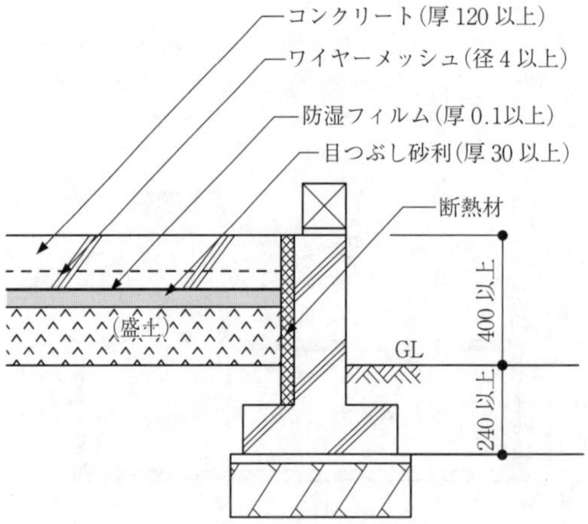

参考図9-1.2.1-2　基礎の内側に断熱材を施工する場合

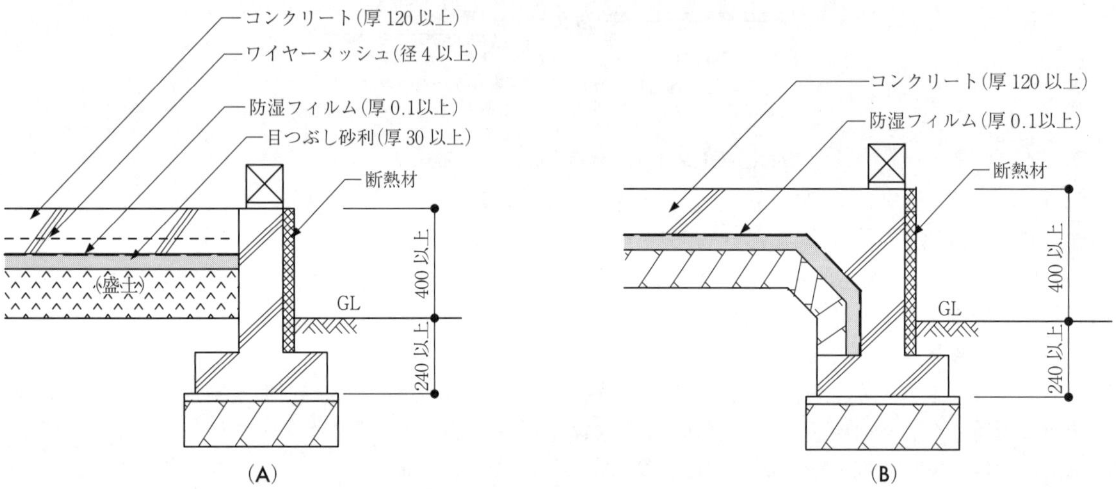

参考図9-1.2.1-3　基礎の外側に断熱材を施工する場合

「断熱構造となっているバスユニット下部」における土間床部分

バスユニット型の浴槽及び洗い場下部など、浴室下部の床に相当する部分が、ウレタン吹付けや発泡プラスチック系断熱材成形板などによって断熱されている場合には、土間床部分の断熱材の施工(基礎断熱)を省略できる。この場合の断熱材の種類・厚さは問わない。

断熱構造となっているバスユニット下部の床下に換気孔を設ける場合は、断熱性能の確保及び結露防止のため、気密補助材を設置し、換気孔を通じて床下に流入する外気が壁内部または天井裏等に侵入することを防ぐことが重要である。

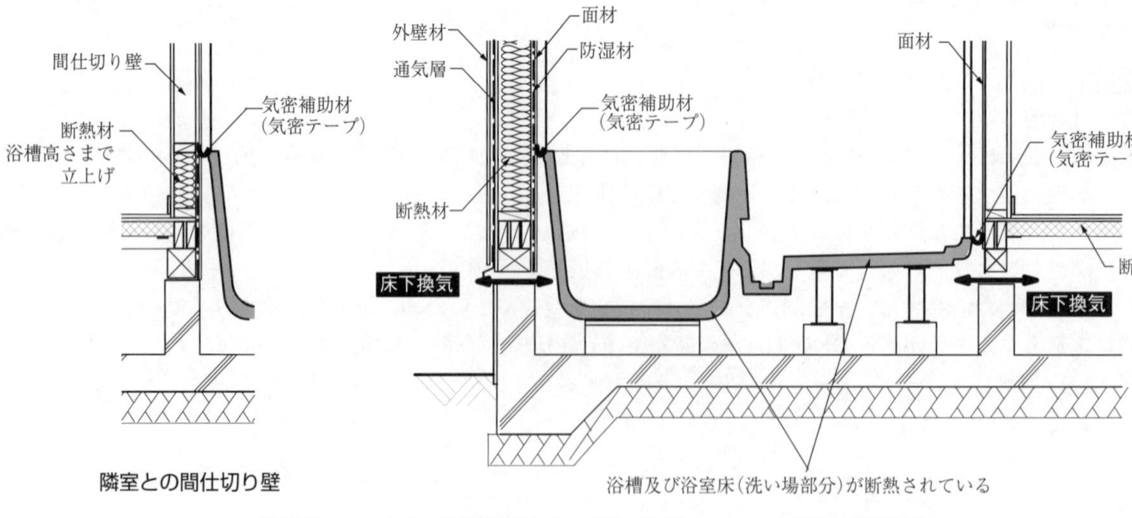

参考図9-1.2.2-2　断熱構造となっているバスユニット下部の施工例

バスユニット外周部の気密補助材の施工について

断熱構造となっているバスユニット外周部における気密補助材の設置方法の一つとして、次の方法がある。

①浴室室内側に、せっこうボード等の面材を設置する。

②バスユニット防水パンを設置する。

③当該面材と防水パンとのすき間を、気密テープにより処理する。その際、バスユニット上部の施工に支障がないよう注意し、気密テープを張り付ける。

④バスユニットの隣室間仕切り壁部分は断熱材を浴槽高さ（バス腰壁部）まで立ち上げ、バスユニット周囲の断熱部分にすき間が生じないように気密テープにより処理する。

なお、浴室室内側に面材を設置しない場合は、気密補助材の施工が難しくなるため、注意が必要である。

バスユニット下部の床等における断熱材施工

バスユニット下部の床やバリアフリー化のために和室床を、洋室と同じレベルに仕上げる場合は、この部分で断熱や防湿欠損が生じやすいので、施工には注意を要する。バスユニット下部の床及び壁は、あらかじめ断熱・防湿施工を行ってからユニットを搬入するか、この部分を基礎断熱とする等の工夫が必要である。バスユニット床下を基礎断熱（内側）とし、べた基礎または鉄筋により基礎と一体となった土間コンクリートを施工する場合、基礎内側の垂直断熱材は、べた基礎または土間コンクリートの上端から基礎天端まで施工することとする。あわせて、べた基礎または土間コンクリート部に水平断熱補強を行うことが望ましい。

また、基礎断熱とする部分は、基礎天端と土台との間に気密材または気密補助材を施工すること等により、すき間が生じないようにする。隣室間との基礎部分に点検等の開口部を設ける場合は、断熱構造とした蓋を取り付ける。

なお、基礎内側の断熱材の熱抵抗値または厚さは、本章9-1.3.3によることとする。ただし、耐久性基準が適用される場合（省令準耐火構造としない場合など）は、床下結露防止の観点から、本章3.5.4を勘案し、数値を決定する必要がある。

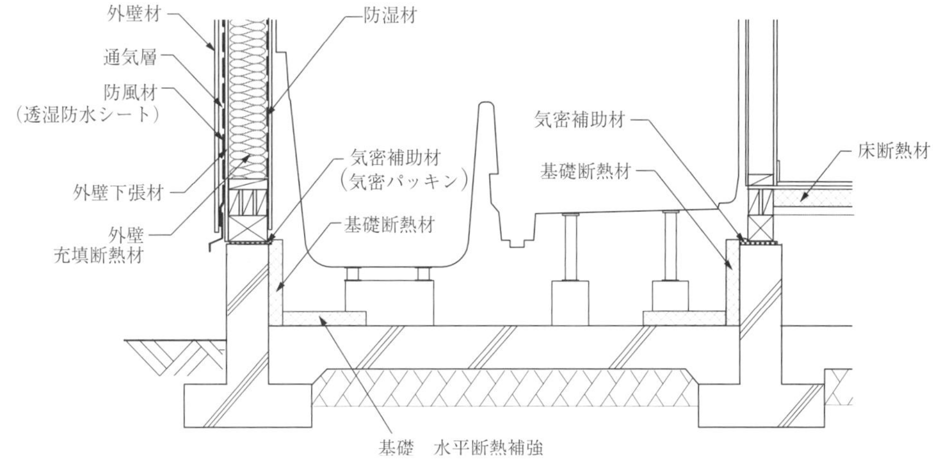

注）床断熱の住宅で、バスユニット床下を基礎断熱とする場合、バスユニットの下部は屋内空間となるため、土台と基礎天端間には、気密補助材等を用いてすき間が生じないようにする。

参考図9-1.2.2-3　床断熱の住宅でバスユニット床下を基礎断熱とする場合の断熱施工例

9-1.3 断熱性能

9-1.3.1 一般事項

断熱材の熱抵抗値又は厚さは、この項による。

9-1.3.2 断熱材の種類

断熱材は、次表に掲げる種類の断熱材又は次表の熱伝導率を有する断熱材とする。

記号別の断熱材の種類と規格

記号		断熱材の種類	λ：熱伝導率 (W/(m·K))
A	A－1	吹込み用グラスウール (LFGW1052、LFGW1352、LFGW1852) 木質繊維断熱材 (ファイバーボード1種1号、2号、2種1号A、2種2号A) 建材畳床(Ⅲ形)	λ＝0.052～0.051
	A－2	グラスウール断熱材 通常品(10-50、10-49、10-48) 高性能品(HG10-47、HG10-46) 吹込み用ロックウール(LFRW2547、LFRW3046) 建材畳床(K、N形)	λ＝0.050～0.046
B		グラスウール断熱材 通常品(12-45、12-44、16-45、16-44、20-42、20-41) 高性能品(HG10-45、HG10-44、HG10-43、HG12-43、HG12-42、HG12-41) ロックウール断熱材(LA、LB、LC) ビーズ法ポリスチレンフォーム断熱材4号 ポリエチレンフォーム断熱材1種1号、2号 木質繊維断熱材(ファイバーボード2種1号B、2種2号B)	λ＝0.045～0.041
C	C－1	グラスウール断熱材 通常品(20-40) 木質繊維断熱材 (ファイバーマット、ファイバーボード2種1号C、2種2号C) 吹込み用グラスウール (LFGW2040、LFGW3240、LFGW3540) ロックウール断熱材(LD) 押出法ポリスチレンフォーム断熱材1種b(A) 吹込み用セルローズファイバー (LFCF2540、LFCF4040、LFCF4540、LFCF5040、LFCF5540) 吹付け硬質ウレタンフォーム断熱材A種3	λ＝0.040～0.039
	C－2	グラスウール断熱材 通常品(24-38、32-36、40-36、48-35、64-35) 高性能品(HG14-38、HG14-37、HG16-38、HG16-37、HG16-36、HG20-38、HG20-37、HG20-36、HG20-35、HG24-36、HG24-35、HG28-35、HG32-35) 吹込み用グラスウール(LFGW2238、LFGW3238) ロックウール断熱材(MA、MB、MC、HA、HB) ビーズ法ポリスチレンフォーム断熱材2号、3号 押出法ポリスチレンフォーム断熱材1種b(B、C) ポリエチレンフォーム断熱材2種 フェノールフォーム断熱材2種1号(AⅠ、AⅡ)、3種1号(AⅠ、AⅡ) 吹込み用ロックウール(LFRW6038)	λ＝0.038～0.035

D	グラスウール断熱材 通常品(80-33、96-33) 高性能品(HG20-34、HG24-34、HG24-33、HG28-34、 HG28-33、HG32-34、HG32-33、HG36-34、 HG36-33、HG36-32、HG36-31、HG38-34、 HG38-33、HG38-32、HG38-31、HG40-34、 HG40-33、HG40-32、HG48-33、HG48-32、 HG48-31) ロックウール断熱材(HC) ビーズ法ポリスチレンフォーム断熱材1号 押出法ポリスチレンフォーム断熱材2種b(A、B、C) フェノールフォーム断熱材2種2号(AⅠ、AⅡ) 硬質ウレタンフォーム断熱材1種1号(Ⅰ、Ⅱ) ポリエチレンフォーム断熱材3種 吹付け硬質ウレタンフォーム断熱材A種1、2	λ＝0.034～0.029
E	押出法ポリスチレンフォーム断熱材 スキン層なし3種a(A、B、C)、3種b(A、B、C) スキン層付き3種a(AⅠ、AⅡ、BⅠ、BⅡ、CⅠ、CⅡ)、 3種b(AⅠ、AⅡ、BⅠ、BⅡ、CⅠ、CⅡ) 硬質ウレタンフォーム断熱材 1種2号(Ⅰ、Ⅱ)、3号(Ⅰ、Ⅱ)、 2種1号(AⅠ、AⅡ)、2号(AⅠ、AⅡ、BⅠ、BⅡ)、 3種1号(AⅠ、AⅡ、BⅠ、BⅡ、CⅠ、CⅡ、DⅠ、DⅡ)、 3種2号(AⅠ、AⅡ、BⅠ、BⅡ、CⅠ、CⅡ、DⅠ、DⅡ) フェノールフォーム断熱材2種3号(AⅠ、AⅡ) 吹付け硬質ウレタンフォーム断熱材A種1H、2H	λ＝0.028～0.023
F	押出法ポリスチレンフォーム断熱材 スキン層なし3種a(D、E)、3種b(D、E) スキン層付き3種a(DⅠ、DⅡ、EⅠ、EⅡ)、 3種b(DⅠ、DⅡ、EⅠ、EⅡ) 硬質ウレタンフォーム断熱材2種 1号(BⅠ、BⅡ、CⅠ、CⅡ、DⅠ、DⅡ、EⅠ、EⅡ)、 2号(CⅠ、CⅡ、DⅠ、DⅡ、EⅠ、EⅡ、FⅠ、FⅡ) フェノールフォーム断熱材1種 1号(AⅠ、AⅡ、BⅠ、BⅡ、CⅠ、CⅡ、DⅠ、DⅡ、EⅠ、EⅡ)、 2号(AⅠ、AⅡ、BⅠ、BⅡ、CⅠ、CⅡ、DⅠ、DⅡ、EⅠ、EⅡ)、 3号(AⅠ、AⅡ、BⅠ、BⅡ、CⅠ、CⅡ、DⅠ、DⅡ、EⅠ、EⅡ)	λ＝0.022以下

9-1.3.3 一戸建ての住宅における断熱材の熱抵抗値又は厚さ

一戸建ての住宅における断熱材の熱抵抗値又は厚さは、地域の区分、施工部位、断熱材の種類及び断熱材の施工方法に応じ、次の早見表に掲げる数値以上とする。(「必要な熱抵抗値」の単位はm^2・K/W)

【早見表の活用にあたっての注意】

1. 以下の早見表の断熱材の厚さは、断熱材の各グループのうち、熱伝導率の最大値を用いて算出した厚さを5mm単位で切り上げたものである。したがって、使用する断熱材によっては、必要厚さを早見表に掲げる数値よりも低い値とすることが可能であり、この場合の断熱材の種類・厚さは特記する。
2. 部位(屋根又は天井、壁、床)によって異なる断熱材の施工方法(充填断熱工法、外張断熱工法又は内張断熱工法)を採用する場合には、当該施工方法に該当するそれぞれの熱抵抗値又は厚さを適用する。
3. 「土間床等の外周部分の基礎壁」の断熱材厚さは、当該基礎壁の外側、内側又は両側に、地盤面に垂直に施工される断熱材の厚さを示す。なお、断熱材の垂直方向の深さは、基礎底盤上端から基礎天端まで、又はこれと同等以上の断熱性能を確保できるものとすること。

1. 1地域及び2地域に建設する充填断熱工法の一戸建ての住宅における断熱材の熱抵抗値又は必要厚さは、次による。

部位 ＼ 断熱材の厚さ		必要な熱抵抗値	断熱材の種類・厚さ（単位：mm）							
			A−1	A−2	B	C−1	C−2	D	E	F
屋根又は天井	屋　根	6.6	345	330	300	265	255	225	185	150
	天　井	5.7	300	285	260	230	220	195	160	130
壁		3.6	190	180	165	145	140	125	105	80
床	外気に接する部分	4.2	220	210	190	170	160	145	120	95
	その他の部分	3.1	165	155	140	125	120	110	90	70
土間床等の外周部分の基礎壁	外気に接する部分	3.5	185	175	160	140	135	120	100	80
	その他の部分	1.2	65	60	55	50	50	45	35	30

2. 1地域及び2地域に建設する外張断熱工法又は内張断熱工法の一戸建ての住宅における断熱材の熱抵抗値又は必要厚さは、次による。

部位 ＼ 断熱材の厚さ		必要な熱抵抗値	断熱材の種類・厚さ（単位：mm）							
			A−1	A−2	B	C−1	C−2	D	E	F
屋根又は天井		5.7	300	285	260	230	220	195	160	130
壁		2.9	155	145	135	120	115	100	85	65
床	外気に接する部分	3.8	200	190	175	155	145	130	110	85
	その他の部分	−	−	−	−	−	−	−	−	−
土間床等の外周部分の基礎壁	外気に接する部分	3.5	185	175	160	140	135	120	100	80
	その他の部分	1.2	65	60	55	50	50	45	35	30

3. 3地域に建設する充填断熱工法の一戸建ての住宅における断熱材の熱抵抗値又は必要厚さは、次による。

部位 ＼ 断熱材の厚さ		必要な熱抵抗値	断熱材の種類・厚さ（単位：mm）							
			A−1	A−2	B	C−1	C−2	D	E	F
屋根又は天井	屋　根	4.6	240	230	210	185	175	160	130	105
	天　井	4.0	210	200	180	160	155	140	115	90
壁		2.3	120	115	105	95	89	80	65	55
床	外気に接する部分	4.2	220	210	190	170	160	145	120	95
	その他の部分	3.1	165	155	140	125	120	110	90	70
土間床等の外周部分の基礎壁	外気に接する部分	3.5	185	175	160	140	135	120	100	80
	その他の部分	1.2	65	60	55	50	50	45	35	30

4. 3地域に建設する外張断熱工法又は内張断熱工法の一戸建ての住宅における断熱材の熱抵抗値又は必要厚さは、次による。

部位 ＼ 断熱材の厚さ		必要な熱抵抗値	断熱材の種類・厚さ（単位：mm）							
			A−1	A−2	B	C−1	C−2	D	E	F
屋根又は天井		4.0	210	200	180	160	155	140	115	90
壁		1.7	90	85	80	70	65	60	50	40
床	外気に接する部分	3.8	200	190	175	155	145	130	110	85
	その他の部分	−	−	−	−	−	−	−	−	−
土間床等の外周部分の基礎壁	外気に接する部分	3.5	185	175	160	140	135	120	100	80
	その他の部分	1.2	65	60	55	50	50	45	35	30

5. 4地域、5地域、6地域及び7地域に建設する充填断熱工法の一戸建ての住宅における断熱材の熱抵抗値又は必要厚さは、次による。

部位 ＼ 断熱材の厚さ		必要な熱抵抗値	断熱材の種類・厚さ(単位：mm)							
			A−1	A−2	B	C−1	C−2	D	E	F
屋根又は天井	屋　根	4.6	240	230	210	185	175	160	130	105
	天　井	4.0	210	200	180	160	155	140	115	90
壁		2.3	120	115	105	95	89	80	65	55
床	外気に接する部分	3.1	165	155	140	125	120	110	90	70
	その他の部分	2.0	105	100	90	80	80	70	60	45
土間床等の外周部分の基礎壁	外気に接する部分	1.7	90	85	80	70	65	60	50	40
	その他の部分	0.5	30	25	25	20	20	20	15	15

6. 4地域、5地域、6地域及び7地域に建設する外張断熱工法又は内張断熱工法の一戸建ての住宅における断熱材の熱抵抗値又は必要厚さは、次による。

部位 ＼ 断熱材の厚さ		必要な熱抵抗値	断熱材の種類・厚さ(単位：mm)							
			A−1	A−2	B	C−1	C−2	D	E	F
屋根又は天井		4.0	210	200	180	160	155	140	115	90
壁		1.7	90	85	80	70	65	60	50	40
床	外気に接する部分	2.5	130	125	115	100	95	85	70	55
	その他の部分	−	−	−	−	−	−	−	−	−
土間床等の外周部分の基礎壁	外気に接する部分	1.7	90	85	80	70	65	60	50	40
	その他の部分	0.5	30	25	25	20	20	20	15	15

7. 8地域に建設する充填断熱工法の一戸建ての住宅における断熱材の熱抵抗値又は必要厚さは、次による。

部位 ＼ 断熱材の厚さ		必要な熱抵抗値	断熱材の種類・厚さ(単位：mm)							
			A−1	A−2	B	C−1	C−2	D	E	F
屋根又は天井	屋　根	0.96	50	50	45	40	40	35	30	25
	天　井	0.89	50	45	45	40	35	35	25	20
壁		−	−	−	−	−	−	−	−	−
床	外気に接する部分	−	−	−	−	−	−	−	−	−
	その他の部分	−	−	−	−	−	−	−	−	−
土間床等の外周部分の基礎壁	外気に接する部分	−	−	−	−	−	−	−	−	−
	その他の部分	−	−	−	−	−	−	−	−	−

8. 8地域に建設する外張断熱工法又は内張断熱工法の一戸建ての住宅における断熱材の熱抵抗値又は必要厚さは、次による。

部位 ＼ 断熱材の厚さ		必要な熱抵抗値	断熱材の種類・厚さ(単位：mm)							
			A−1	A−2	B	C−1	C−2	D	E	F
屋根又は天井		0.78	45	40	40	35	30	30	25	20
壁		−	−	−	−	−	−	−	−	−
床	外気に接する部分	−	−	−	−	−	−	−	−	−
	その他の部分	−	−	−	−	−	−	−	−	−
土間床等の外周部分の基礎壁	外気に接する部分	−	−	−	−	−	−	−	−	−
	その他の部分	−	−	−	−	−	−	−	−	−

9-1.3.4 共同住宅等における断熱材の熱抵抗値又は厚さ

共同住宅等(複合建築物の住宅部分を含む。以下本章において同じ。)における断熱材の熱抵抗値又は厚さは、地域の区分、施工部位、断熱材の種類及び断熱材の施工方法に応

じ、次の早見表に掲げる数値以上とする。(「必要な熱抵抗値」の単位はm^2・K/W)

【早見表の活用にあたっての注意】

1. 以下の早見表の断熱材の厚さは、断熱材の各グループのうち、熱伝導率の最大値を用いて算出した厚さを5mm単位で切り上げたものである。したがって、使用する断熱材によっては、必要厚さを早見表に掲げる数値よりも低い値とすることが可能であり、この場合の断熱材の種類・厚さは特記する。
2. 部位(屋根又は天井、壁、床)によって異なる断熱材の施工方法(充填断熱工法、外張断熱工法又は内張断熱工法)を採用する場合には、当該施工方法に該当するそれぞれの熱抵抗値又は厚さを適用する。
3. 「土間床等の外周部分の基礎壁」の断熱材厚さは、当該基礎壁の外側、内側又は両側に、地盤面に垂直に施工される断熱材の厚さを示す。なお、断熱材の垂直方向の深さは、基礎底盤上端から基礎天端まで、又はこれと同等以上の断熱性能を確保できるものとすること。

1. 1地域及び2地域に建設する充填断熱工法の共同住宅等における断熱材の熱抵抗値又は必要厚さは、次による。

部位 ＼ 断熱材の厚さ		必要な熱抵抗値	断熱材の種類・厚さ(単位:mm)							
			A-1	A-2	B	C-1	C-2	D	E	F
屋根又は天井	屋　根	2.9	155	145	135	120	115	100	85	65
	天　井	2.3	120	115	105	95	90	80	65	55
壁		2.5	130	125	115	100	95*	85	70	55
床	外気に接する部分	3.4	180	170	155	140	130	120	100	75
	その他の部分	2.1	110	105	95	85	80	75	60	50
土間床等の外周部分の基礎壁	外気に接する部分	1.2	65	60	55	50	50	45	35	30
	その他の部分	0.4	25	20	20	20	20	15	15	10

＊外壁のたて枠を204材(幅89mm)とする場合には、熱伝導率が0.035(単位:W/(m・K))の断熱材を89mm施工すれば所要性能が確保される。

2. 1地域及び2地域に建設する外張断熱工法又は内張断熱工法の共同住宅等における断熱材の熱抵抗値又は必要厚さは、次による。

部位 ＼ 断熱材の厚さ		必要な熱抵抗値	断熱材の種類・厚さ(単位:mm)							
			A-1	A-2	B	C-1	C-2	D	E	F
屋根又は天井		2.5	130	125	115	100	95	85	70	55
壁		2.2	115	110	100	90	85	75	65	50
床	外気に接する部分	3.1	165	155	140	125	120	110	90	70
	その他の部分	−	−	−	−	−	−	−	−	−
土間床等の外周部分の基礎壁	外気に接する部分	1.2	65	60	55	50	50	45	35	30
	その他の部分	0.4	25	20	20	20	20	15	15	10

3. 3地域に建設する充填断熱工法の共同住宅等における断熱材の熱抵抗値又は必要厚さは、次による。

部位 ＼ 断熱材の厚さ		必要な熱抵抗値	断熱材の種類・厚さ(単位:mm)							
			A-1	A-2	B	C-1	C-2	D	E	F
屋根又は天井	屋　根	2.0	105	100	90	80	80	70	60	45
	天　井	1.6	85	80	75	65	65	55	45	40
壁		1.8	95	90*	85	75	70	65	55	40
床	外気に接する部分	2.9	155	145	135	120	115	100	85	65
	その他の部分	1.7	90	85	80	70	65	60	50	40
土間床等の外周部分の基礎壁	外気に接する部分	0.6	35	30	30	25	25	25	20	15
	その他の部分	0.1	10	5	5	5	5	5	5	5

＊外壁のたて枠を204材(幅89mm)とする場合には、熱伝導率が0.049(単位:W/(m・K))以下の断熱材を89mm施工すれば所要性能が確保される。

4. 3地域に建設する外張断熱工法又は内張断熱工法の共同住宅等における断熱材の熱抵抗値又は必要厚さは、次による。

部位 ＼ 断熱材の厚さ		必要な熱抵抗値	断熱材の種類・厚さ（単位：mm）							
			A−1	A−2	B	C−1	C−2	D	E	F
屋根又は天井		1.7	90	85	80	70	65	60	50	40
壁		1.6	85	80	75	65	65	55	45	40
床	外気に接する部分	2.6	140	130	120	105	100	90	75	60
	その他の部分	−	−	−	−	−	−	−	−	−
土間床等の外周部分の基礎壁	外気に接する部分	0.6	35	30	30	25	25	25	20	15
	その他の部分	0.1	10	5	5	5	5	5	5	5

5. 4地域に建設する充填断熱工法の共同住宅等における断熱材の熱抵抗値又は必要厚さは、次による。

部位 ＼ 断熱材の厚さ		必要な熱抵抗値	断熱材の種類・厚さ（単位：mm）							
			A−1	A−2	B	C−1	C−2	D	E	F
屋根又は天井	屋　根	1.4	75	70	65	60	55	50	40	35
	天　井	1.1	60	55	50	45	45	40	35	25
壁		1.1	60	55	50	45	45	40	35	25
床	外気に接する部分	2.9	155	145	135	120	115	100	85	65
	その他の部分	1.7	90	85	80	70	65	60	50	40
土間床等の外周部分の基礎壁	外気に接する部分	0.6	35	30	30	25	25	25	20	15
	その他の部分	0.1	10	5	5	5	5	5	5	5

6. 4地域に建設する外張断熱工法又は内張断熱工法の共同住宅等における断熱材の熱抵抗値又は必要厚さは、次による。

部位 ＼ 断熱材の厚さ		必要な熱抵抗値	断熱材の種類・厚さ（単位：mm）							
			A−1	A−2	B	C−1	C−2	D	E	F
屋根又は天井		1.2	65	60	55	50	50	45	35	30
壁		1.0	55	50	45	40	40	35	30	25
床	外気に接する部分	2.6	140	130	120	105	100	90	75	60
	その他の部分	−	−	−	−	−	−	−	−	−
土間床等の外周部分の基礎壁	外気に接する部分	0.6	35	30	30	25	25	25	20	15
	その他の部分	0.1	10	5	5	5	5	5	5	5

7. 5地域、6地域及び7地域に建設する充填断熱工法の共同住宅等における断熱材の熱抵抗値又は必要厚さは、次による。

部位 ＼ 断熱材の厚さ		必要な熱抵抗値	断熱材の種類・厚さ（単位：mm）							
			A−1	A−2	B	C−1	C−2	D	E	F
屋根又は天井	屋　根	1.1	60	55	50	45	45	40	35	25
	天　井	0.9	50	45	45	40	35	35	30	20
壁		1.1	60	55	50	45	45	40	35	25
床	外気に接する部分	2.9	155	145	135	120	115	100	85	65
	その他の部分	1.7	90	85	80	70	65	60	50	40
土間床等の外周部分の基礎壁	外気に接する部分	0.6	35	30	30	25	25	25	20	15
	その他の部分	0.1	10	5	5	5	5	5	5	5

8. 5地域、6地域及び7地域に建設する外張断熱工法又は内張断熱工法の共同住宅等における断熱材の熱抵抗値又は必要厚さは、次による。

部位 ＼ 断熱材の厚さ		必要な熱抵抗値	断熱材の種類・厚さ（単位：mm）							
			A−1	A−2	B	C−1	C−2	D	E	F
屋根又は天井		1.0	55	50	45	40	40	35	30	25
壁		1.0	55	50	45	40	40	35	30	25
床	外気に接する部分	2.6	140	130	120	105	100	90	75	60
	その他の部分	−	−	−	−	−	−	−	−	−
土間床等の外周部分の基礎壁	外気に接する部分	0.6	35	30	30	25	25	25	20	15
	その他の部分	0.1	10	5	5	5	5	5	5	5

9. 8地域に建設する充填断熱工法の共同住宅等における断熱材の熱抵抗値又は必要厚さは、次による。

部位 ＼ 断熱材の厚さ		必要な熱抵抗値	断熱材の種類・厚さ（単位：mm）							
			A−1	A−2	B	C−1	C−2	D	E	F
屋根又は天井	屋　根	1.0	55	50	45	40	40	35	30	25
	天　井	0.8	45	40	40	35	35	30	25	20
壁		−	−	−	−	−	−	−	−	−
床	外気に接する部分	−	−	−	−	−	−	−	−	−
	その他の部分	−	−	−	−	−	−	−	−	−
土間床等の外周部分の基礎壁	外気に接する部分	−	−	−	−	−	−	−	−	−
	その他の部分	−	−	−	−	−	−	−	−	−

10. 8地域に建設する外張断熱工法又は内張断熱工法の共同住宅等における断熱材の熱抵抗値又は必要厚さは、次による。

部位 ＼ 断熱材の厚さ		必要な熱抵抗値	断熱材の種類・厚さ（単位：mm）							
			A−1	A−2	B	C−1	C−2	D	E	F
屋根又は天井		0.9	50	45	45	40	35	35	30	20
壁		−	−	−	−	−	−	−	−	−
床	外気に接する部分		−	−	−	−	−	−	−	−
	その他の部分	−	−	−	−	−	−	−	−	−
土間床等の外周部分の基礎壁	外気に接する部分	−	−	−	−	−	−	−	−	−
	その他の部分	−	−	−	−	−	−	−	−	−

9-1.3.5 断熱材の厚さの特例

床の「外気に接する部分」のうち、住宅の床面積の合計の5％以下の部分については、本章9-1.3.3（一戸建ての住宅における断熱材の熱抵抗値又は厚さ）及び本章9-1.3.4（共同住宅等における断熱材の熱抵抗値又は厚さ）における早見表において、「その他の部分」とみなすことができる。

9-1.3.3 ☞185頁
9-1.3.4 ☞187頁

用　語

充填断熱工法と外張断熱工法

枠組壁工法住宅の断熱施工方法を大別すると、

①充填断熱工法…たて枠などの構造部材間の空間に、断熱材を詰め込み断熱する工法

②外張断熱工法…外壁などの構造部材の外気側に断熱材を張り付けていく工法（屋根または天井、外壁、外気に接する床において適用）

の2つに分類されるが、本項では、それぞれに対応した熱抵抗値を規定しており、躯体もすっぽりおおう外張断熱工法のほうが、必要な断熱材の厚さは少なくなっている。

なお、早見表において、構造部材間におさまらない数値が示されている箇所については、充填断熱を行ったうえに、

さらに足りない厚さ相当分の断熱材を外張りすることが必要となる(この場合、断熱材の厚さの適用や気密工事においては、「充填断熱工法」の仕様を適用することとなる)。

留意事項

断熱材の早見表について

本仕様書で示す断熱材の厚さの早見表は、フラット35の断熱基準において規定されている断熱材の熱抵抗値(性能表示基準と同一)に適合する断熱材の種類、厚さを選択することが容易にできるように作成しているものである。したがって、選択した断熱材の熱伝導率によっては、表に記載される厚さよりも薄い厚さでも定められた熱抵抗値に適合させることが可能となる場合がある。

熱抵抗値(断熱材の厚さ)は、たて枠や横架材などの熱を通しやすい部位を考慮して決められている。このため、原則として、このような部位に断熱材を施工することを前提とはしていないが、熱的弱点となる部分であるため、実際には断熱材を施工することが望ましい。

なお、本仕様書で示す材料以外の断熱材を使用する場合や、異なる種類の断熱材を併用する等の際には、本仕様書に示す断熱材の厚さによらず、熱抵抗の値により断熱材の厚さを求めるか、もしくは各部位の熱貫流率(壁、天井、建具などの各部位ごとの室内からの熱の逃げやすさ)を計算により求め、定められた数値以下とする必要がある。この場合、断熱材の種類と厚さは、本仕様書には示していないので、各部位の断面構成も含めて特記しなければならない。

なお、熱貫流率の計算にあたっては、熱橋(金属等の構造部材等、断熱性能が劣る部分)により貫流する熱量等を勘案する必要がある。この熱貫流率を用いる方法は、断熱材以外の素材の熱性能を含めて評価する際に有効である。

また、上記とは別に住宅全体のいわゆる「性能基準」として、外皮平均熱貫流率[1]の基準を定めており、これらの基準に適合させる場合も熱貫流率による場合と同様、断熱材の種類と厚さ等を特記しなければならない。

1) 外皮平均熱貫流率:内外の温度差1度当たりの総熱損失量(換気による熱損失を除く)を外皮等(外気等(外気または外気に通じる床裏、小屋裏、天井裏等をいう)に接する天井(小屋裏または天井裏が外気に通じていない場合にあっては屋根)、壁、床及び開口部等をいう)面積の合計で除した値。

JIS A 9521に基づく断熱材の熱抵抗値の表示について

JIS A 9521は、建築用断熱材を規定するものとして2014年に改正された。これにより、製品の熱性能が熱伝導率で規定されることになったほか、従来から利用されていた熱抵抗値を、熱伝導率とともに併記する表示へと変更された。

表示される熱抵抗値の算出に用いる厚さは、製品に許容される最小厚さを用いることとなったため、消費者にとっては安全側となるよう配慮された一方、使用する断熱材によっては熱抵抗値が小さく表示される場合がある。したがって、使用する断熱材にその断熱材の熱抵抗値が表示されている場合は、本仕様書に記載している断熱材の早見表に記載している、各部位に必要な熱抵抗値に適合することを確認する必要がある。

断熱材A　熱伝導率$\lambda = 0.04\text{W}/(\text{m}\cdot\text{K})$、呼び厚さ$d = 90\text{mm}$
呼び厚さに対する許容差$+5.0\text{mm}$、-3.0mm

熱抵抗値の算出に用いる厚さは、製品に許容される最小厚さを用いる。
(この事例の場合、$d = 87\text{mm}$として算出する)

熱抵抗値$R = d/\lambda = 0.087/0.04 = 2.175$

∴表示される熱抵抗値Rは　$\underline{2.2\text{m}^2\cdot\text{K/W}}$　(小数点2位以下を四捨五入)

表示される熱抵抗値の例

断熱材の厚さ

充填断熱工法の断熱材の厚さは、構造部材の厚さ以下とする。繊維系断熱材においても、無理に押しつぶさないようにしなければならない。適切な厚さの断熱材を施工し、厚さが不足する場合は、外皮平均熱貫流率の基準による方法を考慮する。

断熱材の特例

断熱工事(断熱等性能等級4)においては、本章9-1.3.5を除き、断熱材の厚さの特例(部位の基準に満たない箇所が生じた場合に他の部位の断熱強化で補完できる規定(いわゆるトレードオフ規定))はない。

施工方法

中間階床の横架材部分

寒冷地である1地域及び2地域では、中間階における外気に接する側根太部分、まぐさ部分が、局所的に熱の移動が大きい箇所となることから、断熱材を施工することが望ましい。

9-1.4 断熱材等の施工

9-1.4.1 断熱材の加工

1. 切断などの材料の加工は、清掃した平たんな面上で、定規等を用い正確に行う。
2. 加工の際、材料に損傷を与えないように注意する。
3. ロールになったフェルト状断熱材を切断する場合は、はめ込む木枠の内のり寸法より5～10 mm大きく切断する。
4. ボード状断熱材は、専用工具を用いて内のり寸法にあわせて正確に切断する。

9-1.4.2 断熱材の施工

1. 断熱材は、すき間なく施工する。
2. 断熱材を充填する場合は、周囲の木枠との間及び室内側下地材との間に、すき間が生じないよう均一にはめ込む。
3. 充填工法の場合は、フェルト状、ボード状又は吹込み用断熱材を、根太やたて枠などの木枠の間にはめ込み、又は天井の上に敷き込むことにより取り付ける。
4. ボード状断熱材を充填する場合、すき間が生じた時は、現場発泡断熱材などで適切に補修する。
5. ボード状断熱材又はフェルト状断熱材をたる木、屋根下張材等の外側に張り付ける（外張りする）場合は、断熱材の突付け部を、たる木などの下地がある部分にあわせ、すき間が生じないようにくぎ留めする。
6. 耳付きの防湿層を備えたフェルト状断熱材を施工する場合は、耳を木枠の室内側見付け面に、間隔200 mm内外でステープル留めとする。
7. 住宅の次に掲げる部位では、おさまりと施工に特に注意し、断熱材及び防湿材にすき間が生じないようにする。
   イ．外壁と天井又は屋根との取合い部
   ロ．外壁と床との取合い部
   ハ．間仕切り壁と天井又は屋根及び床との取合い部
   ニ．下屋の小屋裏の天井と壁の取合い部
8. 上記以外の取付けを行う場合は、特記による。

9-1.4.3 防湿材の施工

1. 防湿材は、次のいずれかに該当するもの、又はこれらと同等以上の透湿抵抗を有するものとする。
   イ．☐ JIS A 6930（住宅用プラスチック系防湿フィルム）に適合するもの
   ロ．☐ JIS Z 1702（包装用ポリエチレンフィルム）に適合するもので、厚さ0.05 mm以上のもの
   ハ．☐ JIS K 6781（農業用ポリエチレンフィルム）に適合するもので、厚さ0.05 mm以上のもの
2. グラスウール、ロックウール、セルローズファイバー等の繊維系断熱材及びJIS A 9526に規定する吹付け硬質ウレタンフォームA種3、その他これらに類する透湿抵抗の小さい断熱材（以下「繊維系断熱材等」という。）を使用する場合は、外気等に接する部分に防湿材等を室内側に施工して防湿層を設ける。ただし、次のいずれかの場合は、当該部位について防湿層の設置を省略することができる。
   イ．床断熱において、断熱材下側が床下に露出する場合、又は湿気の排出を妨げない構成となっている場合
   ロ．建設地の地域の区分が8地域の場合
   ハ．断熱層が単一の材料で均質に施工され、透湿抵抗比（断熱層の外気側表面より室内側に施工される材料の透湿抵抗の合計値を、断熱層の外気側表面より外気側に施工される材料の透湿抵抗の合計値で除した値）が、次の値以上である場合
   （イ）1地域、2地域及び3地域で、壁は5、屋根又は天井は6
   （ロ）4地域で、壁は3、屋根又は天井は4

(ハ) 5地域、6地域及び7地域で、壁は2、屋根又は天井は3
ニ．イからハと同等以上の結露の発生の防止に有効な措置を講ずる場合は、特記による。
3. 防湿材の施工は、次のいずれかによる。
イ．□防湿材は、幅広の長尺シートを用い、連続させ、すき間のできないように施工する。また、継目は下地材のあるところで30 mm以上重ね合わせる。
ロ．□イによらず耳付きの防湿材を備えたフェルト状断熱材を用いる場合は、防湿層を室内側に向けて施工する。なお、防湿材の継目は、すき間が生じないよう十分突き付け施工する。すき間が生じた場合は、1に掲げる防湿材、アルミテープ等の防湿テープで補修する。
4. 防湿材は、電気配線や設備配管などにより破られないよう注意して施工する。万一、防湿材が破れた場合は、アルミテープ等の防湿テープで補修する。

9-1.4.4 防風材の施工

1. 防風材は、通気層を通る外気が断熱層に侵入することを防止する材料とし、十分な強度及び透湿性を有するもので、次のいずれか、又はこれらと同等以上の強度及び透湿性を有するものとする。
イ．JIS A 6111（透湿防水シート）に適合するシート
ロ．合板
ハ．シージングボード
ニ．火山性ガラス質複層板、MDF、構造用パネル（OSB）等の面材
ホ．付加断熱材として使用される発泡プラスチック系断熱材、ボード状繊維系断熱材
ヘ．付属防湿層付き断熱の外気側シート
2. 繊維系断熱材等を屋根・外壁の断熱に用い、通気層がある場合は、防風材を断熱層の屋外側に施工して防風層を設ける。
3. 防風材は、すき間のないように施工する。
4. シート状防風材は、通気層の厚さを確保するため、ふくらまないように施工する。

9-1.4.5 基礎の施工

基礎断熱の場合の基礎の施工は、次による。
1. 床下空間を有する基礎断熱工法とする場合又は土間コンクリート床の場合、断熱位置は、基礎の外側、内側又は両側のいずれかとする。
2. 断熱材は吸水性が小さい材料を用い、原則として、基礎底盤上端から基礎天端まで、打込み工法により施工する。
3. 断熱材の継目は、すき間ができないように施工する。型枠脱型後、すき間が生じている時は、現場発泡断熱材などで補修する。
4. 基礎の屋外側に設ける断熱材は、外気に接しないよう、外装仕上げを行う。
5. 基礎天端と土台との間には、すき間が生じないようにする。
6. 床下防湿及び防蟻措置は、本章3.5.5（床下防湿・防蟻措置）による。 3.5.5 ☞54頁
7. ポーチ、テラス、ベランダ等の取合い部分で断熱欠損が生じないよう施工する。

9-1.4.6 床の施工

床断熱の場合の床の施工は、次による。
1. 最下階の床及び外気に接する床の断熱材の施工にあたっては、施工後、有害なたるみ、ずれ、屋内側の材料との間にすき間が生じないよう、原則として、受け材を設ける。
2. 床下の換気は、本章3.4.9（床下換気）による。 3.4.9 ☞39頁
3. 地面からの水蒸気の発生を防ぐため、本章3.4.13（床下防湿）による床下防湿工事を行う。 3.4.13 ☞40頁
4. バスユニット下部の床、バリアフリー対応を行った場合の和室の床においても、断

熱材と防湿材を連続して施工し、断熱層と防湿層を設ける。
5. 土間コンクリート床は、本章3.4.5（土間コンクリート床）による。 3.4.5 ☞38頁

9-1.4.7 壁の施工

1. 断熱材の施工にあたっては、長期間経過してもずり落ちないよう施工する。
2. 断熱材は、原則として、たて枠間及び下枠から上枠まですき間なくはめ込むか、又は外張りとする。
3. 断熱材は、配管部分にすき間ができないように注意して施工する。
4. 配管部は、管の防露措置を行うとともに、断熱材は配管の屋外側に施工する。
5. 断熱層の屋外側に通気層を設け、壁内結露を防止する構造とする。通気層の施工は、本章4.10.10（外壁内通気措置）による。 4.10.10 ☞118頁
   ただし、次のいずれかに該当する場合は、通気層を設置しないことができる。
   イ. 1地域及び2地域以外で、防湿層にJIS A 6930（住宅用プラスチック系防湿フィルム）を用いる場合
   ロ. 1地域及び2地域以外で、防湿層が0.082 m^2･s･Pa/ng以上の透湿抵抗を有する場合
   ハ. 1地域及び2地域以外で、断熱層の外気側にALCパネル又はこれと同等以上の断熱性及び吸湿性を有する材料を用い、防湿層が0.019 m^2･s･Pa/ng以上の透湿抵抗を有する場合
   ニ. 断熱層が単一の材料で均質に施工され、透湿抵抗比が次の値以上である場合
   （イ）1地域、2 地域及び3 地域は5
   （ロ）4地域は3
   （ハ）5地域、6地域及び7地域は2
   ホ. 建設地の地域の区分が8地域の場合
   ヘ. イからホと同等以上の結露の発生の防止に有効な措置を講ずる場合は、特記による。
6. 断熱層の屋外側に通気層を設け、かつ、繊維系断熱材等を使用する場合には、断熱材と通気層の間に、本章9-1.4.4（防風材の施工）の1による防風層を設ける。 9-1.4.4の1 ☞193頁

9-1.4.8 天井の施工

天井断熱の場合の天井の施工は、次による。
1. 天井の断熱材は、天井と外壁との取合い部、間仕切り壁との交差部、天井根太間の部分で、すき間が生じないよう注意して天井全面に施工する。
2. 天井の断熱材は、天井根太間にはめ込む。
3. 天井の断熱材により小屋裏換気経路がふさがれないように注意して施工する。
4. 小屋裏換気については、本章4.13（小屋裏換気・軒裏換気）による。 4.13 ☞147頁
5. 埋込み照明器具（ダウンライト）を使用する場合には、器具を断熱材でおおうことができるS形ダウンライト等を使用し、グラスウール、ロックウール等の不燃性のフェルト状断熱材（S_B形を使用する場合は吹込み用断熱材でも可）を連続して施工し、断熱層を設ける。

9-1.4.9 屋根の施工

1. 屋根断熱の場合の屋根の施工は、次による。
   イ. 断熱材を屋根のたる木間に施工する場合は、施工後、有害なたるみ、ずれ、すき間などが生じないよう、原則として受け材を設ける。
   ロ. 断熱材を屋根のたる木の屋外側に取り付ける場合は、屋根と外壁の取合い部で、断熱材のすき間が生じないよう注意して施工する。
   ハ. 屋根断熱の入排気のための通気孔を設ける。
2. 断熱材の外側には、通気層を設ける。ただし、次のいずれかに該当する場合は、通気層を設置しないことができる。

イ．1地域及び2地域以外で、防湿層にJIS A 6930（住宅用プラスチック系防湿フィルム）を用いる場合

ロ．1地域及び2地域以外で、防湿層が0.082 m^2･s･Pa/ng以上の透湿抵抗を有する場合

ハ．1地域及び2地域以外で、断熱層の外気側にALCパネル又はこれと同等以上の断熱性及び吸湿性を有する材料を用い、防湿層が0.019 m^2･s･Pa/ng以上の透湿抵抗を有する場合

ニ．断熱層が単一の材料で均質に施工され、透湿抵抗比が次の値以上である場合

（イ）1地域、2地域及び3地域は6

（ロ）4地域は4

（ハ）5地域、6地域及び7地域は3

ホ．建設地の地域の区分が8地域の場合

ヘ．イからホと同等以上の結露の発生の防止に有効な措置を講ずる場合は、特記による。

3. 断熱層の屋外側に通気層を設け、かつ、繊維系断熱材等を使用する場合には、断熱材と通気層の間に本章9-1.4.4（防風材の施工）の1による防風層を設ける。 9-1.4.4の1 ☞193頁

4. 埋込み照明器具（ダウンライト）を使用する場合には、器具を断熱材でおおうことができるS形ダウンライト等を使用し、グラスウール、ロックウール等の不燃性のフェルト状断熱材（S_B形を使用する場合は吹込み用断熱材でも可）を連続して施工し、断熱層を設ける。

用　語

断熱材と断熱層

断熱材は、本章9-1.1.3（断熱材）に示す材料のことをいい、断熱層は、本章9-1.4.2（断熱材の施工）に従って連続的にすき間なく断熱材が施工された層のことをいう。

防湿材と防湿層

防湿材は、住宅用プラスチック系防湿フィルムなど本章9-1.4.3（防湿材の施工）の1に示す材料のことをいい、防湿層は、防湿材の継目を下地のあるところで重ね合わせることなど、本章9-1.4.3（防湿材の施工）の3に従って連続的にすき間ができないように防湿材が施工された層のことをいう。

防風材と防風層

繊維系断熱材のすぐ室外側に通気層を設ける場合は、通気及び雨水によって断熱材の性能が損なわれないように、適切な防風層を設ける。このような防風層に用いる防風材は、雨水及び外気が室内側にある断熱層の内部に入るのを防ぐための材料であり、すき間が生じないような適切な施工が必要である。また、その材質としては、気密性と防水性、施工に必要な強度、及び室内から漏れた湿気や断熱層内の湿気を防風層の外側に放散するために十分な透湿性を有することなどが必要である。

防風材としては、上記の性能を有するものとして、本章9-1.4.4（防風材の施工）に示すJIS A 6111（透湿防水シート）に適合するシート状防風材や透湿性の高いシージングボード等が使用できる。防風材にシートを用いる場合には、できるだけ幅広の長尺シートを用い、継目は100 mm以上重ねて、たて枠等に留め付けることとし、配線・配管等の貫通部は、気密テープ等で補修する。このように、防風材を連続的にすき間ができないように施工された層のことを「防風層」という。また、シート状防風材が、室内側の繊維系断熱材によってふくらんで通気層をふさぐと、その部分が結露しやすくなるので、ふくらまないように注意することが必要である。

壁内結露

壁内の結露は、断熱材の断熱性能及び木材の耐久性能の低下を生じさせる原因の一つとされているため、壁内に浸入した水蒸気を、外気等に放出させるための措置を講ずることが重要である。この外壁内通気措置については、本章4.10.10（外壁内通気措置）の解説を参照すること。

なお、このことは屋根で断熱を行う場合にも同様である。

留意事項

防湿層、通気層の重要性

室内の湿った空気が壁に浸入し、いわゆる壁体内結露が発生すると、断熱材の性能を低下させるだけでなく、木部の腐朽の原因にもなる。

繊維系断熱材等の透湿抵抗の小さい断熱材を使用する場合は、室内側に防湿層を設けて湿気の浸入を防ぐとともに、屋外側には通気層を設置して浸入した湿気を屋外へ排出することが重要である。

なお、外装材の破損等により浸入した雨水を排出するため、繊維系以外の断熱材を使用する場合でも通気層は重要な役割を果たす。加えて、繊維系断熱材を使用する場合は、通気層を通る外気や雨水の断熱材への浸入を防止するため、通気層と断熱材との間に防風材を設ける必要がある。

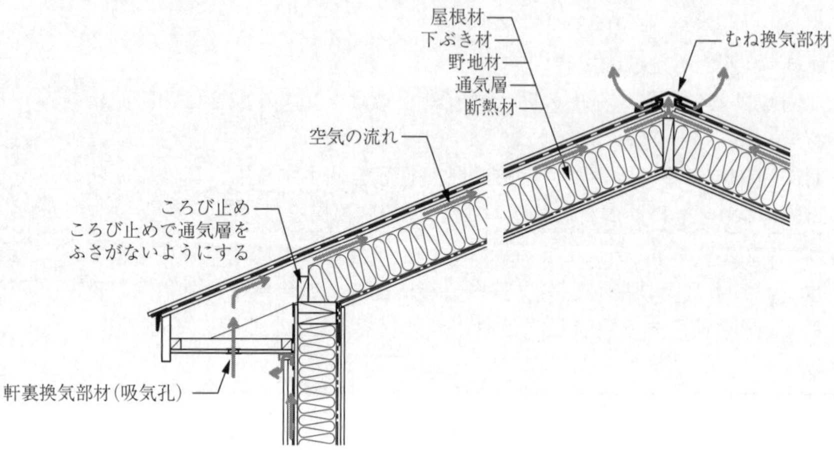

外壁と屋根の取合い部

参考図9-1.4.9　屋根断熱の場合の通気層の設置例

内部結露計算

透湿抵抗比が一定の値以上である場合と同様に防湿層、通気層の設置を省略することができるものとして、内部結露計算により結露域が生じないことを確認する方法がある。一次元・定常で内部結露計算を行う場合、室内条件は「温度：15℃、湿度：60%」、外気条件は「温度：建設地の最寒月の平均気温(℃)、湿度：70%」として計算するなど、一定の条件に基づいて計算する必要がある。

透湿抵抗比等による防湿層の省略

無機繊維系断熱材または木質繊維系断熱材、その他これらに類する透湿抵抗の小さい断熱材を用いた場合には、断熱層の室内側に防湿層を設けなければならないが、防湿材の施工が困難で、透湿抵抗比の値が本章9-1.4.3(防湿材の施工)の2のハに示す値以上の場合は、防湿層の設置を省略することができる。防露性能確認のための透湿抵抗比は、巻末付録11(透湿抵抗比による防露性能の確認方法)に示す計算式、適用範囲、計算条件等に基づき算出する。

なお、標準的な仕様を示すものではないので本仕様書本文には記載していないが、部位の一般部の層構成及び内外温湿度条件に応じた一次元の定常計算により層構成内部で結露域が生じないことが確認できれば、結露発生の防止に有効な措置が講じられていると判断できるため、本章9-1.4.3(防湿材の施工)の2のイ～ハと同様に防湿層の設置を省略することができる。

防湿材端部の処理

防湿材の端部は、防湿層を連続させるため、せっこうボード、合板、乾燥木材等で押さえる。

防湿材端部の押えが不十分で、室内の空気が防湿材のすき間から直接断熱層へ流入した場合、防湿材設置の効果が著しく低下することとなる。多量の湿気を含んだ空気が断熱層へ直接流入すると、断熱材内部の空気層に含まれる湿気が多くなり断熱性能を低下させる。また、断熱層内で結露水が発生した場合、たて枠や土台などの木部を腐朽させる危険性が大きく高まる。

特に、寒冷地においては、壁体内結露のリスクがより高まるため、防湿材端部の入念な処理が不可欠である。

防腐処理胴縁の施工

通気層を確保するために用いる胴縁は、原則として乾燥材とする。乾燥材ではなく防腐処理された胴縁を使用する場合は、使用している薬剤と透湿防水シートの組合せが適切でない場合に透湿防水シートの性能を低下させることがあるため、施工中は胴縁を濡らさないようにし、胴縁の施工後は速やかに外装材を施工するよう留意する。

施工方法

防湿材の施工

壁体内結露の発生は、断熱性能及び耐久性能を損なうおそれがある。結露の発生を防止するために、湿気を通しやすい断熱材（透湿抵抗の小さい断熱材）を施工する場合は、防湿層を設置することとしている。寒冷地においては、冬期に室内の湿気が壁体内に浸入する可能性が比較的高いことから、例えば、繊維系断熱材を用いる場合は耳付き断熱材の施工による防湿層の設置だけではなく、断熱材とは別張りの防湿材等を室内側に施工して防湿層を設けることが望ましい。

一方、防湿層の施工を要さない透湿抵抗の大きい断熱材には、次表のものがある。

なお、プラスチック系断熱材の多くが透湿抵抗の大きい断熱材となるが、建築物断熱用吹付けウレタンフォームA種3、及びフェノールフォーム断熱材3種2号に該当する断熱材は、透湿抵抗の小さい断熱材となるので防湿層の施工が必要となる。

また、以下の場合には、透湿抵抗の小さい断熱材を用いる場合であっても、当該部位について、防湿層を設置しなくてもよいこととしている。

①床断熱で、断熱材下側が床下に露出する場合または湿気の排出を妨げない構成となっている場合

②防湿層の施工が困難で、透湿抵抗比により防露性能が確認された場合

表9-1.4.3　透湿抵抗の大きい断熱材

断熱材の種類		備考
プラスチック系断熱材	ビーズ法ポリスチレンフォーム断熱材1号	1)
	ビーズ法ポリスチレンフォーム断熱材2号	
	ビーズ法ポリスチレンフォーム断熱材3号	
	ビーズ法ポリスチレンフォーム断熱材4号	
	押出法ポリスチレンフォーム断熱材1種b（スキン層なし）	
	押出法ポリスチレンフォーム断熱材2種b（スキン層なし）	
	押出法ポリスチレンフォーム断熱材3種a（スキン層なし）、3種b（スキン層なし）	
	押出法ポリスチレンフォーム断熱材3種a（スキン層あり）、3種b（スキン層あり）	
	硬質ウレタンフォーム断熱材1種1号	
	硬質ウレタンフォーム断熱材1種2号	
	硬質ウレタンフォーム断熱材1種3号	
	硬質ウレタンフォーム断熱材2種1号	
	硬質ウレタンフォーム断熱材2種2号	
	硬質ウレタンフォーム断熱材3種1号	
	硬質ウレタンフォーム断熱材3種2号	
	ポリエチレンフォーム断熱材1種1号	
	ポリエチレンフォーム断熱材1種2号	
	ポリエチレンフォーム断熱材2種	
	ポリエチレンフォーム断熱材3種	
	フェノールフォーム断熱材1種1号	
	フェノールフォーム断熱材1種2号	
	フェノールフォーム断熱材1種3号	
	フェノールフォーム断熱材2種1号	
	フェノールフォーム断熱材2種2号	
	フェノールフォーム断熱材2種3号	
	フェノールフォーム断熱材3種1号	
	建築物断熱用吹付け硬質ウレタンフォームA種1	2)
	建築物断熱用吹付け硬質ウレタンフォームA種1H	

注1) JIS A 9521：2022に基づく表記名
2) JIS A 9526：2017に基づく表記名

断熱材等の施工

高い省エネルギー性能を確保するための本仕様においては、壁内結露を防止するために、構造材等に乾燥材を用いるとともに、外壁及び屋根に通気層を設け、外壁内部、屋根内部に浸入した水蒸気を外気等に放出させるための措置を講じておくことが重要となる。

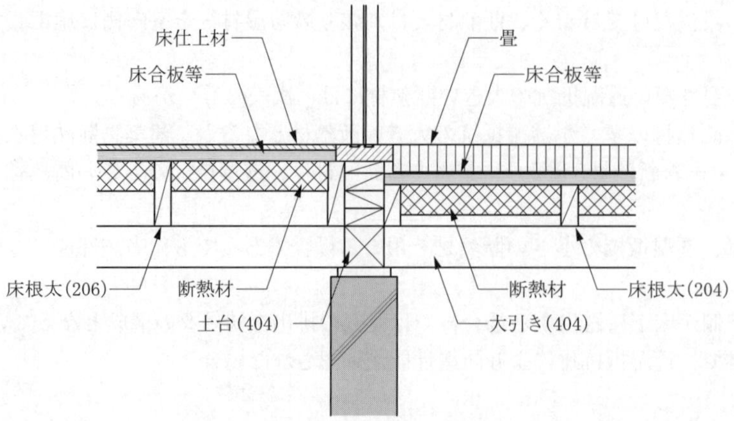

参考図9-1.4.6-1　バリアフリー床における断熱施工例（異なる床根太の断面寸法による場合）

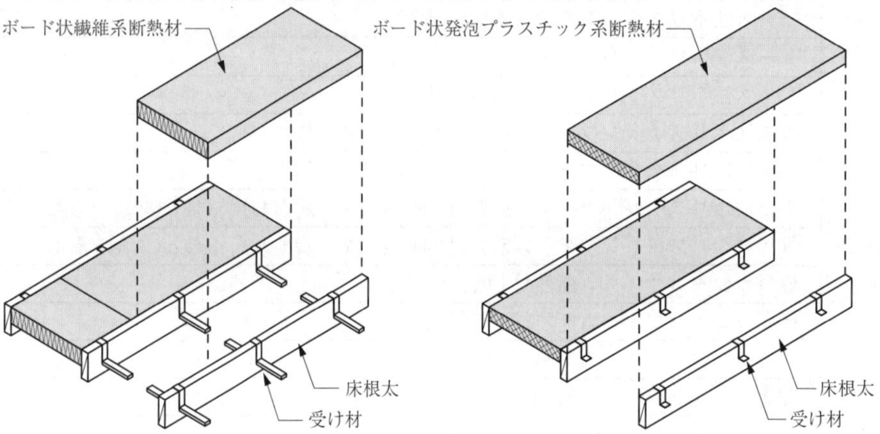

(A) ボード状繊維系断熱材　　(B) ボード状発泡プラスチック系断熱材

参考図9-1.4.6-2　床の断熱材の施工例

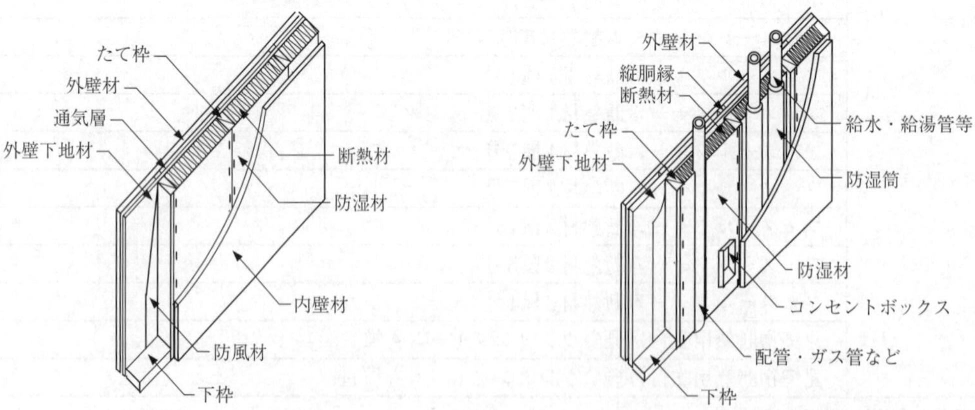

(A)無機繊維系断熱材(充填)　　(B)設備、配管まわりの断熱施工例

参考図9-1.4.7　壁の断熱材の施工例

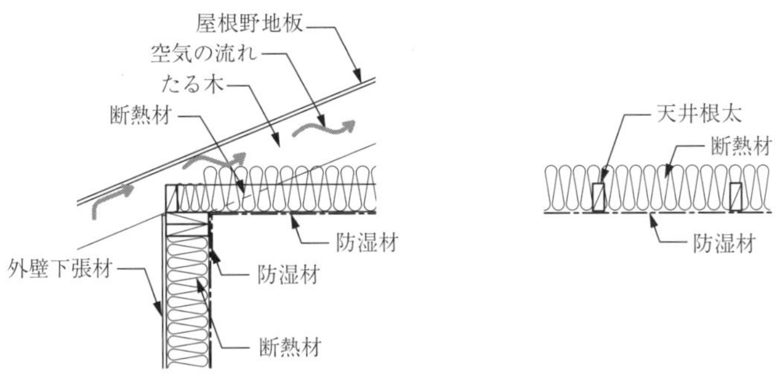

(A)外壁と天井の取合い部　　(B)天井の断熱材の施工

参考図9-1.4.8-1　天井の断熱材の施工例

ダウンライト

ダウンライトは、一般社団法人日本照明工業会において埋込み形照明器具の規格(JIL5002)を定めている。M形とS形があり、天井、屋根断熱材とも仕様規定を設けている。

M形は天井裏に熱を放出するため、断熱材でおおうことができない。天井に断熱材を施工する場合は、S形を使用する。S形ダウンライトは、天井吹込み工法による断熱材及びフェルト状断熱材による敷込み工法のいずれにも対応するS_B形と、フェルト状断熱材による敷込み工法にのみ対応するS_G形・S_{GI}形に分けられる。なお、断熱材でおおうため、断熱材の密度や厚さ等による制限を設け、表中の断熱材の熱抵抗値以下のものを使用する。

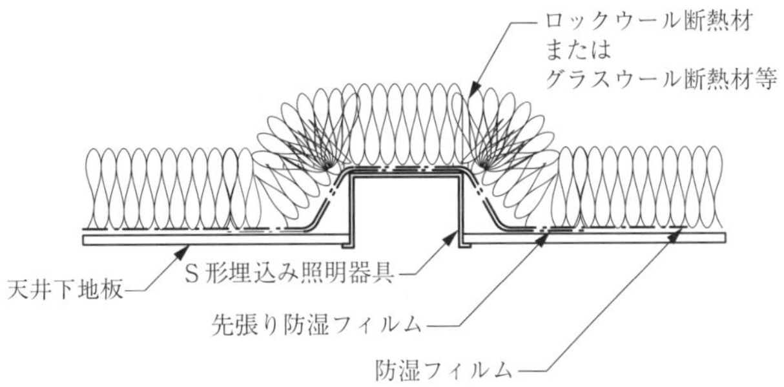

参考図9-1.4.8-2　S形ダウンライト

表9-1.4.8　S形ダウンライトの断熱材の施工

S形ダウンライトの種類	使用断熱材の形状		断熱材の熱抵抗値(㎡·K/W)
	吹込み用断熱材	フェルト状断熱材	
S_B形	○	○	6.6以下
S_{GI}形	×	○	6.6以下
S_G形	×	○	4.8以下

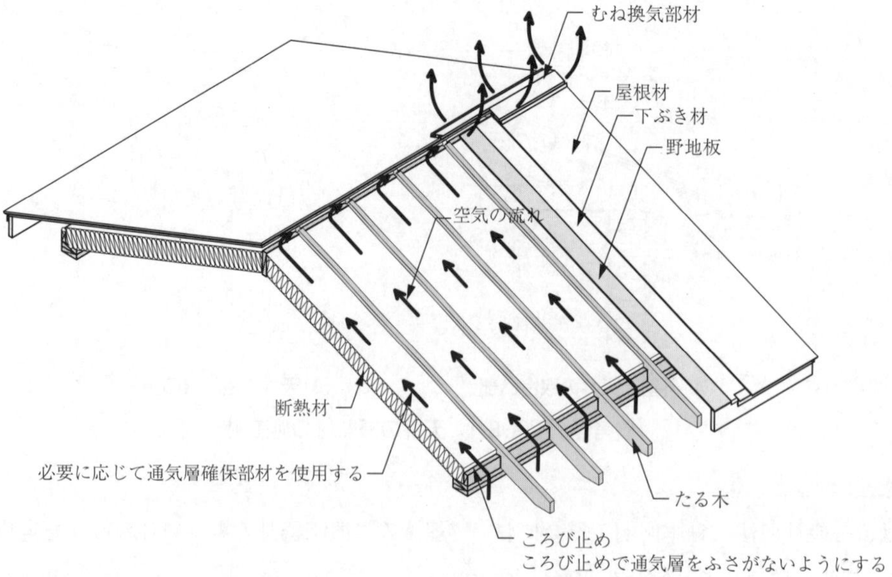

参考図9-1.4.9-1　屋根断熱の屋根通気の施工例１

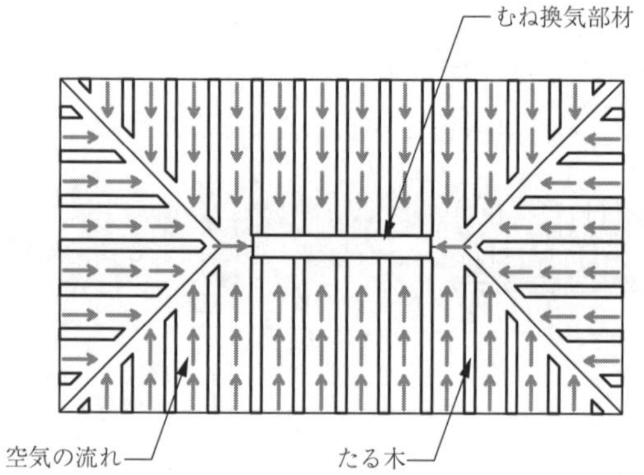

参考図9-1.4.9-2　屋根断熱の屋根通気の施工例２

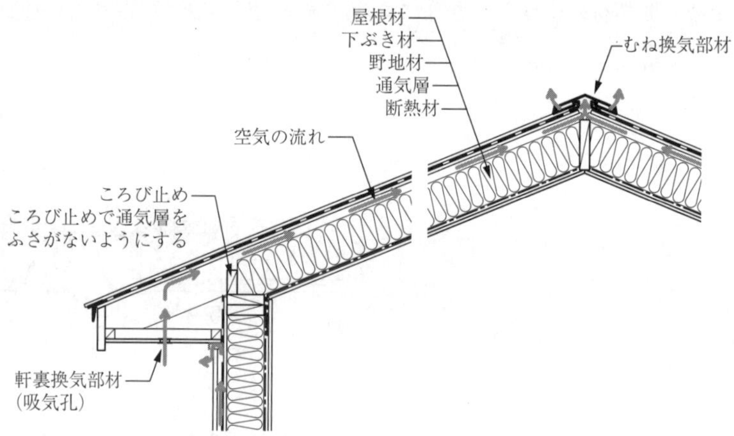

参考図9-1.4.9-3　屋根断熱の屋根通気層

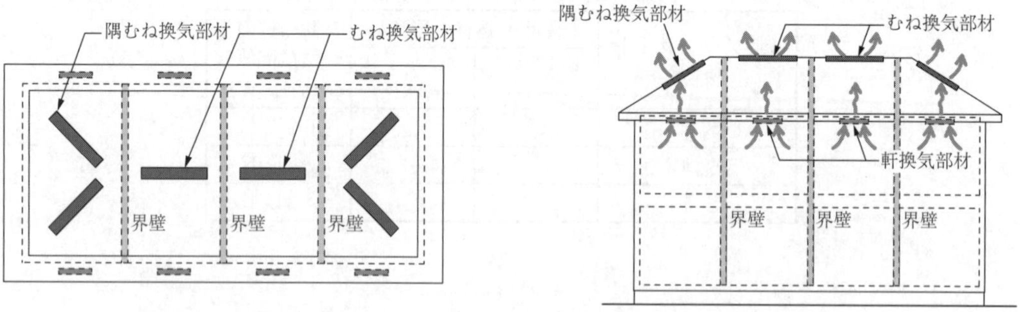

※小屋裏に界壁がある場合は、結露が生じないよう界壁区画ごとに換気部材を設置する。

参考図9-1.4.9-4　小屋裏に界壁が存在する場合のむね換気の施工例

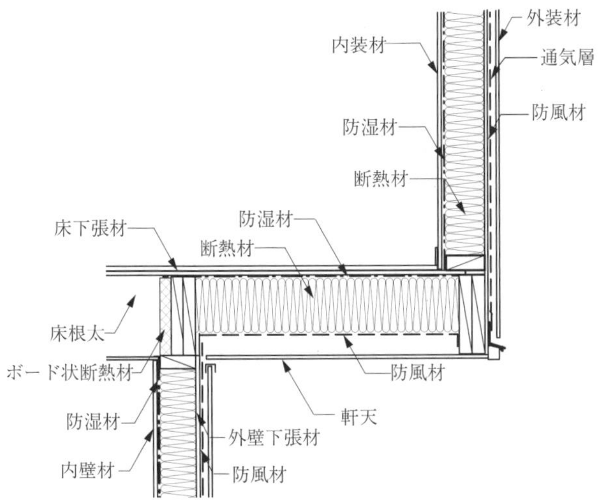

(A) オーバーハング部分の断熱材の施工
(外気に接する跳出し床)

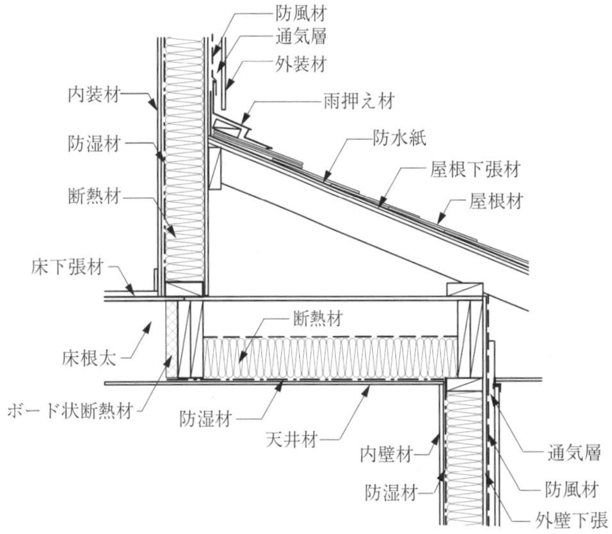

(B) セットバック部分の断熱材の施工

参考図9-1.4.10　取合い部の断熱材の施工例

9-1.5 気密工事(充填断熱工法又は繊維系断熱材を用いた外張断熱工法による場合)

9-1.5.1 一般事項

充填断熱工法又は繊維系断熱材を用いた外張断熱工法による気密工事は、この項による。

9-1.5.2 材料・工法一般

1. 気密工事に使用する気密材の種類及び品質は、次のとおりとする。ただし、1地域、2地域及び3地域において建設する場合の気密材は、イ、ハ、ホ、トの材、又はこれと同等以上の気密性、強度、耐久性を有する材料とする。
   イ. 住宅用プラスチック系防湿フィルム(JIS A 6930(住宅用プラスチック系防湿フィルム))、又はこれと同等以上の気密性を有するもの
   ロ. 透湿防水シート(JIS A 6111(透湿防水シート))、又はこれと同等以上の気密性を有するもの
   ハ. 合板、せっこうボード、構造用パネル(JAS)、又はこれと同等以上の気密性を有するもの
   ニ. 発泡プラスチック断熱材(JIS A 9521)、建築物断熱用吹付け硬質ウレタンフォーム(JIS A 9526)、又はこれと同等以上の気密性を有するもの
   ホ. 乾燥木材等
   ヘ. 金属部材
   ト. コンクリート部材
2. 気密工事に使用する防湿フィルムは、JIS A 6930(住宅用プラスチック系防湿フィルム)に適合するもの、又はこれと同等以上の防湿性、強度及び耐久性を有するものとする。また、寸法は所定の重ね寸法が確保できるものとし、できるだけ幅広の長尺フィルムを用いる。
3. 防湿フィルムは連続させ、すき間のできないように施工する。また、継目は下地材のある部分で30 mm以上重ね合わせ、その部分を合板、せっこうボード、乾燥した木材等で挟みつける。
4. 気密層の連続性を確保するため、気密材の継目の生じる部分に使用する気密補助材には、以下の材料、その他これらに類する材料を用いる。
   イ. 気密テープ(ブチル系テープ、アスファルト系テープ等、気密性又は水密性のあるものとし、経年によって粘着性を失わないもの)
   ロ. 気密パッキン材(気密性のあるものとし、経年によって弾力性を失わないもの)

ハ．現場発泡断熱材（高い気密性を有するもの）
ニ．シーリング材（経年によって弾性と付着力を失わないもの）

9-1.5.3 壁、床、天井（又は屋根）の施工

1. 防湿フィルムは、継目を縦、横とも下地材のある部分で30 mm以上重ね合わせ、留め付ける。
2. 留付けはステープルを用い、継目部分は200～300 mm程度の間隔に、その他の箇所は要所に行い、たるみ、しわのないように張る。
3. 防湿フィルムの端部は、下地材のある部分で気密テープを用いて留め付けるか、木材等で挟みつけくぎ留めする。
4. 中間階床の横架材部分（端根太又は側根太）に乾燥木材（含水率19％以下のものをいう。以下同じ。）を使用した場合には、その部分に防湿フィルムを張らないことができる。
5. 床に防湿フィルムを張らない場合は、次のいずれかによる。
   イ．□側面に本ざね加工のある厚さ15 mm以上の構造用合板、構造用パネル、パーティクルボード（以下、「床合板等」という。）を突き合わせる。
   ロ．□厚さ15 mm以上の床合板等を下地材がある部分で突き合わせ、その突合せ部をくぎで留め付ける。
   ハ．□床下張材に床合板等を用い、その継目を気密補助材で処理する。

9-1.5.4 壁、床、天井（又は屋根）の取合い部等の施工

1. 防湿フィルムは、屋根又は天井と壁、壁と床の取合い部、壁の隅角部で、これを構成する各部位が外気等に接する部分においては、下地材のある部分で30 mm以上重ね合わせる。
2. 留付けはステープルを用い、継目部分は200～300 mm程度の間隔に、その他の箇所は要所に行い、たるみ、しわのないように張る。
3. 最下階の床と外壁の取合い部は、次のいずれかとする。
   イ．□外壁に用いる防湿フィルムを、床合板等に30 mm以上のばして留め付ける。
   ロ．□外壁の防湿フィルム端部を外壁下枠（乾燥木材に限る。）に、本章9-1.5.3（壁、床、天井（又は屋根）の施工）の3により留め付ける。 9-1.5.3の3 ☞202頁
4. その他の階の床と外壁の取合い部は、次のいずれかによる。
   イ．□下階の外壁の壁枠組の際に、先張りの防風材を上枠及び頭つなぎに沿って壁の防湿フィルムと下地材のある部分で、30 mm以上重ね合わせて張る。この場合に、先張りの防風シートは、上階の外壁の防湿フィルムとの重ねがとれる幅（400 mm内外）を上枠及び頭つなぎの外側に出しておく。上階の外壁の壁枠組の際に、上枠及び頭つなぎの外側に出た先張りの防風材を、外壁の防湿フィルム側にまわり込ませ、外壁の防湿フィルムに下地材のある部分で30 mm以上重ね合わせて張る。
   ロ．□上階の端根太ころび止め（添え側根太）の屋内側又は屋外側には、25 mm以上の防湿性のある板状断熱材を張り付ける。この場合、下階の外壁の防湿フィルムは、シーリング材又は気密テープにより板状断熱材に留め付ける。上階の外壁の防湿フィルムは、30 mm以上室内側にのばして留め付ける。
   ハ．□外壁に用いる防湿フィルムを外壁と下階の天井との取合い部で折曲げ、天井に沿ってのばし、床根太又はころび止めに留め付ける。上階の床はロに準ずる。
   ニ．□下階の外壁防湿フィルム端部は下階の頭つなぎ材（乾燥木材に限る。）に、上階の防湿フィルム端部は上階の下枠（乾燥木材に限る。）に、本章9-1.5.3（壁、床、天井（又は屋根）の施工）の3により留め付ける。なお、下階の頭つなぎ、側根太、端根太（添え側根太、端根太ころび止め）、上階の下枠等を配管・配線等が貫通する場合は、その部分ですき間が生じないよう気密補助材を施工する。 9-1.5.3の3 ☞202頁
5. 外壁と内部壁枠組の取合い部は、次のいずれかとする。
   イ．□内部壁枠組の組立て前に、内部壁枠組の取り付く部分に先張り防湿フィルム

を張る。この場合、先張り防湿フィルムは、外壁の防湿フィルムと下地材のある部分で30 mm以上重ね合わせるよう留め付ける。

ロ. □内部壁枠組の組立て前に、外壁の防湿フィルムを張る。

ハ. □外壁の防湿フィルム端部を内部壁の壁枠材(乾燥木材に限る。)に、本章9-1.5.3(壁、床、天井(又は屋根)の施工)の3により留め付ける。なお、外壁と取り合う内部壁枠組の壁枠材を配管・配線等が貫通する場合は、その部分ですき間が生じないよう気密補助材を施工する。 9-1.5.3の3 ☞202頁

6. 屋根の直下の天井(又は屋根)と内部壁枠組の取合いは、次のいずれかとする。

イ. □内部壁枠組の組立て後に、頭つなぎ材の上部又は頭つなぎ材と上枠の間に先張り防湿フィルムを留め付けてから、天井根太の施工を行い、天井の防湿フィルムを張る。

この場合、先張りの防湿フィルムは、下地材のある部分で30 mm以上重ね合わせるよう留め付ける。

ロ. □内部壁枠組の組立て前に、天井の防湿フィルムを張る。

ハ. □天井の防湿フィルム端部を内部壁枠組の頭つなぎ、上枠(乾燥木材に限る。)に、本章9-1.5.3(壁、床、天井(又は屋根)の施工)の3により留め付ける。なお、頭つなぎ、上枠を配管・配線等が貫通する場合は、その部分ですき間が生じないよう気密補助材を施工する。 9-1.5.3の3 ☞202頁

7. 下屋部分の床、天井、外壁の取合い部は、次のいずれかによる。

イ. □下屋部分の天井と上階床との取合いは、下屋天井の防湿フィルムを上階の位置より室内側へのばし、留め付ける。上階の外壁に用いる防湿フィルムは30 mm以上室内側にのばし、留め付けるとともに、外壁下枠と床合板等の取合い部にすき間が生じないように気密補助材を施工する。

ロ. □吊り天井とする場合の下屋部分の天井と上階床との取合いは、せっこうボード受け材(野縁)の下端と同寸法になるように下地材を取り付け、上階外壁下部の添え側根太又は端根太ころび止めの内部に取り付けた板状断熱材等に、下屋天井の防湿フィルムを、シーリング材又は気密テープにより留め付ける。上階の外壁と上階床との取合いは、イに準ずる。

ハ. □下屋天井の防湿フィルムの端部は、床枠組材の端根太、側根太又は下地材等(乾燥木材に限る。)に留め付ける。上階外壁の防湿フィルムの端部は、壁枠組の下枠(乾燥木材に限る。)へ留め付ける。

ニ. □吊り天井とする場合の下屋天井の防湿フィルムを、気密テープ又は押え材により、添え側根太又は端根太ころび止め(乾燥木材に限る。)に留め付ける。

9-1.5.5 ボード状繊維系断熱材を用いた外張断熱工法による場合

ボード状繊維系断熱材を用いた外張断熱工法による場合の防湿フィルムの施工は、次による。

イ. 防湿フィルムは、縦、横ともたて枠・下地材・たる木又は屋根下張材などの外側(断熱材の内側)に施工し、その取合い部は下地材のある部分で30 mm以上重ね合わせ、留め付ける。

ロ. 防湿フィルムは、屋根と外壁部、外壁部と床の取合い部、外壁の隅角部などの取合い部では、下地材のある部分で30 mm以上重ね合わせ、留め付ける。

ハ. 留付けはステープルを用い、継目部分は200～300 mm程度の間隔に、たるみ、しわのないように張る。

9-1.5.6 基礎断熱部の取合い

基礎を断熱し、基礎部分を気密層とする場合には、土台と基礎の間に気密材又は気密補助材を施工すること等により、当該部分にすき間が生じないようにする。なお、基礎断熱とした場合は、最下階の床には気密層を施工しない。

9-1.5.7 細部の気密処理（1地域、2地域及び3地域において建設する場合）

1. 枠組材が防湿フィルムを貫通する部分は、防湿フィルムと構造材を気密テープなどですき間が生じないように留め付ける。
2. 開口部等のまわりの施工は、次による。
   イ. 開口部まわりは、サッシ枠取付け部で結露が生じないよう、構造材や防湿フィルムとサッシ枠のすき間を気密補助材で処理する。
   ロ. 床下及び小屋裏等の点検口まわりは、防湿フィルムを点検口の枠材に、気密テープなどによって留め付ける。
   ハ. 断熱構造とする部分に用いる床下及び小屋裏点検口は、気密性の高い構造とする。
3. 設備配管まわりの施工は、次による。
   イ. 設備配管又は配線により外壁、天井、床の防湿フィルムが切れる部分は、貫通する外壁、天井、床のそれぞれの防湿フィルムを切り開き、切り開いた部分を留め代とし、設備配管又は配線に気密テープで留め付けるなど、気密層が連続するよう処理する。
   ロ. 電気配線のコンセント、スイッチボックスのまわりの施工は、次のいずれかとし、外壁、天井、床のそれぞれの防湿フィルムと気密テープで留め付ける。
   (イ) □気密措置が講じられた専用のボックスを使用する。
   (ロ) □コンセント、スイッチボックスのまわりを防湿フイルムでくるむ。

9-1.5.8 注意事項

1. 4地域、5地域、6地域、7地域及び8地域に建設する場合であっても、細部の気密処理の施工に十分注意する。
2. 燃焼系の暖房器具又は給湯機器を設置する場合には、密閉型又は屋外設置型の機器が設置できるように計画する。

用　語

気密材と気密層

気密材は、住宅用プラスチック系防湿フィルム、透湿防水シートなど、本章9-1.5.2（材料・工法一般）の1及び2に示す材料のことをいい、気密層は、気密材、気密補助材等を用いて、本章9-1.5.2（材料・工法一般）の3及び4に従って連続的にすき間ができないように施工される層のことをいう。

気密住宅

本章9-1.5（気密工事（充填断熱工法又は繊維系断熱材を用いた外張断熱工法による場合））及び9-1.6（気密工事（発泡プラスチック系断熱材を用いた外張断熱工法による場合））でいう気密住宅とは、床面積1 m^2 当たり相当すき間面積が5.0 cm^2 以下の住宅をいう（1～3地域の場合は、2.0 cm^2 以下）。

気密住宅とし、すき間面積を減らすことで、不必要な換気を減らし、熱損失を少なくするとともに、機械などにより給気と排気の経路を明確にした計画的な換気を行うことができる（計画換気）。気密住宅は、こういった計画換気を前提につくられるものであり、計画換気を行わない場合、換気量が不足し、室内の空気が汚染され危険である。

このため、気密住宅では計画換気の実施が必要不可欠であり、また、それにより初めてその性能が発揮され、良好な居住環境をつくりだすことができる。

防湿フィルム

気密工事に用いる防湿フィルムには、JIS A 6930（住宅用プラスチック系防湿フィルム）に適合するもの、または同等の性能を有する防湿層用に開発された材料の使用が望ましい。このような材料は、防湿層の剛性が高いとともに、防湿層の平面保持がよく、仕上材で防湿層を押さえた時、重ね部分の気密精度が向上し、施工も容易になる。

気密テープ

気密テープには、ブチルゴム系、アスファルト系またはアクリル系の防湿性のあるテープで、経年によって粘着性を失わないものを使用する。

気密パッキン材

気密パッキン材には、ゴム成形のものかアスファルト含浸のフォーム状のもの、あるいはポリエチレンフォームを使用する。

現場発泡断熱材

気密材として用いる現場発泡断熱材には、防露対策上、透湿抵抗の大きい材料を使用する。建築物断熱用吹付け硬質ウレタンフォームA種3は、透湿抵抗の小さい断熱材に該当するため、気密材として使用できない。

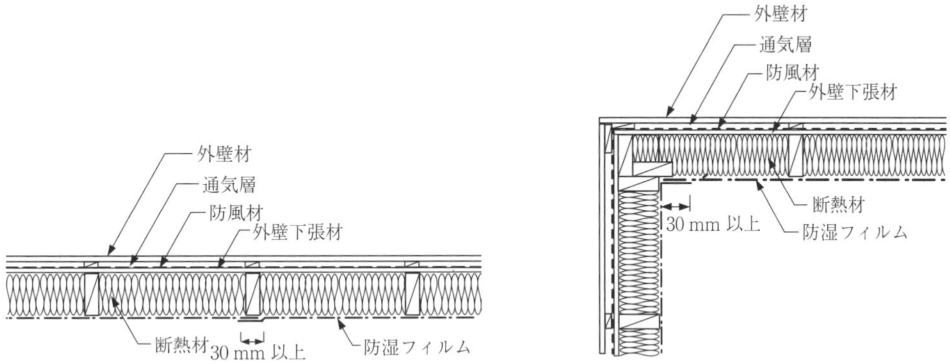

(A)外壁(一般部)　(B)外壁(隅角部)

参考図9-1.5.3-1　壁の施工例

留意事項

断熱材と気密材の施工

断熱材と気密材とは、密着させて施工することが望ましいが、以下の点が確実に実施される場合には、必ずしも密着施工を要しない。

断熱材と気密材を密着せずに施工する場合は、①断熱層の連続性の確保、②気密層の連続性の確保、③適切な防露措置(防湿層、通気層、防風層、気流止めなどの対策)を満足させながら適切に施工することが必要である。

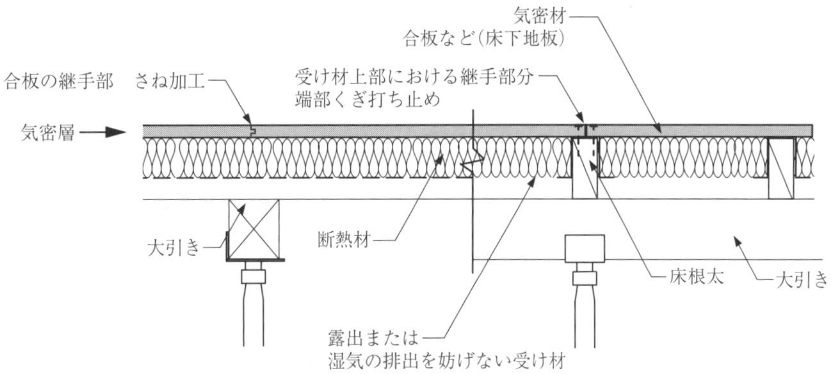

(A)床根太間に断熱材を設ける場合

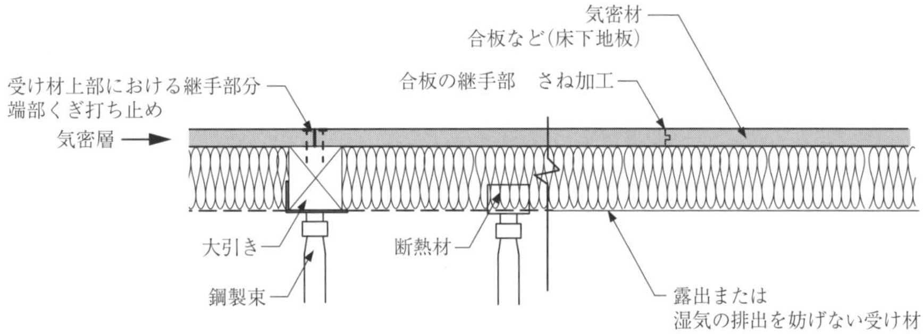

(B)大引き間に断熱材を設ける場合(根太を用いない床枠組)

注) 合板等による気密層施工を行う場合で、合板継手部分は受け材上部でくぎ打ち、またはさね加工とする場合には気密テープを用いなくてもよい。

参考図9-1.5.3-2　防湿フィルムの施工を要さない床の施工例

暖冷房、給湯機器、通風計画等に関する配慮

気密性を高めることを前提とした断熱等性能等級4の仕様においては、暖冷房、給湯機器、通風等に関して、次の点について配慮して計画することが望ましい。

①暖冷房設備を設置する場合には、当該設備の能力は、対象となる室の暖冷房負荷に応じたものとすることとし、部分負荷効率(定格出力100%未満の出力時の機器の効率をいう)の高いものを選定する。

②暖房機器及び給湯機器(以下、「暖房機器等」という)であって燃焼系のものを設置する場合には、室内空気汚染を抑制するため、原則として、密閉型または屋外設置型の暖房機器等が設置できる設計をする。なお、半密閉型の暖房機器等の使用を前提とする場合にあっては、局所換気装置使用時に室内が過度の減圧状態になることにより排ガスの逆流が生じることのないように、換気装置と連動する給気口を設置する等の措置を講じる。

③連続暖房、部分または間欠暖房等の、居住者の要求に応じた使い方を可能とする暖冷房設備の設計を行う。

④夏期及び中間期の外気が快適な場合には、通風により室内の快適性を確保するため、各室に方位の異なる開口部を設けるよう努める。なお、防虫、防犯等に配慮した開口部材の活用、外部からの視線を遮るための植栽の配置等について検討を行う。

施工方法

枠組構成材、下地材

枠組構成材及び下地材には、木材の乾燥収縮により防湿層が破損しないよう、すべて乾燥した材料を使用することが望ましい。

壁・床・天井の施工

防湿フィルムは、継目を縦、横とも下地材のある部分で30 mm以上重ね合わせ、その部分を合板、せっこうボード、乾燥した木材等で挟みつける。防湿フィルムの留付けは、ステープルを用い、継目に沿って200～300 mm程度の間隔で下地材に留め付け、防湿フィルムの継目部分は、次のいずれかとし、気密性を確保する。

イ. 内装下地材等をくぎ留めし、防湿フィルムの継目部分を挟みつける。内装下地材等に木を使用する場合、乾燥した材料を使用する。

ロ. 防湿フィルム相互をテープで張り合わせる。

ハ. 防湿フィルム相互をコーキングにより取り付ける。

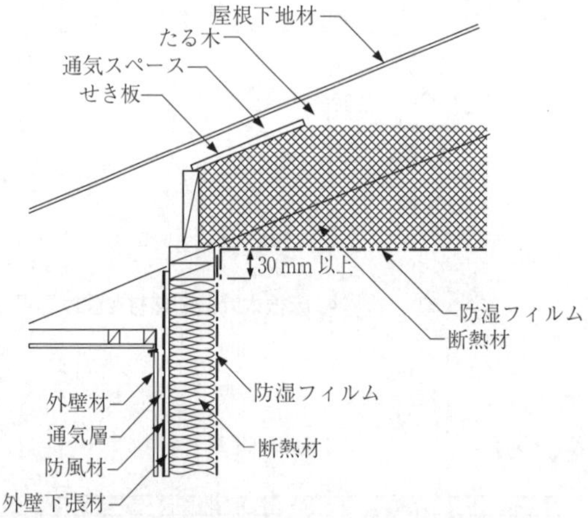

(A)最上階の天井(または屋根)と外壁の取合い部

参考図9-1.5.4　壁、床、天井(または屋根)の取合い部の施工例①

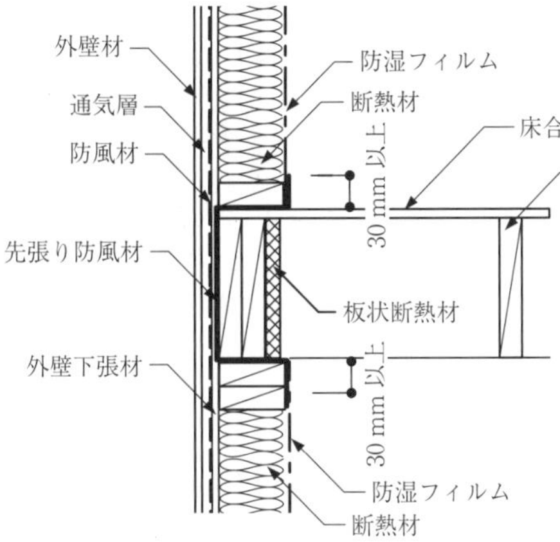

(a)

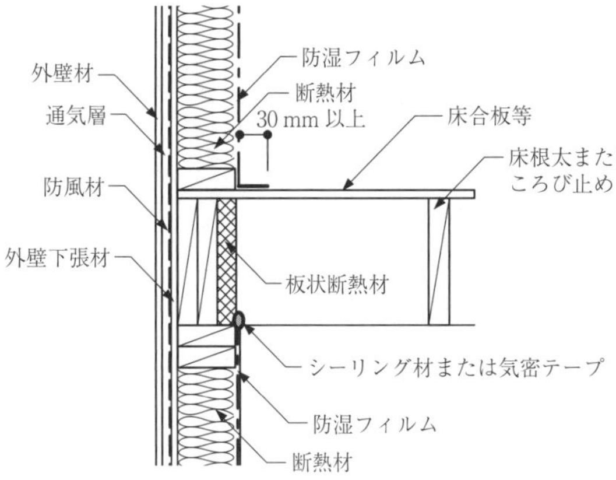

(b)

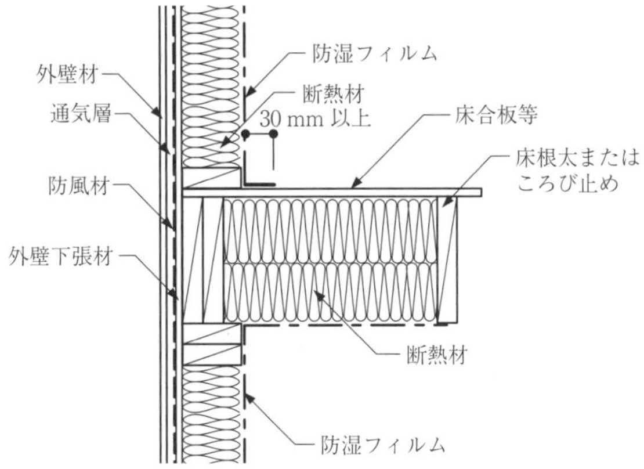

(c)

(B) その他の階の床と外壁の取合い部

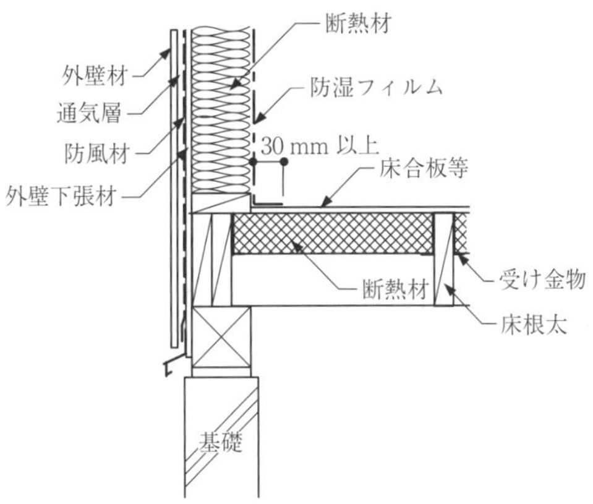

(C) 最下階の床と外壁の取合い部

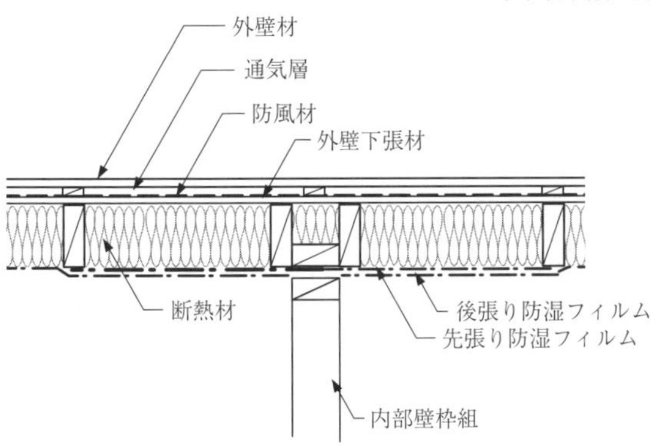

(a)

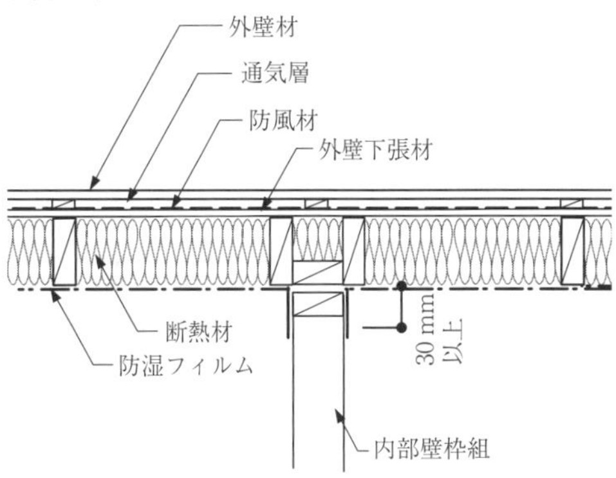

(b)

(D) 外壁と内部壁枠組の取合い部

参考図9-1.5.4　壁、床、天井（または屋根）の取合い部の施工例②

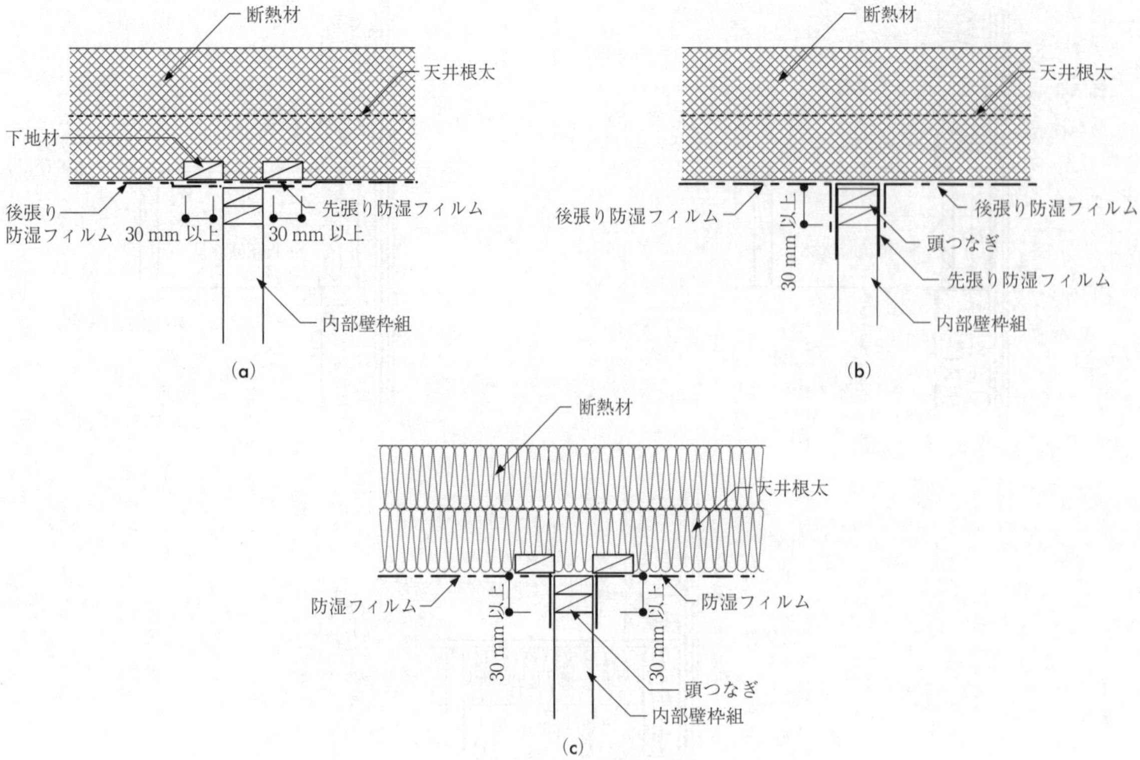

(E)屋根直下の天井(または屋根)と内部壁枠組の取合い部

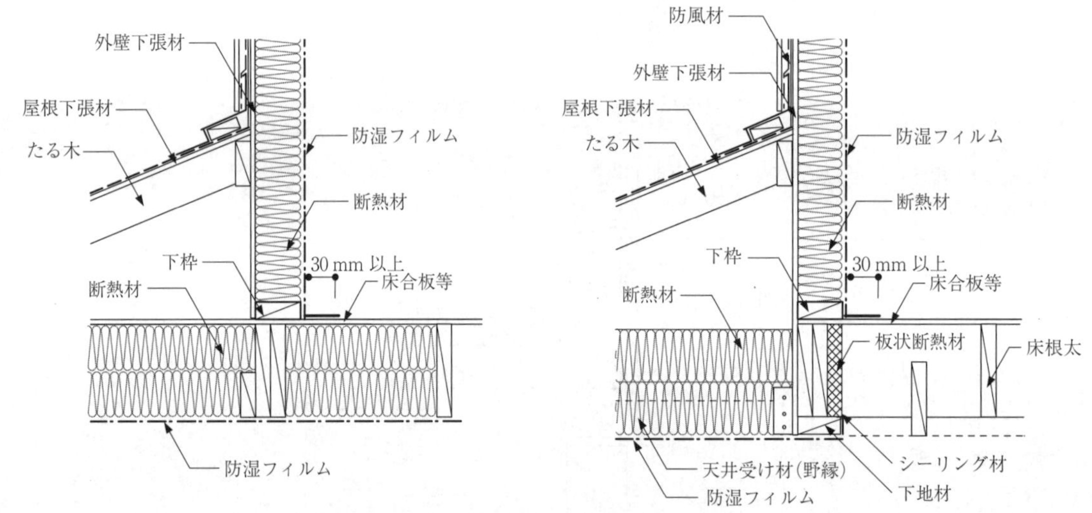

(F) 下屋部分の床、天井、外壁の取合い部

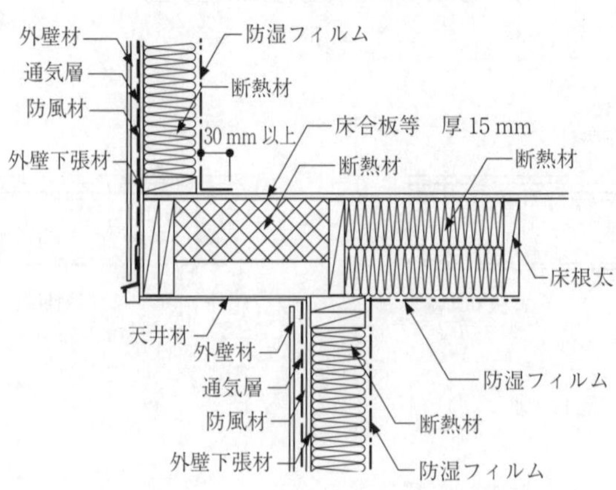

(G)外気に接する床(オーバーハング)と外壁の取合い部

参考図9-1.5.4　壁、床、天井(または屋根)の取合い部の施工例③

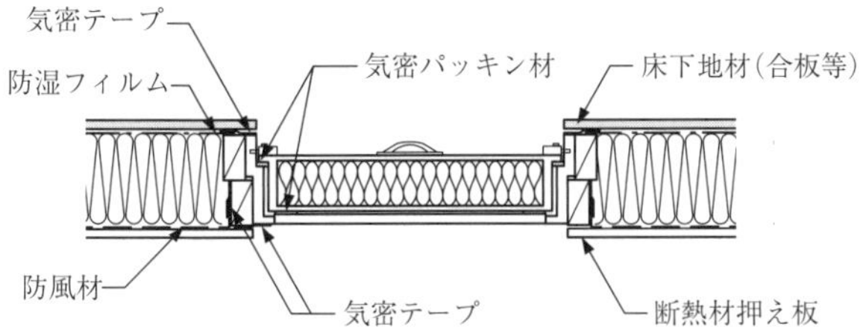

(A)床下点検口まわりの例

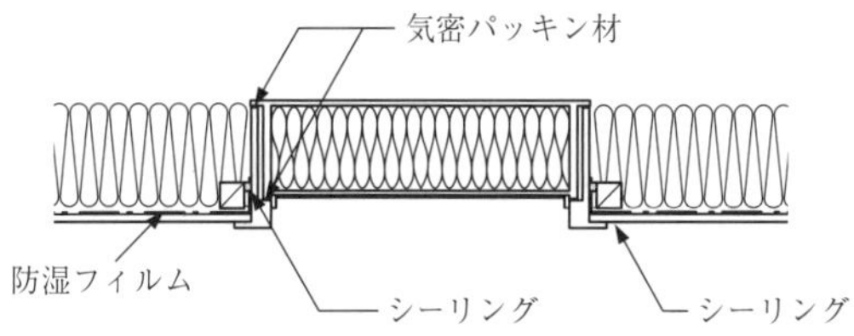

(B)天井点検口まわりの例

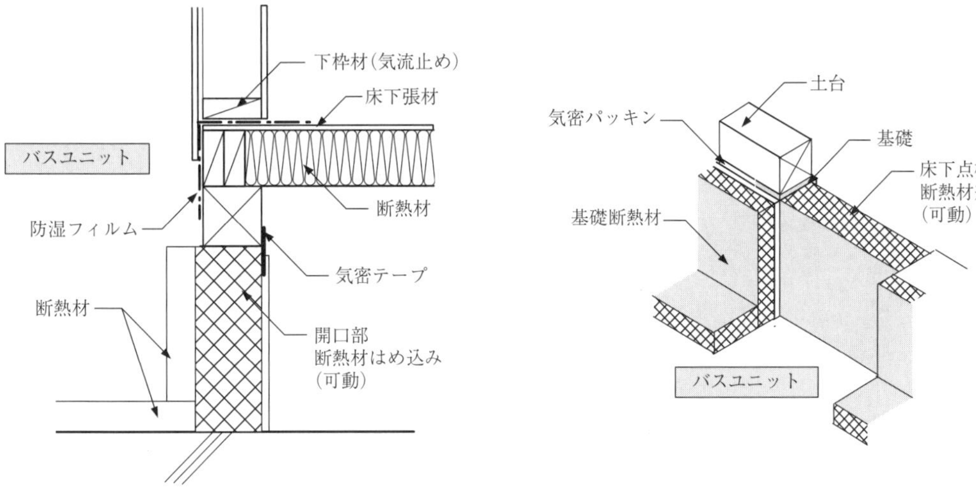

(C)基礎開口部まわりの例

参考図9-1.5.7-1　点検口まわりの施工例

開口部、設備配管等まわりの施工(1～3地域で建設する場合)

開口部、設備配管等のまわりは、木材の乾燥収縮等により、長期的にすき間が生じないようなおさまりとする。外壁の防湿フィルムは、開口部枠にコーキング材、テープ等により留め付ける。

給湯、給水管は、なるべく間仕切り壁や中間階ふところ部分に設け、防湿フィルムの貫通部が極力少なくなるようにする。やむを得ず、配管、配線等が防湿フィルムを貫通する場合は、配管、配線まわりにすき間が生じないよう、テープ、コーキング材等を施工する。防湿層の施工後に設備機器、設備配管等を施工する場合、防湿層が破損しないよう施工管理を行う。

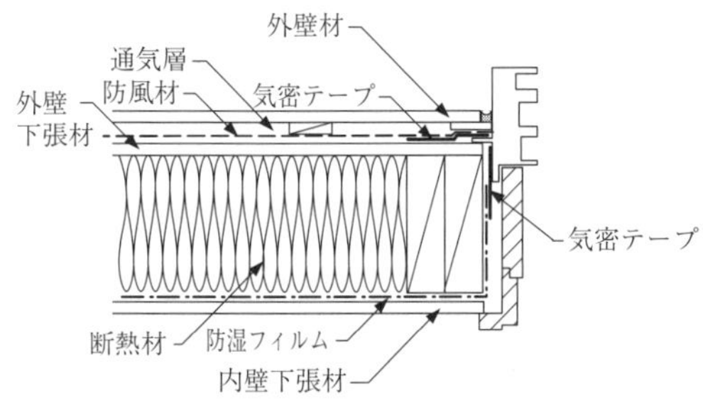

(A) 1～8地域

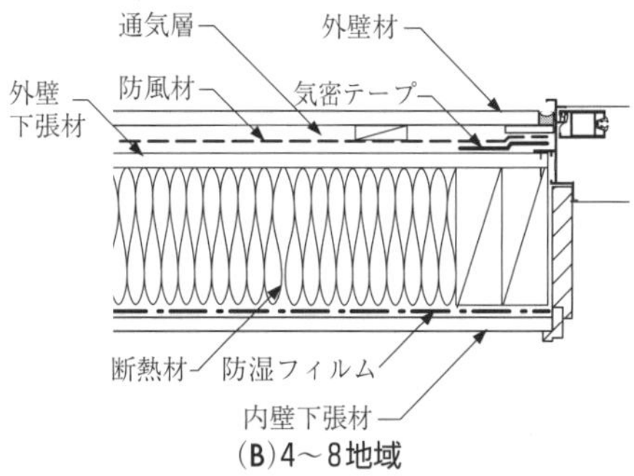

(B)4～8地域

参考図9-1.5.7-2　開口部まわりの施工例

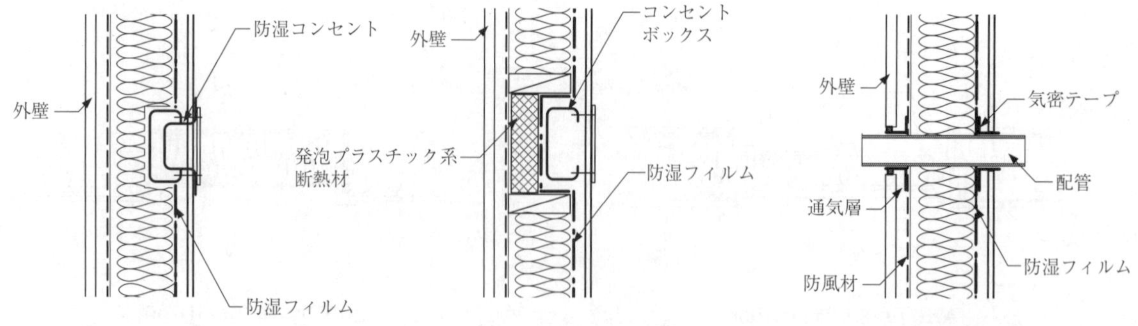

参考図9-1.5.7-3　気密層の連続性を保つための方法

9-1.6 気密工事（発泡プラスチック系断熱材を用いた外張断熱工法による場合）

9-1.6.1 一般事項

発泡プラスチック系断熱材を用いた外張断熱工法による場合の各部位の気密工事は、この項による。

9-1.6.2 材料・工法一般

1. 気密工事に使用する気密材の種類及び品質は、次のとおりとする。ただし、1地域、2地域及び3地域において建設する場合の気密材は、イ、ハ、ホ、トの材、又はこれと同等以上の気密性、強度、耐久性を有する材料とする。
   イ. 住宅用プラスチック系防湿フィルム（JIS A 6930（住宅用プラスチック系防湿フィルム））、又はこれと同等以上の気密性を有するもの
   ロ. 透湿防水シート（JIS A 6111（透湿防水シート））、又はこれと同等以上の気密性を有するもの
   ハ. 合板、せっこうボード、構造用パネル（JAS）、又はこれと同等以上の気密性を有するもの
   ニ. 発泡プラスチック断熱材（JIS A 9521）、建築物断熱用吹付け硬質ウレタンフォーム（JIS A 9526）、又はこれと同等以上の気密性を有するもの
   ホ. 乾燥木材等
   ヘ. 金属部材
   ト. コンクリート部材
2. 気密工事に使用する防湿フィルムは、JIS A 6930（住宅用プラスチック系防湿フィルム）に適合するもの、又はこれと同等以上の防湿性、強度及び耐久性を有するものとする。また、寸法は所定の重ね寸法が確保できるものとし、できるだけ幅広の長尺フィルムを用いる。
3. 気密工事に使用する透湿防水シートは、JIS A 6111（透湿防水シート）に適合するもの、又はこれと同等以上の気密性、強度及び耐久性を有するものとする。また、寸法は所定の重ね寸法が確保できるものとし、できるだけ幅広の長尺フィルムを用いる。ただし、1地域、2地域及び3地域においては使用しない。
4. 防湿フィルムは連続させ、すき間のできないように施工する。また、継目は下地材のある部分で30 mm以上重ね合わせ、その部分を合板、せっこうボード、乾燥した木材、発泡プラスチック系断熱材等で挟みつける。
5. 気密層の連続性を確保するため、板状の気密材の相互の継目又はその他の材料との継目は、本章9-1.5.2（材料・工法一般）の4に掲げる気密補助材を施工する。 9-1.5.2の4 ☞201頁

9-1.6.3 壁、屋根及びその取合い部の施工

1. 1地域、2地域及び3地域において建設する場合の壁、屋根及びその取合い部の施工は、次のいずれかとする。
   イ. □発泡プラスチック系断熱材の屋内側に、防湿フィルムを張る。

ロ. □発泡プラスチック系断熱材の屋内側に、構造用合板など通気性の低い乾燥した面材を張る。
ハ. □発泡プラスチック系断熱材の屋外側に、透湿防水シートを張る。

2. 4地域、5地域、6地域、7地域及び8地域において建設する場合の壁、屋根及びその取合い部の施工は、次のいずれかとする。
イ. □発泡プラスチック系断熱材の屋内側に、防湿フィルムを張る。
ロ. □発泡プラスチック系断熱材の屋内側に、構造用合板など通気性の低い乾燥した面材を張る。
ハ. □発泡プラスチック系断熱材の屋外側に、透湿防水シートを張る。
ニ. □外張断熱に用いた発泡プラスチック系断熱材の継目を、気密補助材を用いてすき間が生じないように施工する。
ホ. □2層以上の発泡プラスチック系断熱材の継目が重ならないように張る。

3. 屋根と壁の取合い部及び壁の隅角部においては、気密補助材を利用して、すき間が生じないようにする。

4. 外壁を発泡プラスチック系断熱材を用いた外張断熱工法とし、床又は天井を充填断熱工法とする場合には、床、天井の施工は本章9-1.5.3(壁、床、天井(又は屋根)の施工)により、床と外壁、天井と外壁との取合い部の施工は本章9-1.5.4(壁、床、天井(又は屋根)の取合い部等の施工)による。 9-1.5.3 ☞202頁 9-1.5.4 ☞202頁

5. 屋根を発泡プラスチック系断熱材を用いた外張断熱工法とし、外壁を充填断熱工法とする場合には、外壁の施工は本章9-1.5.3(壁、床、天井(又は屋根)の施工)により、屋根と外壁との取合い部の施工は本章9-1.5.4(壁、床、天井(又は屋根)の取合い部等の施工)による。 9-1.5.3 ☞202頁 9-1.5.4 ☞202頁

9-1.6.4 基礎断熱部の取合い等

基礎断熱部の取合い、細部の気密処理、注意事項については、それぞれ本章9-1.5.6(基礎断熱部の取合い)、本章9-1.5.7(細部の気密処理(1地域、2地域及び3地域において建設する場合))及び本章9-1.5.8(注意事項)による。 9-1.5.6 ☞203頁 9-1.5.7 ☞204頁 9-1.5.8 ☞204頁

施工方法

気密工事

発泡プラスチック系断熱材を用いた外張断熱工法においては、防湿フィルムを用いた気密工事のほかに、断熱材の継目を適切に処理することによって気密性を確保する仕様や、断熱材の外側に透湿防水シートを用いて気密性を確保する仕様等がある。

なお、住宅瑕疵担保責任保険における外壁に係る設計施工基準では、通気構法とする場合、原則として、透湿防水シートを使用することとなっている。このため、防水の観点から、透湿防水シート以外の部材を防水紙として使用できない場合がある。

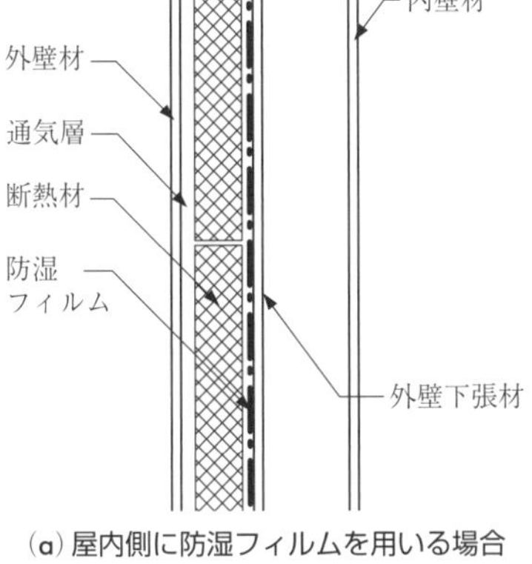

(a) 屋内側に防湿フィルムを用いる場合

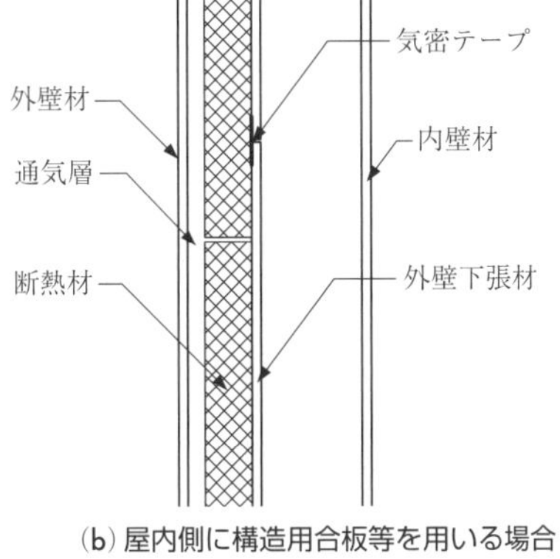

(b) 屋内側に構造用合板等を用いる場合

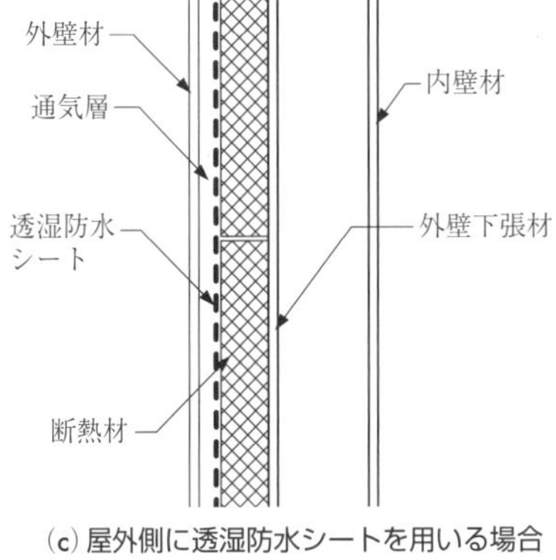

(c) 屋外側に透湿防水シートを用いる場合

(A) 1～3地域の場合(相当すき間面積 2.0 cm^2/m^2以下)

参考図9-1.6.3 発泡プラスチック系断熱材外張工法の場合の気密仕様の例①

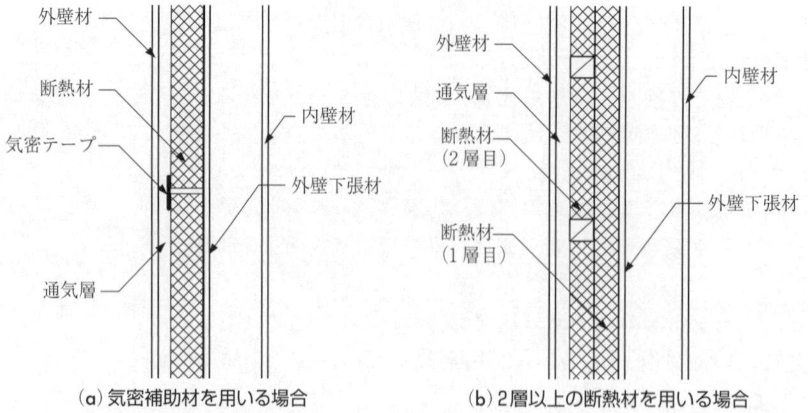

(B)4～8地域の場合(相当すき間面積 5.0 cm²/m²以下、2.0 cm²/m²超)

参考図9-1.6.3 発泡プラスチック系断熱材外張工法の場合の気密仕様の例②

9-1.7 開口部の断熱性能

9-1.7.1 開口部建具の種類

1. 開口部の断熱の仕様は、地域の区分に応じ、下表の熱貫流率を満たすものとする。

地域の区分	熱貫流率(W/(㎡·K))
1・2・3地域	2.3以下
4地域	3.5以下
5・6・7地域	4.7以下
8地域	

2. 窓の合計面積が住宅の床面積の2%以下となるものについては、前記1によらず施工することができる。

9-1.7.2 開口部の気密性

開口部に用いる建具は、地域の区分に応じ、次の気密性能の等級に該当するものとする。

イ. 1地域、2地域及び3地域における開口部は、JIS A 4706(サッシ)に定める気密性等級「A-4」を満たすもの

ロ. 4地域、5地域、6地域、7地域及び8地域における開口部は、JIS A 4706(サッシ)に定める気密性等級「A-3」又は「A-4」を満たすもの

9-1.7.3 注意事項

1. 建具の重量によって、窓台、まぐさ等の建具取付け部に、有害な変形が生じないような配慮をする。
2. 建具の取付け部においては、漏水及び構造材の腐朽を防止するために、すき間が生じないようにする。

用　語

窓

サッシ枠及びガラス等で構成された出入りを前提としない開口部(掃き出し窓、ガラスブロックを含む)をいう。

ドア

出入りを前提とした戸及び扉の総称をいう。ただし、ドアに組み込まれたガラスが当該ドア面積の大部分でないものはガラスがないものとして見なすこととし、ドア面積の大部分がガラスである場合は窓として取り扱うこととする。

框ドア

出入りを前提としたドアの一種で、周囲に枠をつくり、その枠を仕口によって組み立てたドアをいう。ただし、框ドアに組み込まれたガラスが当該框ドア面積の大部分でないものは、ガラスがないものとして見なすことができる。

引戸

引き形式の出入りを前提とした框ドアまたはドアをいう。

単板ガラス

一枚の板ガラスにより構成されるガラスをいう。

複層ガラス

複数枚の板ガラスにより構成されるガラスをいう。

ガス

アルゴンガスまたは熱伝導率がこれと同等以下のものをいう。

低放射膜

ガラス表面に銀、酸化スズ等を成膜することでガラス表面の放射率を下げ、放射熱伝達を抑制する薄膜をいう。

低放射複層ガラス

2枚の板ガラスと1つの中空層からなるものであり、1枚以上の板ガラスに低放射膜を中空層に面するように使用しているものをいう。

低放射三層複層ガラス

3枚の板ガラス(JIS R 3202に定めるフロート板ガラス及び磨き板ガラス、JIS R 3203に定める型板ガラス、JIS R 3204に定める網入板ガラス及び線入板ガラス、JIS R 3206に定める強化ガラス、JIS R 3222に定める倍強度ガラス、JIS R 3208に定める熱線吸収板ガラス、JIS R 3221に定める熱線反射ガラス及びJIS R 3205に定める合わせガラスをいい、それらの板ガラスに表面加工による光学的な拡散性をもたせたもの(刷りガラス、フロスト加工またはタペストリー加工)を含む。以下同じ)と2つの中空層からなるものであり、1枚以上の板ガラスに低放射膜を中空層に面するように使用しているものをいう(ただし、同一中空層に複数の低放射膜が面するものを除く)。

遮熱複層ガラス

室外側のガラス1枚に熱線反射ガラスまたは熱線吸収板ガラスを使用して、日射熱取得率を低減した複層ガラスをいい、「熱線反射ガラス1種」、「熱線反射ガラス2種」及び「熱線反射ガラス3種」とは、JIS R 3221に定める日射遮蔽性の区分によるものをいい、「熱線吸収板ガラス2種」とは、JIS R 3208に定める日射熱取得率の区分によるものをいう。

木又はプラスチックと金属の複合材料製

屋外側の建具の大半に金属、屋内側の建具の大半に、木またはプラスチックを使用した構造をいう。

金属製

アルミニウム合金等の金属で構成された構造のものであり、枠等の一部にプラスチック等を使用した構造のものを含む。

単板ガラス2枚を組み合わせたもの

中間部にブラインドが設置されたものを含むものとする。

金属製熱遮断構造

金属製の建具で、その枠または框等の中間部をプラスチック等の断熱性を有する材料で接続した構造をいう。

断熱積層構造

木製表裏面材の中間に断熱材を密実に充填した構造をいう。

高断熱フラッシュ構造扉

金属製表裏面材の中間に断熱材を密実に充填し、辺縁部を熱遮断構造とした扉のうち、扉厚さ60 mm以上のものをいう。

断熱フラッシュ構造扉

金属製表裏面材の中間に断熱材を密実に充填し、辺縁部を熱遮断構造とした扉をいう。

フラッシュ構造扉

金属製表裏面材の中間に断熱材を充填した構造の扉をいう。

ハニカムフラッシュ構造扉

金属製表裏面材の中間の密閉空気層を、紙製または水酸化アルミニウム製の仕切り材で細分化した構造の扉をいう。

留意事項

開口部の断熱性能

断熱等性能等級4の基準に適合する住宅とする場合には、断熱性能の高い開口部とする必要があり、各断熱地域の区分ごとに、本章9-1.7.1(開口部建具の種類)の1に掲げる熱貫流率を満たすものとする必要がある。その具体的な仕様は、付録9「「建具とガラスの組合せ」による開口部の熱貫流率」に掲げる仕様表から選択することができる。

なお、開口部の熱貫流率が試験等によって確認された建具についても、地域の区分ごとに定められた必要性能に応じて用いることが可能である。

床面積の合計の2%以下の窓の断熱性能

すべての窓において、本章9-1.7.1(開口部建具の種類)の1に基づく仕様とすることが望ましいが、浴室・トイレ等の小窓や、階段部分の採光用の小窓など、複層ガラス建具のラインナップの少ない部位では、コストや意匠上・機能上の要因から、性能を満足する建具を採用することが困難な場合がある。この場合、住宅全体に占める熱損失量において影響が少ない範囲(床面積の合計の2%以下の窓)について、本章9-1.7.1(開口部建具の種類)の1によらず施工することができる。

なお、当該窓が2つ以上の場合においては、その合計面積が床面積の合計の2%以下の場合に本ルールの対象となり、各々の窓面積が対象ではない。

開口部建具

開口部建具とは、窓(サッシ枠及びガラス等で構成された出入りを前提としない開口部建具。掃き出し窓、ガラスブロック、出窓、天窓を含む)、及びドア(出入りを前提とした戸及び扉の総称)をいう。ドアに組み込まれたガラスが、当該ドア面積の大部分でないものはガラスがないものとして見なすこととし、ドア面積の大部分がガラスである場合は窓として取り扱うこととする。

開口部建具の断熱性能の確認方法を大きく分けると、次のように分類される。

①メーカーのカタログに記載された熱貫流率の値を確認する

②以下のいずれかの方法により求められた熱貫流率の値による

イ　JIS A 4710(建具の断熱性試験方法)

ロ　JIS A 1492(出窓及び天窓の断熱性試験方法)

ハ　JIS A 2102-1(窓及びドアの熱性能—熱貫流率の計算—第1部：一般)及びJIS A 2102-2(窓及びドアの熱性能—熱貫流率の計算—第2部：フレームの数値計算方法)に規定される断熱性能計算方法

ニ　ISO 10077-1(Thermal performance of windows, doors and shutters —Calculation of thermal transmittance —Part 1：General)に規定される断熱性能計算方法

ホ　ISO 10077-2(Thermal performance of windows, doors and shutters —Calculation of thermal transmittance —Part 2：Numerical method for frames)に規定される断熱性能計算方法

ヘ　ISO 15099(Thermal performance of windows, doors and shading devices —Detailed calculations)に規定される断熱性能計算方法

開口部に二重、三重のサッシ(ドア)を使用する場合は、内側ほど気密性が高いものを、外側ほど断熱性が高いものを使用することが、サッシ(ドア)の間(風除室を含む)の結露を防ぐうえで重要である。

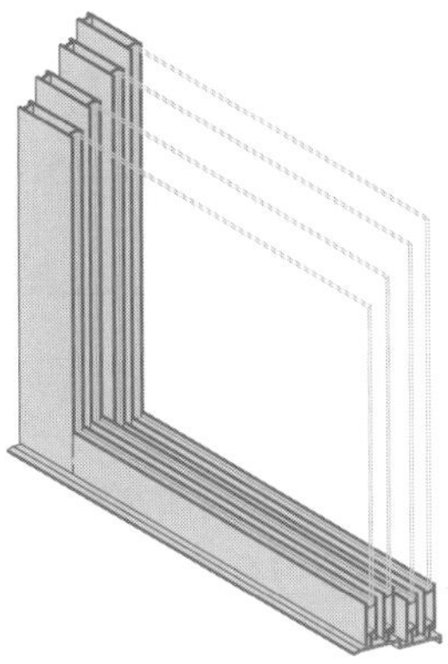

(A) 二重構造建具

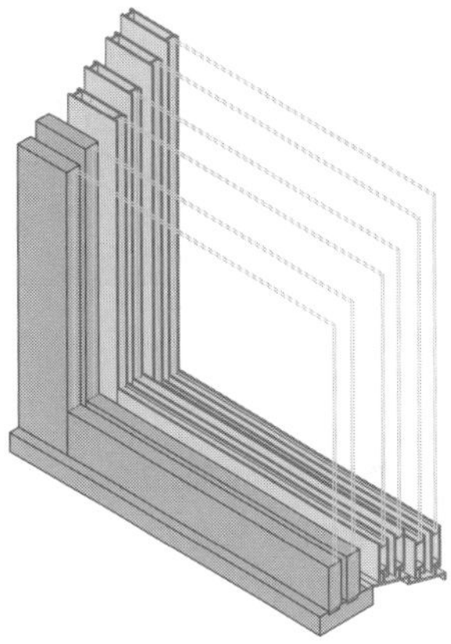

(B) 三重構造建具

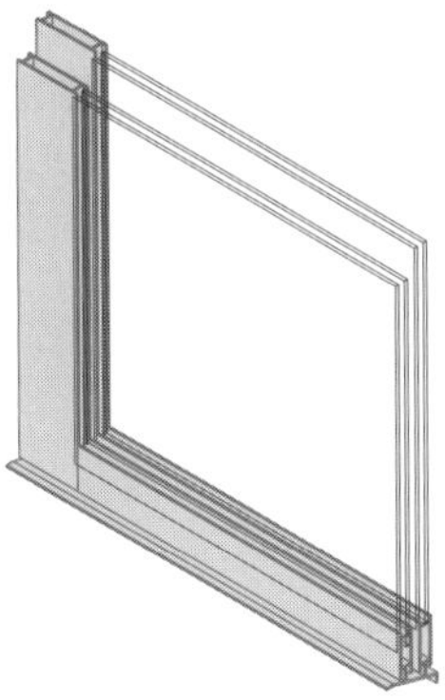

(C) 複層ガラス入り建具
ガラスの間に乾燥空気を入れ密閉し、断熱効果を高めた複層ガラスをはめ込んだ一重の建具

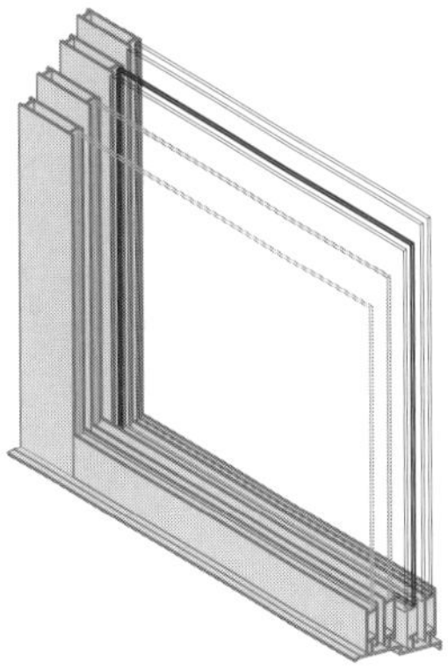

(D) 単体ガラス入り建具と複層ガラス入り建具の二重構造

参考図9-1.7.1　開口部建具の種類

9-1.8 開口部の日射遮蔽措置

9-1.8.1 一戸建ての住宅における開口部の日射遮蔽措置

1. 5地域、6地域及び7地域における住宅の開口部（全方位）は、日射遮蔽措置を講じた次のいずれかとする。
   - イ．□開口部の日射熱取得率が0.59以下であるもの
   - ロ．□ガラスの日射熱取得率が0.73以下であるもの
   - ハ．□付属部材を設けるもの
   - ニ．□ひさし、軒等を設けるもの
2. 8地域における住宅の開口部（全方位）は、日射遮蔽措置を講じた次のいずれかとする。
   - イ．□開口部の日射熱取得率が0.53以下であるもの
   - ロ．□ガラスの日射熱取得率が0.66以下であるもの
   - ハ．□付属部材を設けるもの
   - ニ．□ひさし、軒等を設けるもの

9-1.8.2 共同住宅等における開口部の日射遮蔽措置

1. 8地域における住宅の開口部（北±22.5度の方位以外）は、日射遮蔽措置を講じた次のいずれかとする。
   - イ．□開口部の日射熱取得率が0.52以下であるもの
   - ロ．□ガラスの日射熱取得率が0.65以下であるもの
   - ハ．□付属部材を設けるもの
   - ニ．□ひさし、軒等を設けるもの

9-1.8.3 小窓等における日射遮蔽措置

開口部（開口部の面積の大部分が透明材料であるもの。また、天窓は除く。）の合計面積が、住宅の床面積の4％以下となるものについては、本章9-1.8.1及び9-1.8.2によらず施工することができる。

9-1.8.1 ☞215頁
9-1.8.2 ☞215頁

用　語

付属部材

紙障子、外付けブラインド（窓の直近外側に設置され、金属製スラット等の可変により日射調整機能を有するブラインド）その他これらと同等以上の日射遮蔽性能を有し、開口部に建築的に取り付けるものをいう。なお、レースカーテン、内付けブラインドなど着脱が容易な部材は、付属部材とならない。また、厚手のカーテンや雨戸も、窓本来の採光性や透視性を確保できないため、付属部材として扱うことはできない。

ひさし、軒等

室外の窓上部に取り付けられるもので、「オーバーハング型日除け」ともいう。ひさし、軒のほかに、窓の直上階に設置されるバルコニーや共同住宅の共用廊下などがある。また「ひさし、軒等」として認められるオーバーハング型日除けは、下図のように、外壁面からの出寸法が窓下端から日除けの下端までの高さ寸法の0.3倍以上のものをいう。

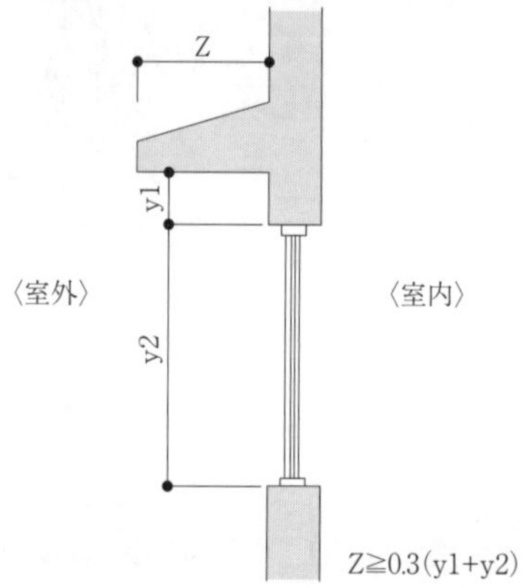

参考図9-1.8　ひさしによる日射の遮蔽

留意事項

開口部の日射遮蔽措置

開口部の日射遮蔽措置に関する基準を満たすためには、窓の日射熱取得率が、地域の区分ごとに定められた基準値を下回っていることが必要となる。

基準を満たすためには、窓本体の遮熱性能を高める方法と、窓の内外に日除けを設置する方法、さらに両者を組み合わせた方法がある。基準の対象となるのは窓（掃出窓及び框ドア（戸が四周の框材と面積の大部分を占めるガラスで構成されるドア）を含む）であり、ドアなどの窓以外の開口部は含まれない。

なお、窓の日射熱取得率は、メーカーのカタログ等から確認すること。

床面積の合計の4％までの窓の日射遮蔽措置

すべての窓において、本章9-1.8.1または9-1.8.2に基づく仕様とすることが望ましいが、浴室・トイレ等の小窓などで、日射遮蔽のための付属部材設置が困難な場合にあっては、住宅全体に占める日射遮蔽性能において影響が少ない範囲（床面積の合計の4％以下の窓）について、本章9-1.8.1及び9-1.8.2によらず施工することができる。

なお、当該窓が2つ以上の場合においては、その合計面積が床面積の合計の4％以下の場合に本ルールの対象となり、各々の窓面積が対象ではない。また、天窓は、本ルールの対象外である。

9-2. 省エネルギー設備工事（一次エネルギー消費量等級4）

9-2.1 一般事項

9-2.1.1 総則

1. 省エネルギー設備工事（一次エネルギー消費量等級4）に適合する住宅の仕様は、この項による。ただし、これによらない場合は、本章9-3（建築物エネルギー消費性能基準）に適合する仕様とする。 9-3 ☞221頁
2. 本項におけるアンダーライン「　　」の付された項目事項は、省エネルギー設備工事（一次エネルギー消費量等級4）に係る仕様であるため、当該部分の仕様以外とする場合は、住宅金融支援機構の認めたものとする。

9-2.1.2 適用

本項の適用となる住宅は、次の1又は2のいずれかを満たすものとする。

1. □一次エネルギー消費量等級4に適合する仕様を計算により決定する場合、住宅の品質確保の促進等に関する法律（平成11年法律第81号）に基づく評価方法基準（平成13年国土交通省告示第1347号）第5の5-2の一次エネルギー消費量等級4に規定されている対策が講じられていることとし、「住宅に関する省エネルギー基準に準拠したプログラム（https://house.app.lowenergy.jp/）」等を用いて、巻末付録8（地域の区分一覧表）の地域の区分及び床面積等に応じて算定した対象住宅の一次エネルギー消費量が基準一次エネルギー消費量を上回らないことを確認したものとし、その仕様は特記による。 付録8 ☞411頁
2. □一次エネルギー消費量等級4に適合する仕様を仕様により決定する場合、以下のイからへまでを満たすものとする。
   - イ．基準一次エネルギー消費量及び住宅の一次エネルギー消費量の算出における地域の区分は、巻末付録8（地域の区分一覧表）による。 付録8 ☞411頁
   - ロ．暖房設備は、本章9-2.2（暖房設備）による。 9-2.2 ☞217頁
   - ハ．冷房設備は、本章9-2.3（冷房設備）による。 9-2.3 ☞218頁
   - ニ．換気設備は、本章9-2.4（換気設備）による。 9-2.4 ☞218頁
   - ホ．給湯設備は、本章9-2.5（給湯設備）による。 9-2.5 ☞218頁
   - へ．照明設備は、本章9-2.6（照明設備）による。 9-2.6 ☞219頁

9-2.2 暖房設備

1. 1地域、2地域、3地域又は4地域における暖房方式及び暖房設備は、次のいずれかによる。
   - イ．□単位住戸全体を暖房する方式とする場合、暖房設備はダクト式セントラル空調機でヒートポンプ式熱源とする。
   - ロ．居室のみを暖房する方式とする場合、暖房設備は次のいずれかによる。
     - (イ)□温水暖房用パネルラジエーターで配管に断熱被覆があるものとし、熱源は石油熱源機で、熱効率が83.0%以上であるもの
     - (ロ)□温水暖房用パネルラジエーターで配管に断熱被覆があるものとし、熱源はガス熱源機で、熱効率が78.9%以上であるもの
     - (ハ)□温水暖房用パネルラジエーターで配管に断熱被覆があるものとし、熱源は電気ヒートポンプ熱源機で、フロン系冷媒に限るもの
     - (ニ)□FF暖房機で熱効率が86.0%以上であるもの
     - (ホ)□エネルギー消費効率の区分が(い)又は(ろ)のルームエアコンディショナー

ハ. □新築時に設備を設置しない。

2. 5地域、6地域又は7地域における暖房方式及び暖房設備は、次のいずれかによる。

イ. □単位住戸全体を暖房する方式とする場合、暖房設備はダクト式セントラル空調機でヒートポンプ式熱源とする。

ロ. 居室のみを暖房する方式とする場合、暖房設備は次のいずれかによる。

(イ)□温水暖房用パネルラジエーターで配管に断熱被覆があるものとし、熱源は石油熱源機で、熱効率が87.8%以上であるもの

(ロ)□温水暖房用パネルラジエーターで配管に断熱被覆があるものとし、熱源はガス熱源機で、熱効率が82.5%以上であるもの

(ハ)□温水暖房用パネルラジエーターで配管に断熱被覆があるものとし、熱源は電気ヒートポンプ熱源機で、フロン系冷媒に限るもの

(ニ)□エネルギー消費効率の区分が(い)又は(ろ)のルームエアコンディショナー

ハ. □新築時に設備を設置しない。

9-2.3 冷房設備

冷房方式及び冷房設備は、次のいずれかによる。

1. □単位住戸全体を冷房する方式とする場合、冷房設備はダクト式セントラル空調機でヒートポンプ式熱源とする。
2. □居室のみを冷房する方式とする場合、冷房設備はエネルギー消費効率の区分が(い)又は(ろ)のルームエアコンディショナーとする。
3. □新築時に設備を設置しない。

9-2.4 換気設備

換気設備は、次のいずれかによる。

1. □比消費電力(熱交換換気設備を採用する場合は、比消費電力を有効換気量率で除した値)が0.3 W/(m^3/h)以下の換気設備
2. □内径75 mm以上のダクトを使用したダクト式第一種換気設備(熱交換換気設備なし)(DC(直流)モーター採用)
3. □内径75 mm以上のダクトを使用したダクト式第二種換気設備
4. □内径75 mm以上のダクトを使用したダクト式第三種換気設備
5. □壁付け式第二種換気設備
6. □壁付け式第三種換気設備

9-2.5 給湯設備

1. 1地域、2地域、3地域又は4地域における給湯設備は、次のいずれかによる。

イ. □石油給湯機で、モード熱効率が81.3%以上であるもの

ロ. □潜熱回収型の石油熱源機(エコフィール)

ハ. □ガス給湯機で、モード熱効率が83.7%以上であるもの

ニ. □潜熱回収型のガス熱源機(エコジョーズ)(1地域を除く。)

ホ. □電気ヒートポンプ給湯機(CO_2冷媒に限る。)で、年間給湯保温効率又は年間給湯効率が1地域において3.5以上、2地域において3.2以上、3地域において3.0以上、4地域において2.9以上のもの

ヘ. □電気ヒートポンプ給湯機(エコキュート)(3地域、4地域に限る。)

2. 5地域、6地域又は7地域における給湯設備は、次のいずれかによる。

イ. □石油給湯機で、モード熱効率が77.8%以上であるもの

ロ. □潜熱回収型の石油熱源機(エコフィール)

ハ. □ガス給湯機で、モード熱効率が78.2%以上であるもの

ニ. □潜熱回収型のガス熱源機(エコジョーズ)

ホ. □電気ヒートポンプ熱源機(CO_2冷媒に限る。)(エコキュート)

9-2.6 照明設備

非居室に設置する全ての照明設備は、次のいずれかによる。

1. □LEDを設置する。
2. □蛍光灯を設置する。

用　語

居室

居室は、主たる居室とその他の居室に分けられる。

主たる居室とは、就寝を除き、日常生活上在室時間が長い居室等（居間・食事室・キッチンなど）をいう。その他居室とは、主たる居室以外の居室（寝室・こども室・和室など）をいう。

非居室

浴室・トイレ・洗面所等の居室以外をいう。

ダクト式セントラル空調機

ヒートポンプ式熱源機等により空調された空気をダクトにより住戸内の居室等へ供給し、住戸内のすべての居室及び非居室を空調するように計画された、暖房及び冷房のいずれか、またはその両方を行う空調システムをいう。

断熱被覆

温水暖房の熱源機と放熱器をつなぐ配管に断熱材を被覆する措置のこと。断熱材の種類・厚さは問わないが、熱源機から放熱器までをすべて断熱する。

パネルラジエーター

温水暖房における放熱器の一種であり、外部から配管を通じて温水の供給を受けて暖房を行う機器。室内に露出する表面板そのものが熱交換部を形成し、自然対流及び放射の双方によって放熱する形式のもので、窓際の設置に適した暖房器具である。ファン・モーターなどの回転部分がないので、運転音がなく静かである。

FF暖房機

ガスまたは灯油を燃料とし、燃焼熱を利用して室内の空気を暖める燃焼機器で、強制吸排気型のストーブのこと。燃焼に必要な空気を屋外から取り入れ、燃焼排気も屋外に排出するため、室内の空気を汚さない。

壁付け式換気設備

1台の換気設備に合計1m未満のダクトしか使用していないもので、外壁に設置するパイプ用ファン等。

ダクト式換気設備

1台の換気設備に合計1m以上のダクトを使用しているもの。

第一種換気設備

給気と排気の双方のために送風機を用いるもの。

第二種換気設備

給気のみのために送風機を用いるもの。

第三種換気設備

排気のみのために送風機を用いるもの。

熱交換換気設備

換気システムの中に熱回収装置を有し、排気に含まれる熱量を給気に与えることにより空調負荷の低減を行う換気設備のこと。

ダクト及び電動機の種別

ダクトの内径が75mm以上であるか未満であるか、及び電動機が交流電動機であるか直流電動機であるかの区別である。

潜熱回収型給湯機

ガス・石油を燃料とする機器において、排気中の潜熱回収を行うことで高効率を達成する方式。通常は、ほとんどが瞬間式である。従来型より効率が高く、ガス・石油ともに熱効率（連続給湯効率）は95%程度である。

電気ヒートポンプ給湯機

空気の熱を利用した電気ヒートポンプにより加熱する給湯機のこと。

留意事項

住宅に関する省エネルギー基準に準拠したプログラムについて

住宅・建築物の省エネルギー基準及び低炭素建築物の認定基準に基づく住宅の一次エネルギー消費量の算定に用いる「住宅に関する省エネルギー基準に準拠したプログラム」に関する最新情報については、「建築物のエネルギー消費性能に関する技術情報Webサイト」（https://www.kenken.go.jp/becc/index.html）を参照すること。

省エネルギー設備工事に関する基準（一次エネルギー消費量等級4）に適合する仕様

性能表示基準の「一次エネルギー消費量等級4」には、性能基準と仕様基準が定められている。

性能基準による場合は、一次エネルギー消費量の算定にあたり外皮の断熱性能（外皮平均熱貫流率・日射熱取得率）を確認する必要がある。一方、仕様基準による場合は、一次エネルギー消費量の算定に代えて、「住宅部分の外壁、窓等を通しての熱の損失の防止に関する基準及び一次エネルギー消費量に関する基準（平成28年国土交通省告示第266号）」の2に掲げる設備等の基準に適合する仕様とする必要がある。

評価対象住宅の一次エネルギー消費量の基準適合性確認方法

評価対象住宅の一次エネルギー消費量の基準への適合性の確認方法は、次に示す図のとおり、評価対象住宅の地域の区分、床面積などに応じて算定した設計一次エネルギー消費量が、所定の基準一次エネルギー消費量を上回らないことを確認することによる。

具体的には、本項9-2.1.2 に示す「住宅に関する省エネルギー基準に準拠したプログラム」などを用い、暖冷房、換気等の各エネルギー消費量の総和（= 設計一次エネルギー消費量）が、基準一次エネルギー消費量を上回らないことを確認する。

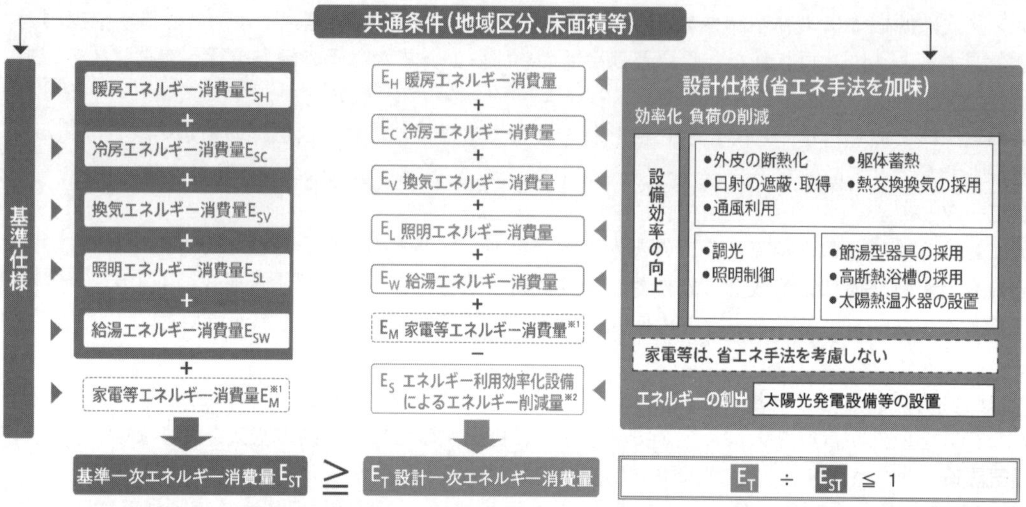

※1　家電及び調理のエネルギー消費量。建築設備に含まれないことから、省エネルギー手法は考慮せず、床面積に応じた同一の標準値を設計一次エネルギー消費量及び基準一次エネルギー消費量の両方に使用する。

※2　太陽光発電設備及びコージェネレーション設備により発電されたエネルギー量が該当する。

住宅に関する省エネルギー基準に準拠したプログラム

住宅に関する省エネルギー基準に準拠したプログラムは、「建築物のエネルギー消費性能に関する技術情報Webサイト」(https://www.kenken.go.jp/becc/index.html) にて公開されている。

(1)　基準一次エネルギー消費量及び設計一次エネルギー消費量の算定

評価対象住宅の基準一次エネルギー消費量及び設計一次エネルギー消費量を算定することができる。

(2)　入力データ及び算定結果の出力

住宅ごとに入力したデータと一次エネルギー消費量の算定結果をPDF ファイルとして出力することができる。

一次エネルギー消費量算定結果

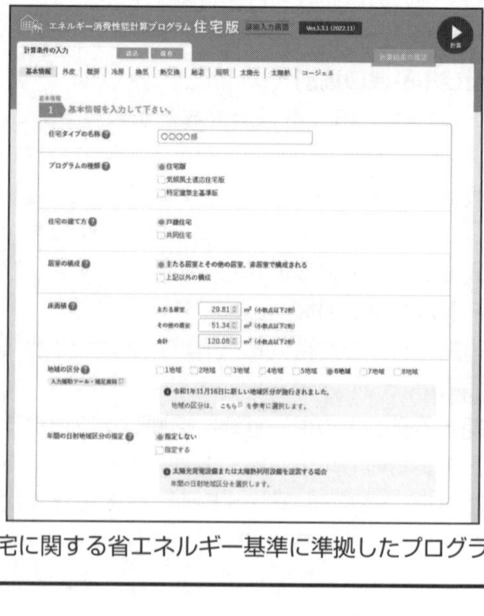

住宅に関する省エネルギー基準に準拠したプログラム

9-3. 建築物エネルギー消費性能基準

9-3.1 一般事項

9-3.1.1 総則

1. フラット35における省エネルギー性に関する基準のうち、建築物エネルギー消費性能基準（建築物のエネルギー消費性能の向上に関する法律（平成27年法律第53号）（通称 建築物省エネ法）第2条第3号に定める基準）及び結露の発生を防止する対策に関する基準に適合する仕様は、この項による。
2. 本項におけるアンダーライン「＿＿＿」の付された項目事項は、建築物エネルギー消費性能基準及び結露の発生を防止する対策に関する基準に係る仕様であるため、当該部分の仕様以外とする場合は、住宅金融支援機構の認めたものとする。

9-3.1.2 適用

1. 地域の区分は、巻末付録8（地域の区分一覧表）による。 付録8 ☞411頁
2. 本項の適用となる住宅は、次のイからハまでを満たすものとする。
   イ. 外皮性能は、次のいずれかによる。ただし、これによらない場合は、建築物エネルギー消費性能基準等を定める省令（平成28年経済産業省・国土交通省令第1号）の第1条第1項第二号のイの(2)の規定に適合する仕様とする。
   （イ）□計算により決定する場合は、本章9-1.1.2（適用）の2のイによる。 9-1.1.2の2 ☞177頁
   （ロ）□仕様により決定する場合は、本章9-1.1.2（適用）の3のイからニによる。 9-1.1.2の3 ☞177頁
   ロ. 一次エネルギー消費量は、次のいずれかによる。ただし、これによらない場合は、建築物エネルギー消費性能基準等を定める省令（平成28年経済産業省・国土交通省令第1号）の第1条第1項第二号のロの(2)の規定に適合する仕様とする。
   （イ）□計算により決定する場合は、本章9-2.1.2（適用）の1による。 9-2.1.2の1 ☞217頁
   （ロ）□仕様により決定する場合は、本章9-2.1.2（適用）の2による。 9-2.1.2の2 ☞217頁
   ハ. 結露の発生を防止する対策は、本章9-3.2（防湿材の施工）による。 9-3.2 ☞221頁

9-3.2 防湿材の施工

1. グラスウール、ロックウール、セルローズファイバー等の繊維系断熱材及びJIS A 9526 に規定する吹付け硬質ウレタンフォームA種3、その他これらに類する透湿抵抗の小さい断熱材を使用する場合は、外気等に接する部分に防湿材等を室内側に施工して防湿層を設ける。ただし、次のいずれかの場合は、当該部位について防湿層の設置を省略することができる。
   イ. 土塗り壁の外側に断熱層がある場合
   ロ. 床断熱において、断熱材下側が床下に露出する場合、又は湿気の排出を妨げない構成となっている場合
   ハ. 建設地の地域の区分が8地域の場合
   ニ. 断熱層が単一の材料で均質に施工され、透湿抵抗比（断熱層の外気側表面より室内側に施工される材料の透湿抵抗の合計値を、断熱層の外気側表面より外気側に施工される材料の透湿抵抗の合計値で除した値）が次の値以上である場合
   （イ）1地域、2地域及び3地域で、壁は4、屋根又は天井は5
   （ロ）4地域で、壁は2、屋根又は天井は3
   （ハ）5地域、6地域及び7地域で、壁は2、屋根又は天井は2
   ホ. イからニと同等以上の結露の発生の防止に有効な措置を講ずる場合は、特記による。

10. 内外装工事

10.1 左官工事

10.1.1 一般事項

10.1.1.1 下地工法

1. 外壁を湿式仕上げとする場合は、壁体内通気を可能とする構造とし、本章4.10.10.1(一般事項)の1及び本章4.10.10.2(工法)による。ただし、次のいずれかによる場合は、この限りではない。
   イ. 軒の出及びけらばの出を60 cm以上とする。
   ロ. 軒の出及びけらばの出を30 cm以上とし、かつ、外壁には雨水の浸入を防止する有効な仕上げを施す。
2. 外壁を湿式仕上げとする場合は、下地をラス張りとする。ただし、平ラスは用いない。これによらない場合は、特記による。

4.10.10.1の1 ☞118頁
4.10.10.2 ☞118頁

10.1.1.2 下地処理

1. 下地は、塗付け直前によく清掃する。
2. コンクリート・コンクリートブロックなどの下地は、あらかじめ適度の水湿しを行う。
3. 木毛セメント板の下地は、継目の目透かし部にモルタルを詰め込む。

10.1.1.3 養生

1. 施工にあたっては、近接する他の部材及び他の仕上げ面を汚損しないように紙張り、シート掛け、板おおいなどを行い、施工面以外の部分を保護する。
2. 塗面の汚染や早期乾燥を防止するため、通風、日照を避けるよう外部開口部の建具には窓ガラスをはめるとともに、塗面にはシート掛け、散水などの措置をする。
3. 寒冷期には、暖かい日中を選んで施工するように努める。気温が2℃以下の場合及びモルタルが適度に硬化しないうちに2℃以下になるおそれのある場合は、作業を中止する。やむを得ず、作業を行う場合は、板囲い、シートおおいなどを行うほか、必要に応じて採暖する。なお、工事監理者がいる場合には、その指示を受ける。

10.1.2 モルタル下地ラス張り工法

10.1.2.1 一般事項

1. モルタル下地ラス張りとする場合は、壁体内通気を可能とする構造とし、本章4.10.10.1(一般事項)の1及び本章4.10.10.2(工法)による。これによらない場合は、本章10.1.1.1(下地工法)の1のイ又はロによることとし、ラス張りは本章10.1.2.3(波形ラス張り)、本章10.1.2.5(ラスシート張り)又は本章10.1.2.6(特殊なラス張り)による。
2. モルタル下地ラス張りは、胴縁の上に面材若しくはラス下地板等を設けてラス張りを行う場合(2層下地工法)は、本章10.1.2.3(波形ラス張り)による。また、面材若しくはラス下地板等を用いないで胴縁の上に直接ラス張りを行う場合(単層下地工法)は、本章10.1.2.4(紙付きリブラス張り)による。
3. ラスを用いない工法の場合は、特記による。

4.10.10.1の1 ☞118頁
4.10.10.2 ☞118頁
10.1.1.1の1 ☞222頁
10.1.2.3、10.1.2.5、10.1.2.6 ☞223頁
10.1.2.3 ☞223頁
10.1.2.4 ☞223頁

10.1.2.2 材料

1. 防水紙は、JIS A 6005(アスファルトルーフィングフェルト)に適合するアスファルトフェルト430、改質アスファルトフェルト、又はこれらと同等以上の性能を有するものとする。
2. 波形ラスの品質は、JIS A 5505(メタルラス)に適合するW700で防錆処理をしたものとする。
3. 紙付きリブラスの品質は、JIS A 5505(メタルラス)に適合するリブラスCで防錆処理したものとする。
4. 特殊ラスの品質は、質量0.7 kg/m^2以上とし、防錆処理をしたもので、モルタルの塗厚が十分確保できるような製品とする。

5. ラスシートの品質は、JIS A 5524（ラスシート（角波亜鉛鉄板ラス））に適合するもので、LS 1（非耐力壁）、LS 4（耐力壁）、又はこれらと同等以上の性能を有するものとする。
6. ラスの取付け金物はステープルとし、JIS A 5556（工業用ステープル）に適合するL1019J（線厚0.6 mm×線幅1.15 mm×足長さ19 mm以上）、又はこれと同等以上の性能を有するものとする。
7. ラスシートの取付け金物は、板厚0.3 mm以上、径15 mm以上の座金を付けたN38くぎとし、いずれも防錆処理したものとする。

10.1.2.3 波形ラス張り

1. 防水紙は、継目を縦、横とも90 mm以上重ね合わせる。留付けはステープルを用い、継目部分は約300 mm間隔に、その他の箇所は要所に行い、たるみ、しわのないように張る。ただし、軒裏の場合は、防水紙を省略する。
2. 波形ラスの継目は縦、横とも30 mm以上重ね継ぐ。ラスの留付けは、ステープルで100 mm以内に、ラスの浮上がり、たるみのないよう下地板に千鳥に打ち留める。
3. 出隅及び入隅などの継目は突付けとし、200 mm幅の共材のラス（平ラスF450以上）を中央から90°に折り曲げ、上から張り重ねる。また、開口部には200 mm×100 mmの共材のラス（平ラスF450以上）を各コーナーにできる限り近づけて斜めに二重張りとする。
4. シージングインシュレーションボードの上に張る場合の打留めは、特記による。

10.1.2.4 紙付きリブラス張り

1. 紙付きリブラスの張り方は、壁面ごとに下部から留付け上げ、横方向には千鳥状に張り、留め付ける。横方向の継目は30 mm以上60 mm以内に重ね、縦方向の継目は端部リブ山を重ね、開口端部では継目を設けない。
2. ラスの留付けは、T線以上の線径と足長さが25 mm以上のステープルを用い、必ず胴縁下地の上ですべてのリブを留め付ける。
3. 出隅、入隅部は突合せとし、補強用平ラスを90°に曲げて下張りしたラスの上から固定する。

10.1.2.5 ラスシート張り

1. ラスシートLS 1を使用する場合は、継目は1山重ね、受け材当たり（たて枠又はころび止め等）に本章10.1.2.2（材料）の7の座金付きN38くぎを間隔200 mm以内に平打ちする。なお、LS 1のうち板厚が0.19 mmを使用する場合の受け材の間隔は、455 mm以内とする。 10.1.2.2の7 ☞223頁
2. 張り方は、受け材がたて枠の場合は横張り、胴縁の場合は縦張りとし、横張り、縦張りとも下部より上部へ向かって漏水しないよう入念に張り上げる。なお、斜め張りは行ってはならない。
3. ラスシートLS 4を使用する場合は、以下による。
   イ. ラスシートの品質は、JIS A 5524（ラスシート（角波亜鉛鉄板ラス））に適合するもので、LS 4（角波亜鉛鉄板の厚さが0.4 mm以上、メタルラスの厚さが0.6 mm以上のものに限る。）とする。
   ロ. 張り方は、3'×8'（910 mm×2,440 mm）若しくは3'×9'（910 mm×2,730 mm）版を縦張りし、土台及び壁の端部まで張る。
   ハ. 継目部分は横重ね代を1山重ねとし、縦重ね代を30 mm以上とし、鉄板は鉄板で、ラスはラスで重ね結束する。
   ニ. 開口部等でラスシートを切り抜く場合は、事前に鉄板を短かく、ラスを長くなるように切断し、巻き込む。
   ホ. くぎ打ちは、亜鉛めっきされたCN50又はCNZ50を外周部100 mm間隔以内、中間部200 mm間隔以内に平打ちする。

10.1.2.6 特殊なラス張り

モルタルの塗厚及び下地材等への保持力が十分確保できる製品とし、特記による。

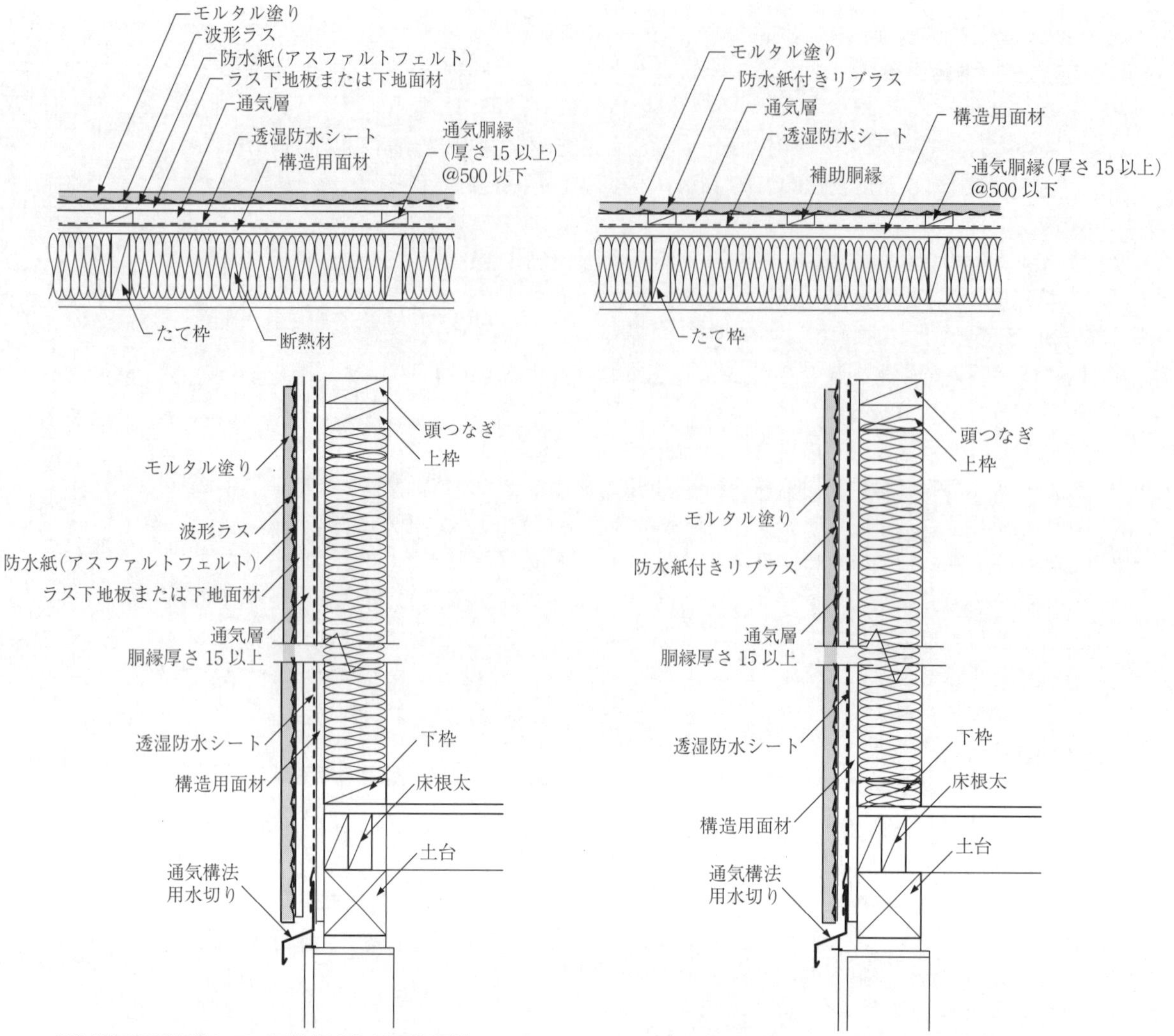

(A) 通気用縦胴縁にラス下地板または下地面材を設け、防水紙及びラス張りとする場合の例/2層下地工法

(B) 通気用縦胴縁に直接防水紙及びラス張りとする場合の例/単層下地工法

参考図 10.1.2.1　モルタル下地ラス張り工法(面材耐力壁の例)

用　語

モルタル下地ラス張り工法

モルタル塗り等の外壁湿式工法におけるラス下地は、JASS 15左官工事に示されるように「直張りラスモルタル下地」と「通気工法用ラスモルタル下地」がある。通気工法用ラスモルタル下地は、2層下地工法(通気胴縁の屋外側に面材またはラス下地板を施工し、その上に直張りラスモルタル下地と同様の施工をする工法)と単層下地工法(通気胴縁の屋外側に防水紙付きリブラスなどを張る工法)とがある。いずれの工法とも、胴縁、ラス下地板または下地用面材などは、地震の際にも脱落しないよう、接合具の種類、長さ、胴径や耐久性などに配慮して、適切な間隔で確実に留め付ける必要がある。

アスファルトフェルト

有機天然繊維を主原料とした原紙にアスファルトを浸透したもの。単位面積質量の呼びの種類により、アスファルトフェルト650、アスファルトフェルト430がある。

改質アスファルトフェルト

アスファルトに合成ゴムや合成樹脂を混合して、アスファルトの低温性状や高温性状を改良した改質アスファルトを使用した防水フェルトである。なお、改質アスファルトフェルトの品質として、一般社団法人日本防水材料協会が推奨するARK 14^{w}-03がある。

特殊ラス

特殊ラスには金属加工片面ラス、金属板穴あきラス、金属加工両面ラス、溶接した金網としたものに防水紙、クラフト紙などを裏打ちしたものなどが市販されている。

第Ⅱ章

リブラス

外壁内通気構造用モルタル下地における単層下地工法に用いるリブラスの品質は、JIS A 5505（メタルラス）に適合するもの、またはこれと同等以上の品質のものとし、防水紙付きのものを用いる。胴縁にリブラスなどを留め付けて、直接モルタル施工をする場合、モルタル塗込み時に胴縁の相互間でラスや防水紙が凹み、その内側にある通気層の断面が少なくなりやすい。たわみを少なくするためには、補助胴縁を設置するなどの配慮が必要である。

ステープル

ステープルは、ラス、屋根下ぶき材、外壁の防水紙等を留め付けるために用いられるコの字型の接合具である。ラスを留め付けるためのステープルは機械打ちする必要がある。なお、ラスを留め付けるためのステープルは、波形ラスを留め付ける場合は1019J（足長さは19 mm）以上、紙付きリブラスを留め付ける場合はT線以上の線径で足長さを25 mm以上とする必要がある。

メタルラス

薄鋼板や溶融亜鉛めっき鋼板を材料として、常温引伸切断法で製造する。 JISには平ラス、波形ラス、リブラス、こぶラスの4種類がある。ラスは、モルタルがラスの裏側にまで十分まわり込むことによって初めて補強効果が出て、ラスが腐食されにくくなる。したがって、ラスは防水紙との間に空隙ができるような製品で、亜鉛めっきなどの防錆処理を施した厚手のラスを用いることが耐久性の向上からみて望ましい。

なお、外壁には、出隅、入隅部や開口部等の補強に使用する場合を除き、平ラスは使用しない。

ラスシート

溶融亜鉛めっき鋼板を角波形に加工した面にメタルラスを溶接したもので、角波鉄板の山の高さとピッチ及び鉄板の幅でLS 1、LS 2、LS 3及びLS 4の4つの種類がある。

養 生

塗面は、急激に乾燥するとひび割れを生じやすい。モルタルなどは、2～3日湿潤状態に置くほうがよい。

留意事項

ラスシート張りの防湿措置

ラスシートに使用されている溶融亜鉛めっき鋼板は湿気を通さない材料であるため、室内側から壁体内部への湿気の浸入に特に気をつける必要がある。いったん湿気が浸入すると排出することが困難であり、木部の腐朽やラスシート自体の腐食を生じるおそれがある。そのため、外壁の室内側における防湿層の入念な施工、透湿抵抗の高い断熱材の使用などが必要になる。

10 内外装工事

10.1.3 モルタル塗り

10.1.3.1 材料

1. 普通ポルトランドセメント及び白色セメントの品質は、JIS R 5210（ポルトランドセメント）に適合するもの、又はこれと同等以上の性能を有するものとする。
2. 砂は、有害量の鉄分、塩分、泥土、塵芥及び有機物を含まない良質なものとする。
3. 水は、有害量の鉄分、塩分、硫黄分及び有機不純物などを含まない清浄なものとする。
4. 混和材として用いる消石灰の品質は、JIS A 6902（左官用消石灰）に適合するもの、又はこれと同等以上の性能を有するものとする。
5. ポルトランドセメントに骨材、混和材料又は顔料などを工場で配合したセメント類を用いる場合は、特記による。

10.1.3.2 調合

モルタルの調合(容積比)は、下表を標準とする。

下地	塗付け箇所	下塗り・ラスこすり	むら直し・中塗り	上塗り
		セメント：砂	セメント：砂	セメント：砂：混和材
コンクリート コンクリートブロック	床	—	—	1：2
	内壁	1：2	1：3	1：3：適量
	外壁 その他	1：2	1：3	1：3：適量
メタルラス ラスシート	内壁	1：3	1：3	1：3：適量
	天井	1：2	1：3	1：3：適量
	外壁 その他	1：3	1：3	1：3
木毛セメント板	内壁	1：2	1：3	1：3：適量
	外壁 その他	1：2	1：3	1：3

注1) 混和材(剤)は、消石灰、ドロマイトプラスター、ポゾラン、合成樹脂などとする。

2) ラスこすりには必要であれば、すさ(つた)を混用してもよい。

3) 適量とは、セメントに対する容積比で、無機質系の場合は20%以下、合成樹脂系の場合は0.1～0.5%以下とし、各々製造所の仕様による。

10.1.3.3 塗厚

塗厚は、下表を標準とする。

下地	塗付け箇所	塗厚(単位：mm)			
		下塗り・ラスこすり	むら直し	中塗り	上塗り
コンクリート コンクリートブロック 木毛セメント板	床	—	—	—	25
	内壁	6	0～6	6	3
	外壁 その他	6	0～9	0～9	6
メタルラス ラスシート	内壁	ラス面より約1mm厚くする	0～6	6	6
	天井・ひさし		—	0～6	3
	外壁 その他		0～9	0～9	6

10.1.3.4 壁塗り工法

1. 下塗り(ラスこすり)は、次による。

イ. こて圧を十分にかけてこすり塗りをし、塗厚はラスを被覆するようにし、こては下から上に塗り付ける。水引き加減をみて木ごてでならし、目立った空隙を残さない。下塗り面は、金ぐしの類で全面にわたり荒し目を付ける。

ロ. 塗り付けた後、2週間以上できるだけ長期間放置して、次の塗付けにかかる。

2. むら直しは、次による。

イ. 下塗りは乾燥後、著しいひび割れがあれば、目塗りをし、下地面が平たんになっていない部分又は凹部は、つけ送りしつつむら直しを行い、金ぐしの類で荒し目を付ける。

ロ. むら直しの後、下塗りと同様の放置期間をおく。

3. 中塗りは、次による。

定規ずりしながら、こて圧を十分にかけて平たんに塗り付ける。縦形部は、型板を用い、すみ、角、ちり回りは、中塗り前に定規ずりをする。

4. 上塗りは、次による。

中塗りの硬化の程度を見計らい、すみ、角及びちり回りに注意して、こて圧を十分に塗り付け、水引き程度をみて、むらなく平たんに塗り上げる。なお、仕上げについては、特記による。

10.1.3.5床塗り工法

床塗りは、次による。

イ. 床コンクリート面にモルタル塗りを施す場合は、コンクリート打込み後、なるべく早くとりかかる。

ロ．コンクリート打込み後、日数のたったものは、純セメントペーストを十分に流し、ほうきの類でかきならした後、塗付けにかかる。なお、吸水調整材を使用する場合は、各製造所の仕様による。
ハ．塗付けは、硬練りモルタルとし、水平、勾配など十分注意しながら定規ずりを行い、水引き具合いを見ながら、こてで平滑に押さえ仕上げる。

10.1.3.6 防水モルタル

1. 材料は、本章10.1.3.1（材料）によるものとし、防水剤は製造所の特記による。 10.1.3.1 ☞225頁
2. 調合は、各製造所の仕様による。
3. 塗厚は、20 mmとする。
4. 工法は、次のとおりとする。
イ．下地処理を行う。
ロ．防水モルタルは、材料を正確に計量し、十分に練り混ぜる。
ハ．下塗りは、水勾配等を考えて、金ごてで入念に塗り付け、荒し目を付ける。
ニ．上塗りは、塗厚均等に、金ごてで入念に塗り付ける。

用　語

吸水調整材

吸水調整材は、「主としてコンクリートのような平たんな下地に対して現場調合のセメントモルタルを塗り付ける左官工事において、下地の吸込み調整や下地とのなじみを改善する目的で下地に塗り付けられる材料」である。

なお、吸水調整材を使用する場合は、セメントペーストを省略することができるが、日本建築仕上学会規格M-101（セメントモルタル塗り用吸水調整材の品質基準）に則り、品質の優れた材料を的確に選定して適正に施工することが望ましい。

留意事項

モルタル塗り施工

塗付けは、塗り壁の品質及び耐久性等に大きく影響を及ぼすため、建設業法に基づく建築施工管理技士の管理により、職業能力開発促進法に基づく技能士または左官基幹技能者が施工することが望ましい。

施工方法

混和材（剤）

セメントはコンクリートのためのJIS規格があって、左官用として用いるには種々の性格上の弱点（例えば、モルタルは砂を多く配合すれば収縮は少なくなるが、作業性が悪くなり強度も小さく表面もくずれやすく、セメントと水を多くすれば作業性は良くなるが収縮が大きくなり、ひび割れを生じやすい等）があり、セメントと砂と水との混合割合はモルタルの性能を左右する。そこで考えられる方法として、モルタルをセメント・砂のみで構成せず、それに適当な材料（もしくは薬剤）を混和して、左官としての使用目的に応じた使いやすい性格に変えようとして用いるものである。

混和材（剤）は、大別して消石灰、ドロマイトプラスターなどの無機質系のものと合成樹脂系のものがあり、近年は合成樹脂系が多く用いられる傾向があり、最も普及しているのはMC（メチルセルロース）とPVA（ポリビニルアルコールもしくはポバール）で、いずれも保水性、弾力性を高める目的で使われる。

既調合軽量セメントモルタル

既調合軽量セメントモルタルは、普通ポルトランドセメントに無機質骨材、無機質軽量骨材、有機質軽量骨材、無機質混和剤、有機質混和剤等を製造業者工場にて調和された製品。練り混ぜ時の重量が普通モルタルの1/2程度で、ひび割れが発生しにくい等の特徴をもち、木造住宅の外壁モルタル塗りに多く使用されている。材料の品質は、JASS 15M-102（既調合セメントモルタルの品質基準）に適合したものとし、本材料に合成樹脂エマルションを加える場合、ならびに本材料の混練水量及び塗厚は製造所の仕様による。防火構造、準耐火構造として用いる時は、建築基準法に基づき国土交通大臣の認定を受けたものとし、塗厚及び壁塗り工法は、日本建築仕上材工業会編『施工の手引き』による。

10.1.4 せっこうプラスター塗り

10.1.4.1 材料

1. せっこうプラスターの品質は、JIS A 6904(せっこうプラスター)に適合するもの、又はこれと同等以上の性能を有するものとし、種類は既調合プラスター及び現場調合プラスターとする。ただし、製造後6カ月以上経過したものは使用しない。
2. すさを混入する場合は、白毛すさで長さ30 mm程度のものとする。

10.1.4.2 調合・塗厚

調合(容積比)及び塗厚は、下表を標準とする。

下地	塗り層の種別	骨材配合比(容積比)				白毛すさ(g)プラスター20 kg当たり	塗厚(mm)
		せっこうプラスター			砂		
		既調合プラスター		現場調合プラスター			
		上塗り用	下塗り用				壁
コンクリート コンクリートブロック ラス 木毛セメント板	中塗り	−	1.0	−	2.0	200	8.0
	上塗り	1.0	−	−	−	−	3.0
せっこうラスボード	下塗り	−	※2	1.0	1.5	−	8.0
	中塗り	−	※2	1.0	2.0	−	6.0
	上塗り	1.0	−	−	−	−	3.0

注1) コンクリート下地、コンクリートブロック下地、ラス下地及び木毛セメント板下地は、むら直しまでモルタル塗りの仕様による。
2) 既調合プラスター(下塗り用)を使用する場合は、現場調合プラスターの塗厚のみ該当する。

10.1.4.3 コンクリート下地、コンクリートブロック下地、ラス下地及び木毛セメント板下地の場合の工法

1. 下塗り(ラスこすり)及びむら直しは、本章10.1.3.4(壁塗り工法)の1及び2による。 10.1.3.4の1・2 ☞226頁
2. 中塗りは、次による。
   イ. セメントモルタルによる下塗りが完全に乾燥したあと、既調合プラスター下塗り用を練り上げ、一度薄くこすり塗りをしたあと、中塗りを行う。
   ロ. 水引き加減をみて、木ごてで打ち直しをしたあと、平たんに押さえる。
3. 上塗りは、次による。
   イ. 中塗りが半乾燥の時期に、既調合プラスター上塗り用を金ごてを用いて押さえるように平たんに塗り付ける。
   ロ. 水引き加減をみて仕上げごてを用いてなで上げ、最後に水はけで仕上げる。

10.1.4.4 せっこうラスボード下地の場合の工法

1. 下塗りは、次による。
   せっこうラスボード下地を点検後、現場調合プラスターを一度下こすり塗りしたあと、引き続き下塗りを平たんに塗り付け、水引き加減をみてむら直しをする。
2. 中塗り及び上塗りは、次による。
   下塗りの翌日に行う。その後の工法は、本章10.1.4.3(コンクリート下地、コンクリートブロック下地、ラス下地及び木毛セメント板下地の場合の工法)の2及び3に準ずる。 10.1.4.3の2・3 ☞228頁

10.1.4.5 せっこうボード下地の場合の工法

既調合プラスターを使用し、調合、工法等は製造所の仕様によることとし、特記による。

用 語

せっこうプラスター

焼せっこうを主原料とし、必要に応じてこれに混和剤及び増粘剤、凝結遅延剤などを混入したものであり、既調合プラスター及び現場調合プラスターの2種類がある。なお、現場調合プラスターは、せっこうラスボード(せっこうボードの表面を型押したボード)の表紙によく付着するように製造されたものである。

白毛すさ

マニラ麻（abaka）製品の使い古したものを短く切断して使用するもので、「白毛」と呼んでいるが、必ずしも白くないため下塗り、中塗り用に使用される。なお、すさは、き裂の防止のために混入するものである。

せっこうラスボード

主原料はせっこうで、2枚のボード用原紙の間にせっこうが結晶状態で硬化している板で、JIS A 6901（せっこうボード製品）で規格が決められ、表面型押したものである。

水はけ

プラスター（せっこう、ドロマイトとも）をこて押えで仕上げたあとのつやを消すために使用する。ただし、塗装仕上げをする場合は、壁面に細かい気泡の生じるおそれがあるので使用すべきではない。毛は純白で長く、毛の部分の厚さの薄いものほどよい。筋かいはけはちり回りに、平はけはちり回り以外の平面に使用する。

10.1.5 繊維壁塗り

10.1.5.1 材料

1. 繊維壁材の品質は、JIS A 6909（建築用仕上塗材）に適合するもの、又はこれと同等以上の性能を有するものとし、種類は、内装水溶性樹脂系薄付け仕上塗材とする。ただし、耐湿性、耐アルカリ性又はカビ抵抗性を必要とする場合は、特記による。
2. 材料は、水に濡らさないよう保管し、製造後2年以上経過したものは使用しない。
3. 材料のホルムアルデヒドの発散量に関する品質については、特記による。

10.1.5.2 調合・混練等

1. 容器に指定量の水を入れ、合成樹脂エマルションを使用する場合は、これを混合したあと、製品包装の全量をよくほぐしながら加え、均一になるよう練り混ぜる。
2. 混練方法及び混水量は、各製造所の仕様による。
3. 色変わりを防ぐため、繊維壁材は、施工途中で不足することのないように準備する。

10.1.5.3 塗厚

こて塗り又は吹付けいずれの場合も、下地が見えない程度の塗厚に仕上げる。

10.1.5.4 工法

1. こて塗りの場合は、次による。
   イ. 塗付けの途中で繊維の固まりなどができた時は、これを取り除き、塗り見本の模様と等しくなるように塗り広げる。
   ロ. 仕上げは、水引き加減を見計らい、上質の仕上げごてを水平に通し、返しこてをせずこてむらを取る。ただし、その際に押さえすぎないように注意する。
2. 吹付けの場合は、次による。
   イ. スプレーガンノズルを下面に対して直角に保ち、模様むら、吹継ぎむら及び吹残しのないように注意して施工する。
   ロ. スプレーガンの種類、ノズルの口径、吹付け圧、吹付け距離などの吹付け条件は、繊維壁材の種類によって異なるので、製造業者の指定による。
3. 施工は乾燥した日を選んで行い、仕上げ後は通風を与えて、なるべく早く乾燥させる。

用　語

繊維壁材

パルプ・綿・化学繊維のような繊維状のもの、木粉・細砂・色土などの粒状のもの、及びこれらを接着するためののり材を主原料としたもので、工場で製造され包装されたものを現場で水を加えて、練り混ぜて塗り付ける材料である。

繊維壁材の特色

(1) 下塗り材、中塗り材はない。上塗り仕上材だけである。
(2) 左官の塗材には、よごれやすいものが多いが、繊維壁材はよごれにくい材料である。
(3) こね練り、塗付けとも軽便である。
(4) 仕上がり面がソフトな感じであり、また、原料を選択することで変化のある仕上げが自由にできる。

施工方法

繊維壁施工の要点

塗り下地面が隠れる程度にできる限り薄く付けることが肝要で、厚付けすると材の中に含まれるのりが強くなり過ぎて、かえって剥がれやすくなる。ちり回りは、特に薄く塗る。施工後はできるだけ早く乾燥させる。早く乾燥させると、のりの変質やカビの発生を防ぐ効果がある。

施工の範囲

繊維壁材は、内装材料であって、外装には不適当である。また、浴室、炊事場など湿気の多い箇所への使用も原則的に不適当である。

10.2 タイル張り

10.2.1 材料

1. 陶磁器質タイルの品質は、JIS A 5209(セラミックタイル)に適合するもの、又はこれと同等以上の性能を有するものとする。
2. 使用するタイルの形状、寸法、色合い、裏型などは、あらかじめ見本品を提出して、建築主又は工事監理者の承諾を受ける。
3. 下地モルタルは、現場調合とする場合は、本章10.1.3.2(調合)による。また、既調合モルタルを使用する場合は、製造所によるものとし、特記による。 10.1.3.2 ☞226頁
4. 接着剤の品質は、JIS A 5548(セラミックタイル張り内装用有機系接着剤)に適合するもの、又はこれと同等以上の性能を有するものとする。なお、内装工事に使用する接着剤のホルムアルデヒドの発散量に関する品質については、特記によることとし、トルエン、キシレンの放散が極力小さいものを使用する。有機溶剤系接着剤を使用する場合は、その使用量を最小限に抑え、十分に養生期間を設ける等の配慮をする。
5. 混和剤は、特記による。なお、工事監理者がいる場合は、その承諾を受ける。

10.2.2 下地ごしらえ

1. 下地面は、あらかじめ、本章10.1.3(モルタル塗り)に準じて厚さ10 mm以上のモルタルを、木ごてを使用して押え塗りとする。 10.1.3 ☞225頁
2. 積上げ張りについては、不陸直し程度にモルタルを塗り、荒し目を付ける。

10.2.3 床タイル張り工法

1. 床タイル及びモザイクタイルの場合は、砂とセメントを十分にから練りして適度の湿りをもたせたモルタルを敷きならしたあと、セメントペーストを用いて張り付ける。
2. 張付けは、目地割りに基づき水糸を引き通しておき、すみ、角、その他要所を押さえ、通りよく水勾配に注意して行う。
3. 化粧目地詰めは、モルタルが硬化したあとに、目地部分を清掃したあとに行う。また、乾燥状態に応じて、適当な水湿しを行う。

10.2.4 壁タイル張り

1. 工法別の張付けモルタルの塗厚は、次表による。

工法別張付け用モルタルの塗厚

区分			タイル	モルタル塗厚(mm)
外装タイル張り	圧着張り(1枚張り)		小口平、二丁掛程度の大きさまで	4～6
	モザイクタイル張り		50二丁以下	3～5
内装タイル張り	積上げ張り(だんご張り)		各種	15～40
	圧着張り	1枚張り	100 mm、108 mm 150 mm、200 mm	3～4
		ユニット張り	150 mm角以下	3～4
	モザイクタイル張り		50二丁以下	3～5
	接着剤張り		300 mm角以下	2～3

2. 積上げ張りは、次により行う。

イ. 張付けの順序は、目地割りに基づき水糸を引き通しておき、窓、出入口まわり、

すみ、角などの役物を先に行う。

ロ．張付けは、タイル裏面に張付けモルタルを載せ、モルタルがすき間なく十分なじむように、タイルを下地に押しつけ、通りよく平らに下部から上部へ張り上げる。

ハ．張付けモルタルが十分でなくすき間ができた場合は、モルタルを補充する。

ニ．1日の張上げ高さは、1.2 m程度までとする。

3. 圧着張りは、次により行う。

イ．張付けの順序は、前項2のイによる。なお、一般平壁部分は、原則として、上部から下部へ張り進める。

ロ．張付けは、下地側に張付けモルタルをむらなく平らに塗り付け、ただちにタイルを張り付けて、タイルの周辺からモルタルが盛り上がるまで木づちの類を用いてたたき締める。

4. モザイクタイル張りは、次により行う。

イ．張付けの順序は、前項3のイによる。

ロ．張付け用モルタルを塗り付けたあと、タイルを張り付け、モルタルが軟らかいうちに、縦、横及び目地の通りをそろえて、目地部分にモルタルが盛り上がるまで木づちの類を用いてたたき締める。

ハ．表紙張りのモザイクタイルは、張付け後時期を見計らい、水湿しをして紙を剥がし、タイルの配列を直す。

5. 接着剤張りは、次により行う。

イ．接着剤張り下地面（中塗り）の乾燥期間は、夏期にあっては1週間以上、その他の季節にあっては2週間以上を原則とし、十分乾燥させる。

ロ．接着剤の塗布面積、塗布量、塗布後の放置時間等は、それぞれ各製造所の仕様によることとし、工事監理者がいる場合は、その承認を受ける。

ハ．接着剤の塗付けは、金ごてを用いて下地面に押しつけるように塗り広げ、くし目ごてを用いてくし目を付ける。

ニ．タイルの張付けは、壁面上部からタイルをもみ込むようにして張り付け、木づちの類を用いて十分たたき押さえる。

ホ．目地直しは、張り付けたタイルが自由に動く間に行う。

10.2.5 養生等

1. 屋外施工の場合で、強い直射日光、風、雨などにより損傷を受けるおそれのある場合は、あらかじめシートでおおい養生する。
2. やむを得ず、寒冷期に作業を行う場合は、板囲い、シートおおいなどを行うほか、必要に応じて採暖する。
3. タイル張り施工中及びモルタルの硬化中に、タイル張り面に振動や衝撃などが加わらないように十分注意する。
4. タイル張り終了後は、よごれを取り除くなど、タイル表面の清掃を行う。やむを得ず、清掃に酸類を用いる場合は、清掃前に十分水湿しをするとともに、清掃後はただちに水洗いを行い、酸分が残らないようにする。

用　語

セラミックタイル

JIS A 5209に規定するセラミックタイルは、吸水率によりⅠ類、Ⅱ類、Ⅲ類に区分される。セラミックタイルの使用にあたっては、製造業者が、屋内壁、屋内床、浴室床、屋外壁及び屋外床の各部位について使用の適否を表示しているため、これに従って使用する。

施工方法

タイル張りの注意点

タイルは、重い材料なのではく落などを起こすと人命に危険を与えるおそれがあるので、入念な施工によって下地との接着を十分に行うことが重要である。また、タイルは1枚ごとに一定の間隔をとって張り上げ、その間隔（「目地」

という）には、十分注意してセメントモルタルを詰め込む。そのモルタルの詰め込みが十分でないと、タイル側面で目地モルタルがはく離したり、目地にひび割れが入ったりして、その間隙から水が浸入して次第に下地が腐朽したり、タイルが剥がれたりする原因となる。

圧着張り

最初に張付け用のモルタルを2 m^{2}程度塗り付けておき、タイルをその上から張っていく、張りやすく効率がよい工法である。張り付ける直前に、タイルの裏側にモルタルを塗ってから張り付ける改良圧着張り工法もある。

モザイクタイル張り

モザイクタイルは、50角または50二丁程度の寸法のタイルをユニットにして、300 mm×300 mm前後の寸法にしたタイルで、浴室の床をはじめ、水がかり部分に多く使われる。

接着剤張り

セメントモルタルを使わずに、合成樹脂系やゴム系の接着剤を下地に塗布し、くし目ごてでくし目を立てたあと、タイルを張っていく工法である。

表10.2　タイル張り下地モルタル面の仕上げ程度例

工法の種類	仕上げの程度	下地面の精度
積上げ張り	木ごて押え金ぐし目引き	± 3.0 mm
圧着張り	木ごて押え	± 2.0 mm
モザイクタイル張り	木ごて押え	± 1.5 mm
接着張り	金ごて押え	± 1.0 mm

注）塗り面の精度は仕上がり面の基準に対し、長さ2 mについて示す。

10.3 仕上塗材仕上げ

10.3.1 材料

1. 薄付け仕上塗材（セメントリシン、樹脂リシンなど）の品質は、JIS A 6909（建築用仕上塗材）に適合するもの、又はこれと同等以上の性能を有するものとし、種類は、次表により特記する。

種類	呼び名
内装セメント系薄付け仕上塗材	内装薄塗材C
内装消石灰・ドロマイトプラスター系薄付け仕上塗材	内装薄塗材L
外装けい酸質系薄付け仕上塗材	外装薄塗材Si
内装けい酸質系薄付け仕上塗材	内装薄塗材Si
外装合成樹脂エマルション系薄付け仕上塗材	外装薄塗材E
内装合成樹脂エマルション系薄付け仕上塗材	内装薄塗材E
可とう形外装合成樹脂エマルション系薄付け仕上塗材	可とう形外装薄塗材E
防水形外装合成樹脂エマルション系薄付け仕上塗材	防水形外装薄塗材E
外装合成樹脂溶液系薄付け仕上塗材	外装薄塗材S

2. 複層仕上塗材（吹付けタイルなど）の品質は、JIS A 6909（建築用仕上塗材）に適合するもの、又はこれと同等以上の性能を有するものとし、種類は、次表により特記する。

種類	呼び名
ポリマーセメント系複層仕上塗材	複層塗材CE
けい酸質系複層仕上塗材	複層塗材Si
合成樹脂エマルション系複層仕上塗材	複層塗材E
防水形外装合成樹脂エマルション系複層仕上塗材	防水形複層塗材E
反応硬化型合成樹脂エマルション系複層仕上塗材	複層塗材RE

3. 厚付け仕上塗材（吹付けスタッコなど）の品質は、JIS A 6909（建築用仕上塗材）に適合するもの、又はこれと同等以上の性能を有するものとし、種類は、次表により特記する。

種　　類	呼 び 名
外装セメント系厚付け仕上塗材	外装厚塗材C
内装セメント系厚付け仕上塗材	内装厚塗材C
内装消石灰・ドロマイトプラスター系厚付け仕上塗材	内装厚塗材L
外装けい酸質系厚付け仕上塗材	外装厚塗材Si
内装けい酸質系厚付け仕上塗材	内装厚塗材Si
外装合成樹脂エマルション系厚付け仕上塗材	外装厚塗材E
内装合成樹脂エマルション系厚付け仕上塗材	内装厚塗材E

4. 上記のホルムアルデヒドの発散量に関する品質については、特記による。

10.3.2 下地処理

1. 下地面の乾燥期間は、次表による。

下地	モルタル面	ドロマイトプラスター面
乾燥期間	夏期 7 日以上	14日以上
	冬期14日以上	

2. 仕上塗材仕上の下地処理は、次による。
   イ. モルタル及びプラスター下地などでき裂がある場合は、必要に応じてV形にはつり、仕上げに支障のないようモルタル又はJIS A 6916(建築用下地調整塗材)に適合するもの、又はこれと同等以上の性能を有するセメント系下地調整塗材などを充填し、14日程度放置する。
   ロ. モルタル及びプラスターなどの下地の場合は、補修箇所にサンダー掛けを行うなどして平滑にする。

10.3.3 工法

1. 工法は、吹付け、ローラー塗り又はこて塗りとし、特記による。
2. 練り混ぜ、塗付け等は、各製造所の仕様による。

10.3.4 注意事項及び養生

1. 仕上げ場所の気温が5℃未満又は湿度が85％以上の場合は、原則として、仕上げを行ってはならない。やむを得ず、仕上塗りを行う場合は、板囲い、シートおおいなどを行うほか、必要に応じて採暖する。
2. 夏期に直射日光を受ける壁面に仕上げを行う場合は、急激な乾燥を防止するため、板囲い、シートおおいなどを行い、セメント系仕上塗材は、散水などの措置を講ずる。
3. 外部の仕上げ塗りは、降雨のおそれがある場合又は強風時には、原則として、仕上げを行ってはならない。
4. 仕上げ後、仕上げ面に変色、色むらが生じた場合は、その面の仕上げ直しを行う。
5. 仕上げ面の周辺及び取付け済みの部品などに、汚染や損傷を与えないように養生用の板又はテープ等により保護する。

用　語

仕上塗材仕上げ

住宅の内外壁・天井などの化粧と保護を目的とした仕上げで、主として吹付けによって厚さ0.3 mmから12 mm程度の塗膜(砂壁状、クレータ状などのパターン)を形成する仕上げをいう。

砂壁状吹付け壁

砂壁状の肌に吹き付ける仕上げを、総称して「リシン」という。セメントが結合体として使われれば「セメントリシン」、合成樹脂が結合体であれば「樹脂リシン」などという。

施工方法

スプレーガンによる吹付け

コンプレッサーや圧送機の力で、スプレーガンから流動体を吹き出させ下地に塗り付ける方法である。そのために強風時など、特に近隣に迷惑をかけやすい工法なので注意が必要である。

10.4 サイディング張り等

10.4.1 窯業系サイディング張り

10.4.1.1 材料

1. 窯業系サイディング材は、JIS A 5422(窯業系サイディング)に適合するもの、又はこれらと同等以上の性能を有するものとする。
2. シーリング材は、JIS A 5758(建築用シーリング材)に適合するもの、又はこれと同等以上の性能を有するものとする。
3. ジョイナー、防水テープ等は、各製造所の指定する材料とする。

10.4.1.2 工法

1. 窯業系サイディング張りは、壁体内通気を可能とする構造とし、本章4.10.10.1(一般事項)の1及び本章4.10.10.2(工法)による。これによらない場合は、特記による。 4.10.10.1の1 ☞118頁 4.10.10.2 ☞118頁
2. サイディング材の取付けは、目地通りよく、不陸、目違い等のないように行う。
3. サイディングと土台水切り等の取合いは、10 mm程度のすき間をあける。
4. 開口部まわりの防水処理は、防水テープ等により補強するものとし、本章11.1(外部建具及び止水)による。 11.1 ☞245頁
5. 窯業系サイディング材の留付け材料及び留付け方法は、各サイディング製造所の仕様によるものとし、特記による。
6. 水切り及び雨押えの取付けは、本章5.9(各屋根ふき材の水切り・雨押え)による。 5.9 ☞168頁
7. その他の工法は、各製造所の仕様によることとし、特記による。

10.4.2 下見板張り

1. 外壁仕上げとして下見板張りを行う場合は、次の2から6までによる。
2. 下見板張りとして、シングル又はシェイクを用いる。シングルとは、米杉(レッドシーダー)を機械割りにしたもので、シェイクとは、手おの割りしたものである。
3. シングル及びシェイクの等級は、次の3種類とする。
   イ. No.1：柾目のみ(ラベルの色：青)
   ロ. No.2：柾目＋板目(ラベルの色：赤)
   ハ. No.3：柾目＋板目(ラベルの色：黒)
4. シングル及びシェイクの材長は、60 cm、45 cm、40 cmの3種類とする。
5. 外壁下地に防水紙を全面に張り、その上に働き幅間隔に胴縁を受け材としてくぎ打ちし、シングル又はシェイクを張る。この場合、働き幅は材長40 cmの時は18 cm以内、材長45 cmの時は20 cm以内、材長60 cmの時は25 cm以内とし、最下部においては、必ず2枚合わせ張りとする。
6. 使用くぎは、長さ30 mm以上、径2.3 mm以上の熱処理した亜鉛めっきくぎ又はアルミニウムくぎのようなさび止めを施したくぎを用いる。

10.4.3 金属サイディング等張り

10.4.3.1 材料

金属サイディング等の品質は、JIS A 6711(複合金属サイディング)に適合するもの、JIS G 3312(塗装溶融亜鉛めっき鋼板及び鋼帯)に適合するもの、又はこれと同等以上の性能を有するもので建築用外板用とする。

10.4.3.2 工法

1. 金属サイディング等張りは、壁体内通気を可能とする構造とし、本章4.10.10.1(一般事項)の1及び本章4.10.10.2(工法)による。これによらない場合は、特記による。 4.10.10.1の1 ☞118頁 4.10.10.2 ☞118頁
2. 金属サイディング等の留付け材及び留付け方法は、各製造所の仕様によるものとし、特記による。

10.5 開口部まわりのシーリング処理

10.5.1 材料

シーリング材は、JIS A 5758(建築用シーリング材)に適合するもの、又はこれと同等以上の性能を有するものとする。

10.5.2 工法

1. シーリング材の充填は、原則として、吹付けなどの仕上げ前に行う。なお、仕上げ後にシーリング材を充填する場合は、シーリング材被着面に塗料等がかからないよう養生するとともに、シーリング材の施工にあたっては、目地周囲にシーリング材がはみ出さないようテープなどで十分養生する。
2. プライマーを塗布したあと、製造所の指定する時間放置し、指で乾燥を確認しながらシーリング材を速やかに充填する。
3. シーリング目地はワーキングジョイントとし、2面接着とする。目地底にボンドブレーカーを設けるなどして3面接着を避ける。

留意事項

シーリング材について

シーリング材は、住宅の外壁を構成するサイディングやガラス・サッシなどの各種部材間の水密性・気密性を確保する目的で使用される防水材料である。

外装材に設置されたシーリング材は、太陽光、風、雨水、地震、温湿度などの外部の影響を直接受ける厳しい環境にさらされる。このため、長期にわたりその性能が維持されるよう、主に以下の点に留意する必要がある。

①耐久性・耐候性が高い材料を選択する。

②施工にあたり被着面を清掃したうえで、設置先の目地部分の動きにできるだけ追従できるように2面接着とする(3面接着を避ける)。

③施工後は、日常的に点検を行うよう配慮する。また、シーリング材の剥離や切れの発生等を確認した場合は、速やかに補修・交換を実施する。

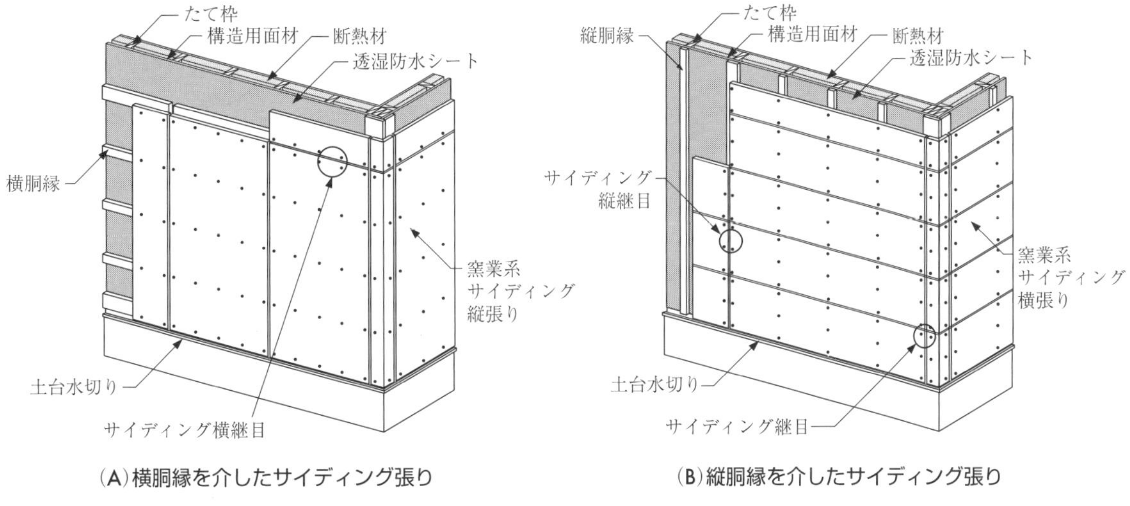

参考図10.4.1　窯業系サイディング張り施工例①

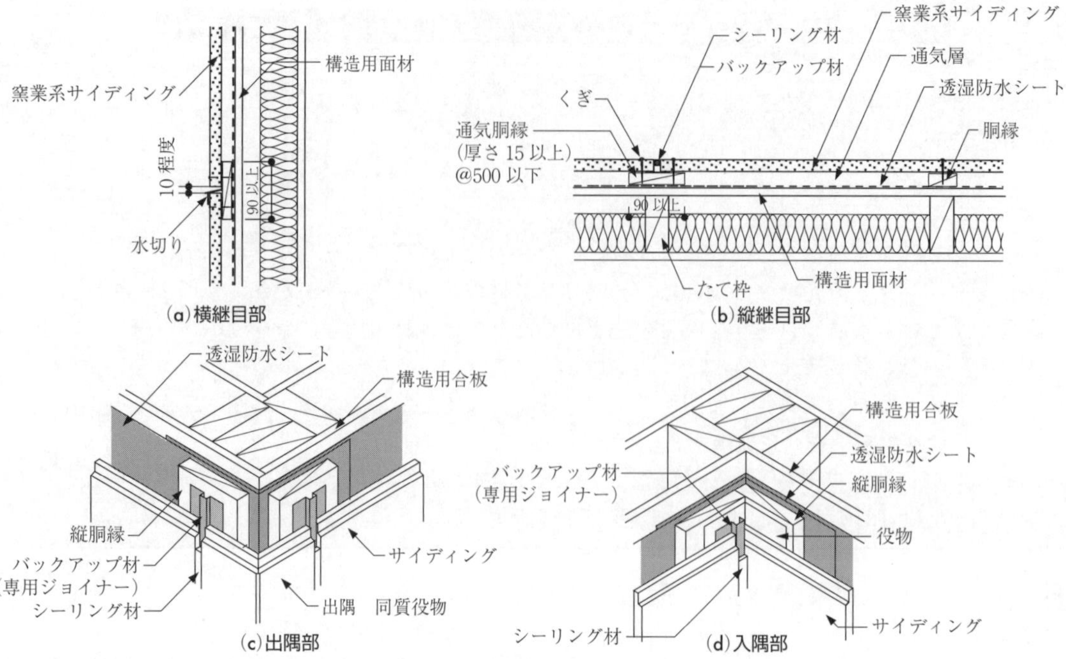

(C)継目、出隅、入隅部の取合い

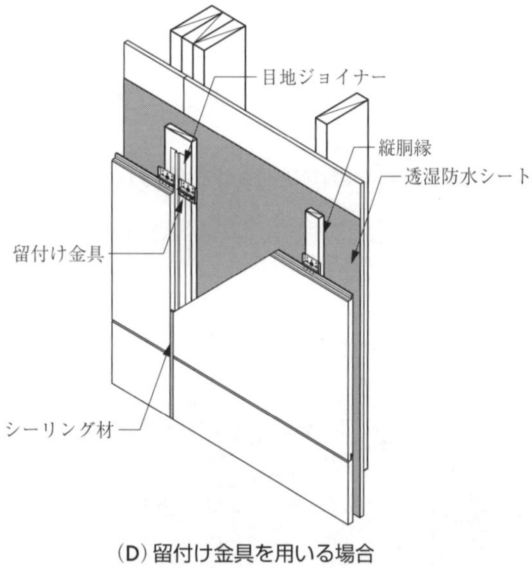

(D)留付け金具を用いる場合

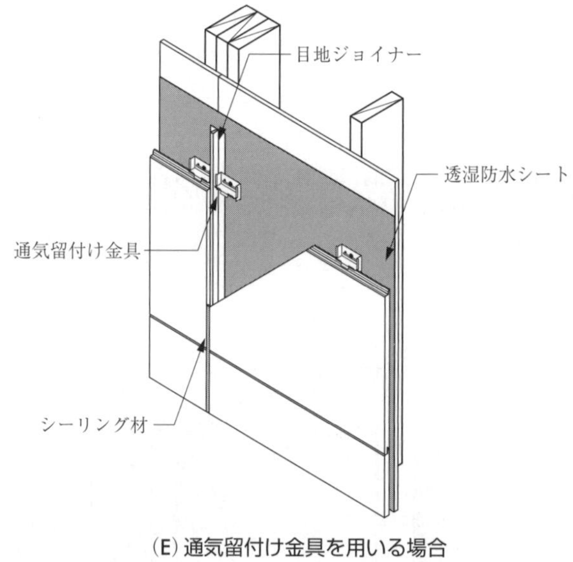

(E)通気留付け金具を用いる場合

参考図10.4.1　窯業系サイディング張り施工例②

10.6 せっこうボード張り

10.6.1 材料

せっこうボードの品質は、JIS A 6901(せっこうボード製品)の各種類に適合するもの、又はこれと同等以上の性能を有するものとする。

10.6.2 受け材

1. 壁にせっこうボードを取り付ける場合は、すみ部に受け材(すみ柱等)を設ける。
2. 天井にせっこうボードを取り付ける場合は、壁との取合い部分に、寸法型式204又は204の2つ割り(38 mm×40 mm以上)若しくは、ボードクリップ等を設け受け材とする。

10.6.3 天井張り

10.6.3.1 1枚張り

1. 天井張りに用いるせっこうボードは、4'×8'版、3'×9'版又は3'×12'版とする。ただし、やむを得ない場合は、3'×6'版とすることができる。
2. 天井1枚張りに用いるくぎは、長さ32 mm以上、径2.5 mm以上のスクリューネイル又はリングネイル若しくは本章4.2.3(くぎとねじ)の3によるくぎとする。ねじを用いる場合は、長さ28 mm以上の木ねじ又はタッピンねじ若しくは本章4.2.3(くぎとねじ)の3によるねじとする。ただし、この項に掲げるもの以外のくぎ又はねじとする場合は、これらと同等以上の品質及び寸法のものとする。 4.2.3の3 ☞60頁 4.2.3の3 ☞60頁
3. くぎ打ち間隔は、根太(吊り木と野縁を用いた吊り天井とする場合にあっては、野縁)に直交して張る場合は外周部150 mm以内、根太(吊り木と野縁を用いた吊り天井とする場合にあっては、野縁)に平行して張る場合は外周部100 mm以内、中間部はそれぞれ200 mm以内とする。ただし、ボードクリップを使用する場合、その部分のくぎ打ちを省略できる。
4. 天井と壁の取合い部については、天井の防火被覆材の下地を鋼製下地とする場合に、鋼製ランナーを当て木とすることができる。ただし、鋼製ランナーは、防火被覆材と接する部分が高さ40 mm以上、幅30 mm以上とする。

10.6.3.2 2枚張り

1. せっこうボードの寸法は、1枚張りの場合と同様とする。
2. 天井根太(床根太を含む)に直接取り付けるボード(以下、「1枚目ボード」という。)の取付けは、次による。
   イ. 取付けに用いるくぎは、長さ32 mm以上、径2.5 mm以上のスクリューネイル又はリングネイル若しくは本章4.2.3(くぎとねじ)の3によるくぎとする。ねじを用いる場合は、長さ28 mm以上の木ねじ又はタッピンねじ若しくは本章4.2.3(くぎとねじ)の3によるねじとする。ただし、この項に掲げるもの以外のくぎ又はねじとする場合は、これらと同等以上の品質及び寸法のものとする。 4.2.3の3 ☞60頁 4.2.3の3 ☞60頁
   ロ. くぎ打ち間隔は、外周部及び中間部とも、それぞれ300 mm以内とする。
3. 1枚目ボードの上に取り付けるボード(以下、「2枚目ボード」という。)の取付けは、次による。
   イ. 取付けに用いるくぎ又はねじは、長さ50 mm以上、径2.5 mm以上のスクリューネイル、リングネイル、WSN又はDTSN、長さ40 mm以上の木ねじ又はタッピンねじ若しくはこれらと同等以上の品質及び寸法の留め金具とする。ただし、厚さ9.5 mmのせっこうボード2枚張りの場合は、GNF50、SF50又はこれらと同等以上の品質及び寸法の留め金具を使用することができる。
   ロ. 張り方は、天井の外周部を除き、1枚目ボードの目地と2枚目ボードの目地が一致しないようにする。
   ハ. くぎ打ち間隔は、根太(吊り木と野縁を用いた吊り天井とする場合にあっては、野縁)に直交して張る場合は外周部150 mm以内、根太(吊り木と野縁を用いた吊り天井とする場合にあっては、野縁)に平行して張る場合は外周部100 mm以内、中間部はそれぞれ200 mm以内とする。
4. 天井と壁の取合い部については、1枚張りの場合と同様とする。

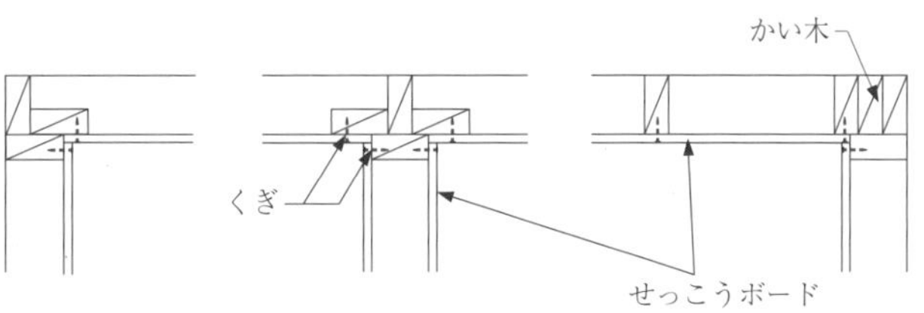

参考図10.6.2-1　せっこうボードのおさまりとくぎの止め方(平面図)

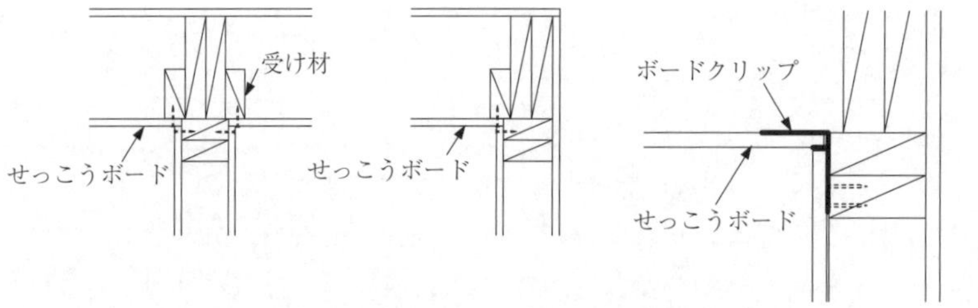

参考図10.6.2-2　天井張りの場合

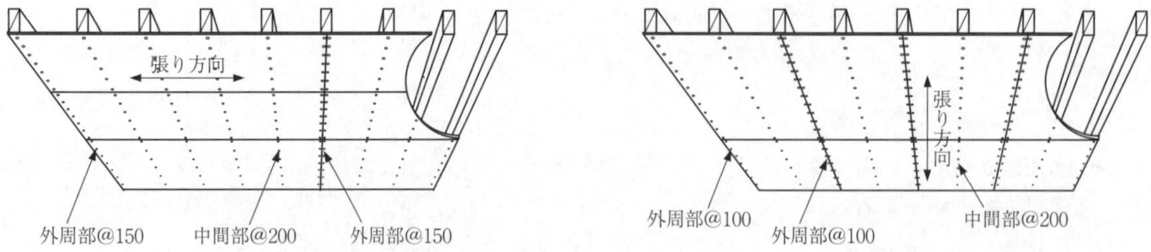

(A)根太に直交する場合　　(B)根太に平行する場合

参考図10.6.3　天井せっこうボードの張り方例

10.6.4 壁張り

10.6.4.1 1枚張り

1. 壁張りに用いるせっこうボードは、3'×8'版、3'×9'版、4'×8'版の縦張りか又は4'×8'版、4'×12'版の横張りとし、3'×6'版を用いる場合には、上下の継手部分に38 mm×40 mm以上の受け材を入れ、四周にくぎ打ちできるようにする。
2. 耐力壁の場合は、取付けに用いるくぎ又はねじは、本章4.2.3(くぎとねじ)の3によるくぎ又はねじとし、外周部100 mm、中間部200 mm間隔で留め付ける。ただし、国土交通大臣の認定を受けた耐力壁の場合の留付けに用いるくぎ等及び留付け方法は、特記による。　4.2.3の3 ☞60頁
3. 支持壁又は非耐力壁の場合は、2のとおりとするか、又は取付けに用いるくぎ又はねじ及びその留付け間隔を下表のとおりとする。　4.2.3の3 ☞60頁

取付けに用いるくぎ又はねじ	留付け間隔
本章4.2.3(くぎとねじ)の3によるくぎ又はねじ	外周部及び中間部とも、それぞれ200 mm以下
長さ32 mm以上、径2.5 mm以上のスクリューネイル又はリングネイル	
長さ28 mm以上の木ねじ又はタッピンねじ	外周部及び中間部とも、それぞれ150 mm以下

10.6.4.2 2枚張り

1. せっこうボードの寸法は、本章10.6.4.1(1枚張り)の1の場合と同様とする。　10.6.4.1の1 ☞238頁
2. たて枠に直接取り付けられるボード(以下、「1枚目ボード」という。)の取付けに用いるくぎ及び取付け方は、本章10.6.4.1(1枚張り)の2及び3と同様とする。　10.6.4.1の2・3 ☞238頁
3. 1枚目のボードの上に取り付けられるボード(以下、「2枚目ボード」という。)の取付けは、次による。
   イ. 取付けに用いるくぎは、GNF50、SF50又は長さ50 mm以上、径2.5 mm以上のスクリューネイル又はリングネイルとする。ねじを用いる場合は、本章4.2.3(くぎとねじ)の3による。　4.2.3の3 ☞60頁
   ロ. 張り方は、壁の外周部を除き、1枚目ボードの目地と2枚目ボードの目地が一致しないようにする。
   ハ. くぎ打ち間隔は、外周部及び中間部とも200 mm以内とする。

10.6.4.3 その他

1. 壁張りに用いるせっこうボードは、リフター等で天井面いっぱいまで持ち上げ、く

ぎ打ちする。また、せっこうボードは、床面からの湿気により強度が低下しないようにするため、床面から13 mm程度離して打ち付ける。

2. せっこうボードを張ったすべての壁の出隅の部分には、溶融亜鉛めっき鋼板等のコーナービードを取り付ける。

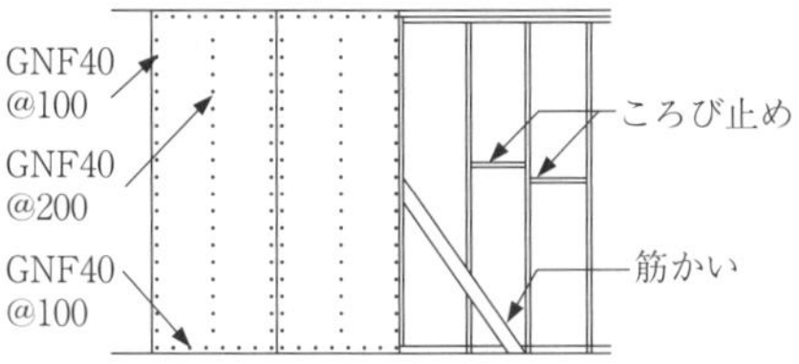

参考図10.6.4-1
耐力壁のせっこうボードのくぎ打ち

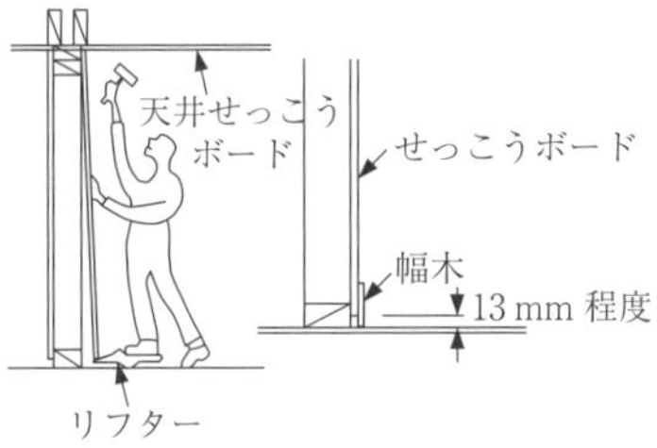

参考図10.6.4-2
壁せっこうボードの張り方とおさまり

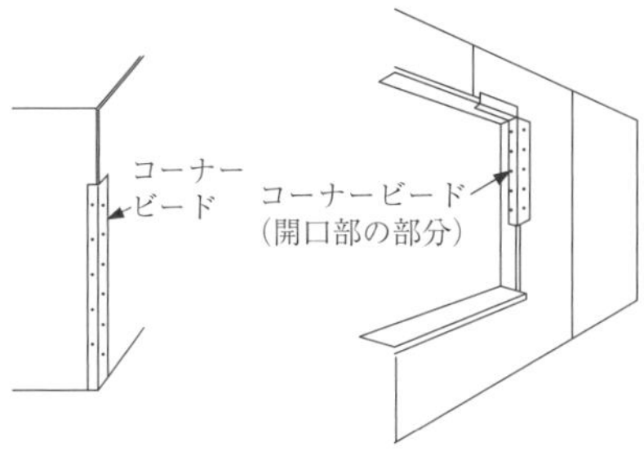

参考図10.6.4-3
コーナービードの取付け

10.6.5 継目処理

10.6.5.1 材料

せっこうボードの継目処理に用いる材料の品質は、JIS A 6914(せっこうボード用目地処理材)に適合するもの、若しくはこれらと同等以上の性能を有するものとする。

10.6.5.2 接合部分

接合部分の施工順序は、次表による。

<table>
<tr><th rowspan="2">施工手順</th><th colspan="2">紙製ジョイントテープ</th><th colspan="2">グラスメッシュ製ジョイントテープ</th></tr>
<tr><th>テーパー突付け部</th><th>切断面突付け部</th><th>テーパー突付け部</th><th>切断面突付け部</th></tr>
<tr><td rowspan="2">①下　塗　り</td><td colspan="2">適当な軟度に調節したジョイントコンパウンドをボードの継目部に幅100 mm程度むらなく塗り付け、追いかけてジョイントテープを貼り、へらでしごきながら圧着させる。</td><td colspan="2" rowspan="2">ボードの継目部に粘着材付きグラスメッシュ製ジョイントテープをへらで押さえながら貼る(ジョイントコンパウンドの下塗りは省略)。</td></tr>
<tr><td>—</td><td>ジョイントテープの両側に幅150 mm程度ジョイントコンパウンドを塗り付ける。</td></tr>
<tr><td rowspan="3">②中　塗　り</td><td colspan="2">下塗りのジョイントコンパウンドが乾燥したあと、必要により80～100番のサンドペーパーを用いてサンディングをする。</td><td colspan="2">—</td></tr>
<tr><td colspan="4">ジョイントテープが完全におおわれ、全体が平滑になるように、ジョイントコンパウンドを以下の幅程度薄く塗り付ける。</td></tr>
<tr><td>150～200 mm</td><td>400～500 mm</td><td>150～200 mm</td><td>400～500 mm</td></tr>
<tr><td rowspan="2">③上　塗　り</td><td colspan="4">中塗りのジョイントコンパウンドが完全に乾燥したあと、必要により80～100番のサンドペーパーを用いてサンディングをし、中塗りのむらを直すよう以下の幅程度薄くジョイントコンパウンドを塗り広げ、平滑にする。</td></tr>
<tr><td>250～300 mm</td><td>500～600 mm</td><td>250～300 mm</td><td>500～600 mm</td></tr>
<tr><td>④サンディング</td><td colspan="4">上塗りのジョイントコンパウンドが完全に乾燥したあと、120番のサンドペーパーを用いて平滑にする。</td></tr>
<tr><td>⑤シーラー塗布</td><td colspan="4">ペンキ仕上げの場合は、吸収調整のために、全面にシーラーを塗布する。また、必要によりジョイントコンパウンドで全面をしごくか、又はスポンジごてでジョイントコンパウンドののろがけをシーラーの塗布前に行う。</td></tr>
</table>

10.6.5.3 入隅、出隅及びくぎ頭

1. 入隅は、ジョイントテープ及びコーナーテープを入隅部に沿ってジョイントコンパウンドとへらでジョイントテープ等を破らないよう圧着し、継目部分と同様に平たんに仕上げる。

2. 出隅部分は、コーナービード類をくぎ、ジョイントコンパウンド等を用いて下地やせっこうボード面に取り付ける。取り付けられたコーナービード類の箇所は、継目部分に準じたジョイントコンパウンドの塗付け、乾燥後のサンディングを行って平たんに仕上げる。
3. くぎ頭が、せっこうボード面に完全に埋まっているのを確かめ、下塗りをし、乾燥後上塗りを行い平滑にする。
4. 各部分とも、上塗りが完全に乾燥後、目の細かいサンドペーパーでサンディングをする。

10.6.5.4 配管及びコンセントボックス等の周囲

1. ペンキ仕上げの場合の下地処理は、接合部分と同様とする。
2. 各種配管及びコンセントボックスなどのまわりは、ジョイントテープを適当に切り、ジョイントコンパウンドで張り付け、へらで十分押さえつける。
3. 乾燥後、ジョイントテープが完全におおわれるように、ジョイントコンパウンドを薄く塗り付け平滑にする。

表10.6.5　テーピングツールによる継目処理工程表

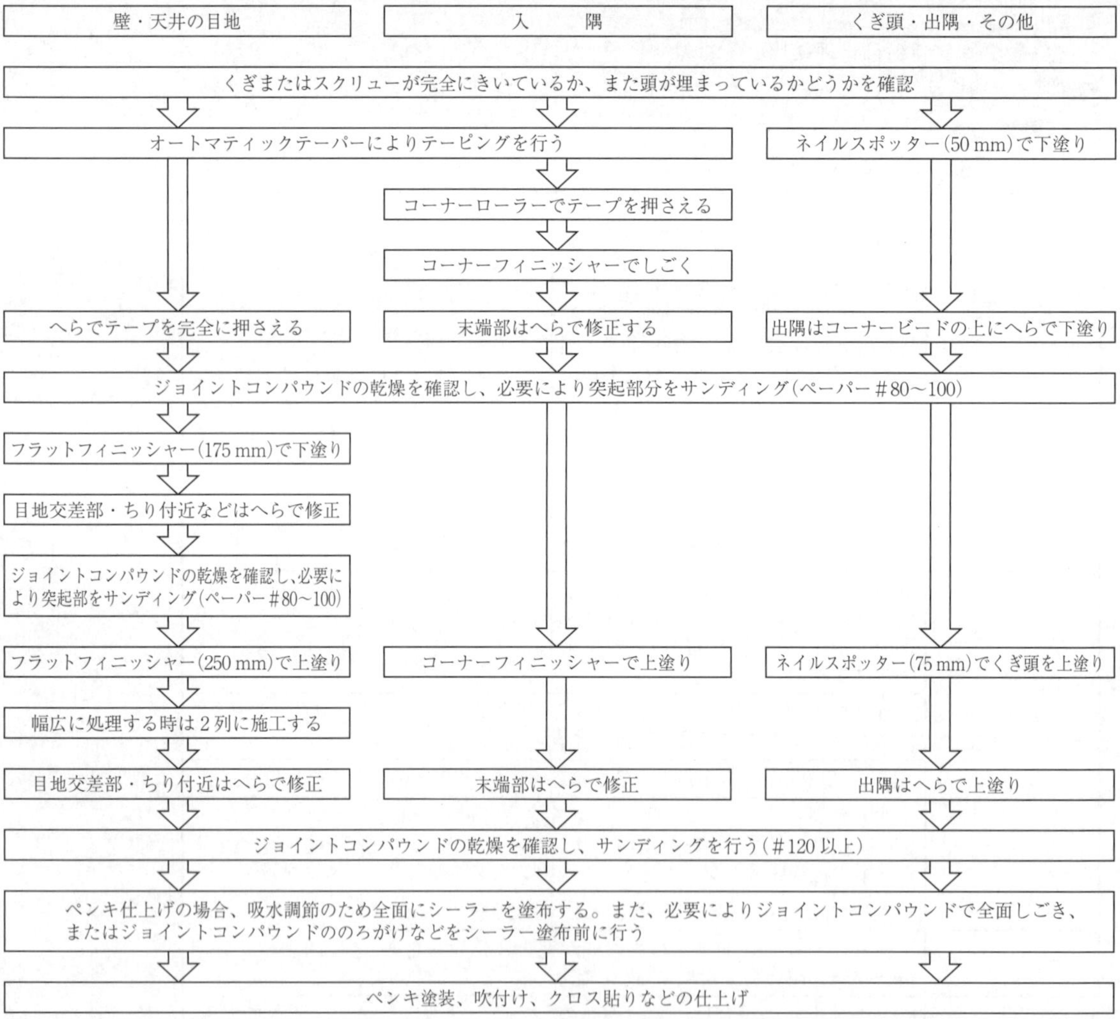

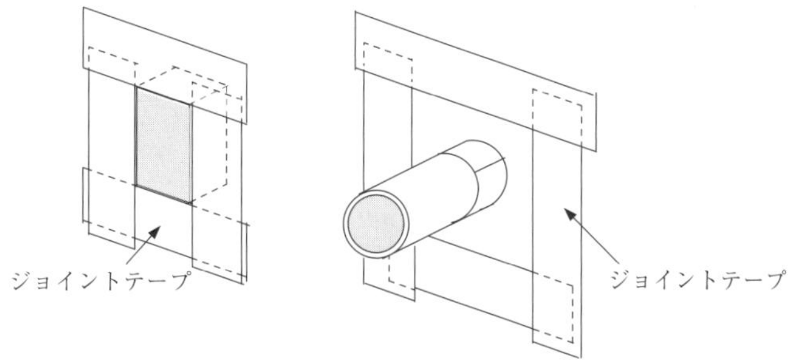

参考図10.6.5.4　管及びコンセントボックスの周辺

10.7 内装工事

10.7.1 一般事項

1. 内外装材料の種類、品質、形状、寸法などは仕様書の各項によるほか、この項による。なお、色合い模様などは、見本品を提出して、建築主又は監督者の承認を得る。
2. 内外装材料の取付けに用いるくぎ、ねじ、接着剤などは、内外装材料及び下地の種類、寸法、性質に応じて選択する。
3. 木造下地の材料、工法は、本仕様書の各項によるほか、この項による。
4. 下地は十分乾燥させたうえ、清掃を行って、内装仕上げを行う。

10.7.2 床下敷材

床の遮音性を確保する必要がある場合、又はその他下敷材を敷く必要がある場合は、下敷材として、厚さ9mm以上のインシュレーションボード、ハードボード、パーティクルボード又はフェルト類を用い、くぎ打ちにより固定する。

10.7.3 フローリングボード張り

1. フローリングの品質及び種類は、特記による。特記がない場合は、フローリングのJASに適合する複合フローリングとする。
2. 張り方は、次による。
   イ. 複合フローリングを根太に直接張る場合は、くぎ、接着剤を併用し、根太に直角に張る。板そば木口は本ざね継ぎ、敷居付きは小穴入れ、根太当たりは雄ざね上から隠しくぎ打ちとする。
   ロ. 直張りをする場合は、下地をよく清掃したあと、エポキシ樹脂系の接着剤又はウレタン樹脂系の接着剤を下地全面に均等に塗布し、入念に張り込む。
   ハ. 張り上げた後は、厚手の紙を用いて、よごれや損傷を防ぎ、雨などがかからないよう入念に養生する。
   ニ. 下地材の継目とフローリングの継目が重ならないようにする。

10.7.4 畳敷き

10.7.4.1 材料

畳(畳床及び畳表を含む)の品質は、特記による。

10.7.4.2 工法

1. 畳ごしらえは、畳割りに正しく切り合わせる。縁幅は、表2目を標準とし、筋目通りよく、たるみなく縫い付ける。また、畳材には手掛けを付ける。
2. 敷込みは、敷居や畳寄せ部などで段違い、すき間が生じないよう、また、不陸などがないように行う。
3. 縁なし畳は、特記による。

10.7.5 タフテッドカーペット敷き

10.7.5.1 材料

1. タフテッドカーペットは、次による。

イ．品質及び種類は、特記による。

ロ．風合い、色合いなどは、見本品を工事監理者に提出して承認を受ける。

2. 下敷材は、特記による。
3. 取付け用付属品は、次による。

イ．グリッパーの寸法は、下敷材の厚さにふさわしいものとする。

ロ．くぎ、木ねじなどは、黄銅又はステンレス製とする。

4. 接着剤は、使用する材料の製造所の指定するものとし、工事監理者がいる場合は、その承認を受ける。なお、内装工事に使用する接着剤のホルムアルデヒドの発散量に関する品質については、特記によることとし、トルエン、キシレンの放散が極力小さいものを使用する。有機溶剤系接着剤を使用する場合はその使用量を最小限に抑え、十分に養生期間を設ける等の配慮をする。

10.7.5.2 工法

敷込みは、グリッパー工法又は全面接着工法とし、その適用は特記による。ただし、特記がなければグリッパー工法とする。

10.7.6 ビニル床タイル張り

10.7.6.1 材料

1. ビニル床タイルの品質は、特記による。
2. 接着剤の品質は、JIS A 5536（床仕上げ材用接着剤）に適合するもの、又は同等以上のものとし、工事監理者がいる場合は、その承認を受ける。なお、内装工事に使用する接着剤のホルムアルデヒドの発散量に関する品質については、特記によることとし、トルエン、キシレンの放散量が極力小さいものを使用する。有機溶剤系接着剤を使用する場合はその使用量を最小限に抑え、十分に養生期間を設ける等の配慮をする。

10.7.6.2 工法

1. 張付けは、次による。

イ．接着剤を、下地面全面に、くし目ごてを用いて塗布する。なお、必要に応じて仕上材裏面にも塗布する。

ロ．張り方は、不陸、目違い及びたるみ等のないようべた張りとする。

2. 張付け後、接着剤の硬化を見計らい、全面を水ぶき等で清掃したうえ、乾燥後は、水溶性ワックスなどを用いてつや出しを行う。

10.7.7 ビニル床シート張り

10.7.7.1 材料

1. ビニル床シートの品質は、特記による。
2. 接着剤の品質は、本章10.7.6.1（材料）の2による。 10.7.6.1の2 ☞242頁

10.7.7.2 工法

1. 仮敷きは、必要に応じて行うものとするが、施工にあたっては、割付より長めに切り、巻きぐせが取れ、十分伸縮するよう敷き並べる。
2. 本敷き及び張付けは、次による。

イ．はぎ目及び継手の位置は、各製造所の仕様による。なお、工事監理者がいる場合は、その承認を受ける。

ロ．施工に先立ち、下地面の清掃を十分に行ったあと、はぎ目、継目、出入口際及び柱付きなどは、すき間のないように切り込みを行う。

ハ．接着剤を下地全面に平均に塗布するとともに、必要に応じて仕上材裏面にも塗布し、不陸、目違い及びたるみ等のないようべた張りとする。

ニ．やむを得ず、寒冷期に施工する場合は、気温に応じて適切な養生を行う。

10.7.8 壁紙張り

10.7.8.1 材料

1. 壁紙の品質、種別は特記による。また、接着剤及びシーラーの品質、種類は、壁紙の製造所の指定するものとし、工事監理者がいる場合は、その承認を受ける。
2. 接着剤のホルムアルデヒドの発散量に関する品質については、特記による。

10.7.8.2 工法

1. 壁紙は、下地に直接又は袋張り（下地上和紙を使う方法）とし、たるみや模様などのくい違いがないよう、たち合わせて張り付ける。
2. 押縁、ひもなどを使用する場合は、通りよく接着剤、くぎ等で留め付ける。

10.7.9 ロックウール吸音板張り

1. 天井張りに用いるロックウール吸音板は厚さ12 mm以上とし、1'×2'版の千鳥張りとし、根太に無機質系接着剤で張り付け、長さ25 mm、径1.2 mm以上、頭径3.5 mmの平頭くぎを150 mm間隔に平打ちする。この場合、ジョイナーを根太にくぎで緊結し、くぎ打ちしないことができる。
2. 金属製又は木製の野縁を用いる場合は、18 mm×50 mm以上のものと、18 mm×25 mm以上のものを、それぞれ310 mm間隔に交互に各根太にくぎで緊結し、無機質系接着剤とくぎで直張りと同様に留め付ける。
3. 厚さ9 mm以上のせっこうボードを下張材とする場合は、これに厚さ9 mm以上のロックウール吸音板を無機質系接着剤とくぎによって留め付ける。

用 語

畳 床

JISは機械床の品質等を規定し、畳床1枚の重量や縦横糸間面積及び縦糸の縫目間隔によって、特、1、2、3級品に分かれている。重量が大きく、糸間面積の小さいものほど上等品とされている。

表10.7.4-1 畳床の標準寸法 (単位：cm)

種 類	長 さ	幅	厚 さ
100W	200	100	5
92W	184	92	5

なお、化学床にはJIS A 5901（稲わら畳床及び稲わらサンドイッチ畳床）とJIS A 5914（建材畳床）がある。

畳の種類と大きさ

畳の大きさによる種類は大別して、京間（きょうま）、三六間（さぶろくま）、五八間（ごはちま）の3種類がある。

表10.7.4-2 畳の種類と大きさ

名 称	大 き さ
京 間（本京間）	191 cm×95.5 cm (6.3尺×3.15尺)
三六間（中京間）	182 cm×91 cm (6.0尺×3.0尺)
五八間（いなか間）	176 cm×88 cm (5.8尺×2.9尺)

施工方法

ビニル床タイルなど

ビニル床タイルは、合成樹脂系タイルのうちで、現在最も多く使われているもので、塩化ビニル樹脂を主原料としている。

ビニル床タイルに必要な性能は、歩行感覚、耐水性、耐摩耗性、耐荷重性、施工性などであるが、良い床をつくるには、上記の性能はもちろんのこと、下地をしっかりつくることが大切である。

なお、ビニル床タイル及び床シートの接着は、ビニル系床材用接着剤を用いて行うが、土間などにゴム系のものを用いると、完成後、接着剤のにじみ出、剥がれ及びはらみの原因となるので、このような箇所はエポキシ系及びウレタン系の接着剤が用いられる。

留意事項

フローリングボード

フローリングの床への張付けに用いる接着剤には、トルエンやキシレンの発生の原因となる有機溶剤の含有の少ない酢酸ビニル樹脂系エマルション系接着剤、ウレタン樹脂系接着剤等の利用が有効である。

接着剤の選択等について

接着剤には、トルエン、キシレンを溶剤として多く含有する有機溶剤系のものと、比較的含有量の少ない水性のエマルション系のものがある。ただし、エマルション系接着剤を水まわりや湿度の高い場所に利用すると、接着力に問題を生ずるおそれがあるので注意が必要である。

主な施工上の注意点は、以下のとおりである。

(1) 接着剤の塗布量は、説明書に記載された使用規定に基づいて、過不足ないように塗布する。

(2) 溶剤系接着剤を使用する場合、オープンタイム（接着剤の塗布から張付けまでの乾燥時間）が不足すると溶剤が残存して、施工後も溶剤臭が残ることがあるので、接着剤の使用規定に基づいてオープンタイムをとる必要がある。

(3) 接着剤の施工中、施工後には換気を十分に行う。

(4) 一般に、有機溶剤は揮発しやすいため、施工直後から有機溶剤の放散が進むが、時間が経過するとその量は急激に少なくなる。したがって、施工から入居までは14日程度以上の期間を置く（換気が十分に行われていることが前提）。

内装材料等の記録

将来的な内装の変更工事を想定して、あらかじめ内装材料の規格、種別、施工要領等の情報を記録し、適切に保管しておくことが望ましい。

内装を変更する方法は、既存仕上げを撤去して新たな仕上げをする場合と、既存の仕上げを存置してその上に新たな仕上げをする場合がある。新築時の情報があれば、前者の場合は、新たな仕上げに必要な防火性能や耐水性能等の確認が容易になり、既存仕上げの処分方法が明確になる。また、後者の場合は、新たな仕上げとの適合性の確認が容易となる。

間取りの変更しやすさへの配慮

将来的な間取り変更工事を想定して、あらかじめ床・壁・天井の下地等の撤去を最小限とするよう配慮しておくことが望ましい。

例えば、設計段階で、将来間取りを変更する際に考えられるプランを複数想定し、耐力壁としない壁のうち、容易に撤去できる間仕切り壁を仕込んでおくとよい。

新設する間仕切り壁には、従来から、可動間仕切り壁（または簡易に取付け可能な間仕切り壁）を用いる方法はあるが、おさまり部分の意匠性や床の振動が間仕切り壁に伝わることによる壁掛け物の落下の危険性があるなど、いくつかの課題も指摘されている。

間取りの変更を通常の間仕切り壁の新設で対応する場合は、コスト削減のため、あらかじめ受け材を設置するとよい。

なお、間取りが変わることにより、天井照明やスイッチの位置も移設することになるため、想定できる箇所には電気配線を後から通すことができるよう配線用配管を組み込んでおくことも重要である。

11.建具まわり造作工事

11.1 外部建具及び止水

11.1.1 材料

1. サッシは、JIS A 4706(サッシ)に適合するもの、又はこれと同等以上の品質と性能を有するものとする。
2. ドアは、JIS A 4702(ドアセット)に適合するもの、又はこれと同等以上の品質と性能を有するものとする。
3. 金属製雨戸は、JIS A 4713(住宅用雨戸)に適合するもの、又はこれと同等以上の品質と性能を有するものとする。
4. 防火戸の指定は、特記による。なお、アルミ製建具の場合は、建築基準法に基づき指定を受けたものとする。
5. 金属製網戸の品質は、特記による。ただし、特記のない場合は、外面おさまり全可動式とし、網は合成樹脂製とする。
6. 外部建具に用いるガラスの品質及び種類は、特記による。

11.1.2 工法

建具の組立ては、各製造所の仕様によることとし、特記による。

用　語

外部建具

外部建具とは、窓、ドアなど主に外壁に設置される開口部材の総称である。次の事項を考慮して、適切に選択することが望ましい。

(1) 建具の材質

窓(サッシ)の材質は、以前はアルミ製が主流であったが、近年の省エネルギーに対する意識の高まりから、プラスチック製やプラスチックと金属の複合材料製の使用が増加している。

(2) 建具の構造

- 窓(サッシ)の構造には、建具が一重構造のものと二重構造のものがある。また、使用するガラスの違いによって、複層ガラス用の建具と単板ガラス用の建具がある。また最近では、アルミ形材の中間部を樹脂材料でつないだ熱遮断構造サッシや、アルミ形材とプラスチック形材をかん合したアルミ樹脂複合構造サッシなどの断熱・防露構造サッシも供給されるようになってきている。
- ドアには、サッシと同様に四周の框とガラスで構成されるもののほか、大部分が框組となっているもの及び表裏面材の中間部にハニカムや断熱材を充填した(断熱)フラッシュ構造のものもある。

(3) ガラスの種類

単板ガラスのほか、複層ガラスや合わせガラスのようにガラスを多層化することによって断熱性、防露性、遮熱性や防犯性を高めた高機能ガラスがある。複層ガラスには、中間空気層側のガラス表面に特殊金属膜コートを施して断熱性能や遮熱性能のいっそうの向上を図った低放射複層ガラスもある。低放射複層ガラスには、コート面や皮膜材質の違いにより、高断熱タイプのものと断熱遮熱タイプのものがある。

建具の性能

外部建具に要求される主な性能には、次のものがある。地域、設置場所及び設計条件等に応じて適宜用いる。

(1) 耐風圧性

強風時に、建具がどれくらいの風圧に耐えられるかを表す性能。JIS A 4706(サッシ)及びJIS A 4702(ドアセット)による。

(2) 気密性

枠と戸のすき間からどれくらいの空気が漏れるかを表す性能。JIS A 4706(サッシ)及びJIS A 4702(ドアセット)による。

(3) 水密性

風雨時に、建具枠を越えて室内側までの雨水の浸入をどれくらいの風圧まで防げるかを表す等級。JIS A 4706(サッシ)及びJIS A 4702(ドアセット)による。

(4) 断熱性

暖房を必要とする時期に、建具の外側への熱の移動をどれだけ抑えることができるかを表す性能。性能値は熱貫流率による。要求性能は本仕様書各項の規定による。

(5) 遮音性

屋外から室内へ侵入する音、室内から屋外へ漏れる音をどれくらい遮ることができるかを表す性能。JIS A 4706（サッシ）及びJIS A 4702（ドアセット）による。

(6) 防火性

建築基準法では、防火地域及び準防火地域に建設される建物の延焼のおそれのある部分に設置される外壁開口部は、防火戸とすることが要求される場合がある。

調査データ

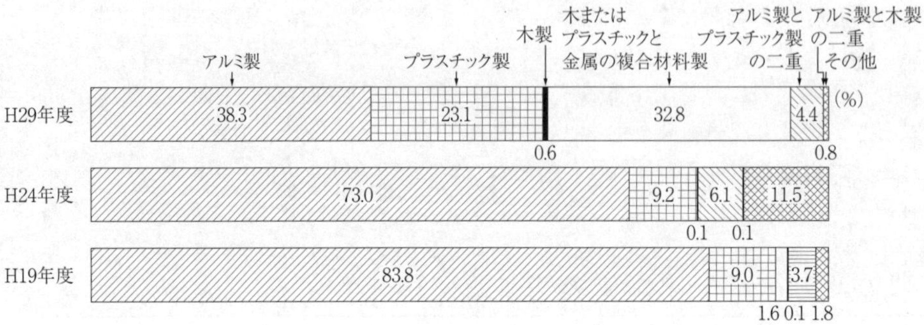

窓サッシ枠の材質

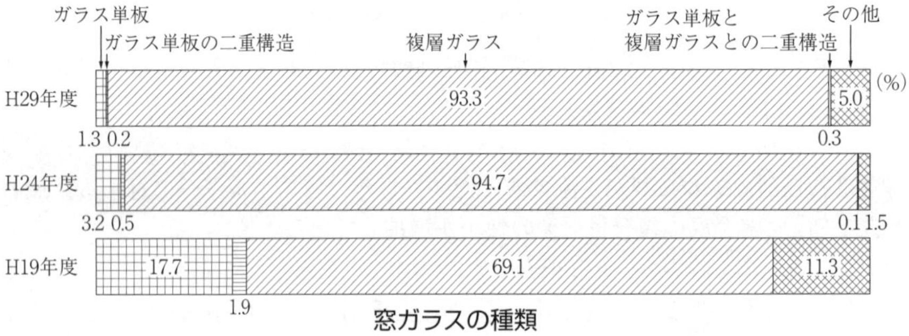

窓ガラスの種類

［フラット35住宅仕様実態調査（住宅金融支援機構）］

施工方法

サッシの形式・形状・標準寸法

(1) 外部建具の取付け形式には、枠の大部分が取付け開口内におさまる内付けおさまり、枠の一部が取付け開口内にかかる半外付けおさまり及び枠の大部分が取付け開口の外に持出しとなる外付けおさまりの3種類がある。

(2) 外部建具を複層ガラス入り建具とする場合や二重建具とする場合は、建具の重量によって取付け開口部に有害な変形が生じるおそれがあるため、窓台及びまぐさ等には適切な断面の木材を用いるとともに、たて枠を適切な間隔で配置する。

(3) 外部建具の取付け部においては、漏水に起因する構造材及び下地材等の腐朽を防止するため、外部建具のくぎ打ちフィンと防水シートの間を防水テープ張りするなどの方法で処置することにより、水の浸入経路となるすき間が生じないようにする。

(4) サッシは、参考図11.1-1のように、たて枠のくぎ打ちフィンが上下枠のくぎ打ちフィン外縁部までのび、フィン相互がシーリング処理されている製品を使用することが望ましい。たて枠のくぎ打ちフィンが上下枠のくぎ打ちフィン外縁部までのびていない製品等の場合は、防水テープ張りのわずかな不手際が雨水浸入を起こす原因になりやすい。

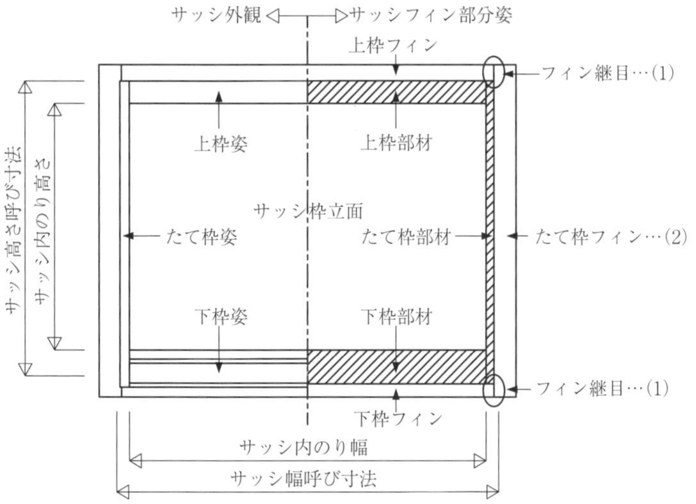

窓まわり防水おさまりにかかわるサッシの注意点

(1) たて枠フィンが上下にのびるため、上下枠端部で縦の継目が生じる。
この継目の範囲及びフィンが取り合うコーナー部を防水テープで十分に止水する必要がある。

(2) 一般にフィン幅は、上下枠フィンに比べたて枠フィンのほうが幅が広い。
たて枠に使う防水テープは、上下枠に使うものより1ランク幅広のテープを使う必要がある。

(3) 輸入サッシは、一般にたて枠、上下枠ともフィン幅が国産のものに比べて広いため、使用する防水テープの幅に注意が必要である。

(4) 樹脂サッシは、アルミサッシに比べてフィンが波を打つことが考えられるため、防水テープの選択と張り方を十分考慮する必要がある。

参考図11.1-1　サッシの止水について

(5) 標準寸法は、柱の心々910 mm及び1,000 mmを標準とする。910 mmモジュールの場合は建具製造所の仕様によることとし、1,000 mmモジュールの場合は以下を標準とする。

(6) 標準寸法・例(1,000 mmモジュール)

		公称寸法	500	750	1,000	1,500	2,000	2,500	3,000
		ラフ開口幅	415	650	830	1,330	1,830	2,250	2,750
公称寸法	ラフ開口幅	w / h	365	600	780	1,280	1,780	2,200	2,700
500	575	500	○	○	○	○	○	—	—
700	775	700	○	○	○	○	○	—	—
900	975	900	○	○	○	○	○	—	—
1,100	1,175	1,100	○	○	○	○	○	○	○
1,300	1,375	1,300	○	○	○	○	○	○	○
1,500	1,575	1,500	○	○	○	○	○	○	○
1,800	1,850	1,800	—	—	○	—	○	○	○
2,000	2,050	2,000	—	—	○	—	○	○	○
2,200	2,250	2,200	—	—	○	—	○	○	○

(7) 寸法の押え方・例(1,000 mmモジュール)

イ. 幅　：たて枠心々寸法から左右それぞれ、たて枠の半分とまぐさ受けの寸法を引いて開口寸法とし、開口寸法から左右クリアランス(サッシ枠見付け寸法を含む)を引いた内のり寸法(w)をサッシ寸法押えの基本とする。

ただし、たて枠心々寸法1,000 mm未満の小窓、建物のすみ部及びT字部は、上記の方式によらない。

ロ．高さ：サッシ枠室内側アングル「内⇔内」の内のり寸法（h）をサッシ寸法押えの基本とする。

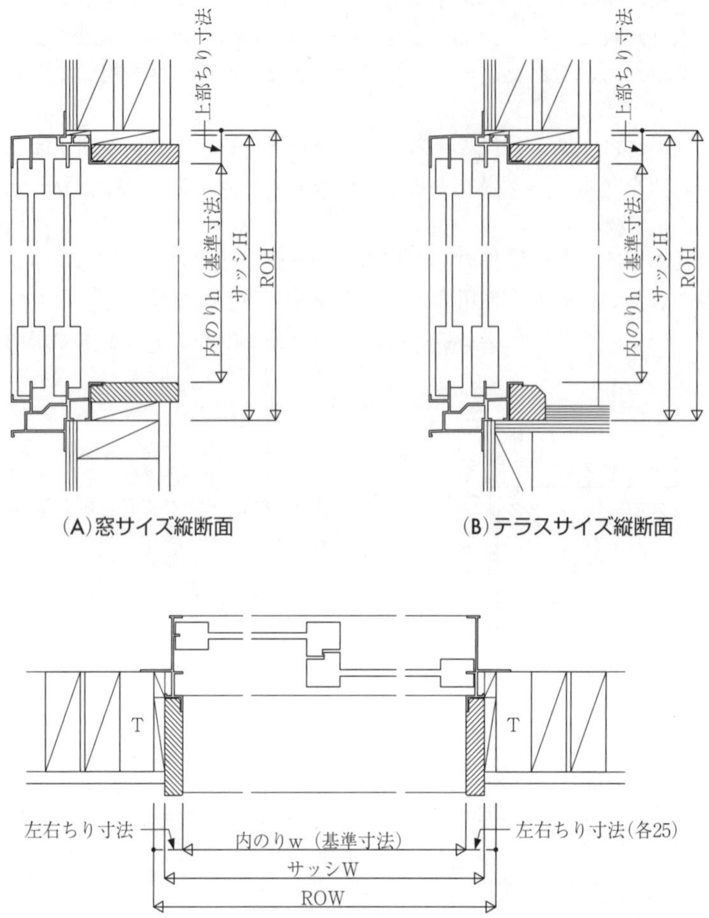

(A)窓サイズ縦断面　(B)テラスサイズ縦断面

(C)横断面

参考図11.1-2　外部建具詳細

11.1.3 サッシの取付け

1. サッシの取付けは、原則として、次のいずれかの方法による。ただし、これらにより難い場合は、防水紙とサッシの取合い、サッシの取付け安定性、外壁仕上材の損傷防止等に考慮し、特記による。
   イ．構造用面材の上にサッシくぎ打ちフィンをかぶせて取り付ける。
   ロ．外張断熱工法等で面材からの仕上げが厚くなる場合は、十分な断面寸法の面合せ材に取り付ける。
   ハ．内付けサッシを取り付ける場合は、各サッシ製造所の指定する方法とし、特記による。
2. 前項イ及びロで、枠の内側にもくぎ打ち又はねじ留めが必要なサッシを取り付ける場合は、たて枠に十分な掛かり代が残るように取り付ける。
3. 外壁の入隅部に取り付くサッシは、外壁入隅からサッシまでの離れ寸法が100 mm以上となるよう、入隅と反対側に寄せて取り付ける。

施工方法

サッシ取付けおさまり

サッシ取付けのおさまりは、耐力壁仕様の違い、外壁内通気層の有無、断熱材の施工位置、外壁仕上材の種類等、その組合せにより構成方法が異なる。本章11.1.3(サッシの取付け)の1のイまたはロの取付け例を参考図11.1.3に示すので、これらを参考に適切なおさまりとなるように注意する。

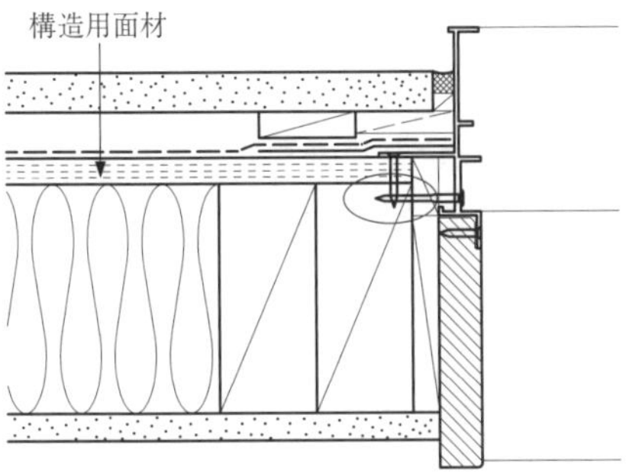

(A)構造用面材に取付け(本文のイ)

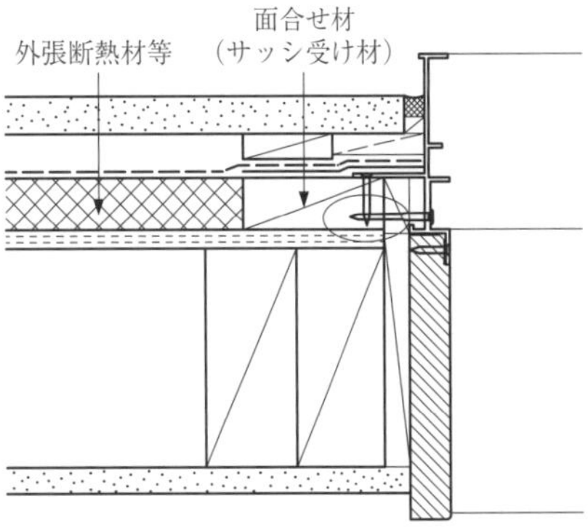

(B)外張断熱材の面合せ材に取付け(本文のロ)

注)図中◯マークの箇所は、本文第2項の掛かり代に注意を要する部分を示す。

参考図11.1.3-1　サッシの取付けおさまり例(半外付けサッシの場合)

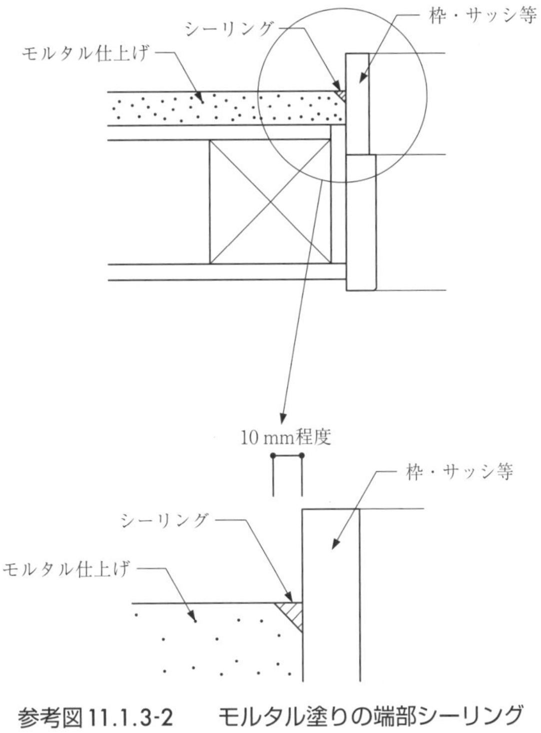

参考図11.1.3-2　モルタル塗りの端部シーリング

留意事項

外壁開口部まわりの防水と窓台等の耐久性

外壁面から構造躯体への漏水は、外壁仕上材の地震等による割れを除けば外壁仕上材の接合部、外壁と開口部材との取合い部から生じる。

特に、敷地の制約や意匠上の理由から外部開口部上部にひさしを設けない場合は、当該開口部に対して雨がかりが激しくなるため、開口部まわりの外壁の耐久性能の向上に留意する必要がある。

窓枠材が腐朽すると隣接する構造材に被害が拡大するおそれがあるため、窓枠材には耐腐朽性の高い樹種を用いること、窓まわりの雨水浸入対策を的確に行うことが重要である。

窓サッシの更新しやすさへの配慮

将来的な窓サッシの変更工事において、可能な限りその他の部位を壊さずに改良できるように配慮しておくとよい。

例えば、既存の窓外枠を残して新たなサッシに取り替えるには、サッシ取付け下地材を耐久性の高い木材とし、断面サイズに余裕をもたせておくことで、窓外枠ごと交換する方法と比較して外壁仕上げの撤去を最小限にとどめることが可能となる。

住宅の省エネルギー化の施策等を受け、窓ガラス・窓サッシを変更するリフォームがより重要となることが予想されることから、新築段階からこの変更に対応した仕様を選択しておくことが望ましい。

11.1.4 建具まわりの止水

1. 外壁開口部の窓台には、先張り防水シートを張る。窓台と柱の入隅部は、防水テープ又はサッシ枠材角部防水役物等を用いてすき間が生じないように止水処理を施す。
2. 先張り防水シートの品質基準は、次による。
   イ. サッシ開口部窓台に用いる先張り防水シートは、「日本防水材料協会規格 先張り防水シート及び鞍掛けシートJWMA-A01」又はこれと同等以上の性能を有するものとする。
   ロ. 両面防水テープは、JIS A 6112(住宅用両面粘着防水テープ)の性能基準に準ずるものとする。
3. 前項の止水処理後、本章11.1.3(サッシの取付け)によりサッシを取り付ける。 11.1.3 ☞248頁
4. サッシ周囲の防水テープは、サッシのたて枠と上枠に張る。防水テープの張り方は、両たて枠、上枠の順とする。防水テープの種類は、両面テープとする。
5. 防水テープの幅は、次のイ又はロとする。なお、通気構法等のサッシ外周胴縁が取り付く場合は、サッシくぎ打ちフィンに外周胴縁が重ならない取付け方法で防水テープの幅を決めるものとする。
   イ. サッシ外周胴縁が取り付かない場合は、くぎ打ちフィンの幅とテープが下地材に十分粘着できる幅を足し合わせた幅以上の寸法とする。
   ロ. サッシ外周胴縁が取り付く場合は、くぎ打ちフィンの幅と外周胴縁の幅を足し合わせた幅以上の寸法とする。
6. 防風防水材の張り方は、先張り防水シートの裏に差し込み、開口部両側、開口部上部の順に張る。重ね合せ幅は、本章4.10.10.2(工法)の2による。 4.10.10.2の2 ☞118頁
7. サッシ外周胴縁は、防風防水材の施工後、くぎ打ちフィンに重ならないように取り付ける。
8. 乾式外壁仕上げは、サッシの周囲をシーリング処理する。
9. 内付けサッシの止水は、各サッシ製造所の指定する方法とし、特記による。

施工方法

先張り防水シート張り

先張り防水シートは、サッシを取り付ける前に、窓台と両側のまぐさ受けに掛かるように張る。シートの材質は、サッシ固定の安定性を考慮して改質アスファルト系のシートが用いられることが多い。窓台とまぐさ受けの入隅部は、防水テープまたはサッシ枠材角部防水役物等を用いて止水する。なお、先張り防水シートの品質としては、一般社団法人日本防水材料協会が推奨するＪWMA規格A01がある。

湿式外壁仕上げにおけるサッシ周囲のシーリング

湿式仕上げとする際、サッシ周囲にシーリングを行うことは少ないが、湿式壁施工時にサッシ周囲にシーリング目地を設け、硬化後にシーリング材を充填することが望ましい。

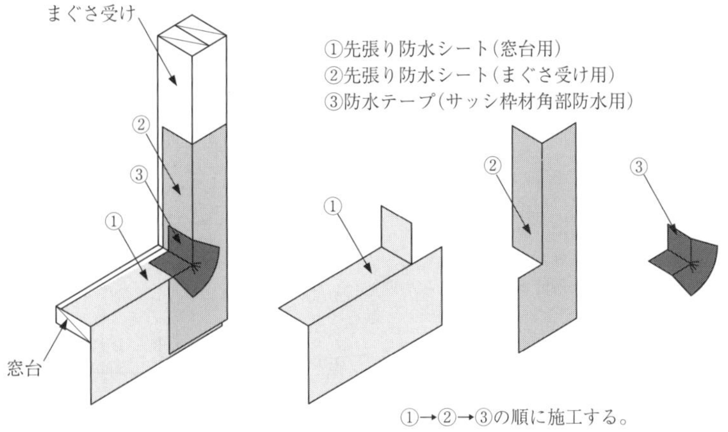

参考図11.1.4-1　窓台用とまぐさ受け用の先張り防水シートを用いた張付け例

防水テープの張り方

防水テープは両面テープを用いて、サッシくぎ打ちフィンの根元を十分おおい、縦・横の防水テープ交差部にすき間が生じないように張る。張り方の順序は、下窓枠に先張り防水シートを施工し、サッシを取り付けたあと、両たて枠、上枠の順に3周に張る。上枠のテープから、たて枠のテープがはみ出さないように注意する。

防水テープは、専用ローラー等でしっかり押さえて張るとともに、重ね張り部は硬いへら等でしっかりと押さえ、段差部は特に注意して強く押さえて施工する。また、特に寒冷地で防水テープの粘着性が低下するものもあるので、注意する必要がある。

なお、下枠が下屋に接近するなどサッシの設置状況により吹上げが予測される場合、または気密住宅のうち相当すき間面積が2 cm^2/m^{2}以下の気密住宅とする場合は、最初に下枠に張り、続いて両たて枠、上枠の順に4周に張る。

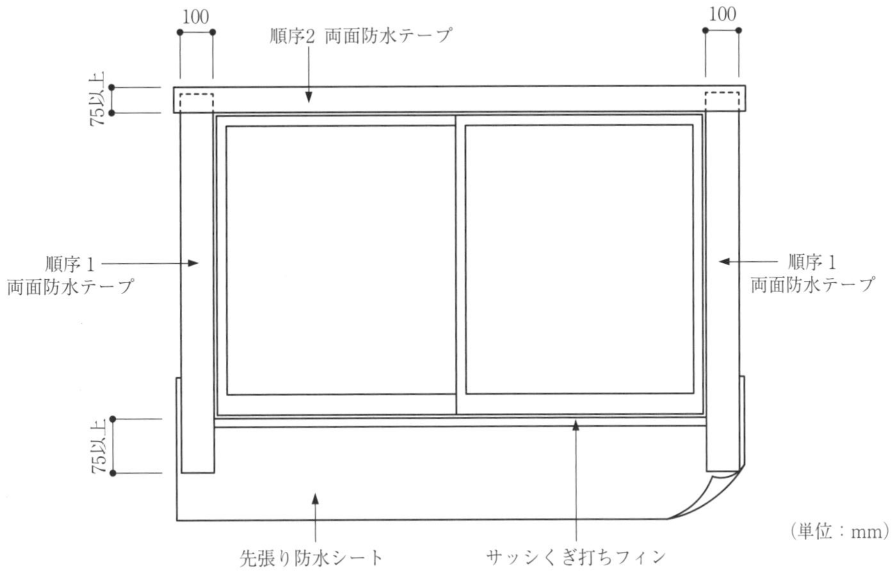

注) 図中の防水テープの幅は、次の「サッシ外周胴縁が取り付く場合」の例を示す。

参考図11.1.4-2　サッシまわり防水テープの張り方例

防水テープの幅

防水テープの幅は、次の点を考慮し、適切な寸法のものを使用する。

本章11.1.4の5のイ：サッシ外周胴縁が取り付かない場合の参考寸法

くぎ打ちフィン全体をカバーし、かつ、下地に粘着できる十分な幅を確保する。

- フィン幅25 mm ＋ 下地粘着幅25 mm ＝ 50 mm → 50 mm幅以上の防水テープ
- フィン幅35 mm ＋ 下地粘着幅25 mm ＝ 60 mm → 60 mm幅以上の防水テープ(75 mm幅等)

本章11.1.4の5のロ：サッシ外周胴縁が取り付く場合の参考寸法

くぎ打ちフィンを避けて下地胴縁を留め付け、防水テープが下地胴縁の幅全体の下敷きとなる寸法(サッシ枠から下地胴縁の反対側まで)の幅を確保する。

• フィン幅25 mm ＋ 胴縁幅45 mm ＝ 70 mm → 70 mm幅以上の防水テープ(75 mm幅等)
• フィン幅35 mm ＋ 胴縁幅45 mm ＝ 80 mm → 80 mm幅以上の防水テープ(100 mm幅等)

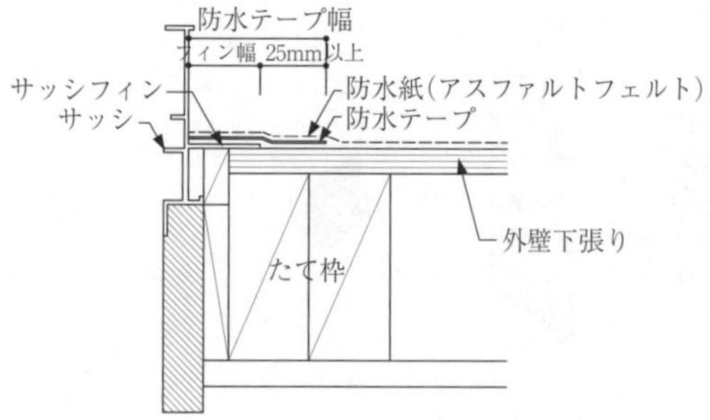

(A)サッシ外周胴縁が取り付かない場合

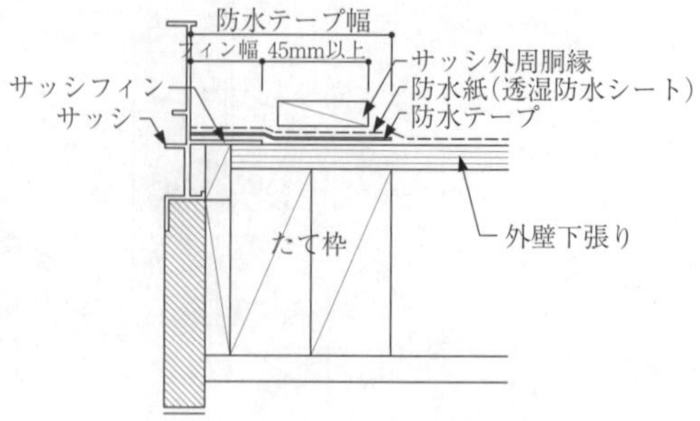

(B)サッシ外周胴縁が取り付く場合

参考図11.1.4-3　防水テープの幅の算定方法

留意事項

防水テープ等の止水材料

外壁面、柱、サッシ窓台などが三方向から立体的に交わる部分(三面交点)はピンホールが生じやすく、雨水浸入の原因となりやすい。

このような不具合を防止するため、当該部位には、伸張性のある防水テープや三次元に成形された止水部材を使用することが望ましい。

11.1.5 モルタル塗り仕上げ外壁内通気構造のサッシまわり止水

モルタル塗り仕上げの外壁内通気構造とする場合、通気胴縁の上に施工するモルタル下地の種類に応じて、次のいずれかの止水処理を行う。

イ. □ラス下地板の場合は、サッシたて枠と取り合うラス下地板端部に、防水テープの下地材を取り付けたあと、サッシの周囲に両面テープを下枠、両たて枠、上枠の順に張り、防水紙を下から順に張り上げる。

ロ. □ボード系下地の場合は、サッシの周囲に両面テープを下枠、両たて枠、上枠の順に張り、防水紙を下から順に張り上げる。

ハ. □ラスなしボード(ラス網を必要としないモルタル下地専用のボード)類の場合は、特記による。

ニ. □防水紙付きリブラス等を張る工法(単層下地工法)の場合は、特記による。

ホ. □イからニによらない場合は、特記による。

11.2 内部建具

11.2.1 材料

1. 建具に使用する木材の品質は、十分乾燥した心去り材とし、割れ、ゆがみなどの欠点のないものとする。木材以外の材料を用いる場合は、特記による。
2. 接着剤の品質は、特記による。ただし、雨露にさらされる箇所に使用する場合は、耐水性、耐候性に効果のあるものとする。
3. 合板の耐水性は、雨がかり及びこれに準ずる箇所に使用する場合は、JASに定める1類とし、その他は2類とする。
4. 建具及び合板のホルムアルデヒドの発散量に関する品質については、特記による。

11.2.2 工法

建具の組立て及び取付けについては、各製造所の仕様によることとし、特記による。特記がない場合は、次による。

1. 框及び桟の仕口は、ほぞ組又はだぼ組とし、接着剤を併用して密着する。
2. ほぞは、框の見込み厚が36 mm以上の場合は2枚ほぞ、36 mm未満の場合は1枚ほぞとする。

3. 打抜きほぞとする場合は割りくさび締めとし、打込みほぞとする場合は接着剤を使用する。特記がない場合は、スプルース類の良材とする。
4. 雨がかりの引戸の召合せは、いんろうじゃくり又は雁いざねじゃくりとする。

11.2.3 障子

用材の樹種は特記によるものとし、特記がない場合は、上下桟は、框に短ほぞ差しとする。組子は、相欠きに組み合わせ、框及び桟にほぞ差しとする。

11.2.4 ふすま

和ぶすまの部材種別及び周囲縁の仕上げは、特記による。

量産ふすまは各製造所の仕様によることとし、紙張り及び周囲縁等の仕様は、特記による。

11.2.5 内装ドア等

1. 内装ドア
   イ. ユニット(枠付き)
      形状、寸法表面仕上げ及び色彩等は、特記による。
   ロ. リーフ(フラッシュ戸、框戸)
      種別、形状、寸法及び表面仕上げ等は、特記による。
2. クロゼットドア
   仕様は、特記による。
3. 浴室ドア
   仕様は、特記による。

11.3 建具金物

11.3.1 建具金物の品質

建具金物は、形状、寸法が正しく、機構が円滑で表面にきず等の欠点のない良質なものとする。

11.3.2 丁番

丁番の形式及び寸法は、建具の種類に応じたものとする。

11.3.3 戸車・レール

戸車及びレールの形状は、建具の種類及び使用目的に応じたものとし、特記による。

11.3.4 錠前

1. サムターン付きシリンダー面付き箱錠及びシリンダー彫込み箱錠は、特記による。
2. 各住居玄関扉用及び勝手口の扉用の錠前は、特記による(用心鎖等の安全装置及びドアスコープを設ける。)。ただし、特記がない場合は、下記による。
   イ. サムシリンダー付きシリンダー面付き箱錠とする。シリンダー彫込み箱錠を使用する場合はシリンダー本締錠(補助錠)を設け、二重ロックとする。この場合、シリンダー本締錠は、シリンダー彫込み箱錠と同一製造所の製品とする。
   ロ. 鍵は、扉1箇所につき3本を1組とする。
3. 便所の錠前は、特記による。ただし、特記がなければ下記による。
   内締錠(押しボタン式締錠、サムターン式空錠等で非常解錠装置付き)とし、ステンレス製とする。
4. 上記以外の建具用金物は、特記による。

留意事項

防犯性の高い建物部品について

侵入手段の巧妙化に対処し、侵入犯罪を防止するためには、ドア、窓、シャッター等の防犯性能を高めることが重要である。

平成14年11月に警察庁、国土交通省、経済産業省は、建物部品関連の民間団体とともに「防犯性の高い建物部品の開発・普及に関する官民合同会議」を設置した。同会議では、建物部品の防犯性能試験を行っており、侵入までに5分以上の時間を要するなど一定の防犯性能があると評価した建物部品を掲載した「防犯性能の高い建物部品目録」を公表している。

また、公益財団法人全国防犯協会連合会では、「防犯性の高い建物部品」目録検索システムを運営しており、2018年6月30日時点で17種類、3383品目が掲載されている。

11.4 階段

11.4.1 ささら桁

1. ささら桁は、寸法型式210の根太材を切り込んでつくる。
2. ささら桁と床開口部の合わせ根太との緊結は、根太受け金物による。
3. 階段のおさまり寸法は、1図によるものを標準とする。

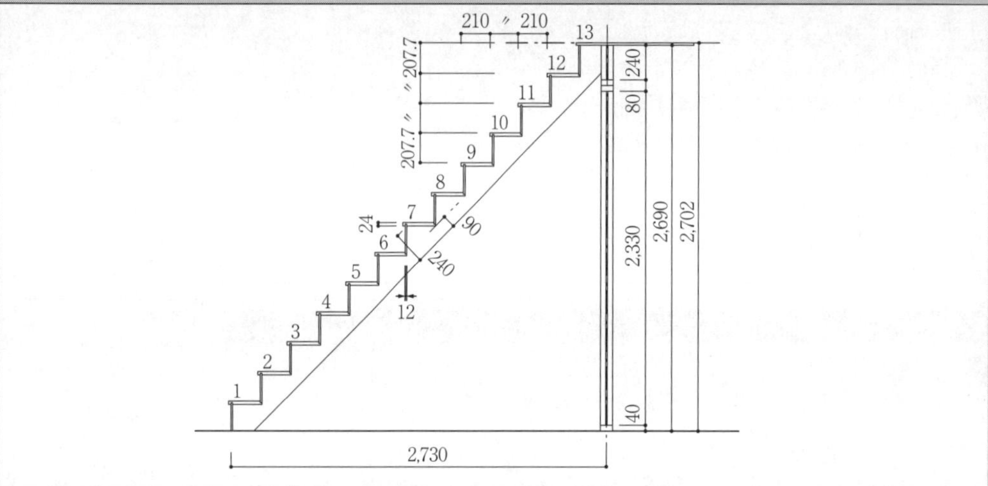

1図　標準的な直行階段のおさまり寸法

11.4.2 踏み板、蹴込み板

1. 踏み板、蹴込み板の寸法及びおさまりは、2図の例による。
2. 曲がり階段の形状と寸法のとり方は、3図の例による。
3. 踏み板は、ささら桁に溝をほるか、受け材に固定する。
4. 階段に厚いカーペットを敷く場合は、踏み板を15 mm以上の合板とすることができる。

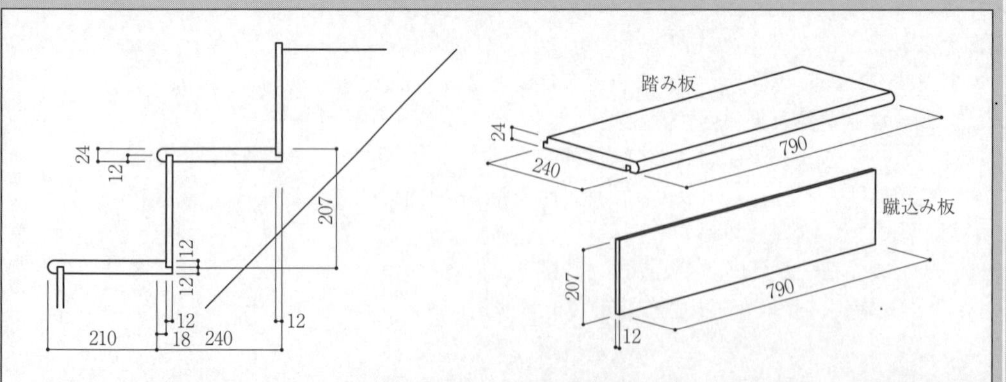

2図　踏み板及び蹴込み板の寸法

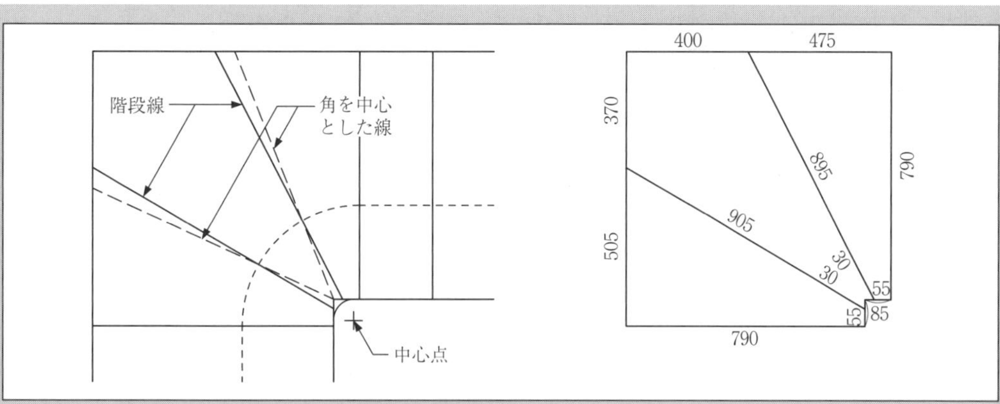

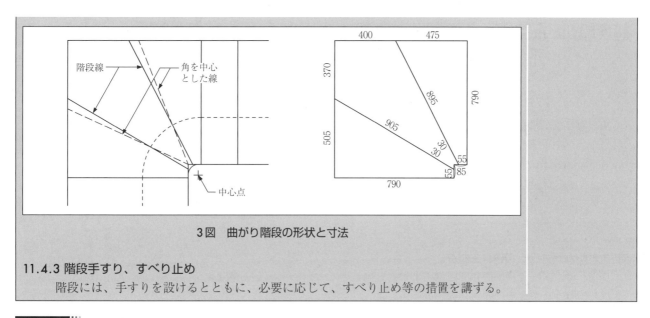

3図　曲がり階段の形状と寸法

11.4.3 階段手すり、すべり止め

階段には、手すりを設けるとともに、必要に応じて、すべり止め等の措置を講ずる。

関係法令

階段手すり

平成12年4月26日付で改正された建築基準法施行令第25条第1項において、「階段等の手すり等」について次のように定められた。

- 階段には、手すりを設けなければならない。
- 階段及びその踊り場の両側（手すりが設けられた側を除く）には、側壁またはこれに代わるものを設けなければならない。

※いずれも、高さ1m以下の階段の部分には、適用しない。

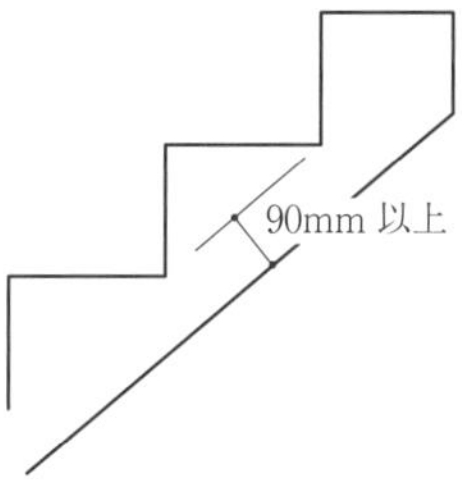

参考図11.4.1-1　寸法型式210によるささら桁

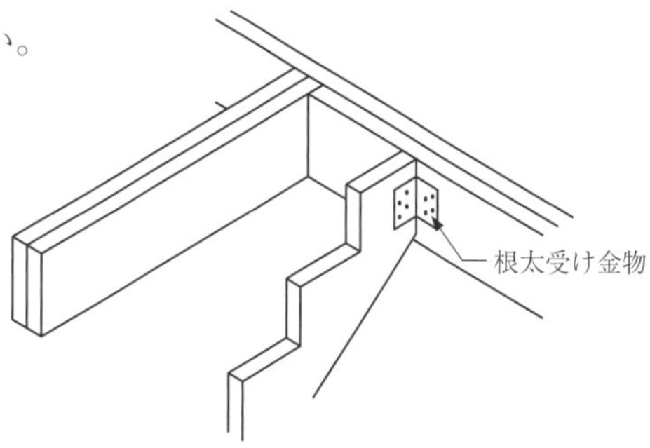

参考図11.4.1-2　ささら桁と合わせ根太との緊結

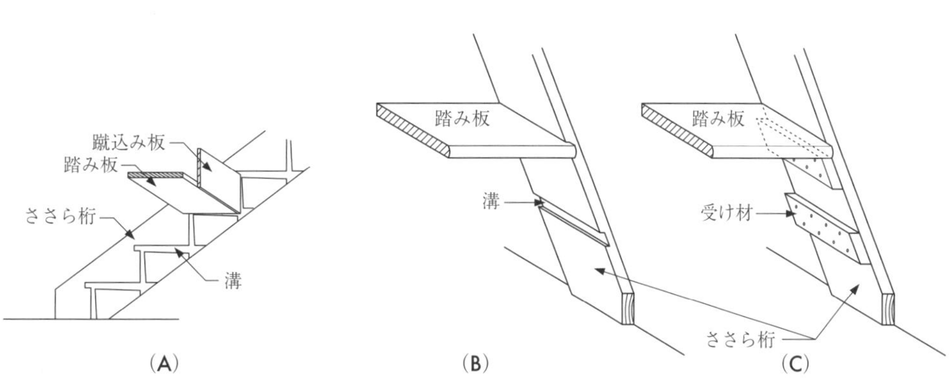

参考図11.4.1-3　ささら桁と踏み板との取付け方

11.5 バルコニーの床防水

11.5.1 バルコニー床をFRP塗膜防水仕上げとする床下地

バルコニー床をFRP塗膜防水仕上げとする床下地は、本章4.9.12.1（跳出しバルコニー）の4による。

4.9.12.1の4
☞98頁

11.5.2 FRP塗膜防水

1. FRP塗膜防水は、ガラスマット補強材を2層以上としたものとする。仕様は、JASS8に規定するL-FF又はこれと同等以上の防水性能を有するものとする。なお、防水層の上にモルタル等の仕上げを施す場合は、各製造所の保護仕様のものとする。
2. 防水層の立上り高さは、外部開口部の下端で120 mm以上、それ以外の部分で250 mm以上とする。

11.5.3 防水層立上りの建具まわり止水

1. サッシ取付けに対して防水工事があと施工となり、防水層を直接サッシ枠に重ねる場合は、次による。
   イ. 防水層は、サッシ下枠およびたて枠のくぎ打ちフィンの幅全体をおおう。くぎ打ちフィン面は、十分目荒らしをし、プライマーを塗布して、塗りむら等が生じないように防水層を施工する。
   ロ. サッシ枠と防水層端部の取合い部には、シーリング処理を施す。サッシたて枠と防水層立上りの取合い部についても同様とする。
2. サッシ取付けに対して防水工事が先施工となり、防水層の立上げを窓台上端までとする場合は、次による。
   イ. 防水層は、立上り下地板の上端部まで施工する。
   ロ. サッシたて枠と取り合う防水層端部には、シーリング処理を施す。
   ハ. 防水層にサッシが取り付く範囲は、くぎ打ちフィンと防水層の間に防水上有効なパッキング材等を挿入する。ただし、これによらない場合は、特記による。
3. サッシ取付けに対して防水工事が先施工となり、壁内側へ防水層を巻き込む場合は、次による。
   イ. 防水層は、サッシ取付け部の窓台まで施工する。
   ロ. サッシ下枠が載る巻込み防水層上面は、防水層の塗厚を均一とし、サッシ枠にゆがみが生じないよう施工する。
   ハ. 防水層を柱の側面まで立ち上げる場合は、サッシたて枠の取付けに支障が生じない立上げ方とする。
   ニ. 防水層にサッシが取り付く範囲は、サッシくぎ打ちフィンと防水層の間に防水上有効なパッキング材等を挿入する。ただし、これによらない場合は、特記による。
4. 2及び3において、サッシたて枠が防水層に取り付く部分は、その上部の防水層がない部分との下地面の差により、サッシ枠にゆがみが生じないよう防水層の厚さを調整する。ただし、防水層の厚さによる調整としない場合は、特記による。

11.5.4 その他の防水工法

その他の防水工法は、各製造所の仕様によるものとし、特記による。

11.5.5 排水処理

1. 排水ドレンは、原則として、複数箇所設置する。やむを得ず1箇所となる場合は、オーバーフロー管を設ける。
2. バルコニーの排水管は、原則として、屋内を通らない経路とする。ただし、やむを得ず屋内を経由する場合は、適切な防水処理および結露防止措置を行い、点検口を設置する。

留意事項

FRP防水層とモルタルの関係

FRP防水の表面にモルタルを仕上げ塗りする場合は、FRP防水層は表面保護仕様とする必要がある。防水層の表面を露出して仕上げる不飽和ポリエステル樹脂等によるFRP防水層は、アルカリ成分により侵される性質がある。そのため、FRP防水にモルタル塗りをする場合は、防食用ポリエステルや防食用ビニルエステルを用いるなど、FRP防水層をアルカリ成分より保護する仕様とする。

バルコニー床防水

バルコニーからの雨水浸入の発生を少なくするため、次の事項に留意することが望まれる。

1. バルコニーにはなるべく屋根を設けて、床面および防水立上り部分を雨がかりとしない。
2. 防水下地板は、ゆがみや目違いによる防水層の破断が生じないように、堅固にする。
3. 床の勾配は十分にとり、バルコニーの奥行や幅が大きい場合は、なるべく排水溝を設ける。
4. 防水層の立上りは、所定の高さ以上を確保する。
5. 防水層の端部処理は、雨水浸入を防ぐため十分考慮されたおさまりとする。
6. サッシ枠にシーリング処理を行う場合は、十分な塗厚および重ね代を確保する。
7. 排水ドレンは複数設置を原則とし、防水のおさまりが十分考えられた製品を使用する。
8. オーバーフロー管は、最も低い防水層立上り上端より低い位置に設ける。また、オーバーフロー管の貫通部(両側)はシーリング処理を行う。

なお、バルコニー防水に関係する仕様は、本章4.9.12(バルコニー)、本章11.1(外部建具及び止水)、本章11.5(バルコニーの床防水)、本章11.6(バルコニー手すり)に記載している。設計、施工にあたっては、関係する各項目の仕様を十分に考慮し、適切な仕様とする必要がある。

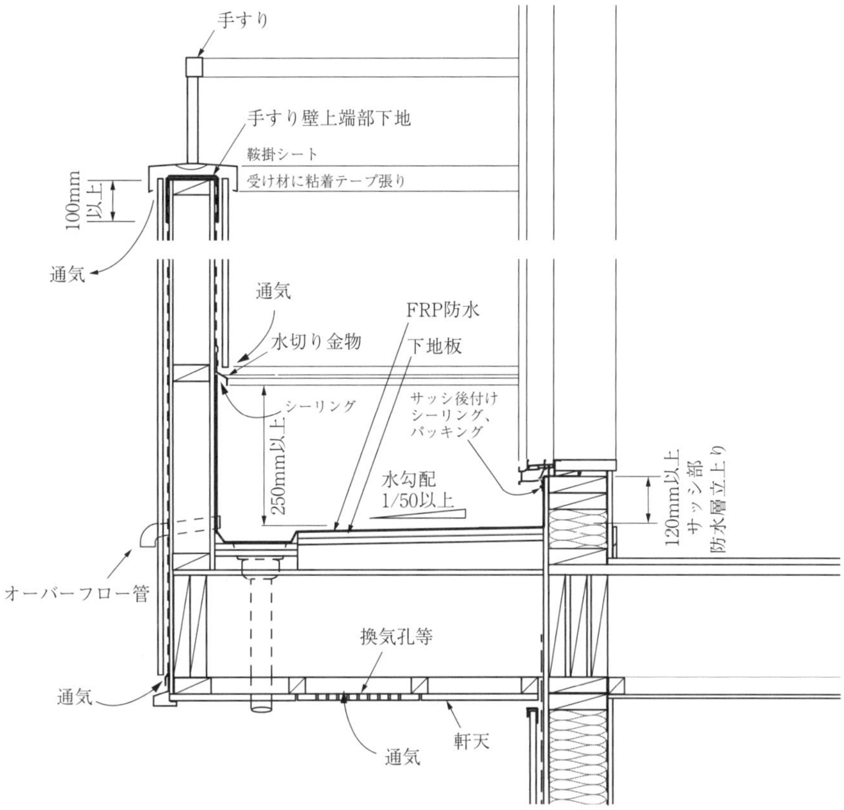

注1) バルコニー床下空間の湿気等を排出できるよう、バルコニーの軒天には換気孔を設ける。
また、手すり壁を設ける場合には、両側に通気層を設け、笠木部分で排気を可能にする。
2) オーバーフロー管は、最も低い防水層立上り上端より低い位置に設ける。

参考図11.5.1　バルコニー床防水例

適切なバルコニーの排水の確保

バルコニー床の排水不良またはドレンまわりの防水不良による漏水は、バルコニーの下地材のみではなく、下階居室の木部など建物本体の構造躯体の腐朽につながるおそれがある。

このような事故の発生を防ぐため、バルコニーの排水は次の点に注意して設計及び施工することが望まれる。

（バルコニー排水上の留意事項）

・排水ドレンは、なるべく竪型ドレンを用いる。やむを得ず横型ドレンを用いる場合は、ドレン排水口がバルコニー床面より下に設置する。
・バルコニー直下が屋内である場合は、ドレンまわりの漏水や結露発生のおそれがあるため、竪型ドレンを用いて、バルコニー先端を下階外壁よりも外側に出す立面形状（オーバーハング）とする。
・ドレンは、木造用の部品を用い、防水種別に適合するものとする。

施工方法

サッシ下部の防水立上りおさまり

サッシ下部の防水立上りおさまりは、サッシ取付けに対して防水工事が「あと施工」となる場合と「先施工」となる場合で異なる。

防水工事が「あと施工」となる場合（参考図11.5.3　サッシ下部の防水立上りおさまり例（A））は、サッシと防水層またはシーリング材の剥離が生じた場合、雨水浸入の危険性が高まるので注意する。また、防水層がサッシたて枠に沿って立ち上がるため、サッシたて枠と防水層端部との取合い部のシーリング処理が重要となる。

防水工事が「先施工」となる場合（参考図11.5.3　サッシ下部の防水立上りおさまり例（B）及び（C））は、サッシの内側に防水層が施工されるため防水性能は高まるが、サッシ固定用のくぎが防水層を打ち抜くため防水上の欠点になりやすいので注意する。また、くぎ打ちによるFRP防水層の割れを防ぐため、あらかじめ、FRP防水層にくぎ打ちのための下穴をあけておくことが望ましい。なお、壁一般部の立上り防水層がサッシたて枠とたて枠との間に挟み込まれるため、防水層の厚さがサッシ建込みに影響を及ぼさないよう注意する。

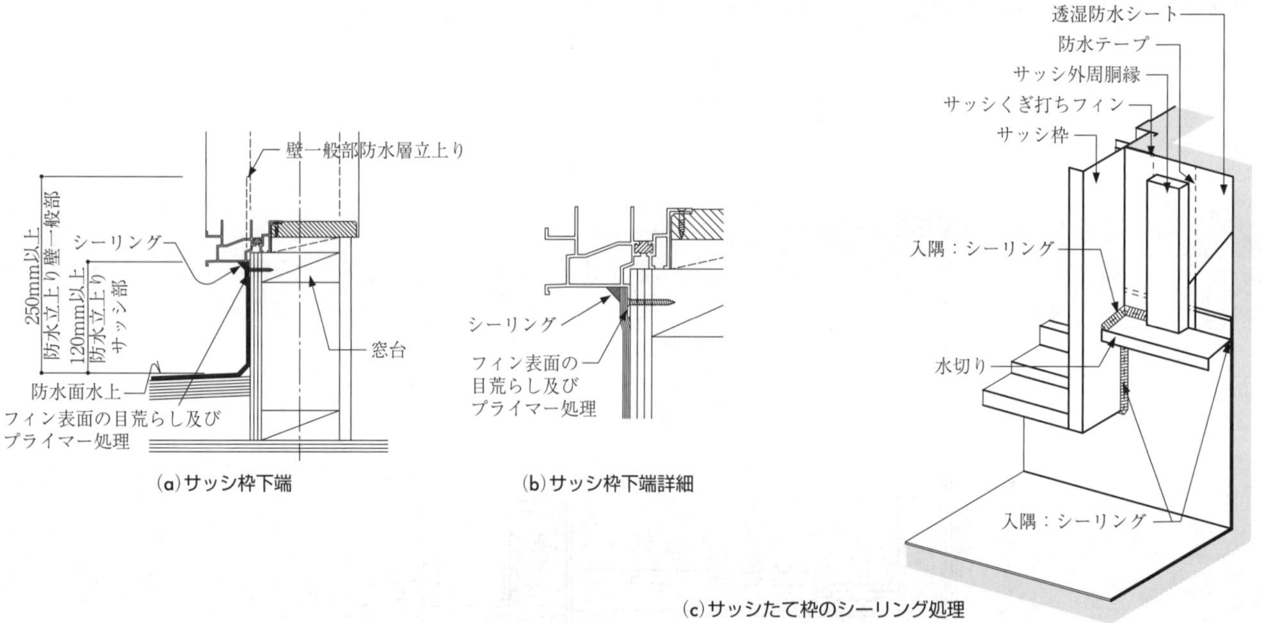

(a) サッシ枠下端　(b) サッシ枠下端詳細　(c) サッシたて枠のシーリング処理

(A) 防水工事があと施工となり、防水層を直接サッシ枠に重ねる場合

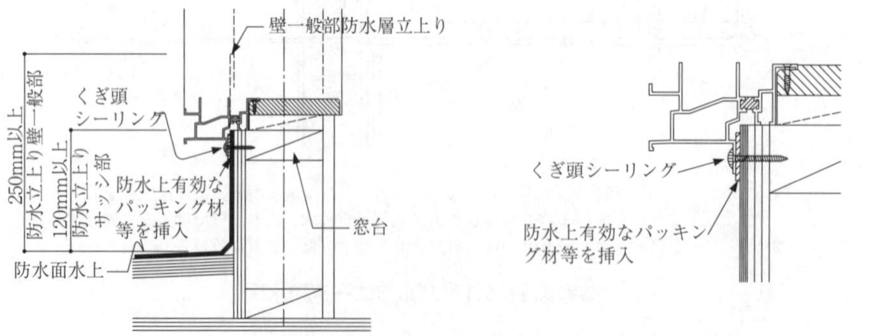

(a) サッシ枠下端　(b) サッシ枠下端詳細

(B) 防水工事が先施工となり、防水層の立上げを窓台上端までとする場合

参考図11.5.3　サッシ下部の防水立上りおさまり例①

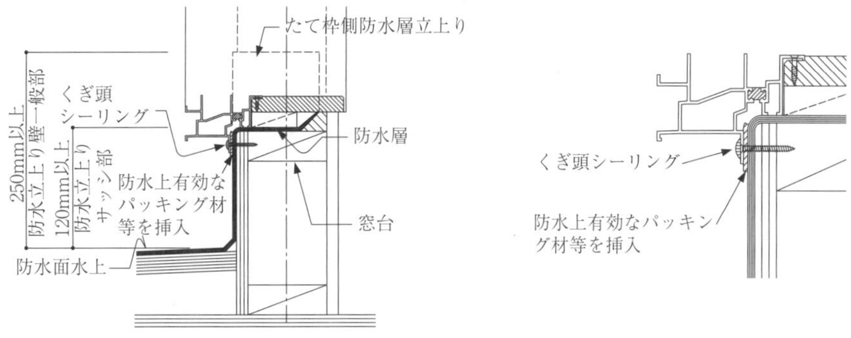

(a)サッシ枠下端　　(b)サッシ枠下端詳細

(C)防水工事が先施工となり、壁内側へ防水層を巻き込む場合

参考図11.5.3　サッシ下部の防水立上りおさまり例②

11.6 バルコニー手すり

11.6.1 手すり上部の防水

1. 手すりには、金属製の笠木を設ける。
2. 手すり壁の防水紙は、手すり壁に外壁内通気措置を施す場合は、本章4.10.10.1（一般事項）の1のイ、手すり壁をモルタル下地ラス張り工法とする場合は、本章10.1.2.2（材料）の1による。手すり壁の上端に張る鞍掛シートは、改質アスファルトルーフィング、先張り防水シート、鞍掛シート又はこれと同等以上の性能を有するものとする。なお、先張り防水シート及び鞍掛シートの品質としては、一般社団法人日本防水材料協会が推奨するJWMA規格A01がある。 4.10.10.1の1 ☞118頁 10.1.2.2の1 ☞222頁
3. 手すり壁の上端部は、次のいずれかによる。
   イ. 立ち上げた防水紙を手すり上端部まで張り上げる場合
   （イ）手すり壁の外側及び内側の防水紙は、手すり壁上端位置まで張り上げる。
   （ロ）手すり壁の上端部の下地は、幅100 mm以上の両面粘着防水テープを長手方向に通し張りする。
   （ハ）両面粘着防水テープの上に鞍掛シートを長手方向に張り掛け、手すり壁の外側及び内側に100mm程度立ち下げる。鞍掛シートの立下り部分は、ステープルで留め付ける。
   （ニ）鞍掛シートの上から笠木を留め付ける。笠木取付け金物（ホルダー）の固定用ねじと鞍掛シートとの取合い部には、シーリングを充填する。
   ロ. 立ち上げた防水紙を手すり上端部で重ねる場合
   （イ）手すり壁の外側及び内側の防水紙は、手すり壁上端からそれぞれ反対側に巻き込み、150 mm以上立ち下げる。防水紙の防水紙立下り部分は、ステープル又は防水テープで留め付ける。
   （ロ）鞍掛シートは、手すり壁上端で折り曲げ、手すり壁の外側及び内側に100 mm程度立ち下げる。鞍掛シートの立下り部分は、ステープル又は防水テープで留め付ける。
   （ハ）笠木を取り付ける位置の鞍掛シートに両面防水テープを張り、防水テープの上から笠木を留め付ける。
4. 手すり壁と外壁との取合い部は、手すり壁の防水紙を外壁の防水紙の裏に差し込み、防水テープで有効に止水する。
5. 手すり壁に飾り窓（風窓）を設置する場合は、1から3に準ずる。

11.6.2 外壁内通気措置

手すり壁に外壁内通気措置を施す場合は、本章4.10.10（外壁内通気措置）による。 4.10.10 ☞118頁

11.6.3 笠木手すり

1. 笠木手すりは、支柱部分から笠木の内部に雨水が浸入しにくく、浸入した雨水は排出しやすい構造のものとする。
2. 笠木手すりは、熱応力等による伸縮に対して、止水材の破断等が生じにくい構造のものとする。

施工方法

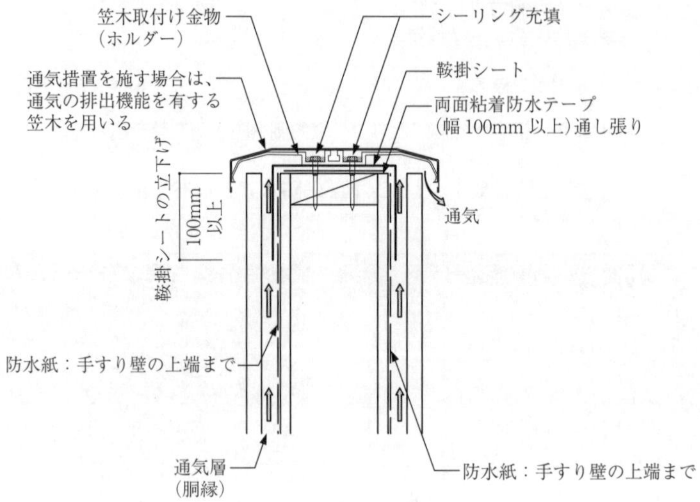

(A) 立ち上げた防水紙を手すり上端部まで張り上げる場合

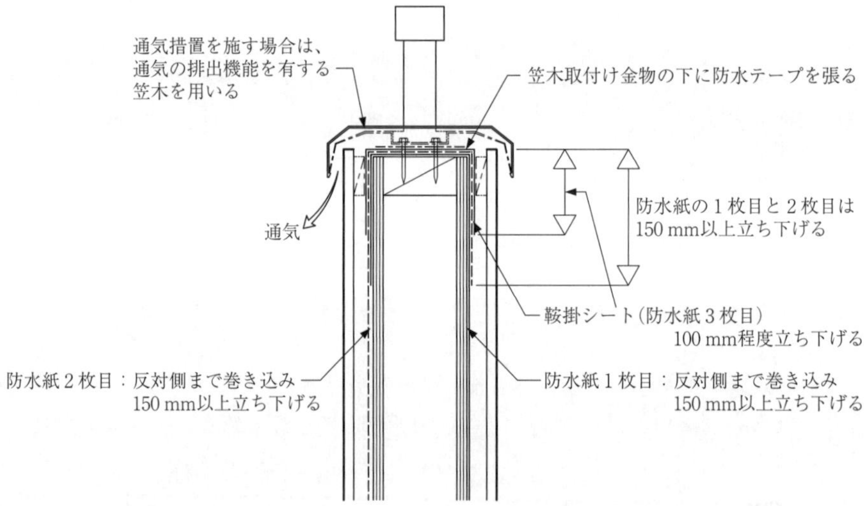

(B) 立ち上げた防水紙を手すり上端部で重ねる場合

＊結露等が生じないよう、施工中に設置した養生材をとったうえで笠木を留め付けること。

参考図 11.6.1-1　手すり上部の防水の例

留意事項

笠木の取付け方法

バルコニー手すり壁の上端部について、くぎ打ちにより笠木を取り付ける場合は、くぎが防水紙を貫通することになり雨水浸入の原因となりやすい。この場合は、十分なくぎ穴止水性を確保するため、笠木取付け金物の下部には両面防水テープを使用することが望ましい。

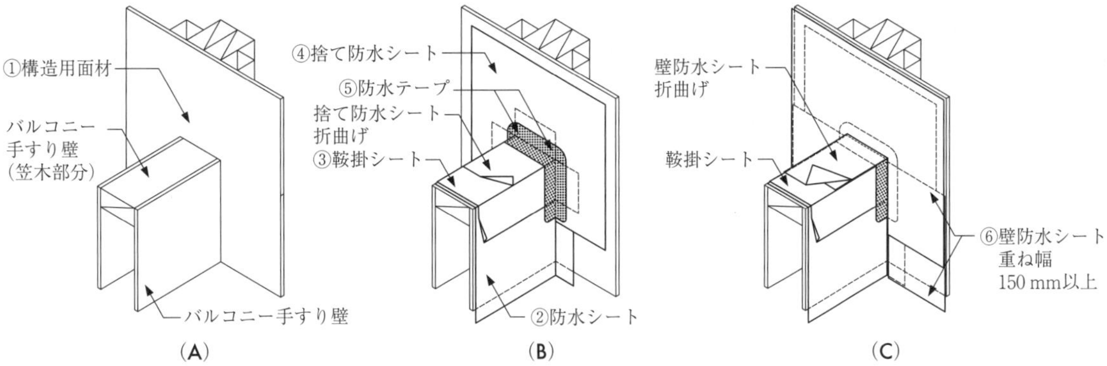

参考図11.6.1-2　手すりと外壁取合い部の防水紙のおさめ方の例

防水テープ等の止水材料

バルコニー手すりと壁面などが三方向から立体的に交わる部分(三面交点)はピンホールが生じやすく、雨水浸入の原因となりやすいため、防水テープまたは既製品の防水役物等を用いて確実に止水する。

防水テープを使用する場合は、縮み戻りの少ない伸張性のものとすることが望ましい。

12. 塗装工事

12.1 一般事項

12.1.1 材料

1. 塗料の品質は、すべてJISに適合したもの、又はこれと同等以上の性能を有するものとし、特記による。なお、内装工事に使用する塗料のホルムアルデヒドの発散量に関する品質については、特記によることとし、トルエン、キシレンの放散が極力小さいものを使用する。有機系溶剤系塗料を使用する場合は、その使用量を最小限に抑え、十分に養生期間を設ける等の配慮をする。
2. マスチック塗材は、特記製造所の製品とし、種別及び仕上材塗りは、特記による。

12.1.2 塗り見本

あらかじめ塗り見本を提出し、建築主又は工事監理者の承認を受けるとともに、必要に応じて施工面に見本塗りを行う。

12.1.3 塗り工法一般

1. 塗料は、使用直前によくかき混ぜ、必要に応じて、こしわけを行う。
2. 研磨紙ずり及び水研ぎが必要な場合は、付着物などの清掃後、パテかい、下塗り、中塗りなどのつど、仕上げの程度に適した研磨紙を用いて磨く。
3. 穴埋め及びパテかいを必要とする場合は、次による。
   イ. 穴埋めは、深い穴、大きなすき間などに、穴埋め用パテなどをへら又はこてを用いて押し込む。
   ロ. パテかいは、面の状況に応じて、面のくぼみ、すき間、目違いなどの部分に、パテをへら又はこてを用いてなるべく薄く拾い付ける。
4. 塗り方は、塗料に適した工法とし、下記のいずれかによる。なお、色境、隅々などを乱さないよう十分注意し、区画線を明確に塗り分ける。
   イ. □はけ塗りは、塗料に適したはけを用いて、はけ目正しく一様に塗る。
   ロ. □吹付け塗りは、塗装用のスプレーガンを用いる。ガンの種類、口径及び空気圧は、用いる塗料の性状に応じて適切なものを選び、吹きむらのないように一様に吹き付ける。
   ハ. □ローラーブラシ塗りは、ローラーブラシを用いる。すみ、ちり回りなどは、小ばけ又は専用のローラーを用い、全面が均一になるように塗る。
   ニ. □さび止め塗料塗りは、イ又はロによるほか、浸漬塗りとすることもできる。

12.1.4 素地ごしらえ

1. 木部の素地ごしらえは、塗面を傷つけないように注意し、よごれや付着物を水ぶきなどで除去したうえ、やに処理、節止め、穴埋めを行ったあと、研磨紙ずりを行う。
2. 鉄部及び亜鉛めっきの素地ごしらえは、スクレーパー、ワイヤーブラシなどを用いてよごれや付着物を除去し、溶剤ぶきを行って油類を除去したあと、鉄部はディスクサンダー、スクレーパー、ワイヤーブラシ、研磨紙ずりなどでさび落しを行う。
3. コンクリート、モルタル、プラスター面の素地ごしらえは、ブラシ、研磨紙、布などを用いてよごれや付着物を除去したうえ、穴埋め、パテかいを行ったあと、研磨紙ずりを行う。
4. せっこうボード、その他のボード面の素地ごしらえは、ブラシ、研磨紙、布などを用いてよごれや付着物を除去したうえ、パテかい、研磨紙ずりを行ったあと、全面にシーラーを塗布する。
5. 塗装にかかるまでに、素地を十分乾燥させる。

12.1.5 養生

工事中は、塗装面並びに塗装面以外の部分に、汚染や損傷を与えないように十分注意し、必要に応じて適正な養生を行う。

12.2 工法

12.2.1 合成樹脂調合ペイント塗り

1. 合成樹脂調合ペイントの塗料は、JIS K 5516（合成樹脂調合ペイント）に適合するもの、又はこれと同等以上の性能を有するものとし、種類は特記による。特記がなければ、JIS K 5516(合成樹脂調合ペイント)の1種とする。
2. 木部は、下塗りとして合成樹脂調合ペイントを塗布し、パテかい、研磨紙ずりのあと、中塗り及び上塗りを行う。
3. 鉄部及び亜鉛めっき面は、さび止め塗料塗り後、穴埋め、パテかい、研磨紙ずり又は水研ぎ後、中塗り及び上塗りを行う。

12.2.2 合成樹脂エマルションペイント塗り

1. 合成樹脂エマルションペイント塗りは、下地がコンクリート、モルタル、プラスター、せっこうボード、その他のボードなどの面に適用する。
2. 合成樹脂エマルションペイントの塗料は、JIS K 5663(合成樹脂エマルションペイント及びシーラー)に適合するもの、又はこれと同等以上の性能を有するものとし、JIS規格品を使用する場合、屋内塗りには2種を、屋外や湿気を発生する場所には1種を使用する。
3. 合成樹脂エマルションペイント塗りは、2回塗り以上とする。

12.2.3 クリヤーラッカー塗り

木部のクリヤーラッカー塗りは、下塗りとしてウッドシーラーを塗布し、目止めを必要とする材料の場合は目止め塗りを行い、研磨紙ずり後、上塗りを行う。

12.2.4 油性ステイン塗り・油性ステイン合成樹脂ワニス塗り

1. 木部の油性ステイン塗りは、1回塗り以上とし、塗り残しやむらがないよう塗る。
2. 油性ステイン合成樹脂ワニス塗りは、上記1のあと、合成樹脂ワニス塗りとする。

12.2.5 マスチック塗材塗り

1. マスチック塗材塗りは、マスチック塗材を特殊多孔質ハンドローラーを用いて1回工程で塗膜をつくる塗装工事に適用する。
2. 工具は、多孔質のハンドローラーとする。
3. マスチック塗材は、施工に先立ち、かくはん機を用いて十分かくはんする。
4. 塗付けは、下地に配り塗りを行い、次いでならし塗りをしたあと、ローラー転圧による1回塗り工程により仕上げる。塗り幅は、800 mm前後を標準とし、塗り継ぎ部が目立たないように、むらなく塗り付ける。
5. パターンの不ぞろいは、同一時間内に追掛け塗りをし、むら直しを行って調整する。
6. 凸面処理仕上げは、パターン付けを行い、凸部が適度に硬化したあと、押えローラーを用いて、見本と同様になるように行う。

用　語

見本塗り

小さい見本だけで決めてしまうと、実際塗り上げてから予想と違うことがある。また塗面の色は、乾燥すると塗りたての時の色より若干異なるので、色合せなどの場合は、できるだけ実際の塗装面に見本塗りを行い、十分に乾燥させてから色見本と比較するとよい。

施工方法

やに処理、節止め

節、やに等の仕上げ塗膜に影響するものは、なるべく小刀で削り取る。削り取りができない時は、焼きごてで滲出させ溶剤でふき取り、セラックニスを2回塗っておく。

パテかい

大きな穴または傷は、素地に合ったパテ材を使い、へらでなすりつけるが、薄く何回も付けるほうがよい。

目止め

造作用ラワン材などの塗料の吸込みのはげしい木材には、との粉、ベンガラ、灰墨などと合成樹脂ワニスを混ぜて目止め材とし、全面に一度塗って乾いた布でふき取り、塗料の付着の均一と木理の美装をはかる。

研磨紙ずり

塗面の平たん化と塗料の付着効果を上げるのに用いるが、素地ごしらえでは荒目のP120～P180程度を、下塗り後の調整にはP180～P240程度を、さらによい仕上げには、P320程度を用いて、順次細か目の研磨紙を用いてゆく。研磨紙ずりには、乾燥状態のまま研ぐからとぎと、水をつけながら研ぐ水とぎのほか、油とぎもある。

塗料の性質等

コンクリート、モルタル、プラスターなどは、アルカリ性の強い下地なので、塗装後の塗膜がアルカリによって剥がれたり、色が変わったりする欠陥が生じることが多い。そのため、下地はよく乾燥させて、アルカリ分が塗装に支障を及ぼさないようにしなければならない。一般には、乾燥は3週間以上必要とされているが、工事の都合で、それまで待てないこともかなり多い。その場合はアルカリに強い塗料を選んだり、シーラーを塗ったりして欠陥が生じないようにする。

モルタルやプラスターでは、こて押えの力がむらになりがちで、塗料の吸収が不均一になったり、表面にひび割れが生じたりする。

塗装方法

塗料の種類、必要な仕上がりの程度により、はけ塗り、吹付け塗り、ローラー塗りが用いられ、クリヤーラッカー仕上げには、たんぽ塗りも行われる。

建築塗装は、塗装環境のコントロールが不可能であり、かつ、自然乾燥に頼るので、塗面の素地状態、気候条件に特に注意をはらう必要がある。

鉄部の塗装

鉄部の塗装は、防錆が主な目的である。対象となる部分は手すり、面格子、鉄柵、テラス、階段などで、通常、これらは工場等でさび止め塗料が1回塗られたものが取り付けられる。

現場では、ほこり、よごれなどを取り除いてから、鉛･クロムフリーさび止めペイントの2回目を塗装する。その後、塗装には合成樹脂調合ペイントが使われ、2回塗りが普通である。

留意事項

室内空気汚染の低減のための施工上の注意点

(1) 必要以上に塗料を塗布しないようにすることが重要である。
(2) 塗布後、入居までの間、十分な乾燥期間をとる。

13.衛生設備工事・雑工事

13.1 衛生設備工事

1. 洗面器、手洗い器、大小便器、キッチンユニット、浴槽、バスユニット及び洗面化粧ユニットなどの品質は、特記による。
2. 混合水栓は、特記による。

13.2 浄化槽工事

13.2.1 一般事項

1. 浄化槽は、建築基準法施行令第32条(汚物処理性能に関する技術的基準)に適合するものとして、国土交通大臣が定めた構造方法(昭和55年建設省告示第1292号(屎尿浄化槽及び合併処理浄化槽の構造方法を定める件))によるもの、又は同大臣の認定を受けた合併処理浄化槽とし、かつ、特定行政庁の定める取扱い要綱などによる。
2. 浄化槽の処理対象人員の算定方法は、JIS A 3302(建築物の用途別による屎尿浄化槽の処理対象人員算定基準)による。

13.2.2 設置工事

浄化槽の設置は、特記による。

13.3 便槽工事

便槽工事は、特記による。

関係法令

改良便槽

建築基準法施行令第30条で、建設地が公共団体の条例で指定された区域内であれば、改良便槽を設けることを義務付けできるとされている。改良便槽は、同法施行令の第31条で規定しているものとする必要があるが、その特徴は100日以上貯溜できる点にある。し尿中のバクテリアは、およそ100日間堆積されていると、相剋作用によって無菌状態となることが実験上立証されて、規定されたものである。

浄化槽の維持管理

浄化槽法(昭和58年5月18日法律第43号)の規定により、浄化槽の所有者には年1回、厚生労働大臣の指定する検査機関が実施する水質検査が義務付けられているほか、所定回数の保守点検や清掃も行う必要がある。

13.4 局所換気設備

13.4.1 一般事項

1. 台所などの火気使用室の換気設備及び浴室、洗面所、便所などの水蒸気・臭気が発生する部分の換気設備に係る事項は、この項による。
2. 炊事室、浴室及び便所には、機械換気設備又は換気のできる窓を設ける。
3. 局所換気設備の工事は、建築基準法、同法施行令、同法告示、同法に基づく条例その他関係法令及び一般社団法人日本電気協会が定める内線規程に基づいて施工する。

13.4.2 機器及び材料等

1. ダクト類及び継手類の品質は、特記による。
2. 換気扇及び関連部品は、特記による。
3. 換気設備は、衛生上有効な換気を確保するため、計算によって確かめられた換気風量を有するものとする。

13.4.3 施工

局所換気設備の施工は、特記による。

13.5 居室等の換気設備

13.5.1 一般事項

1. 居間、食堂、台所、寝室、個室、和室、その他これらに類する目的のために継続的に使用する場所において、建材の仕上材や家具等からのホルムアルデヒドの発散に対処するために設置する換気設備は、特記による。
2. この工事は、建築基準法、同法施行令、同法告示、同法に基づく条例その他関係法令に基づいて施工する。

関係法令

建築基準法の規制(換気設備部分)の概要

1. 次のいずれかの換気設備の設置義務付け

<table>
<tr><td>a. 機械換気設備(b以外)</td><td>b. 空気を浄化して供給する方式の機械換気設備</td></tr>
<tr><td colspan="2">○機械換気設備の一般的な技術基準(令第129条の2の5第2項)に適合すること。</td></tr>
<tr><td>○住宅等の居室で、換気回数が毎時0.5回以上の換気量が確保できる有効換気量を有すること。</td><td>○住宅等の居室で、換気回数が毎時0.5回以上の有効換気量に相当する有効換気換算量を有することについて、告示基準に適合するものまたは大臣認定を受けたものとすること。</td></tr>
<tr><td colspan="2">○給気機または排気機は、原則として、換気経路の全圧力損失を考慮して、計算により確かめられた能力を有するものであること。</td></tr>
<tr><td colspan="2">○居室の通常の使用時に、作動等の状態の保持に支障が生じないものであること(大風量の換気設備は、常時モードへの切り替え運転ができること)。</td></tr>
</table>

※1つの機械換気設備が2以上の居室に係る場合の有効換気量は、それぞれの居室に必要な有効換気量の合計以上とすること。

2. 適用除外

外気に開放された開口部が、床面積当たり15 cm^2/m^2 以上である居室及び真壁造で木製建具(通気が確保できるすき間あり)を使用した居室は換気設備が不要。ただし、木製建具を使用した真壁構造の住宅は、伝統的家屋を想定したものであり、現在住宅で用いられている通常の木製サッシを使用したものは、一定の性能を有することから該当しない。

13.6 雑工事

13.6.1 住宅用防災機器

住宅用防災機器は、特記による。

13.6.2 太陽光発電システム・太陽熱温水器等

太陽光発電システム・太陽熱温水器等は、特記による。

関係法令

住宅用防災機器

消防法(昭和23年法律第186号)により、すべての住宅に住宅用防災機器(住宅用防災警報器、住宅用防災報知設備)の設置が義務付けられている。この住宅用防災機器の設置及び維持の方法については、市町村条例で定めることとなっている。

14. 省令準耐火構造の住宅の仕様

14.1 一般事項

1. 省令準耐火構造の住宅の仕様は、この項による。
2. 本項のアンダーライン「＿＿＿」の部分は、省令準耐火構造の基準であるため、当該部分の仕様以外とする場合は、住宅金融支援機構の認めたものとする。
3. 本項は、すべての構造耐力上主要な部分に使用する枠組材に、製材、集成材、単板積層材、又はたて継ぎ材を用いた住宅に適用する。ただし、本章14.11（その他）の7による鉄筋コンクリート造としたものについては、この限りではない。

14.11の7　☞277頁

用　語

省令準耐火構造

「省令準耐火構造」は、住宅金融支援機構の融資等に特有の構造で、省令で定める基準に適合する住宅※をいい、建築基準法で定める準耐火構造に準ずる防耐火性能をもつ構造として、以下のように定められている。なお、窓等の開口部、内部の建具（引戸、ドア）に関する規定はない。他の法令上の制約があれば、それに従うこと。

①外壁及び軒裏が、建築基準法第2条第8号に規定する防火構造であること。

②屋根が、建築基準法施行令第136条の2の2第1号及び第2号に掲げる技術的基準に適合するもの（不燃材料で造り又はふく等）であること。

③天井及び壁の室内に面する部分が、通常の火災時の加熱に15分間以上耐える性能を有するものであること。

④①～③に定めるもののほか、住宅の各部分が、防火上支障のない構造であること。

※勤労者財産形成促進法施行令第36条第2項及び第3項の基準を定める省令（平成19年厚生労働省・国土交通省令第1号）第1条第1項第1号ロ（2）に規定する住宅またはその部分

関連事項

省令準耐火構造Q&A

省令準耐火構造に関して、照会の多い内容を掲載したQ&Aを住宅金融支援機構のホームページに掲載している。

省令準耐火構造Q&A　https://www.flat35.com/tetsuduki/shinchiku/syourei.html

留意事項

省令準耐火構造チェックリスト（一戸建て住宅用）

省令準耐火構造の仕様をチェックリストにしてまとめたので、参考にされたい。

このほか、連続した室をまとめて1室として取り扱う場合や下がり天井とする場合など、チェックリストに記載のない仕様については、本仕様書により確認すること。

基準項目		基準の概要等	確認欄 ☑	2023仕様書 該当ページ（項目番号）		
屋根	屋根	●屋根は次のいずれかとすること	□	p.270	14.2の1	
		①不燃材料で造るか、または葺くこと				イ
		②準耐火構造（屋外に面する部分を準不燃材料で造ったものに限る）				ロ
		③耐火構造の屋外面に断熱材及び防水材を張ったもの				ハ
外壁・軒裏	外壁及び軒裏	●防火構造とする	□	p.270	14.2の2 イ	
内壁等	外壁の室内に面する部分の防火被覆 ※室内側の用途が、浴室（ユニットバスの場合を含む）、洗面脱衣室、便所、玄関、廊下、物置等の場合も防火被覆必要	●被覆材は次のいずれかとする（外壁（屋外側）が防火構造の認定を受けた場合緩和あり）	□	p.270	14.3の1	
		①厚さ12mm以上のせっこうボード張り				イ
		②厚さ9.5mm以上のせっこうボード2枚張り				ロ
		③防火構造				ハ
	間仕切り壁の防火被覆 ※浴室（ユニットバスの場合を含む）、洗面脱衣室、便所、玄関、廊下、物置等も防火被覆必要	●被覆材の種類は次のいずれかとする	□	p.270	14.3の2	
		①厚さ12mm以上のせっこうボード張り				イ
		②厚さ9mm以上のせっこうボード2枚張り				ロ
		③厚さ7mm以上のせっこうラスボード張りの上に厚さ8mm以上のプラスター塗り				ハ
		④防火構造				ニ

基準項目		基準の概要等	確認欄 ☑	2023仕様書該当ページ(項目番号)	
内壁等(続き)	内壁の防火被覆材の壁張り	●せっこうボードの目地は、枠組材部分に配置するか、または目地の裏面に38mm×40mm以上の受け材を入れ、四周にくぎ打ちできるようにする	□	p.276 (p.238)	14.8.1 (10.6.4.1の1) 14.8.2 (10.6.4.2の1)
		●1枚張りの場合：以下の項目すべてを満たすこと(大臣認定を受けた耐力壁の場合の留付けに用いるくぎ等及び留付け方法でもよい) ・留付けに用いるくぎまたはねじは、次のいずれか ただし、耐力壁の場合にあっては、①～④に限る ①GNF40　②SF45　③長さ32mm以上、径3.8mm以上のWSN ④長さ30mm以上、径4.2mm以上のDTSN(頭部トランペットに限る) ⑤長さ28mm 以上の木ねじまたはタッピンねじ ・留付け間隔は次のとおり ・耐力壁：外周部100mm以内、中間部200mm以内 ・支持壁または非耐力壁：外周部及び中間部とも、それぞれ200mm以内(長さ28mm以上の木ねじまたはタッピンねじを用いる場合は、外周部及び中間部とも、それぞれ150mm 以内)			14.8.1 (10.6.4.1の2,3)
		●2枚張りの場合：以下の項目すべてを満たすこと ・1枚目壁ボードの留付けに用いるくぎ及び留付け方法は、1枚張りと同様 ・2枚目壁ボードの留付けは次による ・留付けに用いるくぎまたはねじは、次のいずれか ①GNF50　②SF50 ③長さ50mm以上、径2.5mm以上のスクリューネイルまたはリングネイル ④長さ32mm以上、径3.8mm以上のWSN ⑤長さ30mm以上、径4.2mm以上のDTSN(頭部トランペットに限る) ・留付け間隔は、外周部及び中間部とも、それぞれ200mm以内 ・張り方は、壁の外周部を除き、1枚目壁ボードの目地と2枚目壁ボードの目地が一致しないようにする			14.8.2 (10.6.4.2の2,3)
天井等	上階に床がない部分の天井の防火被覆	●下地材料の種類は、次のいずれかとする	□	p.271	14.4.1
		①厚さ12mm以上のせっこうボード張り			イ
		②厚さ9mm以上のせっこうボード2枚張り			ロ
		③厚さ9mm以上のせっこうボード張りの上に厚さ9mm以上のロックウール化粧吸音板張り			ハ
	上階に床がある部分の天井の防火被覆 ※地階の天井で下地が鉄筋コンクリート造のスラブでない部分を含む	●下地材料の種類を厚さ12mm以上のせっこうボードとする場合の室内に面する天井の構成または仕様は、次のいずれかとする	□	p.271	14.4.2の1
		①直張り天井(上階の床根太に天井の下地材料を直接張り付ける天井)			14.4.3の1
		②吊り木と野縁を用いた吊り天井で、次の仕様を満たすもの			14.4.3の2
		・野縁は、30mm以上×38mm以上または35mm×35mm以上の木材とする			イ (イ)
		・野縁は床根太に平行させ、床根太の直下に設け、床根太下面と野縁上面の間隔は10mm以下とし、次に規定する材料を用いて充填する			イ (ロ)
		・天井下地材料の天井裏面には、厚さ50mm以上のロックウール(かさ比重0.024以上)、厚さ50mm以上のグラスウール(かさ比重0.024以上)または厚さ100mm以上のグラスウール(かさ比重0.01以上)のいずれかを充填する			イ (ハ)
		③天井根太を用いた吊り天井で、次の仕様を満たすもの		p.272	14.4.3の3
		・天井根太は、38mm×89mm以上の木材とし、床下張り材から離し、かつ、床根太と天井下地材が離れるように天井根太の下面を床根太の下面より下げて50cm以内の間隔で取り付ける			イ (イ、ロ)
		・床根太と床根太との間には、厚さ50mm以上のロックウール(かさ比重0.024以上)、厚さ50mm以上のグラスウール(かさ比重0.024以上)または厚さ100mm以上のグラスウール(かさ比重0.01以上)のいずれかを充填する			イ (ハ)
		●下地材料の種類を厚さ12mm以上の普通せっこうボード(GB-R)1枚張り以外とする場合の天井の構成または仕様は、次のすべてを満たすこと		p.271 (p.237)	14.4.2
		・下地材料の種類は次のいずれかとする			
		①厚さ9mm以上のせっこうボード2枚張り			2 イ
		②厚さ9mm以上のせっこうボード張りの上に厚さ9mm以上のロックウール化粧吸音板張り			2 ロ
		③厚さ12mm以上の強化せっこうボード			3
		・下地材料の裏面または目地部分に次のいずれかの措置を講ずる(2枚張りは目地が一致する部分のみ)			3
		①下地材料の裏面には、厚さ50mm以上のロックウール(かさ比重0.024以上)、厚さ50mm以上のグラスウール(かさ比重0.024以上)または厚さ100mm以上のグラスウール(かさ比重0.01以上)のいずれかを充填			イ
		②下地材料の目地部分に当て木を設ける。当て木は、30mm×38mm(または35mm×35mm)以上の木材もしくは鋼材または厚さ0.4mm×幅90mm以上の鋼板			ロ
		●天井の下地を鋼製とする場合は、天井と壁との取合い部に設ける当て木を、高さ40mm以上×幅30mm以上の鋼製ランナーとすることができる			14.4.2 (10.6.3.1の4)

基準項目		基準の概要等	確認欄 ☑	2023仕様書 該当ページ(項目番号)	
天井等(続き)	天井の防火被覆材の留付け	●1枚張りの場合：以下の項目すべてを満たすこと	□	p.276 (p.237)	
		・留付けに用いるくぎまたはねじは次のいずれか			14.9.1 (10.6.3.1の2)
		①GNF40　②SF45 ③長さ32mm以上、径2.5mm以上のスクリューネイルまたはリングネイル ④長さ28mm以上の木ねじまたはタッピンねじ ⑤長さ32mm以上、径3.8mm以上のWSN ⑥長さ30mm以上、径4.2mm以上のDTSN(頭部トランペットに限る) ⑦①〜⑥と同等以上の品質及び寸法の留め金具			
		・留付け間隔は次による(ボードクリップを使用する場合は、その部分のくぎまたはねじ打ちを省略可)			14.9.1 (10.6.3.1の3)
		・根太(吊り木と野縁を用いた吊り天井とする場合にあっては、野縁)に直交して張る場合：外周部150mm以内、中間部：200mm以内			
		・根太(吊り木と野縁を用いた吊り天井とする場合にあっては、野縁)に平行して張る場合：外周部100mm以内、中間部：200mm以内			
		●2枚張りの場合：以下の項目すべてを満たすこと			14.9.2 (10.6.3.2の2)
		・天井の外周部を除き、1枚目ボードの目地と2枚目ボードの目地が一致しないようにする。やむを得ず目地が一致する場合は、当該部分の裏面に次のいずれかの措置を講ずる			
		①下地材料の裏面には、厚さ50mm以上のロックウール(かさ比重0.024以上)、厚さ50mm以上のグラスウール(かさ比重0.024以上)または厚さ100mm以上のグラスウール(かさ比重0.01以上)のいずれかを充填			
		②下地材料の目地部分に当て木を設ける。当て木は、30mm×38mm(または35mm×35mm)以上の木材もしくは鋼材または厚さ0.4mm×幅90mm以上の鋼板			
		・1枚目ボードの留付けに用いるくぎまたはねじは、1枚張りと同様			
		・留付け間隔は、外周部及び中間部ともそれぞれ300mm以内			
		・2枚目ボードの留付けは次による			14.9.2 (10.6.3.2の3)
		・留付けに用いるくぎまたはねじは、次のいずれか(厚さ9.5mmのせっこうボード2枚張りの場合は、GNF50、SF50を使用可)			10.6.3.2の3 イ
		①長さ50mm以上、径2.5mm以上のスクリューネイル、リングネイル、WSNまたはDTSN ②長さ40mm以上の木ねじまたはタッピンねじ ③①〜②と同等以上の品質及び寸法の留め金具			
		・留付け間隔は次による			14.9.2 (10.6.3.2の3)
		・根太(吊り木と野縁を用いた吊り天井とする場合にあっては、野縁)に直交して張る場合：外周部150mm以内、中間部200mm以内			10.6.3.2の3 ハ
		・根太(吊り木と野縁を用いた吊り天井とする場合にあっては、野縁)に平行して張る場合：外周部100mm以内、中間部200mm以内			
その他	その他の防耐火上の措置	●防火被覆材の目地処理は防火上支障のないよう処理する	□	p.277	14.11の1
		●防火被覆材を貫通して設備器具を取り付ける場合の措置：当該器具または当該器具の裏面を当該部分に空隙が生じないよう(準)不燃材料で造りまたは覆う			14.11の2
		●防火被覆材を貫通して木材を取り付ける場合の措置：防火被覆の貫通方向に30mm以上の厚さの木材を設置することができる。この場合の目地部分及び取合い部分には当て木(30mm以上×38mm以上または35mm×35mm以上の木材)を設ける			14.11の5
		●床または天井と壁及び壁と壁との取合い部には、火炎が相互に貫通しないよう、頭つなぎ等の上部には連続してころび止め等のファイヤーストップ材を設け、その材料は次のいずれかとする。ただし、上階に床のない部分の天井については、ファイヤーストップ材の設置を省略することができる			14.11の3
		①床根太、床根太と同寸以上の床ばりまたはころび止め			イ
		②厚さ50mm以上のロックウール(かさ比重0.024以上)、厚さ50mm以上のグラスウール(かさ比重0.024以上)または厚さ100mm以上のグラスウール(かさ比重0.01以上)			ロ
		③厚さ12mm以上のせっこうボード			ハ
		●壁の仕様は、下枠から頭つなぎ等壁を構成する上部の横架材まで施工する			14.11の4

※上表における使用材料について、日本産業規格または日本農林規格の指定があるものはそれぞれの規格に適合するものまたはこれらと同等以上の性能を有するものとする。
※「界壁」、「界床」の仕様に関しては上表に記載していない。連続建て、重ね建ての場合の「界壁」、「界床」の仕様は、本仕様書で確認すること。

14.2 屋根、外壁及び軒裏

1. 屋根は、次のいずれかとする。
   イ. □不燃材料(建築基準法第2条第9号に規定する不燃材料をいう。)で造るか、又はふく。
   ロ. □準耐火構造(屋外に面する部分を準不燃材料で造ったものに限る。)とする。
   ハ. □耐火構造(屋外に面する部分を準不燃材料で造ったもので、かつ、その勾配が水平面から30度以内のものに限る。)の屋外面に、断熱材(ポリエチレンフォーム、ポリスチレンフォーム、硬質ポリウレタンフォーム、その他これらに類する材料を用いたもので、その厚さの合計が50 mm以下のものに限る。)及び防水材(アスファルト防水工法、改質アスファルトシート防水工法、塩化ビニル樹脂系シート防水工法、ゴム系シート防水工法又は塗膜防水工法を用いたものに限る。)を張ったものとする。
   ニ. □前各号に定めるもの以外の仕様とする場合は、建築基準法施行令第136条の2の2第1号及び第2号の規定に適合するものとして、国土交通大臣が認めるものとする。
2. 外壁及び軒裏は、次のいずれかとする。
   イ. □防火構造(建築基準法第2条第8号に規定する構造をいう。以下同じ。)とする。
   ロ. □建築基準法第2条第8号の規定に基づき国土交通大臣が認めるものとする。

留意事項

省令準耐火構造の住宅の外壁の仕様

省令準耐火構造の住宅では、外壁を建築基準法に定める防火構造とすることが必要である。平成12年の建築基準法改正による性能規定化以後、外壁を防火構造とする場合は、屋外側に加え、屋内側も一定の仕様とすることが必要となっている(例：屋内側に厚さ9.5 mm以上のせっこうボード張り等)。さらに、省令準耐火構造の住宅とする場合、壁の室内に面する部分については、15分以上の耐火性能を求めており、外壁を防火構造としただけでは、省令準耐火構造が求める外壁の室内側の防火被覆の仕様(例：厚さ12 mm以上のせっこうボード張り等)を満たさない場合があるので注意が必要である。

なお、本章14.3(界壁以外の部分の内壁)の1のハにより外壁の室内に面する部分を防火構造とする場合には、室内側、屋外側の両面から防火構造の仕様を満たす必要がある。

軒裏換気の仕様

外壁、軒裏については防火構造を求めているが、小屋裏換気のための換気部材に制限をしていない。したがって、軒裏に換気部材を設置した場合でも、そこにダンパーを設ける必要はない。また、防火構造の大臣認定を取得した不燃系ボードに小屋裏換気用の小さな孔を開けた有孔ボードを設置することも可能である。

14.3 界壁以外の部分の内壁

1. 外壁の室内に面する部分の防火被覆又は構造は、次のいずれかによる。ただし、外壁を防火構造の認定を受けたものとする場合は、2のロ又はハとすることができる。また、防火被覆材の取付け方法は、本章10.6.4.1（1枚張り）又は本章10.6.4.2（2枚張り）による。 10.6.4.1 ☞238頁 10.6.4.2 ☞238頁
   イ. □厚さ12 mm以上のせっこうボード張り
   ロ. □厚さ9.5 mm以上のせっこうボード2枚張り
   ハ. □防火構造
2. 1以外の室内に面する壁の防火被覆又は構造は、次のいずれかによる。防火被覆材の取付け方法は、本章10.6.4.1(1枚張り)又は本章10.6.4.2(2枚張り)による。 10.6.4.1 ☞238頁 10.6.4.2 ☞238頁
   イ. □厚さ12 mm以上のせっこうボード張り
   ロ. □厚さ9 mm以上のせっこうボード2枚張り
   ハ. □厚さ7 mm以上のせっこうラスボード張りの上に、厚さ8 mm以上のプラスター塗り
   ニ. □防火構造

留意事項

ユニットバスを設置する浴室の天井や壁にも防火被覆が必要なので注意すること。

14.4 界床以外の部分の天井

14.4.1 上階に床がない部分の天井

室内に面する天井の防火被覆は、次のいずれかとする。防火被覆材の取付け方法は、本章14.9(天井張り)による。 14.9 ☞276頁

イ. □厚さ12 mm以上のせっこうボード張り

ロ. □厚さ9 mm以上のせっこうボード2枚張り

ハ. □厚さ9 mm以上のせっこうボード張りの上に、厚さ9 mm以上のロックウール化粧吸音板張り

14.4.2 上階に床がある部分の天井

室内に面する天井の防火被覆は、次のいずれかとする。防火被覆材の取付け方法は、本章14.9(天井張り)による。 14.9 ☞276頁

1. □天井の防火被覆材を厚さ12 mm以上のせっこうボード張りとする。この場合の天井の構成は、本章14.4.3(天井構成)の1、2のイ又は3のイによる。 14.4.3の1・2・3 ☞271頁
2. □天井の防火被覆材を次のいずれかとする。
   イ. □厚さ9 mm以上のせっこうボード2枚張り
   ロ. □厚さ9 mm以上のせっこうボード張りの上に、厚さ9 mm以上のロックウール化粧吸音板張り
3. □天井の防火被覆材を厚さ12 mm以上の強化せっこうボードとする。この場合、防火被覆材の目地部分には、次のいずれかの措置を講ずる。
   イ. □天井の防火被覆材の裏面には、厚さ50 mm以上のロックウール(かさ比重0.024以上)、厚さ50 mm以上のグラスウール (かさ比重0.024以上)、又は厚さ100 mm以上のグラスウール(かさ比重0.01以上)のいずれかを充填する。
   ロ. □天井の防火被覆材の目地部分には、野縁又は当て木を設ける。当て木は、30 mm × 38 mm以上若しくは35 mm × 35 mm以上の木材若しくは鋼材又は厚さ0.4 mm × 幅90 mm以上の鋼板とする。

14.4.3 天井構成

天井の構成は、次のいずれかとする。

1. 室内に面する天井の構成を直張り天井(上階の床根太に天井の防火被覆を直接張り付ける天井をいう。以下同じ。)とする。
2. 吊り木と野縁を用いた吊り天井とする場合は、次のいずれかとする。
   イ. 断熱材で天井内を区画する場合の天井の構成は、次による。
      (イ)野縁は30 mm × 38 mm以上又は35 mm × 35 mm以上の木材とする。
      (ロ)床根太の直下に床根太と平行して野縁を設け、床根太下面と野縁上面の間隔は10 mm以下とし、(ハ)の材料を用いて充填する。
      (ハ)天井の防火被覆材の裏面には、厚さ50 mm以上のロックウール(かさ比重0.024以上)、厚さ50 mm以上のグラスウール (かさ比重0.024以上)、又は厚さ100 mm以上のグラスウール (かさ比重0.01以上) のいずれかを充填する。
   ロ. せっこうボード2枚張りの場合の天井の構成は、2のイの(イ)による。
   鋼製下地とする場合は、次による。
      (イ)吊りボルト及び吊り金具の間隔は、1.5 m以下とする。
      (ロ)野縁受けの断面寸法は、[-30 × 30 × 1.6又は[-12 × 38 × 0.9とし、野縁のたわみが野縁受けの設置間隔の1/750以下となるよう取り付ける。
      (ハ)野縁は、原材料が溶融亜鉛めっき鋼板(JIS G 3302(溶融亜鉛めっき鋼板及

び鋼帯)に規定するもので、両面等厚めっきの最小付着量表示記号Z12以上のもの)、又はガルバリウム鋼板(JIS G 3321(溶融55%アルミニウム－亜鉛合板めっき鋼板及び鋼帯)に規定するもので、両面等厚めっきの最小付着量表示記号AZ120以上のもの)の角形鋼で、幅及び高さがともに40 mm以上、厚さが0.4 mm以上のものとし、340 mm以下の間隔で野縁受けに取り付ける。

ハ．強化せっこうボード1枚張りの場合の天井の構成は、次のいずれかとする。

(イ)□室内に面する天井の構成を、直張り天井とする。

(ロ)□2のイの(イ)とする。

(ハ)□2のロの(イ)、(ロ)及び(ハ)とする。

3. 天井根太を用いた吊り天井とする場合は、次のいずれかとする。

イ．断熱材で天井内を区画する場合の天井の構成は、次による。

(イ)天井根太は38 mm × 89 mm以上の木材とし、床下張材から離し、50 cm以内の間隔で取り付ける。

(ロ)天井根太の下面は、床根太の下面より下げ、床根太と天井下地材を離す。

(ハ)床根太と床根太の間には、厚さ50 mm以上のロックウール(かさ比重0.024以上)、厚さ50 mm以上のグラスウール(かさ比重0.024以上)、又は厚さ100 mm以上のグラスウール(かさ比重0.01以上)のいずれかを充填する。

ロ．せっこうボード2枚張りの場合の天井の構成は、3のイの(イ)及び(ロ)による。

ハ．強化せっこうボード1枚張りの場合の天井の構成は、3のイの(イ)及び(ロ)とする。

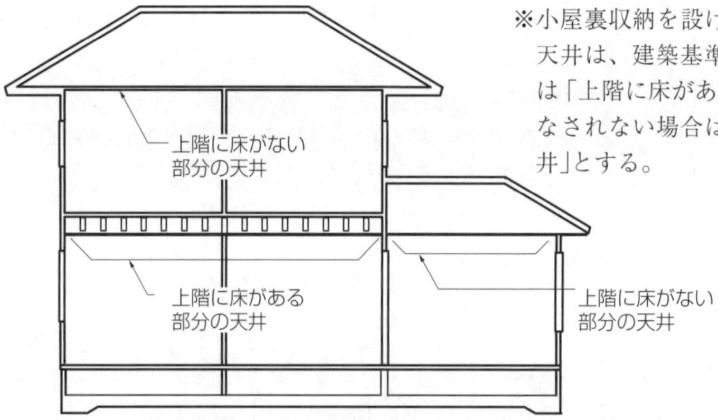

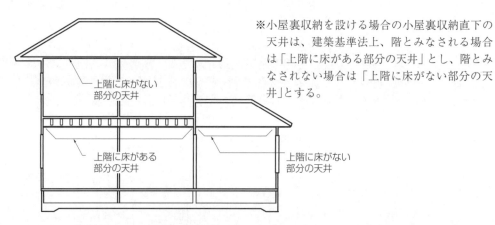

※小屋裏収納を設ける場合の小屋裏収納直下の天井は、建築基準法上、階とみなされる場合は「上階に床がある部分の天井」とし、階とみなされない場合は「上階に床がない部分の天井」とする。

参考図14.4　上階に床のある、なしの区分

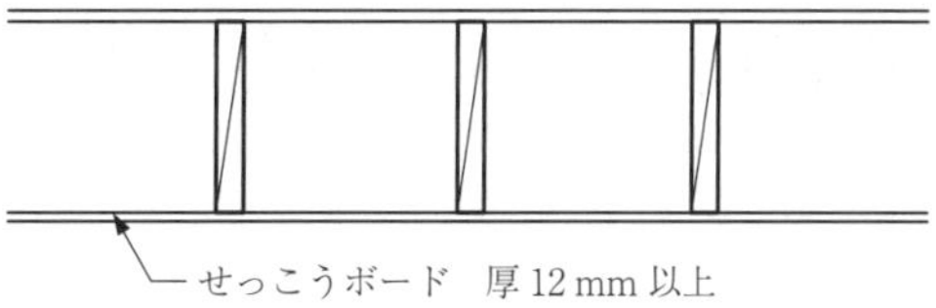

参考図14.4.3-1　界床以外の床仕様例(直張り天井とする場合)

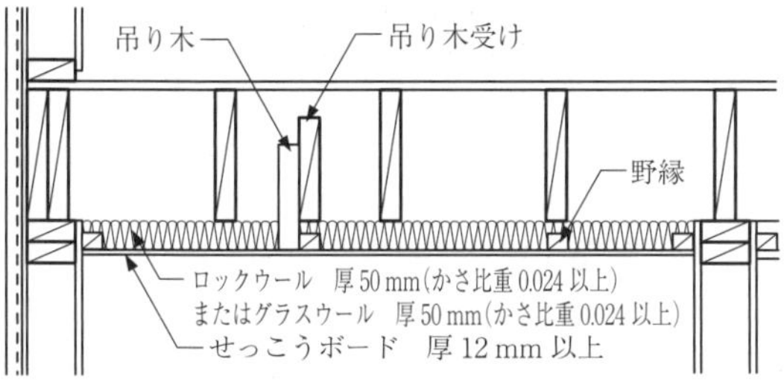

(A)断熱材で天井内を区画する場合

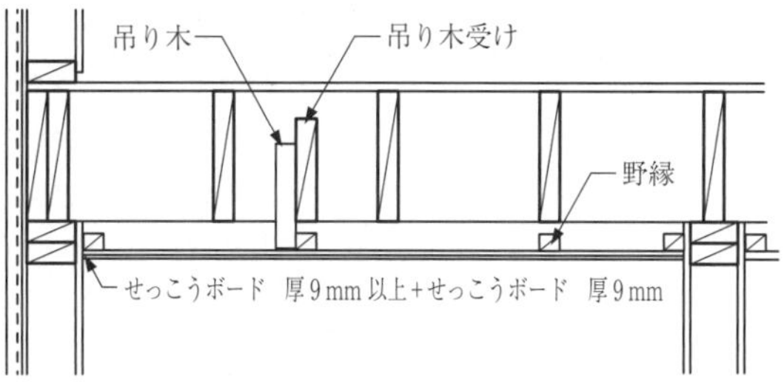

(B)せっこうボード2枚張りの場合

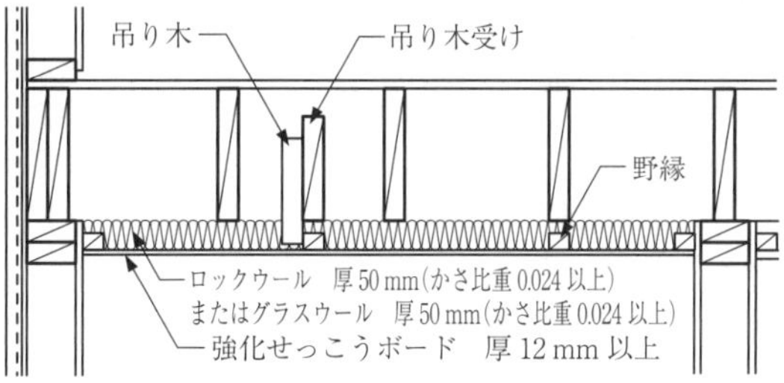

(C)強化せっこうボード1枚張りの場合

参考図14.4.3-2　界床以外の床仕様例(吊り木と野縁を用いた吊り天井とする場合)

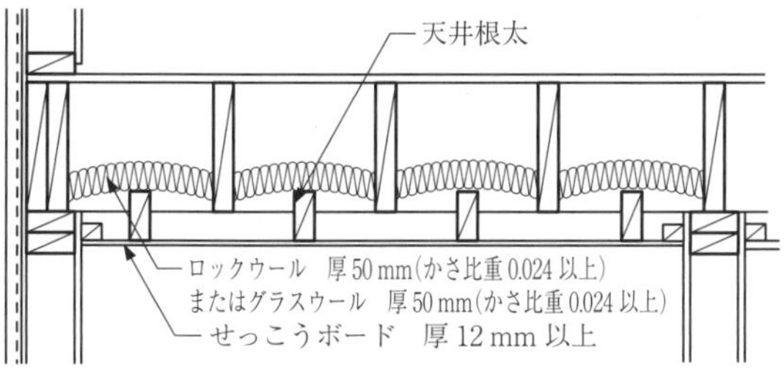

(A)断熱材で天井内を区画する場合

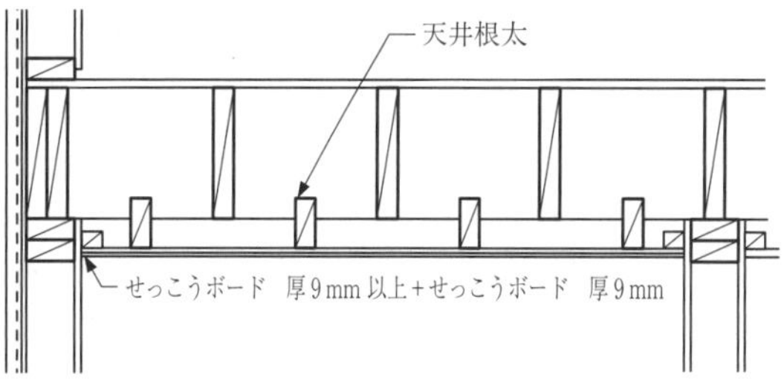

(B)せっこうボード2枚張りの場合

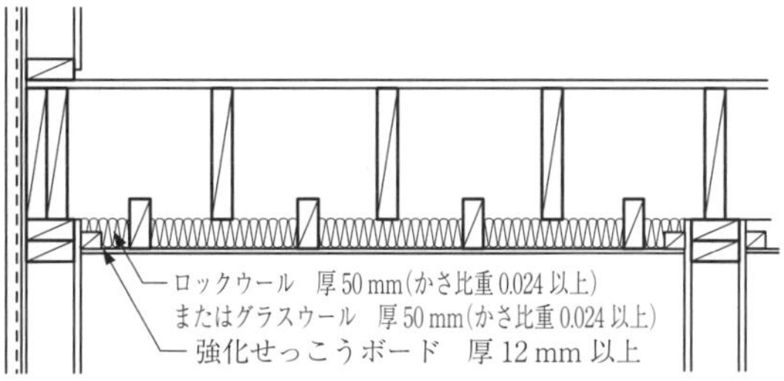

(C)強化せっこうボード1枚張りの場合

参考図14.4.3-3　界床以外の床仕様例(天井根太を用いた吊り天井とする場合)

14.5 界壁

住戸間の界壁は、次のいずれかとし、小屋裏又は天井裏まで達せしめる。

1. 本章4.10.14(住戸間の界壁)の構造とし、せっこうボードの取付け方法を本章10.6.4.2(2枚張り)とした界壁
2. 1時間準耐火構造の界壁

4.10.14 ☞121頁
10.6.4.2 ☞238頁

14.6 界床

重ね建ての住戸間の界床の防火被覆及び構造は、次によるか、又は本章16.2.7(界床以外の床(最下階の床を除く))の項による。

16.2.7 ☞297頁

1. 界床の上面、下面は、次による。
   イ. 界床の下面(天井部)は、厚さ15 mm以上のJIS A 6901(せっこうボード製品)の強化せっこうボードの適合品(以下、「強化せっこうボード」という。)の上に、厚さ12 mm以上の強化せっこうボードを本章10.6.3.2(2枚張り)に基づき取り付ける。

10.6.3.2 ☞237頁

   ロ. 界床の上面(床部)は、厚さ15 mm以上の構造用合板又は厚さ15 mm以上の構造用パネルを張ったあと、次のいずれかによる。
   (イ)□モルタル、コンクリート(軽量コンクリート及びシンダーコンクリートを含む。)を、厚さ35 mm以上となるように流し込む。
   (ロ)□せっこう系SL材を、厚さ20 mm以上となるよう流し込む。
   (ハ)□厚さ35 mm以上のALCパネルを敷き込む。
2. 室内に面する天井の構成を吊り天井とする場合の仕様は、次のいずれかによる。
   イ. □吊り木と野縁を用いた吊り天井とする場合の仕様は、次による。
   (イ) 吊り木受けは、床根太より小さい寸法型式の木材とし、床下張り材から離し、床根太間に取り付ける。
   (ロ) 吊り木は30 mm × 38 mm以上又は35 mm × 35 mm以上の木材とし、1 m以内の間隔で吊り木受けに取り付ける。
   (ハ) 野縁は30 mm × 38 mm以上又は35 mm × 35 mm以上の木材とし、50 cm以内の間隔で吊り木に取り付ける。
   (ニ) 野縁は床根太に平行させ、床根太の直下に設け、床根太下面と野縁上面の間隔は10 mm以下とし、(ホ)の材料を用いて充填する。
   (ホ) 天井の防火被覆材の裏面には、厚さ50 mm以上のロックウール(かさ比重0.024以上)又は厚さ50 mm以上のグラスウール(かさ比重0.024以上)のいずれかを充填する。
   ロ. □天井根太を用いた吊り天井とする場合の仕様は、次による。
   (イ) 天井根太は38 mm × 89 mm以上の木材とし、床下張り材から離し、50 cm以内の間隔で取り付ける。
   (ロ) 天井根太の下面は、床根太と天井下地材が離れるよう、床根太の下面より下げる。
   (ハ) 床根太と床根太の間には、厚さ50 mm以上のロックウール(かさ比重0.024以上)又は厚さ50 mm以上のグラスウール(かさ比重0.024以上)のいずれかを充填する。
3. 界床を設ける場合の床根太、床ばり、まぐさ等のスパンは、構造計算による。

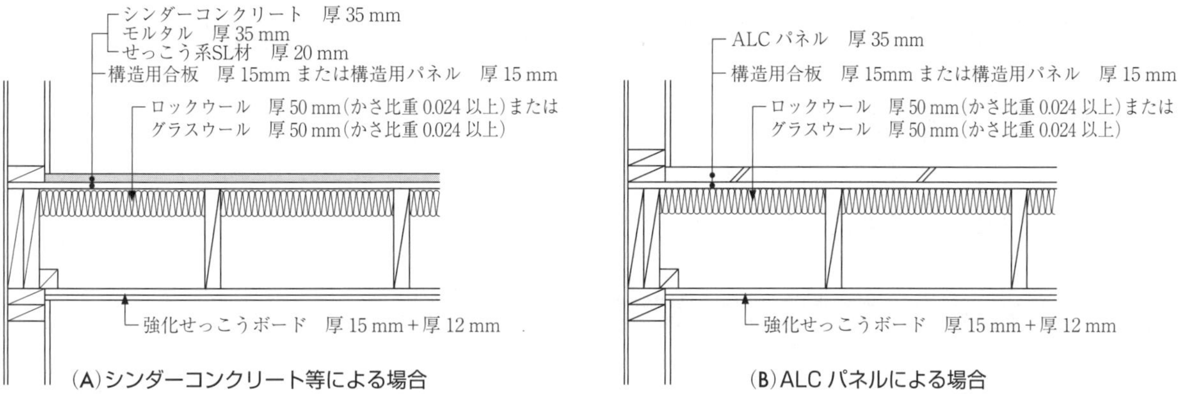

(A)シンダーコンクリート等による場合　(B)ALC パネルによる場合

参考図14.6-1　界床(室内に面する天井の防火被覆を床根太に直張りする場合)の仕様例

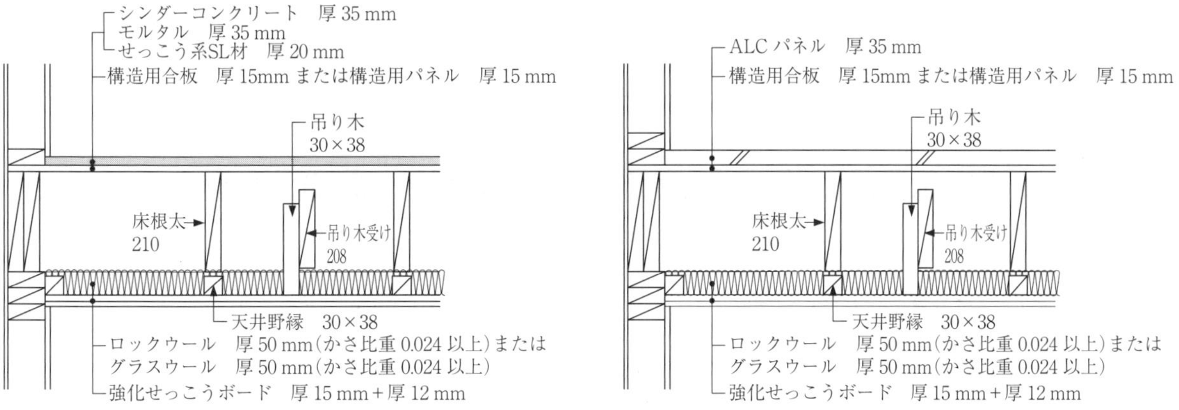

(A)シンダーコンクリート等による場合　(B)ALC パネルによる場合

参考図14.6-2　界床(室内に面する天井の構成を吊り天井とする場合)の仕様例

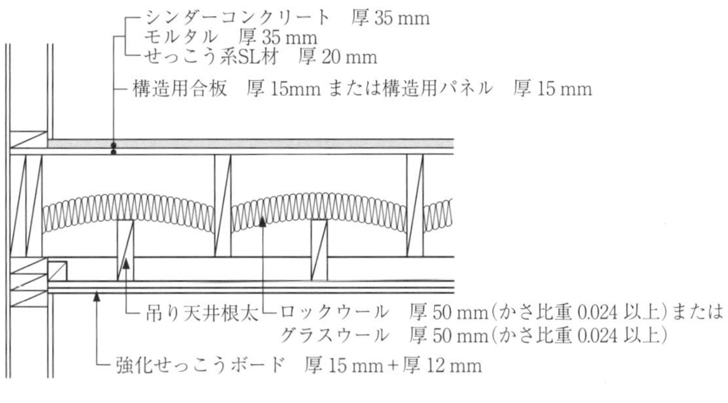

参考図14.6-3　界床(吊り天井根太を用いる場合)の仕様例

14.7 界床の下に存する住宅の内壁

重ね建ての住宅のうち、本章14.6(界床)の1のイ及びロによる界床の下に存する住宅の壁の室内に面する部分の防火被覆は、厚さ15 mm以上のせっこうボード又は厚さ12 mm以上のせっこうボードの上に厚さ9 mm以上のせっこうボード張りとし、本章14.8(壁張り)に基づき取り付ける。ただし、地上階数2以下の重ね建ての住宅にあっては、本章14.3(界壁以外の部分の内壁)による仕様とすることができる。

14.6の1　☞274頁
14.8　☞276頁
14.3　☞270頁

14.8 壁張り

14.8.1 1枚張り

1枚張りとする場合の仕様は、本章10.6.4.1(1枚張り)による。

10.6.4.1 ☞238頁

14.8.2 2枚張り

2枚張りとする場合の仕様は、本章10.6.4.2(2枚張り)による。

10.6.4.2 ☞238頁

14.9 天井張り

14.9.1 1枚張り

1枚張りとする場合の仕様は、本章10.6.3.1(1枚張り)による。

10.6.3.1 ☞237頁

14.9.2 2枚張り

2枚張りとする場合の仕様は、本章10.6.3.2(2枚張り)による。ただし、やむを得ず1枚目天井ボードの目地と2枚目天井ボードの目地が一致する場合は、当該部分の裏面には本章14.4.2(上階に床がある部分の天井)の3のイ又はロのいずれかの措置を講ずる。

10.6.3.2 ☞237頁
14.4.2の3 ☞271頁

14.10 下り天井

下り天井(設備機器の設置その他の必要から天井面の一部を下げた部分をいう。)を設ける場合の仕様は、次による。

1. 下り天井の防火被覆及び天井構成(吊り天井の場合に限る。)は、当該室の天井と同一とする。
2. 本章14.4.3(天井構成)の1、2のイ又は3のイのいずれかに該当する天井に設ける下り天井の仕様は、次による。
   イ. 下り天井の天井立下げ部分が床根太と平行とならない場合は、当該立下げ部分と上階床との間に火炎が貫通しないよう、ころび止め等のファイヤーストップ材を設ける。
   ロ. 下り天井の見付け面の形状は、短辺を1m以内とする。

14.4.3の1・2・3 ☞271頁

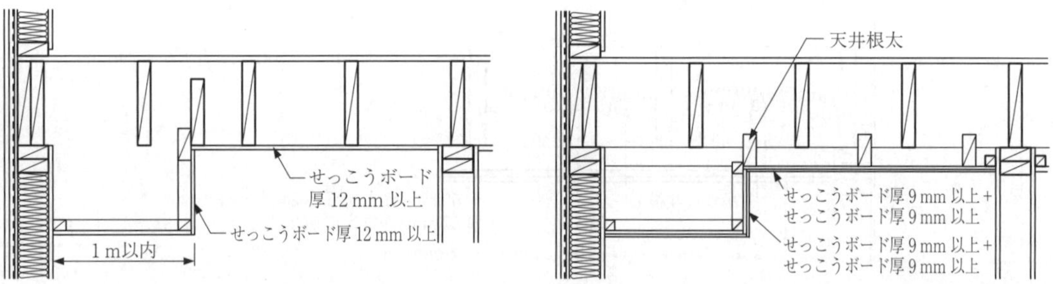

(A)直張り天井の場合
(本章14.4.3の1の場合の例)

(B)吊り天井の場合
(本章14.4.3の3のロの場合の例)

参考図14.10　下り天井を設ける場合の仕様例

14.11 その他

1. 壁及び天井の防火被覆の目地は、防火上支障のないよう処理する。
2. 壁又は天井の防火被覆を貫通して設備器具を取り付ける場合にあっては、当該器具又は当該器具の裏面を、当該部分に空隙が生じないよう不燃材料又は準不燃材料で造り又はおおうものとする。
3. 床又は天井と壁及び壁と壁との取合い部には、火炎が相互に貫通しないよう、頭つなぎ等の上部には連続してころび止め(ファイヤーストップ材)を設け、その材料は、次のいずれかとする。ただし、上階に床のない天井については、ファイヤーストップ材を省略することができる。
   イ. □床根太、床根太と同寸以上の床ばり又はころび止め
   ロ. □厚さ50 mm以上のロックウール(かさ比重0.024以上)、厚さ50 mm以上のグラスウール(かさ比重0.024以上)又は厚さ100 mm以上のグラスウール(かさ比重0.01以上)
   ハ. □厚さ12 mm以上のせっこうボード
4. 本章14.3(界壁以外の部分の内壁)及び本章14.5(界壁)に掲げる壁の仕様は、下枠から頭つなぎ等壁を構成する上部の横架材まで施工する。 14.3 ☞270頁 14.5 ☞274頁
5. 壁又は天井の防火被覆を部分的に貫通して木材を取り付ける場合、当該木材の寸法は、防火被覆を貫通する方向に30 mm以上とする。なお、貫通する木材と防火被覆との目地部分及び取合い部分には当て木を設ける。この場合の当て木は、断面寸法30 mm × 38 mm以上又は35 mm × 35 mm以上の木材とすることができる。
6. 本章14.3(界壁以外の部分の内壁)及び本章14.11(その他)の3の適用にあたっては、浴室、洗面所等火気を使用しない室については、各室の面積の合計が10 m^{2}以内の場合は連続した一つの室として取り扱うものとする。 14.3 ☞270頁 14.11の3 ☞277頁
7. 外壁、界壁、界壁以外の部分の内壁、界床及び界床以外の部分の天井のうち、鉄筋コンクリート造とするものについては、本章14.2(屋根、外壁及び軒裏)から本章14.6(界床)までの規定は適用しない。 14.2～14.6 ☞270～274頁

留意事項

壁または天井への設備器具の設置

防火被覆を貫通して設備器具を取り付ける場合、壁·天井内に火炎が侵入しないよう、以下のように防火被覆を施す。

①当該器具の裏面をロックウール断熱材、グラスウール断熱材で被覆する(下図(A))。

②当該器具の裏面をせっこうボードや鋼製の枠で被覆する(下図(B)、(C))。

③コンセント差込み口以外の部分等について、金属製のプレート等により被覆した器具を使用する(下図(D))。

換気ダクトについては、換気ダクト全体を不燃材料でつくりまたは覆う。換気ダクト全体を防火被覆または不燃材料としない場合は、換気ダクトの両端部に防火ダンパーを設置する。なお、どちらの場合でも、外壁ダクト開口部については、外壁の防火構造の規定に従う。

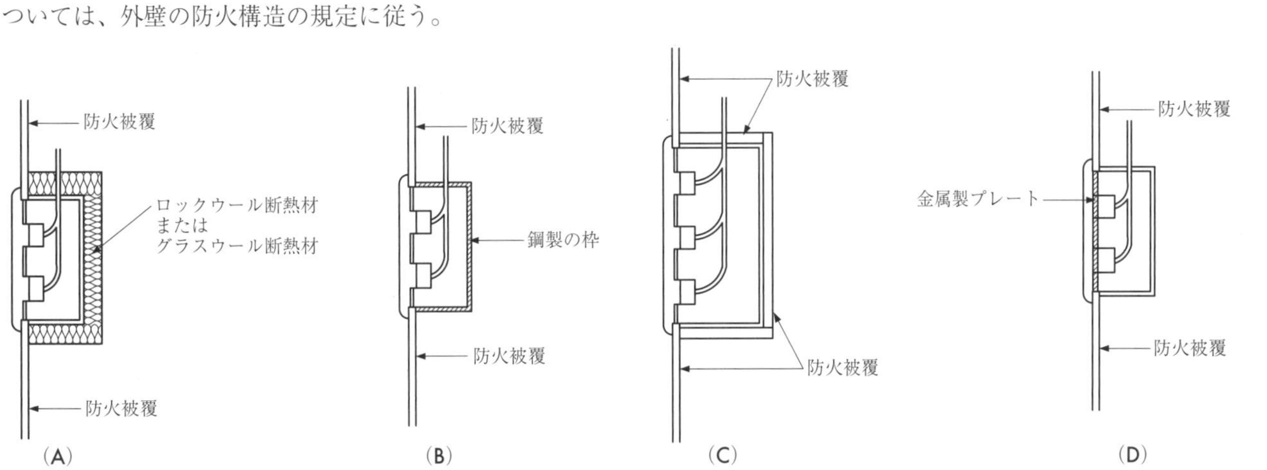

参考図14.11.2-1　設備器具の防火被覆例(コンセントボックス)

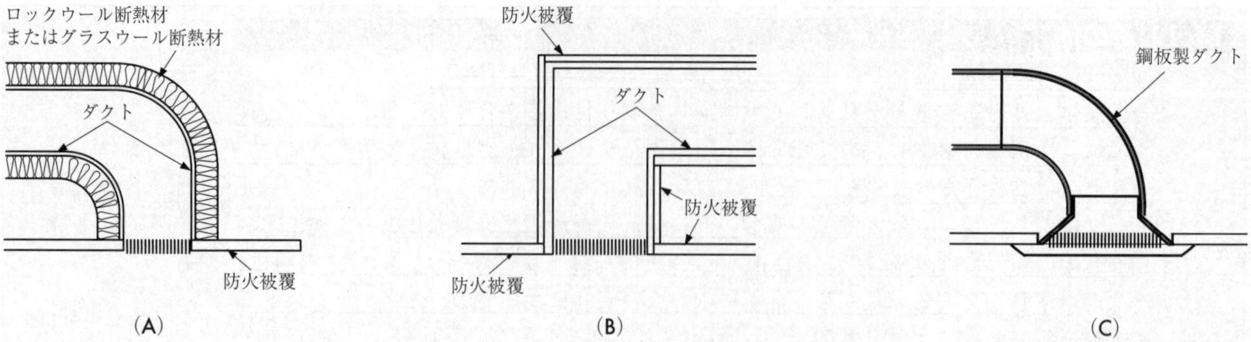

参考図14.11.2-2　設備器具の防火被覆例(ダクト等)

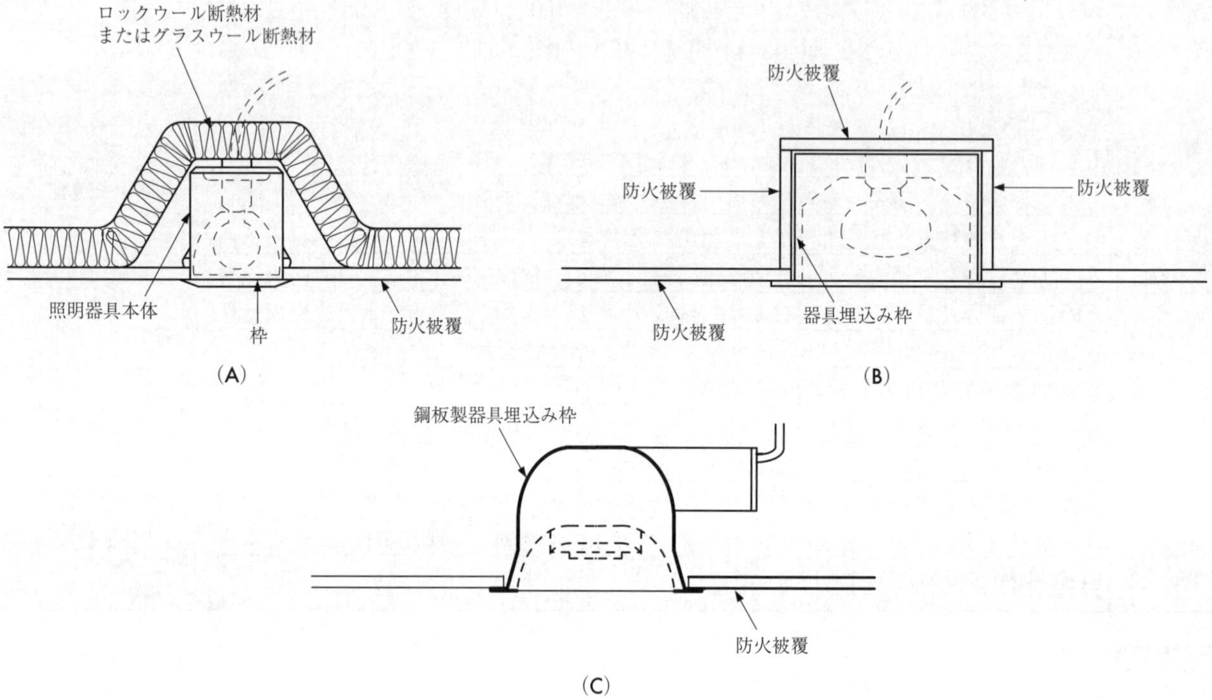

参考図14.11.2-3　埋込み照明器具の防火被覆例

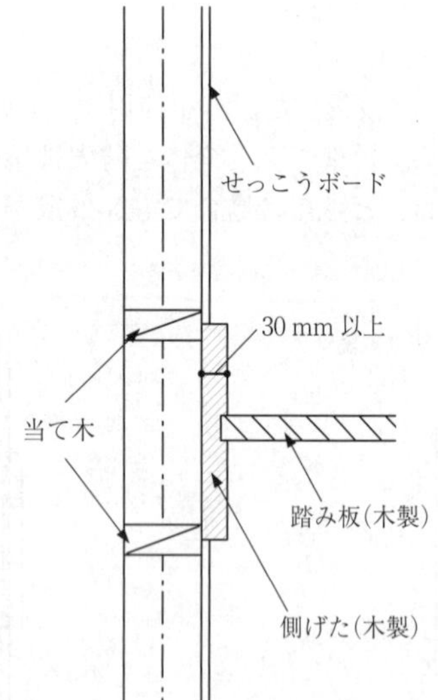

※踏み板が木製であるため、踏み板を側げたに取り付ける部分においても、貫通する方向に合計30 mm 以上の木材と見なせる。

参考図14.11.5-1　防火被覆を貫通して木材を取り付ける場合の例(階段の側げた)

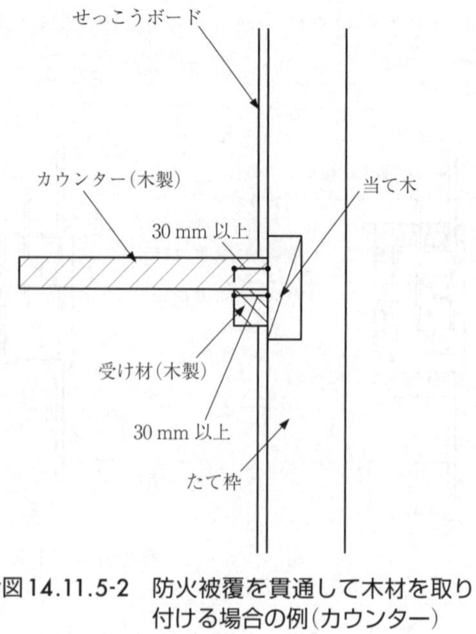

参考図14.11.5-2　防火被覆を貫通して木材を取り付ける場合の例(カウンター)

15.3階建の仕様

15.1 一般事項

15.1.1 総則

1. 3階建の住宅の基礎、土台、床枠組、壁枠組、小屋組及び防火仕様は、この項による。
2. 前号に掲げる項目以外の項目は、それぞれ本章1（一般事項）～3.3（地下室の基礎壁）、4.1（一般事項）～4.7（浴室等の防水措置）、5（屋根工事）～14（省令準耐火構造の住宅の仕様）による。 1～3.3 ☞30～36頁 4.1～4.7 ☞58～78頁 5～14 ☞150～267頁

15.1.2 構造計算等

1. 3階建の住宅は、建築基準法に基づく構造計算により構造耐力上の安全性を確認したうえ、仕様を決めるものとする。
2. この項に掲げるくぎの種類、本数、くぎ打ち間隔、金物の種類、金物の設置間隔など構造設計にかかわる数値等は、すべて構造耐力上の安全性を確認したうえ決定するものとする。

15.2 基礎工事

15.2.1 一般事項

1. 基礎は、1階の外周部及び内部耐力壁の直下に設ける。
2. 基礎の構造は、地盤の長期許容応力度に応じて、次のいずれかとする。

イ. □布基礎（長期許容応力度　30 kN/m^{2}以上）
ロ. □腰壁と一体となった布基礎（長期許容応力度　30 kN/m^{2}以上）
ハ. □べた基礎（長期許容応力度　20 kN/m^{2}以上30 kN/m^{2}未満）
ニ. □基礎ぐいを用いた構造（長期許容応力度　20 kN/m^{2}未満）

15.2.2 基礎

15.2.2.1 布基礎

1. 布基礎の構造は、一体の鉄筋コンクリート造（部材相互を緊結したプレキャストコンクリート造を含む。）とする。
2. 根入れの深さは、構造計算による寸法以上、かつ、本章3.4.2（布基礎）による。 3.4.2 ☞37頁
3. 地面からの布基礎の立上りは、構造計算による寸法以上、かつ、本章3.4.2（布基礎）による。 3.4.2 ☞37頁
4. 布基礎の立上り部分の幅は、150 mm以上で土台の幅以上とする。
5. 布基礎の底盤の厚さ及び幅は、構造計算による寸法以上、かつ、本章3.4.2（布基礎）による。 3.4.2 ☞37頁
6. 配筋は構造計算によるものとし、かつ、本章3.4.2（布基礎）による。 3.4.2 ☞37頁

15.2.2.2 べた基礎・基礎ぐい

べた基礎及び基礎ぐいを用いた場合の構造は長期地耐力に応じ、構造計算によることとし、かつ、本章3.4.3（べた基礎・基礎ぐい）による。 3.4.3 ☞38頁

15.2.3 鉄筋材料及び加工

1. 異形鉄筋及び丸鋼の品質は、JIS G 3112（鉄筋コンクリート用棒鋼）又はJIS G 3117（鉄筋コンクリート用再生棒鋼）に適合するものとし、その種類及び径などは、特記による。
2. 鉄筋の径は、異形鉄筋では呼び径、丸鋼では径とする。

15.2.4 アンカーボルト

1. アンカーボルト及び座金は、品質及び性能が明らかで良質なものとする。
2. アンカーボルトの埋設位置は、次による。

イ．掃出窓の両端部のたて枠から150 mm以内の位置
ロ．住宅の隅角部、土台の継手部分及び土台切れの箇所
ハ．上記イ及びロ以外の部分においては、間隔2.0 m以内の位置

3. アンカーボルトの心出しは、型板を用いて基準墨に正しく合わせ、適切な機器などで正確に行う。
4. アンカーボルトのコンクリートへの埋込み長さは、250 mm以上とする。なお、アンカーボルトの先端は、ナットの外にねじ山が3山以上出るように固定する。
5. アンカーボルトの保持は、型板を用いるなどして正確に行い、移動、下部の振れなどのないように、十分固定する。
6. アンカーボルトの保持及び埋込み工法の種別は、特記による。特記がない場合は、アンカーボルトを鉄筋などを用いて組み立て、適切な補助材で型枠の類に固定し、コンクリートの打込みを行う。
7. アンカーボルトは、衝撃などにより有害な曲がりを生じないように取り扱う。また、ねじ部の損傷、さびの発生、汚損を防止するために布、ビニルテープなどを巻いて養生を行う。

15.2.5 ホールダウン専用アンカーボルト

1. ホールダウン専用アンカーボルトは、品質及び性能が明らかで良質なものとし、コンクリートへの埋込み長さは、ホールダウン金物の短期許容引張耐力以上とし、特記による。
2. ホールダウン専用アンカーボルトの埋設方法は、次による。

イ．ホールダウン金物をホールダウン専用アンカーボルトで直接緊結する場合は、取り付くたて枠の位置にホールダウン専用アンカーボルトを正確に埋め込む。
ロ．ホールダウン金物を座付きボルトで緊結する場合は、2本のアンカーボルトをそれぞれ座付きボルトの心より150 mm内外に埋め込む。

3. ホールダウン専用アンカーボルトの心出し・保持等は、本章15.2.4（アンカーボルト）の3、5、6及び7による。 15.2.4の3・5・6・7 ☞280頁

(A) 鉄筋末端の折曲げ形状・寸法　(B) 鉄筋中間部の折曲げ形状・寸法

参考図15.2.3　鉄筋の折曲げ

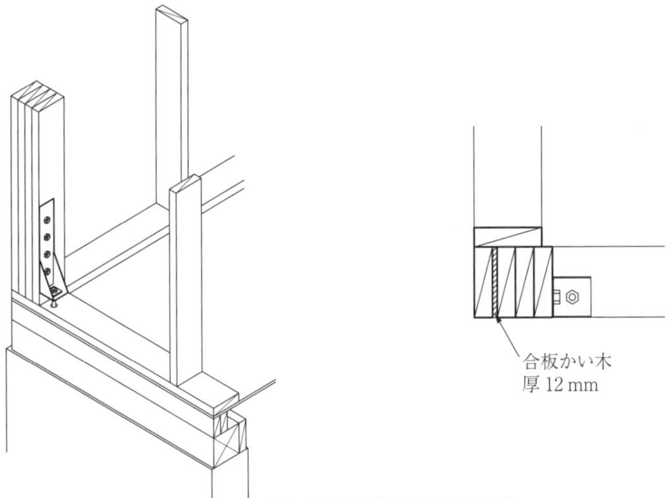

(A) 土台に404を用いる場合

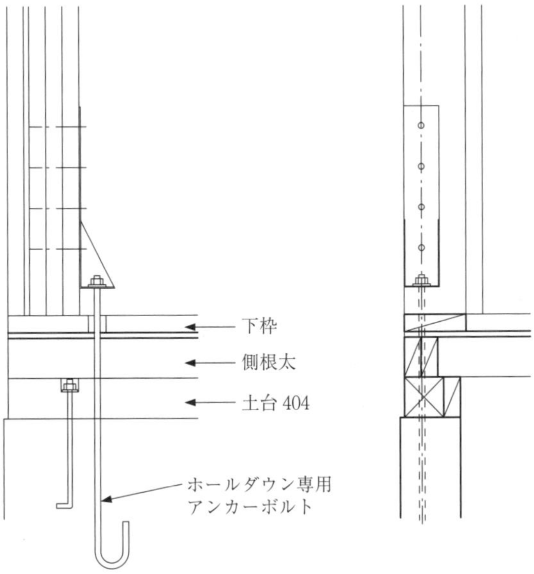

(A-1) 比較的引抜き応力が大きい場合の施工例

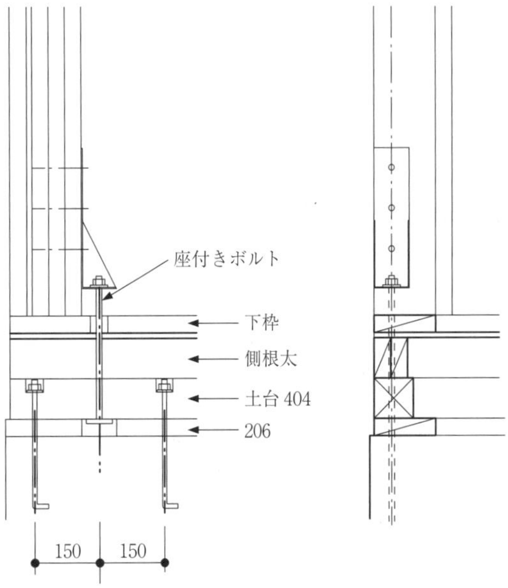

(A-2) 比較的引抜き応力が小さい場合の施工例

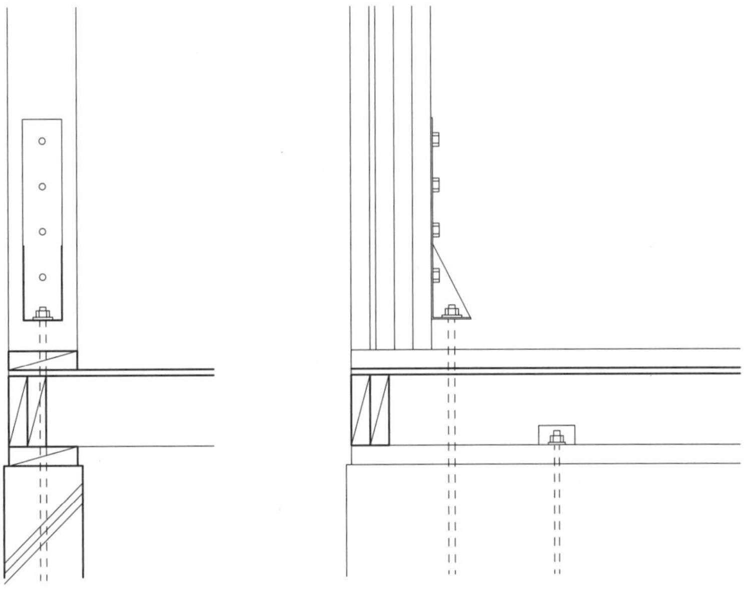

(B) 土台に206を用いる場合

参考図15.2.5　ホールダウン金物を用いた緊結方法①

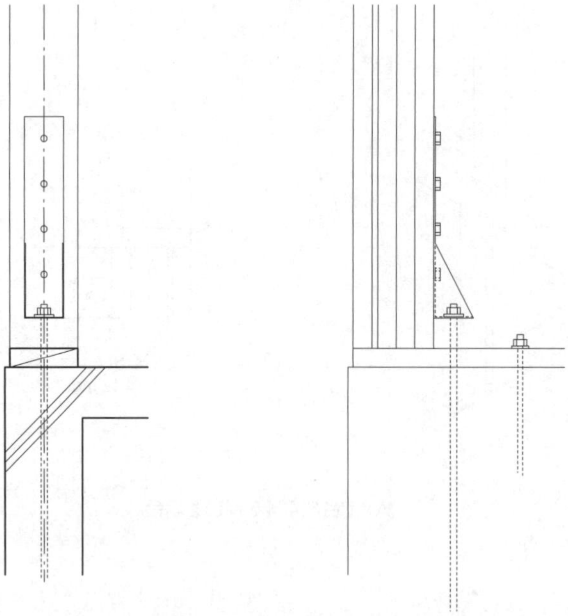

(C) 基礎を床と一体の布基礎とした場合

参考図15.2.5　ホールダウン金物を用いた緊結方法②

15.3 土台

15.3.1 土台の寸法型式等

1. 土台の寸法は、寸法型式204、206、208、404、406若しくは408に適合するもの又は厚さ38 mm以上、幅89 mm以上で国土交通大臣による基準強度の指定を得たものであって、かつ、土台と基礎若しくは床根太、端根太若しくは側根太との緊結に支障がないものとする。なお、座金ぼりは、寸法型式404、406又は408の場合のみである。
2. 土台が基礎と接する面には、防水紙、その他これに類するものを敷く等の防腐措置を講ずる。
3. 土台の幅は、下枠の幅と同寸以上とする。

15.3.2 大引き、束を用いた床組及び床下張り

本章4.8.3 (大引き、束を用いた床組) 及び本章4.8.4 (大引き、束を用いた床組の床下張り) による。

4.8.3 ☞82頁
4.8.4 ☞82頁

15.4 床枠組

15.4.1 床根太

1. 床根太、端根太及び側根太の寸法は、寸法型式206、208、210若しくは212に適合するもの又は厚さ38 mm以上、幅140 mm以上で国土交通大臣による基準強度の指定を得たものであって、かつ、床根太、端根太若しくは側根太と土台、頭つなぎ若しくは床材との緊結に支障がないものを縦使いする。
2. 床根太のくぎ打ちは、土台、頭つなぎ、床ばりなどに対して、2本のCN75を斜め打ちする。ただし、1,100 N以上の短期許容せん断耐力を有するくぎ打ちは、特記による。

15.4.2 床根太の継手

床根太の継手は、本章4.9.2 (床根太の継手) による。

4.9.2 ☞85頁

15.4.3 側根太と端根太

1. 側根太には、同寸の添え側根太を添え付け、くぎ打ちは、CN75を両端部2本、中間

部300 mm間隔以内に千鳥に平打ちする。
2. 端根太と側根太、添え側根太及び床根太との仕口は、それぞれ3本以上のCN90を木口打ちする。
3. 端根太部には、床根太間及び床根太と添え側根太の間に端根太ころび止めを設け、それぞれ4本のCN75を平打ちする。
4. 側根太及び端根太から土台又は頭つなぎに対するくぎ打ちは、1階にあってはCN75を間隔250 mm以内に、2階又は3階にあってはCN75を間隔500 mm以内に斜め打ちする。ただし、1階にあっては2,200 N/m、2階又は3階にあっては1,100 N/m以上の短期許容せん断耐力を有するくぎ打ちは、特記による。
5. 側根太及び端根太の継手の仕様は、構造計算による。

15.4.4 ころび止め

ころび止めは、本章4.9.4（ころび止め）による。　4.9.4 ☞86頁

15.4.5 床開口部

開口部を補強する開口部端根太及び開口部側根太は、これを構成する床根太と同寸以上の寸法型式のものとする。

15.4.6 床下張り

1. 床根太間隔を50 cm以下とする場合の床下張材の品質は、本章4.9.9（床下張り）の1による。　4.9.9の1 ☞95頁
2. 床根太間隔を50 cmを超え65 cm以下とする場合の床下張材の品質は、本章4.9.11.5（床下張り）による。　4.9.11.5 ☞98頁
3. 構造用合板は、表面繊維方向が床根太方向と直交するように張り、パーティクルボード、構造用パネル、硬質木片セメント板、MDF及び火山性ガラス質複層板は、長手方向が床根太方向と直交するように張る。
4. 床下張りは、千鳥張りし、3本以上の床根太に掛かるようにする。
5. 接着剤を用いて床下張りを行う場合は、JIS A 5550（床根太用接着剤）に適合するもののうち、構造用一類のもの又はこれと同等以上の性能を有するものを、床根太部分及び受け材部分又は本ざね部分のよごれ、付着物を除去したうえで塗布する。
6. 床下張材の突合せ部分には、寸法型式204の2つ割り（38 mm×40 mm以上）の受け材を入れる。
7. 床下張材のくぎ打ちは、次による。
   イ. CN50（床下張材の厚さが15 mm以上の場合はCN65）を周辺部150 mm間隔以内、中間部200 mm間隔以内で床根太又は床ばり及び受け材に平打ちする。ただし、MDF及び火山性ガラス質複層板のくぎ打ちは、特記による。
   ロ. 短期許容せん断耐力が周辺部2,800 N/m、中間部2,100 N/m以上を有するくぎ打ちは、特記による。
8. 床下張材に湿潤によるふくらみ等のおそれがある材料を用いる場合は、突付け部分を2～3 mmあけ、かつ、適切な防水措置を施す場合は、次のいずれかによる。
   イ. □タール系のペイント又は油性ペイントで、木口全面を塗布する。
   ロ. □目地の部分に防水テープを張る。
   ハ. □床養生シートを張る。

15.5 壁枠組

15.5.1 耐力壁

1. 耐力壁の幅は、その高さの1/3 以上とする。
2. 耐力壁線相互の間隔は12 m以下とし、かつ、耐力壁線により囲まれた部分の面積は60 m²以下とする。
3. 耐力壁の下枠、たて枠及び上枠の寸法は、寸法型式204、205、206、208、304、

306、404、405、406、408若しくは204Wに適合するもの又は厚さ38mm以上、幅89mm以上で国土交通大臣による基準値強度の指定を得たものであって、かつ、下枠、たて枠若しくは上枠と床版の枠組材、頭つなぎ、まぐさ受け若しくは筋かいの両端部との緊結及び下枠若しくは上枠とたて枠との緊結に支障がないものとする。

4. 3階部分を小屋としない場合の1階のたて枠は、寸法型式206若しくは208に適合するもの又は厚さ38mm以上、幅140mm以上の製材で、国土交通大臣による基準強度の指定を得たものとする。
5. たて枠相互の間隔は、650mm以内とする。
6. 3階部分を小屋としない場合の1階のたて枠相互の間隔は、当該たて枠に寸法型式206に適合するもの又は厚さ38mm以上、幅140mm以上の製材で、国土交通大臣による基準強度の指定を得たものを使用する場合は、500mm以内とする。
7. 2階又は3階の耐力壁の直下には、原則として、耐力壁を設ける。なお、これらによらない場合は、当該耐力壁直下の床根太を構造力上有効に補強する。
8. 耐力壁の種類は、耐力壁のたて枠相互の間隔が50cm以下の場合は、本章4.10.1(耐力壁)の5、当該間隔が50cmを超える場合は、本章4.10.17.4(耐力壁)による。 4.10.1の5 ☞100頁 4.10.17.4 ☞123頁
9. 通常の耐力壁の下枠の下端から頭つなぎの上端までの寸法は、2,450mmを標準とする。

15.5.2 1階たて枠と基礎(土台)との緊結

1. 外周部の主要な隅角部のたて枠及び引抜き応力が大きいたて枠は、接合金物(ホールダウン金物)を用いて基礎と緊結する。
2. 接合金物は、品質及び性能が明らかで良質なものとする。
3. ホールダウン金物で、土台を介して基礎とたて枠を直接緊結する場合は、次による。
   イ. ホールダウン金物は、たて枠の下部に締め代をとり、六角形ボルト、ラグスクリュー又はZN90でたて枠に緊結する。
   ロ. ホールダウン金物の下部は、ホールダウン専用アンカーボルトに土台を介してナットで緊結する。
4. ホールダウン金物で、土台を介して基礎とたて枠を緊結する場合、次による。
   イ. ホールダウン金物の取付けは、前号イによる。
   ロ. ホールダウン金物の下部は、座付きボルトに固定し、本章15.2.5(ホールダウン専用アンカーボルト)の2のロにより緊結する。 15.2.5の2 ☞280頁
5. 外周部の主要な隅角部及び引抜き応力が大きいたて枠と基礎又は土台との緊結に、接合金物としてホールダウン金物以外のものを使用する場合は、特記による。

15.5.3 耐力壁の上枠及び下枠

1. 上枠及び下枠は、それぞれの壁面ごとに一体のものを用いる。
2. 上枠とたて枠の仕口は、上枠側から2本以上のCN90を木口打ちとする。また、下枠とたて枠の仕口は、下枠側から2本以上のCN90を木口打ちとするか、たて枠から3本以上のCN75を斜め打ちする。ただし、1,000N以上の短期許容せん断耐力を有するくぎ打ちは、特記による。

15.5.4 耐力壁の頭つなぎ

1. 頭つなぎ、上枠と同寸の寸法型式のものとし、なるべく長尺材を用い、継手は上枠の継手位置より600mm以上離す。
2. 隅角部及びT字部での頭つなぎの仕口は、上枠と頭つなぎが相互に交差し重なるようにおさめる。
3. 頭つなぎと上枠との接合は、頭つなぎから上枠へCN90を端部は2本以上、中間部は500mm間隔以内に平打ちとする。ただし、1,600N/m以上の短期許容せん断耐力を有するくぎ打ちは、特記による。

15.5.5 耐力壁のすみ柱

1. 耐力壁のすみ柱は、3本以上のたて枠で構成する。ただし、たて枠を寸法型式206以上とし、その間隔を一般地で50 cm以下、多雪区域、垂直積雪量1.0 m以下の区域で45 cm以下、垂直積雪量1.0 mを超え2.0 m以下の区域で35 cm以下とする場合、すみ柱のたて枠を2本とすることができる。
2. 隅角部におけるたて枠とたて枠の緊結は、合わせたて枠、かい木等を介して、CN90を間隔300 mm以内に平打ちする。

15.5.6 耐力壁線の開口部

1. 耐力壁線に設ける開口部の幅は4 m以下として、その開口部の幅の合計は、その耐力壁線の長さの3/4以下とする。
2. 耐力壁線に幅900 mm以上の開口部を設ける場合は、原則として、まぐさ及びまぐさ受けを用いる。
3. 開口部にまぐさ受けを用いる場合のたて枠とまぐさ受けの緊結は、まぐさ受けからたて枠へCN90を間隔300 mm以内に平打ちする。

15.5.7 外壁の耐力壁線相互の交差部の耐力壁

外壁の耐力壁線相互の交差部には、原則として、長さ90 cm以上の耐力壁を1以上設ける。

15.5.8 外壁下張り

外壁下張りは、本章4.10.9(外壁下張り)による。

4.10.9 ☞115頁

15.5.9 筋かい

筋かいは、本章4.10.11(筋かい)による。

4.10.11 ☞120頁

15.5.10 ころび止め

ころび止めは、本章4.10.12(ころび止め)による。

4.10.12 ☞120頁

15.5.11 住戸間の界壁

連続建ての住戸間の界壁は、本章4.10.14(住戸間の界壁)による。

4.10.14 ☞121頁

15.5.12 壁枠組と床組及び土台との緊結

1. 壁枠組と床枠組との緊結は、下枠から床根太、側根太、端根太及びころび止めへ、1階にあってはCN90を間隔250 mm以内に、2階又は3階にあってはCN90を間隔500 mm以内に平打ちする。ただし、1階にあっては3,200 N/m、2階又は3階にあっては1,600 N/m以上の短期許容せん断耐力を有するくぎ打ちは、特記による。
2. 外壁の隅角部すみ柱及び外壁の開口部の両端に接する耐力壁のまぐさ受けが取り付くたて枠は、直下の壁のたて枠、床枠組又は土台にホールダウン金物、帯金物又はかど金物で構造耐力上有効に緊結する。
3. 前号において壁材で構造耐力上有効に緊結する場合は、金物を省略することができる。

15.5.13 ホールダウン金物を用いる場合の1階の壁枠組と2階の壁枠組との緊結方法

1. 1階の耐力壁の端部で、外周部の主要な隅角部のたて枠及び引抜き応力の大きいたて枠は、ホールダウン金物を用いて2階の耐力壁端部のたて枠と緊結する。
2. 接合金物(ホールダウン金物)は、品質及び性能が明らかで良質なものとする。
3. ホールダウン金物の取り付くたて枠は、2本以上の合わせたて枠とする。
4. ホールダウン金物は、2階の合わせたて枠の下部及び1階の合わせたて枠の上部に締め代をとり、六角ボルト、ラグスクリュー又はZN90でたて枠に取り付ける。また、ホールダウン金物同士は六角ボルトを用いて緊結する。

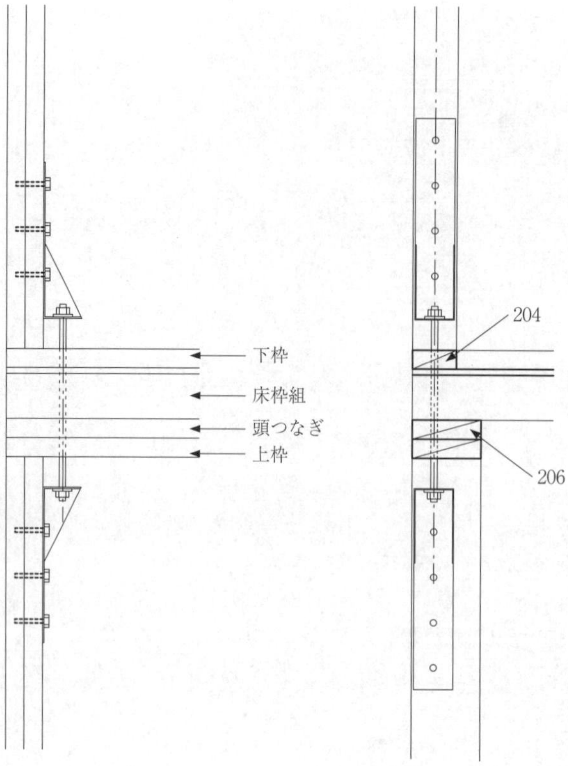

参考図15.5.13　ホールダウン金物を用いる場合の1階の壁枠組と2階の壁枠組との緊結方法

15.6 小屋組

15.6.1 一般事項

1. 小屋組を構成するたる木及び天井根太の寸法は、寸法型式204、206、208、210若しくは212に適合するもの又は厚さ38 mm以上、幅89 mm以上で国土交通大臣による基準強度の指定を得たものであって、かつ、たる木若しくは天井根太とむな木、頭つなぎ若しくは屋根下地材との緊結に支障がないものとし、それら相互の間隔は650 mm以内とする。
2. たる木又はトラスは、頭つなぎ及び上枠に金物で構造耐力上有効に緊結する。
3. 小屋組は、振止めを設ける等、水平力に対して安全なものとする。

15.6.2 小屋組の各部材相互及び小屋組の部材と頭つなぎとの緊結

15.6.2.1 天井根太と頭つなぎ又ははりの接合

天井根太から頭つなぎ又ははりに対しては、2本のCN75を斜め打ちする。ただし、1,100 N以上の短期許容せん断耐力を有するくぎ打ちは、特記による。

15.6.2.2 むな木とたる木の接合

1. むな木は、たる木より1サイズ以上大きな寸法型式のものを用い、頂部は勾配に沿って角度を付ける。
2. たる木からむな木へは、3本のCN75を斜め打ちする。ただし、1,700 N以上の短期許容せん断耐力を有するくぎ打ちは、特記による。

15.6.2.3 たる木と頭つなぎの接合

たる木と頭つなぎの接合は、本章4.12.2.4（たる木と頭つなぎの接合）による。 4.12.2.4 ☞130頁

15.6.2.4 たる木と天井根太の接合

たる木と天井根太の接合は、本章4.12.2.5（たる木と天井根太の接合）による。 4.12.2.5 ☞130頁

15.6.2.5 トラスと頭つなぎの接合

トラスと頭つなぎの接合は、本章4.12.4.2（トラスと頭つなぎの接合）による。 4.12.4.2 ☞137頁

15.6.3 屋根下張り

1. たる木間隔を50 cm以下とする場合の屋根下張材の品質は、本章4.12.15(屋根下張り)の1による。 4.12.15の1 ☞145頁
2. たる木間隔を50 cmを超え65 cm以下とする場合の屋根下張材の品質は、本章4.12.17.4(屋根下張り)による。 4.12.17.4 ☞146頁
3. 構造用合板は、表面繊維方向がたる木又はトラス上弦材と直交するように張り、パーティクルボード、構造用パネル、硬質木片セメント板、MDF及び火山性ガラス質複層板は、長手方向がたる木又はトラス上弦材と直交するように張る。
4. 屋根下張りは千鳥張りとし、3本以上のたる木又はトラス上弦材に掛かるようにし、軒先面から張り始め、むな木頂部で寸法調整する。
5. 屋根下張材の継手部分には、寸法型式204の2つ割り(38 mm×40 mm以上)の受け材を入れる。
6. 屋根下張材のくぎ打ちは、次による。
   イ. CN50(床下張材の厚さが15 mm以上の場合はCN65)を周辺部150 mm間隔以内、中間部300 mm間隔以内でたる木、屋根ばり又はトラス上弦材及び受け材に平打ちする。ただし、MDF及び火山性ガラス質複層板のくぎ打ちは、特記による。
   ロ. 短期許容せん断耐力が周辺部2,600 N/m、中間部1,300 N/m以上を有するくぎ打ちは、特記による。
7. 屋根下張材にパーティクルボード(耐水性のある接着剤を用いた規格を除く。)を用いる場合は、本章4.9.9(床下張り)の8に準じて防水処理を行う。 4.9.9の8 ☞96頁

15.7 防火仕様

15.7.1 一般事項

1. 準防火地域で3階建の木造の住宅とする場合の防火仕様は、この項による。
2. 準耐火構造の住宅の防火仕様は、本章14(省令準耐火構造の住宅の仕様)又は本章16(準耐火構造の住宅の仕様)による。なお、本章14(省令準耐火構造の住宅の仕様)により準防火地域で3階建の木造の住宅を建設する場合は、同仕様によるほか、本章15.7.5(屋根の裏面又は屋根の直下の天井)及び本章15.7.7(3階部分の区画)並びに本章15.7.8(外壁の開口部)による。 14 ☞267頁 16 ☞289頁 15.7.5 ☞287頁 15.7.7 ☞288頁 15.7.8 ☞288頁

15.7.2 外壁・軒裏

外壁・軒裏は、本章14.2(屋根、外壁及び軒裏)による。 14.2 ☞270頁

15.7.3 外壁の屋内に面する部分及び耐力壁

外壁の屋内に面する部分及び耐力壁の防火被覆は、次のいずれかとする。

イ. □厚さ12 mm以上のせっこうボード張り
ロ. □厚さ5.5 mm以上の難燃合板の上に、厚さ9.5 mm以上のせっこうボード張り
ハ. □厚さ9.5 mm以上のせっこうボードの上に、厚さ9.5 mm以上のせっこうボード張り
ニ. □イ、ロ又はハと同等以上の防火性能を有すると国土交通大臣が認めたもの

15.7.4 天井

天井の防火被覆は、次のいずれかとする。

イ. □本章14.4.1(上階に床がない部分の天井)による 14.4.1 ☞271頁
ロ. □厚さ5.5 mm以上の難燃合板の上に、厚さ9 mm以上のせっこうボード張り
ハ. □厚さ5.5 mm以上の難燃合板の上に、厚さ9 mm以上のロックウール吸音張り
ニ. □イ、ロ又はハと同等以上の防火性能を有すると国土交通大臣が認めたもの

15.7.5 屋根の裏面又は屋根の直下の天井

屋根の裏面又は屋根の直下の天井の防火被覆は、次のいずれかによる。

イ. □厚さ12mm以上のせっこうボード張りの上に、厚さ9mm以上のせっこうボード張り

ロ. □厚さ12mm以上のせっこうボード張りの上に、厚さ9mm以上のロックウール吸音板張り

ハ. □厚さ9mm以上のせっこうボード張りの上に、厚さ12mm以上のせっこうボード張り

ニ. □イ、ロ又はハと同等以上の防火性能を有すると国土交通大臣が認めたもの

15.7.6 防火被覆材の目地、取合い部等

防火被覆材の目地、取合い部等は、本章14.11(その他)の1及び2による。

14.11の1・2
☞277頁

15.7.7 3階部分の区画

3階の室の部分(居室、物置、便所等)とその他の部分(廊下、階段、吹抜け等)とは、壁又は戸(ふすま、障子等を除く。)で区画する。

15.7.8 外壁の開口部

外壁の開口部に設ける建具は、特記による。

15.7.9 屋根

屋根の構造方法は、次のいずれかとする。

イ. □不燃材料で造るか、又はふくこと

ロ. □準耐火構造(屋外に面する部分を準不燃材料で造ったものに限る。)

15.8 避難措置等

15.8.1 避難用器具

3階の部屋又はバルコニーには、避難用器具を設ける。

15.8.2 火災報知設備

火気使用室には、火災報知設備を設ける。

15.8.3 手すり

3階の部屋及びバルコニーには、手すりを設ける。

16. 準耐火構造の住宅の仕様

16.1 45分準耐火構造の住宅の仕様

16.1.1 一般事項

1. 45分準耐火構造の住宅（建築基準法第2条第9号の3のイに該当する住宅をいう。）の防火仕様は、この項による。
ただし、界壁及び界床を除く主要構造部の各部分を、耐火構造(建築基準法施行令(以下、「令」という。) 第107条に規定する構造をいう。) 又は国土交通大臣の準耐火構造の認定(建築基準法第2条第7号の2及び令第112条第2項の規定に基づく認定をいう。)を受けたものとする場合には、この項によらず特記による。
2. 層間変形角が1/150以内であることを確認することとする。ただし、計算又は実験により、主要構造部が防火上有害な変形、き裂その他の損傷を生じないことが確認されている場合においてはこの限りでない。

用　語

準耐火構造の住宅

フラット35技術基準上の準耐火構造の住宅とは、主要構造部を準耐火構造としたもの、またはこれと同等の準耐火性能を有するものをいい、本仕様書では「省令準耐火構造の住宅(本仕様書14による仕様)」､「45分準耐火構造の住宅」及び「1時間準耐火構造の住宅」について、それぞれの仕様を示している。

(1)「省令準耐火構造の住宅」とは、建築基準法に基づく準耐火構造に準ずる防火性能を有する住宅として、勤労者財産形成促進法施行令第36条第2項及び第3項の基準を定める省令（平成19年厚生労働省・国土交通省令第1号）第1条第1項第1号ロ(2)に規定する住宅又はその部分の基準に適合する住宅をいう。枠組壁工法住宅における省令準耐火構造の仕様は、本仕様書の本章14.1から14.11において具体的仕様を示している。このほかにも、省令準耐火構造として機構が承認した住宅及び工法を用いた住宅についても、省令準耐火構造の住宅となる。

(2)「45分準耐火構造の住宅」とは、主要構造部が建築基準法施行令第107条の2で定める準耐火性能に関する技術的基準に適合する住宅をいう。準耐火性能を満足するものについては、建築基準法第2条第7号の2に基づき、国土交通大臣が定めた構造方法を用いるもの又は国土交通大臣の認定を受けたものと規定されている。「国土交通大臣が定めた構造方法」とは、平成12年建設省告示第1358号「準耐火構造の構造方法を定める件」において定められており、本章16.1(45分準耐火構造の住宅の仕様)において、その一部について具体仕様を示している。

(3)「1時間準耐火構造の住宅」とは、建築基準法第2条第9号の3のイに該当するもののうち、壁、柱、床、はり及び屋根の軒裏の構造が、建築基準法施行令第112条第2項に該当する耐火性能（通常の火災時の加熱に1時間以上耐える性能）を有する住宅をいう。この性能を満足するものについては、国土交通大臣が定めた構造方法を用いるもの又は国土交通大臣の認定を受けたものと規定されている。「国土交通大臣が定めた構造方法」とは、令和元年国土交通省告示第195号「1時間準耐火基準に適合する主要構造部の構造方法を定める件」において定められており、本仕様書では特定準耐火構造に係る基準を除き、本章16.2（1時間準耐火構造の住宅の仕様）において、その一部について具体仕様を示している。

なお、連続建て、重ね建ての場合の「界壁」および「界床」については、フラット35技術基準の区画に関する規定により、原則として耐火構造または1時間準耐火構造の壁または床とすることが必要となるので、留意すること。

16.1.2 外壁の耐力壁

16.1.2.1 外壁の耐力壁の室内に面する部分

1. 外壁の耐力壁の室内に面する部分の防火被覆は、次のいずれかとする。
イ. □厚さ15 mm以上のせっこうボード(強化せっこうボードを含む。以下同じ。)張り
ロ. □厚さ12 mm以上のせっこうボードの上に、厚さ9 mm以上のせっこうボード張り
ハ. □厚さ12 mm以上のせっこうボードの上に、厚さ9 mm以上の難燃合板張り
ニ. □厚さ9 mm以上のせっこうボードの上に、厚さ12 mm以上のせっこうボード張り

ホ. □厚さ9 mm以上の難燃合板の上に、厚さ12 mm以上のせっこうボード張り

ヘ. □厚さ7 mm以上のせっこうラスボードの上に、厚さ8 mm以上のせっこうプラスター塗り

2. 1に掲げる材料の品質は、JISに適合するもの、又はこれらと同等以上の性能を有するものとする。

3. 防火被覆材の取付け方法は、次による。

イ. 防火被覆材は、長さ40 mm以上のGNFくぎ、木ねじ、ステープル、タッピンねじ又はこれらに類する留め金具で確実に留め付ける。

ただし、被覆材を2枚重ねて張る場合は、2枚目に張る防火被覆材は、1枚目の防火被覆材と目地が重ならないように割付け、長さ50 mm以上の留め金具で留め付ける。

ロ. 留め金具の間隔は、防火被覆材の周辺部は150 mm以下、中間部は200 mm以下とする。

ハ. 防火被覆材は、目地部分及び取合い部分の裏面に当て木を設け、留め付ける。なお、たて枠その他の構造材をもって当て木に代えることができる。

ニ. 当て木の断面寸法は、38 mm × 40 mmを標準とする。

16.1.2.2 外壁の耐力壁の屋外に面する部分

1. 外壁の耐力壁の屋外に面する部分の防火被覆は、次のいずれかによる。

イ. □厚さ12 mm以上のせっこうボードの上に金属板張り

ロ. □木毛セメント板又はせっこうボードの上に、厚さ15 mm以上のモルタル又はしっくい塗り

ハ. □モルタルの上にタイルを張ったもので、その厚さの合計が25 mm以上のもの

ニ. □セメント板又はかわらの上にモルタルを塗ったもので、その厚さの合計が25 mm以上のもの

ホ. □厚さ25 mm以上のロックウール保温板の上に金属板張り

2. 1に掲げる材料の品質は、JISに適合するもの、又はこれと同等以上の性能を有するものとする。

3. 防火被覆材の取付け方法は、次による。

イ. 防火被覆材は、500 mm以下の間隔で配置したたて枠及び土台、はり、胴縁その他の横架材に、長さ40 mm以上のGNFくぎ、木ねじ、ステープル、タッピンねじ又はこれらに類する留め金具で確実に留め付ける。ただし、被覆材を2枚重ねて張る場合は、2枚目に張る防火被覆材は、1枚目の防火被覆材と目地が重ならないように割付け、長さ50 mm以上の留め金具で留め付ける。

ロ. 留め金具の間隔は、防火被覆材の周辺部は150 mm以下、外周部は200 mm以下とする。

ハ. 防火被覆材は、目地部分及び取合い部分の裏面に当て木を設け、留め付ける。なお、たて枠その他の構造材をもって当て木に代えることができる。

ニ. 当て木の断面寸法は、38 mm × 40 mmを標準とする。

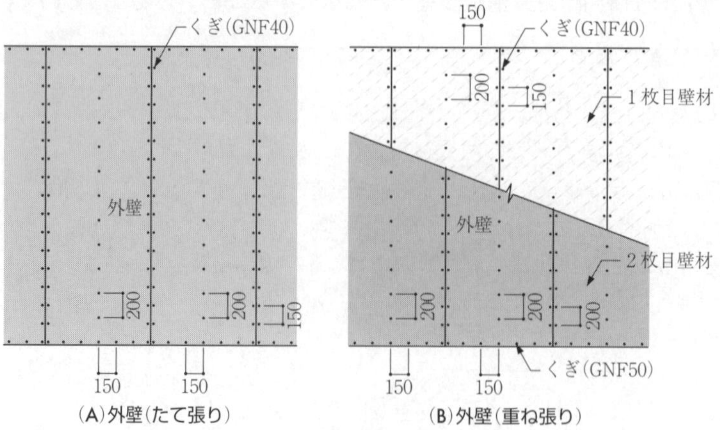

(A)外壁(たて張り)　(B)外壁(重ね張り)

参考図16.1.2-1　外壁防火被覆材の留付け方法

施工方法

防火被覆材の目地処理

防火被覆材の目地部分は、防火被覆材の内部への炎の侵入を有効に防止できる構造とすることが必要であり、参考例として次の方法が考えられる。

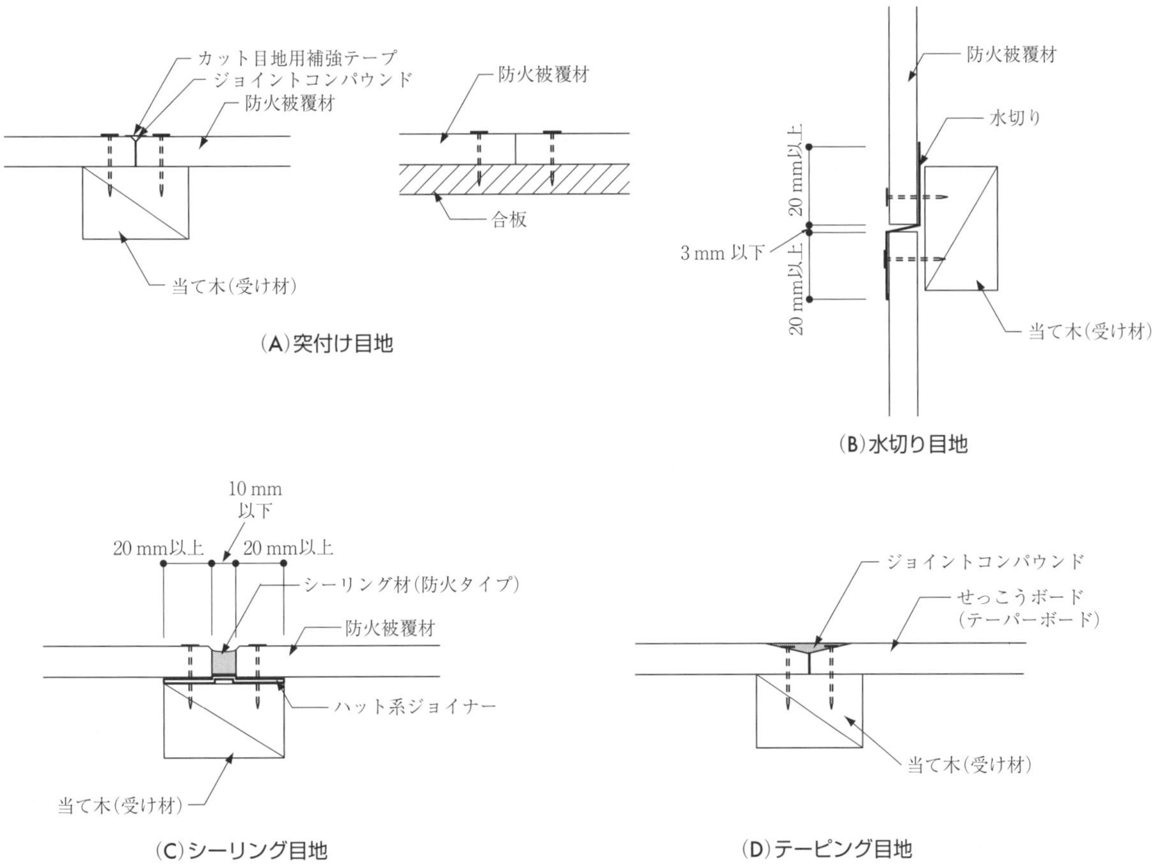

参考図16.1.2-2　防火被覆材の目地処理

防火被覆材の取合い部

防火被覆材の取合い部は、防火被覆材の内部への炎の侵入を有効に防止できる構造とすることが必要であり、当て木等により有効に防火被覆材を補強することが重要である。

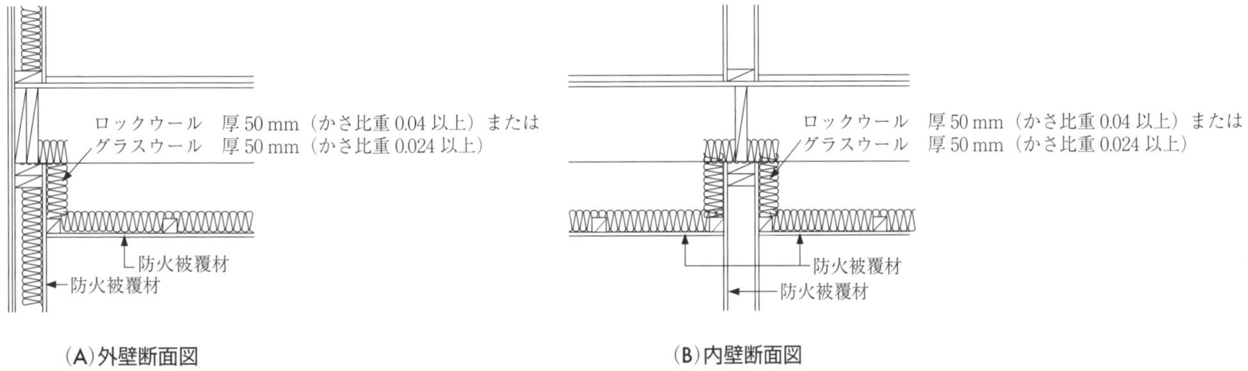

参考図16.1.2-3　防火被覆材の取合い部

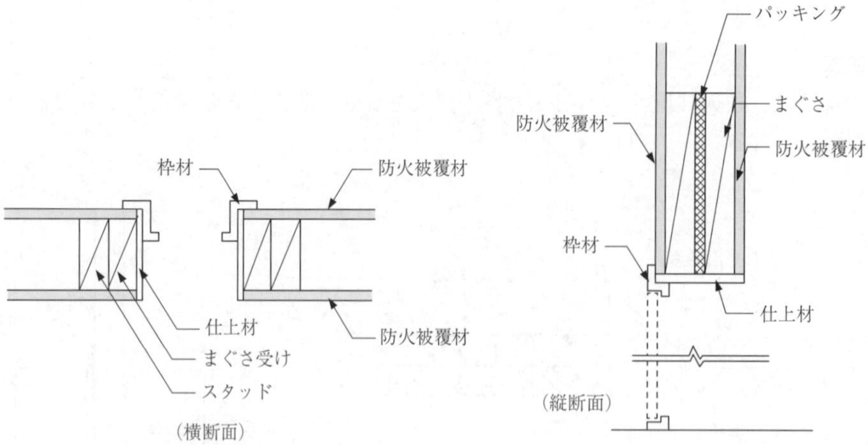

(A)ドアまわり横断面図　(B)ドアまわり縦断面図

参考図16.1.2-4　開口部まわりの処理

16.1.3 外壁の非耐力壁

16.1.3.1 外壁の非耐力壁の室内に面する部分

1. 外壁の非耐力壁の室内に面する部分の防火被覆は、次のいずれかによる。ただし、延焼のおそれのある部分については、本章16.1.2.1(外壁の耐力壁の室内に面する部分)の1による。 16.1.2.1の1 ☞289頁
   イ. □厚さ12 mm以上のせっこうボード張り
   ロ. □厚さ8 mm以上のスラグせっこう系セメント板張り
2. 1に掲げる材料の品質は、JISに適合するもの、又はこれと同等以上の性能を有するものとする。
3. 防火被覆材の取付け方法は、本章16.1.2.1(外壁の耐力壁の室内に面する部分)の3による。 16.1.2.1の3 ☞290頁

16.1.3.2 外壁の非耐力壁の屋外に面する部分

1. 外壁の非耐力壁の屋外に面する部分の防火被覆は、次のいずれかによる。
   イ. □厚さ12 mm以上のせっこうボードの上に金属板張り
   ロ. □木毛セメント板又はせっこうボードの上に、厚さ15 mm以上モルタル又はしっくい塗り
   ハ. □モルタルの上にタイルを張ったもので、その厚さの合計が25 mm以上のもの
   ニ. □セメント板又はかわらの上にモルタルを塗ったもので、その厚さの合計が25 mm以上のもの
   ホ. □厚さ25 mm以上のロックウール保温板の上に金属板張り
2. 1に掲げる材料の品質は、JISに適合するもの、又はこれと同等以上の性能を有するものとする。
3. 防火被覆材の取付け方法は、本章16.1.2.2(外壁の耐力壁の屋外に面する部分)の3による。 16.1.2.2の3 ☞290頁

16.1.4 界壁以外の内壁

1. 界壁以外の内壁の室内に面する部分の防火被覆は、次のいずれかとする。
   イ. □厚さ15 mm以上のせっこうボード(強化せっこうボードを含む。以下同じ。)張り
   ロ. □厚さ12 mm以上のせっこうボードの上に、厚さ9 mm以上のせっこうボード張り
   ハ. □厚さ12 mm以上のせっこうボードの上に、厚さ9 mm以上の難燃合板張り
   ニ. □厚さ9 mm以上のせっこうボードの上に、厚さ12 mm以上のせっこうボード張り

ホ. □厚さ9 mm以上の難燃合板の上に、厚さ12 mm以上のせっこうボード張り
ヘ. □厚さ7 mm以上のせっこうラスボードの上に、厚さ8 mm以上のせっこうプラスター塗り

2. 1に掲げる材料の品質は、JISに適合するもの、又はこれらと同等以上の性能を有するものとする。
3. 防火被覆材の取付け方法は、本章16.1.2.1(外壁の耐力壁の室内に面する部分)の3による。 16.1.2.1の3 ☞290頁

16.1.5 住戸間の界壁(連続建て)

住戸間の界壁の仕様は、本章4.10.14(住戸間の界壁)による。 4.10.14 ☞121頁

16.1.6 柱

柱を設ける場合の防火被覆は、本章16.1.4(界壁以外の内壁)に準じる。ただし、本章16.1.2(外壁の耐力壁)及び本章16.1.3(外壁の非耐力壁)に掲げる防火被覆を設けた壁の内部にあるものについては、これによらないことができる。 16.1.4 ☞292頁 16.1.2 ☞289頁 16.1.3 ☞292頁

16.1.7 界床以外の床(最下階の床を除く)

16.1.7.1 床の表側の部分

1. 床の表側の部分の防火被覆は、次のいずれかとする。
   イ. □畳敷きの床(ポリスチレンフォームの畳床を除く。)
   ロ. □厚さ12 mm以上の構造用合板、構造用パネル、パーティクルボード又はデッキプレート(以下、「合板等」という。)の上に、厚さ9 mm以上のせっこうボード張り
   ハ. □厚さ12 mm以上の合板等の上に、厚さ8 mm以上の硬質木片セメント板張り
   ニ. □厚さ12 mm以上の合板等の上に、厚さ9 mm以上の軽量気泡コンクリート張り
   ホ. □厚さ12 mm以上の合板等の上に、厚さ9 mm以上のモルタル、コンクリート(軽量コンクリート及びシンダーコンクリートを含む。)敷き流し
   ヘ. □厚さ12 mm以上の合板等の上に、厚さ9 mm以上のせっこうを塗ったもの
   ト. □厚さ30 mm以上の木材(木材で造られた荒床の厚さを含む。)
2. 1に掲げる材料の品質は、JIS若しくはJASに適合するもの、又はこれらと同等以上の性能を有するものとする。

16.1.7.2 床の裏側の部分又は直下の天井

1. 床の裏側の部分又は直下の天井の防火被覆は、次のいずれかとする。
   イ. □厚さ15 mm以上の強化せっこうボード張り
   ロ. □厚さ12 mm以上の強化せっこうボード張りとし、その裏側に厚さ50 mm以上のロックウール(かさ比重0.024以上)又は厚さ50 mm以上のグラスウール(かさ比重0.024以上)のいずれかを充填
2. 1に掲げる材料の品質は、JISに適合するもの、又はこれと同等以上の性能を有するものとする。
3. 防火被覆材の取付け方法は、次による。
   イ. 防火被覆材は、根太、野縁等の横架材に、長さ40 mm以上のGNFくぎ、木ねじ、ステープル、タッピンねじ又はこれらに類する留め金具で確実に留め付ける。ただし、被覆材を2枚重ねて張る場合は、2枚目に張る防火被覆材は、1枚目の防火被覆材と目地が重ならないように割付け、長さ50 mm以上の留め金具で留め付ける。
   ロ. 留め金具の間隔は、防火被覆材の周辺部は100 mm以下、中間部は150 mm以下とする。
   ハ. 防火被覆材の目地部分及び取合い部分は、その裏面に当て木を設ける。なお、根太、野縁等の横架材をもって当て木に代えることができる。

ニ. 当て木の断面寸法は、38 mm × 40 mmを標準とする。

施工方法

床の表側の部分

床の表側の部分（床上部）の防火被覆については、所要の耐火性能のある被覆材を列記しているが、このうち、畳敷きの床のように仕上材としての仕様を兼ねているものと、下地材としての仕様を示しているものがある。

下地材としての仕様を示しているもののうち、本章16.1.7.1（床の表側の部分）のロ及びヘのようにせっこうボードやせっこう敷き流しのままでは、せっこうが割れてしまう可能性があるため、この上に合板等を敷き、その上から仕上げを行うことが望ましい。

16.1.8 住戸間の界床

重ね建ての住戸間の界床の仕様は、次による。

16.1.8.1 床の表側の部分

1. 床の表側の部分の防火被覆は、次のいずれかとする。
   - イ. □畳敷きの床（ポリスチレンフォームの畳床を除く。）
   - ロ. □厚さ12 mm以上の構造用合板、構造用パネル、パーティクルボード又はデッキプレート（以下、「合板等」という。）の上に、厚さ12 mm以上のせっこうボード張り
   - ハ. □厚さ12 mm以上の合板等の上に、厚さ12 mm以上の硬質木片セメント板張り
   - ニ. □厚さ12 mm以上の合板等の上に、厚さ12 mm以上の軽量気泡コンクリート板張り
   - ホ. □厚さ12 mm以上の合板等の上に、厚さ12 mm以上のモルタル、コンクリート（軽量コンクリート及びシンダーコンクリートを含む。）敷き流し
   - ヘ. □厚さ12 mm以上の合板等の上に、厚さ12 mm以上のせっこう敷き流し
   - ト. □厚さ40 mm以上の木材（木材で造られた荒床の厚さを含む。）
2. 1に掲げる材料の品質は、JIS若しくはJASに適合するもの、又はこれらと同等以上の性能を有するものとする。

16.1.8.2 床の裏側の部分又は直下の天井

1. 床の裏側の部分又は直下の天井の防火被覆は、次のいずれかとする。
   - イ. □厚さ12 mm以上のせっこうボードの上に、厚さ12 mm以上のせっこうボード張りとし、その裏側に厚さ50 mm以上のロックウール（かさ比重0.024以上）又は厚さ50 mm以上のグラスウール（かさ比重0.024以上）のいずれかを充填
   - ロ. □厚さ12 mm以上の強化せっこうボードの上に、厚さ12 mm以上の強化せっこうボード張り
   - ハ. □厚さ15 mm以上の強化せっこうボードの裏側に、厚さ50 mm以上のロックウール（かさ比重0.024以上）又は厚さ50 mm以上のグラスウール（かさ比重0.024以上）のいずれかを充填
   - ニ. □厚さ12 mm以上の強化せっこうボードの上に、厚さ9 mm以上のロックウール吸音板張り
2. 1に掲げる材料の品質は、JISに適合するもの、又はこれと同等以上の性能を有するものとする。
3. 防火被覆材の取付け方法は、本章16.1.7.2（床の裏側の部分又は直下の天井）の3による。 16.1.7.2の3 ☞293頁

16.1.9 はり

はりの防火被覆は、本章16.1.7.2（床の裏側の部分又は直下の天井）に準ずる。ただし、本章16.1.7（界床以外の床（最下階の床を除く））に掲げる防火被覆を設けた床の内部にあるものについては、これによらないことができる。

16.1.7.2 ☞293頁
16.1.7 ☞293頁

16.1.10 屋根・軒裏

1. 屋根(軒裏を除く。)の表側の部分は不燃材料で造り又はふき、屋根の裏側の部分又は屋根の直下の天井の防火被覆は、次のいずれかとする。
   イ. □厚さ12 mm以上の強化せっこうボード張り
   ロ. □厚さ9 mm以上のせっこうボード2枚張り
   ハ. □厚さ12 mm以上のせっこうボード張りとし、その裏側に厚さ50 mm以上のロックウール(かさ比重0.024以上)又は厚さ50 mm以上のグラスウール(かさ比重0.024以上)のいずれかを充填
   ニ. □厚さ12 mm以上の硬質木片セメント板張り
   ホ. □厚さ20 mm以上の鉄網モルタル塗り
   ヘ. □繊維混入けい酸カルシウム板を2枚以上張ったもので、その厚さの合計が16 mm以上のもの
   ト. □本章16.1.2.2(外壁の耐力壁の屋外に面する部分)の1に掲げる防火被覆材 16.1.2.2の1 ☞290頁
2. 軒裏(外壁によって小屋裏又は天井裏と防火上有効に遮られているものを除く。)の防火被覆は、次のいずれかとする。
   イ. □厚さ12 mm以上の硬質木片セメント板張り
   ロ. □厚さ20 mm以上の鉄網モルタル塗り
   ハ. □繊維混入けい酸カルシウム板を2枚以上張ったもので、その厚さの合計が16 mm以上のもの
   ニ. □本章16.1.2.2(外壁の耐力壁の屋外に面する部分)の1に掲げる防火被覆材 16.1.2.2の1 ☞290頁
3. 1及び2に掲げる材料の品質は、JISに適合するもの、又はこれと同等以上の性能を有するものとする。
4. 防火被覆材の取付け方法は、次による。
   イ. 防火被覆材は、たる木、根太、野縁等の横架材に、長さ40 mm以上のGNFくぎ、木ねじ、ステープル、タッピンねじ又はこれらに類する留め金具で確実に留め付ける。ただし、被覆材を2枚重ねて張る場合は、2枚目に張る防火被覆材は、1枚目の防火被覆材と目地が重ならないように割付け、長さ50 mm以上の留め金具で留め付ける。
   ロ. 留め金具の間隔は、防火被覆材の周辺部は100 mm以下、中間部は150 mm以下とする。
   ハ. 防火被覆材の目地部分及び取合い部分は、その裏面に当て木を設ける。なお、たる木、野縁等の横架材をもって当て木に代えることができる。
   ニ. 当て木の断面寸法は、38 mm × 40 mmを標準とする。

16.1.11 階段

階段を木材で造る場合は、段板及び段板を支えるけたは、次のいずれかとする。

イ. □厚さ6 cm以上とする。
ロ. □厚さ3.5 cm以上とし、段板の裏側を本章16.1.10(屋根・軒裏)の1のイからニ又はトの被覆材により被覆し、かつ、ささら桁の外側を本章16.1.3.1(外壁の非耐力壁の室内に面する部分)(屋外側の場合は、本章16.1.3.2(外壁の非耐力壁の屋外に面する部分))の1の被覆材により被覆する。 16.1.10の1 ☞295頁 16.1.3.1 ☞292頁 16.1.3.2の1 ☞292頁
ハ. □段板の裏側を本章16.1.7.2(床の裏側の部分又は直下の天井)の被覆材により被覆し、かつ、ささら桁の外側を本章16.1.4(界壁以外の内壁)(屋外側の場合は本章16.1.3.2(外壁の非耐力壁の屋外に面する部分))の1の被覆材により被覆する。 16.1.7.2 ☞293頁 16.1.4の1 ☞292頁 16.1.3.2の1 ☞292頁

16.1.12 その他の措置

16.1.12.1 壁内部の措置

耐火構造以外の主要構造部である壁については、防火被覆の内部での火災伝播を有効に防止するため、次のいずれか、又はこれらと同等以上のファイヤーストップ材を3 m以

内ごとに設ける。

イ. □たて枠と同寸の寸法型式の製材

ロ. □厚さ12 mm以上のせっこうボード

ハ. □厚さ8 mm以上のスラグせっこう系セメント板

ニ. □厚さ50 mm以上のロックウール(かさ比重0.024以上)

ホ. □厚さ50 mm以上のグラスウール(かさ比重0.024以上)

16.1.12.2 壁と床等の接合部の措置

耐火構造以外の主要構造部である壁と床及び屋根の接合部、階段と床の接合部に、防火被覆の内部での火災伝播を有効に防止するため、ファイヤーストップ材を設ける。なお、ファイヤーストップ材の種類は、本章16.1.12.1(壁内部の措置)による。 16.1.12.1 ☞295頁

16.1.12.3 照明器具等の周辺の措置

防火被覆を施した壁、床又は天井に設ける照明器具、天井換気孔、コンセントボックス、スイッチボックス、その他これらに類するものの周りには、防火上支障のない措置を講じる。

16.1.12.4 外壁の開口部

外壁の開口部に設ける建具は、特記による。

16.2 1時間準耐火構造の住宅の仕様

16.2.1 一般事項

1. 1時間準耐火構造の住宅の防火性能は、この項による。
ただし、主要構造部の各部分を耐火構造(建築基準法施行令第107条に規定する耐火性能を有する構造をいう。)又は国土交通大臣の1時間準耐火構造の認定(建築基準法施行令第112条第2項の規定に基づく認定をいう。)を受けたものとする場合は、この項によらず特記による。
2. 層間変形角が1/150以内であることを確認することとする。ただし、計算又は実験により、主要構造部が防火上有害な変形、き裂その他の損傷を生じないことが確認されている場合においては、この限りでない。

16.2.2 外壁の耐力壁

16.2.2.1 外壁の耐力壁の室内に面する部分

1. 外壁の耐力壁の室内に面する部分の防火被覆は、次のいずれかとする。

イ. □厚さ12 mm以上のせっこうボード(強化せっこうボードを含む。以下同じ。)の上に、厚さ12 mm以上のせっこうボード張り

ロ. □厚さ8 mm以上のスラグせっこう系セメント板の上に、厚さ12 mm以上のせっこうボード張り

ハ. □厚さ16 mm以上の強化せっこうボード張り

ニ. □厚さ12 mm以上の強化せっこうボードの上に、厚さ9 mm以上のせっこうボード又は難燃合板張り

ホ. □厚さ9 mm以上のせっこうボード又は難燃合板の上に、厚さ12 mm以上の強化せっこうボード張り

2. 1に掲げる材料の品質は、JISに適合するもの、又はこれらと同等以上の性能を有するものとする。
3. 防火被覆材の取付け方法は、本章16.1.2.1(外壁の耐力壁の室内に面する部分)の3による。 16.1.2.1の3 ☞290頁

16.2.2.2 外壁の耐力壁の屋外に面する部分

1. 外壁の耐力壁の屋外に面する部分の防火被覆は、次のいずれかによる。

イ. □厚さ18 mm以上の硬質木片セメント板張り

ロ. □厚さ20 mm以上の鉄網モルタル塗り

2. 1に掲げる材料の品質は、JISに適合するもの、又はこれと同等以上の性能を有するものとする。

3. 防火被覆材の取付け方法は、本章16.1.2.2（外壁の耐力壁の屋外に面する部分）の3による。 16.1.2.2の3 ☞290頁

16.2.3 外壁の非耐力壁

16.2.3.1 外壁の非耐力壁の室内に面する部分

1. 外壁の非耐力壁の室内に面する部分の防火被覆は、本章16.1.3.1（外壁の非耐力壁の室内に面する部分）の1による。ただし、延焼のおそれのある部分については、本章16.2.2.1（外壁の耐力壁の室内に面する部分）による。 16.1.3.1の1 ☞292頁 16.2.2.1 ☞296頁
2. 1に掲げる材料の品質は、JISに適合するもの、又はこれらと同等以上の性能を有するものとする。
3. 防火被覆材の取付け方法は、本章16.1.2.1（外壁の耐力壁の室内に面する部分）の3による。 16.1.2.1の3 ☞290頁

16.2.3.2 外壁の非耐力壁の屋外に面する部分

1. 外壁の非耐力壁の屋外に面する部分の防火被覆は、本章16.1.3.2（外壁の非耐力壁の屋外に面する部分）の1による。ただし、延焼のおそれのある部分については、本章16.2.2.2（外壁の耐力壁の屋外に面する部分）による。 16.1.3.2の1 ☞292頁 16.2.2.2 ☞296頁
2. 1に掲げる材料の品質は、JISに適合するもの、又はこれと同等以上の性能を有するものとする。
3. 防火被覆材の取付け方法は、本章16.1.2.2（外壁の耐力壁の屋外に面する部分）の3による。 16.1.2.2の3 ☞290頁

16.2.4 界壁以外の内壁

1. 界壁以外の内壁の室内に面する部分の防火被覆は、次のいずれかとする。
   イ. □厚さ12 mm以上のせっこうボードの上に、厚さ12 mm以上のせっこうボード張り
   ロ. □厚さ8 mm以上のスラグせっこう系セメント板の上に、厚さ12 mm以上のせっこうボード張り
   ハ. □厚さ16 mm以上の強化せっこうボード張り
   ニ. □厚さ9 mm以上のせっこうボード又は難燃合板の上に、厚さ12 mm以上の強化せっこうボード張り
   ホ. □厚さ12 mm以上の強化せっこうボードの上に、厚さ9 mm以上のせっこうボード又は難燃合板張り
2. 1に掲げる材料の品質は、JISに適合するもの、又はこれらと同等以上の性能を有するものとする。
3. 防火被覆材の取付け方法は、本章16.1.2.1（外壁の耐力壁の室内に面する部分）の3による。 16.1.2.1の3 ☞290頁

16.2.5 住戸間の界壁

住戸間の界壁の構造は、本章4.10.14（住戸間の界壁）による。 4.10.14 ☞121頁

16.2.6 柱

柱の防火被覆は、本章16.2.4（界壁以外の内壁）に準ずる。ただし、本章16.2.2（外壁の耐力壁）及び本章16.2.3（外壁の非耐力壁）に掲げる防火被覆を設けた壁の内部にあるものについては、これによらないことができる。 16.2.4 ☞297頁 16.2.2 ☞296頁 16.2.3 ☞297頁

16.2.7 界床以外の床（最下階の床を除く）

16.2.7.1 床の表側の部分

1. 床の表側の部分の防火被覆は、次のいずれかとする。
   イ. □畳敷きの床（ポリスチレンフォームの畳床を除く。）
   ロ. □厚さ12 mm以上の構造用合板、構造用パネル、パーティクルボード又はデ

ッキプレート(以下、「合板等」という。)の上に、厚さ12mm以上のせっこうボード張り

ハ. □厚さ12mm以上の合板等の上に、厚さ12mm以上の硬質木片セメント板張り

ニ. □厚さ12mm以上の合板等の上に、厚さ12mm以上の軽量気泡コンクリート板張り

ホ. □厚さ12mm以上の合板等の上に、厚さ12mm以上のモルタル、コンクリート(軽量コンクリート及びシンダーコンクリートを含む。)敷き流し

ヘ. □厚さ12mm以上の合板等の上に、厚さ12mm以上のせっこう敷き流し

ト. □厚さ40mm以上の木材(木材で造られた荒床の厚さを含む。)

2. 1に掲げる材料の品質は、JIS若しくはJASに適合するもの、又はこれらと同等以上の性能を有するものとする。

16.2.7.2 床の裏側の部分又は直下の天井

1. 床の裏側の部分又は直下の天井の防火被覆は、次のいずれかとする。

イ. □厚さ12mm以上のせっこうボードの上に、厚さ12mm以上のせっこうボード張りとし、その裏側に厚さ50mm以上のロックウール(かさ比重0.024以上)又は厚さ50mm以上のグラスウール(かさ比重0.024以上)のいずれかを充填

ロ. □厚さ12mm以上の強化せっこうボードの上に、厚さ12mm以上の強化せっこうボード張り

ハ. □厚さ15mm以上の強化せっこうボード張りとし、その裏側に厚さ50mm以上のロックウール(かさ比重0.024以上)又は厚さ50mm以上のグラスウール(かさ比重0.024以上)のいずれかを充填

ニ. □厚さ12mm以上の強化せっこうボードの上に、厚さ9mm以上のロックウール吸音板張り

2. 1に掲げる材料の品質は、JISに適合するもの、又はこれと同等以上の性能を有するものとする。

3. 防火被覆材の取付け方法は、本章16.1.7.2(床の裏側の部分又は直下の天井)の3による。 16.1.7.2の3 ☞293頁

施工方法

床の表側の部分

床の表側の部分(床上部)の防火被覆については、所要の耐火性能のある被覆材を列記しているが、このうち、畳敷きの床のように仕上材としての仕様を兼ねているものと、下地材としての仕様を示しているものがある。

下地材としての仕様を示しているもののうち、本章16.2.7.1(床の表側の部分)のロ及びへのようにせっこうボードやせっこう敷き流しのままでは、せっこうが割れてしまう可能性があるため、この上に合板等を敷き、その上から仕上げを行うことが望ましい。

16.2.8 住戸間の界床

重ね建ての住戸間の界床の仕様は、本章16.2.7(界床以外の床(最下階の床を除く))による。 16.2.7 ☞297頁

16.2.9 はり

はりの防火被覆は、本章16.2.7.2(床の裏側の部分又は直下の天井)に準ずる。ただし、本章16.2.7(界床以外の床(最下階の床を除く))に掲げる防火被覆を設けた床の内部にあるものについては、これらによらないことができる。 16.2.7.2 ☞298頁
16.2.7 ☞297頁

16.2.10 屋根・軒裏

1. 屋根(軒裏を除く。)の表側の部分は不燃材料で造り又はふき、屋根の裏側の部分又は屋根の直下の天井の防火被覆は、次のいずれかとする。

イ. □厚さ12 mm以上の強化せっこうボード張り
ロ. □厚さ9 mm以上のせっこうボード2枚張り
ハ. □厚さ12 mm以上のせっこうボード張りとし、その裏側に厚さ50 mm以上のロックウール(かさ比重0.024以上)又は厚さ50 mm以上のグラスウール(かさ比重0.024以上)のいずれかを充填
ニ. □厚さ12 mm以上の硬質木片セメント板張り
ホ. □厚さ20 mm以上の鉄網モルタル塗り
ヘ. □繊維混入けい酸カルシウム板を2枚以上張ったもので、その厚さの合計が16 mm以上のもの
ト. □本章16.1.2.2(外壁の耐力壁の屋外に面する部分)の1に掲げる防火被覆材 16.1.2.2の1 ☞290頁

2. 延焼のおそれのある部分にある軒裏(外壁によって小屋裏又は天井裏と防火上有効に遮られている軒裏を除く。)の防火被覆は、次のいずれかとする。
イ. □厚さ15 mm以上の強化せっこうボードの上に金属板を張ったもの
ロ. □厚さ18 mm以上の硬質木片セメント板張り
ハ. □厚さ20 mm以上の鉄網モルタル塗り
ニ. □繊維混入けい酸カルシウム板を2枚以上張ったもので、その厚さの合計が16 mm以上のもの

3. 軒裏(延焼のおそれのある部分にある軒裏及び外壁によって小屋裏又は天井裏と防火上有効に遮られている軒裏を除く。)の防火被覆は、次のいずれかとする。
イ. □厚さ12 mm以上の硬質木片セメント板張り
ロ. □厚さ20 mm以上の鉄網モルタル塗り
ハ. □繊維混入けい酸カルシウム板を2枚以上張ったもので、その厚さの合計が16 mm以上のもの
ニ. □本章16.1.2.2(外壁の耐力壁の屋外に面する部分)の1に掲げる防火被覆材 16.1.2.2の1 ☞290頁

4. 1から3に掲げる材料の品質は、JISに適合するもの、又はこれと同等以上の性能を有するものとする。
5. 防火被覆材の取付け方法は、本章16.1.10(屋根・軒裏)の4による。 16.1.10の4 ☞295頁

16.2.11 階段

階段を木材で造る場合は、段板及び段板を支えるけたは、本章16.1.11(階段)による。 16.1.11 ☞295頁

16.2.12 その他の措置

16.2.12.1 壁内部の措置

耐火構造以外の壁の内部の措置は、本章16.1.12.1(壁内部の措置)による。 16.1.12.1 ☞295頁

16.2.12.2 壁と床等の接合部の措置

耐火構造以外の主要構造部である壁と床及び屋根の接合部、並びに階段と床の接合部の防火措置は、本章16.1.12.2(壁と床等の接合部の措置)による。 16.1.12.2 ☞296頁

16.2.12.3 照明器具等の周辺の措置

防火被覆を施した壁、床又は天井に設ける照明器具、天井換気孔、コンセントボックス、スイッチボックス、その他これらに類するものの周辺部の措置は、本章16.1.12.3(照明器具等の周辺の措置)による。 16.1.12.3 ☞296頁

16.2.12.4 外壁の開口部

外壁の開口部に設ける建具は、特記による。

17. 耐火構造の住宅の仕様

17.1 一般事項

耐火構造（建築基準法第2条第7号に該当する構造をいう。）の住宅の防火仕様は、耐火構造の構造方法を定める件（平成12年建設省告示第1399号）によるか、又は国土交通大臣の認定を受けたものとすることとし、特記による。

〔第Ⅲ章〕　フラット35S(金利Bプラン)工事仕様書

フラット35S(金利Bプラン)の技術基準(※1)

フラット35S(金利Bプラン)をご利用いただく場合は、フラット35の技術基準に加えて次表の1～4のいずれか1つ以上の基準を満たす住宅であることが必要です。

1 省エネルギー性	断熱等性能等級5以上の住宅 または 一次エネルギー消費量等級6の住宅
2 耐 震 性	耐震等級(構造躯体の倒壊等防止)2以上の住宅
3 バリアフリー性	高齢者等配慮対策等級3以上の住宅
4 耐久性・可変性	劣化対策等級3の住宅、かつ、維持管理対策等級2以上の住宅 (共同住宅等の場合は、一定の更新対策(※2)が必要)

※1 各技術基準(建築物エネルギー消費性能基準に適合する住宅を除く。)は、「住宅の品質確保の促進等に関する法律」に基づく住宅性能表示制度の性能等級等と同じです。なお、住宅性能評価書を取得しなくても、所定の物件検査に合格すれば、フラット35S(金利Bプラン)をご利用いただけます。

※2 一定の更新対策とは、躯体天井高の確保(2.5m以上)及び間取り変更の障害となる壁または柱がないことです。

注) 以下のいずれかに該当する場合は、フラット35S及びフラット35維持保全型を利用できません。
・住宅の全部または一部が土砂災害特別警戒区域(通称:レッドゾーン)内に含まれる場合
・都市再生特別措置法(平成14年法律第22号)第88条第1項に基づく届出を行った場合において、同条第5項に基づく市町村長による公表の措置を受けたとき

フラット35S工事仕様書の使い方

(1) [第Ⅱ章] 工事仕様書のフラット35の基準事項に加え、「1. 省エネルギー性に関する基準(断熱等性能等級5)に係る仕様」、「2. 省エネルギー性に関する基準(一次エネルギー消費量等級6)に係る仕様」、「3. 耐震住宅に関する基準(耐震等級(構造躯体の倒壊等防止)2)に係る仕様」、「4. バリアフリー性に関する基準(高齢者等配慮対策等級3)に係る仕様」または「5. 耐久性・可変性に関する基準(劣化対策等級3及び維持管理対策等級2など)に係る仕様」によってください。

(2) 本文のアンダーライン「＿＿＿」の部分は、基準に係る項目ですので、訂正するとフラット35Sが利用できない場合があります。
なお、アンダーライン「＿＿＿」以外の仕様については、ご自分の工事内容に合わせて当該仕様部分を適宜添削するなどしてご使用ください。

1. 省エネルギー性に関する基準(断熱等性能等級5)に係る仕様

1.1 一般事項

1.1.1 総則

1. フラット35Sにおける省エネルギー性に関する基準のうち、断熱等性能等級5に適合する住宅の仕様は、この項による。
2. 本項におけるアンダーライン「＿＿＿」の付された項目事項は、フラット35Sにおける省エネルギー性に関する基準のうち、断熱等性能等級5に係る仕様であるため、当該部分の仕様以外とする場合は、住宅金融支援機構の認めたものとする。

1.1.2 適用

1. 地域の区分は、巻末付録8(地域の区分一覧表)による。 付録8 ☞411頁
2. □断熱等性能等級5に適合する仕様を計算により決定する場合、以下のイ及びロを満たすものとする。
   イ. 外皮平均熱貫流率及び冷房期の平均日射熱取得率は、以下の表に掲げる数値以下を満たすものとし、その仕様は特記による。

	地域の区分							
	1地域	2地域	3地域	4地域	5地域	6地域	7地域	8地域
外皮平均熱貫流率(W/(㎡·K))	0.4	0.4	0.5	0.6	0.6	0.6	0.6	―
冷房期の平均日射熱取得率	―				3.0	2.8	2.7	6.7

   ロ. 結露の発生を防止する対策については、本章1.1.2(適用)の3のへによる。 1.1.2の3 ☞303頁
3. □断熱等性能等級5に適合する仕様を仕様により決定する場合、以下のイからへまでを満たすものとする。
   イ. 断熱工事の施工部位は、本章1.2(施工部位)による。 1.2 ☞304頁
   ロ. 各部位の断熱性能は、本章1.3(断熱性能)による。 1.3 ☞305頁
   ハ. 開口部の断熱性能は、本章1.7(開口部の断熱性能)による。 1.7 ☞321頁
   ニ. 開口部の日射遮蔽措置は、本章1.8(開口部の日射遮蔽措置)による。 1.8 ☞321頁
   ホ. 気密工事は、充填断熱工法又は繊維系断熱材を用いた外張断熱工法による場合は本章1.5、発泡プラスチック系断熱材を用いた外張断熱工法による場合は本章1.6による。 1.5 ☞316頁 1.6 ☞319頁
   へ. 防湿材の施工、通気層の設置及び防風層の設置は、本章1.4.3(防湿材の施工)の2、本章1.4.7(壁の施工)の5及び6、本章1.4.9(屋根の施工)の2及び3による。 1.4.3の2 ☞312頁 1.4.7の5・6 ☞313頁 1.4.9の2・3 ☞314頁

1.1.3 断熱材

1. 断熱材の品質は、JISの制定のあるものはその規格に適合したもので、原則として、JISマーク表示品とする。
2. 断熱材の形状及び種類は、次表による。なお、これ以外の断熱材を使用する場合は、性能及び生産品質が確かめられたものとする。

形　　状	種　　類	
	材　　種	材　料　名
フェルト状断熱材	無機繊維系断熱材	グラスウール断熱材
		ロックウール断熱材
ボード状断熱材	無機繊維系断熱材	グラスウール断熱材
		ロックウール断熱材
	有機繊維断熱材	木質繊維断熱材
		ポリエステル繊維断熱材
		建材畳床
	発泡プラスチック系断熱材	ビーズ法ポリスチレンフォーム断熱材
		押出法ポリスチレンフォーム断熱材
		硬質ウレタンフォーム断熱材
		ポリエチレンフォーム断熱材
		フェノールフォーム断熱材
吹込み用断熱材	無機繊維系断熱材	吹込み用グラスウール断熱材
		吹込み用ロックウール断熱材
	木質繊維系断熱材	吹込み用セルローズファイバー
現場発泡断熱材	発泡プラスチック系断熱材	建築物断熱用吹付け硬質ウレタンフォーム

3. 断熱材のホルムアルデヒドの発散量に関する品質については、特記による。

1.1.4 構造材及び主要な下地材

断熱構造部を構成する構造材には、含水率19%以下の乾燥した材料を用いる。

1.1.5 断熱材の保管・取扱い

1. 断熱材が雨などによって濡れることがないよう十分配慮する。
2. 無機繊維系断熱材については、断熱材の上に重量物を載せないように十分注意する。
3. 発泡プラスチック系断熱材については、火気に十分注意する。

1.1.6 養生

1. 断熱工事終了後、後続の工事によって断熱材及び防湿材が損傷を受けないよう、必要に応じて養生を行う。
2. 施工中、屋外に面する断熱材は、雨水による濡れ、あるいは直射日光による劣化などにより損傷を受けないよう、必要に応じてシート類で養生する。

1.1.7 注意事項

1. 断熱工事は、他種工事との関連に十分留意し、確実な施工に最も適した時期に実施する。
2. 使用する断熱材、防湿材の種類に応じ、工具、作業衣などをあらかじめ準備する。

詳細については、第Ⅱ章9-1.1を参照する。

1.2 施工部位

1.2.1 断熱構造とする部分

断熱工事の施工部位は、次による。ただし、本章1.2.2（断熱構造としなくてもよい部分）については、断熱構造としなくてもよい。 1.2.2 ☞305頁

イ. 住宅の屋根（小屋裏又は天井裏が外気に通じていない場合)、又は屋根の直下の天井(小屋裏又は天井裏が外気に通じている場合)

ロ. 外気に接する壁

ハ. 外気に接する床及びその他の床(床下換気孔等により外気と通じている床)

ニ．外気に接する土間床等の外周部分の基礎壁及びその他の土間床等の外周部分の基礎壁(床下換気孔等により外気と通じている床裏と接する土間床等の基礎壁)

1.2.2 断熱構造としなくてもよい部分

本章1.2.1（断熱構造とする部分）にかかわらず、断熱構造としなくてもよい部分は、次による。

1.2.1 ☞304頁

イ．居住区画に面する部位が断熱構造となっている物置、車庫、その他これに類する区画の外気に接する部位

ロ．外気に通じる床裏、小屋裏又は天井裏の壁で外気に接するもの

ハ．断熱構造となっている外壁から突き出した軒、袖壁、ベランダ、その他これらに類するもの

ニ．玄関土間、勝手口土間及び玄関土間又は勝手口土間につながる非居室の土間部分

ホ．床下換気孔等により外気に通じている場合で、バスユニットの裏面に断熱材が貼り付けられている、又は吹き付けられていることにより、断熱構造になっている浴室下部における土間床部分

詳細については、第Ⅱ章9-1.2を参照する。

1.3 断熱性能

1.3.1 一般事項

断熱材の熱抵抗値又は厚さは、この項による。

1.3.2 断熱材の種類

断熱材は、表1.3.2に掲げる種類の断熱材又は同表の熱伝導率を有する断熱材とする。

表1.3.2　記号別の断熱材の種類と規格

記号		断熱材の種類	λ：熱伝導率 (W/(m･K))
A	A－1	吹込み用グラスウール (LFGW1052、LFGW1352、LFGW1852) 木質繊維断熱材 (ファイバーボード1種1号、2号、2種1号A、2種2号A) 建材畳床(Ⅲ形)	λ＝0.052～0.051
A	A－2	グラスウール断熱材 通常品(10-50、10-49、10-48) 高性能品(HG10-47、HG10-46) 吹込み用ロックウール(LFRW2547、LFRW3046) 建材畳床(K、N形)	λ＝0.050～0.046
B		グラスウール断熱材 通常品(12-45、12-44、16-45、16-44、20-42、20-41) 高性能品(HG10-45、HG10-44、HG10-43、HG12-43、HG12-42、HG12-41) ロックウール断熱材(LA、LB、LC) ビーズ法ポリスチレンフォーム断熱材4号 ポリエチレンフォーム断熱材1種1号、2号 木質繊維断熱材(ファイバーボード2種1号B、2種2号B)	λ＝0.045～0.041
C	C－1	グラスウール断熱材 通常品(20-40) 木質繊維断熱材 (ファイバーマット、ファイバーボード2種1号C、2種2号C) 吹込み用グラスウール (LFGW2040、LFGW3240、LFGW3540) ロックウール断熱材(LD) 押出法ポリスチレンフォーム断熱材1種b(A) 吹込み用セルローズファイバー (LFCF2540、LFCF4040、LFCF4540、LFCF5040、LFCF5540) 吹付け硬質ウレタンフォーム断熱材A種3	λ＝0.040～0.039

C	C－2	グラスウール断熱材 　通常品(24-38、32-36、40-36、48-35、64-35) 　高性能品(HG14-38、HG14-37、HG16-38、HG16-37、 　　　　　HG16-36、HG20-38、HG20-37、HG20-36、 　　　　　HG20-35、HG24-36、HG24-35、HG28-35、 　　　　　HG32-35) 吹込み用グラスウール(LFGW2238、LFGW3238) ロックウール断熱材(MA、MB、MC、HA、HB) ビーズ法ポリスチレンフォーム断熱材2号、3号 押出法ポリスチレンフォーム断熱材1種b(B、C) ポリエチレンフォーム断熱材2種 フェノールフォーム断熱材2種1号(AⅠ、AⅡ)、 　　　　　　　　　　　3種1号(AⅠ、AⅡ) 吹込み用ロックウール(LFRW6038)	λ＝0.038～0.035
D		グラスウール断熱材 　通常品(80-33、96-33) 　高性能品(HG20-34、HG24-34、HG24-33、HG28-34、 　　　　　HG28-33、HG32-34、HG32-33、HG36-34、 　　　　　HG36-33、HG36-32、HG36-31、HG38-34、 　　　　　HG38-33、HG38-32、HG38-31、HG40-34、 　　　　　HG40-33、HG40-32、HG48-33、HG48-32、 　　　　　HG48-31) ロックウール断熱材(HC) ビーズ法ポリスチレンフォーム断熱材1号 押出法ポリスチレンフォーム断熱材2種b(A、B、C) フェノールフォーム断熱材2種2号(AⅠ、AⅡ) 硬質ウレタンフォーム断熱材1種1号(Ⅰ、Ⅱ) ポリエチレンフォーム断熱材3種 吹付け硬質ウレタンフォーム断熱材A種1、2	λ＝0.034～0.029
E		押出法ポリスチレンフォーム断熱材 　スキン層なし3種a(A、B、C)、3種b(A、B、C) 　スキン層付き3種a(AⅠ、AⅡ、BⅠ、BⅡ、CⅠ、CⅡ)、 　　　　　　　3種b(AⅠ、AⅡ、BⅠ、BⅡ、CⅠ、CⅡ) 硬質ウレタンフォーム断熱材 　1種2号(Ⅰ、Ⅱ)、3号(Ⅰ、Ⅱ)、 　2種1号(AⅠ、AⅡ)、2号(AⅠ、AⅡ、BⅠ、BⅡ)、 　3種1号(AⅠ、AⅡ、BⅠ、BⅡ、CⅠ、CⅡ、DⅠ、DⅡ)、 　3種2号(AⅠ、AⅡ、BⅠ、BⅡ、CⅠ、CⅡ、DⅠ、DⅡ) フェノールフォーム断熱材2種3号(AⅠ、AⅡ) 吹付け硬質ウレタンフォーム断熱材A種1H、2H	λ＝0.028～0.023
F		押出法ポリスチレンフォーム断熱材 　スキン層なし3種a(D、E)、3種b(D、E) 　スキン層付き3種a(DⅠ、DⅡ、EⅠ、EⅡ)、 　　　　　　　3種b(DⅠ、DⅡ、EⅠ、EⅡ) 硬質ウレタンフォーム断熱材2種 　1号(BⅠ、BⅡ、CⅠ、CⅡ、DⅠ、DⅡ、EⅠ、EⅡ)、 　2号(CⅠ、CⅡ、DⅠ、DⅡ、EⅠ、EⅡ、FⅠ、FⅡ) フェノールフォーム断熱材1種 　1号(AⅠ、AⅡ、BⅠ、BⅡ、CⅠ、CⅡ、DⅠ、DⅡ、EⅠ、EⅡ)、 　2号(AⅠ、AⅡ、BⅠ、BⅡ、CⅠ、CⅡ、DⅠ、DⅡ、EⅠ、EⅡ)、 　3号(AⅠ、AⅡ、BⅠ、BⅡ、CⅠ、CⅡ、DⅠ、DⅡ、EⅠ、EⅡ)	λ＝0.022以下

1.3.3 一戸建ての住宅における断熱材の熱抵抗値又は厚さ

一戸建ての住宅における断熱材の熱抵抗値又は厚さは、地域の区分、施工部位、断熱材の種類及び断熱材の施工方法に応じ、次の早見表に掲げる数値以上とする。(「必要な熱抵抗値」の単位はm^2・K/W)

【早見表の活用にあたっての注意】

1. 以下の早見表の断熱材の厚さは、断熱材の各グループのうち、熱伝導率の最大値を用いて算出した厚さを5 mm単位で切り上げたものである。したがって、使用する断熱材によっては、必要厚さを早見表に掲げる数値よりも低い値とすることが可能であり、この場合の断熱材の種類・厚さは特記する。

2. 部位（屋根又は天井、壁、床）によって異なる断熱材の施工方法（充填断熱工法、外張断熱工法又は内張断熱工法）を採用する場合には、当該施工方法に該当するそれぞれの熱抵抗値又は厚さを適用する。

3. 「土間床等の外周部分の基礎壁」の断熱材厚さは、当該基礎壁の外側、内側又は両側に、地盤面に垂直に施工される断熱材の厚さを示す。なお、断熱材の垂直方向の深さは、基礎底盤上端から基礎天端まで、又はこれと同等以上の断熱性能を確保できるものとすること。

1. 1地域及び2地域に建設する充填断熱工法の一戸建ての住宅における断熱材の熱抵抗値又は必要厚さは、次による。

部位 ＼ 断熱材の厚さ		必要な熱抵抗値	断熱材の種類・厚さ（単位：mm）							
			A-1	A-2	B	C-1	C-2	D	E	F
屋根又は天井	屋　根	6.9	360	345	315	280	265	235	195	155
	天　井	5.7	300	285	260	230	220	195	160	130
壁		4.0	210	200	180	160	155	140	115	89
床	外気に接する部分	5.0	260	250	225	200	190	170	140	110
	その他の部分	3.3	175	165	150	135	130	115	95	75
土間床等の外周部分の基礎壁	外気に接する部分	3.5	185	175	160	140	135	120	100	80
	その他の部分	1.2	65	60	55	50	50	45	35	30

2. 1地域及び2地域に建設する外張断熱工法又は内張断熱工法の一戸建ての住宅における断熱材の熱抵抗値又は必要厚さは、次による。

部位 ＼ 断熱材の厚さ		必要な熱抵抗値	断熱材の種類・厚さ（単位：mm）							
			A-1	A-2	B	C-1	C-2	D	E	F
屋根又は天井		6.3	330	315	285	255	240	215	180	140
壁		3.8	200	190	175	155	145	130	110	85
床	外気に接する部分	4.5	235	225	205	180	175	155	130	100
	その他の部分	−	−	−	−	−	−	−	−	−
土間床等の外周部分の基礎壁	外気に接する部分	3.5	185	175	160	140	135	120	100	80
	その他の部分	1.2	65	60	55	50	50	45	35	30

3. 3地域に建設する充填断熱工法の一戸建ての住宅における断熱材の熱抵抗値又は必要厚さは、次による。

部位 ＼ 断熱材の厚さ		必要な熱抵抗値	断熱材の種類・厚さ（単位：mm）							
			A-1	A-2	B	C-1	C-2	D	E	F
屋根又は天井	屋　根	5.7	300	285	260	230	220	195	160	130
	天　井	4.4	230	220	200	180	170	150	125	100
壁		2.7	145	135	125	110	105	95*	80	60
床	外気に接する部分	5.0	260	250	225	200	190	170	140	110
	その他の部分	3.3	175	165	150	135	130	115	95	75
土間床等の外周部分の基礎壁	外気に接する部分	3.5	185	175	160	140	135	120	100	80
	その他の部分	1.2	65	60	55	50	50	45	35	30

＊外壁のたて枠を204材（幅89 mm）とする場合には、熱伝導率が0.032（単位：W/（m·K））以下の断熱材を89 mm施工すれば所要性能が確保される。

4. 3地域に建設する外張断熱工法又は内張断熱工法の一戸建ての住宅における断熱材の熱抵抗値又は必要厚さは、次による。

部位＼断熱材の厚さ		必要な熱抵抗値	断熱材の種類・厚さ(単位：mm)							
			A-1	A-2	B	C-1	C-2	D	E	F
屋根又は天井		4.8	250	240	220	195	185	165	135	110
壁		2.3	120	115	105	95	90	80	65	55
床	外気に接する部分	4.5	235	225	205	180	175	155	130	100
	その他の部分	−	−	−	−	−	−	−	−	−
土間床等の外周部分の基礎壁	外気に接する部分	3.5	185	175	160	140	135	120	100	80
	その他の部分	1.2	65	60	55	50	50	45	35	30

5. 4地域、5地域、6地域及び7地域に建設する充填断熱工法の一戸建ての住宅における断熱材の熱抵抗値又は必要厚さは、次による。

部位＼断熱材の厚さ		必要な熱抵抗値	断熱材の種類・厚さ(単位：mm)							
			A-1	A-2	B	C-1	C-2	D	E	F
屋根又は天井	屋　根	5.7	300	285	260	230	220	195	160	130
	天　井	4.4	230	220	200	180	170	150	125	100
壁		2.7	145	135	125	110	105	95*	80	60
床	外気に接する部分	3.4	180	170	155	140	130	120	100	75
	その他の部分	2.2	115	110	100	90	85	75	65	50
土間床等の外周部分の基礎壁	外気に接する部分	1.7	90	85	80	70	65	60	50	40
	その他の部分	0.7	40	35	35	30	30	25	20	20

＊外壁のたて枠を204材(幅89 mm)とする場合には、熱伝導率が0.032(単位：W/(m·K))以下の断熱材を89mm施工すれば所要性能が確保される。

6. 4地域、5地域、6地域及び7地域に建設する外張断熱工法又は内張断熱工法の一戸建ての住宅における断熱材の熱抵抗値又は必要厚さは、次による。

部位＼断熱材の厚さ		必要な熱抵抗値	断熱材の種類・厚さ(単位：mm)							
			A-1	A-2	B	C-1	C-2	D	E	F
屋根又は天井		4.8	250	240	220	195	185	165	135	110
壁		2.3	120	115	105	95	90	80	65	55
床	外気に接する部分	3.1	165	155	140	125	120	110	90	70
	その他の部分	−	−	−	−	−	−	−	−	−
土間床等の外周部分の基礎壁	外気に接する部分	1.7	90	85	80	70	65	60	50	40
	その他の部分	0.7	40	35	35	30	30	25	20	20

7. 8地域に建設する充填断熱工法の一戸建ての住宅における断熱材の熱抵抗値又は必要厚さは、次による。

部位＼断熱材の厚さ		必要な熱抵抗値	断熱材の種類・厚さ(単位：mm)							
			A-1	A-2	B	C-1	C-2	D	E	F
屋根又は天井	屋　根	1.0	55	50	45	40	40	35	30	25
	天　井	0.8	45	40	40	35	35	30	25	20
壁		−	−	−	−	−	−	−	−	−
床	外気に接する部分	−	−	−	−	−	−	−	−	−
	その他の部分	−	−	−	−	−	−	−	−	−
土間床等の外周部分の基礎壁	外気に接する部分	−	−	−	−	−	−	−	−	−
	その他の部分	−	−	−	−	−	−	−	−	−

8. 8地域に建設する外張断熱工法又は内張断熱工法の一戸建ての住宅における断熱材の熱抵抗値又は必要厚さは、次による。

部位＼断熱材の厚さ		必要な熱抵抗値	断熱材の種類・厚さ(単位：mm)							
			A−1	A−2	B	C−1	C−2	D	E	F
屋根又は天井		0.9	50	45	45	40	35	35	30	20
壁		−	−	−	−	−	−	−	−	−
床	外気に接する部分	−	−	−	−	−	−	−	−	−
	その他の部分	−	−	−	−	−	−	−	−	−
土間床等の外周部分の基礎壁	外気に接する部分	−	−	−	−	−	−	−	−	−
	その他の部分	−	−	−	−	−	−	−	−	−

1.3.4 共同住宅等における断熱材の熱抵抗値又は厚さ

共同住宅等（複合建築物の住宅部分を含む。以下本章において同じ。）における断熱材の熱抵抗値又は厚さは、地域の区分、施工部位、断熱材の種類及び断熱材の施工方法に応じ、次の早見表に掲げる数値以上とする。(「必要な熱抵抗値」の単位は$m^2 \cdot K/W$)

【早見表の活用にあたっての注意】

1. 以下の早見表の断熱材の厚さは、断熱材の各グループのうち、熱伝導率の最大値を用いて算出した厚さを5mm単位で切り上げたものである。したがって、使用する断熱材によっては、必要厚さを早見表に掲げる数値よりも低い値とすることが可能であり、この場合の断熱材の種類・厚さは特記する。
2. 部位(屋根又は天井、壁、床)によって異なる断熱材の施工方法(充填断熱工法、外張断熱工法又は内張断熱工法)を採用する場合には、当該施工方法に該当するそれぞれの熱抵抗値又は厚さを適用する。
3. 「土間床等の外周部分の基礎壁」の断熱材厚さは、当該基礎壁の外側、内側又は両側に、地盤面に垂直に施工される断熱材の厚さを示す。なお、断熱材の垂直方向の深さは、基礎底盤上端から基礎天端まで、又はこれと同等以上の断熱性能を確保できるものとすること。

1. 1地域及び2地域に建設する充填断熱工法の共同住宅等における断熱材の熱抵抗値又は必要厚さは、次による。

部位＼断熱材の厚さ		必要な熱抵抗値	断熱材の種類・厚さ(単位：mm)							
			A−1	A−2	B	C−1	C−2	D	E	F
屋根又は天井	屋　根	4.4	230	220	200	180	170	150	125	100
	天　井	3.4	180	170	155	140	130	120	100	75
壁		2.5	130	125	115	100	95*	85	70	55
床	外気に接する部分	3.4	180	170	155	140	130	120	100	75
	その他の部分	2.1	110	105	95	85	80	75	60	50
土間床等の外周部分の基礎壁	外気に接する部分	1.2	65	60	55	50	50	45	35	30
	その他の部分	0.4	25	20	20	20	20	15	15	10

＊外壁のたて枠を204材（幅89 mm）とする場合には、熱伝導率が0.035（単位：W/(m·K)）の断熱材を89mm施工すれば所要性能が確保される。

2. 1地域及び2地域に建設する外張断熱工法又は内張断熱工法の共同住宅等における断熱材の熱抵抗値又は必要厚さは、次による。

断熱材の厚さ／部位		必要な熱抵抗値	断熱材の種類・厚さ(単位：mm)							
			A-1	A-2	B	C-1	C-2	D	E	F
屋根又は天井		3.7	195	185	170	150	145	130	105	85
壁		2.2	115	110	100	90	85	75	65	50
床	外気に接する部分	3.1	165	155	140	125	120	110	90	70
	その他の部分	−	−	−	−	−	−	−	−	−
土間床等の外周部分の基礎壁	外気に接する部分	1.2	65	60	55	50	50	45	35	30
	その他の部分	0.4	25	20	20	20	20	15	15	10

3. 3地域に建設する充填断熱工法の共同住宅等における断熱材の熱抵抗値又は必要厚さは、次による。

断熱材の厚さ／部位		必要な熱抵抗値	断熱材の種類・厚さ(単位：mm)							
			A-1	A-2	B	C-1	C-2	D	E	F
屋根又は天井	屋　根	2.5	130	125	115	100	95	85	70	55
	天　井	2.0	105	100	90	80	80	70	60	45
壁		2.1	110	105	95*	85	80	75	60	50
床	外気に接する部分	3.4	180	170	155	140	130	120	100	75
	その他の部分	2.1	110	105	95	85	80	75	60	50
土間床等の外周部分の基礎壁	外気に接する部分	1.0	55	50	45	40	40	35	30	25
	その他の部分	0.3	20	15	15	15	15	15	10	10

＊外壁のたて枠を204材(幅89 mm)とする場合には、熱伝導率が0.042(単位：W/(m･K))以下の断熱材を89mm施工すれば所要性能が確保される。

4. 3地域に建設する外張断熱工法又は内張断熱工法の共同住宅等における断熱材の熱抵抗値又は必要厚さは、次による。

断熱材の厚さ／部位		必要な熱抵抗値	断熱材の種類・厚さ(単位：mm)							
			A-1	A-2	B	C-1	C-2	D	E	F
屋根又は天井		2.1	110	105	95	85	80	75	60	50
壁		1.8	95	90	85	75	70	65	55	40
床	外気に接する部分	3.1	165	155	140	125	120	110	90	70
	その他の部分	−	−	−	−	−	−	−	−	−
土間床等の外周部分の基礎壁	外気に接する部分	1.0	55	50	45	40	40	35	30	25
	その他の部分	0.3	20	15	15	15	15	15	10	10

5. 4地域、5地域、6地域及び7地域に建設する充填断熱工法の共同住宅等における断熱材の熱抵抗値又は必要厚さは、次による。

断熱材の厚さ／部位		必要な熱抵抗値	断熱材の種類・厚さ(単位：mm)							
			A-1	A-2	B	C-1	C-2	D	E	F
屋根又は天井	屋　根	2.0	105	100	90	80	80	70	60	45
	天　井	1.6	85	80	75	65	65	55	45	40
壁		1.8	95	90*	85	75	70	65	55	40
床	外気に接する部分	2.9	155	145	135	120	115	100	85	65
	その他の部分	1.7	90	85	80	70	65	60	50	40
土間床等の外周部分の基礎壁	外気に接する部分	0.6	35	30	30	25	25	25	20	15
	その他の部分	0.1	10	5	5	5	5	5	5	5

＊外壁のたて枠を204材(幅89 mm)とする場合には、熱伝導率が0.049(単位：W/(m･K))以下の断熱材を89mm施工すれば所要性能が確保される。

6. 4地域、5地域、6地域及び7地域に建設する外張断熱工法又は内張断熱工法の共同住宅等における断熱材の熱抵抗値又は必要厚さは、次による。

部位＼断熱材の厚さ		必要な熱抵抗値	断熱材の種類・厚さ(単位：mm)							
			A-1	A-2	B	C-1	C-2	D	E	F
屋根又は天井		1.7	90	85	80	70	65	60	50	40
壁		1.6	85	80	75	65	65	55	45	40
床	外気に接する部分	2.6	140	130	120	105	100	90	75	60
	その他の部分	−	−	−	−	−	−	−	−	−
土間床等の外周部分の基礎壁	外気に接する部分	0.6	35	30	30	25	25	25	20	15
	その他の部分	0.1	10	5	5	5	5	5	5	5

7. 8地域に建設する充填断熱工法の共同住宅等における断熱材の熱抵抗値又は必要厚さは、次による。

部位＼断熱材の厚さ		必要な熱抵抗値	断熱材の種類・厚さ(単位：mm)							
			A-1	A-2	B	C-1	C-2	D	E	F
屋根又は天井	屋　根	1.0	55	50	45	40	40	35	30	25
	天　井	0.8	45	40	40	35	35	30	25	20
壁		−	−	−	−	−	−	−	−	−
床	外気に接する部分	−	−	−	−	−	−	−	−	−
	その他の部分	−	−	−	−	−	−	−	−	−
土間床等の外周部分の基礎壁	外気に接する部分	−	−	−	−	−	−	−	−	−
	その他の部分	−	−	−	−	−	−	−	−	−

8. 8地域に建設する外張断熱工法又は内張断熱工法の共同住宅等における断熱材の熱抵抗値又は必要厚さは、次による。

部位＼断熱材の厚さ		必要な熱抵抗値	断熱材の種類・厚さ(単位：mm)							
			A-1	A-2	B	C-1	C-2	D	E	F
屋根又は天井		0.9	50	45	45	40	35	35	30	20
壁		−	−	−	−	−	−	−	−	−
床	外気に接する部分	−	−	−	−	−	−	−	−	−
	その他の部分	−	−	−	−	−	−	−	−	−
土間床等の外周部分の基礎壁	外気に接する部分	−	−	−	−	−	−	−	−	−
	その他の部分	−	−	−	−	−	−	−	−	−

1.3.5 断熱材の厚さの特例

床の「外気に接する部分」のうち、住宅の床面積の合計の5%以下の部分については、本章1.3.3(一戸建ての住宅における断熱材の熱抵抗値又は厚さ)及び本章1.3.4(共同住宅等における断熱材の熱抵抗値又は厚さ)における早見表において、「その他の部分」とみなすことができる。

1.3.3 ☞306頁
1.3.4 ☞309頁

詳細については、第Ⅱ章9-1.3を参照する。

1.4 断熱材等の施工

1.4.1 断熱材の加工

1. 切断などの材料の加工は、清掃した平たんな面上で、定規等を用い正確に行う。
2. 加工の際、材料に損傷を与えないように注意する。
3. ロールになったフェルト状断熱材を切断する場合は、はめ込む木枠の内のり寸法より5～10mm大きく切断する。
4. ボード状断熱材は、専用工具を用いて、内のり寸法にあわせて正確に切断する。

1.4.2 断熱材の施工

1. 断熱材は、すき間なく施工する。
2. 断熱材を充填する場合は、周囲の木枠との間及び室内側下地材との間に、すき間が生じないよう均一にはめ込む。
3. 充填工法の場合は、フェルト状、ボード状又は吹込み用断熱材を、根太やたて枠などの木枠の間にはめ込み、又は天井の上に敷き込むことにより取り付ける。
4. ボード状断熱材を充填する場合、すき間が生じた時は、現場発泡断熱材などで適切に補修する。
5. ボード状断熱材又はフェルト状断熱材をたる木、屋根下張材等の外側に張り付ける(外張りする)場合は、断熱材の突付け部を、たる木などの下地がある部分にあわせ、すき間が生じないようにくぎ留めする。
6. 耳付きの防湿層を備えたフェルト状断熱材を施工する場合は、耳を木枠の室内側見付け面に、間隔200 mm内外でステープル留めとする。
7. 住宅の次に掲げる部位では、おさまりと施工に特に注意し、断熱材及び防湿材にすき間が生じないようにする。
   イ. 外壁と天井又は屋根との取合い部
   ロ. 外壁と床との取合い部
   ハ. 間仕切り壁と天井又は屋根及び床との取合い部
   ニ. 下屋の小屋裏の天井と壁との取合い部
8. 上記以外の取付けを行う場合は、特記による。

1.4.3 防湿材の施工

1. 防湿材は、次のいずれかに該当するもの、又はこれらと同等以上の透湿抵抗を有するものとする。
   イ. □ JIS A 6930(住宅用プラスチック系防湿フィルム)に適合するもの
   ロ. □ JIS Z 1702(包装用ポリエチレンフィルム)に適合するもので、厚さ0.05 mm以上のもの
   ハ. □ JIS K 6781(農業用ポリエチレンフィルム)に適合するもので、厚さ0.05 mm以上のもの
2. グラスウール、ロックウール、セルローズファイバー等の繊維系断熱材及びJIS A 9526に規定する吹付け硬質ウレタンフォームA種3、その他これらに類する透湿抵抗の小さい断熱材(以下「繊維系断熱材等」という。)を使用する場合は、外気等に接する部分に防湿材等を室内側に施工して防湿層を設ける。ただし、次のいずれかの場合は、当該部位について防湿層の設置を省略することができる。
   イ. 床断熱において、断熱材下側が床下に露出する場合、又は湿気の排出を妨げない構成となっている場合
   ロ. 建設地の地域の区分が8地域の場合
   ハ. 断熱層が単一の材料で均質に施工され、透湿抵抗比(断熱層の外気側表面より室内側に施工される材料の透湿抵抗の合計値を、断熱層の外気側表面より外気側に施工される材料の透湿抵抗の合計値で除した値)が、次の値以上である場合
      (イ)1地域、2地域及び3地域で、壁は5、屋根又は天井は6
      (ロ)4地域で、壁は3、屋根又は天井は4
      (ハ)5地域、6地域及び7地域で、壁は2、屋根又は天井は3
   ニ. イからハと同等以上の結露の発生の防止に有効な措置を講ずる場合は、特記による。
3. 防湿材の施工は、次のいずれかによる。
   イ. □防湿材は、幅広の長尺シートを用い、連続させ、すき間のできないように施工する。また、継目は下地材のあるところで30 mm以上重ね合わせる。
   ロ. □イによらず耳付きの防湿材を備えたフェルト状断熱材を用いる場合は、防湿材を室内側に向けて施工する。なお、防湿材の継目は、すき間が生じないよう

十分突き付け施工する。すき間が生じた場合は、1に掲げる防湿材、アルミテープ等の防湿テープで補修する。

4. 防湿材は、電気配線や設備配管などにより破られないよう注意して施工する。万一、防湿材が破れた場合は、アルミテープ等の防湿テープで補修する。

1.4.4 防風材の施工

1. 防風材は、通気層を通る外気が断熱層に侵入することを防止する材料とし、十分な強度及び透湿性を有するもので、次のいずれか、又はこれらと同等以上の強度及び透湿性を有するものとする。
   イ. JIS A 6111(透湿防水シート)に適合するシート
   ロ. 合板
   ハ. シージングボード
   ニ. 火山性ガラス質複層板、MDF、構造用パネル(OSB)等の面材
   ホ. 付加断熱材として使用される発泡プラスチック系断熱材、ボード状繊維系断熱材
   へ. 付属防湿層付き断熱材の外気側シート
2. 繊維系断熱材等を屋根・外壁の断熱に用い、通気層がある場合は、防風材を断熱層の屋外側に施工して防風層を設ける。
3. 防風材は、すき間のないように施工する。
4. シート状防風材は、通気層の厚さを確保するため、ふくらまないように施工する。

1.4.5 基礎の施工

基礎断熱の場合の基礎の施工は、次による。

1. 床下空間を有する基礎断熱工法とする場合又は土間コンクリート床の場合、断熱位置は、基礎の外側、内側又は両側のいずれかとする。
2. 断熱材は吸水性が小さい材料を用い、原則として、基礎底盤上端から基礎天端まで、打込み工法により施工する。
3. 断熱材の継目は、すき間ができないように施工する。型枠脱型後、すき間が生じている時は、現場発泡断熱材などで補修する。
4. 基礎の屋外側に設ける断熱材は、外気に接しないよう、外装仕上げを行う。
5. 基礎天端と土台との間には、すき間が生じないようにする。
6. 床下防湿及び防蟻措置は、Ⅱ-3.5.5(床下防湿・防蟻措置)による。 Ⅱ-3.5.5 ☞54頁
7. ポーチ、テラス、ベランダ等の取合い部分で、断熱欠損が生じないよう施工する。

1.4.6 床の施工

床断熱の場合の床の施工は、次による。

1. 最下階の床及び外気に接する床の断熱材の施工にあたっては、施工後、有害なたるみ、ずれ、屋内側の材料との間にすき間が生じないよう、原則として、受け材を設ける。
2. 床下の換気は、Ⅱ-3.4.9(床下換気)による。 Ⅱ-3.4.9 ☞39頁
3. 地面からの水蒸気の発生を防ぐため、Ⅱ-3.4.13(床下防湿)による床下防湿工事を行う。 Ⅱ-3.4.13 ☞40頁
4. 土間コンクリート床は、Ⅱ-3.4.5(土間コンクリート床)による。 Ⅱ-3.4.5 ☞38頁

1.4.7 壁の施工

1. 断熱材の施工にあたっては、長期間経過してもずり落ちないよう施工する。
2. 断熱材は、原則として、たて枠間及び下枠から上枠まですき間なくはめ込むか、又は外張りとする。
3. 断熱材は、配管部分にすき間ができないように注意して施工する。
4. 配管部は、管の防露措置を行うとともに、断熱材は配管の屋外側に施工する。
5. 断熱層の屋外側に通気層を設け、壁内結露を防止する構造とする。通気層の施工は、Ⅱ-4.10.10(外壁内通気措置)による。 Ⅱ-4.10.10 ☞118頁

ただし、次のいずれかに該当する場合は、通気層を設置しないことができる。

イ. 1地域及び2地域以外で、防湿層にJIS A 6930（住宅用プラスチック系防湿フィルム）を用いる場合

ロ. 1地域及び2地域以外で、防湿層が0.082 m^2・s・Pa/ng以上の透湿抵抗を有する場合

ハ. 1地域及び2地域以外で、断熱層の外気側にALCパネル又はこれと同等以上の断熱性及び吸湿性を有する材料を用い、防湿層が0.019 m^2・s・Pa/ng以上の透湿抵抗を有する場合

ニ. 断熱層が単一の材料で均質に施工され、透湿抵抗比が次の値以上である場合

(イ)1地域、2地域及び3地域は5

(ロ)4地域は3

(ハ)5地域、6地域及び7地域は2

ホ. 建設地の地域の区分が8地域の場合

へ. イからホと同等以上の結露の発生の防止に有効な措置を講ずる場合は、特記による。

6. 断熱層の屋外側に通気層を設け、かつ、繊維系断熱材等を使用する場合には、断熱材と通気層の間に本章1.4.4(防風材の施工)の1による防風層を設ける。 1.4.4の1 ☞313頁

1.4.8 天井の施工

天井断熱の場合の天井の施工は、次による。

1. 天井の断熱材は、天井と外壁との取合い部、間仕切り壁との交差部、天井根太間の部分ですき間が生じないよう注意して、天井全面に施工する。
2. 天井の断熱材は、天井根太間にはめ込む。
3. 天井の断熱材により小屋裏換気経路がふさがれないように注意して施工する。
4. 小屋裏換気については、Ⅱ-4.13(小屋裏換気・軒裏換気)による。 Ⅱ-4.13 ☞147頁
5. 埋込み照明器具(ダウンライト)を使用する場合には、器具を断熱材でおおうことができるS形ダウンライト等を使用し、グラスウール、ロックウール等の不燃性のフェルト状断熱材(S_B形を使用する場合は吹込み用断熱材でも可)を連続して施工し、断熱層を設ける。

1.4.9 屋根の施工

1. 屋根断熱の場合の屋根の施工は、次による。

イ. 断熱材を屋根のたる木間に施工する場合は、施工後、有害なたるみ、ずれ、すき間などが生じないよう、原則として、受け材を設ける。

ロ. 断熱材を屋根のたる木の屋外側に取り付ける場合は、屋根と外壁の取合い部で、断熱材のすき間が生じないよう注意して施工する。

ハ. 屋根断熱の入排気のための通気孔を設ける。

2. 断熱材の外側には、通気層を設ける。ただし、次のいずれかに該当する場合は、通気層を設置しないことができる。

イ. 1地域及び2地域以外で、防湿層にJIS A 6930（住宅用プラスチック系防湿フィルム）を用いる場合

ロ. 1地域及び2地域以外で、防湿層が0.082 m^2・s・Pa/ng以上の透湿抵抗を有する場合

ハ. 1地域及び2地域以外で、断熱層の外気側にALCパネル又はこれと同等以上の断熱性及び吸湿性を有する材料を用い、防湿層が0.019 m^2・s・Pa/ng以上の透湿抵抗を有する場合

ニ. 断熱層が単一の材料で均質に施工され、透湿抵抗比が次の値以上である場合

(イ)1地域、2地域及び3地域は6

(ロ)4地域は4

(ハ)5地域、6地域及び7地域は3

ホ. 建設地の地域の区分が8地域の場合 ヘ. イからホと同等以上の結露の発生の防止に有効な措置を講ずる場合は、特記による。 3. 断熱層の屋外側に通気層を設け、かつ、繊維系断熱材等を使用する場合には、断熱材と通気層の間に本章1.4.4(防風材の施工)の1による防風層を設ける。 4. 埋込み照明器具(ダウンライト)を使用する場合には、器具を断熱材でおおうことができるS形ダウンライト等を使用し、グラスウール、ロックウール等の不燃性のフェルト状断熱材(S_B形を使用する場合は吹込み用断熱材でも可)を連続して施工し、断熱層を設ける。	1.4.4の1 ☞313頁

留意事項

壁の断熱施工—付加断熱工法

地域の区分に応じた断熱の施工において、充填断熱工法や外張断熱工法だけでは対応できない断熱性能が必要となる場合には、充填断熱工法と外張断熱工法あるいは内張断熱工法を併用する充填+付加断熱工法とする必要がある。

充填断熱・付加断熱ともに繊維系断熱材あるいは発泡プラスチック系断熱材を使用する場合もあるが、充填断熱に繊維系断熱材、付加断熱に発泡プラスチック系断熱材を使用するケースが多い。この組合せの場合は、以下の点に留意する。

①付加断熱工法について、充填断熱部分は充填工法、外張断熱部分は外張工法としたそれぞれの施工法による。

②充填する繊維系断熱材の室内側には、本章1.4.3の1に記載している防湿材等を用いて防湿層を施工する。

③躯体内部が室内側防湿層と躯体外側の透湿抵抗が高めの発泡プラスチック系断熱材に挟まれるため、軸組材や下地面材等は乾燥材を用いる。

④外張断熱材が発泡プラスチック系断熱材の場合に防風材(透湿防水シート)が不要となる場合があるが、施工の詳細は断熱材メーカーに確認する。

⑤充填断熱に繊維系断熱材を施工し、付加断熱に透湿性の低い発泡プラスチック系断熱材を施工する付加断熱工法は、繊維系断熱材の内部結露が生じることがあるため、一次元定常結露計算などで結露の有無を確認する。

⑥防火地域・準防火地域の場合の適用の可否や施工の詳細は、断熱材メーカーに確認する。

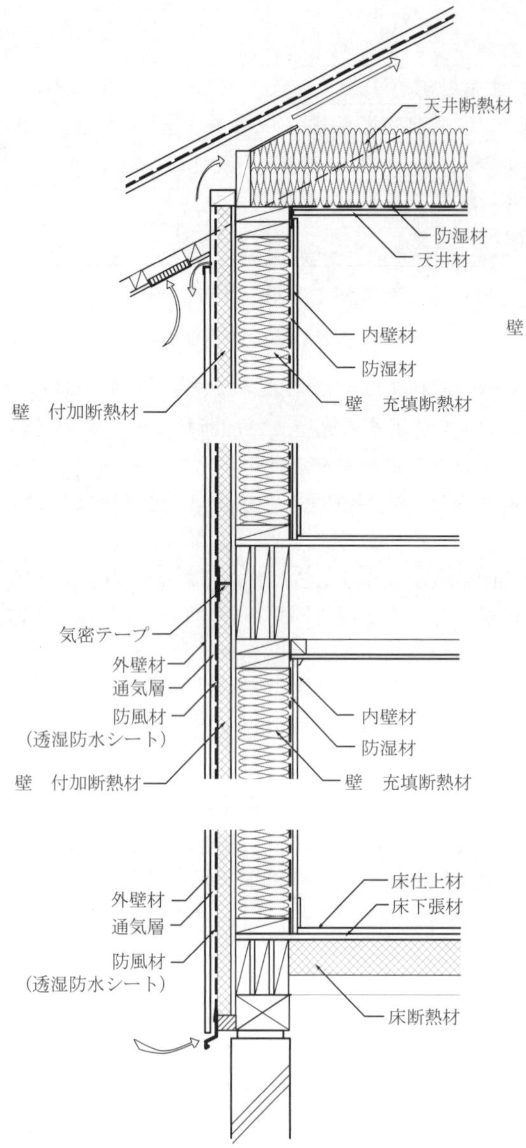

参考図 1.4.7-1　付加断熱の施工例

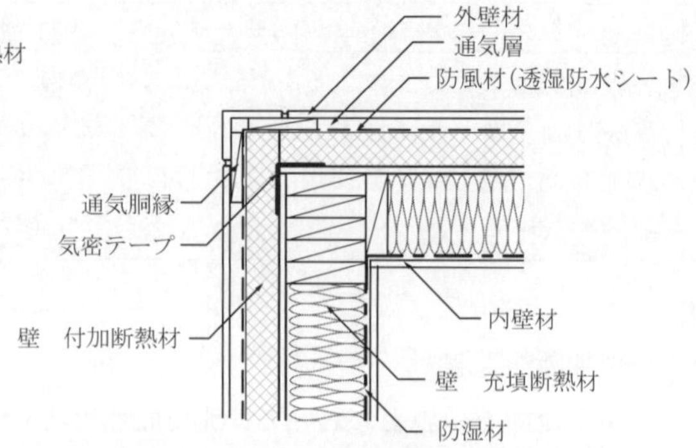

参考図 1.4.7-2　付加断熱の施工例
（出隅部分）

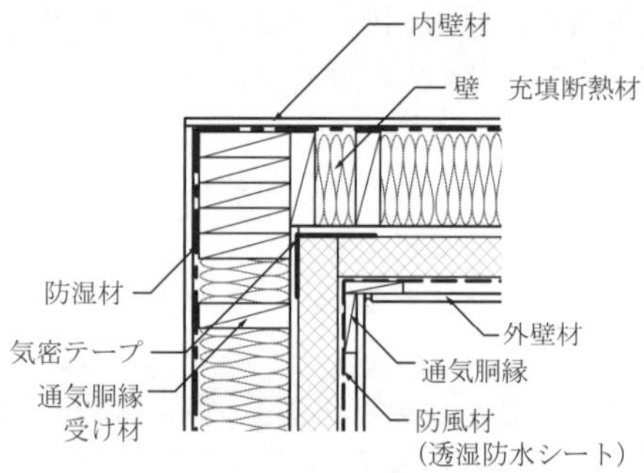

参考図 1.4.7-3　付加断熱の施工例
（入隅部分）

1.5 気密工事（充填断熱工法又は繊維系断熱材を用いた外張断熱工法による場合）

1.5.1 一般事項

充填断熱工法又は繊維系断熱材を用いた外張断熱工法による気密工事は、この項による。

1.5.2 材料・工法一般

1. 気密工事に使用する気密材の種類及び品質は、次のとおりとする。ただし、1地域、2地域及び3地域において建設する場合の気密材は、イ、ハ、ホ、トの材、又はこれと同等以上の気密性、強度、耐久性を有する材料とする。
   イ. 住宅用プラスチック系防湿フィルム（JIS A 6930（住宅用プラスチック系防湿フィルム））、又はこれと同等以上の気密性を有するもの
   ロ. 透湿防水シート（JIS A 6111（透湿防水シート））、又はこれと同等以上の気密性を有するもの
   ハ. 合板、せっこうボード、構造用パネル（JAS）、又はこれと同等以上の気密性を有するもの

ニ. 発泡プラスチック断熱材(JIS A 9521)、建築物断熱用吹付け硬質ウレタンフォーム(JIS A 9526)、又はこれと同等以上の気密性を有するもの

ホ. 乾燥木材等

ヘ. 金属部材

ト. コンクリート部材

2. 気密工事に使用する防湿フィルムは、JIS A 6930(住宅用プラスチック系防湿フィルム)に適合するもの、又はこれと同等以上の防湿性、強度及び耐久性を有するものとする。また、寸法は所定の重ね寸法が確保できるものとし、できるだけ幅広の長尺フィルムを用いる。

3. 防湿フィルムは連続させ、すき間のできないように施工する。また、継目は下地材のある部分で30 mm以上重ね合わせ、その部分を合板、せっこうボード、乾燥した木材等で挟みつける。

4. 気密層の連続性を確保するため、気密材の継目の生じる部分に使用する気密補助材には、以下の材料、その他これらに類する材料を用いる。

イ. 気密テープ(ブチル系テープ、アスファルト系テープ等、気密性又は水密性のあるものとし、経年によって粘着性を失わないもの)

ロ. 気密パッキン材(気密性のあるものとし、経年によって弾力性を失わないもの)

ハ. 現場発泡断熱材(高い気密性を有するもの)

ニ. シーリング材(経年によって弾性と付着力を失わないもの)

1.5.3 壁、床、天井(又は屋根)の施工

1. 防湿フィルムは、継目を縦、横とも下地材のある部分で30 mm以上重ね合わせ、留め付ける。

2. 留付けはステープルを用い、継目部分は200～300 mm程度の間隔に、その他の箇所は要所に行い、たるみ、しわのないように張る。

3. 防湿フィルムの端部は、下地材のある部分で気密テープを用いて留め付けるか、木材等で挟みつけくぎ留めする。

4. 中間階床の横架材部分(端根太又は側根太)に乾燥木材(含水率19%以下のものをいう。以下同じ。)を使用した場合には、その部分に防湿フィルムを張らないことができる。

5. 床に防湿フィルムを張らない場合は、次のいずれかによる。

イ. □側面に本ざね加工のある厚さ15 mm以上の構造用合板、構造用パネル、パーティクルボード(以下、「床合板等」という。)を突き合わせる。

ロ. □厚さ15 mm以上の床合板等を下地材がある部分で突き合わせ、その突合せ部をくぎで留め付ける。

ハ. □床下張材に床合板等を用い、その継目を気密補助材で処理する。

1.5.4 壁、床、天井(又は屋根)の取合い部等の施工

1. 防湿フィルムは、屋根又は天井と壁、壁と床の取合い部、壁の隅角部で、これを構成する各部位が外気等に接する部分においては、下地材のある部分で30 mm以上重ね合わせる。

2. 留付けはステープルを用い、継目部分は200～300 mm程度の間隔に、その他の箇所は要所に行い、たるみ、しわのないように張る。

3. 最下階の床と外壁の取合い部は、次のいずれかとする。

イ. □外壁に用いる防湿フィルムを、床合板等に30 mm以上のばして留め付ける。

ロ. □外壁の防湿フィルム端部を外壁下枠(乾燥木材に限る。)に、本章1.5.3(壁、床、天井(又は屋根)の施工)の3により留め付ける。 1.5.3の3 ☞317頁

4. その他の階の床と外壁の取合い部は、次のいずれかによる。

イ. □下階の外壁の壁枠組の際に、先張りの防風材を上枠及び頭つなぎに沿って壁の防湿フィルムと下地材のある部分で、30 mm以上重ね合わせて張る。この場合に、先張りの防風シートは、上階の外壁の防湿フィルムとの重ねがとれる幅

(400 mm内外)を上枠及び頭つなぎの外側に出しておく。上階の外壁の壁枠組の際に、上枠及び頭つなぎの外側に出た先張りの防風材を、外壁の防湿フィルム側にまわり込ませ、外壁の防湿フィルムに下地材のある部分で30 mm以上重ね合わせて張る。

ロ. □上階の端根太ころび止め(添え側根太)の屋内側又は屋外側には、25 mm以上の防湿性のある板状断熱材を張り付ける。この場合、下階の外壁の防湿フィルムは、シーリング材又は気密テープにより板状断熱材に留め付ける。上階の外壁の防湿フィルムは、30 mm以上室内側にのばして留め付ける。

ハ. □外壁に用いる防湿フィルムを外壁と下階の天井との取合い部で折曲げ、天井に沿ってのばし、床根太又はころび止めに留め付ける。上階の床はロに準ずる。

ニ. □下階の外壁防湿フィルム端部は下階の頭つなぎ材(乾燥木材に限る。)に、上階の防湿フィルム端部は上階の下枠(乾燥木材に限る。)に、本章1.5.3(壁、床、天井(又は屋根)の施工)の3により留め付ける。なお、下階の頭つなぎ、側根太、端根太(添え側根太、端根太ころび止め)、上階の下枠等を配管・配線等が貫通する場合は、その部分ですき間が生じないよう気密補助材を施工する。 1.5.3の3 ☞317頁

5. 外壁と内部壁枠組の取合い部は、次のいずれかとする。

イ. □内部壁枠組の組立て前に、内部壁枠組の取り付く部分に先張り防湿フィルムを張る。この場合、先張り防湿フィルムは、外壁の防湿フィルムと下地材のある部分で30 mm以上重ね合わせるよう留め付ける。

ロ. □内部壁枠組の組立て前に、外壁の防湿フィルムを張る。

ハ. □外壁の防湿フィルム端部を内部壁の壁枠材(乾燥木材に限る。)に、本章1.5.3(壁、床、天井(又は屋根)の施工)の3により留め付ける。なお、外壁と取り合う内部壁枠組の壁枠材を配管・配線等が貫通する場合は、その部分ですき間が生じないよう気密補助材を施工する。 1.5.3の3 ☞317頁

6. 屋根の直下の天井(又は屋根)と内部壁枠組の取合いは、次のいずれかとする。

イ. □内部壁枠組の組立て後に、頭つなぎ材の上部又は頭つなぎ材と上枠の間に先張り防湿フィルムを留め付けてから、天井根太の施工を行い、天井の防湿フィルムを張る。

この場合、先張りの防湿フィルムは、下地材のある部分で30 mm以上重ね合わせるよう留め付ける。

ロ. □内部壁枠組の組立て前に、天井の防湿フィルムを張る。

ハ. □天井の防湿フィルム端部を内部壁枠組の頭つなぎ、上枠(乾燥木材に限る。)に、本章1.5.3(壁、床、天井(又は屋根)の施工)の3により留め付ける。なお、頭つなぎ、上枠を配管・配線等が貫通する場合は、その部分ですき間が生じないよう気密補助材を施工する。 1.5.3の3 ☞317頁

7. 下屋部分の床、天井、外壁の取合い部は、次のいずれかによる。

イ. □下屋部分の天井と上階床との取合いは、下屋天井の防湿フィルムを上階の位置より室内側へのばし、留め付ける。上階の外壁に用いる防湿フィルムは30 mm以上室内側にのばし、留め付けるとともに、外壁下枠と床合板等の取合い部にすき間が生じないように気密補助材を施工する。

ロ. □吊り天井とする場合の下屋部分の天井と上階床との取合いは、せっこうボード受け材(野縁)の下端と同寸法になるように下地材を取り付け、上階外壁下部の添え側根太又は端根太ころび止めの内部に取り付けた板状断熱材等に、下屋天井の防湿フィルムを、シーリング材又は気密テープにより留め付ける。上階の外壁と上階床との取合いは、イに準ずる。

ハ. □下屋天井の防湿フィルムの端部は、床枠組材の端根太、側根太又は下地材等(乾燥木材に限る。)に留め付ける。上階外壁の防湿フィルムの端部は、壁枠組の下枠(乾燥木材に限る。)へ留め付ける。

ニ. □吊り天井とする場合の下屋天井の防湿フィルムを、気密テープ又は押え材により、添え側根太又は端根太ころび止め(乾燥木材に限る。)に留め付ける。

1.5.5 ボード状繊維系断熱材を用いた外張断熱工法による場合

ボード状繊維系断熱材を用いた外張断熱工法による場合の防湿フィルムの施工は、次による。

イ. 防湿フィルムは、縦、横ともたて枠・下地材・たる木又は屋根下張材などの外側(断熱材の内側)に施工し、その取合い部は下地材のある部分で30 mm以上重ね合わせ、留め付ける。

ロ. 防湿フィルムは、屋根と外壁部、外壁部と床の取合い部、外壁の隅角部などの取合い部では、下地材のある部分で30 mm以上重ね合わせ、留め付ける。

ハ. 留付けはステープルを用い、継目部分は200～300 mm程度の間隔に、たるみ、しわのないように張る。

1.5.6 基礎断熱部の取合い

基礎を断熱し、基礎部分を気密層とする場合には、土台と基礎の間に気密材又は気密補助材を施工すること等により、当該部分にすき間が生じないようにする。なお、基礎断熱とした場合は、最下階の床には気密層を施工しない。

1.5.7 細部の気密処理(1地域、2地域及び3地域において建設する場合)

1. 枠組材が防湿フィルムを貫通する部分は、防湿フィルムと構造材を気密テープなどですき間が生じないように留め付ける。
2. 開口部等のまわりの施工は、次による。

イ. 開口部まわりは、サッシ枠取付け部で結露が生じないよう、構造材や防湿フィルムとサッシ枠のすき間を気密補助材で処理する。

ロ. 床下及び小屋裏等の点検口まわりは、防湿フィルムを点検口の枠材に、気密テープなどによって留め付ける。

ハ. 断熱構造とする部分に用いる床下及び小屋裏点検口は、気密性の高い構造とする。

3. 設備配管まわりの施工は、次による。

イ. 設備配管又は配線により外壁、天井、床の防湿フィルムが切れる部分は、貫通する外壁、天井、床のそれぞれの防湿フィルムを切り開き、切り開いた部分を留め代とし、設備配管又は配線に気密テープで留め付けるなど、気密層が連続するよう処理する。

ロ. 電気配線のコンセント、スイッチボックスのまわりの施工は、次のいずれかとし、外壁、天井、床のそれぞれの防湿フィルムと気密テープで留め付ける。

(イ) □気密措置が講じられた専用のボックスを使用する。

(ロ) □コンセント、スイッチボックスのまわりを防湿フイルムでくるむ。

1.5.8 注意事項

1. 4地域、5地域、6地域、7地域及び8地域に建設する場合であっても、細部の気密処理の施工に十分注意する。
2. 燃焼系の暖房器具又は給湯機器を設置する場合には、密閉型又は屋外設置型の機器が設置できるように計画する。

詳細については、第Ⅱ章9-1.5を参照する。

1.6 気密工事(発泡プラスチック系断熱材を用いた外張断熱工法による場合)

1.6.1 一般事項

発泡プラスチック系断熱材を用いた外張断熱工法による場合の各部位の気密工事は、この項による。

1.6.2 材料・工法一般

1. 気密工事に使用する気密材の種類及び品質は、次のとおりとする。ただし、1地域、

2地域及び3地域において建設する場合の気密材は、イ、ハ、ホ、トの材、又はこれと同等以上の気密性、強度、耐久性を有する材料とする。

イ. 住宅用プラスチック系防湿フィルム(JIS A 6930(住宅用プラスチック系防湿フィルム))、又はこれと同等以上の気密性を有するもの

ロ. 透湿防水シート(JIS A 6111(透湿防水シート))、又はこれと同等以上の気密性を有するもの

ハ. 合板、せっこうボード、構造用パネル(JAS)、又はこれと同等以上の気密性を有するもの

ニ. 発泡プラスチック断熱材(JIS A 9521)、建築物断熱用吹付け硬質ウレタンフォーム(JIS A 9526)、又はこれと同等以上の気密性を有するもの

ホ. 乾燥木材等

ヘ. 金属部材

ト. コンクリート部材

2. 気密工事に使用する防湿フィルムは、JIS A 6930(住宅用プラスチック系防湿フィルム)に適合するもの、又はこれと同等以上の防湿性、強度及び耐久性を有するものとする。また、寸法は所定の重ね寸法が確保できるものとし、できるだけ幅広の長尺フィルムを用いる。

3. 気密工事に使用する透湿防水シートは、JIS A 6111(透湿防水シート)に適合するもの、又はこれと同等以上の気密性、強度及び耐久性を有するものとする。また、寸法は所定の重ね寸法が確保できるものとし、できるだけ幅広の長尺フィルムを用いる。ただし、1地域、2地域及び3地域においては使用しない。

4. 防湿フィルムは連続させ、すき間のできないように施工する。また、継目は下地材のある部分で30 mm以上重ね合わせ、その部分を合板、せっこうボード、乾燥した木材、発泡プラスチック系断熱材等で挟みつける。

5. 気密層の連続性を確保するため、板状の気密材の相互の継目又はその他の材料との継目は、本章1.5.2(材料・工法一般)の4に掲げる気密補助材を施工する。 1.5.2の4 ☞317頁

1.6.3 壁、屋根及びその取合い部の施工

1. 1地域、2地域及び3地域において建設する場合の壁、屋根及びその取合い部の施工は、次のいずれかとする。

イ. □発泡プラスチック系断熱材の屋内側に、防湿フィルムを張る。

ロ. □発泡プラスチック系断熱材の屋内側に、構造用合板など通気性の低い乾燥した面材を張る。

ハ. □発泡プラスチック系断熱材の屋外側に、透湿防水シートを張る。

2. 4地域、5地域、6地域、7地域及び8地域において建設する場合の壁、屋根及びその取合い部の施工は、次のいずれかとする。

イ. □発泡プラスチック系断熱材の屋内側に、防湿フィルムを張る。

ロ. □発泡プラスチック系断熱材の屋内側に、構造用合板など通気性の低い乾燥した面材を張る。

ハ. □発泡プラスチック系断熱材の屋外側に、透湿防水シートを張る。

ニ. □外張断熱に用いた発泡プラスチック系断熱材の継目を、気密補助材を用いてすき間が生じないように施工する。

ホ. □2層以上の発泡プラスチック系断熱材の継目が重ならないように張る。

3. 屋根と壁の取合い部及び壁の隅角部においては、気密補助材を利用して、すき間が生じないようにする。

4. 外壁を発泡プラスチック系断熱材を用いた外張断熱工法とし、床又は天井を充填断熱工法とする場合には、床、天井の施工は本章1.5.3(壁、床、天井(又は屋根)の施工)により、床と外壁、天井と外壁との取合い部の施工は本章1.5.4(壁、床、天井(又は屋根)の取合い部等の施工)による。 1.5.3 ☞317頁
1.5.4 ☞317頁

5. 屋根を発泡プラスチック系断熱材を用いた外張断熱工法とし、外壁を充填断熱工法

とする場合には、外壁の施工は本章1.5.3(壁、床、天井(又は屋根)の施工)により、屋根と外壁との取合い部の施工は本章1.5.4(壁、床、天井(又は屋根)の取合い部等の施工)による。 1.5.3 ☞317頁 1.5.4 ☞317頁

1.6.4 基礎断熱部の取合い等

基礎断熱部の取合い、細部の気密処理、注意事項については、それぞれ本章1.5.6(基礎断熱部の取合い)、本章1.5.7(細部の気密処理(1地域、2地域及び3地域において建設する場合))及び本章1.5.8(注意事項)による。 1.5.6 ☞319頁 1.5.7 ☞319頁 1.5.8 ☞319頁

詳細については、第Ⅱ章9-1.6を参照する。

1.7 開口部の断熱性能

1.7.1 開口部建具の種類

1. 開口部の断熱の仕様は、地域の区分及び建て方に応じ、下表の熱貫流率を満たすものとする。

地域の区分	熱貫流率（W/(m²・K)）	
	一戸建ての住宅	共同住宅等
1・2地域	1.9以下	1.9以下
3地域	1.9以下	2.3以下
4・5・6・7地域	2.3以下	2.9以下
8地域		

2. 窓の合計面積が住宅の床面積の2%以下となるものについては、前記1によらず施工することができる。

1.7.2 開口部の気密性

開口部に用いる建具は、地域の区分に応じ、次の気密性能の等級に該当するものとする。

イ. 1地域、2地域及び3地域における開口部は、JIS A 4706(サッシ)に定める気密性等級「A-4」を満たすもの

ロ. 4地域、5地域、6地域、7地域及び8地域における開口部は、JIS A 4706(サッシ)に定める気密性等級「A-3」又は「A-4」を満たすもの

1.7.3 注意事項

1. 建具の重量によって、窓台、まぐさ等の建具取付け部に、有害な変形が生じないような配慮をする。
2. 建具の取付け部においては、漏水及び構造材の腐朽を防止するために、すき間が生じないようにする。

詳細については、第Ⅱ章9-1.7を参照する。

1.8 開口部の日射遮蔽措置

1.8.1 一戸建ての住宅における開口部の日射遮蔽措置

1. 5地域、6地域及び7地域における住宅の開口部（全方位）は、日射遮蔽措置を講じた次のいずれかとする。

イ. □開口部の日射熱取得率が0.59以下であるもの

ロ. □ガラスの日射熱取得率が0.73以下であるもの

ハ. □付属部材を設けるもの

ニ. □ひさし、軒等を設けるもの

2. 8地域における住宅の開口部(全方位)は、日射遮蔽措置を講じた次のいずれかとする。

イ. □開口部の日射熱取得率が0.53以下であるもの

ロ. □ガラスの日射熱取得率が0.66以下であるもの

ハ. □付属部材を設けるもの
ニ. □ひさし、軒等を設けるもの

1.8.2 共同住宅等における開口部の日射遮蔽措置

1. 8地域における住宅の開口部（北±22.5度の方位以外）は、日射遮蔽措置を講じた次のいずれかとする。
   イ. □開口部の日射熱取得率が0.52以下であるもの
   ロ. □ガラスの日射熱取得率が0.65以下であるもの
   ハ. □付属部材を設けるもの
   ニ. □ひさし、軒等を設けるもの

1.8.3 小窓等における日射遮蔽措置

開口部（開口部の面積の大部分が透明材料であるもの。また、天窓は除く。）の合計面積が、住宅の床面積の4%以下となるものについては、本章1.8.1及び1.8.2によらず施工することができる。

1.8.1 ☞321頁
1.8.2 ☞322頁

詳細については、第Ⅱ章9-1.8を参照する。

2. 省エネルギー性に関する基準(一次エネルギー消費量等級6)に係る仕様

2.1 一般事項

2.1.1 総則

1. フラット35Sにおける省エネルギー性に関する基準のうち、一次エネルギー消費量等級6に適合する住宅の仕様は、この項による。
2. 本項におけるアンダーライン「＿＿＿」の付された項目事項は、フラット35Sにおける省エネルギー性に関する基準のうち、一次エネルギー消費量等級6に係る仕様であるため、当該部分の仕様以外とする場合は、住宅金融支援機構の認めたものとする。

2.1.2 適用

本項の適用となる住宅は、次の1又は2のいずれかとする。

1. □一次エネルギー消費量等級6に適合する仕様を計算により決定する場合、住宅の品質確保の促進等に関する法律(平成11年法律第81号)に基づく評価方法基準(平成13年国土交通省告示第1347号)第5の5-2の一次エネルギー消費量等級6に規定されている対策が講じられていることとし、「住宅に関する省エネルギー基準に準拠したプログラム(https://house.app.lowenergy.jp/)」等を用いて、巻末付録8(地域の区分一覧表)の地域の区分及び床面積等に応じて算定した対象住宅の一次エネルギー消費量が基準一次エネルギー消費量を上回らないことを確認したものとし、その仕様は特記による。 付録8 ☞411頁
2. □一次エネルギー消費量等級6に適合する仕様を仕様により決定する場合、以下のイからトまでを満たすものとする。
   イ. 基準一次エネルギー消費量及び住宅の一次エネルギー消費量の算出における地域の区分は、巻末付録8(地域の区分一覧表)による。 付録8 ☞411頁
   ロ. 暖房設備は、本章2.2(暖房設備)による。 2.2 ☞325頁
   ハ. 冷房設備は、本章2.3(冷房設備)による。 2.3 ☞325頁
   ニ. 換気設備は、本章2.4(換気設備)による。 2.4 ☞325頁
   ホ. 給湯設備は、本章2.5(給湯設備)による。 2.5 ☞325頁
   ヘ. 照明設備は、本章2.6(照明設備)による。 2.6 ☞326頁
   ト. 躯体の断熱性能は、本章2.7(躯体の断熱性能)による。 2.7 ☞326頁

留意事項

住宅に関する省エネルギー基準に準拠したプログラムについて

住宅・建築物の省エネルギー基準及び低炭素建築物の認定基準に基づく住宅の一次エネルギー消費量の算定に用いる「住宅に関する省エネルギー基準に準拠したプログラム」に関する最新情報については、「建築物のエネルギー消費性能に関する技術情報Webサイト」(https://www.kenken.go.jp/becc/index.html)を参照すること。

省エネルギー性に関する基準(一次エネルギー消費量等級6)に適合する仕様

性能表示基準の「一次エネルギー消費量等級6」には、性能基準と仕様基準が定められている。

性能基準による場合は、一次エネルギー消費量の算定にあたり外皮の断熱性能(外皮平均熱貫流率・日射熱取得率)を確認する必要がある。一方、仕様基準による場合は、一次エネルギー消費量の算定に代えて断熱等性能等級5の仕様基準または性能基準、及び「住宅部分の外壁、窓等を通しての熱の損失の防止に関する誘導基準及び一次エネルギー消費量に関する誘導基準(令和4年国土交通省告示第1106号)」の2に掲げる設備等の基準に適合する仕様とする必要がある。

評価対象住宅の一次エネルギー消費量の基準適合性確認方法

評価対象住宅の一次エネルギー消費量の基準への適合性の確認方法は、次に示す図のとおり、評価対象住宅の地域の区分、床面積などに応じて算定した設計一次エネルギー消費量が、所定の基準一次エネルギー消費量を上回らないことを確認することによる。

具体的には、本項2.1.2に示す「住宅に関する省エネルギー基準に準拠したプログラム」などを用い、暖冷房、換気等の各エネルギー消費量の総和(＝設計一次エネルギー消費量)が、基準一次エネルギー消費量を上回らないことを確認

する。

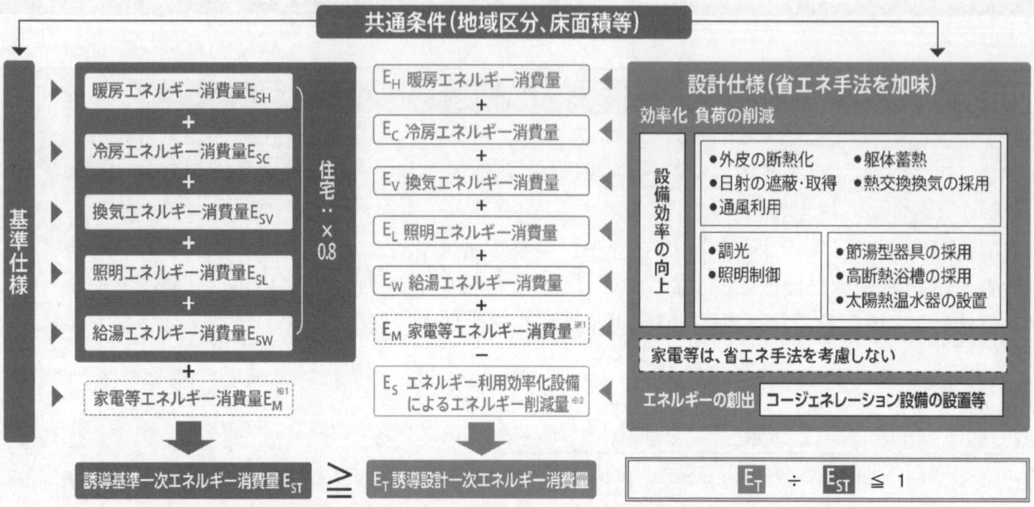

※1　家電及び調理のエネルギー消費量。建築設備に含まれないことから、省エネルギー手法は考慮せず、床面積に応じた同一の標準値を誘導設計一次エネルギー消費量及び誘導基準一次エネルギー消費量の両方に使用する。

※2　コージェネレーション設備により発電されたエネルギー量を含み、太陽光発電設備によるエネルギー量を含まない。

住宅に関する省エネルギー基準に準拠したプログラム

住宅に関する省エネルギー基準に準拠したプログラムは、「建築物のエネルギー消費性能に関する技術情報Webサイト」(https://www.kenken.go.jp/becc/index.html)にて公開されている。

(1) 基準一次エネルギー消費量及び設計一次エネルギー消費量の算定

評価対象住宅の基準一次エネルギー消費量及び設計一次エネルギー消費量を算定することができる。

(2) 入力データ及び算定結果の出力

住宅ごとに入力したデータと一次エネルギー消費量の算定結果をPDFファイルとして出力することができる。

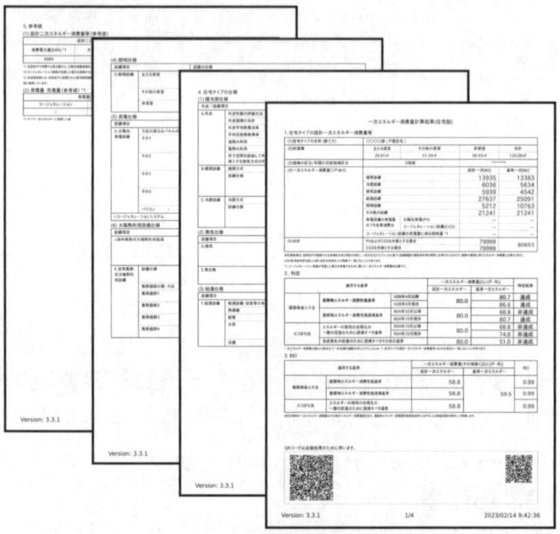

一次エネルギー消費量算定結果

住宅に関する省エネルギー基準に準拠したプログラム

2.2 暖房設備

1地域から7地域における暖房方式及び暖房設備は、次のいずれかによる。

1. □単位住戸全体を暖房する方式とする場合、暖房設備は熱交換換気設備を採用し、ダクト式セントラル空調機としたうえで、次の措置を講じる。
   イ. ヒートポンプ式熱源とする
   ロ. VAV方式を採用する
   ハ. ダクトが通過する空間をすべて断熱区画内とする
2. □居室のみを暖房する方式とする場合、暖房設備は次のいずれかによる。
   イ. □温水暖房用パネルラジエーターで配管に断熱被覆があるものとし、熱源は潜熱回収型の石油熱源機(エコフィール)
   ロ. □温水暖房用パネルラジエーターで配管に断熱被覆があるものとし、熱源は潜熱回収型のガス熱源機(エコジョーズ)
   ハ. □温水暖房用パネルラジエーターで配管に断熱被覆があるものとし、熱源は電気ヒートポンプ熱源機(フロン系冷媒に限る。)
   ニ. □エネルギー消費効率の区分が(い)のルームエアコンディショナー(1地域又は2地域にあっては、熱交換換気設備を採用する。)

2.3 冷房設備

冷房方式及び冷房設備は、次のいずれかによる。

1. □単位住戸全体を冷房する方式とする場合、冷房設備はダクト式セントラル空調機とし、次の措置を講じる。
   イ. ヒートポンプ式熱源とする
   ロ. VAV方式を採用する
   ハ. ダクトが通過する空間をすべて断熱区画内とする
2. □居室のみを冷房する方式とする場合、冷房設備はエネルギー消費効率の区分が(い)のルームエアコンディショナーとする。

2.4 換気設備

換気設備は、次のいずれかによる。

1. □比消費電力が0.3W/(m^3/h)以下の換気設備
2. □内径75 mm以上のダクトを使用したダクト式第一種換気設備(DC(直流)モーター採用)
3. □内径75 mm以上のダクトを使用したダクト式第二種換気設備
4. □内径75 mm以上のダクトを使用したダクト式第三種換気設備
5. □壁付け式第二種換気設備
6. □壁付け式第三種換気設備
7. □熱交換換気設備(温度熱交換率70%以上)を採用し、全換気設備に内径75mm以上のダクトを使用した有効換気量が0.8以上のダクト式第一種換気設備(DC(直流)モーター採用)

2.5 給湯設備

1. 給湯設備は、次のいずれかによる。
   イ. □石油給湯機で、モード熱効率が84.9%以上であるもの(1~7地域に限る。)
   ロ. □ガス給湯機で、モード熱効率が86.6%以上であるもの(1~7地域に限る。)
   ハ. □電気ヒートポンプ給湯機(CO_2冷媒に限る。)で、年間給湯保温効率又は年間給湯効率が3.3以上であるもの
2. 給湯設備は、次の措置を講じる。
   イ. 給湯機の配管は、ヘッダー方式とし、ヘッダー分岐後のすべての配管径を13A以下とする。
   ロ. 浴室シャワー水栓は、手元止水機構及び小流量吐水機構を有する節湯水栓とする。

ハ．高断熱浴槽を設置する。

2.6 照明設備

すべての照明設備は、LEDとする。

2.7 躯体の断熱性能

躯体及び開口部の断熱性能は、本章1（省エネルギー性に関する基準（断熱等性能等級5）に係る仕様）による。

1 ☞303頁

3. 耐震住宅に関する基準(耐震等級(構造躯体の倒壊等防止)2)に係る仕様

3.1 一般事項

3.1.1 総則

1. フラット35Sにおける耐震住宅に関する基準(耐震等級(構造躯体の倒壊等防止)2)に適合する住宅の仕様は、この項による。
2. 本項におけるアンダーライン「＿＿＿」の付された項目事項は、フラット35Sにおける耐震住宅に関する基準(耐震等級(構造躯体の倒壊等防止)2)に係る仕様であるため、当該部分の仕様以外とする場合は、住宅金融支援機構の認めたものとする。

3.1.2 基本原則

枠組壁工法の建築物における基準(壁量計算等)、保有水平耐力計算等、又は限界耐力計算により、住宅性能表示制度「耐震等級(構造躯体の倒壊等防止)2」以上の耐震性能を確保することとする。

3.1.3 構造計算等

1. 3階建の住宅は、建築基準法および住宅性能表示制度「耐震等級(構造躯体の倒壊等防止)」1-1(3)イ又はロに基づく構造計算により、構造耐力上の安全性を確認したうえで、仕様を決めるものとする。
2. 階数が2以下の住宅は、建築基準法および住宅性能表示制度「耐震等級(構造躯体の倒壊等防止)」1-1(3)イ又はロに基づく構造計算、若しくは、へに基づく枠組壁工法の建築物における基準(壁量計算等)により、構造耐力上の安全性を確認したうえで、仕様を決めるものとする。

用　語

耐震住宅に関する基準(耐震等級(構造躯体の倒壊等防止)2)に係る仕様

「住宅の品質確保の促進等に関する法律」に基づく日本住宅性能表示基準及び評価方法基準の「耐震等級」のうち、本項では、「構造躯体の倒壊等防止」の「等級2」に対応した耐震性能を有した仕様を示しているものである。なお、各仕様を決定するに際し、前提条件として、以下①～③のいずれかの構造計算等を行うことが必要である。

①性能表示制度「耐震等級(構造躯体の倒壊等防止)」1-1(3)イに基づく構造計算

建築基準法施行令第82条の5に規定する限界耐力計算による構造計算をいう。

②性能表示制度「耐震等級(構造躯体の倒壊等防止)」1-1(3)ロに基づく構造計算

建築基準法施行令第3章第8節第1款の2及び4の規定による次のいずれかの構造計算をいう。なお、これらは一般的に、「保有水平耐力計算等」と呼ばれている。

イ　保有水平耐力計算：許容応力度計算(令第82条第1号から第3号まで)＋層間変形角の計算(令第82条の2)＋保有水平耐力計算(令第82条の3)＋屋根ふき材等の計算(令第82条の4)

ロ　許容応力度等計算：許容応力度計算＋層間変形角の計算＋屋根ふき材等の計算＋剛性率・偏心率等の計算(令第82条の6)

ハ　許容応力度計算＋屋根ふき材等の計算

※令第82条第4号(変形等による使用上の支障防止の確認の計算)及び、同第82条の4(屋根ふき材等の構造計算)は、建築基準法上の上記の各構造計算方法(ルート)には含まれるが、本評価方法基準上は除外されている。

③性能表示制度「耐震等級(構造躯体の倒壊等防止)」1-1(3)へに基づく壁量計算等

評価方法基準において掲げる「枠組壁工法の建築物における基準」に定められる方法により基準に適合することをいい、建築基準法関係諸規定に適合するほか、次のいずれかに適合していることをいう。

イ　平成13年国土交通省告示第1540号(以下、「告示」という。)第10第1号または第2号の規定により定める構造計算により、安全性が確かめられること。ただし、令82条第2号の表はKの値に1.25以上の数字を乗じるものとする。

ロ　告示第5第5号の規定に適合しており、かつ、次の規定に適合していることをいう。この場合において、平成13年国土交通省告示第1541号第1第5号中「長さの合計」とあるのは、「長さ及び評価方法基準第5の1-1(3)へ

①bに掲げる表（い）項に掲げる壁の種類に応じて、当該壁の長さに（ろ）項に掲げる倍率を乗じて得た長さの合計」とし、告示第5第5号中「次の表一」とあるのは、「評価方法基準第5の1-1(3)ホ①の表2」とする。

(a) たて枠上下端の接合部に必要とされる引張力が、当該部分の引張耐力を超えていないことを、当該接合部の周囲の耐力壁の種類及び配置を考慮して確認すること。

(b) 常時または積雪時に建物に作用する固定荷重及び積載荷重、ならびに積雪時に建物に作用する積雪荷重による力が、上部構造及び基礎を通じて適切に力が地盤に伝わり、かつ、地震力及び風圧力に対し上部構造から伝達される引張力に対して基礎の耐力が十分であるように、小屋組、床組、基礎、その他の構造耐力上主要な部分の部材の種別、寸法、量及び間隔が設定されていること。

3.2 基礎

1. 平屋建又は2階建の基礎工事は、Ⅱ-3.4(平屋建又は2階建の基礎工事)による。
2. 3階建の基礎工事は、Ⅱ-15.2(基礎工事)による。

Ⅱ-3.4 ☞37頁
Ⅱ-15.2 ☞279頁

3.3 耐力壁

1. 平屋建又は2階建の耐力壁は、Ⅱ-4.10.1(耐力壁)による。
2. 3階建の耐力壁は、Ⅱ-15.5.1(耐力壁)による。

Ⅱ-4.10.1 ☞100頁
Ⅱ-15.5.1 ☞283頁

3.4 床組等

1. 平屋建又は2階建の床組等は、Ⅱ-4.9(平屋建又は2階建の床枠組(最下階以外の床枠組))及びⅡ-4.12(平屋建又は2階建の小屋組)による。
2. 3階建の水平構面は、Ⅱ-15.4(床枠組)及びⅡ-15.6(小屋組)による。

Ⅱ-4.9 ☞85頁
Ⅱ-4.12 ☞127頁
Ⅱ-15.4 ☞282頁
Ⅱ-15.6 ☞286頁

3.5 接合部

たて枠上下端の接合部に必要とする引張力が、当該部分の引張耐力を超えていないことを、周囲の耐力壁の配置等を考慮して確認したうえで、仕様を決めるものとする。

3.6 横架材及び基礎

小屋組、床組、基礎、その他の構造耐力上主要な部分の部材の種別、寸法、量及び間隔については、構造計算等により、常時又は積雪時に作用する固定荷重及び積載荷重、並びに積雪時に建築物に作用する積雪荷重による力が、上部構造及び基礎を通じて適切に地盤に伝わり、かつ、地震力及び風圧力に対し上部構造から伝達される引張力に対して、基礎の耐力が十分であることを確かめること。

用　語

床組等

耐力壁線で挟まれる床の床組または屋根の小屋組及び屋根面(1階にあっては2階の床の床組または1階の屋根の小屋組及び屋根面を、2階にあっては2階の屋根の小屋組及び屋根面)について、この仕様書においては「床組等」と呼ぶこととする。

留意事項

たて枠上下端の接合部に必要とする引張力

「3.5 接合部」に示されるたて枠上下端の接合部に必要とする引張力については、架構の応力解析によって算出する。

耐震等級2の適合性の確認について、壁量計算等(評価方法基準第5の1-1(3)へ 枠組壁工法の建築物における基準)に従って行う場合には、引張力を簡易に計算できる方法として、一般社団法人日本ツーバイフォー建築協会が公開している「たて枠上下端の必要接合部倍率 簡易計算法」が利用できる(同協会ホームページ参照)。

4. バリアフリー性に関する基準(高齢者等配慮対策等級3)に係る仕様

4.1 一般事項

4.1.1 総則

1. フラット35Sにおけるバリアフリー性に関する基準(高齢者等配慮対策等級3)に適合する住宅の仕様は、この項による。
2. 本項において、アンダーライン「＿＿＿」の付された項目事項は、フラット35Sにおけるバリアフリー性に関する基準(高齢者等配慮対策等級3)に係る仕様であるため、当該部分の仕様以外とする場合は、住宅金融支援機構の認めたものとする。
3. 「日常生活空間」とは、高齢者等の利用を想定する一の主たる玄関、便所、浴室、脱衣室、洗面所、寝室(以下、「特定寝室」という。)、食事室及び特定寝室の存する階(接地階を除く。)にあるバルコニー、特定寝室の存する階にあるすべての居室並びにこれらを結ぶ一の主たる経路をいう。

留意事項

バリアフリー性に関する基準(高齢者等配慮対策等級3)に係る仕様

「住宅の品質確保の促進等に関する法律」(平成11年法律第81号)第3条第1項の規定に基づく「日本住宅性能表示基準」(平成13年国土交通省告示第1346号)においては、「高齢者等配慮対策等級(専用部分)」(以下、「性能表示基準」という) における新築住宅の各等級の水準は、下記のとおり定められている。本項は、このうちの「等級3」に対応した仕様を示している。

等　級	必　要　な　対　策
等級5	a　移動等に伴う転倒、転落等の防止に特に配慮した措置が講じられていること。 b　介助が必要となった場合を想定し、介助用車いす使用者が、基本生活行為を行うことを容易にすることに特に配慮した措置が講じられていること。
等級4	a　移動等に伴う転倒、転落等の防止に配慮した措置が講じられていること。 b　介助が必要になった場合を想定し、介助用車いす使用者が、基本生活行為を行うことを容易にすることに配慮した措置が講じられていること。
等級3	a　移動等に伴う転倒、転落等の防止のための基本的な措置が講じられていること。 b　介助が必要になった場合を想定し、介助用車いす使用者が、基本生活行為を行うことを容易にするための基本的な措置が講じられていること。
等級2	移動等に伴う転倒、転落等の防止のための基本的な措置が講じられていること。
等級1	移動等に伴う転倒、転落等の防止のための建築基準法に定める措置が講じられていること。

用　語

移動等

水平移動、垂直移動、姿勢の変化及び寄りかかりの各行為をいう。

介助行為

介助用車いすの通行の補助、浴室における浴槽の出入り及び体の洗浄、寝室における介助用車いすからのベッドへの移乗ならびに便所における介助用車いすから便器への移乗、衣服の着脱及び排泄後の処理の各動作をいう。

基本生活行為

日常生活空間で行われる排泄、入浴、整容、就寝、食事、移動その他これらに伴う行為をいう。

4.2 部屋の配置

4.2.1 部屋の配置

特定寝室がある階には、便所を配置する。

用　語

特定寝室

高齢者が利用する寝室及び高齢者がいない場合で、入居者が将来高齢化した場合などに利用予定の居室をいう。

留意事項

部屋の配置

高齢期には身体機能が低下するため、特定寝室と便所、洗面所、居間、食事室等の日常生活に最低限必要な空間は、可能な限り同一階に配置することが望ましい。

このうち、便所については使用頻度が高齢期には多くなることや夜間の使用の安全性の点から、優先度が最も高いとされているため、最低限必要な基準として、特定寝室と便所の同一階設置を要件としている。

なお、便所を複数設置する場合、最低1箇所が高齢者等の寝室と同一階に設置されていることが必要である。

4.3 住戸内の段差の解消

4.3.1 段差の解消

1. 日常生活空間内の床は、段差のない構造（仕上がり5 mm以下の段差が生じるものを含む。以下同じ。）とする。ただし、次のイ～ヘに掲げる部分にあっては、この限りでない。なお、ヘに掲げる部分に踏み段を設ける場合、踏み段は1段とし、奥行は300 mm以上、幅は600 mm以上で、踏み段とバルコニーの端との距離を1,200 mm以上とする。ヘに掲げる部分以外に踏み段を設ける場合は、踏み段の奥行は300 mm以上、幅は600 mm以上とする。
   イ．玄関の出入口の段差で、くつずりと玄関外側の高低差を20 mm以下とし、かつ、くつずりと玄関土間の高低差を5 mm以下としたもの
   ロ．勝手口その他の屋外に面する開口部（玄関を除く。以下、本項において「勝手口等」という。）の出入口及び上がり框の段差
   ハ．玄関の上がり框の段差
   ニ．浴室の出入口の段差で、20 mm以下の単純段差とする、又は浴室内外の高低差を120 mm以下、またぎ高さを180 mm以下とし、かつ、手すりを設置したもの
   ホ．接地階を有する住宅のバルコニーの出入口の段差
   ヘ．接地階を有しない住宅のバルコニーの出入口の段差のうち、次の（イ）～（ホ）に掲げる段差
      （イ）180 mm以下の単純段差
      （ロ）250 mm以下の単純段差とし、手すりを設置できるようにしたもの
      （ハ）踏み段を設ける場合、360 mm以下の単純段差とし、バルコニーと踏み段との段差及び踏み段と框との段差を180 mm以下の単純段差としたもの
      （ニ）屋内側及び屋外側の高さが180 mm以下のまたぎ段差とし、手すりを設置できるようにしたもの
      （ホ）踏み段を設ける場合、屋内側の高さが180 mm以下で、屋外側の高さが360 mm以下のまたぎ段差とし、バルコニーと踏み段との段差及び踏み段と框との段差を180 mm以下の単純段差とし、手すりを設置できるようにしたもの
2. 日常生活空間内の居室の部分の床のうち、次のイ～ホに掲げるすべてに適合するものとその他の部分の床との間には、300 mm以上450 mm以下の段差を設けることができるものとする。
   イ．介助用車いすの移動の妨げとならない位置にあること
   ロ．面積が3 m^2以上9 m^2（当該居室の面積が18 m^2以下の場合にあっては、当該面積の1/2）未満であること
   ハ．当該部分の面積の合計が、当該居室の面積の1/2未満であること
   ニ．間口（工事を伴わない撤去等により確保できる部分の長さを含む。）が1,500 mm以上であること
   ホ．その他の部分の床より高い位置にあること
3. 日常生活空間外の床は、段差のない構造とする。ただし、次のイ～ヘに掲げる部分にあっては、この限りではない。
   イ．玄関の出入口の段差
   ロ．玄関の上がり框の段差

ハ．勝手口等の出入口及び上がり框の段差
ニ．バルコニーの出入口の段差
ホ．浴室の出入口の段差
ヘ．室内又は室の部分の床とその他の部分の床の90 mm以上の段差

4.3.2 床枠組

床枠組による和室と廊下・洋室等との段差の解消方法は、次のいずれかによる。

イ．□すべての範囲の床下張りを同一レベルで張り、和室以外の部分を二重床にする。
ロ．□1階に限り、和室の床根太とその他の部分の床根太の寸法型式を変え、床仕上げ面の段差を解消する。
ハ．□その他、水平構面の剛性に十分配慮した方法で、特記による。

4.3.3 床板張り

洋室と廊下等との床仕上げ面の取合いは、次による。

イ．開き戸のくつずりには、戸当たりを設けないものとする。
ロ．出入口両側の床仕上材の厚さが異なる場合は、仕上材の下に調整材等を敷いて段差を解消するとともに、取合い部に床見切り枠等を設ける。

用　語

居室

居間、食事室及びその他の寝室等をいう。

留意事項

段差のない構造

「段差のない構造」とは、和室と廊下、和室と洋室及び居室の出入口等に生じる段差を、仕上がり寸法で5 mm以内におさめる構造をいう(参考図4.3.1-1参照)。仕上がり寸法で5 mm以内の段差とするには、施工誤差等を考慮し、設計寸法ではより小さい段差としておくなどの配慮が必要である。

住宅内の段差は、転倒による事故原因になるだけでなく、万一の車いすを使用した生活時にも障害になる部分である。

住宅内の段差のうち、最も事故の原因となりやすいのは、和室と洋間・廊下との間に生じる数センチの段差である。この段差は確認しずらい段差であり、つまずく原因となりやすいため、あらかじめ解消しておくことが重要な対策となる。

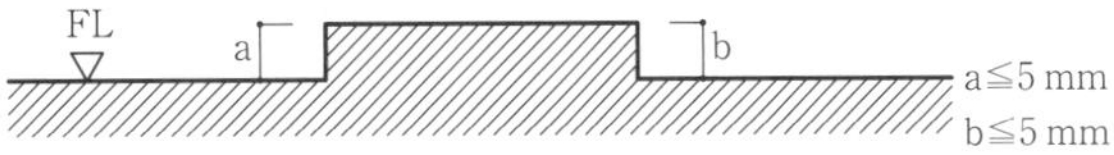

参考図4.3.1-1　段差のない構造

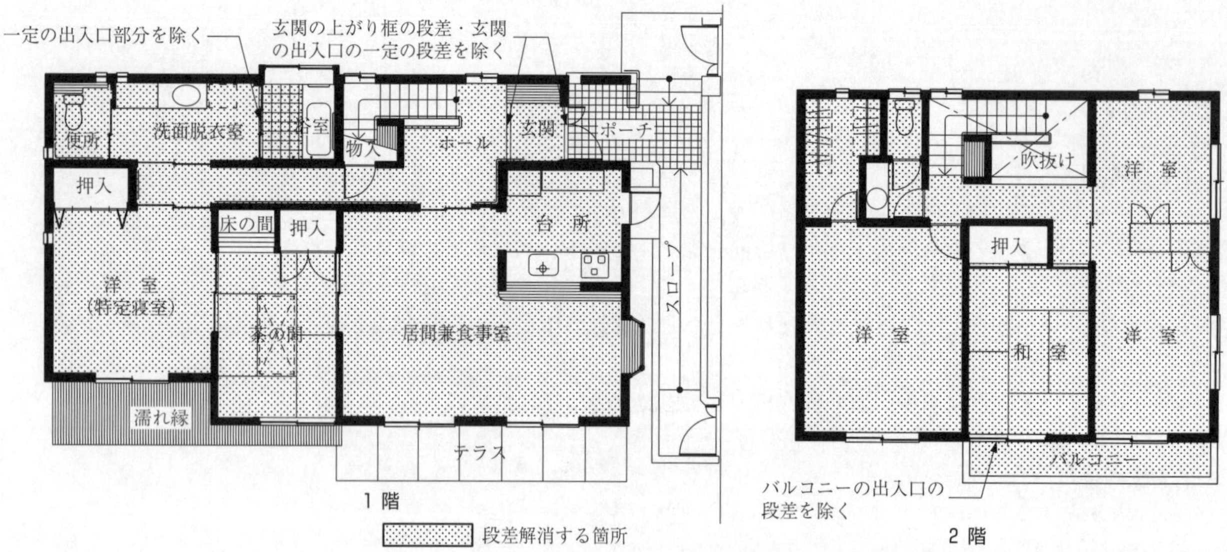

参考図4.3.1-2　一戸建住宅で段差解消する箇所の例

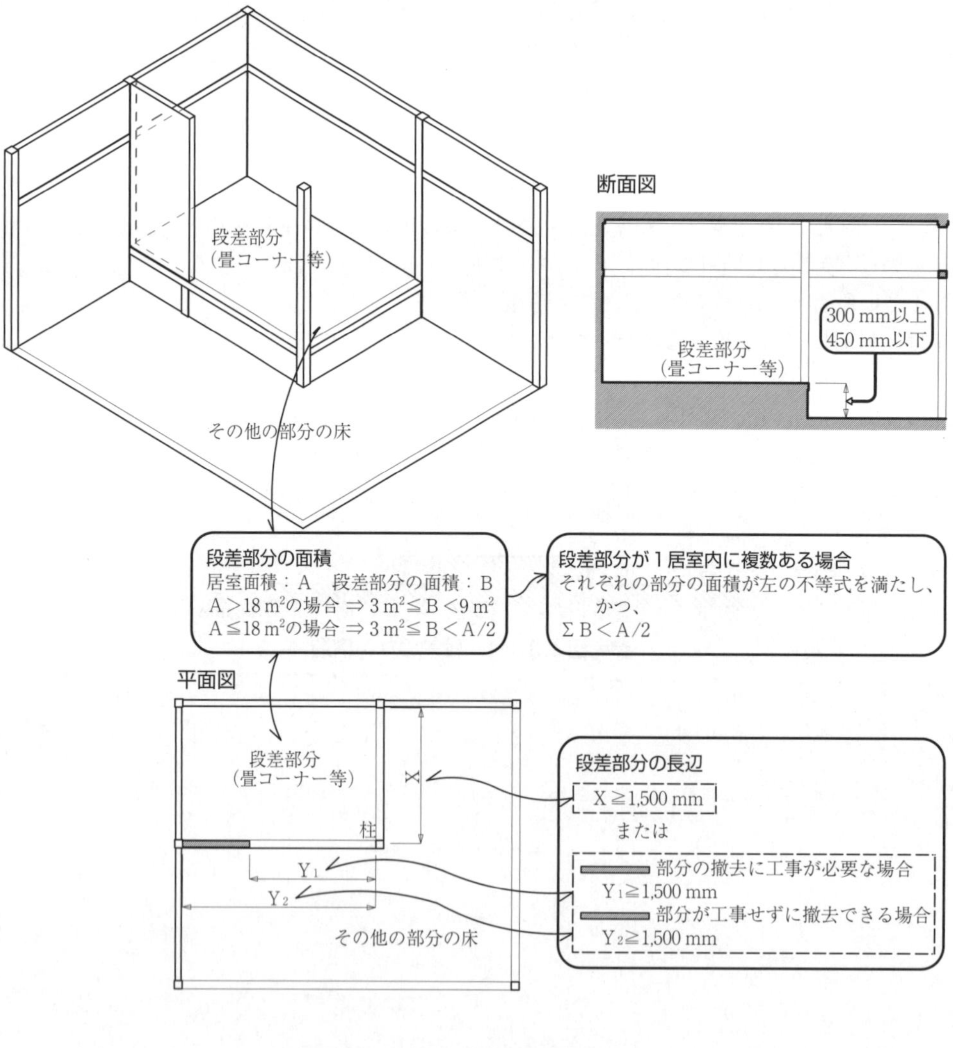

※本章4.3.1の2のすべての条件(位置、面積、長辺等)に合致する畳コーナー等については、車いすからの移動が容易である300～450 mmの段差を設けることができることとしている。

参考図4.3.1-3　300 mm以上450 mm以下の段差を設けることができる場合

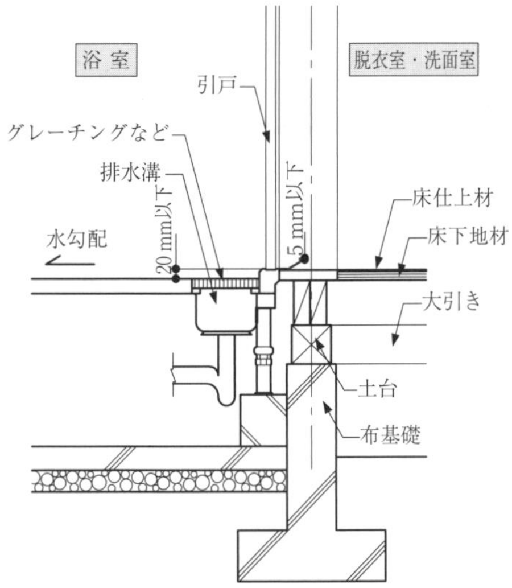

グレーチングあり

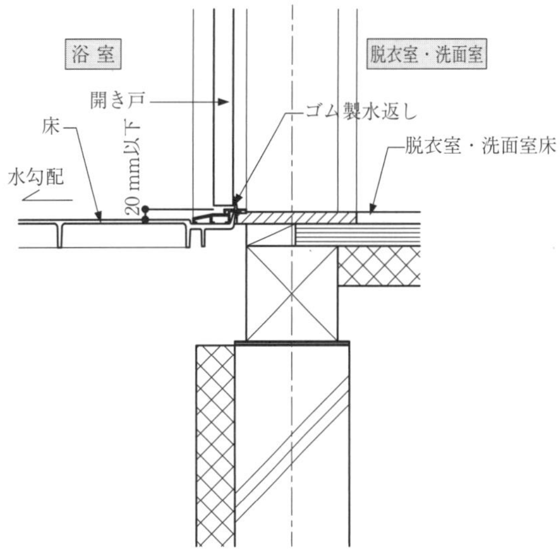

グレーチングなし

(A)ユニットバスの場合

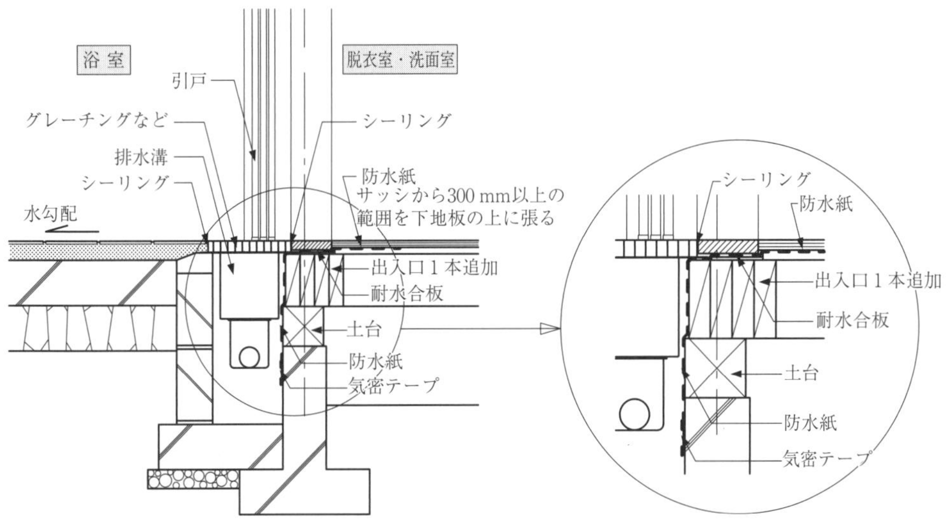

(B)在来浴室の場合

参考図4.3.1-4　浴室出入口段差を20 mm以下とする施工例

床枠組による和室・廊下の段差解消

- 出入口部分の段差を解消する場合、すり付け板を設けるのではなく、それぞれの床面をフラットに仕上げ、段差そのものを解消しなければならない。
- 床根太を用いて段差を解消する場合、住宅の耐震性に考慮し、水平構面の剛性が確保されるように、床根太と端根太及び側根太との部材間の補強くぎ打ちには十分に留意することが重要である。
- 大引き・束を用いた床組とする場合、床根太を204とすることができる。

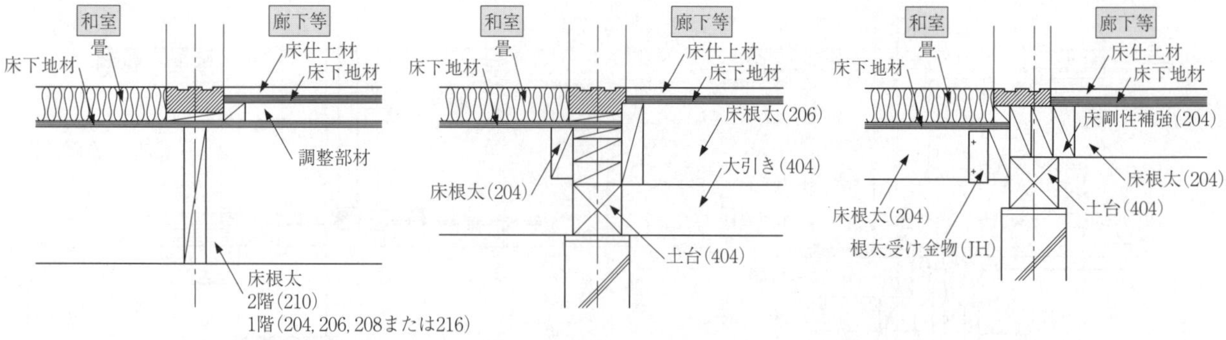

参考図4.3.2　床枠組による段差解消の例

洋室・廊下の段差解消

開き戸等の出入口枠の段差を解消する場合、すり付け板等を設けるのではなく、それぞれの床面をフラットに仕上げ、段差そのものを解消しなければならない。したがって、床板張材の厚さが異なる場合は、調整材などを設ける。また、床板張材の方向が異なる場合は、見切り用の下枠を設けるなどの工夫を行う。

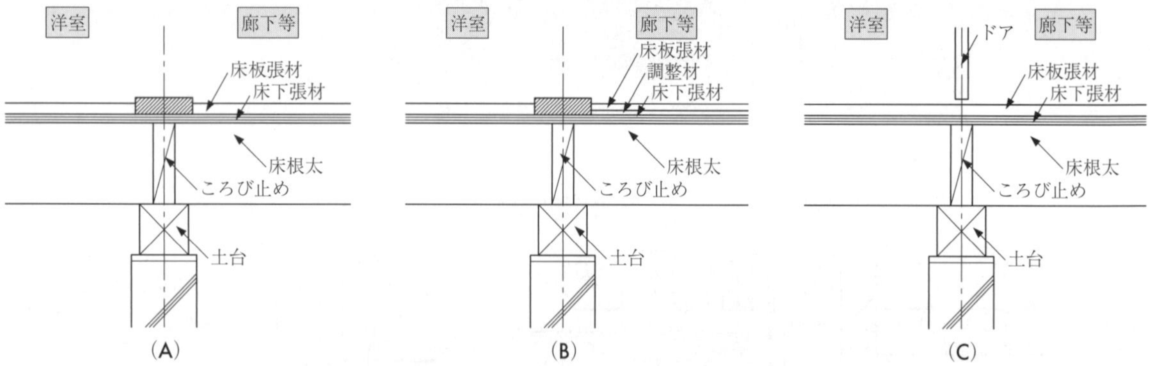

参考図4.3.3　洋室・廊下の段差解消の例

4.4 住戸内階段

4.4.1 住戸内階段の勾配

住戸内階段の勾配及び踏み面と蹴上げの寸法は、次のイ、ロ及びハ（ただし、階段の曲がり部分で、その形状が、次の(イ)、(ロ)又は(ハ)に該当する部分については、この限りではない。）による。ただし、ホームエレベーターを設置する場合にあっては、この限りではない。

イ．階段の勾配(R/T)を、22/21以下とする。

ロ．踏み面(T)を、195 mm以上とする。

ハ．踏み面(T)と蹴上げ(R)の関係を、550 mm≦T+2R≦650 mmとする。

〈イ、ロ及びハが緩和される曲がり部分〉

(イ) 90°曲がり部分が、下階床から上り3段以内となる場合で、その踏み面の狭いほうの形状が、すべて30°以上となる回り階段の部分

(ロ) 90°曲がり部分が、踊り場から上り3段以内となる場合で、その踏み面の狭いほうの形状が、すべて30°以上となる回り階段の部分

(ハ) 180°曲がり部分が4段となる場合で、その踏み面の狭いほうの形状が60°、30°、30°及び60°の順となる回り階段の部分

4.4.2 住戸内階段の構造

1. 住戸内階段の形状は、直階段又は折れ階段とし、中間には踊り場を設ける。
2. 住戸内階段の蹴込みは、30 mm以内とする。ただし、ホームエレベーターを設置する場合にあっては、この限りではない。

留意事項

階段の勾配・踏み面寸法・蹴上げ寸法

階段昇降は、加齢に伴う身体機能の低下の影響を最も顕著に受ける行為である。また、階段は転倒などの事故が起こった場合には、大けがになりやすい場所であるため、適切な形状・勾配・寸法とする。

階段の踏み面寸法及び蹴上げ寸法については、表4.4.1を参照のこと。なお、同表の寸法に合致しない場合は、仕様書本文に基づく計算によりチェックする必要がある。

階段の曲がり部分の踏み面寸法は、踏み板の狭い側の幅木側面から、それぞれ30 cmの点を結ぶ距離とする。

なお、上記仕様書本文(イ)から(ハ)に記された形状の曲がり部分を設ける場合、当該部分は階段の勾配、踏み面寸法及び蹴上げ寸法に係る基準によらないことができる。

表4.4.1　階段の勾配基準等に基づく踏み面寸法及び蹴上げ寸法早見表・グラフ

		蹴上げ寸法	
		基準寸法 (勾配：22/21以下)	推奨寸法* (勾配：6/7以下)
踏み面寸法	195 mm	178～204 mm	－
	200 mm	175～209 mm	－
	205 mm	173～214 mm	173～175 mm
	210 mm	170～220 mm	170～180 mm
	215 mm	168～217 mm	168～184 mm
	220 mm	165～215 mm	165～188 mm
	225 mm	163～212 mm	163～192 mm
	230 mm	160～210 mm	160～197 mm
	235 mm	158～207 mm	158～201 mm
	240 mm	155～205 mm	155～205 mm
	245 mm	153～202 mm	153～202 mm
	250 mm	150～200 mm	150～200 mm
	255 mm	148～197 mm	148～197 mm
	260 mm	145～195 mm	145～195 mm
	265 mm	143～192 mm	143～192 mm
	270 mm	140～190 mm	140～190 mm
	275 mm	138～187 mm	138～187 mm
	280 mm	135～185 mm	135～185 mm
	285 mm	133～182 mm	133～182 mm
	290 mm	130～180 mm	130～180 mm
	295 mm	128～177 mm	128～177 mm
	300 mm	125～175 mm	125～175 mm
	以下省略		

＊推奨寸法は、性能評価基準の等級4(日常生活空間内に限る)及び等級5に相当する。

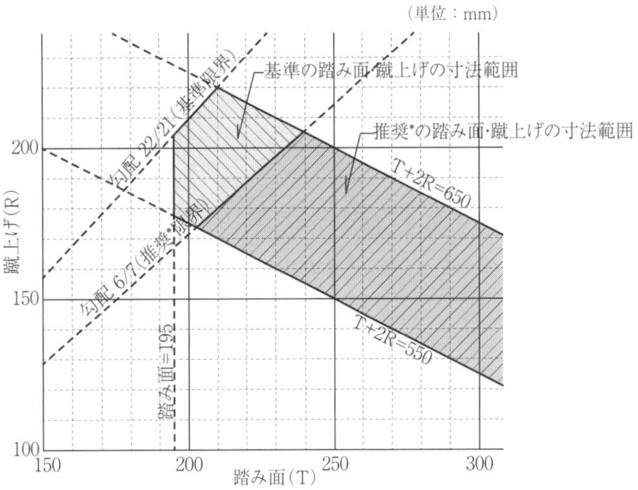

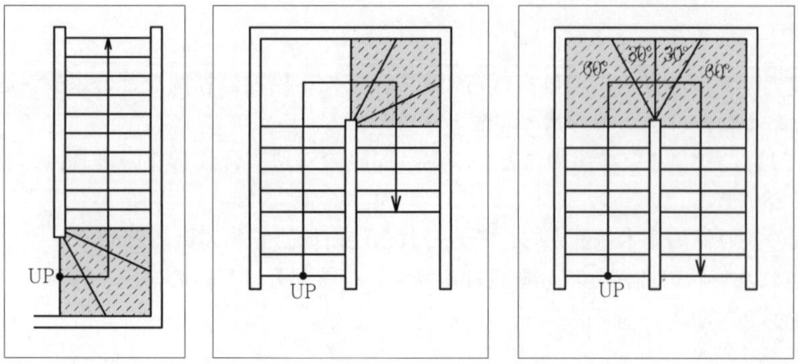

（イ）　（ロ）　（ハ）

上図の階段曲がり部分については、万一、その曲がり部分で転倒した場合にも、直下に床や踊り場があること等、一定に階段の安全性が確保されているため、踏み面寸法等の基準が緩和されている。

（イ）90°曲がり部分が下階床から上り3段以内となる場合で、その踏み面の狭いほうの形状が、すべて30°以上となる回り階段の部分

（ロ）90°曲がり部分が踊り場から上り3段以内となる場合で、その踏み面の狭いほうの形状が、すべて30°以上となる回り階段の部分

（ハ）180°曲がり部分が4段となる場合で、その踏み面の狭いほうの形状が60°、30°、30°及び60°の順となる回り階段の部分

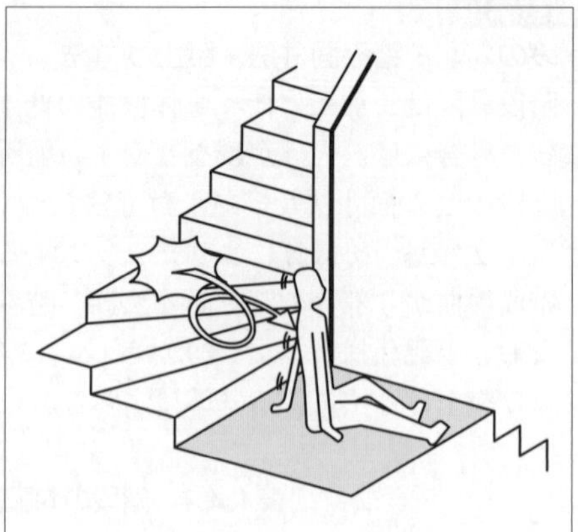

曲がり部分は踏み板の形状も変わり、足を踏みはずしやすい危険な場所。踊り場があると万一の際、大けがの危険が少なくなる。

参考図4.4.1　階段に係る勾配・寸法規定が緩和される曲がり部分

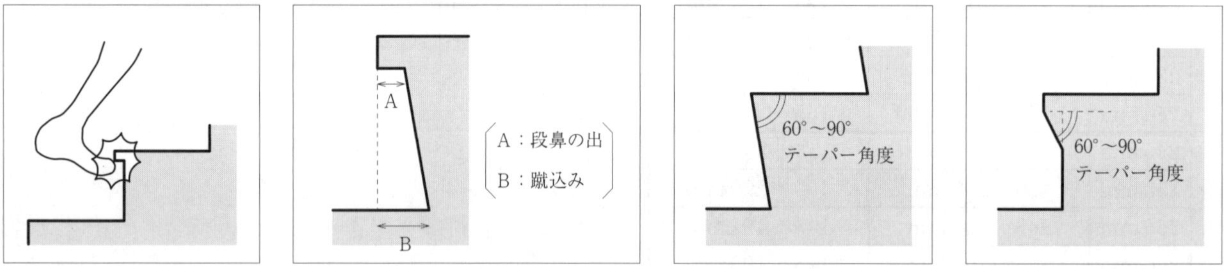

足先の引っ掛けに配慮し、蹴込み寸法は30 mm以内とする。また、段鼻を出さずテーパー（60°～90°）を設けた蹴込み板を設けることが望ましい。

参考図4.4.2-1　蹴込み部分の留意点

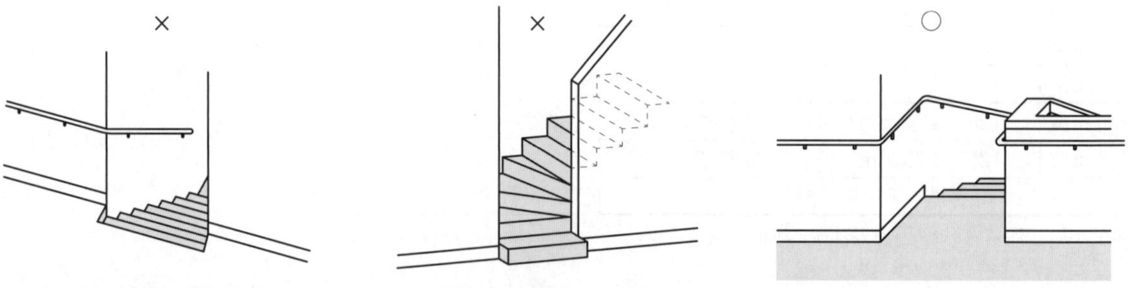

(a)最上段の通路等へのくい込み　(b)最下段通路等への突出

階段の一番上のステップが、廊下にくい込むと危険である。階段の一番下のステップが突出していると、つまずき、転倒の原因になる。

(A)危険な階段の例

2階の階段ホールに、アルコーブを設ける。見通しの良い廊下にしておく工夫もよい。手すりは、廊下の手すりと連続させる。

(B)良い階段の例

参考図4.4.2-2　廊下等への突出の防止

4.5 手すり

4.5.1 手すりの設置箇所

1. 住戸内階段は、以下のとおりとする。
   イ. 住戸内階段には、手すりを設置する。
   ロ. 勾配が45°を超える場合(本章4.4.1(住戸内階段の勾配)のハ(イ)～(ハ)のいずれかに該当する部分を除く。)にあっては、両側に手すりを設置する(ホームエレベーター設置時は、この限りではない。)。 4.4.1 ☞334頁
   ハ. 設置高さは、踏み面の先端からの高さ700 mmから900 mmの位置とする(ホームエレベーター設置時は、この限りではない。)。
   ニ. 階段の手すりを片側に設置する場合の設置箇所は、原則として、下階に向かって利用者の利き腕側に設置する。
2. 浴室は、以下のとおりとする。
   イ. 浴室には、手すりを設置する。
   ロ. 日常生活空間内の浴室の手すりの設置は、用途に応じて、次の設置箇所及び種類を標準とする。
      (イ) □浴槽出入りのためのものを設置する。
      (ロ) □浴槽内における、立ち座り及び姿勢保持のためのL型手すり又は横手すりを、浴槽の側部壁面に設置する。
      (ハ) □浴室内外の移動時の歩行安定のための縦手すりを、出入口部の壁面に設置する。
      (ニ) □洗い場における立ち座り時の姿勢安定用は縦手すりとし、洗い場の壁面に設置する。
      (ホ) □浴室内移動時の歩行安定用は横手すりとし、出入口から洗い場までの壁面に設置する。
3. 日常生活空間内の便所には、立ち座りのための手すりを設置する。
4. 日常生活空間内の玄関には、上がり框部の昇降及び靴の着脱のための手すりを設置するか、又は設置準備をする。
5. 日常生活空間内の脱衣室には、衣服の着脱のための手すりを設置するか、又は設置準備をする。
6. バルコニーには、転落防止のために手すりを、次のいずれかにより設置する。ただし、外部の地面、床等からの高さが1m以下の範囲、又は開閉できない窓、その他転落のおそれのないものについては、この限りではない。
   イ. □腰壁、その他足掛かりとなるおそれのある部分(以下、本項において「腰壁等」という。)の高さが650 mm以上1,100 mm未満の場合、床面から1,100 mm以上の高さに達するように設置する。
   ロ. □腰壁等の高さが300 mm以上650 mm未満の場合、腰壁等から800 mm以上の高さに達するように設置する。
   ハ. □腰壁等の高さが300 mm未満の場合、床面から1,100 mm以上の高さに達するように設置する。
7. 2階以上の窓には、転落防止のための手すりを、次のいずれかにより設置する。ただし、外部の地面、床等からの高さが1m以下の範囲、又は開閉できない窓、その他転落のおそれのないものについては、この限りではない。
   イ. □窓台、その他足掛かりとなるおそれのある部分(以下、本項において「窓台等」という。)の高さが650 mm以上800 mm未満の場合、床面から800 mm (3階以上の窓は1,100 mm)以上の高さに達するように設置する。
   ロ. □窓台等の高さが300 mm以上650 mm未満の場合、窓台等から800 mm以上の高さに達するように設置する。
   ハ. □窓台等の高さが300 mm未満の場合、床面から1,100 mm以上の高さに達するように設置する。
8. 廊下及び階段(高さ1m以下の階段を除く。)のうち、片側又は両側が壁となっていな

い部分には、開放されている側に転落防止のための手すりを、次のいずれかにより設置する。ただし、外部の地面、床等からの高さが1m以下の範囲、又は開閉できない窓、その他転落のおそれのないものについては、この限りではない。

イ. □腰壁等の高さが650 mm以上800 mm未満の場合、床面(階段にあっては踏み面の先端)から800 mm以上の高さに達するように設置する。

ロ. □腰壁等の高さが650 mm未満の場合、腰壁等から800 mm以上の高さに達するように設置する。

9. 転落防止のための手すりの手すり子で、床面(階段にあっては踏み面の先端)及び腰壁等又は窓台等(腰壁等又は窓台等の高さが650 mm未満の場合に限る。)からの高さが、800 mm以内の部分に存するものの相互の間隔は、内のり寸法で110 mm以下とする。

4.5.2 手すりの取付け等

1. 手すりの形状は、次による。

イ. 手すりの直径は28 mm～40 mmとし、断面形状は、原則として、円形とする。やむを得ず、上部を平たんとする場合は、使用箇所を廊下及び階段に限る。

ロ. 手すりの端部は、原則として、壁側又は下側に曲げる。

2. 手すりの取付けは、次による。

イ. 柱に直接取り付けるか、又は補強した受け材等に取り付ける。

ロ. 適切な支持間隔で取り付ける。

ハ. 手すりと壁のあき寸法は、30 mm～50 mmを標準とする。

ニ. 持ち替えが生じる位置を除き、連続して手すりを使用するところでは、原則として、手すりが途中で切れないように設置する。なお、持ち替えが生じる位置での手すり端部間距離は400 mm以下とする。

4.5.3 手すり取付け下地

1. 手すりの設置又は設置準備のための壁下地の補強方法は、次のいずれかによる。

イ. □手すり受け材による方法は、断面寸法206以上の受け材を平使いとしてたて枠等の壁枠組内に緊結する。

ロ. □構造用合板による方法は、厚さ12 mm以上の構造用合板をたて枠等に緊結する。

2. 手すりの設置準備を行う場合の壁下地の補強範囲は、次による。

イ. 縦手すり設置のための下地補強の場合は、長さ600 mm以上の縦手すりの下端を、床面から750 mm程度の位置に設置できる範囲とする。

ロ. 横手すり設置のための下地補強の場合は、床面から600 mm～900 mmの範囲で全面行うか、又は横手すり上端を床面から750 mmの位置に設置できる範囲を補強し、かつ、補強箇所を壁面にピンなどで示す。

関係法令

階段の有効幅員について

高齢者等配慮対策等級3においては、階段の有効幅員の規定はないが、建築基準法では、75 cm以上(直上階の居室の床面積が200 m²を超える場合は120 cm以上)と規定されている(建築基準法施行令第23条第1項)ので、手すりの設置にあたっては注意が必要である。ただし、手すりの幅のうち、片側につき10 cm(両側に手すりが設けられている場合はそれぞれ10 cm)を限度として、手すりがないものとして幅を算定することができる(建築基準法施行令第23条第3項)。

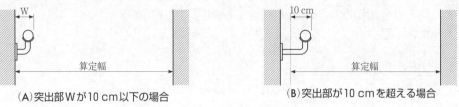

(A)突出部Wが10 cm以下の場合　(B)突出部が10 cmを超える場合

参考図4.5-1　階段の有効幅員の算定方法

施工方法

手すり取付け下地補強

手すりの設置準備のみを行う際には、下地補強箇所を図面に明示し、建物に施した下地補強箇所には、ピンやマークなどで位置がわかるようにしておく。

また、壁の下地材料として、せっこうボードを使用する場合など、壁表面が繰り返し荷重に対して弱い場合は、合板などを用いて手すり支持箇所を部分的に補強する。なお、JIS A 6901による普通硬質せっこうボード、シージング硬質せっこうボードなどを用いることにより、せっこうボード表面の破断を防止する方法もある。

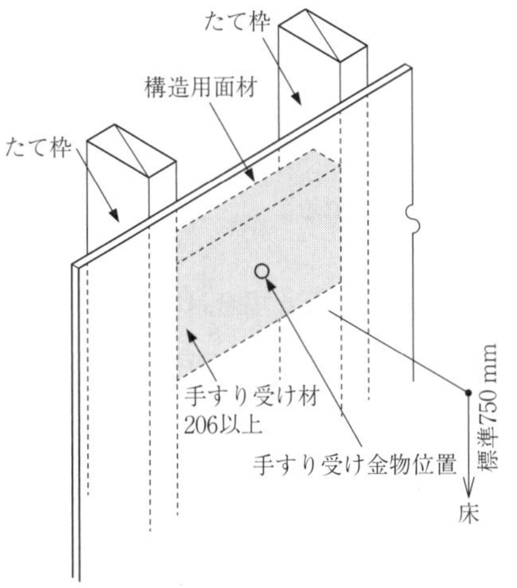

(A)横手すりの受け材設置の例

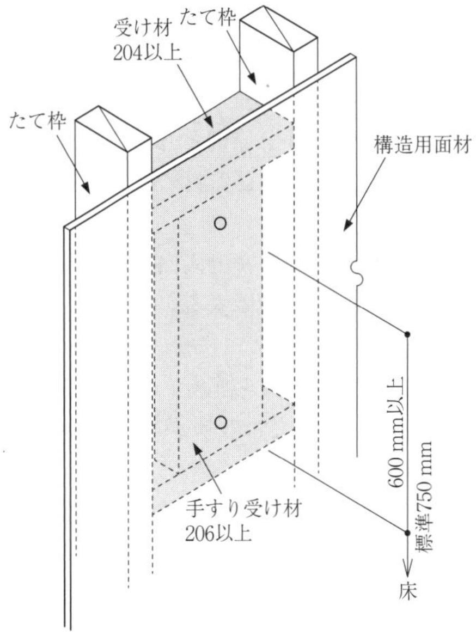

(B)縦手すりの受け材設置の例
(たて枠間の位置に縦手すりを設置する場合の例)

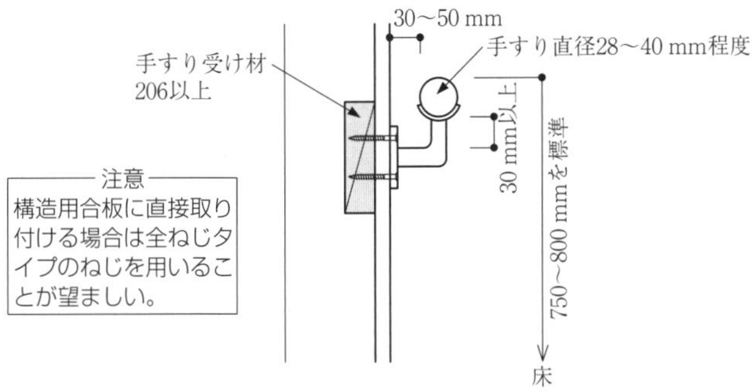

(C)手すりの受け材設置の例(断面図)

参考図4.5-2　手すり受け材の設置例

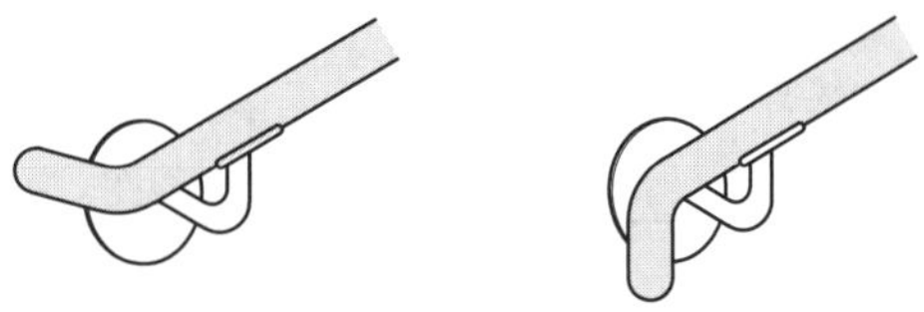

参考図4.5-3　手すり端部の曲げ処理

留意事項

手すり設置箇所別の留意事項

①共通事項

- 手すりの選定にあたっては、直径28～40 mmの範囲内で、入居予定者に最も適した太さとする。
- 構造用合板のみを受け材として直接手すりを取り付ける場合で、ブラケットの座金が薄い場合にあっては、全ねじタイプの木ねじ(木ねじ全体にねじ切りがあるもの)を用いることが望ましい。
- 水平手すりの設置高さは、750～800 mmを標準とし、入居予定者に最も適した高さとする。
- 水平手すりの端部は、壁側または下側に曲げることが望ましい（同様の効果がある手すり端部で固定するタイプのブラケットとしてもよい)。

②玄関(上がり框部)

- 靴を着脱する位置に、縦手すり等を設置する。なお、縦手すりの長さは、上端が肩ごしにくる程度とする。

③廊下

- 出入口建具等の部分を除き、原則として、手すりは連続して設置する。

④階段

- 手すりの設置高さは、750～800 mmを標準とする。
- 階段の片側のみに設置する場合は、原則として、下階に向かって利用者の利き腕側とする。
- 原則として、手すりは連続して設置する。
- 転倒を防止するため、上階の手すり端部は最上段より水平に200 mm以上のばすことが望ましい。

⑤便所

- 便器からの立上り、移動、安定の行為を補完するのに最も有効な手すりは、L型手すりである。また、手すりを設置する位置は、ペーパーホルダーなどとの位置関係に注意する必要がある。なお、ペーパーホルダーなどの設置位置については、原則として、JIS S 0026（高齢者・障害者配慮設計指針－公共トイレにおける便房内操作部の形状、色、配置及び器具の配置)を参考に、居住者の利用を考慮した位置とする。

⑥洗面所・脱衣室

- 高齢者が使用する浴室出入口の段差が、20 mmを超える場合及びまたぎ段差になる場合は、脱衣室側と浴室側の両方に縦手すりを設置する。

⑦浴室

- 浴室内での移動、立ち座り、またぎ越し等の行為時に、姿勢保持を図ることは安全性の観点から特に重要であり、手すりの設置(または設置準備)は表4.5.1に示す設置箇所、用途及び種類を十分理解し、有効に機能するよう総合的に行う。
- イの手すりは、一般的に高齢者のみならず、同居家族にも利用されるので最も重要である。
- ロの手すりは、浴槽内の立ち座りのみでなく、万一の際の溺れ防止にも効果的である。

転落防止のための手すり

転落防止のための手すりは、安全性の確保のために設置するものであり、具体的には、①大人が寄り掛かって乗り越えないこと、②子供がよじ登って乗り越えないこと、の2つの趣旨がある。これらを踏まえ、基準を満足するよう設置することはもちろんのこと、足掛かりとなる部分の有無や居住者の体型等も勘案のうえ、適切に設計することが重要である。

表4.5.1　浴室手すりの種類と目的

設置箇所	主要用途	手すりの種類	留意事項(標準的な設置位置・寸法)
イ. 洗い場側の浴槽縁の鉛直線上の壁面	浴槽出入り(またぎ越し)時の姿勢安定	縦手すり	洗い場の立ち座り用との兼用は可能である。兼用の場合は、手すり下端を床から高くしないように注意する(床から下端600 mm程度、長さ800 mm以上)。
ロ. 浴槽の側部壁面	浴槽内の立ち座り、及び姿勢保持	L型手すりまたは横手すり	立った時の姿勢保持のために、L型手すりが望ましい。横手すり部分が、浴槽ふたにぶつからない高さにする(浴槽の縁上端から手すり水平部上端まで100～200 mm程度)。
ハ. 出入口の把手側の壁面	浴室出入りの際の姿勢保持	縦手すり	脱衣室側にも、縦手すりを設置する。 出入口段差がない場合でも、姿勢保持に有効である(床から下端750 mm程度、長さ600 mm以上)。
ニ. 洗い場の壁面	洗い場の立ち座り	縦手すり	この手すりは、立ち座り専用のため、イの手すりがある場合でも設置することが望ましい(床から下端600 mm程度、長さ800 mm以上)。
ホ. 出入口から洗い場までの壁面	浴室内での移動時の歩行安定	横手すり	利用者に最も適した高さとする。 タオル掛けの代わりに、この手すりの設置を奨める(標準は、床から750 mm程度)。

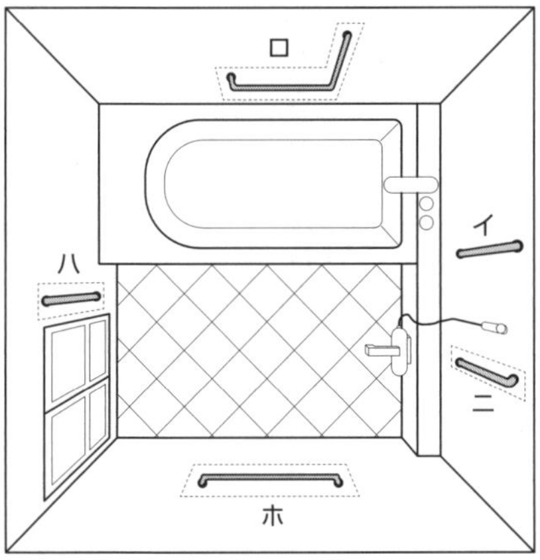

参考図4.5-4　浴室手すりの標準的な設置例

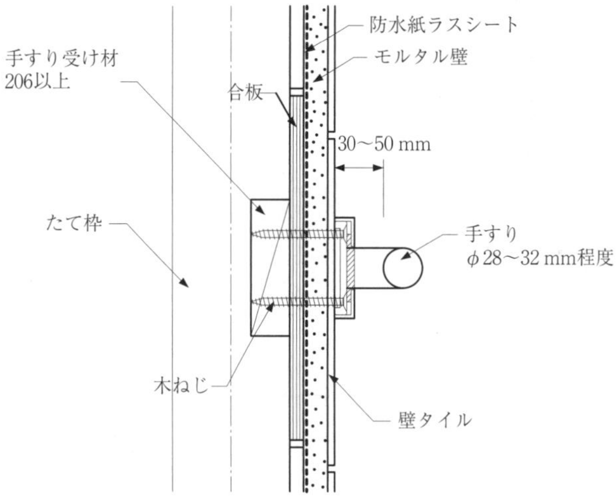

浴室の受け材設置の例

参考図4.5-5　浴室手すりの設置方法

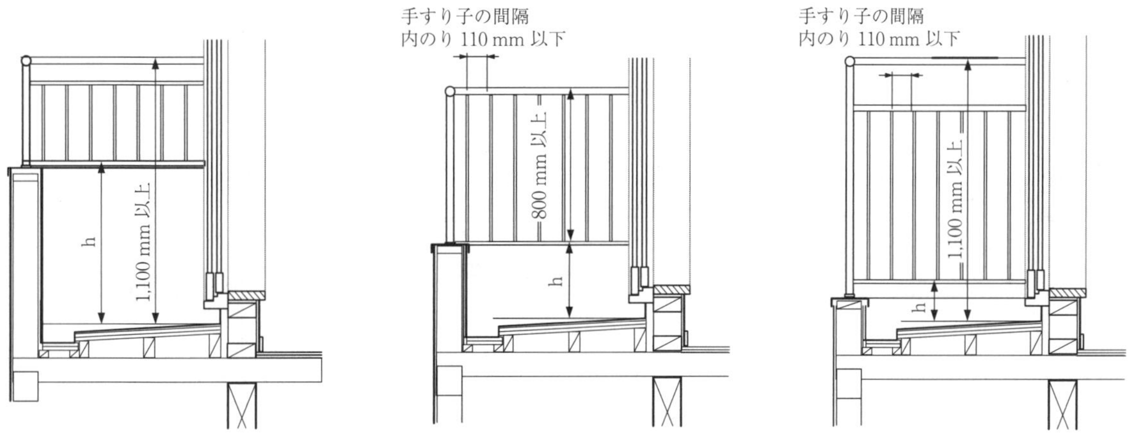

(A)腰壁等の高さ(h)が650 mm以上1,100 mm未満の場合

(B)腰壁等の高さ(h)が300 mm以上650 mm未満の場合

(C)腰壁等の高さ(h)が300 mm未満の場合

参考図4.5-6　バルコニーの転落防止用手すりの例

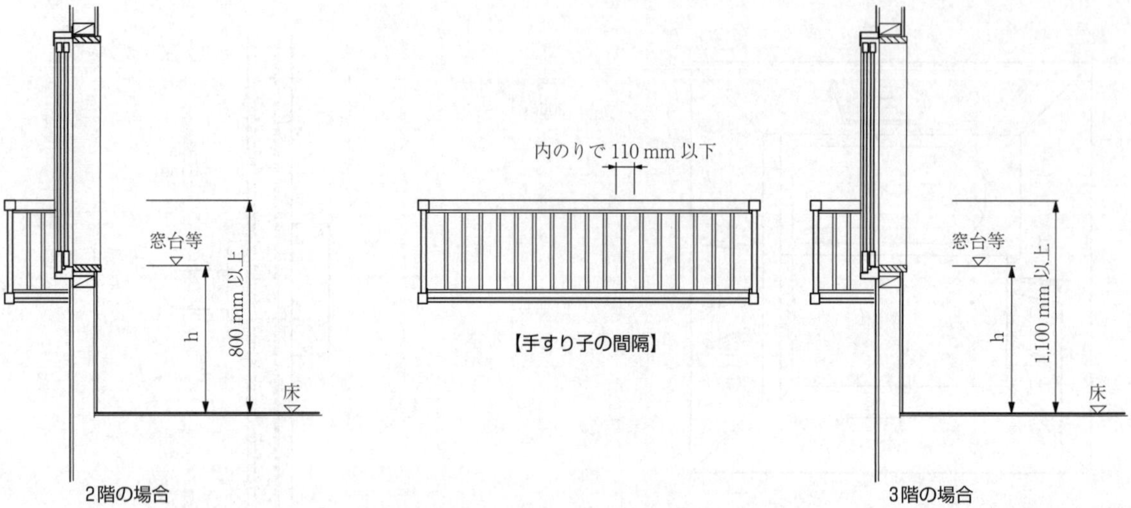

(A)窓台等の高さ(h)が650 mm以上800 mm未満の場合

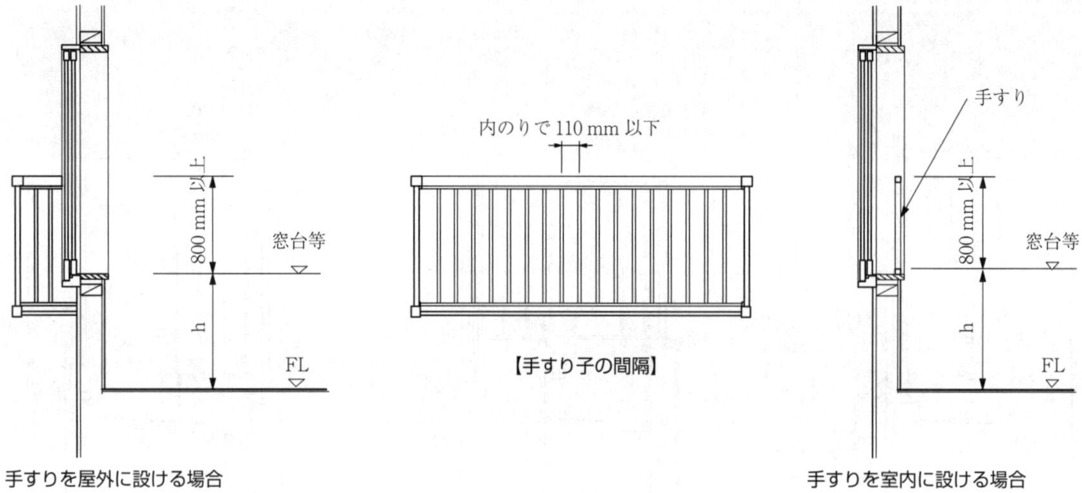

(B)窓台等の高さ(h)が300 mm以上650 mm未満の場合

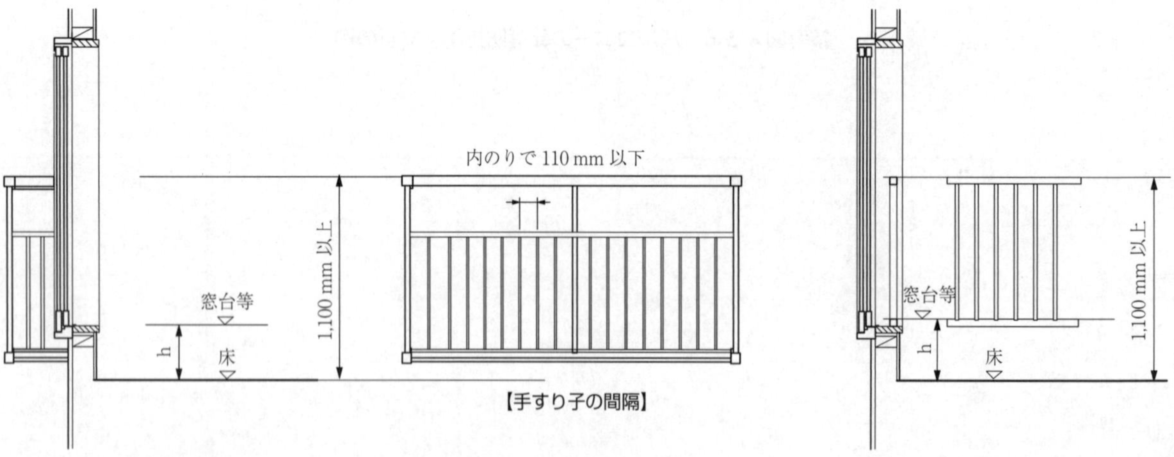

(C)窓台等の高さ(h)が300 mm未満の場合

参考図4.5-7　2階以上の窓の転落防止用手すりの例

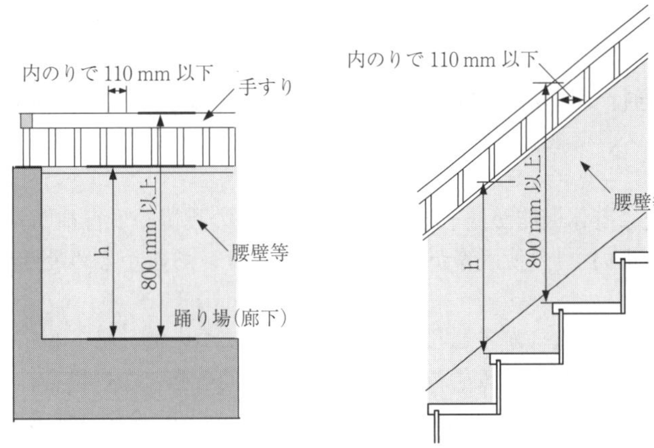

(A)腰壁等の高さ(h)が650 mm以上800 mm未満の場合

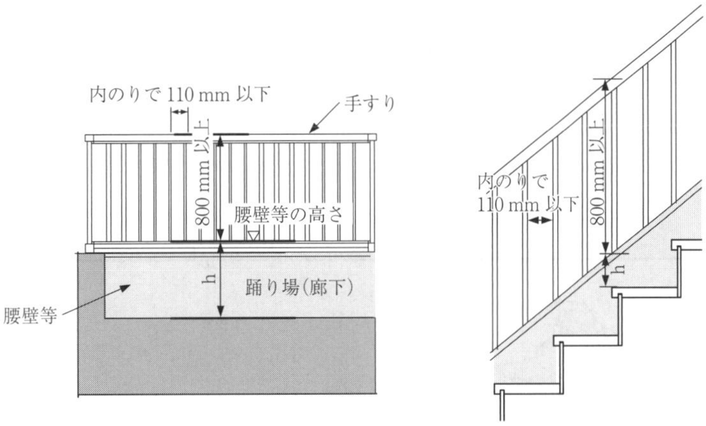

(B)腰壁等の高さ(h)が650 mm未満の場合

参考図4.5-8　階段の転落防止用手すり

4.6 廊下及び出入口の幅員

4.6.1 廊下及び出入口の幅員の確保

1. 日常生活空間内の通路の有効な幅員は、780 mm(柱等の箇所にあっては750 mm)以上とする。
2. 出入口の幅員については、次による。
   イ. 日常生活空間内(浴室を除く。)の出入口の幅員は、次のいずれかに該当するものとする。
      (イ)□出入口の有効幅員を、750 mm以上とする。
      (ロ)□やむを得ず、将来の改造(構造耐力上主要な部分である柱又は壁の撤去、若しくは改造を要しないものに限る。)により出入口の幅を確保する場合は、開口部枠を取り外した開口の内のり(ラフ開口幅)を750 mm以上とする(玄関を除く。)。
   ロ. 日常生活空間内の浴室の出入口の有効幅員は、600 mm以上とする。

4.6.2 内壁下地

910 mmモデュールによる大壁造の廊下において、廊下の有効幅員を780 mm以上確保するための廊下両側の内壁の下地は、次のいずれかによる。

イ. □胴縁を用いた内壁下地は、柱と胴縁の面が同一になるように間柱を欠き込み、柱に取り付けた受け材と間柱に胴縁をくぎ打ちし、下地板等を張る。

ロ. □その他の内壁下地は、たて枠に構造用合板等の面材を直接張り付ける。

留意事項

廊下の幅員の確保

「廊下の幅員」とは、実際に通行できる有効幅員を指し、幅の計測にあたっては、幅木、回り縁、コーナー保護材、建具枠、手すり及びビニルクロス、壁紙その他これらに類する仕上材については、ないものとして算出することができる。

廊下の幅は、加齢に伴い一定に身体機能が低下した時に、手すりの設置や歩行補助具、介助用車いす(介助者が後ろから操作する室内用の小型の車いす)の使用等が円滑に行えるよう、あらかじめ最低限必要な幅を確保しておくことが必要である。

当該廊下が2以上ある場合は、高齢者等が主として使用するものについて、廊下幅に係る基準の対象とすることができる。なお、食事室、洗面所または脱衣室が、高齢者等の寝室と同一階にない場合、これらがある階の当該箇所に至る廊下の幅員も780 mm以上(柱の出ている部分については750 mm以上)を確保する必要がある。

廊下幅の780 mmについては、開口幅の750 mmとあわせて確保することにより、介助用車いすによる住宅内の移動を可能にする最低限必要な寸法が確保される。必要な廊下幅を確保するためには、部分的にモデュールの変更を行うなどにより、これらの幅員を確保することが必要な場合がある。

なお、自走用車いすを使用する場合の廊下の有効幅員は、新築時に850 mm以上(部分的に柱等が出ている箇所は800 mm以上)にしておけば、この廊下を直進もしくは直角に曲がることができる。また、廊下に面している開口部を自走用車いすが通過するには、有効幅員がこれ以上を必要とすることになる。ただし、これらの有効幅員は、車いすの寸法や車いす使用者の操作能力によっても異なることから、実際に車いすを操作してもらい、必要寸法を実測することが望ましい。

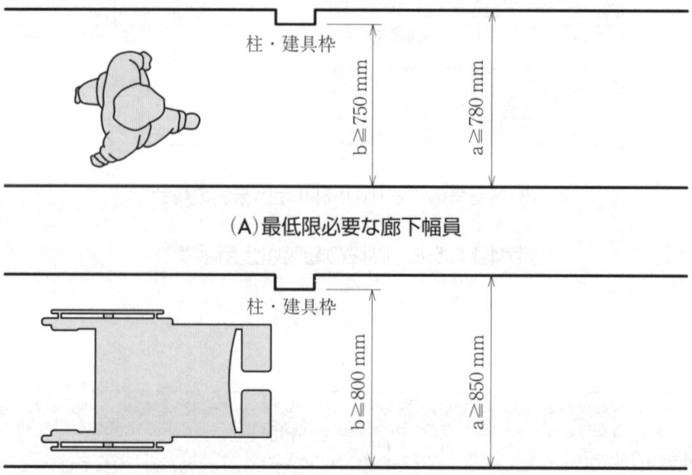

(B)自走用車いす使用に必要な直線部の廊下幅員

参考図4.6-1　廊下の有効幅員

留意事項

出入口の有効幅員の確保

「出入口の有効幅員」とは、建具を開放した時に実際に通過できる幅を指し、開き戸の場合には戸板の幅から建具の厚みを減じた寸法、引戸の場合には引き残しを勘案した通行上有効な幅員のことである。

(1)　将来の改造による対応について

出入口幅については、やむを得ない場合に限り、将来の改造(構造耐力上主要な部分である柱または壁の撤去もしくは改造を要しないものに限る)による対応を許容(玄関・浴室を除く)しているが、この場合には、将来の改造後における出入口としての機能(寒気の遮断、視線の遮断、明かり漏れの防止等)を想定しておく必要がある。また、玄関・浴室については、防犯や水処理などの機能上、扉の撤去が不可能であると考え、将来の改造等による幅員確保(ラフ開口による対応)は適用できないこととしている。

なお、将来の改造による対応は、あくまでやむを得ない場合に限ることとし、例えば、部分的なモデュールの変更等により通行上有効な幅員を確保することが望ましい。

(2)　浴室出入口の幅員について

浴室の出入口は、入浴用車いす等を用いた介助入浴に支障のない幅を確保することが望ましい。

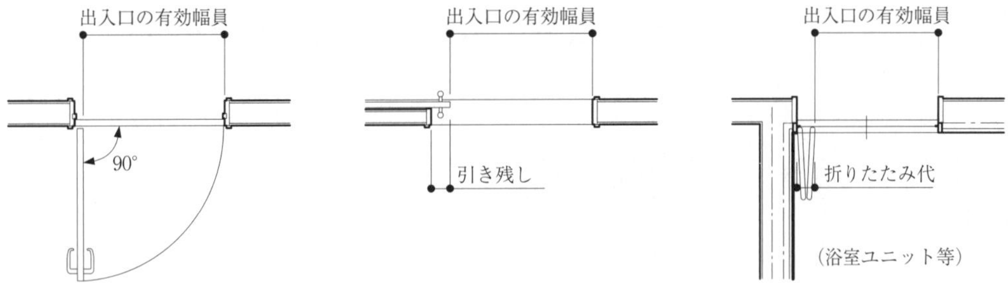

(A)開き戸　(B)引戸　(C)折れ戸

参考図4.6-2　出入口の有効幅員の計測方法

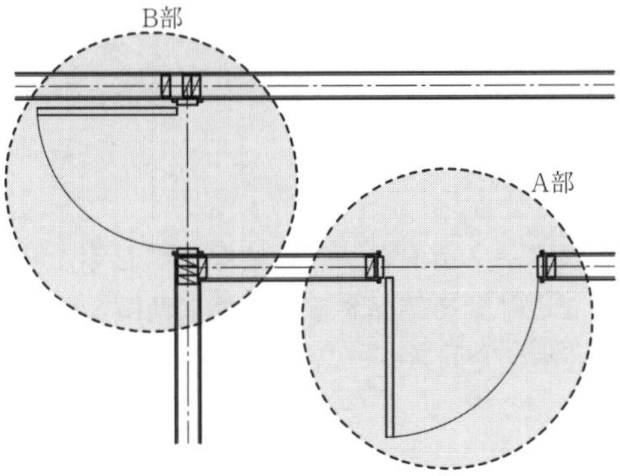

(A)キープラン

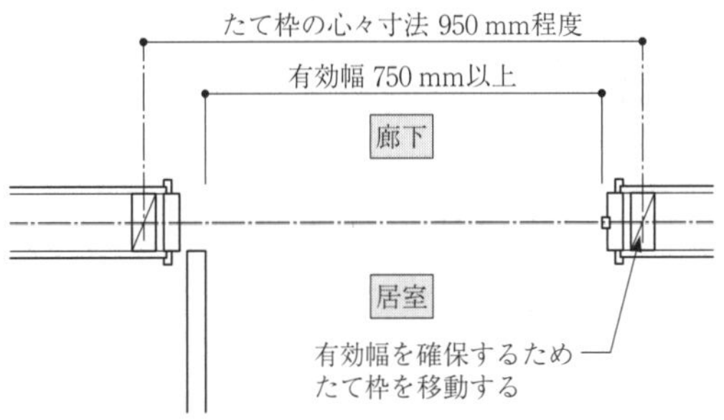

(B)A部：たて枠の移動で有効幅を確保する例

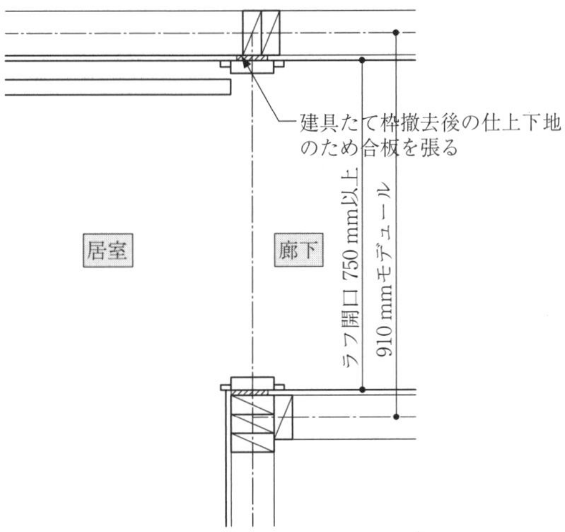

(C)B部：やむを得ずラフ開口幅で将来対応をする例

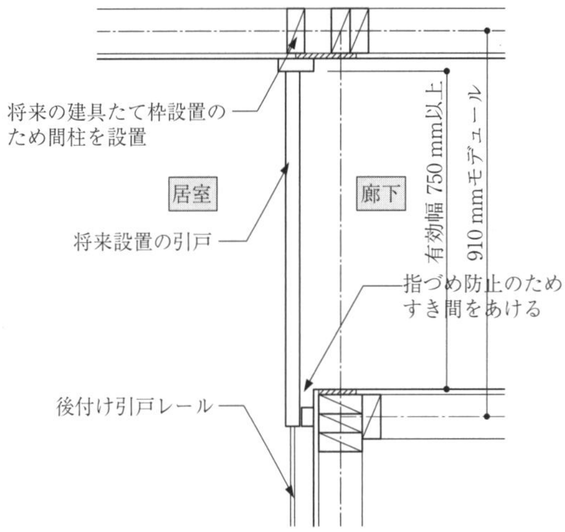

(D)B部：将来対応で引戸を設置する例

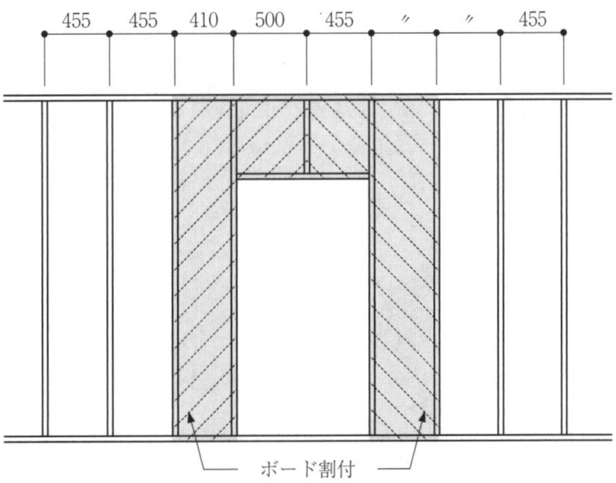

• 開口部たて枠の一方を若干ずらし
面材をL字型に張る。

(E)枠組壁工法のたて枠位置調整と面材割付の例

参考図4.6-3　構造上重要なたて枠以外のたて枠を調整して開口幅を確保する場合の例

4.7 寝室、便所及び浴室

4.7.1 寝室、便所及び浴室の規模

1. 日常生活空間内の浴室は、短辺方向の内のり寸法を1,300 mm以上、かつ、有効面積(内のり寸法による面積)を2.0 m^2以上とする。
2. 日常生活空間内の便所は、次のいずれかに掲げるものとし、かつ、当該便所の便器を腰掛け式とする。
   イ. □ 長辺(軽微な改造により確保できる部分の長さを含む。)が、内のり寸法で1,300 mm以上であること。
   ロ. □ 便器の前方又は側方について、便器と壁の距離(ドアの開放により確保できる部分又は軽微な改造により確保できる部分の長さを含む。)が、500 mm以上であること。
3. 特定寝室の面積は、内のり寸法で9 m^2以上とする。

留意事項

浴室等の規模

在宅での介助を行うためには、浴室についても、介助入浴が可能なスペースをあらかじめ確保しておくことが必要である。また便所についても、できる限り便器側方に介助スペースとなる部分を確保するか、将来軽微な改造により確保できるようにしておく。外形の小さい便器を利用すると、比較的容易に介助スペースを確保することができる。

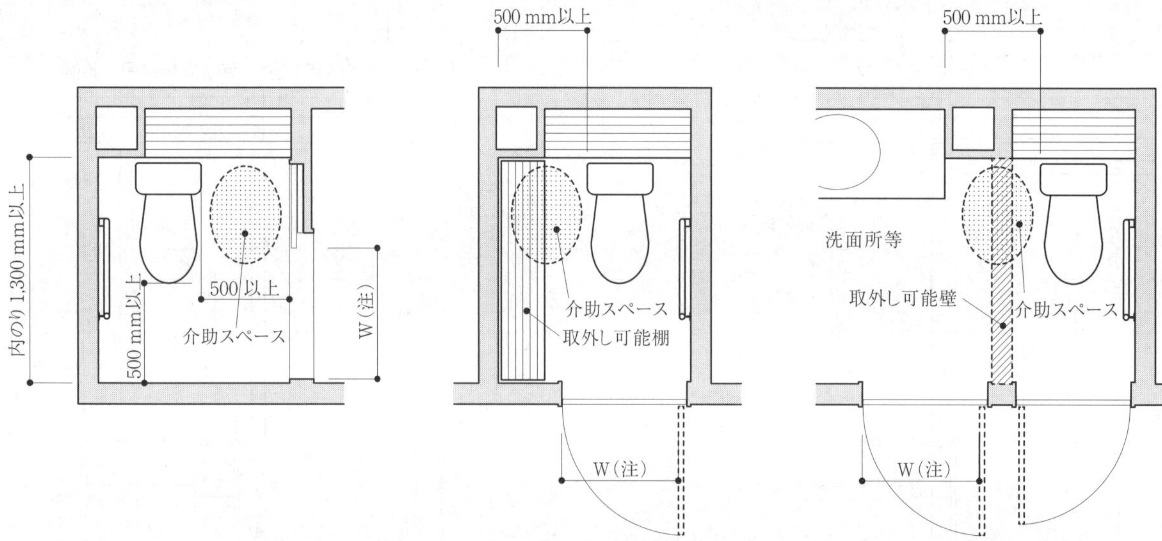

(A)最初からスペースを確保した例　(B)カウンターの取外し例　(C)壁の取外し例

注) 出入口の寸法Wは、居室の出入口と同様、750 mm以上とする。

参考図4.7.1 便所の介助スペースの確保例

4.8 その他の配慮

4.8.1 温熱環境

居室、便所、洗面所・脱衣室及び居間・食事室には、暖房設備を設置する。ただし、設置しない場合は、設置できるように専用コンセントを設ける。

4.8.2 設備

1. キッチンシステム及び洗面器の水栓金具は、レバー式とする。
2. 浴室の水栓金具は、レバー付きダイヤル式とし、熱源器が出湯温度抑制型でない場合は、湯温調節式とする。
3. 室内灯のスイッチは、床面より900 mmから1,200 mmの間の高さとし、特記による。特記がない場合は1,100 mmとする。
4. 各室のコンセント(洗面化粧台等の設備機器用のものを除く。)のうち、抜き差しを繰り返して使用する箇所のものは、床面より400 mmの高さとする。

5. 階段の照明は、上下階に複数設置し、三路スイッチとする。
6. ガス調理器具は、立消え安全装置付きとする。
7. 台所には、ガス漏れ検知器又はこれに代わる器具を設置する。
8. 便所及び浴室には、通報装置を設置する。ただし、設置しない場合は、設置できるように器具取付け下地及び配線用空配管をあらかじめ行う。

4.8.3 床・壁等の仕上げ

1. 居室及び廊下の床は、乾燥時において滑りにくい仕上げとし、特記による。
2. 浴室、脱衣室、洗面所、便所及び台所の床は、水に濡れた状態でも滑りにくい仕上げとし、特記による。
3. 居室、廊下、脱衣室、洗面所及び便所の壁は、皮膚面にすり傷が生じにくい仕上げとし、特記による。

4.8.4 屋外通路の高低差処理

玄関に通じる屋外通路の高低差処理は、傾斜路に本章4.4(住戸内階段)の階段を併設したものとする。

4.4 ☞334頁

留意事項

その他の配慮事項

長寿社会に対応した住宅設計を行うにあたり、本章4.2(部屋の配置)から本章4.7(寝室、便所及び浴室)のほか、本章4.8(その他の配慮)に示す次の事項にも配慮しておくことが望ましい。

(1) 温熱環境

高齢期には体温調整が難しくなり、住宅内の急激な温度変化に対応しずらくなるため、部屋単位の暖房ではなく、部屋間の温度差が少ない全室暖房が望ましい。また、居室以外でも脱衣行為を伴う浴室、脱衣室、便所等は、特に暖房に配慮する必要がある。

このため、高齢者等の寝室を含めた各居室、便所、洗面所・脱衣室及び居間・食事室には、暖房設備を設置するか、または将来設置時の漏電防止のためアース付き専用コンセントを設ける。

また、住宅内全体を均等な温熱環境に保つためには、住宅の断熱性能を高めることが望ましい。特に気密性の高い住宅では、室内空気汚染のおそれのある開放型暖房器具の使用を避けるとともに、計画的な換気を行うことがあわせて必要となる。

(2) 設備

- 水栓金具は、シングルレバー式など操作しやすいものとする。ただし、浴室の水栓金具は、不意の高温出湯を避けるため、レバー部分が短い形状のものにする。
- スイッチの設置高さは、居住者の身長にあわせて決定することが望ましい。器具の種類は、できるだけワイドスイッチや明かり付きスイッチ等を用いる。
- 壁の下部に設けるコンセントのうち、日常的に抜き差しが多い箇所のものは、床面より400 mm程度の高さに設置して、使いやすさに留意する。
- 階段の照明は、足元が暗がりにならないように、上下階に設置するなど複数設置とし、上下階でON/OFFができる三路スイッチを使用する。
- ガス調理器具を設計時に組み込む場合は、立消え安全装置付きとし、天ぷら油等による火災を防止する機能などが設けられたものとする。
- 炊事室の調理機器、または洗面所の洗面台は、作業動線の効率化、いす座または車いすを使用しての作業に配慮し、深さ120～150 mm程度の薄型とし、下部に膝入れスペースを設ける。

(3) 床・壁等の仕上げ

各床仕上材については、同じ材料であっても、乾燥時と湿潤時とでは表面の性状が異なるため、これを考慮した材料選定が重要である。湿潤時の防滑性にも考慮した表面性状としては、例えば「エンボス」や「粗面仕上げ」などがあるが、各空間ごとに次のような点に配慮をすることが必要である。

- 玄　　関：水に濡れても滑りにくい床材とする。
- 階　　段：踏み板に木製板等を用いる場合、できるだけノンスリップ材を踏み板上面がほぼ平たん(ノンスリップ厚3 mm以下、かつ、面取り)になるように取り付けたものが望ましいが、溝彫りによる

　　　　　ノンスリップ処理でも滑り止めの効果がある。

- 洗面・脱衣室：耐水性があり、濡れても滑りにくく、水ぶき等の掃除がしやすい床材とする。
- 浴　　　　室：水に濡れても滑りにくい粗面仕上げの床材とする。
- 便　　　　所：耐水性があり、濡れても滑りにくく、水ぶき等の掃除がしやすい床材とする。

なお、壁の仕上材は、特に手すりをつかむ際にこすりやすいので、粗面で硬質のものは避ける必要がある。

(4) 屋外通路の高低差処理

玄関に通じる屋外の通路に高低差がある場合には、階段のほかにスロープを設けることが望ましい。スロープが設けられない場合は、なるべく緩やかな階段にするように心がける。スロープの勾配は、1/12以下の緩やかなものが望ましい。

表4.8.3　床仕上材の種類と一般的な特徴及び使用上の留意点

性能／床仕上材		歩きやすい	滑らない	歩行音がない	汚れにくい	掃除がしやすい	特性と高齢者の利用に対する注意事項
畳		○	◎	◎	×	△	・車いす(介助車いす)の使用は、畳を傷めるので留意する。 ・仕上材が変わる見切り部分(敷居等)に段差を設けない。 ・敷居のよごれに注意する。
木質系床材	縁甲板(塗装品)	○	△	▲	△	○	・表面の仕上げが、滑りにくいものを選択する。 ・塗布するワックスにより滑りやすくなることがあるので、ワックスの選択に留意する。
	木質系フローリング	○	△	▲	△	○	
コルク系床材	コルクタイル	○	○	○	▲	○	・歩行感が良い。 ・よごれやすいので、張替えを可能にする(予備を確保しておくとよい)。 ・表面処理塗装が多いと歩行感が低下し、滑りやすくなる。少ないとよごれやすくなる。 ・直射日光による退色は、改善されているものがある(コルク系フローリングは張替えがしにくい)。
	コルク系フローリング	○	○	△	▲	○	
プラスチック系タイル床材	ビニル系タイル	○	▲	○	◎	◎	・耐水性、耐久性に優れたものが多く、水まわりに用いられる。 ・濡れても滑りにくいものを選択し、素足で歩行する部屋に用いる場合は、歩行感にも留意する。
プラスチック系シート床材	(発泡層なし) 長尺塩ビシート インレイドシート	○	△	○	◎	◎	・耐水性、耐久性に優れ、歩行感も良いため、台所、洗面所、便所等の水まわりに使用されることが多い。 ・濡れても滑りにくいものを選択する。 ・耐久性を考慮して、表面の透明ビニル層が薄いものは避ける。 ・表面に凹凸があるものには、よごれを落としにくいものがあるので注意する。
	(発泡層あり) クッションフロア 複合ビニルシート	◎	△	○	○	◎	
カーペット床材	長尺カーペット	◎	◎	◎	×	▲	・毛足の短いものを使用する。 ・防炎性、防汚性、耐摩耗性にも留意する。
	タイルカーペット	◎	◎	◎	▲	△	・滑りにくさ、歩行感、耐摩耗性に優れている。 ・防炎性、防汚性にも留意する。 ・取替えが可能なので、予備を確保する。
磁器質・せっ器質タイル床材	施釉タイル	▲	×	▲	◎	◎	・浴室の場合は、モザイクタイルにして目地を細かくし、滑りに注意する。 ・施釉タイルは、濡れた場合に特に滑りやすいので、なるべく避ける。 ・無釉タイルには、表面が粗面のものや、ノンスリップ加工を施したものがあるので、これらを選定する。 ・玄関等で使うと砂等が残りやすい。
	無釉タイル	△	◎	▲	◎	◎	
モルタル塗り	モルタル金ごて仕上げ	△	△	▲	○	○	・泥がかぶさった状態で濡れると、滑りやすくなるので、土がかぶさりやすい場所での使用は注意する。
	モルタル木ごて仕上げ	△	◎	▲	▲	△	・比較的粗面に仕上がる。 ・足を引きずる場合は、履き物の摩耗が激しい。
	モルタル刷毛引き仕上げ	△	◎	▲	△	△	・ノンスリップ処理の状態に仕上げるため、スロープ等によく用いられる。 ・摩擦係数が高く、つまずきやすいため、防滑性を特に必要とする場合以外は避ける。

◎優れている　○やや優れている　△ふつう　▲やや劣る　×劣る

5.耐久性・可変性に関する基準(劣化対策等級3及び維持管理対策等級2など)に係る仕様

5.1 一般事項

5.1.1 総則

1. フラット35Sにおける耐久性・可変性に関する基準(劣化対策等級3及び維持管理対策等級2など)に適合する住宅の仕様は、この項による。
2. 本項において、アンダーライン「＿＿＿」の付された項目事項は、フラット35Sにおける耐久性・可変性に関する基準(劣化対策等級3及び維持管理対策等級2など)に係る仕様であるため、当該部分の仕様以外とする場合は、住宅金融支援機構の認めたものとする。

用　語

耐久性・可変性に関する基準(劣化対策等級3及び維持管理対策等級2など)に係る仕様

本項では、「住宅の品質確保の促進等に関する法律」における日本住宅性能表示基準及び評価方法基準(以下、「性能表示基準」という)のうち、以下の基準に対応した仕様を示している。

①劣化対策等級3
②維持管理対策等級2
③更新対策(住戸専用部)に準拠して定めた基準

5.2 基礎工事

1. 基礎工事において布基礎とする場合は、Ⅱ-3.4.2(布基礎)の2による。
2. 基礎工事において、べた基礎又は基礎ぐいを用いる場合は、Ⅱ-3.4.3(べた基礎・基礎ぐい)の2による。

Ⅱ-3.4.2の2 ☞37頁
Ⅱ-3.4.3の2 ☞38頁

5.3 床下換気

床下換気は、Ⅱ-3.4.9(床下換気)の1による。

Ⅱ-3.4.9の1 ☞39頁

5.4 床下防湿

床下防湿は、Ⅱ-3.4.13(床下防湿)による。

Ⅱ-3.4.13 ☞40頁

5.5 木部の防腐・防蟻措置

5.5.1 土台の防腐・防蟻措置

土台の防腐・防蟻措置は、Ⅱ-4.4.1(土台の防腐・防蟻措置)による。

Ⅱ-4.4.1 ☞76頁

5.5.2 外壁の枠組の防腐・防蟻措置

地面から高さが1m以内の外壁の枠組(土台及び室内側に露出した部分を除く。)の防腐・防蟻措置(北海道及び青森県にあっては防腐措置のみ。)は、次の1又は2による。

1. □次のイ及びロによる。
   イ. 外壁は、壁体内に通気層を設け、壁体内通気を可能とする構造とし、特記による。特記のない場合は、Ⅱ-4.10.10(外壁内通気措置)による。
   ロ. 枠組は、次のいずれかとする。
      (イ)□枠組は、枠組壁工法構造用製材又は集成材等(次表に掲げるものをいう。以下、本項において同じ。)を用い、防腐及び防蟻に有効な薬剤を塗布、加圧注入、浸漬、若しくは吹き付けられたもの、又は防腐及び防蟻に有効な接着剤が混入されたものとする。

Ⅱ-4.10.10 ☞118頁

化粧ばり構造用集成柱	集成材のJASに適合するもの
構造用集成材	集成材のJASに適合するもの
構造用単板積層材	単板積層材のJASに適合するもの
枠組壁工法構造用たて継ぎ材	枠組壁工法構造用製材及び枠組壁工法構造用たて継ぎ材のJASに適合するもの
直交集成板	直交集成板のJASに適合するもの

(ロ) □ヒノキ、ヒバ、ベイヒ、ベイヒバ、クリ、ケヤキ、ベイスギ、タイワンヒノキ、コウヤマキ、サワラ、ネズコ、イチイ、カヤ、ウェスタンレッドシーダー、インセンスシーダー又はセンペルセコイヤを用いた枠組壁工法構造用製材、若しくはこれらの樹種により構成された構造用集成柱、構造用集成材、構造用単板積層材、枠組壁工法構造用たて継ぎ材又は直交集成板を用いる。

2. □JASに定める保存処理性能区分K3以上の防腐・防蟻処理材(JIS K 1570に規定する木材保存剤、又はこれと同等の薬剤を用いたK3以上の薬剤の浸潤度及び吸収量を確保する工場処理等を含む。)を用いる。

5.5.3 外壁下地材の防腐・防蟻措置

地面から高さが1m以内の木質系外壁下地材(室内側に露出した部分を除く。)の防腐・防蟻措置(北海道及び青森県にあっては防腐措置のみ。)は、次の1又は2による。

1. □次のイ及びロによる。

イ．外壁は、壁体内に通気層を設け、壁体内通気を可能とする構造とし、特記による。特記のない場合は、Ⅱ-4.10.10(外壁内通気措置)による。

Ⅱ-4.10.10
☞118頁

ロ．外壁下地材は、次のいずれかとする。

(イ) □外壁下地材には、枠組壁工法構造用製材又は集成材等又は構造用合板等(次表に掲げるものをいう。)を用いるとともに、防腐及び防蟻に有効な薬剤を塗布、加圧注入、浸漬、若しくは吹き付けられたもの、又は防腐及び防蟻に有効な接着剤が混入されたものとする。

構造用合板	合板のJASに適合するもの
構造用パネル	構造用パネルのJASに適合するもの
パーティクルボードのPタイプ	JIS A 5908
ミディアムデンシティファイバーボード(MDF)のPタイプ	JIS A 5905

(ロ) □ヒノキ、ヒバ、ベイヒ、ベイヒバ、クリ、ケヤキ、ベイスギ、タイワンヒノキ、コウヤマキ、サワラ、ネズコ、イチイ、カヤ、ウェスタンレッドシーダー、インセンスシーダー又はセンペルセコイヤを用いた枠組壁工法構造用製材、若しくはこれらの樹種により構成された構造用集成柱、構造用集成材、構造用単板積層材又は枠組壁工法構造用たて継ぎ材を用いる。

2. □JASに定める保存処理性能区分K3以上の防腐・防蟻処理材(JIS K 1570に規定する木材保存剤、又はこれと同等の薬剤を用いたK3以上の薬剤の浸潤度及び吸収量を確保する工場処理等を含む。)を用いる。

5.6 床下地面の防蟻措置

床下地面の防蟻措置は、Ⅱ-4.6(床下地面の防蟻措置)による。ただし、基礎断熱工法を用いる場合は、Ⅱ-3.5.5(床下防湿・防蟻措置)による。

Ⅱ-4.6 ☞78頁
Ⅱ-3.5.5 ☞54頁

5.7 浴室等の防水措置

1. 浴室の壁の枠組等(木質の下地材・室内側に露出した部分を含む。)、床組(地上2階以上にある場合は下地材を含む。)及び天井は、次のいずれかの防水措置を行う。ただし、1階の浴室まわりをコンクリートブロック造の腰壁又は鉄筋コンクリート造の腰高布基礎とした部分は除く。

イ. □JIS A 4416(住宅用浴室ユニット)に規定する浴室ユニットとする。

ロ. □浴室の壁の枠組等、床組及び天井に対して、防水上有効な仕上げを行う。

ハ. □浴室の壁の枠組等、床組及び天井に対して、本章5.5.2(外壁の枠組の防腐・防蟻措置)の1又は2及び本章5.5.3(外壁下地材の防腐・防蟻措置)の1又は2による防腐・防蟻措置を行う。 5.5.2の1・2 ☞349頁 5.5.3の1・2 ☞350頁

2. 脱衣室の壁の枠組等(木質の下地材・室内側に露出した部分を含む。)及び床組(地上2階以上にある場合は下地材を含む。)は、次のいずれかの防水措置を行う。

イ. □脱衣室の壁の枠組等及び床組に対して、防水紙、ビニル壁紙、シージングせっこうボード、ビニル床シート又は耐水合板(普通合板1類、構造用合板特類又は1類)を用いる。

ロ. □脱衣室の壁の枠組等及び床組に対して、本章5.5.2(外壁の枠組の防腐・防蟻措置)の1又は2及び本章5.5.3(外壁下地材の防腐・防蟻措置)の1又は2による防腐・防蟻措置を行う。 5.5.2の1・2 ☞349頁 5.5.3の1・2 ☞350頁

5.8 小屋裏換気

小屋裏換気は、Ⅱ-4.13(小屋裏換気・軒裏換気)による。 Ⅱ-4.13 ☞147頁

5.9 専用配管

専用配管は、次による。

1. 専用配管は、壁、柱、床、はり及び基礎の立上り部分を貫通する場合を除き、コンクリート内に埋め込まない。
2. 地中に埋設された専用配管の上には、コンクリート(建物の外部に存在する土間床コンクリート及び建物の構造躯体に影響を及ぼさないものは除く。)を打設しない。ただし、法令(条例を含む。)の規定により、凍結のおそれがあるとして配管を地中に埋設する場合は、打設することができる。
3. 専用の排水管(継手及びヘッダーを含む。)の内面が、排水管内の清掃に支障を及ぼさないように凹凸がなく、かつ、当該排水管にたわみ、抜け、その他変形が生じないように設置する。

5.10 共用配管等

共同住宅等の共用配管等は、次による。

1. 共用配管は、壁、床、柱、はり又は基礎の立上り部分を貫通する場合を除き、コンクリート内に埋め込まない。
2. 地中に埋設された共用配管の上には、コンクリート(建物の外部に存在する土間床コンクリート及び建物の構造躯体に影響を及ぼさないものは除く。)を打設しない。ただし、法令(条例を含む。)の規定により、凍結のおそれがあるとして配管を地中に埋設する場合は、打設することができる。
3. 共用の排水管には、共用立管にあっては最上階又は屋上、最下階及び3階以内おきの中間階又は15 m以内ごとに、横主管にあっては15m以内ごと、かつ、管の曲がりが連続すること、管が合流すること等により管の清掃に支障が生じやすい部分がある場合にあっては支障なく清掃が行える位置に、掃除口が設けられていることとする。
4. 専用配管と共用配管の接合部及び共用配管のバルブ、又は排水管の掃除口が仕上材等により隠ぺいされている場合には、それらを点検するために必要な開口又は掃除口による清掃を行うために必要な開口を設ける。
5. 共用の排水管(継手及びヘッダーを含む。)の内面が、排水管内の清掃に支障を及ぼさないように凹凸がなく、かつ、当該排水管にたわみ、抜け、その他変形が生じないように設置する。
6. 専用配管は、他の住戸等の専用部分には設置しない。

5.11 更新対策(住戸専用部)

共同住宅等の場合は、次による。

1. 躯体天井高は、2,500 mm以上とする。
2. 住戸内の構造躯体の壁又は柱は、間取りの変更の障害とならないように設ける。

用　語

専用配管

専用配管とは、住宅内の排水管、給水管、給湯管及びガス管をいう。それぞれの専用配管の範囲は、住宅の種類に応じ、次のとおり。

	一戸建の住宅	共同住宅等
排水管	敷地内最終ますから設備機器との接続部までの配管	共用配管との接続部から設備機器との接続部までの住戸専用部の配管
給水管	水道のメーターから住戸内の給水栓または設備機器(給湯設備を含む。)と接続部までの配管	各住戸の水道メーター(メーターが設置されない場合は、共用配管との接続部)から専用部の給水栓または設備機器(給湯設備を含む)との接続部までの配管
給湯管	給湯設備から住戸内の給湯栓または設備機器との接続部までの配管	給湯設備(専用部に給湯設備が設置されない場合は、各住戸の給湯のメーター(メーターが設置されない場合は、共用配管との接続部))から住戸内の給湯栓または設備機器との接続部までの配管
ガス管	ガスのメーターから住戸内のガス栓または設備機器との接続部までの配管	各住戸のガスメーター(メーターが設置されない場合にあっては、共用配管との接続部)から専用部のガス栓または設備機器との接続部までの配管

共用配管

共用配管とは、共同住宅等の共用の排水管、給水管、給湯管及びガス管をいう。それぞれの共用配管の範囲は、次のとおり。

排水管	専用配管との接続部から建物外部の最初のますまでの立管及び横主管
給水管	横主管から各住戸の水道のメーター(メーターが設置されない場合は、専用配管との接続部)までの立管及び共同住宅等の水平投影内に存する横主管(この範囲内にある受水槽、高置水槽等を除く)
給湯管	共用の給湯設備から各住戸の給湯のメーター(メーターが設置されない場合は、専用配管との接続部)までの立管及び共同住宅等の水平投影内に存する横主管
ガス管	横主管から各住戸のガスのメーター(メーターが設置されない場合は、専用配管との接続部)までの立管及び共同住宅等の水平投影内に存する横主管

躯体の天井高

躯体の天井高とは、住戸専用部の構造躯体等の床版等に挟まれた空間の高さをいう。木造の場合は、住戸を規定する床組の床版(下地パネル)から上階の床組までの内のり寸法をいう。

スリーブ管のべた基礎への埋設

①建物から屋外への排水は、基礎コンクリート打設前にスリーブ管を埋設する。
②スリーブ管は、内部に挿入した排水管が取り替えしやすいように、余裕ある管径とする。
③スリーブ管は、基礎配筋をよけた位置に挿入し、鉄筋かぶり厚を損なわないようにする。
④基礎の外周取合い部では、排水管とスリーブ管とのすき間には、防蟻性のある材料(ルーフィング用コールタールピッチまたはゴム状の瀝青シール等)を充填する等、防蟻上有効な措置を施す。

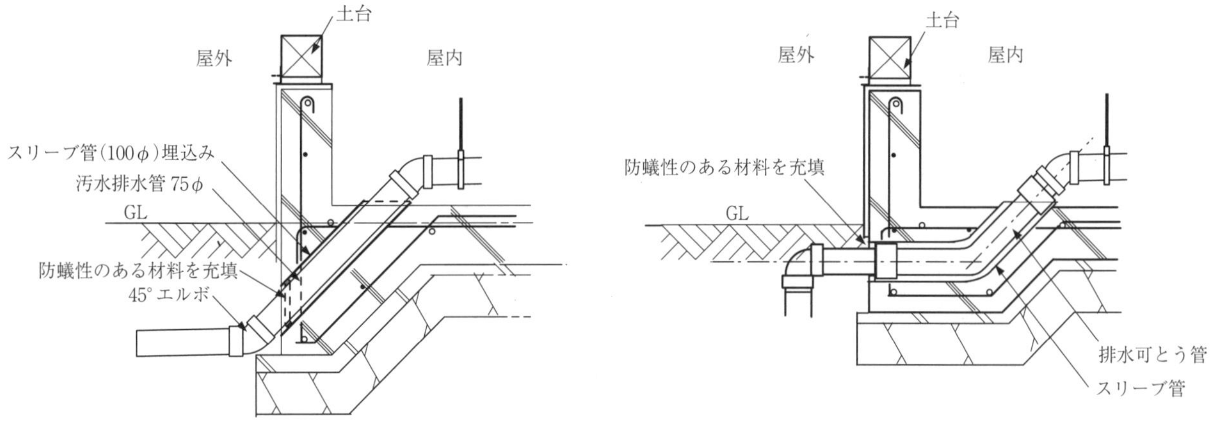

(A)スリーブ管埋込みによる排水管(VP)の貫通の例　(B)内部に排水可とう管を用いたスリーブ管の埋込みの例

参考図5.9-1　べた基礎における専用配管の貫通

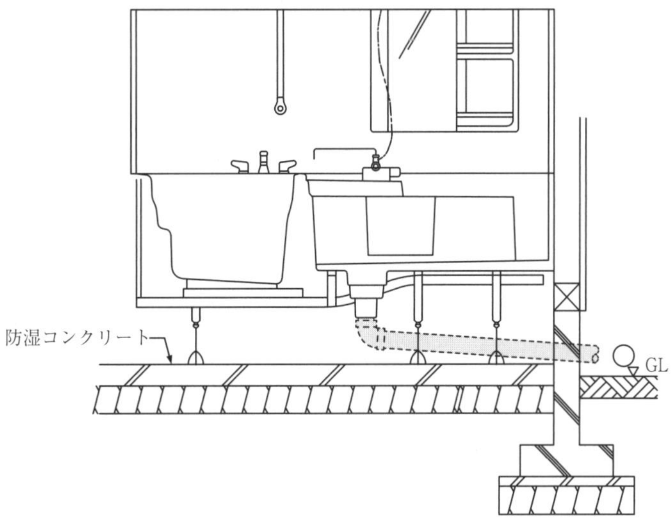

参考図5.9-2　浴室下部の配管方法

〔第Ⅳ章〕　フラット35S（金利Aプラン）工事仕様書

フラット35S（金利Aプラン）の技術基準（※1）

フラット35S（金利Aプラン）をご利用いただく場合は、フラット35の技術基準に加えて次表の1～4のいずれか1つ以上の基準を満たす住宅であることが必要です。

1　省エネルギー性	次のいずれかの住宅に適合すること ・断熱等性能等級5以上の住宅、かつ、一次エネルギー消費量等級6の住宅 ・認定低炭素住宅（※2） ・性能向上計画認定住宅（※3）
2　耐　　震　　性	耐震等級（構造躯体の倒壊等防止）3の住宅 　または 免震住宅（※4）
3　バリアフリー性	高齢者等配慮対策等級4以上の住宅
4　耐久性・可変性	長期優良住宅（※5）（※6）

※1　各技術基準（長期優良住宅を除く。）は、「住宅の品質確保の促進等に関する法律」に基づく住宅性能表示制度の性能等級と同じです。なお、住宅性能評価書を取得しなくても、所定の物件検査に合格すれば、フラット35S（金利Aプラン）をご利用いただけます。

※2　都市の低炭素化の促進に関する法律（平成24年法律第84号）の規定により低炭素建築物新築等計画が認定された住宅または、同法の規定により集約都市開発事業計画が認定された住宅です。

※3　建築物のエネルギー消費性能の向上に関する法律（平成27年法律第53号）（通称 建築物省エネ法）の規定により建築物エネルギー消費性能向上計画が認定された住宅です。

※4　免震住宅は、評価方法基準第5の1-3に適合しているものを対象とします。

※5　長期優良住宅の普及の促進に関する法律（平成20年法律第87号）の規定により長期優良住宅建築等計画が認定された住宅です。

※6　長期優良住宅の場合は、フラット35S（金利Aプラン）とフラット35維持保全型の基準に適合します。

注）以下のいずれかに該当する場合は、フラット35S及びフラット35維持保全型を利用できません。
・住宅の全部または一部が土砂災害特別警戒区域（通称：レッドゾーン）内に含まれる場合
・都市再生特別措置法（平成14年法律第22号）第88条第1項に基づく届出を行った場合において、同条第5項に基づく市町村長による公表の措置を受けたとき

フラット35S工事仕様書の使い方

(1)［第Ⅱ章］工事仕様書のフラット35の基準事項に加え、「1. 省エネルギー性に関する基準（断熱等性能等級5かつ一次エネルギー消費量等級6）に係る仕様」、「2. 省エネルギー性に関する基準（認定低炭素住宅）に係る仕様」、「3. 省エネルギー性に関する基準（性能向上計画認定住宅（建築物省エネ法））に係る仕様」、「4. 耐震性に関する基準（耐震等級（構造躯体の倒壊等防止）3）に係る仕様」、「5. 免震住宅に関する基準（地震に対する構造躯体の倒壊等防止及び損傷防止）に係る仕様」、「6. バリアフリー性に関する基準（高齢者等配慮対策等級4）に係る仕様」または「7. 耐久性・可変性に関する基準（長期優良住宅）に係る仕様」によってください。

(2) 本文のアンダーライン「＿＿＿」の部分は、基準に係る項目ですので、訂正するとフラット35Sが利用できない場合があります。
なお、アンダーライン「＿＿＿」以外の仕様については、ご自分の工事内容に合わせて当該仕様部分を適宜添削するなどしてご使用ください。

1. 省エネルギー性に関する基準(断熱等性能等級5かつ一次エネルギー消費量等級6)に係る仕様

フラット35 Sの省エネルギー性(断熱等性能等級5かつ一次エネルギー消費量等級6)に適合する住宅は、「1-1.省エネルギー性に関する基準① (断熱等性能等級5) に係る仕様」かつ「1-2.省エネルギー性に関する基準② (一次エネルギー消費量等級6)に係る仕様」であることとする。

1-1. 省エネルギー性に関する基準①(断熱等性能等級5)に係る仕様

1-1.1 一般事項

1-1.1.1 総則

1. フラット35Sにおける省エネルギー性に関する基準のうち、断熱等性能等級5に適合する住宅の仕様は、この項による。
2. 本項におけるアンダーライン「＿＿＿」の付された項目事項は、フラット35Sにおける省エネルギー性に関する基準のうち、断熱等性能等級5に係る仕様であるため、当該部分の仕様以外とする場合は、住宅金融支援機構の認めたものとする。

1-1.1.2 適用

1. 地域の区分は、巻末付録8(地域の区分一覧表)による。 付録8 ☞411頁
2. □断熱等性能等級5に適合する仕様を計算により決定する場合については、Ⅲ-1.1.2(適用)の2による。 Ⅲ-1.1.2の2 ☞303頁
3. □断熱等性能等級5に適合する仕様を仕様により決定する場合については、Ⅲ-1.1.2(適用)の3による。 Ⅲ-1.1.2の3 ☞303頁

1-1.1.3 断熱材

断熱材については、Ⅲ-1.1.3(断熱材)による。 Ⅲ-1.1.3 ☞303頁

1-1.1.4 構造材及び主要な下地材

構造材及び主要な下地材については、Ⅲ-1.1.4(構造材及び主要な下地材)による。 Ⅲ-1.1.4 ☞304頁

1-1.1.5 断熱材の保管・取扱い

断熱材の保管・取扱いについては、Ⅲ-1.1.5(断熱材の保管・取扱い)による。 Ⅲ-1.1.5 ☞304頁

1-1.1.6 養生

養生については、Ⅲ-1.1.6(養生)による。 Ⅲ-1.1.6 ☞304頁

1-1.1.7 注意事項

注意事項については、Ⅲ-1.1.7(注意事項)による。 Ⅲ-1.1.7 ☞304頁

1-1.2 施工部位

施工部位については、Ⅲ-1.2(施工部位)による。 Ⅲ-1.2 ☞304頁

1-1.3 断熱性能

断熱性能については、Ⅲ-1.3(断熱性能)による。 Ⅲ-1.3 ☞305頁

1-1.4 断熱材等の施工

断熱材等の施工については、Ⅲ-1.4(断熱材等の施工)による。 Ⅲ-1.4 ☞311頁

1-1.5 気密工事(充填断熱工法又は繊維系断熱材を用いた外張断熱工法による場合)

気密工事(充填断熱工法又は繊維系断熱材を用いた外張断熱工法による場合)については、Ⅲ-1.5(気密工事(充填断熱工法又は繊維系断熱材を用いた外張断熱工法による場合))による。

Ⅲ-1.5 ☞316頁

1-1.6 気密工事(発泡プラスチック系断熱材を用いた外張断熱工法による場合)

気密工事(発泡プラスチック系断熱材を用いた外張断熱工法による場合)については、Ⅲ-1.6(気密工事(発泡プラスチック系断熱材を用いた外張断熱工法による場合))による。

Ⅲ-1.6 ☞319頁

1-1.7 開口部の断熱性能

開口部の断熱性能については、Ⅲ-1.7(開口部の断熱性能)による。

Ⅲ-1.7 ☞321頁

1-1.8 開口部の日射遮蔽措置

開口部の日射遮蔽措置については、Ⅲ-1.8(開口部の日射遮蔽措置)による。

Ⅲ-1.8 ☞321頁

1-1.9 その他

住宅の壁量、柱の小径、床組等、接合部、横架材及び基礎について、住宅の安全性が確保できるものとし、その仕様は特記による。

1.省エネルギー性に関する基準(断熱等性能等級5かつ一次エネルギー消費量等級6)に係る仕様

フラット35Sの省エネルギー性(断熱等性能等級5かつ一次エネルギー消費量等級6)に適合する住宅は、「1-1.省エネルギー性に関する基準①(断熱等性能等級5)に係る仕様」かつ「1-2.省エネルギー性に関する基準②(一次エネルギー消費量等級6)に係る仕様」であることとする。

1-2.省エネルギー性に関する基準②(一次エネルギー消費量等級6)に係る仕様

1-2.1 一般事項

1-2.1.1 総則

1. フラット35Sにおける省エネルギー性に関する基準のうち、一次エネルギー消費量等級6に適合する住宅の仕様は、この項による。
2. 本項におけるアンダーライン「______」の付された項目事項は、フラット35Sにおける省エネルギー性に関する基準のうち、一次エネルギー消費量等級6に係る仕様であるため、当該部分の仕様以外とする場合は、住宅金融支援機構の認めたものとする。

1-2.1.2 適用

本項の適用となる住宅は、次の1又は2のいずれかを満たすものとする。

1. □一次エネルギー消費量等級6に適合する仕様を計算により決定する場合、住宅の品質確保の促進等に関する法律(平成11年法律第81号)に基づく評価方法基準(平成13年国土交通省告示第1347号)第5の5-2の一次エネルギー消費量等級6に規定されている対策が講じられていることとし、「住宅に関する省エネルギー基準に準拠したプログラム(https://house.app.lowenergy.jp/)」等を用いて、巻末付録8(地域の区分一覧表)の地域の区分及び床面積等に応じて算定した対象住宅の一次エネルギー消費量が基準一次エネルギー消費量を上回らないことを確認したものとし、その仕様は特記による。 付録8 ☞411頁
2. □一次エネルギー消費量等級6に適合する仕様を仕様により決定する場合、以下のイからヘまでを満たすものとする。
   イ. 基準一次エネルギー消費量及び住宅の一次エネルギー消費量の算出における地域の区分は、巻末付録8(地域の区分一覧表)による。 付録8 ☞411頁
   ロ. 暖房設備は、Ⅲ-2.2(暖房設備)による。 Ⅲ-2.2 ☞325頁
   ハ. 冷房設備は、Ⅲ-2.3(冷房設備)による。 Ⅲ-2.3 ☞325頁
   ニ. 換気設備は、Ⅲ-2.4(換気設備)による。 Ⅲ-2.4 ☞325頁
   ホ. 給湯設備は、Ⅲ-2.5(給湯設備)による。 Ⅲ-2.5 ☞325頁
   ヘ. 照明設備は、Ⅲ-2.6(照明設備)による。 Ⅲ-2.6 ☞326頁

2. 省エネルギー性に関する基準（認定低炭素住宅）に係る仕様

2.1 一般事項

2.1.1 総則

1. フラット35Sにおける省エネルギー性に関する基準（認定低炭素住宅）に適合する住宅の仕様は、この項による。
2. 本項におけるアンダーライン「＿＿＿」の付された項目事項は、フラット35Sにおける省エネルギー性に関する基準「認定低炭素住宅」に係る仕様である。

2.1.2 基本原則

本項の適用となる住宅は、都市の低炭素化の促進に関する法律（平成24年法律第84号）の規定により認定の通知を受けた低炭素建築物新築等計画に基づき建築された住宅等であるものとする。

【低炭素建築物の認定基準に関する留意事項】

認定基準に関する最新情報等については、次のホームページを参照すること。

■ 建築物のエネルギー消費性能に関する技術情報（国立研究開発法人建築研究所）
https://www.kenken.go.jp/becc/index.html

■ 認定申請手続、申請の手引き、Q&A等について（一般社団法人住宅性能評価・表示協会）
https://www.hyoukakyoukai.or.jp/teitanso/index.php

解説

認定低炭素住宅

都市の低炭素化の促進に関する法律（平成24年法律第84号）の規定により、低炭素建築物新築等計画が認定された住宅、または同法の規定により集約都市開発事業計画が認定された住宅をいう。

認定基準の概要

建築物に係るエネルギーの使用の合理化の一層の促進のために誘導すべき基準

建築物省エネ法※1に規定するエネルギー消費性能に係る誘導基準※2を満たすこと	＋	建築物省エネ法※1に規定する外皮性能に関する誘導基準※3を満たすこと

※1　建築物のエネルギー消費性能の向上に関する法律（平成27年法律第53号）
※2　一次エネルギー消費量等級6と同程度
※3　断熱等性能等級5と同じ断熱性能基準

建築物の低炭素化の促進のために誘導すべきその他の基準

(1) 再生可能エネルギー利用設備が設けられていること

【戸建て住宅の場合】省エネ量＋創エネ量（再エネ）の合計が基準一次エネルギーの50％以上であること

(2) 以下の①～⑨の1つ以上に該当すること

節水対策

①節水機器の設置（次のいずれか）

ア　節水便器　　イ　節水水栓　　ウ　食器用洗浄機

②雨水、井水又は雑排水の利用設備の設置

エネルギーマネジメント

③HEMS（ホームエネルギーマネジメントシステム）の設置

④太陽光等の再生可能エネルギーを利用した発電設備及びそれと連系した定置型蓄電池の設置

ヒートアイランド対策

⑤一定のヒートアイランド対策（緑化等）

建築物（躯体）の低炭素化

⑥住宅性能表示：劣化対策等級3

⑦木造住宅であること

⑧高炉セメント又はフライアッシュセメントを構造耐力上主要な部分に使用

V2H充放電設備の設置

⑨V2H充放電設備の設置（電気自動車に充電可能とする設備を含む。）

又は

標準的な建築物と比べて、低炭素化に資する建築物として所管行政庁が認めるもの

3.省エネルギー性に関する基準(性能向上計画認定住宅(建築物省エネ法))に係る仕様

3.1 一般事項

3.1.1 総則

1. フラット35Sにおける省エネルギー性に関する基準(性能向上計画認定住宅(建築物省エネ法))に適合する住宅の仕様は、この項による。
2. 本項におけるアンダーライン「______」の付された項目事項は、フラット35Sにおける省エネルギー性に関する基準(性能向上計画認定住宅(建築物省エネ法))に係る仕様である。

3.1.2 適用

本項の適用となる住宅は、建築物のエネルギー消費性能の向上に関する法律（平成27年法律第53号）(通称 建築物省エネ法）の規定により建築物エネルギー消費性能向上計画の認定を受けた住宅であるものとする。

【性能向上計画認定住宅(建築物省エネ法)に関する留意事項】

認定基準に関する最新情報等については、次のホームページを参照すること。

■ 建築物省エネ法のページ(国土交通省)
https://www.mlit.go.jp/jutakukentiku/jutakukentiku_house_tk4_000103.html

■ 建築物のエネルギー消費性能に関する技術情報(国立研究開発法人建築研究所)
https://www.kenken.go.jp/becc/index.html

解　説

性能向上計画認定住宅(建築物省エネ法)

建築物のエネルギー消費性能の向上に関する法律(平成27年法律第53号)（通称 建築物省エネ法)の規定により建築物エネルギー消費性能向上計画の認定を受けた住宅をいう。

認定基準の概要

建築物のエネルギー消費性能の向上の一層の促進のために誘導すべき基準

建築物省エネ法※1に規定するエネルギー消費性能に係る誘導基準※2を満たすこと　＋　建築物省エネ法※1に規定する外皮性能に関する誘導基準※3を満たすこと

※1　建築物のエネルギー消費性能の向上に関する法律(平成27年法律第53号)
※2　一次エネルギー消費量等級6
※3　断熱等性能等級5と同じ断熱性能基準

4. 耐震性に関する基準（耐震等級（構造躯体の倒壊等防止）3）に係る仕様

4.1 一般事項

4.1.1 総則

1. フラット35Sにおける耐震性に関する基準（耐震等級（構造躯体の倒壊等防止）3）に適合する住宅の仕様は、この項による。
2. 本項において、アンダーライン「＿＿＿」の付された項目事項は、フラット35Sにおける耐震性に関する基準（耐震等級（構造躯体の倒壊等防止）3）に係る仕様であるため、当該部分の仕様以外とする場合は、住宅金融支援機構の認めたものとする。

4.1.2 基本原則

枠組壁工法の建築物における基準（壁量計算等）、保有水平耐力計算等、又は限界耐力計算により、住宅性能表示制度「耐震等級（構造躯体の倒壊等防止）3」以上の耐震性能を確保することとする。

4.1.3 構造計算等

1. 3階建の住宅は、建築基準法及び住宅性能表示制度「耐震等級（構造躯体の倒壊等防止）」1-1(3)イ又はロに基づく構造計算により、構造耐力上の安全性を確保したうえで、仕様を決めるものとする。
2. 階数が2以下の住宅は、建築基準法及び住宅性能表示制度「耐震等級（構造躯体の倒壊等防止）」1-1(3)イ又はロに基づく構造計算、若しくは、へに基づく枠組壁工法の建築物における基準（壁量計算等）により、構造耐力上の安全性を確認したうえで、仕様を決めるものとする。

用　語

耐震性に関する基準（耐震等級（構造躯体の倒壊等防止）3）に係る仕様

「住宅の品質確保の促進等に関する法律」に基づく日本住宅性能表示基準及び評価方法基準の「耐震等級」のうち、本項では、「構造躯体の倒壊等防止」の「等級3」に対応した耐震性能を有した仕様を示しているものである。なお、各仕様を決定するに際し、前提条件として、以下①～③のいずれかの構造計算等を行うことが必要である。

①性能表示制度「耐震等級（構造躯体の倒壊等防止）」1-1(3)イに基づく構造計算

建築基準法施行令第82条の5に規定する限界耐力計算による構造計算をいう。

②性能表示制度「耐震等級（構造躯体の倒壊等防止）」1-1(3)ロに基づく構造計算

建築基準法施行令第3章第8節第1款の2及び4の規定による次の構造計算をいう。なお、これらは一般的に「保有水平耐力計算等」と呼ばれている。

イ　保有水平耐力計算：許容応力度計算（令第82条第1号から第3号まで）＋層間変形角の計算（令第82条の2）＋保有水平耐力計算（令第82条の3）＋屋根ふき材等の計算（令第82条の4）

ロ　許容応力度等計算：許容応力度計算＋層間変形角の計算＋屋根ふき材等の計算＋剛性率・偏心率等の計算（令第82条の6）

ハ　許容応力度計算＋屋根ふき材等の計算

※令第82条第4号（変形等による使用上の支障防止の確認の計算）及び、同第82条の4（屋根ふき材等の構造計算）は、建築基準法上の上記の各構造計算方法（ルート）には含まれるが、本評価方法基準上は除外されている。

③性能表示制度「耐震等級（構造躯体の倒壊等防止）」1-1(3)へに基づく壁量計算等

評価方法基準において掲げる「枠組壁工法の建築物における基準」に定められる方法により基準に適合することをいい、建築基準法関係諸規定に適合するほか、次のいずれかに適合していることをいう。

イ　平成13年国土交通省告示第1540号（以下、「告示」という）第10第1号または第2号の規定により定める構造計算により、安全性が確かめられること。ただし、令82条第2号の表はKの値に1.5以上の数字を乗じるものとする。

ロ　告示第5第5号の規定に適合しており、かつ、次の規定に適合していることをいう。この場合において、平成13年国土交通省告示第1541号第1第5号中「長さの合計」とあるのは、「長さ及び評価方法基準第5の1-1(3)

へ①bに掲げる表(い)項に掲げる壁の種類に応じて、当該壁の長さに(ろ)項に掲げる倍率を乗じて得た長さの合計」とし、告示第5第5号中「次の表一」とあるのは、「評価方法基準第5の1-1(3)ホ①の表3」とする。

(a) たて枠上下端の接合部に必要とされる引張力が、当該部分の引張耐力を超えていないことを、当該接合部の周囲の耐力壁の種類及び配置を考慮して確認すること。

(b) 常時または積雪時に建物に作用する固定荷重及び積載荷重ならびに積雪時に建物に作用する積雪荷重による力が、上部構造及び基礎を通じて適切に力が地盤に伝わり、かつ、地震力及び風圧力に対し、上部構造から伝達される引張力に対して基礎の耐力が十分であるように、小屋組、床組、基礎、その他の構造耐力上主要な部分の部材の種別、寸法、量及び間隔が設定されていること。

4.2 基礎

1. 平屋建又は2階建の基礎工事は、Ⅱ-3.4(平屋建又は2階建の基礎工事)による。
2. 3階建の基礎工事は、Ⅱ-15.2(基礎工事)による。

Ⅱ-3.4 ☞37頁
Ⅱ-15.2 ☞279頁

4.3 耐力壁

1. 平屋建又は2階建の耐力壁は、Ⅱ-4.10.1(耐力壁)による。
2. 3階建の耐力壁は、Ⅱ-15.5.1(耐力壁)による。

Ⅱ-4.10.1 ☞100頁
Ⅱ-15.5.1 ☞283頁

4.4 床組等

1. 平屋建又は2階建の床組等は、Ⅱ-4.9 (平屋建又は2階建の床枠組(最下階以外の床枠組))及びⅡ-4.12(平屋建又は2階建の小屋組)による。
2. 3階建の水平構面は、Ⅱ-15.4(床枠組)及びⅡ-15.6(小屋組)による。

Ⅱ-4.9 ☞85頁
Ⅱ-4.12 ☞127頁
Ⅱ-15.4 ☞282頁
Ⅱ-15.6 ☞286頁

4.5 接合部

たて枠上下端の接合部に必要とする引張力が、当該部分の引張耐力を超えていないことを、周囲の耐力壁の配置等を考慮して確認したうえで、仕様を決めるものとする。

4.6 横架材及び基礎

小屋組、床組、基礎、その他の構造耐力上主要な部分の部材の種別、寸法、量及び間隔については、構造計算等により、常時又は積雪時に作用する固定荷重及び積載荷重、並びに積雪時に建築物に作用する積雪荷重による力が、上部構造及び基礎を通じて適切に地盤に伝わり、かつ、地震力及び風圧力に対し上部構造から伝達される引張力に対して、基礎の耐力が十分であることを確かめること。

用 語

床組等

耐力壁線で挟まれる床の床組または屋根の小屋組及び屋根面(1階にあっては2階の床の床組または1階の屋根の小屋組及び屋根面、2階にあっては2階の屋根の小屋組及び屋根面)について、この仕様書においては、「床組等」と呼ぶこととする。

留意事項

たて枠上下端の接合部に必要とする引張力

「4.5 接合部」に示されるたて枠上下端の接合部に必要とする引張力については、架構の応力解析によって算出する。

耐震等級3の適合性の確認について、壁量計算等(評価方法基準第5の1-1(3)へ 枠組壁工法の建築物における基準)に従って行う場合には、引張力を簡易に計算できる方法として、一般社団法人日本ツーバイフォー建築協会が公開している「たて枠上下端の必要接合部倍率 簡易計算法」が利用できる(同協会ホームページ参照)。

5.免震住宅に関する基準(地震に対する構造躯体の倒壊等防止及び損傷防止)に係る仕様

5.1 一般事項

5.1.1 総則

1. フラット35Sにおける免震住宅に関する基準(地震に対する構造躯体の倒壊等防止及び損傷防止)に適合する住宅の仕様は、この項による。
2. 本項において、アンダーライン「＿＿＿」の付された項目事項は、フラット35Sにおける免震住宅に関する基準(地震に対する構造躯体の倒壊等防止及び損傷防止)に係る仕様であるため、当該部分の仕様以外とする場合は、住宅金融支援機構の認めたものとする。

用　語

免震住宅に関する基準(地震に対する構造躯体の倒壊等防止及び損傷防止)に係る仕様

平成18年10月の「住宅の品質確保の促進等に関する法律」の改正により、同法に基づく日本住宅性能表示基準及び評価方法基準(以下、「性能表示基準」という)において「免震建築物」が位置づけられた。

本項では、以下に示す免震建築物のうち、構造計算を要さない仕様について示しているものである。

免震建築物

ここでいう免震建築物とは、免震層を配置した建築物であって、「免震建築物の構造方法に関する安全上必要な技術基準を定める等の件(平成12年建設省告示第2009号。以下、「告示第2009号」という)」の第2に規定されており、具体的には、以下の①～③のいずれかに適合するものをいう。

①建築基準法第6条第1項第4号に定めるいわゆる四号建築物として、構造計算を要さず仕様規定に適合するもの

②告示第2009号第6に規定する構造計算を行うほか、建築基準法施行令第36条第2項第2号に定める耐久性等関係規定(以下、「耐久性等関係規定」という)に適合するもの

③時刻暦応答解析により安全であることを確認し、構造方法等の認定を取得するほか、建築基準法施行令第81条の2に規定する国土交通大臣が定める基準に従った構造計算によって安全性が確かめられたものとして国土交通大臣の認定を取得するほか、耐久性等関係規定に適合するもの

5.2 基礎

5.2.1 一般事項

1. 基礎の構造は、次のいずれかとする。
   イ. □基礎ぐいを用いた構造
   ロ. □べた基礎
2. 基礎の底部を第一種地盤又は第二種地盤(地震時に液状化するおそれのないものに限る。)に達するものとする。

5.2.2 基礎ぐい

基礎ぐいの構造は、次による。

1. 基礎ぐいは、構造耐力上安全に基礎ぐいの上部を支えるように配置する。
2. 基礎ぐいの構造は、次のいずれかによるか、又はこれらと同等以上の支持力を有するものとする。
   イ. □場所打ちコンクリートぐいとする場合は、次による。
   (イ)主筋として異形鉄筋を6本以上用い、帯筋と緊結する。
   (ロ)主筋の断面積の合計のくい断面積に対する割合を0.4%以上とする。
   ロ. □高強度プレストレストコンクリートぐいとする場合は、JIS A 5337(プレテンション方式遠心力高強度プレストレストコンクリートくい)－1995に適合するものとする。
   ハ. □遠心力鉄筋コンクリートぐいとする場合は、JIS A 5310(遠心力鉄筋コンクリートくい)－1995に適合するものとする。
   ニ. □鋼管ぐいとする場合は、くいの肉厚は6 mm以上とし、かつ、くいの直径の

1/100以上とする。

5.2.3 べた基礎

べた基礎の構造は、次による。

1. べた基礎の構造は、一体の鉄筋コンクリート構造(2以上の部材を組み合わせたもので、これらの部材相互を緊結したものを含む。)とする。
2. 基礎の底盤の厚さは、250 mm以上とする。
3. 根入れ深さは、150 mm以上とし、かつ、建設地域の凍結深度よりも深いものとする。
4. 立上り部分の主筋はD13以上とし、立上り部分の上端に1本以上、かつ、立上り部分の下部の底盤に2本以上配置し、それぞれ5及び6の補強筋と緊結する。
5. 立上り部分の補強筋はD10以上のものを縦に配置し、その間隔は300 mm以下とする。
6. 底盤の補強筋はD13以上、間隔は縦横に200 mm以下とし、複配筋とする。

用　語

第一種地盤

岩盤、硬質砂れき層、その他主として第三紀以前の地層によって構成されているもの、または地盤周期等について調査もしくは研究の結果に基づき、これと同程度の地盤周期を有すると認められるもの。

第二種地盤

第一種地盤及び第三種地盤(腐植土、泥土その他これらに類するもので、大部分が構成されている沖積層で一定の条件にあてはまるもの)以外のもの。

JIS規格

JIS規格番号及び標題は、平成12年建設省告示第1347号で定めているJIS規格番号及び標題を記載している。

5.3 免震層

免震層は、次による。

1. 免震層の上下の床版又はこれに類するものの間隔が、免震材料及び配管その他の建築設備の点検上支障ないものとする。
2. 上部構造に作用する荷重及び外力を、免震材料のみによって安全に下部構造に伝える構造とする。ただし、地震に対して安全上支障ないことを確かめた場合にあっては、暴風により生ずる免震層の著しい変位を防止するための措置に必要な部材を設けることができる。
3. 免震材料は、次による。
   - イ. 検査及び点検を容易に行うことができる位置に設ける。
   - ロ. 上部構造の構造耐力上主要な柱及び耐力壁に対し、つり合いよく配置する。
   - ハ. 上部構造の最下階の床版その他これに類する上部構造の構造耐力上主要な部分及びべた基礎の底盤、又は下部構造の上端に設ける床版その他これらに類する下部構造の構造耐力上主要な部分に緊結する。
4. 免震層の設計限界変位は、350 mm以上とする。
5. 上部構造の建築面積を、支承材の総数で除した数値を15 m^2以下とする。
6. 次表の建築物の種類に応じて、それぞれ次による。
   - イ. 免震層の降伏時に各免震材料に生ずる水平力(単位：kN)の合計を建築面積で除した数値を、(1)の欄の数値以上(2)の欄の数値以下とする。
   - ロ. 免震層において、免震層の設計限界変位に相当する変位が生じているときに、各免震材料に生ずる水平力（単位：kN）の合計を建築面積で除した数値を、(3)の欄の数値以上(4)の欄の数値以下とする。

建築物の種類		(1)	(2)	(3)	(4)
木造、鉄骨造その他これらに類する重量の小さな建築物	平屋建	0.22	0.36	0.72	1.09
	2階建	0.29	0.49	0.98	1.47
その他の建築物		0.34	0.58	1.17	1.75

7. 免震層の設計限界変位時の等価粘性減衰定数を20％以上とする。

用　語

免震層

免震材料を緊結した床版、またはこれに類するものにより挟まれた建築物の部分をいう。

免震材料

建築材料のうち、建築物に作用する地震力を低減する機能を有するものとして支承材、減衰材または復元材に該当するものをいう。

①支承材

免震材料の1つで水平に設置され、主として建築物に作用する鉛直荷重を支持し、建築物の水平方向の変形性能を確保するもので、以下のようなものがある。

種　　類	材　　料
弾 性 系	積層ゴムその他これに類する弾性体
すべり系	四フッ化エチレンその他これに類するすべり材
転がり系	鋼球その他これに類する転がり材

②減衰材

速度及び変形の程度に応じた減衰の作用により上部構造の振動エネルギーを吸収するもので、以下のようなものがある。

種　　類	材　　料
弾塑性系	鉛材、鋼材その他これらに類する材料
流 体 系	作動油その他これに類する粘性体

③復元材

変形の程度に応じた復元の作用により建築物の周囲を調整するもの。

5.4 上部構造

上部構造は、次による。

1. 上部構造の最下階の構造耐力上主要な部分である柱及び耐力壁の脚部並びに土台は、上部構造の最下階の床版その他これに類する部分に存在応力を伝えるよう緊結する。
2. 平面形状が長方形その他これに類する整形な形状であり、張り間方向及びけた行方向の長さの数値の大きいほうの数値を小さいほうの数値で除した数値を4以下とする。
3. 立面形状を長方形その他これに類する安定した形状とする。
4. 倉庫その他これに類する積載荷重の変動の大きな用途には供しない。
5. 上部構造と当該建築物の下部構造及び周囲の構造物その他の物件との水平距離は、上部構造の部分ごとに周囲に人の通行がある場合は500 mm以上とし、その他の場合は400 mm以上とする。
6. 上部構造の最下階の床版は、厚さ180 mm以上の一体の鉄筋コンクリート造とし、かつ、D13以上の異形鉄筋を縦横に200 mm以下の間隔で複配筋として配置する。

5.5 下部構造

下部構造(基礎を除く。)は、次による。

1. 一体の鉄筋コンクリート造とする。
2. 下部構造の上端に鉄筋コンクリート造の床版を設け、本章5.3（免震層）の3のハにより免震材料と緊結する場合は、当該床版の厚さは180 mm以上とし、D13以上の異形鉄筋を縦横に200 mm以下の間隔で複配筋として配置し、その周囲の構造耐力上主要な部分に存在応力を伝えるよう緊結する。 5.3の3 ☞366頁
3. 階を設ける場合は、土圧がその全周にわたり一様に作用するようにする。
4. 免震建築物の周囲に安全上支障のある空隙を生じさせないものとする。
5. 出入口その他の見やすい場所に免震建築物であること、その他必要な事項を表示す

る。
6. 暴風により生ずる免震層の著しい変位を防止するための措置を講じた場合は、構造耐力上安全であることを確かめる。
7. 必要がある場合は、積雪時に免震建築物の変位を妨げないような措置を講ずる。
8. 必要に応じて免震材料の交換を行うことができる構造とする。
9. 免震層に浸水するおそれのある場合は、基礎の底盤に排水口を設けるなど、免震材料の冠水を防止するための措置を講ずる。

用　語

上部構造

免震建築物のうち、免震層より上に位置する建築物の部分をいう。

下部構造

免震建築物のうち、免震層より下に位置する建築物の部分（基礎の立上り部分を含む）をいう。

5.6 維持管理等に関する事項

免震建築物の維持管理に関し、イ及びロについて明示することとし、特記による。

イ．免震材料等の維持管理に関する計画

ロ．実況に応じた敷地の管理に関する計画

留意事項

免震材料等の維持管理に関する計画、実況に応じた敷地の管理に関する計画

免震建築物が地震に対して設計時に想定した性能を保持するための計画で、定期点検及び臨時点検の頻度及び点検項目ならびに点検の基準となる数値等が記載されていることが必要である。

6.バリアフリー性に関する基準(高齢者等配慮対策等級4)に係る仕様

6.1 一般事項

6.1.1 総則

1. フラット35Sにおけるバリアフリー性に関する基準(高齢者等配慮対策等級4)に適合する住宅の仕様は、この項による。
2. 本項におけるアンダーライン「＿＿＿」の付された項目事項は、フラット35Sにおけるバリアフリー性に関する基準(高齢者等配慮対策等級4)に係る仕様であるため、当該部分の仕様以外とする場合は、住宅金融支援機構の認めたものとする。
3. 「日常生活空間」とは、高齢者等の利用を想定する一の主たる玄関、便所、浴室、脱衣室、洗面所、寝室（以下、「特定寝室」という。)、食事室及び特定寝室の存する階(接地階を除く。)にあるバルコニー、特定寝室の存する階にあるすべての居室並びにこれらを結ぶ一の主たる経路をいう。

6.2 部屋の配置

6.2.1 部屋の配置

部屋の配置は、次の1又は2のいずれかによる。

1. □特定寝室がある階には、便所及び浴室を配置する。
2. □次のイ又はロに適合するホームエレベーターを設置し、かつ、特定寝室がある階に便所を配置する。
   イ. 出入口の有効幅員を、750 mm以上とする。
   ロ. 通路等から直進して入ることができるよう設置し、出入口の有効幅員を650 mm以上とする。

6.3 住戸内の段差の解消

6.3.1 段差の解消

1. 日常生活空間内の床を、段差のない構造(仕上がりで5 mm以下の段差が生じるものを含む。以下、本項において同じ。)とする。ただし、次のイ～ハに掲げる段差にあっては、この限りではない。
   イ. 玄関の出入口の段差で、くつずりと玄関外側の高低差を20 mm以下とし、かつ、くつずりと玄関土間の高低差を5 mm以下としたもの
   ロ. 勝手口その他屋外に面する開口(玄関を除く。以下、本項において「勝手口等」という。)の出入口及び上がり框の段差
   ハ. 浴室の出入口の段差で、20 mm以下の単純段差
2. 日常生活空間内の玄関の上がり框については、1にかかわらず、次のイ～ニまでに掲げる段差を設けることができるものとする。踏み段を設ける場合、踏み段は1段とし、奥行は300 mm以上、幅は600 mm以上とする。
   イ. 当該玄関が接地階以外にある場合の、玄関の上がり框の段差で、110 mm（踏み段を設ける場合は360 mm)以下としたもの
   ロ. 当該玄関が接地階にある場合の、玄関の上がり框の段差で、180 mm(踏み段を設ける場合は360 mm)以下としたもの
   ハ. 当該玄関が接地階以外にあり、踏み段を設ける場合、土間と踏み段との段差及び踏み段と上がり框の段差で、110 mm以下としたもの
   ニ. 当該玄関が接地階にあり、踏み段を設ける場合、土間と踏み段との段差及び踏み段と上がり框の段差で、180 mm以下としたもの
3. 日常生活空間内の居室の部分の床のうち、次のイ～ホのすべてに適合するものとその他の部分の床との間には、1にかかわらず、300 mm以上450 mm以下の段差を設けることができるものとする。
   イ. 介助用車いすの移動の妨げとならない位置であること

ロ．面積が3 m^2以上9 m^2(当該居室の面積が18 m^2以下の場合、当該面積の1/2)未満であること
ハ．当該部分の面積の合計が、当該居室の面積の1/2未満であること
ニ．間口(工事を伴わない撤去等により確保できる部分の長さを含む。)が1,500 mm以上であること
ホ．その他の部分の床より高い位置にあること

4. 接地階を有する住宅の日常生活空間内のバルコニーの出入口には、次のイ～ホに掲げる段差を設けることができるものとする。踏み段を設ける場合、踏み段は1段とし、奥行は300 mm以上、幅は600 mm以上、かつ、当該踏み段とバルコニーの端との距離を1,200 mm以上とする(以下、本項において踏み段については同じ。)。
イ．180 mm以下の単純段差
ロ．250 mm以下の単純段差(手すりを設置した場合に限る。)
ハ．踏み段を設ける場合、360 mm以下の単純段差とし、バルコニーと踏み段との段差及び踏み段と框との段差を、180 mm以下の単純段差としたもの
ニ．屋内側及び屋外側の高さが、180 mm以下のまたぎ段差(手すりを設置した場合に限る。)
ホ．踏み段を設ける場合、屋内側の高さが180 mm以下で、屋外側の高さが360 mm以下のまたぎ段差とし、バルコニーと踏み段との段差及び踏み段と框との段差を、180 mm以下の単純段差としたもの(手すりを設置した場合に限る。)

5. 接地階を有しない住宅の日常生活空間内のバルコニーの出入口には、次のイ又はロに掲げる段差を設けることができるものとする。
イ．180 mm以下の単純段差
ロ．踏み段を設ける場合、360 mm以下の単純段差とし、バルコニーと踏み段との段差及び踏み段と框との段差を、180 mm以下の単純段差としたもの

6. 日常生活空間外の床を、段差のない構造とする。ただし、次のイ～ヘに掲げる段差にあっては、この限りではない。
イ．玄関の出入口の段差
ロ．玄関の上がり框の段差
ハ．勝手口等の出入口及び上がり框の段差
ニ．バルコニーの出入口の段差
ホ．浴室の出入口の段差
ヘ．室内又は室の部分の床とその他の部分の床の90 mm以上の段差

6.3.2 床枠組

床枠組は、Ⅲ-4.3.2(床枠組)による。 Ⅲ-4.3.2 ☞331頁

6.3.3 床板張り

床板張りは、Ⅲ-4.3.3(床板張り)による。 Ⅲ-4.3.3 ☞331頁

用　語

接地階

地上階のうち、最も低い位置に存する階をいう。接地階では、通気確保等への配慮から、床下空間を設けるなど、敷地面から45 cm以上床レベルを上げるのが一般的である。このため、例えば、接地階以外に存する玄関の上がり框に設けることのできる段差は110 mm以下となっているが、接地階に存する玄関の上がり框には、180 mm以下の段差を設けることが可能となっている。

工事を伴わない撤去等

丁番のところからドアをそのまま外すなど、ビス・ねじをドライバーで外す程度の作業による撤去等をいう。

軽微な改造

ドアとドア外枠を取り去るなど、一定の工事を伴う程度の作業をいう。ただし、構造躯体に影響を及ぼすような、例えば、柱を一部欠き取り通行幅を確保するなどの工事は、「軽微な改造」とは見なさない。

参考図6.3.1-1　玄関の上がり框に設けることができる段差

当該玄関の位置	許容される段差	
	踏み段なし	踏み段あり
接地階	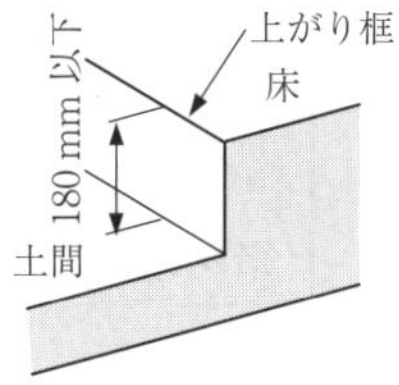	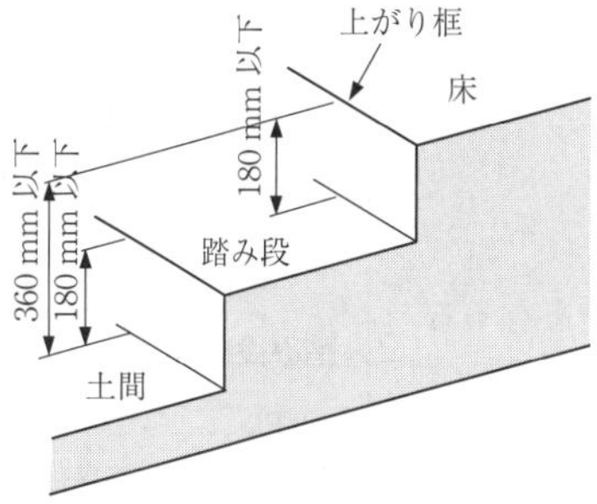 段差は踏み段を設け 360 mm 以下とする
接地階以外	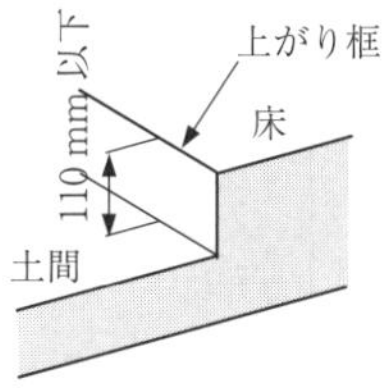	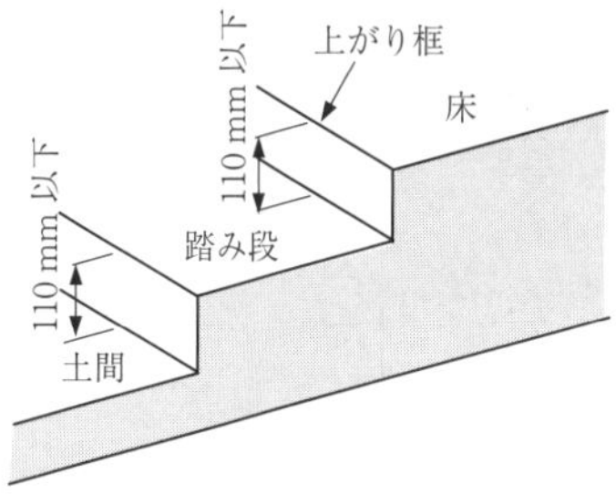

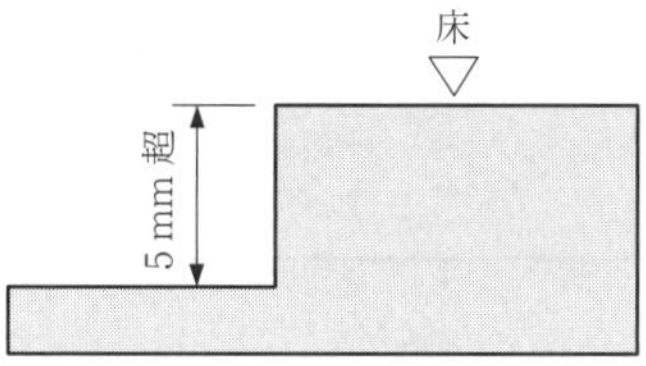

(A)単純段差

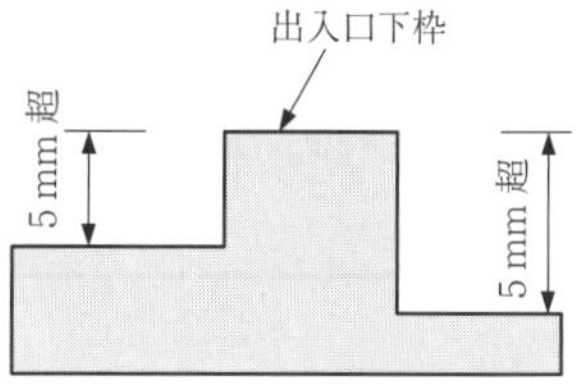

(B)またぎ段差

参考図6.3.1-2　単純段差とまたぎ段差

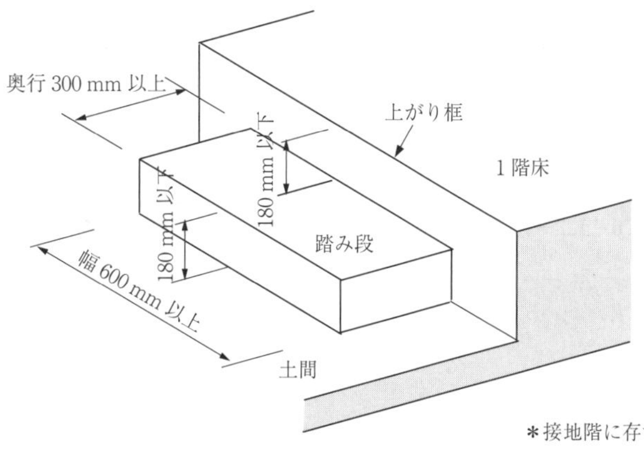

＊接地階に存する玄関の場合

参考図6.3.1-3　踏み段

参考図6.3.1-4　日常生活空間内のバルコニー出入口に設けることができる段差の例

	単純段差	またぎ段差
接地階を有する住宅のバルコニー	踏み段なし 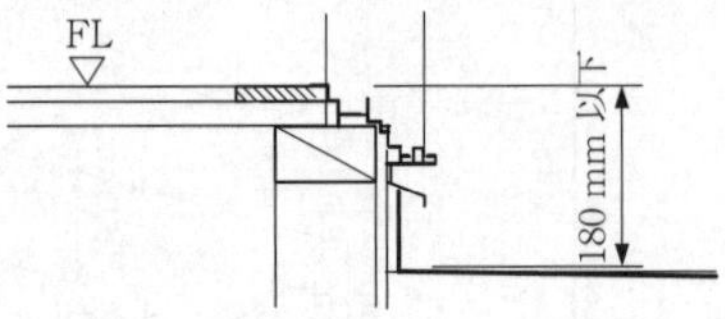 踏み段あり 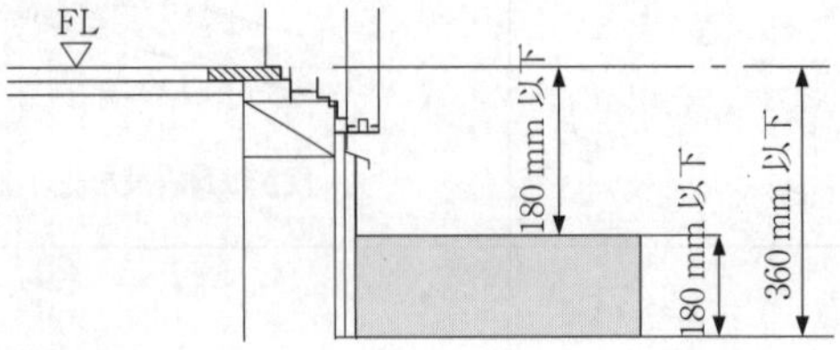	踏み段なし 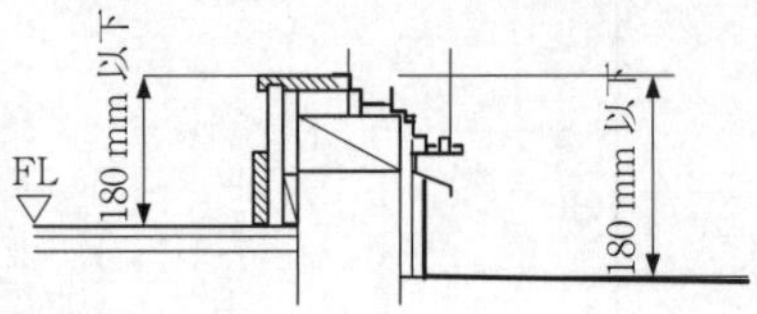 踏み段あり（室内側に縦手すりを設置する） 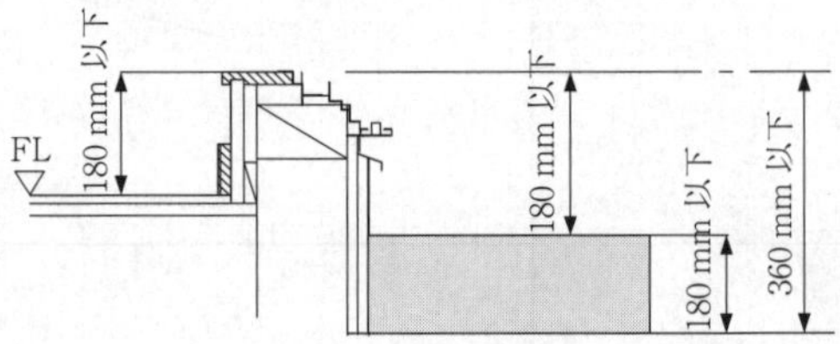
接地階を有しない住宅のバルコニー	踏み段なし 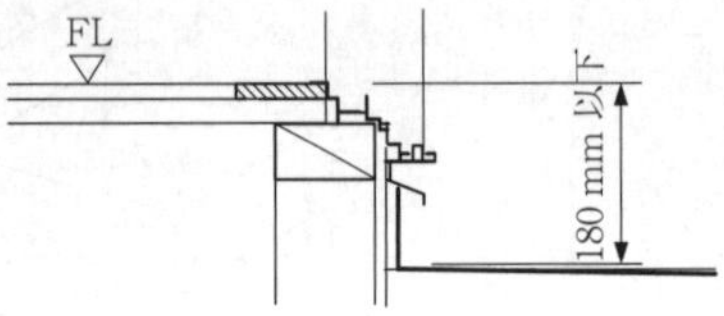 踏み段あり 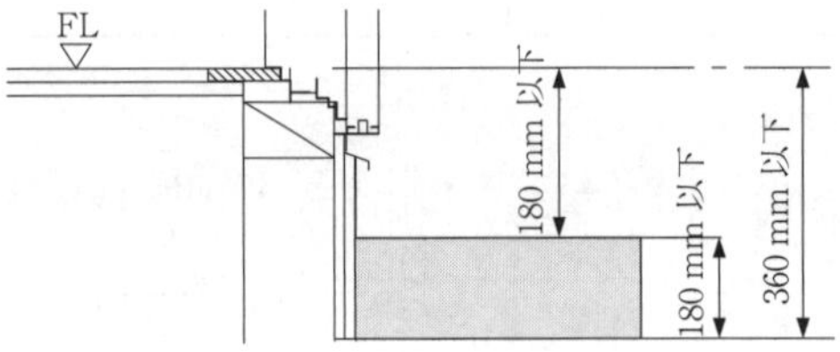	またぎ段差は設置できない

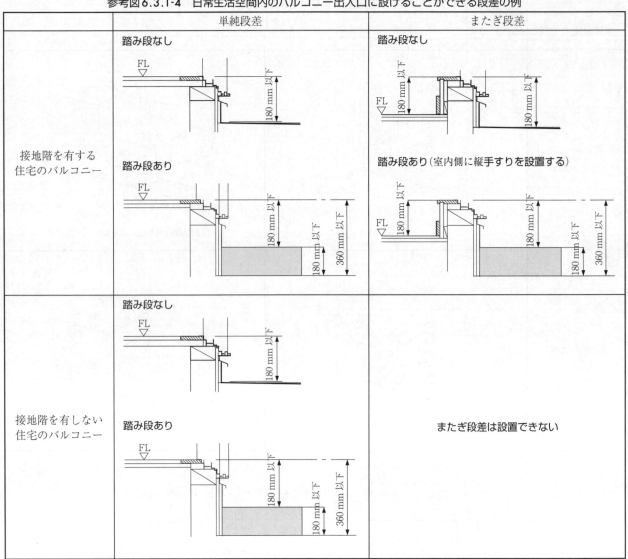

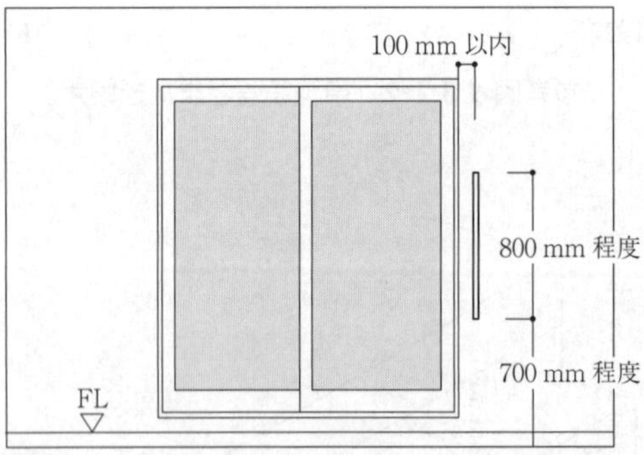

参考図6.3.1-5　バルコニー出入口の段差部分に設ける縦手すりの設置例（室内側）

6.4 住戸内階段

6.4.1 住戸内階段の勾配

1. 日常生活空間内の住戸内階段の勾配及び踏み面と蹴上げの寸法は、次のイ及びロによる。ただし、ホームエレベーターが設置されている場合は、2による。
   イ．階段の勾配(R/T)を、6/7以下とする。
   ロ．踏み面(T)と蹴上げ(R)の関係を、550 mm≦T+2R≦650 mmとする。
2. 日常生活空間外の住戸内階段及び日常生活空間内の住戸内階段（ホームエレベーターが設置されている場合に限る。）の勾配及び踏み面と蹴上げの寸法は、次のイ～ハによる。ただし、階段の曲がり部分について、その形状が、Ⅲ-4.4.1（住戸内階段の勾配）のハ(イ)、(ロ)又は(ハ)に該当する場合は、この限りではない。 Ⅲ-4.4.1 ☞334頁
   イ．階段の勾配(R/T)を、22/21以下とする。
   ロ．踏み面(T)を、195 mm以上とする。
   ハ．踏み面(T)と蹴上げ(R)の関係を、550 mm≦T+2R≦650 mmとする。

6.4.2 住戸内階段の構造

1. 住戸内階段の形状は、直階段又は折れ階段とし、中間には踊り場を設ける。
2. 日常生活空間内の住戸内階段は、回り階段等、安全上問題があると考えられる形式とせず、かつ、最上段の通路等へのくい込み部分及び最下段の通路等への突出部分を設けない。ただし、ホームエレベーターが設置されている場合にあっては、この限りではない。
3. 住戸内階段の蹴込みは、次のイ及びロによる。ただし、ホームエレベーターが設置されている場合にあっては、この限りではない。
   イ．日常生活空間内の住戸内階段の蹴込みは30 mm以下とし、蹴込み板を設ける。
   ロ．日常生活空間外の住戸内階段の蹴込みは、30 mm以下とする。

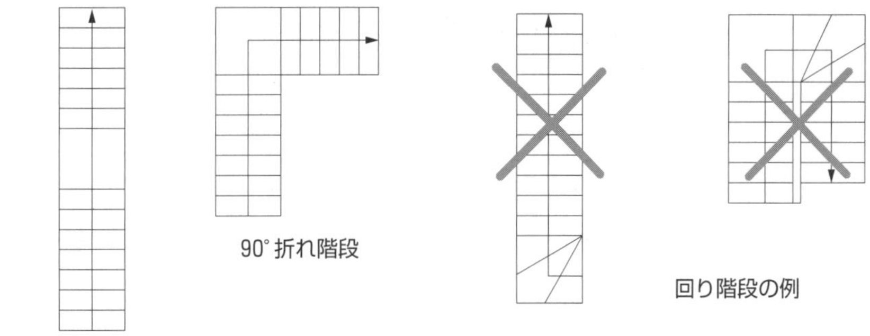

参考図6.4.2　住戸内階段の構造

6.5 手すり

6.5.1 手すりの設置箇所

1. 住戸内階段については、次のイ～ハによる。
   イ．住戸内階段には、手すりを設置する。
   ロ．設置高さは、踏み面の先端からの高さを700 mmから900 mmの位置とする。
   ハ．勾配が45°を超える場合にあっては、両側に手すりを設置する（ホームエレベーターが設けられており、又は当該階段が日常生活空間外にあり、かつ、Ⅲ-4.4.1（住戸内階段の勾配）のイ～ハ及びⅢ-4.4.2（住戸内階段の構造）の2に掲げる基準に適合している場合を除く。）。 Ⅲ-4.4.1 ☞334頁 Ⅲ-4.4.2の2 ☞334頁
2. 日常生活空間内の浴室には、浴槽出入りのための手すりを設置する。
3. 日常生活空間内の便所には、立ち座りのための手すりを設置する。
4. 日常生活空間内の玄関には、上がり框部の昇降及び靴の着脱のための手すりを設置する。
5. 日常生活空間内の脱衣室には、衣服の着脱のための手すりを設置する。

6. バルコニーには、転落防止のための手すりを、次のイ～ハのいずれかにより設置する。ただし、外部の地面、床等からの高さが1m以下の範囲、又は開閉できない窓、その他転落のおそれのないものについては、この限りではない。

イ. □腰壁、その他足掛かりとなるおそれのある部分(以下、本項において「腰壁等」という。)の高さが、650 mm以上1,100 mm未満の場合、床面から1,100 mm以上の高さに達するように設置する。

ロ. □腰壁等の高さが300 mm以上650 mm未満の場合、腰壁等から800 mm以上の高さに達するように設置する。

ハ. □腰壁等の高さが300 mm未満の場合、床面から1,100 mm以上の高さに達するように設置する。

7. 2階以上の窓には、転落防止のための手すりを、次のイ～ハのいずれかにより設置する。ただし、外部の地面、床等からの高さが1m以下の範囲、又は開閉できない窓、その他転落のおそれのないものについては、この限りではない。

イ. □窓台、その他足掛かりとなるおそれのある部分（以下、本項において「窓台等」という。)の高さが、650 mm以上800 mm未満の場合、床面から800 mm(3階以上の窓は1,100 mm)以上の高さに達するように設置する。

ロ. □窓台等の高さが300 mm以上650 mm未満の場合、窓台等から800 mm以上の高さに達するように設置する。

ハ. □窓台等の高さが300 mm未満の場合、床面から1,100 mm以上の高さに達するように設置する。

8. 廊下及び階段(高さ1m以下の階段を除く。)のうち、片側又は両側が壁となっていない部分には、開放されている側に転落防止のための手すりを、次のイ又はロのいずれかにより設置する。ただし、外部の地面、床等からの高さが1m以下の範囲、又は開閉できない窓、その他転落のおそれのないものについては、この限りではない。

イ. □腰壁等の高さが650 mm以上800 mm未満の場合、床面(階段にあっては踏み面の先端)から800 mm以上の高さに達するように設置する。

ロ. □腰壁等の高さが650 mm未満の場合、腰壁等から800 mm以上の高さに達するように設置する。

9. 転落防止のための手すりの手すり子で、床面(階段にあっては踏み面の先端)及び腰壁等又は窓台等(腰壁等又は窓台等の高さが650 mm未満の場合に限る。)からの高さが、800 mm以内の部分に存するものの相互の間隔は、内のり寸法で110 mm以下とする。

6.5.2 手すりの取付け等

手すりの取付け等は、Ⅲ-4.5.2(手すりの取付け等)による。 Ⅲ-4.5.2 ☞338頁

6.5.3 手すり取付け下地

手すり取付け下地は、Ⅲ-4.5.3(手すり取付け下地)による。 Ⅲ-4.5.3 ☞338頁

6.6 廊下及び出入口の幅員

6.6.1 廊下及び出入口の幅員の確保

1. 日常生活空間内の通路の有効な幅員は、780 mm(柱等の箇所にあっては750 mm)以上とする。

2. ホームエレベーター(出入口の有効幅員が750 mm以上(通路等から直進して入ることができる場合は、650 mm以上)のものに限る。)を設置する場合にあっては、当該ホームエレベーターと日常生活空間とを結ぶ経路内の通路の有効な幅員は、780 mm(柱等の箇所にあっては750 mm)以上とする。

3. 出入口の幅員については、次による。

イ. 浴室を除く日常生活空間内の出入口の有効幅員(玄関以外の出入口については、工事を伴わない撤去等により確保できる部分の長さを含む。)は、750 mm以上

とする。

ロ．日常生活空間内の浴室の出入口の有効幅員は、650 mm以上とする。

6.6.2 内壁下地

内壁下地は、Ⅲ-4.6.2(内壁下地)による。　Ⅲ-4.6.2 ☞343頁

6.7 寝室、便所及び浴室

6.7.1 寝室、便所及び浴室の規模

1. 特定寝室の面積は、内のり寸法で12 m²以上とする。
2. 日常生活空間内の便所は腰掛け式とし、その規模は、次のイ又はロのいずれかによる。
   イ．□短辺(軽微な改造により確保できる部分の長さを含む。)を、内のり寸法で1,100 mm以上とし、長辺(軽微な改造により確保できる部分の長さを含む。)を、内のり寸法で1,300 mm以上とする。
   ロ．□便器の前方及び側方について、便器と壁との距離(ドアの開放により確保できる部分又は軽微な改造により確保できる部分の長さを含む。)を500 mm以上とする。
3. 日常生活空間内の浴室は、短辺を内のり寸法で1,400 mm以上とし、面積を内のり寸法で2.5 m²以上とする。

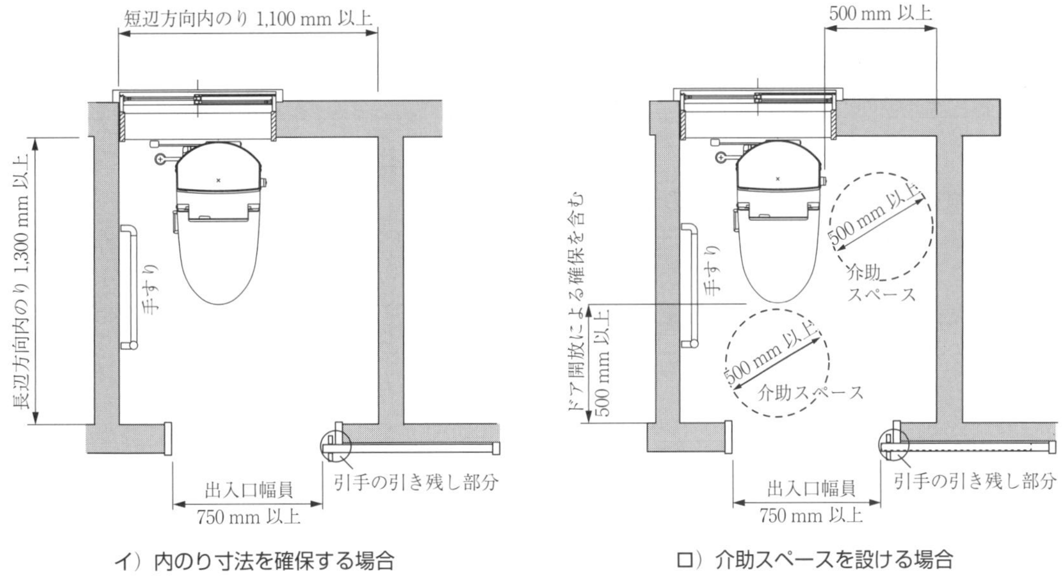

参考図6.7.1　便所の規模

6.8 その他の配慮

6.8.1 温熱環境

温熱環境については、Ⅲ-4.8.1(温熱環境)による。　Ⅲ-4.8.1 ☞346頁

6.8.2 設備

設備については、Ⅲ-4.8.2(設備)による。　Ⅲ-4.8.2 ☞346頁

6.8.3 床・壁等の仕上げ

床・壁等の仕上げについては、Ⅲ-4.8.3(床・壁等の仕上げ)による。　Ⅲ-4.8.3 ☞347頁

6.8.4 屋外通路の高低差処理

屋外通路の高低差処理については、Ⅲ-4.8.4(屋外通路の高低差処理)による。　Ⅲ-4.8.4 ☞347頁

7. 耐久性・可変性に関する基準（長期優良住宅）に係る仕様

7.1 一般事項

7.1.1 総則

1. フラット35Sにおける耐久性・可変性に関する基準（長期優良住宅）に適合する住宅の仕様は、この項による。
2. 本項において、アンダーライン「＿＿＿」が付された項目事項は、フラット35Sにおける耐久性・可変性に関する基準(長期優良住宅)に係る仕様であるため、当該部分の仕様以外とする場合は、長期優良住宅の認定を取得できる仕様とする。

7.1.2 適用

1. <u>本項の適用となる住宅は、長期優良住宅の普及の促進に関する法律(平成20年法律第87号)第7条の規定により認定の通知を受けた長期優良住宅建築等計画に基づき建築された住宅であるものとする。</u>
2. 構造躯体等の劣化対策は、本章7.2(構造躯体等の劣化対策)による。 7.2 ☞377頁
3. 耐震性は、本章7.3.2.1（基本原則）及び本章7.3.2.2（構造計算等)、又は本章7.3.3（免震)による。 7.3.2.1 ☞379頁 7.3.2.2 ☞379頁 7.3.3 ☞380頁
4. 可変性は、本章7.4(可変性)による。 7.4 ☞381頁
5. 維持管理・更新の容易性は、本章7.5(維持管理・更新の容易性)による。 7.5 ☞381頁
6. 省エネルギー対策は、本章7.6(省エネルギー対策)による。 7.6 ☞385頁
7. 維持保全計画等については、本章7.7(その他)による。 7.7 ☞385頁

用　語

耐久性・可変性に関する基準(長期優良住宅)の仕様

長期優良住宅の普及の促進に関する法律(以下、「長期優良住宅法」という)が平成20年12月に公布され、平成21年6月に施行された。フラット35Sの耐久性・可変性(長期優良住宅)に関する基準に適合させるためには、長期優良住宅法により長期優良住宅の認定を受けた長期優良住宅建築等計画に基づき建設された住宅でなければならない。

本項では、認定の条件を満たす技術基準に対応した仕様を掲載している。

表7-1　長期優良住宅の認定基準(概要)

性能項目等	概　　要
構造躯体等の劣化対策	劣化対策等級3の基準に適合することに加え、次の①及び②の措置を講じること ①床下及び小屋裏の点検口を設置 ②点検のため床下空間の一定の高さを確保
可変性	【共同建て・連続建て・重ね建てに適用】 躯体天井高(住戸専用部の構造躯体等の床版等に挟まれた空間の高さ)が2,650 mm以上あること
維持管理・更新の容易性	一戸建の住宅は次の①の基準に、それ以外は次の①～③の基準に適合すること ①維持管理対策等級(専用配管):等級3(ただし、ガス管を除く) ②維持管理対策等級(共用配管):等級3(ただし、ガス管を除く) ③更新対策等級(共用排水管):等級3
耐震性	次の①から③のいずれかとする ①耐震等級(構造躯体の倒壊等防止):等級2以上(壁量基準による場合は、耐震等級(構造躯体の倒壊等防止)3)に適合すること ②耐震等級(構造躯体の倒壊等防止):限界耐力計算により一定の基準に適合すること ③住宅性能表示基準で定める免震建築物の基準に適合すること
バリアフリー性能	【共同住宅等の共用部分に適用】 高齢者等配慮対策等級(共用部分):等級3の基準に適合すること (ただし、手すり、段差及び高低差に係る基準については適用しない)
省エネルギー性能	断熱等性能等級5以上かつ一次エネルギー消費量等級6の基準に適合すること
維持保全計画	①建築後の住宅の維持保全の期間が、30年以上であること ②構造耐力上主要な部分、給排水管等について、仕様、点検の項目及び予定時期が指定されたものであること ③②に掲げる部分の点検の予定時期が、それぞれ点検または更新から10年を超えないものであること ④点検結果を踏まえ、必要に応じて、調査、修繕または改良を行うこととされていること ⑤地震時及び台風時の臨時点検を実施することとされていること ⑥住宅の劣化状況に応じて、維持保全の方法について見直しを行うこととされていること ⑦長期優良住宅建築等計画に変更があった場合に、必要に応じて維持保全の方法の変更をすることとされていること
まちなみ・景観への配慮	良好な景観の形成その他の地域における居住環境の維持及び向上に配慮されたものであること
住戸床面積	住戸の少なくとも一の階の床面積は40 m^{2}以上であること(階段部分を除く面積) 【一戸建住宅】75 m^{2}以上(所管行政庁が55 m^{2}を下回らない範囲内で別に定める場合はその面積) 【共同住宅等】40 m^{2}以上(所管行政庁が40 m^{2}を下回らない範囲内で別に定める場合はその面積)
具体的な内容は、長期優良住宅の普及の促進に関する法律、同法施行令、同法施行規則及び平成21年国土交通省告示第209号「長期使用構造等とするための措置及び維持保全の方法の基準」を確認すること。	

7.2 構造躯体等の劣化対策

7.2.1 基礎工事

1. 基礎工事において布基礎とする場合は、Ⅱ-3.4.2(布基礎)の2による。　Ⅱ-3.4.2の2 ☞37頁
2. 基礎工事において、べた基礎又は基礎ぐいを用いる場合は、Ⅱ-3.4.3(べた基礎・基礎ぐい)の2による。　Ⅱ-3.4.3の2 ☞38頁

7.2.2 床下地面の防蟻措置

床下地面の防蟻措置は、Ⅱ-4.6.1(適用)による。ただし、基礎断熱工法を用いる場合は、Ⅱ-3.5.5(床下防湿・防蟻措置)による。

Ⅱ-4.6.1 ☞78頁
Ⅱ-3.5.5 ☞54頁

7.2.3 床下換気

床下換気は、Ⅱ-3.4.9(床下換気)の1による。

Ⅱ-3.4.9の1 ☞39頁

7.2.4 床下防湿

床下防湿は、Ⅱ-3.4.13(床下防湿)の1のイ又は2のイによる。

Ⅱ-3.4.13 ☞40頁

7.2.5 点検口の設置

1. 区分された床下空間（人通口等により接続されている場合は、接続されている床下空間を1の部分とみなす。）ごとに点検口を設ける。
2. 区分された小屋裏空間（人通口等により接続されている場合は、接続されている小屋裏空間を1の部分とみなす。）ごとに点検口を設ける。

7.2.6 床下空間高さ

床下空間の有効高さを330 mm以上とする。ただし、浴室の床下等当該床下空間の有効高さを、330 mm未満とすることがやむを得ないと認められる部分で、当該部分の点検を行うことができ、かつ、当該部分以外の床下空間の点検に支障をきたさない場合にあっては、この限りでない。

7.2.7 木部の防腐・防蟻措置

7.2.7.1 土台の防腐・防蟻措置

土台の防腐・防蟻措置は、Ⅱ-4.4.1（土台の防腐・防蟻措置）による。 Ⅱ-4.4.1 ☞76頁

7.2.7.2 外壁の枠組の防腐・防蟻措置

地面から高さが1 m以内の外壁の枠組（土台及び室内側に露出した部分を除く。）の防腐・防蟻措置（北海道及び青森県にあっては防腐措置のみ。）は、Ⅲ-5.5.2（外壁の枠組の防腐・防蟻措置）による。 Ⅲ-5.5.2 ☞349頁

7.2.7.3 外壁下地材の防腐・防蟻措置

地面から高さが 1 m以内の木質系外壁下地材（土台及び室内側に露出した部分を除く。）の防腐・防蟻措置（北海道及び青森県にあっては防腐措置のみ。）は、Ⅲ-5.5.3（外壁下地材の防腐・防蟻措置）による。 Ⅲ-5.5.3 ☞350頁

7.2.8 浴室等の防水措置

浴室及び脱衣室の壁の枠組等（室内に露出した部分を含む。）及び床組（浴室又は脱衣室が地上2階以上の階にある場合は、下地材を含む。）並びに浴室の天井の防水措置については、Ⅲ-5.7（浴室等の防水措置）による。 Ⅲ-5.7 ☞350頁

7.2.9 小屋裏換気

小屋裏換気は、Ⅱ-4.13（小屋裏換気・軒裏換気）による。 Ⅱ-4.13 ☞147頁

用　語

構造躯体等の劣化対策

長期優良住宅の構造躯体等の劣化対策については、長期優良住宅が数世代にわたって使用されることを想定していることを踏まえ、構造躯体等について、住宅性能表示制度の劣化対策等級の最高等級である等級3に適合する対策（通常想定される自然条件及び維持管理条件の下における住宅が限界状態に至るまでの期間が3世代以上となるための必要な対策）に加えて、さらなる追加対策を講じることを求めている。このような措置を講じ、建築後に適切に維持管理を行っていくことで、数世代にわたって使用継続が可能となることを期待しようとするものである。

留意事項

床下空間の有効高さ

床下空間の有効高さとは、コンクリート等の上端から床下空間の高さで、最も低い部分の高さとする。基準では、床下空間の点検を行うための有効高さとして330 mm以上を求めている。ただし、以下に掲げる場合はこの限りでない。

①取外しが可能な断熱材等の非構造部材を施工した場合

当該非構造部材を取り外すことで、点検のために有効な空間として活用できる場合には、当該非構造部材を取り除いたものとして算定できる。

②浴室の床下のように、一般に著しく床が低くなることがやむを得ない部分

床下空間の点検ができ、かつ、床下空間以外の部分の点検に支障をきたさない場合は、適用除外とすることができる。また、タイル張り等の在来浴室や玄関等の土間部分で、床下空間が存在しない、モルタル等で充填されている場合は、適用除外とする。

③大引きの直下等の局部的な部材が突出している部分で、有効高さ330 mmを確保できない部分

当該部分または他の床下空間の点検に支障をきたさない限り、突出した部材を除いて有効高さを算定してよい。この際、突出部分があるために、人通口等としてみなすことができる空間が確保できない場合は、空間として連続した床下空間であっても、当該突出部分により仕切られた２つの空間を移動することができないものとみなす。

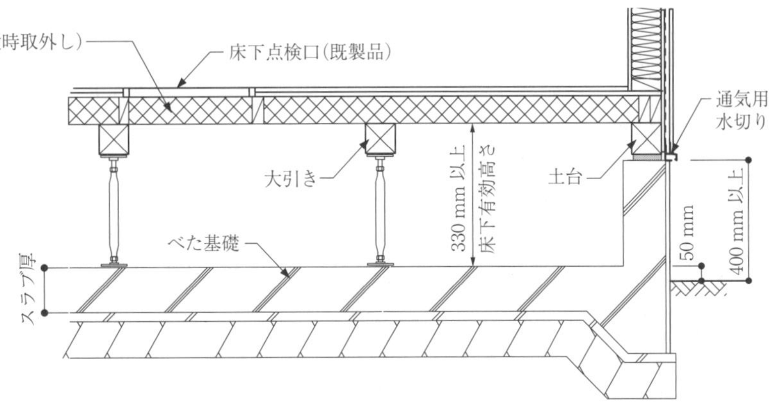

注）断熱材が取外し可能な場合は、断熱材を除いて算定できる。

参考図7.2.6　床下空間の必要高さ(べた基礎の例)

7.3 耐震性

7.3.1 一般事項

耐震性に関する仕様は、本章7.3.2(耐震)又は本章7.3.3(免震)のいずれかによる。

7.3.2　☞379頁
7.3.3　☞380頁

7.3.2 耐震

7.3.2.1 基本原則

1. 枠組壁工法の建築物における基準(壁量計算等)、又は保有水平耐力計算等による場合は、住宅性能表示制度「耐震等級(構造躯体の倒壊等防止)2」以上(壁量計算等による場合は「耐震等級(構造躯体の倒壊等防止)3」)の耐震性能を確保することとする。
2. 限界耐力計算による場合は、以下のいずれかとする。
   イ. 限界耐力計算の基準に適合していること。ただし、地上部分の各階の安全限界変形(建築基準法施行令第82条の5第5号イに規定する安全限界変形をいう。以下、同じ。)の当該階の高さに対する割合が、木造である階にあっては、それぞれ1/40以下とすること。
   ロ. 木造の建築物にあっては、各階の変形(平成12年建設省告示第1457号第9の建築物に生じる水平力と当該水平力により建築物に生ずる変位の関係を満たすものとする。)について、各階の安全限界変形をそれぞれ75%以下とした変形を、当該各階の安全限界変形と読み替えて、限界耐力計算の基準に適合すること。
   ハ. 住宅性能表示制度「耐震等級(構造躯体の倒壊等防止)2又は3」の基準に適合すること。ただし、建築基準法施行令第82条の5第5号ハの表に規定するGsの数値については、平成12年建設省告示第1457号第10第1項の規定により計算し、地上部分の各階の安全限界変形の当該階の高さに対する割合が、木造である階にあっては、それぞれ1/30以下とすること。

7.3.2.2 構造計算等

1. ３階建の住宅は、建築基準法及び住宅性能表示制度「耐震等級(構造躯体の倒壊等防止)」1-1(3)イ又はロに基づく構造計算により、構造耐力上の安全性を確保したうえで、仕様を決めるものとする。
2. 階数が２以下の住宅は、建築基準法及び住宅性能表示制度「耐震等級(構造躯体の倒壊等防止)」1-1(3)イ又はロに基づく構造計算、若しくは、へに基づく枠組壁工法の建築物における基準(壁量計算等)により、構造耐力上の安全性を確認したうえで、仕様を決めるものとする。なお、屋根を金属板、石板、木板等の軽い材料でふいた

枠組壁工法の建築物における壁量計算等において、住宅で屋根に太陽光発電設備又は太陽熱利用給湯設備等を設ける場合は、仕様にかかわらず重い屋根(建築基準法施行令第43条第1項の表の(一)又は(三)に掲げる建築物の項)とみなす。

7.3.2.3 基礎の構造等

基礎の構造等は、Ⅲ-3.2(基礎)による。 Ⅲ-3.2 ☞328頁

7.3.2.4 耐力壁

耐力壁は、Ⅲ-3.3(耐力壁)による。 Ⅲ-3.3 ☞328頁

7.3.2.5 床組等

床組等は、Ⅲ-3.4(床組等)による。 Ⅲ-3.4 ☞328頁

7.3.2.6 接合部

接合部は、Ⅲ-3.5(接合部)による。 Ⅲ-3.5 ☞328頁

7.3.2.7 横架材及び基礎

横架材及び基礎は、Ⅲ-3.6(横架材及び基礎)による。 Ⅲ-3.6 ☞328頁

7.3.3 免震

7.3.3.1 基礎の構造

基礎の構造は、本章5.2.1(一般事項)による。 5.2.1 ☞365頁

7.3.3.2 基礎ぐい

基礎ぐいは、本章5.2.2(基礎ぐい)による。 5.2.2 ☞365頁

7.3.3.3 べた基礎

べた基礎は、本章5.2.3(べた基礎)による。 5.2.3 ☞366頁

7.3.3.4 免震層

免震層は、本章5.3(免震層)による。 5.3 ☞366頁

7.3.3.5 上部構造

上部構造は、本章5.4(上部構造)による。 5.4 ☞367頁

7.3.3.6 下部構造

下部構造は、本章5.5(下部構造)による。 5.5 ☞367頁

7.3.3.7 維持管理等に関する事項

免震建築物の維持管理等に関する事項は、本章5.6(維持管理等に関する事項)による。 5.6 ☞368頁

用　語

太陽熱利用給湯設備

太陽熱を利用することで給湯熱負荷の一部をまかなう設備の総称。太陽熱温水器とソーラーシステムに大別される。太陽熱温水器は集熱器と貯湯タンクが一体となっているのに対し、ソーラーシステムは集熱器と貯湯タンクが分離している。

床組等

耐力壁線で挟まれる床の床組または屋根の小屋組及び屋根面(1階にあっては2階の床の床組または1階の屋根の小屋組及び屋根面を、2階にあっては2階の屋根の小屋組及び屋根面)について、この仕様書においては「床組等」と呼ぶこととする。

留意事項

たて枠上下端の接合部に必要とする引張力

「7.3.2.6 接合部」に示されるたて枠上下端の接合部に必要とする引張力については、架構の応力解析によって算出する。

耐震等級2の適合性の確認について、壁量計算等(評価方法基準第5の1-1(3)へ 枠組壁工法の建築物における基準)に従って行う場合には、引張力を簡易に計算できる方法として、一般社団法人日本ツーバイフォー建築協会が公開している「たて枠上下端の必要接合部倍率 簡易計算法」が利用できる(同協会ホームページ参照)。

7.4 可変性

7.4.1 躯体天井高

連続建て及び重ね建ての躯体天井高は、2,650 mm以上とする。

用　語

可変性

長期優良住宅認定基準の可変性では、構造躯体(スケルトン)はそのままに、間取り変更を含め内装(インフィル)を更新できることが求められる。躯体天井高は、住戸専用部の構造躯体等の床版等に挟まれた空間の高さであり、木造住宅では、住戸を規定する床組の床版(下地パネル)から上階の床組までの内のり寸法が躯体天井高となる。

長期優良住宅では、間取りの変更(を含めた住戸専用部の可変性)を一定の範囲内で実現するために、居室の天井高を2,400 mm以上確保し、かつ、配管、配線用のスペースとして、二重床、二重天井を設けることができる高さとして、2,650 mm以上と設定されている。

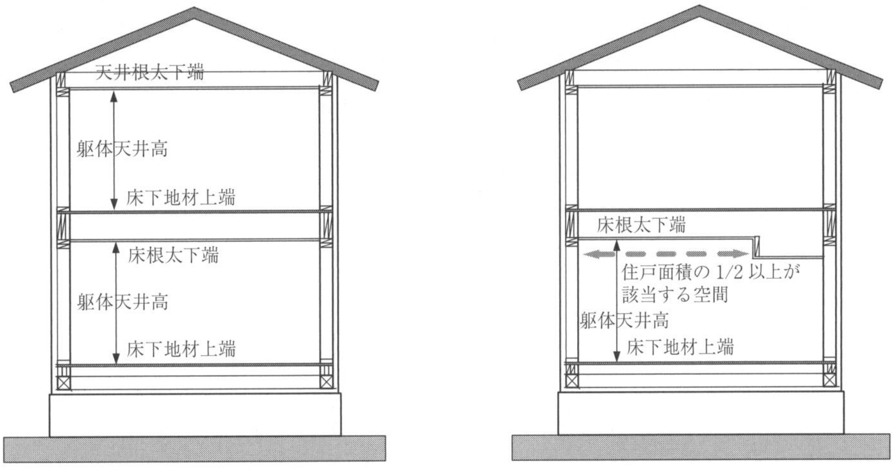

(A)構造躯体高さが同一の場合　　(B)構造躯体高さが異なる場合

参考図7.4.1　躯体天井高の測り方の例

7.5 維持管理・更新の容易性

7.5.1 適用

本章7.5.3(共用配管(ガス管を除く))及び本章7.5.4(共用排水管)は、共同住宅等に適用する。

7.5.3 ☞382頁
7.5.4 ☞382頁

7.5.2 専用配管(ガス管を除く)

専用配管は、次による。

1. 専用配管は、壁、柱、床、はり及び基礎の立上り部分を貫通する場合を除き、コンクリート内に埋め込まない。
2. 地中に埋設された専用配管の上には、コンクリート(建物の外部に存する土間床コンクリート及び建物の構造躯体に影響を及ぼさないものは除く。)を打設しない。ただし、法令(条例を含む。)の規定により、凍結のおそれがあるとして配管を地中に埋設する場合は、打設することができる。
3. 専用の排水管(継手及びヘッダーを含む。)の内面が、排水管内の清掃に支障を及ぼさないように凹凸がなく、かつ、当該排水管にたわみ、抜け、その他変形が生じないように設置する。
4. 専用の排水管には、掃除口を設置するか、又は清掃が可能な措置を講じたトラップを設置すること。ただし、便所の排水管が当該便所に隣接する排水ます又は共用立管に接続する場合は、この限りでない。
5. 設備機器と専用配管の接合部並びに専用配管のバルブ及びヘッダー(以下、「主要接合部等」という。)、又は排水管の掃除口を仕上材等により隠ぺいする場合には、主要接合部等を点検するために必要な開口、又は清掃を行うために必要な開口を当該仕上材等に設ける。

6. 共同住宅等にあっては、住戸の専用配管を他住戸等の専用部分に設置しない。

7.5.3 共用配管(ガス管を除く)

共同住宅等の共用配管等は、次による。

1. 共用配管は、壁、柱、床、はり又は基礎の立上り部分を貫通する場合を除き、コンクリート内に埋め込まない。
2. 地中に埋設された共用配管の上には、コンクリート(建物の外部に存する土間床コンクリート及び建物の構造躯体に影響を及ぼさないものは除く。)を打設しない。ただし、法令(条例を含む。)の規定により、凍結のおそれがあるとして配管を地中に埋設する場合は、打設することができる。
3. 共用の排水管には、共用立管にあっては最上階又は屋上、最下階及び3階以内おきの中間階又は15 m以内ごとに、横主管にあっては15 m以内ごと、かつ、管の曲がりが連続すること、管が合流すること等により管の清掃に支障が生じやすい部分がある場合にあっては支障なく清掃が行える位置に、掃除口が設けられていることとする。
4. 専用配管と共用配管の接合部及び共用配管のバルブ（以下、「主要接合部等」という。)、又は排水管の掃除口を仕上材等で隠ぺいする場合には、主要接合部等を点検するために必要な開口、又は掃除口による清掃を行うために必要な開口を設ける。
5. 共用の排水管(継手及びヘッダーを含む。)の内面が、排水管内の清掃に支障を及ぼさないように凹凸がなく、かつ、当該排水管にたわみ、抜け、その他変形が生じないように設置する。
6. 横主管を設置する場合においては、当該配管はピット若しくは1階床下空間内、又はピロティ等の共用部分に設け、かつ、人通口、その他当該配管に人が到達できる経路(専用部分に立ち入らないで到達できるものとする。)を設ける。
7. 共用配管の設置は、次のいずれかとする。
   イ. □専用部分に立ち入らないで補修できる位置(共用部分、住棟外周部、バルコニー、その他これに類する部分をいう。)に露出して設ける。
   ロ. □専用部分に立ち入らないで補修が行える開口をもつパイプスペース内に設ける。
   ハ. □区画された竪穴であるパイプスペース内に設置し、維持管理の円滑な実施のために必要な措置を講じる。

7.5.4 共用排水管

共同住宅等の共用排水管は、次による。

1. 共用排水管は、壁、柱、床、はり又は基礎の立上り部分を貫通する場合を除き、コンクリート内に埋め込まない。
2. 地中に埋設された共用排水管の上には、コンクリート(建物の外部に存在する土間床コンクリート及び建物に影響を及ぼさないものは除く。)を打設しない。ただし、法令(条例を含む。)の規定により、凍結のおそれがあるとして配管を地中に埋設する場合は、打設することができる。
3. 横主管を設置する場合においては、当該排水管はピット若しくは1階床下空間内、又はピロティ等の共用部分に設け、かつ、人通口、その他当該配管に人が到達できる経路(専用部分に立ち入らないで到達できるものに限り、共用部分の仕上材等の軽微な除去を伴い到達できるものを含む。)を設ける。
4. 共用排水管の設置は、次のいずれかとする。
   イ. □専用部分に立ち入らないで更新できる位置(共用部分、住棟外周部、バルコニー、その他これに類するものをいう。)に露出して設ける。
   ロ. □専用部分に立ち入らないで更新が行える開口をもつパイプスペース内に設け

る(共用部分の仕上材等の軽微な除去を伴い、更新できる場合を含む。)。
ハ. □パイプスペース(間仕切り等で独立した区画となっているもの)内に設置し、維持管理の円滑な実施のために必要な措置を講じる。
5. 共用排水管は、次のイ又はロのいずれかの更新措置を講じたものとする。
イ. □将来、既存の位置に新たな排水管を設置する場合の措置は、次による。
(イ) 共用排水管の切断工事を軽減する措置を講じ、かつ、共用排水管がコンクリートの床等を貫通する部分に、共用排水管の撤去の際のはつり工事を軽減する措置を講じる。
(ロ) 排水管の接続替えを容易に行うための措置を講じる。
(ハ) 共用排水管の撤去、接続替え、その他更新のための空間を確保する。
ロ. □将来、新たな共用排水管を設置する場合の措置は、次による。
(イ) 共用排水管の近傍等に、別に新たな共用排水管を設置することができる空間、スリーブ等を設ける。
(ロ) イの(ロ)及び(ハ)による。

用　語

維持管理・更新の容易性

長期優良住宅の維持管理・更新の容易性に係る基準では、耐用年数が構造躯体に比べて、比較的短い設備配管の維持管理及び更新を適切に実施することが、住宅を長期に使用するために特に重要となるため、設備配管の維持管理及び更新を容易に行えるようにするための対策について、原則として、住宅性能表示基準における最高等級に適合することを求めている。

比較的頻度の高い日常的な維持管理である点検・清掃については、点検口及び掃除口を設ける等、構造躯体・仕上材ともに影響を及ぼすことなく(傷めずに)行えるようにするための対応を求めている。また、補修については、点検・清掃に比べて頻度が少ないこと等を考慮し、仕上材への影響防止は要求せず、構造躯体に影響を及ぼさない対策を行うことを求めている。

なお、ガス管は適用除外となっているが、ガス管についても、長期に使用する観点から、点検等を容易に行えるように措置しておくことが望ましい。

共同住宅等

長期優良住宅認定基準における共同住宅等とは、一戸建専用住宅以外の住宅をいい、具体的には共同建て住宅、連続建て住宅、重ね建て住宅及び一戸建店舗等併用住宅を指す。

留意事項

排水管の設置方法

専用の排水管の内面は、清掃に支障を及ぼすような凹凸がないものを使用する。管内部に凹凸があるフレキシブル管(ジャバラ管)は、凹凸によって滞留物が溜まったり、清掃時にスネークワイヤーなどの清掃治具がつっかえたりするので使用しない。

また、管同士を接続する場合は、同規格のもの同士を使用する。肉厚の異なる管同士を接合させると、配管内に高低差が生じ、滞留物が発生するおそれがあるため使用しない。

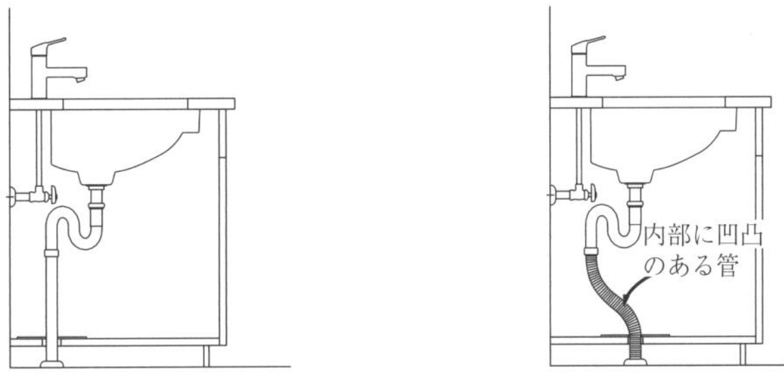

(A)管内部の清掃がしやすい例　　(B)管内部の清掃がしにくい例

清掃に支障を及ぼすような、内部に凹凸がある管は使用しない。
配管や排水の自重でたわまないよう、ねじ接合、接着接合、メカニカル接合等により配管を緊結しておく。

参考図7.5.2-1　排水管の接続(洗面化粧ユニットの例)

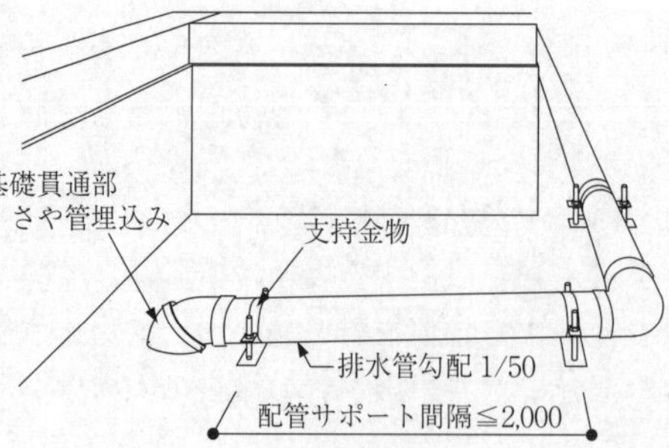

当該排水管のたわみ、抜け、その他変形が生じないように、横引き配管の接合部近傍、その他２ｍ程度以内に配管支持金物を設ける。

参考図7.5.2-2　排水管の接合部及び支持金物の例

点検をするために必要な開口

「設備機器と専用配管の接合部」とは、水まわり各所(台所、浴室、洗面所、洗濯機置場、便所)に設置する水栓類、排水トラップ、器具給水管等と配管工事により設置される給水管、給湯管または排水管との接合部が該当する。接合部等が隠れてしまう場合には、点検が可能な開口(または掃除口からの清掃のための開口)を設けることとする。

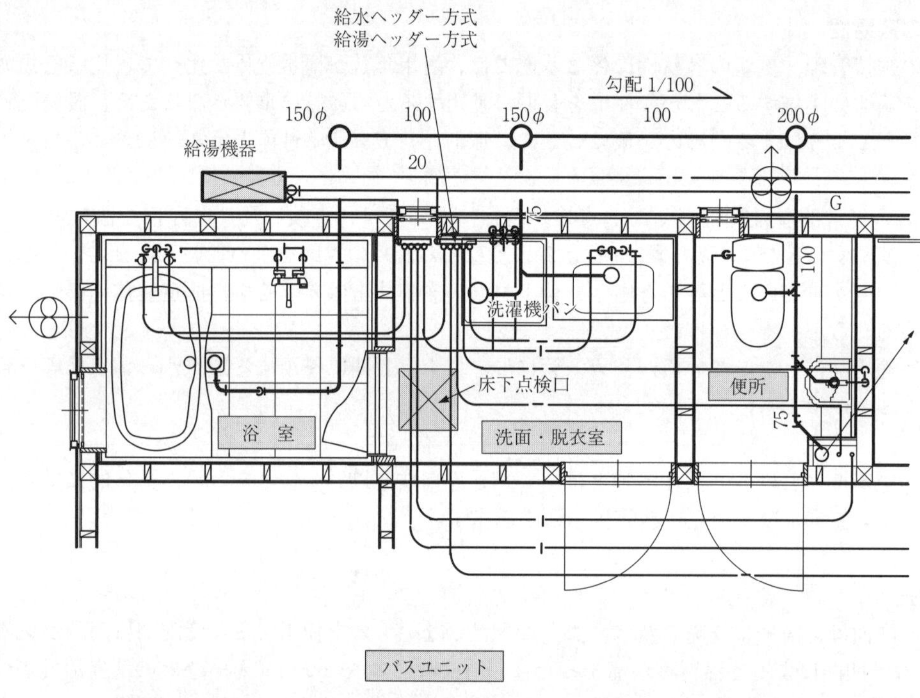

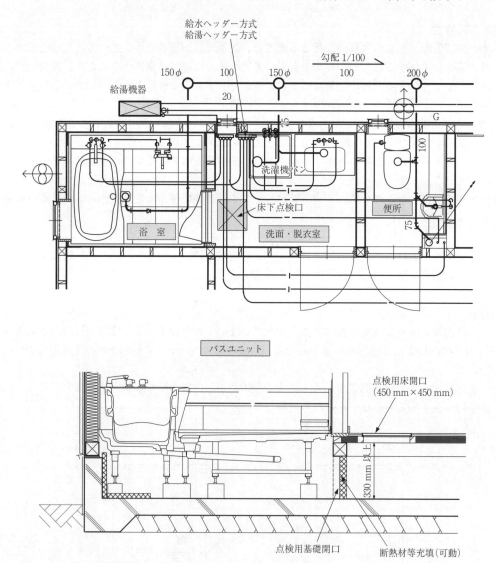

排水管等の床下接合部点検用として、脱衣室床面に点検用開口を設けるとよい。
また、バスユニットの排水トラップ内の点検は、一般にはトラップを分解することにより点検可能である。

参考図7.5.2-3　浴室、洗面・脱衣室まわり給排水配管と床下点検口位置の例

7.6 省エネルギー対策

省エネルギー対策は、Ⅲ-1（省エネルギー性に関する基準（断熱等性能等級5）に係る仕様）及びⅢ-2（省エネルギー性に関する基準（一次エネルギー消費量等級6）に係る仕様）による。

Ⅲ-1 ☞303頁
Ⅲ-2 ☞323頁

7.7 その他

7.7.1 維持保全の期間

建築後の住宅の維持保全の期間は、30年以上とする。

7.7.2 維持保全計画

長期優良住宅建築等計画には、次の事項が定められていること。

イ. 構造耐力上主要な部分、雨水の浸入を防止する部分及び給水又は排水の設備について、点検の対象となる部分の仕様に応じた点検の項目及び時期を定める。

ロ. イの点検の時期が、それぞれ住宅の建築の完了又は直近の点検、修繕若しくは改良から10年を超えないものとする。

ハ. 点検の結果を踏まえ、必要に応じて、調査、修繕又は改良を行うこと。

ニ. 地震時及び台風時に、臨時点検を実施すること。

ホ. 住宅の劣化状況に応じて、維持保全の方法について見直しを行うこと。

ヘ. 長期優良住宅建築等計画の変更があった場合に、必要に応じて維持保全の方法を変更すること。

7.7.3 まちなみ・景観への配慮

良好な景観の形成その他の地域における居住環境の維持及び向上に配慮するものとする。なお、地区計画、景観計画、条例等によるまちなみ等の計画、建築協定、景観協定等の区域内にある場合は、これらの内容に適合させることとする。

7.7.4 住戸床面積

1. 住戸床面積は、次による。

イ. 一戸建住宅は、床面積の合計を75 m^2以上とする。
ただし、国土交通省令に基づき所管行政庁が55 m^2を下回らない範囲内で別に面積を定める場合には、その面積以上とする。

ロ. 共同住宅等は、一戸の床面積の合計を40 m^2以上とする。
ただし、国土交通省令に基づき所管行政庁が40 m^2を下回らない範囲内で別に面積を定める場合には、その面積以上とする。

2. 住戸床面積は、住戸の少なくとも一の階の床面積が、40 m^2以上（階段部分の面積を除く。）であるものとする。

留意事項

まちなみ・景観への配慮

住宅は、都市やまちなみの重要な構成要素であり、将来にわたってまちなみの一部を形成することから、周囲のまちなみとの調和が重要である。長期優良住宅では、地区計画、景観計画や建築協定等との調和など、まちなみ、まちづくりに配慮することとしている。

各計画や協定、その他条例等に関しては、各市町村により異なる。詳細は、各市町村まで確認されたい。

階段部分の面積

住戸床面積算出時の階段部分の面積の算出方法については、以下のとおりとする。

①階段部分の面積は、水平投影面積とする。壁のある部分は、壁心による面積とする。

②階段の下を便所、収納等や自由に行き来できる空間など、居住スペースとして利用できる場合は、階段部分の面積の30%を限度に、当該面積を階段部分の面積から除くことができる。

③エレベーターについては、階段部分とみなし、着床階においては面積に算入しない。

維持保全及び適時の点検の必要性

住宅を長期に使用するためには、建築時において確保する耐久性とともに、住宅を引き渡した後に計画的に点検を行い、適切に補修及び改修等を行うことが重要である。

長い年月が経つと、住宅の各部位や設備は劣化・陳腐化するため、必要に応じて各部位を点検し、補修や交換をすることが求められる。住宅の長期使用のためには、このような点検等を計画的、かつ、予防保全的に実施することが有効である。住宅の各部位の耐用年数の観点からは、10年経過した段階で点検をする必要がないと想定されるものも含まれているが、偶発的に劣化する場合も含めて、住宅全体を定期的に点検することが必要と考えられる。

特に、雨水の浸入を防止する部分について適切に維持管理することは、長期に躯体を維持していくうえで重要である。

長期優良住宅建築等計画において定める維持保全計画の例を、次に示す。なお、使用する材料、建築物の立地(地域、環境条件)や使用材料により劣化の速度が異なるので、次に示す点検時期等はあくまで目安として計画に活用されたい。

表7.7.2　維持保全の方法（維持保全計画）の例（一戸建の住宅）

維持保全計画書（30年間）																					
点検部位			主な点検項目	点検時期（竣工から） □点検・補修　■定期的手入れ　○取替え検討																定期的な手入れ等の内容	更新・取替えの時期、内容
				3年	5年	6年	7年	10年	12年	14年	15年	18年	20年	21年	24年	25年	27年	30年	臨時		
構造躯体	基礎	コンクリート基礎立上り	ひび割れ、欠損、沈下、換気孔のふさがり、さび、蟻道等		□			□			□		□			□		□	★		建て替え時に更新
構造躯体	土台	土台	基礎からのずれ・浮き、断面欠損、腐朽・蟻害等		□ ■			□ ■			□ ■		□ ■			□ ■		□ ■	★	5年ごとに対象部分の防腐・防蟻処理	建て替え時に更新
構造躯体	床組	床根太、端根太、側根太、床材	腐朽・蟻害、傾斜、たわみ、床鳴り、振動等		□ ■			□ ■			□ ■		□ ■ ○			□ ■		□ ■		5年ごとに対象部分の防腐・防蟻処理	20年で全面取替えを検討
構造躯体	壁枠組	上枠、下枠、たて枠、頭つなぎ、壁材	傾斜、断面欠損、腐朽・蟻害等					□					□					□	★		建て替え時に更新
構造躯体	小屋組	たる木、むな木、トラス材、屋根下地材	雨漏り等の跡、小屋組の接合部の割れ					□					□					□	★		建て替え時に更新
屋根・外壁・開口部等	屋根	住宅屋根用化粧スレートぶき	ずれ、剥がれ、浮き、割れ、雨漏り、変形等		□			□			□		□ ○			□		□			20年で全面ふき替えを検討
屋根・外壁・開口部等	外壁	窯業系サイディング壁	割れ、欠損、剥がれ、腐朽、蟻害、シーリング材の破断等	□ ■		□ ■			□ ■		□ ■ ○	□ ■		□ ■	□ ■		□ ■	□ ■ ○	★	7～8年で再塗装	15年で全面取替えを検討
屋根・外壁・開口部等	雨どい	雨どい	破損、詰まり、はずれ、ひび、軒どいの垂れ下がり	□			□ ○	□		□ ○		□		□ ○	□		□	□			7年で全面取替えを検討
屋根・外壁・開口部等	軒裏	軒裏天井	腐朽、雨漏り、剥がれ、たわみ、ひび割れ	□		□			□		□ ○	□		□	□		□	□ ○	★		15年で全面取替えを検討
屋根・外壁・開口部等	開口部	屋外に面する開口部	建物周囲のすき間、建具の開閉不良等		□			□			□		□ ○			□		□	★		20年で全面取替えを検討
設備	配管設備	給水管	漏水、赤水、給水流水の不足等		□			□			□		□ ○			□		□		水漏れは、ただちに補修	20年で全面取替えを検討
設備	配管設備	排水管	漏水、排水の滞留		□			□			□		□ ○			□		□		水漏れは、ただちに補修	20年で全面取替えを検討

留意事項等：
1. ★は地震時や台風時の後、当該点検の時期にかかわらず臨時点検を行うものとする。
2. 各点検の結果を踏まえ、必要に応じて、調査、修繕または改良を行うものとする。
3. 各点検において、劣化の状況等に応じて、適宜維持管理の方法について見直すものとする。
4. 長期優良住宅建築等計画に変更があった場合、必要に応じて維持保全の方法の変更を行うものとする。

※『長期優良住宅に係る認定基準技術解説』（監修:国土交通省住宅局住宅生産課・国土交通省国土技術政策総合研究所・独立行政法人建築研究所、発行：一般財団法人ベターリビング・一般社団法人住宅性能評価・表示協会）をもとに、住宅金融支援機構が作成。

〔第V章〕 フラット35S(ZEH)工事仕様書

フラット35S(ZEH)の技術基準

フラット35S(ZEH)をご利用いただく場合は、フラット35の技術基準に加えて、次に掲げる建て方に応じて次表のいずれかの区分の基準及び適用条件を満たす住宅であることが必要です。

■一戸建ての住宅の場合の基準

<table>
<tr><th rowspan="5">一戸建ての住宅</th><th rowspan="2">区　分</th><th rowspan="2">断熱等性能</th><th colspan="2">一次エネルギー消費量(対省エネ基準※1)</th><th rowspan="2">適用条件</th></tr>
<tr><th>再生可能エネルギーを除く※2</th><th>再生可能エネルギーを含む※3</th></tr>
<tr><td>『ZEH』</td><td rowspan="3">強化外皮基準
【断熱等性能等級5】
相当※4</td><td rowspan="3">▲20%以上</td><td>▲100%以上</td><td>－</td></tr>
<tr><td>Nearly ZEH</td><td>▲75%以上▲100%未満</td><td>寒冷地
低日射地域
多雪地域</td></tr>
<tr><td>ZEH Oriented</td><td>(再生可能エネルギーの導入は必要ない)</td><td>都市部狭小地※5
多雪地域</td></tr>
</table>

※1　省エネ基準とは、建築物のエネルギー消費性能の向上に関する法律(平成27年法律第53号)(通称 建築物省エネ法)第2条第3号に定める建築物エネルギー消費性能基準を表します。
※2　コージェネレーション設備による発電分のうち自家消費分は含めることができます。
※3　発電設備における余剰売電分も含めることができます。
※4　本仕様書のⅢ-1.1.2(適用)の2のイの基準を満たす必要があります。
※5　都市部狭小地の場合であっても、Nearly ZEHの断熱等性能及び一次エネルギー消費量の基準に適合するときは、Nearly ZEHの対象になります。

■一戸建ての住宅以外（共同建て、重ね建てまたは連続建て）の場合の基準

<table>
<tr><th rowspan="7">一戸建ての住宅以外</th><th rowspan="3">区　分</th><th>断熱等性能</th><th colspan="2">一次エネルギー消費量(対省エネ基準※1)</th><th rowspan="3">適用条件
(住宅用途の階層数)</th></tr>
<tr><th rowspan="2">全住戸で以下を達成</th><th colspan="2">共用部を含む住棟全体で以下を達成</th></tr>
<tr><th>再生可能エネルギーを除く※2</th><th>再生可能エネルギーを含む※3</th></tr>
<tr><td>『ZEH-M』</td><td rowspan="4">強化外皮基準
【断熱等性能等級5】
相当※4</td><td rowspan="4">▲20%以上</td><td>▲100%以上</td><td rowspan="2">－</td></tr>
<tr><td>Nearly ZEH-M</td><td>▲75%以上▲100%未満</td></tr>
<tr><td>ZEH-M Ready</td><td>▲50%以上▲75%未満</td><td>4層以上</td></tr>
<tr><td>ZEH-M Oriented</td><td>(再生可能エネルギーの導入は必要ない)</td><td>6層以上</td></tr>
</table>

※1　省エネ基準とは、建築物のエネルギー消費性能の向上に関する法律(平成27年法律第53号)(通称 建築物省エネ法)第2条第3号に定める建築物エネルギー消費性能基準を表します。
※2　コージェネレーション設備による発電分のうち自家消費分は含めることができます。
※3　発電設備における余剰売電分も含めることができます。
※4　本仕様書のⅢ-1.1.2(適用)の2のイの基準を満たす必要があります。

■適用条件

寒冷地	地域区分[※1]が1または2の地域の住宅
低日射地域	年間の日射地域区分[※2]がA1またはA2の地域の住宅
多雪地域	建築基準法施行令第86条第1項に規定する垂直積雪量が100 cm以上に該当する地域の住宅
都市部狭小地	北側斜線制限の対象となる用途地域等（第一種及び第二種低層住居専用地域、第一種及び第二種中高層住居専用地域並びに地方自治体の条例において北側斜線制限が定められている地域）であって、敷地面積が85 m^2未満の土地にある住宅（住宅が平屋建ての場合を除く。）
住宅用途の階層数	住宅用途部分が床面積の半分以上を占める階層の数（地階を含む。）

※1　付録8に定める地域区分

※2　一次エネルギー消費量の計算において用いられる、水平面全天日射量の年間積算値を指標として日本全国を日射の少ない地域から多い地域まで5地域に分類した地域区分

注）以下のいずれかに該当する場合は、フラット35S及びフラット35維持保全型を利用できません。
・住宅の全部または一部が土砂災害特別警戒区域（通称：レッドゾーン）内に含まれる場合
・都市再生特別措置法（平成14年法律第22号）第88条第1項に基づく届出を行った場合において、同条第5項に基づく市町村長による公表の措置を受けたとき

フラット35S工事仕様書の使い方

(1) ［第Ⅱ章］工事仕様書のフラット35の基準事項に加え、「1. 省エネルギー性に関する基準（ZEH）に係る仕様」によってください。

(2) 本文のアンダーライン「＿＿＿」の部分は、基準に係る項目ですので、訂正するとフラット35Sが利用できない場合があります。
なお、アンダーライン「＿＿＿」以外の仕様については、ご自分の工事内容に合わせて当該仕様部分を適宜添削するなどしてご使用ください。

1.省エネルギー性に関する基準(ZEH)に係る仕様

1.1 一般事項

1.1.1 総則

1. フラット35Sにおける省エネルギー性に関する基準(ZEH)に適合する住宅の仕様は、この項による。
2. 本項におけるアンダーライン「＿＿＿」の付された項目事項は、フラット35Sにおける省エネルギー性に関する基準(ZEH)に係る仕様であるため、当該部分の仕様以外とする場合は、住宅金融支援機構の認めたものとする。

1.1.2 適用

1. 本項の適用となる住宅は、一戸建ての住宅の場合は次による。
   イ. □『ZEH』とする場合は、以下の(イ)から(ニ)のすべてを満たすものとする。
   (イ) 外皮平均熱貫流率及び平均日射熱取得率が巻末付録8(地域の区分一覧表)の地域の区分に応じて、次表に定める数値以下であること。 付録8 ☞411頁

	地域の区分							
	1	2	3	4	5	6	7	8
外皮平均熱貫流率(W/(m²·K))	0.4	0.4	0.5	0.6	0.6	0.6	0.6	—
平均日射熱取得率	—	—	—	—	3.0	2.8	2.7	6.7

   (ロ) 再生可能エネルギー等を除き、巻末付録8(地域の区分一覧表)の地域の区分及び床面積等に応じて算定した対象住宅の基準一次エネルギー消費量から20%以上の一次エネルギー消費量が削減されることを「住宅に関する省エネルギー基準に準拠したプログラム(https://house.app.lowenergy.jp/)」等を用いて確認したものであること。 付録8 ☞411頁
   (ハ) 再生可能エネルギーを導入した住宅であること。
   (ニ) 再生可能エネルギー等を加えて、巻末付録8(地域の区分一覧表)の地域の区分及び床面積等に応じて算定した対象住宅の基準一次エネルギー消費量から100%以上の一次エネルギー消費量が削減されることを「住宅に関する省エネルギー基準に準拠したプログラム(https://house.app.lowenergy.jp/)」等を用いて確認したものであること。 付録8 ☞411頁
   ロ. □Nearly ZEHとする場合は、以下の(イ)及び(ロ)のすべてを満たすものとする。
   (イ) イの(イ)から(ハ)のすべてを満たすこと。
   (ロ) 再生可能エネルギー等を加えて、巻末付録8(地域の区分一覧表)の地域の区分及び床面積等に応じて算定した対象住宅の基準一次エネルギー消費量から75%以上100%未満の一次エネルギー消費量が削減されることを「住宅に関する省エネルギー基準に準拠したプログラム(https://house.app.lowenergy.jp/)」等を用いて確認したものであること。 付録8 ☞411頁
   ハ. □ZEH Orientedとする場合は、イの(イ)及び(ロ)を満たしたものであること。
2. 本項の適用となる住宅は、一戸建て以外の住宅の場合は次による。
   イ. □『ZEH-M』とする場合は、以下の(イ)から(ニ)のすべてを満たすものとする。
   (イ) すべての住戸について、外皮平均熱貫流率及び平均日射熱取得率が巻末付録8(地域の区分一覧表)の地域の区分に応じて、次表に定める数値以下であること。 付録8 ☞411頁

	地域の区分							
	1	2	3	4	5	6	7	8
外皮平均熱貫流率(W/(m²·K))	0.4	0.4	0.5	0.6	0.6	0.6	0.6	—
平均日射熱取得率	—	—	—	—	3.0	2.8	2.7	6.7

(ロ) 再生可能エネルギー等を除き、共用部を含む当該住棟全体で、巻末付録8(地域の区分一覧表)の地域の区分及び床面積等に応じて算定した対象住宅の基準一次エネルギー消費量から20%以上の一次エネルギー消費量が削減されることを「住宅に関する省エネルギー基準に準拠したプログラム（https://house.app.lowenergy.jp/)」等を用いて確認したものであること。	付録8 ☞411頁
(ハ) 再生可能エネルギーを導入した住宅であること。	
(ニ) 再生可能エネルギー等を加えて、共用部を含む当該住棟全体で、巻末付録8(地域の区分一覧表)の地域の区分及び床面積等に応じて算定した対象住宅の基準一次エネルギー消費量から100%以上の一次エネルギー消費量が削減されることを「住宅に関する省エネルギー基準に準拠したプログラム(https://house.app.lowenergy.jp/)」等を用いて確認したものであること。	付録8 ☞411頁
ロ. □ Nearly ZEH-Mとする場合は(イ)及び(ロ)のすべてを満たすものとする。	
(イ) イの(イ)から(ハ)のすべてを満たすこと。	
(ロ) 再生可能エネルギー等を加えて、共用部を含む当該住棟全体で、巻末付録8(地域の区分一覧表)の地域の区分及び床面積等に応じて算定した対象住宅の基準一次エネルギー消費量から75%以上100%未満の一次エネルギー消費量が削減されることを「住宅に関する省エネルギー基準に準拠したプログラム(https://house.app.lowenergy.jp/)」等を用いて確認したものであること。	付録8 ☞411頁
3. 1又は2を満たす仕様は、特記による。	
4. 住宅の壁量、柱の小径、床組等、接合部、横架材及び基礎について、住宅の安全性が確保できるものとし、その仕様は特記による。	

用語

ZEH(ネット・ゼロ・エネルギー・ハウス)

外皮の断熱性能等を大幅に向上させるとともに、高効率な設備システムの導入により、室内環境の質を維持しつつ大幅な省エネルギーを実現したうえで、再生可能エネルギー等を導入することにより、年間の一次エネルギー消費量の収支がゼロとすることを目指した住宅をいう。

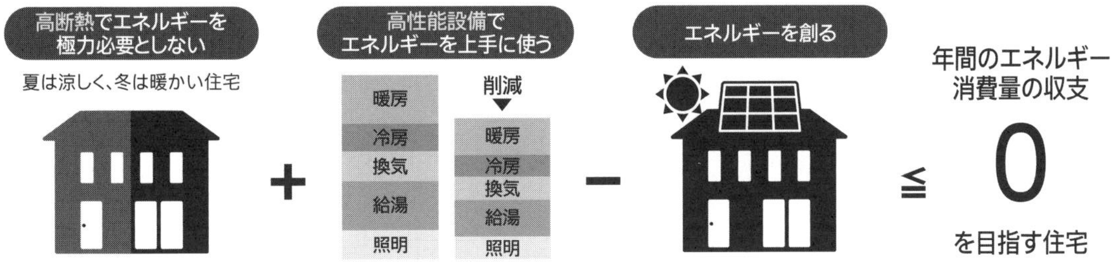

ZEHのイメージ図

BELS評価書

BELS[1]評価(建築物省エネルギー性能表示制度)は、建築物のエネルギー消費性能の向上に関する法律(建築物省エネ法)第7条に基づく「建築物のエネルギー消費性能の表示に関する指針(ガイドライン)」ならびに一般社団法人住宅性能評価・表示協会が定めた「BELS評価業務実施指針」及び「BELS評価業務方法書」に基づき、建築物の省エネルギー性能を評価するものである。

フラット35S(ZEH)を利用する場合は、原則として、竣工現場検査・適合証明申請時までに、BELS評価書を提出する[2) 3)]。

1) BELS(ベルス)とは、Building-Housing Energy-efficiency Labeling Systemの略称。
2) ZEH OrientedまたはZEH-M Orientedを利用する場合で、かつ、BELS評価書を提出しない場合は、設計内容説明書、計算書等を提出し、設計検査を受ける必要がある。共同建てにおいては、各住戸及び共用部分に係る設計内容説明書、一次エネルギー消費量計算プログラムの帳票等が必要となる。
3) BELS評価書の提出後に、評価内容に影響する設計変更が生じた場合、当該書類の再提出が必要となる。

BELS評価書

申請者の連絡先
東京都新宿区神楽坂＊＊＊
申請者の氏名又は名称
○○○株式会社

下記の建築物に関して、BELS評価業務方法書に従って評価を行った結果について証します。
なお、評価結果については、提出を受けた図書にて評価したものであり、それ以降の計画の変更や時間経過などによる変化がないことを保証するものではありません。

建築物の所在地		地域区分	6
東京都千代田区○○			
名　称			
Aビル			
建築物に関する基本的事項			
階　数	地上26階　地下2階	構　造	鉄骨鉄筋コンクリート造
延べ面積	120,000 m²		
新築竣工時期（計画中の場合は予定時期）			20○○年○月○日
申請対象部分に関する基本的事項			
用　途	事務所、飲食店、百貨店		
改修の竣工時期（※1）			

評価結果

評価結果

■一次エネルギー消費量基準

評価手法（※2）	非住宅部分	通常の計算法（平成28年基準）	住戸部分（共用除く）	
BEIの値（削減率）（※3）	新築（改修後等）	0.63（37%削減）	改修前	
単位面積当たりの一次エネルギー消費量（MJ/m²・年）	設計値（その他除く）	968	設計値（その他含む）	1,322
	基準値（その他除く）	1,552	基準値（その他含む）	1,906

■外皮性能基準

外皮性能	非住宅部分	適合	住戸部分	

特記事項

■「ZEBマーク」又は「ZEHマーク」、「ゼロエネ相当」、「ZEH-Mマーク」に関する事項
再生可能エネルギーを除いた設計一次エネルギー消費量の基準一次エネルギー消費量からの削減率（※4）
再生可能エネルギーを加えた設計一次エネルギー消費量の基準一次エネルギー消費量からの削減率（※4）

評価書交付年月日	２０○○年○月○○日	
評価書交付番号	○○○-○○-○○○○-○○○○○	
評価機関名	××××××××××××××	印
	評価員氏名	△△△　△△

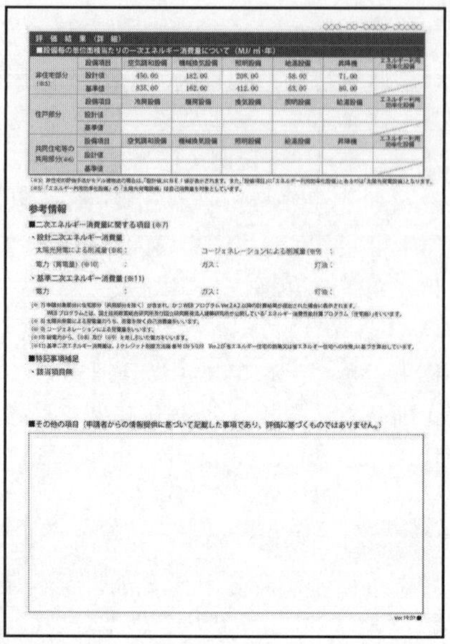

○○○-○○-○○○○-○○○○○

評価結果（詳細）

■設備毎の単位面積当たりの一次エネルギー消費量について（MJ/m²・年）

非住宅部分（※5）	設備項目	空気調和設備	機械換気設備	照明設備	給湯設備	昇降機	エネルギー利用効率化設備
	設計値	450.00	182.00	208.00	58.00	71.00	
	基準値	835.00	162.00	412.00	63.00	80.00	
住戸部分	設備項目	冷房設備	暖房設備	換気設備	照明設備	給湯設備	エネルギー利用効率化設備
	設計値						
	基準値						
共同住宅等の共用部分（※6）	設備項目	空気調和設備	機械換気設備	照明設備	給湯設備	昇降機	エネルギー利用効率化設備
	設計値						
	基準値						

参考情報

■二次エネルギー消費量に関する項目（※7）
・設計二次エネルギー消費量
太陽光発電による削減量（※8）：　コージェネレーションによる削減量（※9）：
電力（買電量）（※10）：　ガス：　灯油：
・基準二次エネルギー消費量（※11）
電力：　ガス：　灯油：

■特記事項補足
・該当項目無

■その他の項目（申請者からの情報提供に基づいて記載した事項であり、評価に基づくものではありません。）

BELS評価書の例

付　録

1. 保険への加入義務または保証金の供託義務

平成19年に制定された「特定住宅瑕疵担保責任の履行の確保等に関する法律(住宅瑕疵担保履行法)」により、新築住宅（工事完了から1年以内の住宅で、人が住んだことのないもの）の請負人である建設業者及び売主である宅建業者(以下、「売主等」という。)に、「保険への加入」または「保証金の供託」による瑕疵担保責任の履行のための資力確保措置が義務付けられている。

「保険への加入」について

新築住宅の売主等が、国土交通大臣の指定する保険法人との間で保険解約を締結し、瑕疵が判明した場合、その補修費用等が保険金によりてん補される制度である。保険への加入は所定の条件を満たす必要がある。

売主等が倒産していて補修が行えない場合等は、発注者や買主は、保険法人に直接保険金を請求することができる。

「保証金の供託」について

引き渡した新築住宅に瑕疵が判明した場合、売主等が自ら補修するのが原則であるが、倒産などにより補修が困難になった場合に備えて、現金や有価証券等を法務局等の供託所に預け置く制度である。

供託された保証金は、一定の条件を満たした時に、新築住宅の発注者や売主からの請求により必要な金額が還付される。

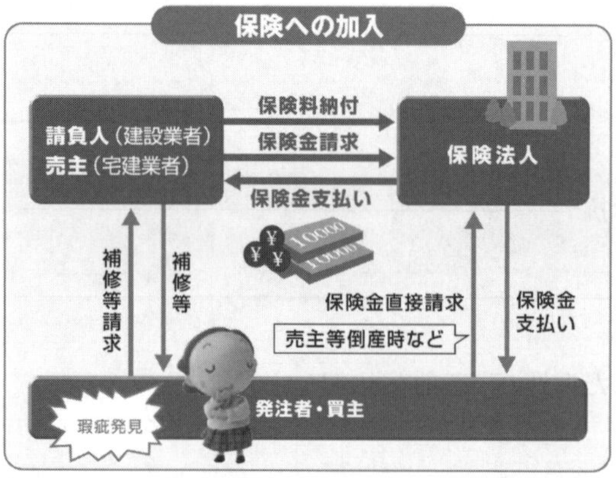

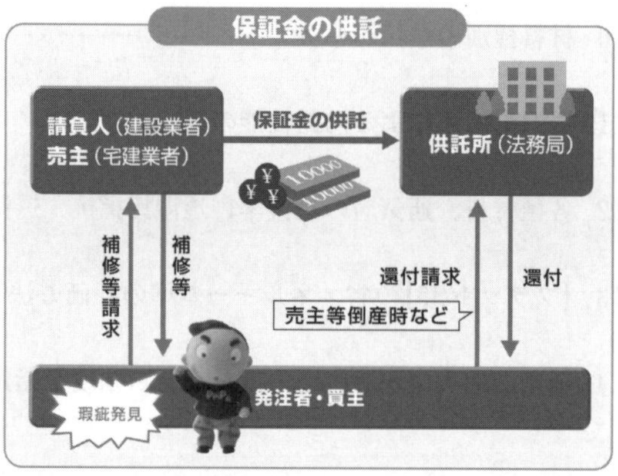

2. 対象となる瑕疵担保責任の範囲

住宅瑕疵担保履行法では、構造耐力上主要な部分及び雨水の浸入を防止する部分に関する10年間の瑕疵担保責任を対象としている。

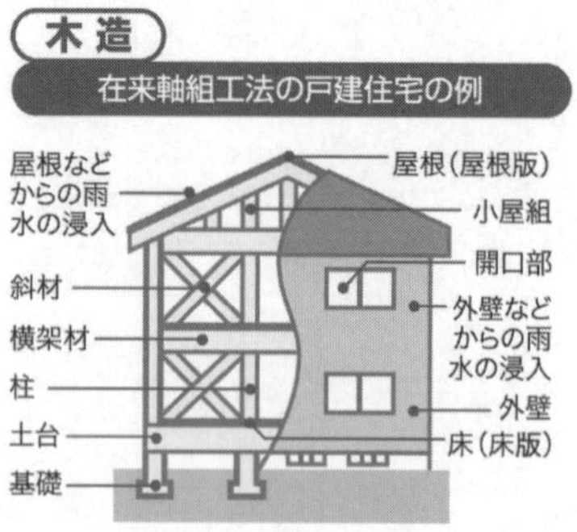

2階建の場合の骨組み（小屋組、軸組、床組）等の構成

3. 義務付けの対象となる事業者

売主等に資力確保措置が義務付けられるのは、所有者となる発注者または売主（宅建業者を除く）に新築住宅を引き渡す場合である。代表的なケースは、次のとおりである。

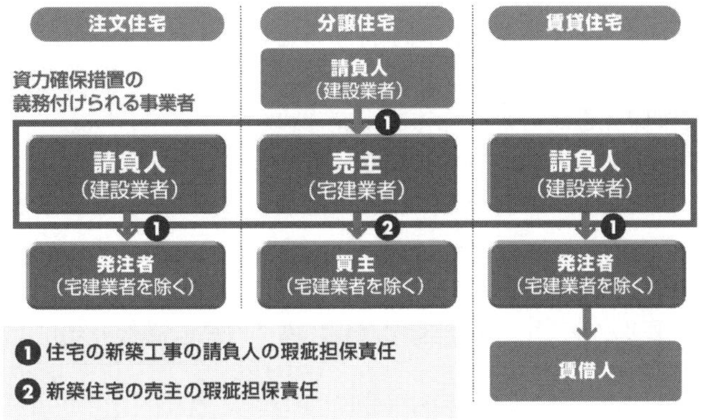

4. 保険契約の締結状況及び保証金の供託の届出義務

建設業者は許可を受けた国土交通大臣または都道府県知事に、宅建業者は免許を受けた国土交通大臣または都道府県知事に対して、年2回の基準日（3月31日と9月30日）における保険契約の締結及び保証金の供託状況を届け出なければならない。

この届出を行わない場合、基準日から50日目以降、新築住宅の請負契約や売買契約を新たに締結することはできなくなる。

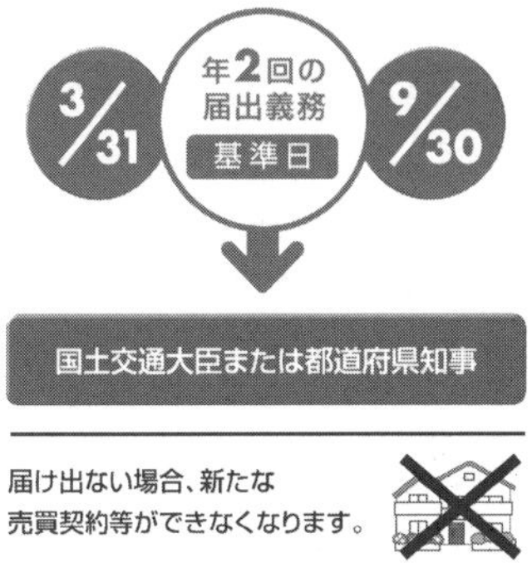

5. 施行日と引渡しの時期

法律のうち、保険法人の指定及び紛争処理に関する規定は平成20年4月1日から、資力確保措置の義務付けに関する規定は平成21年10月1日から、それぞれ施行されている。

新築住宅の売主等は、平成21年10月1日以後は、各基準日（毎年3月31日と9月30日）において、その基準日前10年間に引き渡した新築住宅の戸数に応じて資力確保措置を講じておく必要がある。

なお、経過措置として、平成21年10月1日の施行日から10年を経過するまでの間は、施行日から各基準日までの間に引き渡した新築住宅の戸数に応じて資力確保措置を講じておけばよいとされている。

6. 保険申込みの時期

保険加入には、基礎や躯体などの工事中に保険法人の検査を受ける必要があるため、着工前に申し込む必要がある。引渡しが平成21年10月1日以降の住宅は、あらかじめ保険を申し込んでおくことが必要である。また、工期の延長や売れ残りにより、引渡し時期がずれ込む可能性も考慮しておくことをおすすめしている。

7. 保険契約を締結した住宅の紛争処理

住宅瑕疵担保責任保険が付された住宅において、請負人・売主と、発注者・買主との間で紛争が生じた場合、指定住宅紛争処理機関（弁護士会）による紛争処理手続き（あっせん、調停または仲裁）を利用することができる。

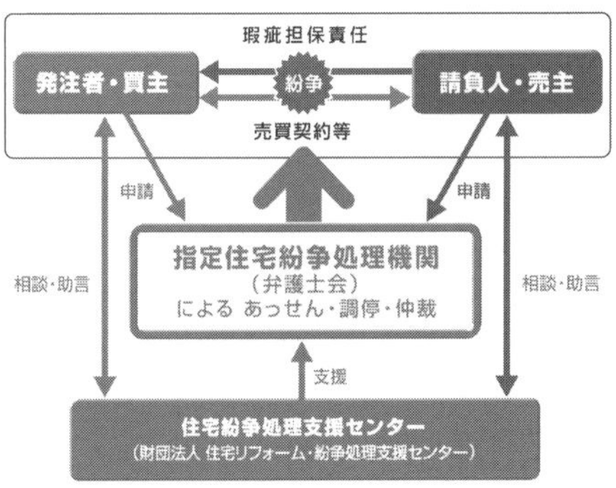

付録2　耐震上留意したい構造計画のポイント

枠組壁工法は、平成13年国土交通省告示第1540号、第1541号の規定に基づき設計・施工することにより、構造の安全性が確保されるが、以下の点についても構造計画を行ううえで参考としていただきたい。

ポイント1　壁量を十分に確保する

壁量は、告示第1540号第5第5号の規定によって必要壁量を上回ることを確認し、以下の点に留意する。

- 壁量は、壁の仕様(壁倍率)とその長さで決まることを考慮し、余裕のある壁量を確保する。

ポイント2　壁をバランス良く配置する

耐力壁は、告示第1540号第5第2号の規定によって配置し、以下の点に留意する。

- 外周壁は、4面とも1/4以上を耐力壁とする。
- 隅角部には、できるだけL字に耐力壁を配置する。
- 大きな凹凸のあるプランの場合、各耐力壁線の区画ごとに前述の壁配置のルールを満足させる。

ポイント3　上下階の力の伝達が明快な壁配置とする

原則は、告示第1540号第5第2号の規定によって配置し、以下の点に留意する。

- 上下階の耐力壁の配置は、できるだけ一致させる。
- 上下階の開口部は一致させる。一致させることができない場合は、耐力壁を市松状に配置する。
- オーバーハングを設ける場合は、構造方式について十分に検討する。

ポイント4　建物の一体性を高める

- 耐力壁線間隔は、告示第1540号第5第6号の規定に基づくことを前提とし、できるだけ小さくなるよう検討する。
- 細かい凹凸の多い屋根、外壁とスキップフロアー等はできるだけ避け、水平構面の剛性を確保する。
- 大きな吹抜け、外周3面に接する吹抜け等を設ける場合は、十分に構造方式を検討する。

ポイント5　接合部の緊結を十分に行う

原則は、告示第1540号第5第10号、第11号の規定により行い、以下に留意する。

- 隅角部、開口部の両端の部分にある耐力壁端部は、壁倍率に応じた力に抵抗できる金物等で十分緊結する。
- 隅角部の壁、柱脚部は、大きな引抜き力が加わるので、基礎まで十分に緊結する。

ポイント6　基礎を丈夫にする

- 基礎の構造は、鉄筋コンクリート造の布基礎またはべた基礎とする。
- 地耐力の小さい地盤の場合は、地盤改良の実施またはべた基礎、くい基礎等の検討を行う。また、布基礎とする場合は、底盤の幅を大きくする。
- 耐力壁線の直下には、連続する基礎またははりを設ける。

ポイント7　木部の腐朽を避けるために耐久性を高めるための措置を講ずる

- 床下の換気は十分に行い、床下地盤面には防湿措置を講ずる。
- 基礎を高くするなどして、土台等の木部に雨水がかかりにくいように工夫する。
- 軒の出、けらばの出を確保するとともに、屋根と外壁との取合い部からの雨水の浸入防止措置を行う。
- 壁体内に浸入した雨水や湿気を排出するよう、外壁には通気層を設ける。
- 外壁の入隅部、開口部まわり及びバルコニーの各接合部などの防水措置を十分に行う。
- 結露しやすい箇所は通気できるようにし、軒天井や小屋裏には換気孔を設ける。

ポイント8　家具の転倒を防ぐ

- 固定のための金具は、L型金物と木ねじを用いる。
- 金具を固定するための受け材は、壁下地のたて枠とする。
- 家具の幅や置きたい場所によって、受け材の位置が合わない場合は、横木を設けて固定する。

付録3　構造耐力上必要な耐力壁について（平成13年国土交通省告示第1540号に基づく壁量計算の解説）

筋かいを入れた壁や構造用合板等を打ちつけた壁は、耐力壁として機能し、地震力及び風圧力によって建物に生じる水平力に抵抗する役割を担っている。平成13年国土交通省告示第1540号第5第5号においては、張り間方向及びけた行方向のそれぞれについて、地震力及び風圧力に抵抗するために必要な耐力壁の量を規定している。ここでは多雪地域以外の2階建住宅で、屋根が比較的重い屋根仕様になっている建物についての計算例を示している。

I　壁量計算の手順

ステップ1　見付け面積の計算（各階、各方向ごとに算出）

風圧力に対する必要壁量を算出するため、各階ごとに、張り間方向、けた行方向のそれぞれについて、見付け面積を求める。面積の求め方は、あくまでも垂直投影面積であることに注意していただきたい。また、単純にその垂直投影面積を求めるのではなく、各階の床面の高さから1.35 m以下の部分を除いた面積を求める。

ステップ2　必要壁量の計算（地震力：各階ごとに算出、風圧力：各階、各方向ごとに算出）

地震力に対する必要壁量及び、風圧力に対する必要壁量をそれぞれ求める。

①地震力に対する必要壁量（各階ごとに算出）

屋根の重さ、階数、各階の床面積から、次式により各階の必要壁量を算出する。地震力は風圧力と異なり、張り間方向、けた行方向の区別はないので、各階ごとに必要壁量を求める。

必要壁量＝床面積×地震力に対する床面積当たりの必要壁量

表1　地震力に対する床面積当たりの必要壁量

屋根の種類	床面積当たりの必要壁量（単位：m/m^2）		
	平　屋	2階建	
		1階	2階
軽い屋根（金属板、スレートぶきなど）	0.11	0.29	0.15
重い屋根（土蔵造、かわらぶきなど）	0.15	0.33	0.21

②風圧力に対する必要壁量（各階、各方向ごとに算出）

区域、建物立面の見付け面積から、次式により必要壁量を算出する。風圧力は、張り間方向、けた行方向によって異なるため、各階ごとに、張り間方向、けた行方向のそれぞれについて必要壁量を求める。

必要壁量＝見付け面積×風圧力に対する見付け面積当たりの必要壁量

表2　風圧力に対する見付け面積当たりの必要壁量

区　域	見付け面積当たりの必要壁量（単位：m/m^2）
特定行政庁が特に強い風が吹くとして定めた区域	0.5～0.75の間で特定行政庁が定めた値
その他の区域	0.5

ステップ3　必要壁量の確認（各階、各方向ごとに算出）

ステップ2で求めた地震力に対する必要壁量と風圧力に対する必要壁量を比較し、大きいほうを必要壁量として採用する。

必要壁量＝（地震力に対する必要壁量　と　風圧力に対する必要壁量）の大きいほう

ステップ4　存在壁量の計算（各階、各方向ごとに算出）

耐力壁の長さ、壁倍率から、次式により各階ごとに、張り間方向、けた行方向のそれぞれについて存在壁量を求める。

存在壁量＝耐力壁の長さ×壁倍率

ステップ5　判定（各階、各方向ごとに算出）

各階ごとに、張り間方向、けた行方向のそれぞれについて、存在壁量と必要壁量を比較し、すべて存在壁量≧必要壁量となっているか確認する。いずれか1つでも、存在壁量＜必要壁量となっている場合は、不適となる。

不適となった場合は、耐力壁の長さや壁倍率などを含めて、設計を見直す必要がある。

Ⅱ　壁量計算の計算例

モデルプラン概要

- 床面積は、各階とも66.24 m^2
- 総2階建の枠組壁工法住宅
- 耐力壁の種類は、壁倍率4.0と2.0の2種類
- 屋根ふき材は、かわら（重い屋根）
- 特定行政庁が、特に強い風が吹くとして定めた区域以外の区域

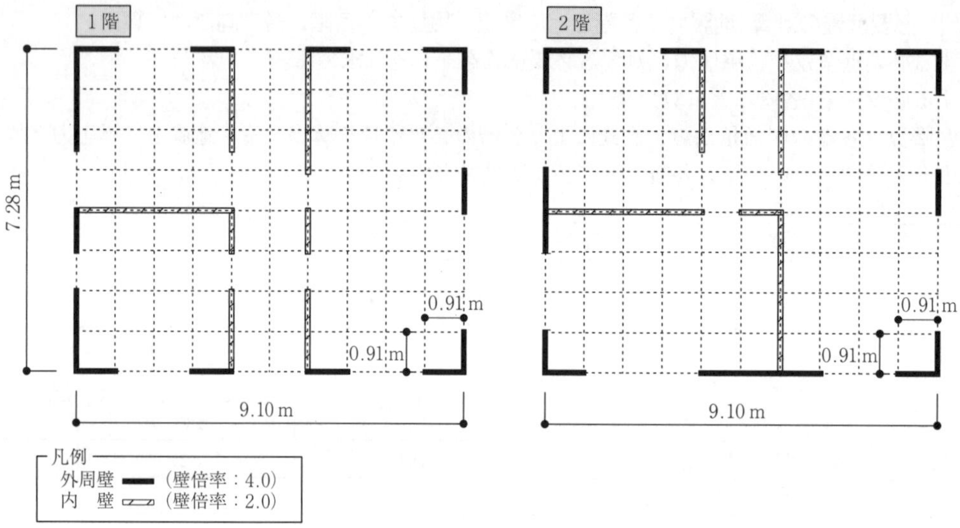

図1　平面形と耐力壁の位置

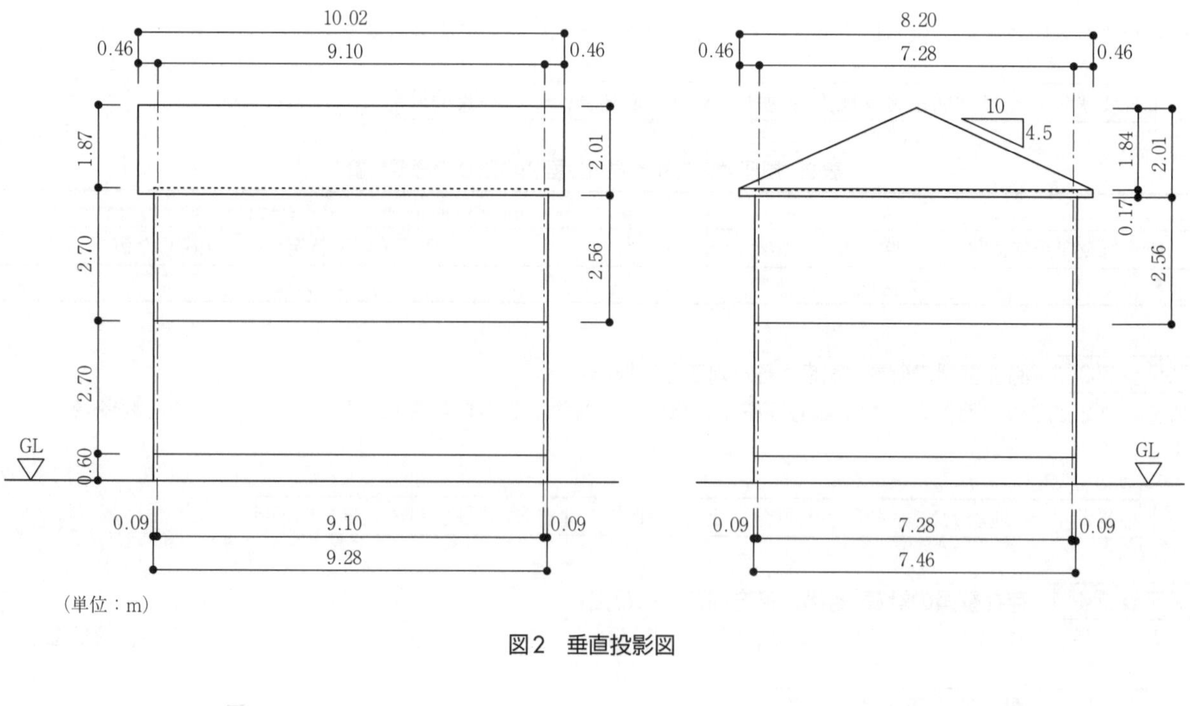

図2　垂直投影図

ステップ1　見付け面積の計算(各階、各方向ごとに算出)

風圧力に対する必要壁量を算出するため、各階ごとに、張り間方向、けた行方向のそれぞれについて、見付け面積を求める。面積の求め方は、あくまでも垂直投影面積であることに注意していただきたい。また、単純にその垂直投影面積を求めるのではなく、各階の床面の高さから1.35 m以下の部分を除いた面積を求める。

- 張り間方向の見付け面積

2階風圧力算定用：

$$\{(\underbrace{2.56\,\mathrm{m}}_{\text{2階見付け高}} - \underbrace{1.35\,\mathrm{m}}_{\text{除く高さ}}) \times \underbrace{9.28\,\mathrm{m}}_{\text{けた行長さ}}\} + \{\underbrace{2.01\,\mathrm{m}}_{\text{屋根部分の高さ}} \times \underbrace{10.02\,\mathrm{m}}_{\text{屋根底辺の長さ}}\} \fallingdotseq 31.369\,\mathrm{m}^2 \rightarrow 31.37\,\mathrm{m}^2$$

1階風圧力算定用：

$$\{(\underbrace{2.70\,\mathrm{m}}_{\text{1階見付け高}} - \underbrace{1.35\,\mathrm{m}}_{\text{除く高さ}} + \underbrace{2.56\,\mathrm{m}}_{\text{2階見付け高}}) \times \underbrace{9.28\,\mathrm{m}}_{\text{けた行長さ}}\} + \{\underbrace{2.01\,\mathrm{m}}_{\text{屋根部分の高さ}} \times \underbrace{10.02\,\mathrm{m}}_{\text{屋根底辺の長さ}}\} \fallingdotseq 56.425\,\mathrm{m}^2 \rightarrow 56.43\,\mathrm{m}^2$$

- けた行方向の見付け面積

2階風圧力算定用：

$$\{(\underbrace{2.56\,\mathrm{m}}_{\text{2階見付け高}} - \underbrace{1.35\,\mathrm{m}}_{\text{除く高さ}}) \times \underbrace{7.46\,\mathrm{m}}_{\text{張り間長さ}}\} + \{(\underbrace{0.17\,\mathrm{m}}_{\text{屋根垂直部高さ}} \times \underbrace{8.20\,\mathrm{m}}_{\text{屋根底辺の長さ}}) + (\underbrace{1.84\,\mathrm{m}}_{\text{屋根勾配部高さ}} \times \underbrace{8.20\,\mathrm{m}}_{\text{屋根底辺の長さ}} \times 1/2)\}$$
$$\fallingdotseq 17.9646\,\mathrm{m}^2 \rightarrow 17.97\,\mathrm{m}^2$$

1階風圧力算定用：

$$\{(\underbrace{2.70\,\mathrm{m}}_{\text{1階見付け高}} - \underbrace{1.35\,\mathrm{m}}_{\text{除く高さ}} + \underbrace{2.56\,\mathrm{m}}_{\text{2階見付け高}}) \times \underbrace{7.46\,\mathrm{m}}_{\text{張り間長さ}}\} + \{(\underbrace{0.17\,\mathrm{m}}_{\text{屋根垂直部高さ}} \times \underbrace{8.20\,\mathrm{m}}_{\text{屋根底辺の長さ}}) + (\underbrace{1.84\,\mathrm{m}}_{\text{屋根勾配部高さ}} \times \underbrace{8.20\,\mathrm{m}}_{\text{屋根底辺の長さ}} \times 1/2)\}$$
$$\fallingdotseq 38.1066\,\mathrm{m}^2 \rightarrow 38.11\,\mathrm{m}^2$$

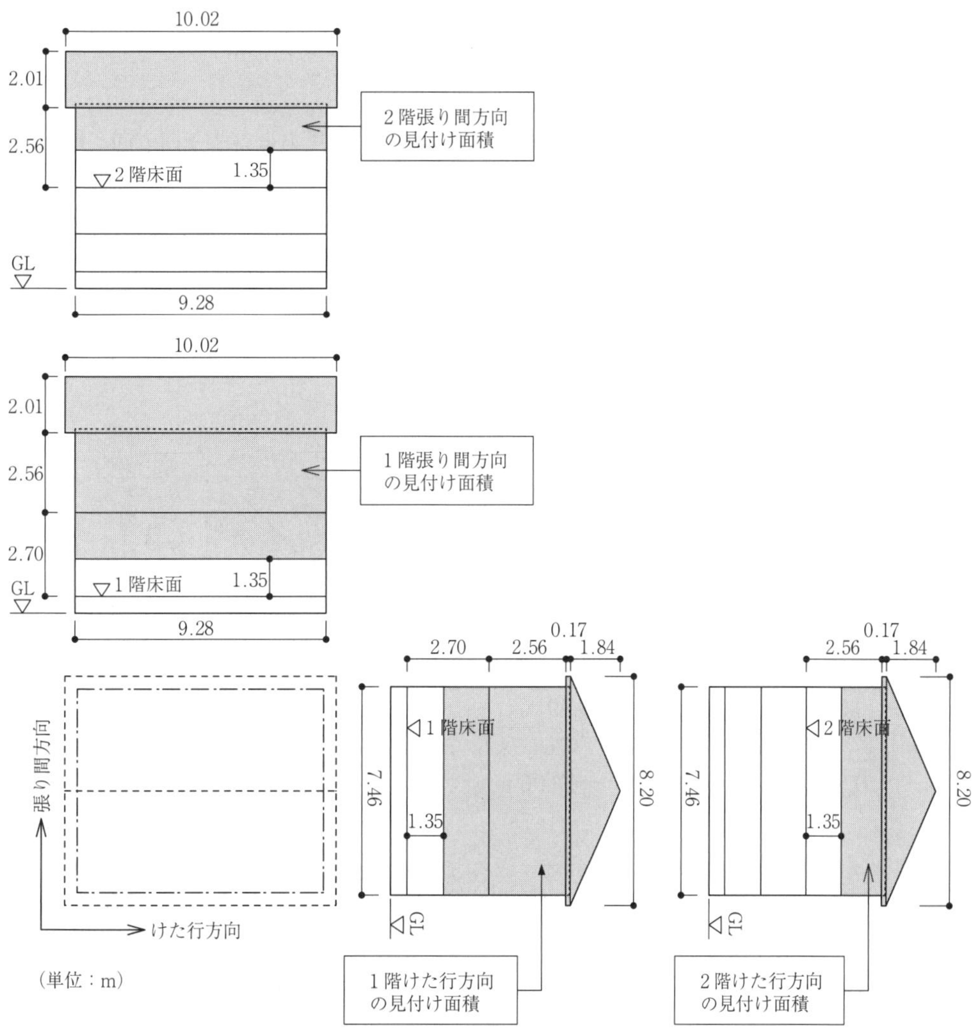

図3　各階、各方向の垂直投影図

ステップ2　**必要壁量の計算(地震力：各階ごとに算出、風圧力：各階、各方向ごとに算出)**

地震力に対する必要壁量及び、風圧力に対する必要壁量をそれぞれ求める。

①地震力に対する必要壁量(各階ごとに算出)

屋根の重さ、階数、各階の床面積から、次式により各階の必要壁量を算出する。地震力は風圧力と異なり、張り間方向、けた行方向の区別はないので、各階ごとに必要壁量を求める。

モデルプランの場合、屋根ふき材がかわらなので重い屋根となり、1階の床面積当たりの必要壁量は0.33 m/m²、2階は0.21 m/m²となる。

必要壁量＝床面積×地震力に対する床面積当たりの必要壁量

2階床面積　表3で選択した係数
2階：$66.24\ m^2 \times 0.21\ m/m^2 \fallingdotseq 13.9104\ m \rightarrow 13.92\ m$

1階床面積　表3で選択した係数
1階：$66.24\ m^2 \times 0.33\ m/m^2 \fallingdotseq 21.8592\ m \rightarrow 21.86\ m$

表3　地震力に対する床面積当たりの必要壁量

屋根の種類	床面積当たりの必要壁量(単位：m/m²)		
	平屋	2階建	
		1階	2階
軽い屋根(金属板、スレートぶきなど)	0.11	0.29	0.15
重い屋根(土蔵造、かわらぶきなど)	0.15	0.33	0.21

②風圧力に対する必要壁量の計算(各階、各方向ごとに算出)

区域、建物立面の見付け面積から、次式により必要壁量を算出する。風圧力は、張り間方向、けた行方向によって異なるため、各階ごとに、張り間方向、けた行方向のそれぞれについて必要壁量を求める。

モデルプランの場合、特定行政庁が特に強い風が吹くとして定めた区域以外の区域であることから、見付け面積当たりの必要壁量は0.5 m/m²となる。

必要壁量＝見付け面積×風圧力に対する見付け面積当たりの必要壁量

- 張り間方向の必要壁量

2階見付け面積　表4で選択した係数
2階：$31.37\ m^2 \times 0.5\ m/m^2 \fallingdotseq 15.685\ m \rightarrow 15.69\ m$

1階見付け面積　表4で選択した係数
1階：$56.43\ m^2 \times 0.5\ m/m^2 \fallingdotseq 28.215\ m \rightarrow 28.22\ m$

- けた行方向の必要壁量

2階見付け面積　表4で選択した係数
2階：$17.97\ m^2 \times 0.5\ m/m^2 \fallingdotseq 8.985\ m \rightarrow 8.99\ m$

1階見付け面積　表4で選択した係数
1階：$38.11\ m^2 \times 0.5\ m/m^2 \fallingdotseq 19.055\ m \rightarrow 19.06\ m$

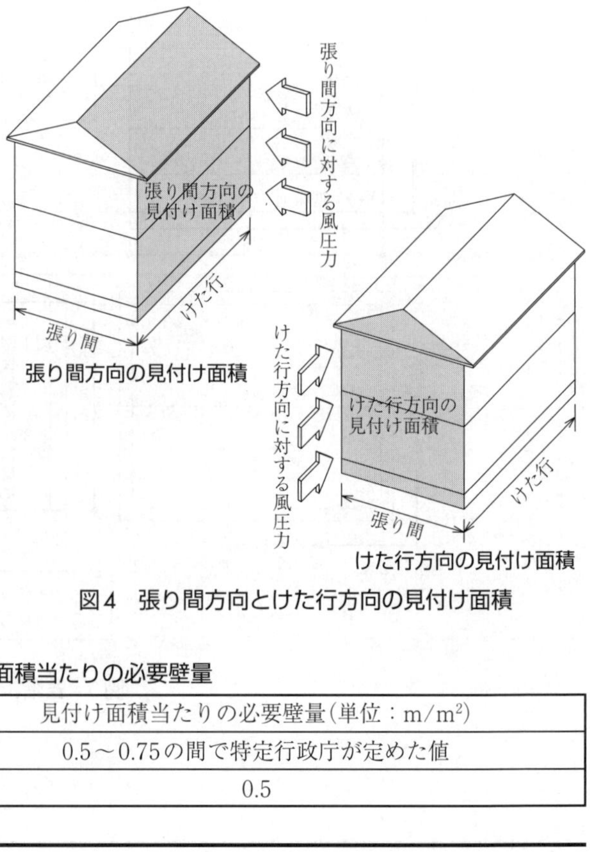

図4　張り間方向とけた行方向の見付け面積

表4　風圧力に対する見付け面積当たりの必要壁量

区域	見付け面積当たりの必要壁量(単位：m/m²)
特定行政庁が特に強い風が吹くとして定めた区域	0.5～0.75の間で特定行政庁が定めた値
その他の区域	0.5

ステップ3　必要壁量の確認(各階、各方向ごとに算出)

各階ごとに、張り間方向、けた行方向のそれぞれについて、地震力に対する必要壁量と風圧力に対する必要壁量のどちらか大きいほうを、この建物の必要壁量として採用する。

モデルプランの場合、張り間方向は、風圧力に対する必要壁量を採用する。また、けた行方向は、地震力に対する必要壁量を採用する。

表5　必要壁量の確認

方　向	階	必要壁量(m)		
		風圧力	記　号	地震力
張り間方向	2階	15.69	＞	13.92
	1階	28.22	＞	21.86
けた行方向	2階	8.99	＜	13.92
	1階	19.06	＜	21.86

ステップ4　存在壁量の計算(各階、各方向ごとに算出)

耐力壁の長さ、壁倍率から、次式により各階ごとに、張り間方向、けた行方向のそれぞれについて存在壁量を求める。

存在壁量＝耐力壁の長さ×壁倍率

• 張り間方向の必要壁量

2階の耐力壁は、壁倍率4.0が7枚、壁倍率2.0が9.5枚、
1階の耐力壁は、壁倍率4.0が8.5枚、壁倍率2.0が11.5枚

2階：{0.91 m(耐力壁1枚の長さ) × 7枚 × 4.0(壁倍率)} + {0.91 m(耐力壁1枚の長さ) × 9.5枚× 2.0(壁倍率)} = 42.77 m

1階：{0.91 m(耐力壁1枚の長さ) × 8.5枚 × 4.0(壁倍率)} + {0.91 m(耐力壁1枚の長さ) × 11.5枚 × 2.0(壁倍率)} = 51.87 m

• けた行方向の存在壁量

2階の耐力壁は、壁倍率4.0が9枚、壁倍率2.0が5枚、
1階の耐力壁は、壁倍率4.0が8枚、壁倍率2.0が4枚

2階：{0.91 m(耐力壁1枚の長さ) × 9枚 × 4.0(壁倍率)} + {0.91 m(耐力壁1枚の長さ) × 5枚× 2.0(壁倍率)} = 41.86 m

1階：{0.91 m(耐力壁1枚の長さ) × 8枚 × 4.0(壁倍率)} + {0.91 m(耐力壁1枚の長さ) × 4枚× 2.0(壁倍率)} = 36.40 m

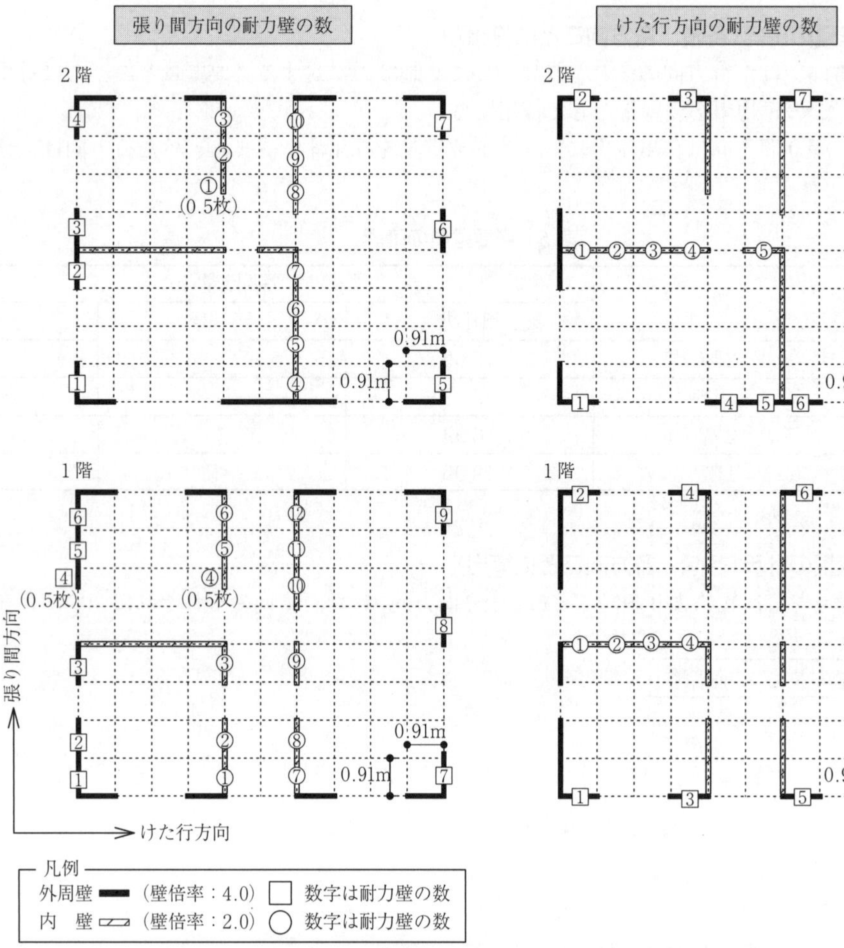

図5　各階、各方向の耐力壁の数

ステップ5　判定

存在壁量が、最も大きな必要壁量を上回っているかどうか、各階ごとに、張り間方向、けた行方向のそれぞれについて確認する。表6より、このモデルプランは、すべての各階、各方向で必要壁量よりも存在壁量が大きいことがわかったので、この建物の耐力壁の量は、建築基準法の壁量規定を満たしていることになる。

存在壁量≧必要壁量

表6　判定結果

方　向	階	存在壁量(m)	記　号	必要壁量(m)	判　定
張り間方向	2階	42.77	＞	15.69	OK
	1階	51.87	＞	28.22	
けた行方向	2階	41.86	＞	13.92	OK
	1階	36.40	＞	21.86	

ここで、存在壁量が必要壁量を満たさないという結果が出たら、耐力壁の長さや壁倍率などを含めて設計を見直す必要がある。

付録4　日本住宅性能表示基準の概要

住宅性能表示制度は、平成12年4月1日に施行された「住宅の品質確保の促進等に関する法律」に基づき、同年10月から本格的に運用が開始された制度である。本制度の主なポイントは、次のとおりである。

1. 任意の制度
   共通ルールに基づいて性能を表示するかどうか、第三者機関に評価を依頼するかどうかについては、住宅を取得しようとする者、住宅生産者、販売者などの任意の選択に委ねられる。
2. 2つの共通ルールが定められる
   性能を表示するための共通ルールは、国土交通大臣が日本住宅性能表示基準として定め（平成13年国土交通省告示第1346号）、また、性能の評価方法は国土交通省が評価方法基準として定めている（平成13年国土交通省告示第1347号）。
3. 第三者機関の評価
   客観的な評価を実施する第三者機関が「登録住宅性能評価機関」として国土交通大臣から登録されており、登録機関は、申請に基づき、評価方法基準に従って住宅の性能評価を行い、その結果を住宅性能評価書として交付する。
4. 住宅性能評価書の請負契約書への活用
   住宅性能評価書やその写しを、新築住宅の請負契約書や売買契約書に添付すると、住宅性能評価書の記載内容を契約したものとみなされる。
5. 迅速な紛争処理
   建設住宅性能評価書（施工段階と完成段階の検査を経た評価結果をまとめたもの）が交付された住宅については、裁判によらず住宅の紛争を円滑・迅速に処理するための機関として、国土交通大臣が指定する指定住宅紛争処理機関に紛争処理を申請することができる。

上記２の「日本住宅性能表示基準」で取り上げられている性能表示事項は、次の10の分野に区分される。

①構造の安定	④維持管理・更新への配慮	⑦光・視環境	⑩防犯
②火災時の安全	⑤温熱環境	⑧音環境	
③劣化の軽減	⑥空気環境	⑨高齢者等への配慮	

●住宅性能表示制度による性能評価の流れ

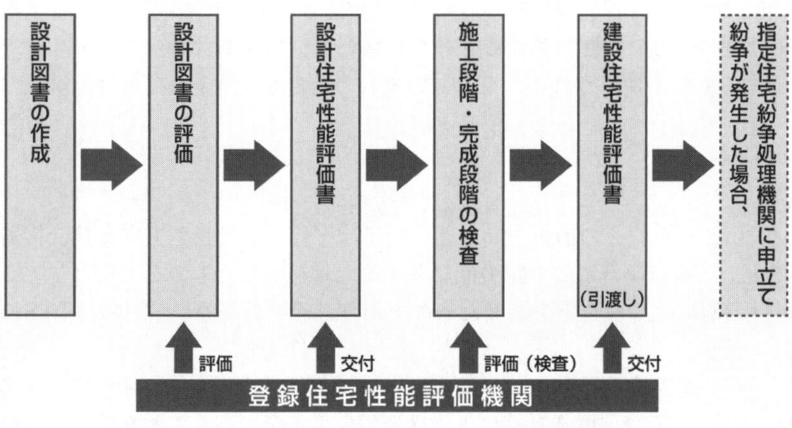

●住宅性能評価書のマーク

付録5　構造用面材

構造用パネル

構造用パネルとは、北米において開発された面材（OSB（オリエンテッド・ストランド・ボード））で、小径木のアスペン、イエローポプラ及びサザーンイエローパイン等の低質木材資源をストランド化し、木材小片に防水接着剤を用い、熱圧成形によって多層構造に成形されたパネルである。製造は完全自動化工程で品質は安定し、強度的にも優れ、資源の有効利用の観点から合理的、かつ、効率的な材料である。この構造用パネルの使用を可能にすることは、市場開放のためのアクションプログラム及び日米林産物MOSS協議において日米間で合意された事項であり、これらの材料については、構造用パネルのJAS（昭和62年農林水産省告示第360号）として規格が制定されている。

構造用パネルは、構造強度により1級から4級まで4種類に等級区分されており、枠組壁工法技術基準、平成13年国土交通省第1540号及び第1541号において、各構造部及び枠組材の間隔に対して必要等級が定められている。各等級に対して種々の厚さが用意されているが、一般的な等級と厚さの関連は、以下のとおりである。

4級　9.0 mm，9.5 mm，10.5 mm，11.0 mm
3級　11.0 mm，11.5 mm，12.0 mm，12.5 mm，14.5 mm
2級　15.0 mm，15.5 mm，16.0 mm，18.0 mm
1級　18.0 mm，18.5 mm，24.0 mm，28.0 mm

平成13年農林水産省告示第1604号により、構造用パネルのJAS（昭和62年農林水産省告示第360号）の一部が改正された。改正の要旨は、構造用パネルの短辺方向を強軸方向（表面及び裏面の小片の主たる繊維方向）とすることが可能となったことである。この場合、短辺方向が強軸方向である旨、矢印等で表示されることとなっている。

短辺方向が強軸である構造用パネルを、床根太またはたる木等の各下張材として使用する場合、構造用パネルの短辺方向が床根太またはたる木方向と直交するように張り、さらに千鳥張りとする。

構造用合板

合板とは、木材を薄くむいた1.0 mm～5.5 mmの単板を1枚ごとに直交させ、奇数枚を接着剤で張り合わせて1枚の板としたもので、3枚、4枚、5枚、7枚、9枚合わせなどがある。合板はその使用される部位、用途により多くの種類に分類されている。建築物の構造耐力上主要な部分に使用されるものとして開発されたものを「構造用合板」という。構造用合板の品質等については、JASに規定されており、強度の等級は、「1級」と「2級」がある。2級は枠組壁工法住宅の耐力壁、屋根下地、床下地等、いわゆる下張りに使用されるものを対象としており、1級は2級で対象としているもののほか、強度を計算して使用されるものを対象としている。いずれも、所定の強度試験に合格する必要がある。

このように構造用合板は、建築物の構造上の主要な部分に使用されていることから、建物の耐久性に直接関係するもので、他の合板に比べて高い接着性能が要求される。JASには接着性能を示す「接着の程度」として、「特類」と「1類」の2種類がある。

特類は屋外または常時湿潤な状態にある場所に使用されるものを対象としており、接着剤はフェノール樹脂またはこれと同等以上の性能を有するものが使用される。枠組壁工法技術基準、国土交通省告示第1540号では、壁下地には特類が義務付けられている。また、1類は屋内において使用されるものを対象とし、接着剤はメラミン・ユリア共縮合樹脂またはこれと同等以上の性能を有するものが使用される。なお、いずれの場合も、所定の接着性能試験に合格する必要がある。

直交集成板（CLT）

直交集成板（CLT）とは、ひき板又は小角材（これらをその繊維方向を互いにほぼ平行にして長さ方向に接合接着して調整したものを含む。）をその繊維方向を互いにほぼ平行にして幅方向に並べまたは接着したものを、主としてその繊維方向を互いにほぼ直角にして積層接着し3層以上の構造をもたせたものであり、その品質等についてはJASに規定されている。

なお、平成13年国土交通省告示第1540号が平成29年9月26日に改正され、直交集成板について、枠組壁工法の建築物の床版または屋根版に使用可能とされた。この場合、構造計算により構造耐力上安全であることを確認する必要がある。

BNくぎを使用する場合のくぎ打ち表

<table>
<tr><th colspan="2">緊結する部分</th><th>くぎの種類</th><th>くぎの本数</th><th colspan="2">くぎの間隔</th></tr>
<tr><td colspan="2">端根太と床根太または側根太</td><td>BN90</td><td>3本</td><td colspan="2">—</td></tr>
<tr><td colspan="2" rowspan="2">床根太と土台または頭つなぎ</td><td>BN75</td><td>3本</td><td colspan="2">—</td></tr>
<tr><td>BN65</td><td>4本</td><td colspan="2">—</td></tr>
<tr><td colspan="2" rowspan="2">端根太または側根太と土台または頭つなぎ</td><td rowspan="2">BN75</td><td rowspan="2">—</td><td>地階を除く階数が3である建築物の1階</td><td>18 cm以下</td></tr>
<tr><td>上記以外の階</td><td>36 cm以下</td></tr>
<tr><td colspan="2">床の枠組と床材</td><td>BN50</td><td>—</td><td colspan="2">1枚の床材につき外周部分は10 cm以下、その他の部分は15 cm以下</td></tr>
<tr><td colspan="2" rowspan="3">たて枠と上枠または下枠</td><td>BN90</td><td>3本</td><td colspan="2">—</td></tr>
<tr><td>BN75</td><td>4本</td><td colspan="2">—</td></tr>
<tr><td>BN65</td><td>5本</td><td colspan="2">—</td></tr>
<tr><td colspan="2" rowspan="2">下枠と床の枠組</td><td rowspan="2">BN90</td><td rowspan="2">—</td><td>地階を除く階数が3である建築物の1階</td><td>17 cm以下</td></tr>
<tr><td>上記以外の階</td><td>34 cm以下</td></tr>
<tr><td colspan="2">上枠と頭つなぎ</td><td>BN90</td><td>—</td><td colspan="2">34 cm以下</td></tr>
<tr><td colspan="2">たて枠とたて枠またはまぐさ受け</td><td>BN75</td><td>—</td><td colspan="2">20 cm以下</td></tr>
<tr><td colspan="2">壁の枠組と筋かい</td><td>BN65</td><td>下枠、たて枠及び上枠3本</td><td colspan="2">—</td></tr>
<tr><td rowspan="2">壁の枠組と壁材</td><td>壁材が構造用合板、パーティクルボード、ハードボード、構造用パネル、硬質木片セメント板、ラスシートまたは告示第2第3号の規定により国土交通大臣が認める材料である場合</td><td>BN50</td><td>—</td><td colspan="2">1枚の壁材につき外周部分は7.5 cm以下、その他の部分は15 cm以下</td></tr>
<tr><td>壁材が製材である場合</td><td>BN50</td><td>下枠、たて枠及び上枠3本</td><td colspan="2">—</td></tr>
<tr><td colspan="2" rowspan="2">たる木と天井根太</td><td>BN90</td><td>5本</td><td colspan="2">—</td></tr>
<tr><td>BN75</td><td>5本</td><td colspan="2">—</td></tr>
<tr><td colspan="2">たる木とむな木</td><td>BN75</td><td>5本</td><td colspan="2">—</td></tr>
<tr><td colspan="2" rowspan="2">たる木、天井根太またはトラスと頭つなぎ</td><td>BN75</td><td>3本</td><td colspan="2">—</td></tr>
<tr><td>BN65</td><td>4本</td><td colspan="2">—</td></tr>
<tr><td colspan="2">たる木またはトラスと屋根下地</td><td>BN50</td><td>—</td><td colspan="2">1枚の屋根下地につき外周部分は10 cm以下、その他の部分は20 cm以下</td></tr>
<tr><td colspan="6">この表において、BN90、BN75、BN65及びBN50は、それぞれ、JIS A5508(くぎ)に定めるBN90、BN75、BN65及びBN50をいう。</td></tr>
</table>

1. Cマーク表示金物

1.1　接合金物(接合具：六角ボルト、太めくぎまたはラグスクリュー)

表1-1　短期許容耐力表(kN)

名称	記号	短期許容耐力			接合具
		D.Fir-L ベイマツ類*1	Hem-Fir ヒノキ類*2	S.P.F スギ類*3	
柱脚金物	PB-33	11.3	10.4	10.0	六角ボルトM12(1本)
	PB-42	22.7	20.8	20.0	六角ボルトM12(2本)
柱頭金物	PC	10.3	9.3	8.1	太めくぎZN65(24本)
帯金物	S-45	2.5	2.3	2.0	太めくぎZN40(6本)
	S-50	5.1	4.6	4.0	太めくぎZN65(12本)
	S-65	5.1	4.6	4.0	太めくぎZN65(15本)
	S-90	5.1	4.6	4.0	太めくぎZN40(12本)
	SW-67	10.3	9.3	8.1	太めくぎZN65(26本)
ストラップアンカー	SA-65	10.3	9.3	8.1	太めくぎZN65(12本) 六角ボルトM8(1本)
あおり止め金物	TS	3.4	3.1	2.7	太めくぎZN40(8本)
	TW-23	4.3	3.8	3.3	太めくぎZN40(10本)
	TW-30				太めくぎZN40(9本) (たる木に5本+面材の上からたて枠に4本)
かど金物	CP·L	4.3	3.8	3.4	太めくぎZN65(10本)
	CP·T				
ホールダウン金物(引寄せ金物)	HD-B10	11.3	10.4	10.0	六角ボルトM12(2本)または ラグスクリューLS12(2本)
	S-HD10				
	HD-B15	17.0	15.6	15.0	六角ボルトM12(3本)または ラグスクリューLS12(3本)
	S-HD15				
	HD-B20	22.7	20.8	20.0	六角ボルトM12(4本)または ラグスクリューLS12(4本)
	S-HD20				
	HD-B25	28.4	26.0	25.0	六角ボルトM12(5本)または ラグスクリューLS12(5本)
	S-HD25				
	HD-N5	7.5	6.8	5.8	太めくぎZN90(6本)
	HD-N10	12.6	11.4	9.8	太めくぎZN90(10本)
	HD-N15	20.1	18.2	15.6	太めくぎZN90(16本)
	HD-N20	22.6	20.5	17.6	太めくぎZN90(20本)
	HD-N25	29.4	26.6	22.9	太めくぎZN90(26本)

注1) 耐力の算出方法は、一般社団法人日本建築学会発行の『木構造計算規準・同解説』(1988)による。
2) PCは、2枚組で使用する値である。SA-65に使用する座金は、平座金W1.6×23×ϕ9とする。
3) SA-65以外の接合金物に座金を使用する場合は、角座金W4.5×40以上とする。
4) ＊1　ベイマツ類：ベイマツ、クロマツ、アカマツ、カラマツ、ツガ、リュウキュウマツ
＊2　ヒノキ類：ヒノキ、ベイツガ、ベイヒ、ヒバ、モミ、アスナロ
＊3　スギ類：スギ、ベイスギ、トドマツ、エゾマツ、ベニマツ、スプルース
これらの樹種分類は、密度ベースで整理した一般社団法人日本建築学会基準の趣旨を援用して整理している。

表1-2　長期許容耐力表(kN)

名　称	記　号	長期許容耐力 D.Fir-L ベイマツ類*1	長期許容耐力 Hem-Fir ヒノキ類*2	長期許容耐力 S.P.F スギ類*3	接 合 具
根太受け金物	JH-S 204・206	3.4	3.1	2.7	端根太へ太めくぎZN40(8本) 根太へ太めくぎZN40(8本)
	JH 204・206	2.5	2.3	2.0	端根太へ太めくぎZN40(6本) 根太へ太めくぎZN40(4本)
	JH 2-204・2-206	2.5	2.3	2.0	端根太へ太めくぎZN65(6本) 根太へ太めくぎZN65(4本)
	JH 208・210	3.4	3.1	2.7	端根太へ太めくぎZN65(8本) 根太へ太めくぎZN40(6本)
	JH 212	4.3	3.8	3.3	端根太へ太めくぎZN65(10本) 根太へ太めくぎZN40(6本)
	JHS 208・210R				
	JHS 208・210L				
はり受け金物	BH 2-208	4.3	3.8	3.3	端根太へ太めくぎZN65(10本) 根太へ太めくぎZN65(6本)
	BH 2-210				
	BH 2-212	7.5	6.8	5.8	端根太へ太めくぎZN90(12本) 根太へ太めくぎZN65(6本)
	BH 3-208	8.7	7.9	6.8	端根太へ太めくぎZN90(14本) 根太へ太めくぎZN90(6本)
	BH 3-210				
	BH 3-212	10.0	9.1	7.8	端根太へ太めくぎZN90(16本) 根太へ太めくぎZN90（6本)
	BH 4-208	8.7	7.9	6.8	端根太へ太めくぎZN90(14本) 根太へ太めくぎZN90(6本)
	BH 4-210				
	BH 4-212	10.0	9.1	7.8	端根太へ太めくぎZN90(16本) 根太へ太めくぎZN90(6本)
	BHS 2-210R	5.1	4.6	4.0	端根太へ太めくぎZN65(12本) 根太へ太めくぎZN65(4本)
	BHS 2-210L				
ヘビータイプ はり受け金物	BHH 2-210	9.8	8.8	7.7	端根太へ太めくぎZN80(10本) 根太へ太めくぎZN65(6本)
	BHH 3-210	13.7	12.3	10.7	端根太へ太めくぎZN80(14本)
					根太へ太めくぎZN90(6本)
まぐさ受け金物	LH 204	2.5	2.3	2.0	たて枠へ太めくぎZN65(6本)
					まぐさへ太めくぎZN65(2本)
	LH 206	4.3	3.8	3.3	たて枠へ太めくぎZN65(10本)
					まぐさへ太めくぎZN65(2本)

注1）耐力の算出方法は、一般社団法人日本建築学会発行の『木構造計算規準・同解説』(1988)による。
　2）JH-S 204･206は、2枚組で使用する値である。
　3）＊1、＊2、＊3については、表1-1の注4)を参照のこと。

1.2 接合金物(接合具：四角穴付きタッピンねじ)

表1-3 短期許容耐力表(kN)

名称	記号	短期許容耐力			接合具
		D.Fir-L ベイマツ類*1	Hem-Fir ヒノキ類*2	S.P.F スギ類*3	
帯金物	S-30S	2.4			タッピンねじSTS・C45(4本)
	S-60S	5.6			タッピンねじSTS・C45(8本)
	S-85S	8.8			タッピンねじSTS・C65(16本)
	SW-26S	8.7			タッピンねじSTS・C65(11本)
コーナー金物	CP・CS	9.1			縦枠へタッピンねじSTS・C65(6本) 下枠へタッピンねじSTS・C135(5本)
ホールダウン金物(引寄せ金物)	HD-S22C	22.6			縦枠へタッピンねじSTS・HC90(8本)
	HD-S29C	29.7			縦枠へタッピンねじSTS・HC90(10本)

注1) 耐力の算出方法は、公益財団法人日本住宅・木材技術センター接合金物試験法規格及び公益財団法人日本住宅・木材技術センター発行『木造軸組工法住宅の許容応力度設計(2008年版)』による。
2) 帯金物の短期許容耐力は、枠組材に構造用合板12 mmを介して接合した耐力である。
3) ＊1、＊2、＊3については、表1-1の注4)を参照のこと。

2. アンカーボルト

表2-1 アンカーボルトの短期引張許容耐力表(kN)

名称	記号	円周の長さ	定着長さ	短期付着応力度	短期付着耐力
アンカーボルト	M12*	10.7 mm* × 3.14	232mm	2.16 N/mm²	16.8 kN
	M16	16 mm × 3.14	312mm		33.8 kN

注1) アンカーボルトの短期付着応力度の算出方法は、国土交通省告示第1024号第1第15号の規定による。なお、コンクリートの設計基準強度は、18 N/mm²としている。
2) ＊ アンカーボルトM12は有効径六角ボルト(JIS B 1180 附属書JA：2014)が主流であることから、胴部径は10.7 mmである。

3. 接合具

表3-1 接合具の短期許容耐力表(kN)

名称	記号	短期許容耐力			主な用途等
		D.Fir-L ベイマツ類*1	Hem-Fir ヒノキ類*2	S.P.F スギ類*3	
太めくぎ	ZN 40	0.86	0.77	0.68	長期許容せん断耐力の値は、表値の1/2とする。鋼板添え板のため、25%割増しによる数値とする。
	ZN 65	0.86	0.77	0.68	
	ZN 90	1.26	1.14	0.98	
	ZN 80	1.96	1.77	1.54	
スクリューくぎ	ZS 50	1.48	1.34	1.17	
角座金	W4.5 × 40 × φ 14	9.60	8.32	6.40	めり込み耐力以下の引張りを受けるボルトM12用の座金
	W6.0 × 60 × φ 14	21.60	18.72	14.40	
	W9.0 × 80 × φ 18	38.40	33.28	25.60	めり込み耐力以下の引張りを受けるボルトM16用の座金
丸座金	RW6.0 × 68 × φ 14	21.77	18.87	14.51	めり込み耐力以下の引張りを受けるボルトM12用の座金
	RW9.0 × 90 × φ 18	38.14	33.06	25.43	めり込み耐力以下の引張りを受けるボルトM16用の座金
座金付きボルト	M16W	38.40	33.28	25.60	ホールダウン金物用の接合具
角座金	W6.0 × 54 × φ 18	—	—	—	ホールダウン金物用の座金
平座金	W1.6 × 23 × φ 9	—	—	—	ストラップアンカー用の座金

注1) 座金のめり込み耐力の算出方法は、平成13年国土交通省告示第1024号第1の1のイの規定によるとともに、座面積の算出方法は、公益財団法人日本住宅・木材技術センター発行『木造軸組工法住宅の許容応力度設計(2008年版)』による。
2) 太めくぎ及びスクリューくぎの耐力は、枠組材と接合具を直接接合した場合の耐力である。
3) ＊1、＊2、＊3については、表1-1の注4)を参照のこと。

付録8　地域の区分一覧表

地域の区分は、断熱等性能等級、一次エネルギー消費量等級、認定低炭素住宅、性能向上計画認定住宅に共通。

地域の区分	都道府県名	市　町　村
1	北海道	夕張市、士別市、名寄市、伊達市(旧大滝村に限る。)、留寿都村、喜茂別町、愛別町、上川町、美瑛町、南富良野町、占冠村、下川町、美深町、音威子府村、中川町、幌加内町、猿払村、浜頓別町、中頓別町、枝幸町(旧歌登町に限る。)、津別町、訓子府町、置戸町、佐呂間町、遠軽町、滝上町、興部町、西興部村、雄武町、上士幌町、中札内村、更別村、幕別町(旧忠類村に限る。)、大樹町、豊頃町、足寄町、陸別町、標茶町、弟子屈町、鶴居村、別海町、中標津町
2	北海道	札幌市、小樽市、旭川市、釧路市、帯広市、北見市、岩見沢市、網走市、留萌市、苫小牧市、稚内市、美唄市、芦別市、江別市、赤平市、紋別市、三笠市、根室市、千歳市、滝川市、砂川市、歌志内市、深川市、富良野市、登別市、恵庭市、伊達市(旧伊達市に限る。)、北広島市、石狩市、北斗市、当別町、新篠津村、木古内町、七飯町、鹿部町、森町、八雲町(旧八雲町に限る。)、長万部町、今金町、せたな町、島牧村、寿都町、黒松内町、蘭越町、ニセコ町、真狩村、京極町、倶知安町、共和町、岩内町、泊村、神恵内村、積丹町、古平町、仁木町、余市町、赤井川村、南幌町、奈井江町、上砂川町、由仁町、長沼町、栗山町、月形町、浦臼町、新十津川町、妹背牛町、秩父別町、雨竜町、北竜町、沼田町、鷹栖町、東神楽町、当麻町、比布町、東川町、上富良野町、中富良野町、和寒町、剣淵町、増毛町、小平町、苫前町、羽幌町、初山別村、遠別町、天塩町、枝幸町(旧枝幸町に限る。)、豊富町、礼文町、利尻町、利尻富士町、幌延町、美幌町、斜里町、清里町、小清水町、湧別町、大空町、豊浦町、壮瞥町、白老町、厚真町、洞爺湖町、安平町、むかわ町、日高町、平取町、新冠町、浦河町、様似町、えりも町、新ひだか町、音更町、士幌町、鹿追町、新得町、清水町、芽室町、広尾町、幕別町(旧幕別町に限る。)、池田町、本別町、浦幌町、釧路町、厚岸町、浜中町、白糠町、標津町、羅臼町
	青森県	平川市(旧碇ヶ関村に限る。)
	岩手県	八幡平市(旧安代町に限る。)、葛巻町、岩手町、西和賀町、九戸村
	秋田県	小坂町
	福島県	檜枝岐村、南会津町(旧舘岩村、旧伊南村、旧南郷村に限る。)
	栃木県	日光市(旧栗山村に限る。)
	群馬県	嬬恋村、草津町、片品村
	長野県	塩尻市(旧楢川村に限る。)、川上村、南牧村、南相木村、北相木村、軽井沢町、木祖村、木曽町(旧開田村に限る。)
3	北海道	函館市、室蘭市、松前町、福島町、知内町、八雲町(旧熊石町に限る。)、江差町、上ノ国町、厚沢部町、乙部町、奥尻町
	青森県	青森市、弘前市、八戸市、黒石市、五所川原市、十和田市、三沢市、むつ市、つがる市、平川市(旧尾上町、旧平賀町に限る。)、平内町、今別町、蓬田村、外ヶ浜町、西目屋村、藤崎町、大鰐町、田舎館村、板柳町、鶴田町、中泊町、野辺地町、七戸町、六戸町、横浜町、東北町、六ヶ所村、おいらせ町、大間町、東通村、風間浦村、佐井村、三戸町、五戸町、田子町、南部町、階上町、新郷村
	岩手県	盛岡市、花巻市、久慈市、遠野市、二戸市、八幡平市(旧西根町、旧松尾村に限る。)、一関市(旧大東町、旧藤沢町、旧千厩町、旧東山町、旧室根村に限る。)、滝沢市、雫石町、紫波町、矢巾町、住田町、岩泉町、田野畑村、普代村、軽米町、野田村、洋野町、一戸町
	宮城県	七ヶ宿町
	秋田県	能代市(旧二ツ井町に限る。)、横手市、大館市、湯沢市、鹿角市、大仙市、北秋田市、仙北市、上小阿仁村、藤里町、美郷町、羽後町、東成瀬村
	山形県	新庄市、長井市、尾花沢市、南陽市、西川町、朝日町、大江町、大石田町、金山町、最上町、舟形町、真室川町、鮭川村、戸沢村、高畠町、川西町、小国町、飯豊町
	福島県	二本松市(旧東和町に限る。)、下郷町、只見町、南会津町(旧田島町に限る。)、北塩原村、磐梯町、猪苗代町、柳津町、三島町、金山町、昭和村、鮫川村、平田村、小野町、川内村、葛尾村、飯舘村
	栃木県	日光市(旧足尾町に限る。)
	群馬県	上野村、長野原町、高山村、川場村
	石川県	白山市(旧白峰村に限る。)
	山梨県	北杜市(旧小淵沢町に限る。)、笛吹市(旧芦川村に限る。)、忍野村、山中湖村、鳴沢村、小菅村、丹波山村
	長野県	上田市(旧真田町、旧武石村に限る。)、岡谷市、小諸市、大町市、茅野市、佐久市、小海町、佐久穂町、御代田町、立科町、長和町、富士見町、原村、辰野町、平谷村、売木村、上松町、王滝村、木曽町(旧木曽福島町、旧日義村、旧三岳村に限る。)、麻績村、生坂村、朝日村、筑北村、白馬村、小谷村、高山村、山ノ内町、野沢温泉村、信濃町、小川村、飯綱町
	岐阜県	飛騨市、郡上市(旧高鷲村に限る。)、下呂市(旧小坂町、旧馬瀬村に限る。)、白川村
	奈良県	野迫川村
	広島県	廿日市市(旧吉和村に限る。)

地域の区分	都道府県名	市　町　村
4	青森県	鰺ヶ沢町、深浦町
	岩手県	宮古市、大船渡市、北上市、一関市(旧一関市、旧花泉町、旧川崎村に限る。)、陸前高田市、釜石市、奥州市、金ケ崎町、平泉町、大槌町、山田町
	宮城県	石巻市、塩竈市、気仙沼市、白石市、名取市、角田市、岩沼市、登米市、栗原市、東松島市、大崎市、蔵王町、大河原町、村田町、柴田町、川崎町、丸森町、亘理町、松島町、七ヶ浜町、利府町、大和町、大郷町、富谷市、大衡村、色麻町、加美町、涌谷町、美里町、女川町、南三陸町
	秋田県	秋田市、能代市(旧能代市に限る。)、男鹿市、由利本荘市、潟上市、三種町、八峰町、五城目町、八郎潟町、井川町、大潟村
	山形県	山形市、米沢市、鶴岡市、酒田市(旧八幡町、旧松山町、旧平田町に限る。)、寒河江市、上山市、村山市、天童市、東根市、山辺町、中山町、河北町、大蔵村、白鷹町、三川町、庄内町、遊佐町
	福島県	会津若松市、白河市、須賀川市、喜多方市、二本松市(旧二本松市、旧安達町、旧岩代町に限る。)、田村市、伊達市、本宮市、桑折町、国見町、川俣町、大玉村、鏡石町、天栄村、西会津町、会津坂下町、湯川村、会津美里町、西郷村、泉崎村、中島村、矢吹町、棚倉町、矢祭町、塙町、石川町、玉川村、浅川町、古殿町、三春町
	茨城県	城里町(旧七会村に限る。)、大子町
	栃木県	日光市(旧日光市、旧今市市、旧藤原町に限る。)、那須塩原市、塩谷町、那須町
	群馬県	高崎市(旧倉渕村に限る。)、桐生市(旧黒保根村に限る。)、沼田市、神流町、南牧村、中之条町、東吾妻町、昭和村、みなかみ町
	埼玉県	秩父市(旧大滝村に限る。)
	東京都	檜原村、奥多摩町
	新潟県	小千谷市、十日町市、村上市、魚沼市、南魚沼市、阿賀町、湯沢町、津南町、関川村
	石川県	白山市(旧河内村、旧吉野谷村、旧鳥越村、旧尾口村に限る。)
	福井県	池田町
	山梨県	甲府市(旧上九一色村に限る。)、富士吉田市、北杜市(旧明野村、旧須玉町、旧高根町、旧長坂町、旧大泉村、旧白州町に限る。)、甲州市(旧大和村に限る。)、道志村、西桂町、富士河口湖町
	長野県	長野市、松本市、上田市(旧上田市、旧丸子町に限る。)、諏訪市、須坂市、伊那市、駒ヶ根市、中野市、飯山市、塩尻市(旧塩尻市に限る。)、千曲市、東御市、安曇野市、青木村、下諏訪町、箕輪町、飯島町、南箕輪村、中川村、宮田村、松川町、高森町、阿南町、阿智村、根羽村、下條村、天龍村、泰阜村、豊丘村、大鹿村、南木曽町、大桑村、山形村、池田町、松川村、坂城町、小布施町、木島平村、栄村
	岐阜県	高山市、中津川市(旧長野県木曽郡山口村、旧坂下町、旧川上村、旧加子母村、旧付知町、旧福岡町、旧蛭川村に限る。)、本巣市(旧根尾村に限る。)、郡上市(旧八幡町、旧大和町、旧白鳥町、旧明宝村、旧和良村に限る。)、下呂市(旧萩原町、旧下呂町、旧金山町に限る。)、東白川村
	愛知県	豊田市(旧稲武町に限る。)、設楽町(旧津具村に限る。)、豊根村
	兵庫県	香美町(旧村岡町、旧美方町に限る。)
	奈良県	奈良市(旧都祁村に限る。)、五條市(旧大塔村に限る。)、曽爾村、御杖村、黒滝村、天川村、川上村
	和歌山県	高野町
	鳥取県	若桜町、日南町、日野町
	島根県	飯南町、吉賀町
	岡山県	津山市(旧阿波村に限る。)、真庭市(旧湯原町、旧美甘村、旧川上村、旧八束村、旧中和村に限る。)、新庄村、西粟倉村、吉備中央町
	広島県	庄原市(旧総領町、旧西城町、旧東城町、旧口和町、旧高野町、旧比和町に限る。)、安芸太田町、世羅町、神石高原町
	愛媛県	新居浜市(旧別子山村に限る。)、久万高原町
	高知県	いの町(旧本川村に限る。)、梼原町
5	宮城県	仙台市、多賀城市、山元町
	秋田県	にかほ市
	山形県	酒田市(旧酒田市に限る。)
	福島県	福島市、郡山市、いわき市、相馬市、南相馬市、広野町、楢葉町、富岡町、大熊町、双葉町、浪江町、新地町
	茨城県	水戸市、土浦市(旧新治村に限る。)、石岡市、結城市、下妻市、常総市、常陸太田市、高萩市、北茨城市、笠間市、取手市、牛久市、つくば市、ひたちなか市、常陸大宮市、那珂市、筑西市、坂東市、稲敷市、かすみがうら市、桜川市、行方市、鉾田市、つくばみらい市、小美玉市、茨城町、大洗町、城里町(旧常北町、旧桂村に限る。)、東海村、美浦村、阿見町、河内町、八千代町、五霞町、境町、利根町

地域の区分	都道府県名	市　　町　　村
5	栃木県	宇都宮市、栃木市、鹿沼市、小山市、真岡市、大田原市、矢板市、さくら市、那須烏山市、下野市、上三川町、益子町、茂木町、市貝町、芳賀町、壬生町、野木町、高根沢町、那珂川町
	群馬県	桐生市(旧新里村に限る。)、渋川市、富岡市、安中市、みどり市、榛東村、吉岡町、下仁田町、甘楽町、板倉町
	埼玉県	秩父市(旧秩父市、旧吉田町、旧荒川村に限る。)、飯能市、日高市、毛呂山町、越生町、滑川町、嵐山町、小川町、川島町、吉見町、鳩山町、ときがわ町、横瀬町、皆野町、長瀞町、小鹿野町、東秩父村、美里町、神川町、寄居町
	千葉県	印西市、富里市、栄町、神崎町
	東京都	青梅市、羽村市、あきる野市、瑞穂町、日の出町
	神奈川県	山北町、愛川町、清川村
	新潟県	新潟市、長岡市、三条市、柏崎市、新発田市、加茂市、見附市、燕市、糸魚川市、妙高市、五泉市、上越市、阿賀野市、佐渡市、胎内市、聖籠町、弥彦村、田上町、出雲崎町、刈羽村、粟島浦村
	富山県	富山市、高岡市、魚津市、氷見市、滑川市、黒部市、砺波市、小矢部市、南砺市、射水市、舟橋村、上市町、立山町、入善町、朝日町
	石川県	七尾市、輪島市、珠洲市、加賀市、羽咋市、かほく市、白山市(旧美川町、旧鶴来町に限る。)、能美市、川北町、津幡町、内灘町、志賀町、宝達志水町、中能登町、穴水町、能登町
	福井県	大野市、勝山市、あわら市、坂井市、永平寺町、南越前町、若狭町
	山梨県	甲府市(旧中道町に限る。)、都留市、山梨市、大月市、韮崎市、南アルプス市、北杜市(旧武川村に限る。)、甲斐市、笛吹市(旧春日居町、旧石和町、旧御坂町、旧一宮町、旧八代町、旧境川村に限る。)、上野原市、甲州市(旧塩山市、旧勝沼町に限る。)、中央市、市川三郷町、早川町、身延町、富士川町
	長野県	飯田市、喬木村
	岐阜県	大垣市(旧上石津町に限る。)、中津川市(旧中津川市に限る。)、美濃市、瑞浪市、恵那市、郡上市(旧美並村に限る。)、土岐市、関ケ原町、坂祝町、富加町、川辺町、七宗町、八百津町、白川町、御嵩町
	静岡県	御殿場市、小山町、川根本町
	愛知県	設楽町(旧設楽町に限る。)、東栄町
	三重県	津市(旧美杉村に限る。)、名張市、いなべ市(旧北勢町、旧藤原町に限る。)、伊賀市
	滋賀県	大津市、彦根市、長浜市、栗東市、甲賀市、野洲市、湖南市、高島市、東近江市、米原市、日野町、竜王町、愛荘町、豊郷町、甲良町、多賀町
	京都府	福知山市、綾部市、宮津市、亀岡市、京丹後市、南丹市、宇治田原町、笠置町、和束町、南山城村、京丹波町、与謝野町
	大阪府	豊能町、能勢町
	兵庫県	豊岡市、西脇市、三田市、加西市、丹波篠山市、養父市、丹波市、朝来市、宍粟市、加東市、猪名川町、多可町、市川町、神河町、上郡町、佐用町、新温泉町(旧温泉町に限る。)
	奈良県	生駒市、宇陀市、山添村、平群町、吉野町、大淀町、下市町、十津川村、下北山村、上北山村、東吉野村
	和歌山県	田辺市(旧龍神村に限る。)、かつらぎ町(旧花園村に限る。)、日高川町(旧美山村に限る。)
	鳥取県	倉吉市、智頭町、八頭町、三朝町、南部町、江府町
	島根県	益田市(旧美都町、旧匹見町に限る。)、雲南市、奥出雲町、川本町、美郷町、邑南町、津和野町
	岡山県	津山市(旧津山市、旧加茂町、旧勝北町、旧久米町に限る。)、高梁市、新見市、備前市、真庭市(旧北房町、旧勝山町、旧落合町、旧久世町に限る。)、美作市、和気町、鏡野町、勝央町、奈義町、久米南町、美咲町
	広島県	府中市、三次市、庄原市(旧庄原市に限る。)、東広島市、廿日市市(旧佐伯町に限る。)、安芸高田市、熊野町、北広島町
	山口県	下関市(旧豊田町に限る。)、萩市(旧むつみ村、旧福栄村に限る。)、美祢市
	徳島県	三好市、上勝町
	愛媛県	大洲市(旧肱川町、旧河辺村に限る。)、内子町(旧小田町に限る。)
	高知県	本山町、大豊町、土佐町、大川村、いの町(旧吾北村に限る。)、仁淀川町
	福岡県	東峰村
	熊本県	八代市(旧泉村に限る。)、阿蘇市、南小国町、小国町、産山村、高森町、南阿蘇村、山都町、水上村、五木村
	大分県	佐伯市(旧宇目町に限る。)、由布市(旧湯布院町に限る。)、九重町、玖珠町
	宮崎県	椎葉村、五ヶ瀬町
6	茨城県	日立市、土浦市(旧新治村を除く。)、古河市、龍ケ崎市、鹿嶋市、潮来市、守谷市、神栖市
	栃木県	足利市、佐野市
	群馬県	前橋市、高崎市(旧倉渕村を除く。)、桐生市(旧桐生市に限る。)、伊勢崎市、太田市、館林市、藤岡市、玉村町、明和町、千代田町、大泉町、邑楽町

付録8

地域の区分	都道府県名	市　町　村
6	埼玉県	さいたま市、川越市、熊谷市、川口市、行田市、所沢市、加須市、本庄市、東松山市、春日部市、狭山市、羽生市、鴻巣市、深谷市、上尾市、草加市、越谷市、蕨市、戸田市、入間市、朝霞市、志木市、和光市、新座市、桶川市、久喜市、北本市、八潮市、富士見市、三郷市、蓮田市、坂戸市、幸手市、鶴ヶ島市、吉川市、ふじみ野市、白岡市、伊奈町、三芳町、上里町、宮代町、杉戸町、松伏町
	千葉県	千葉市、銚子市、市川市、船橋市、木更津市、松戸市、野田市、茂原市、成田市、佐倉市、東金市、旭市、習志野市、柏市、市原市、流山市、八千代市、我孫子市、鴨川市、鎌ケ谷市、君津市、富津市、浦安市、四街道市、袖ケ浦市、八街市、白井市、南房総市、匝瑳市、香取市、山武市、いすみ市、大網白里市、酒々井町、多古町、東庄町、九十九里町、芝山町、横芝光町、一宮町、睦沢町、長生村、白子町、長柄町、長南町、大多喜町、御宿町、鋸南町
	東京都	東京23区、八王子市、立川市、武蔵野市、三鷹市、府中市、昭島市、調布市、町田市、小金井市、小平市、日野市、東村山市、国分寺市、国立市、福生市、狛江市、東大和市、清瀬市、東久留米市、武蔵村山市、多摩市、稲城市、西東京市
	神奈川県	横浜市、川崎市、相模原市、平塚市、鎌倉市、小田原市、茅ヶ崎市、逗子市、秦野市、厚木市、大和市、伊勢原市、海老名市、座間市、南足柄市、綾瀬市、葉山町、寒川町、大磯町、二宮町、中井町、大井町、松田町、開成町、箱根町、真鶴町、湯河原町
	石川県	金沢市、白山市(旧松任市に限る。)、小松市、野々市市
	福井県	福井市、敦賀市、小浜市、鯖江市、越前市、越前町、美浜町、高浜町、おおい町
	山梨県	甲府市(旧甲府市に限る。)、南部町、昭和町
	岐阜県	岐阜市、大垣市(旧大垣市、旧墨俣町に限る。)、多治見市、関市、羽島市、美濃加茂市、各務原市、可児市、山県市、瑞穂市、本巣市(旧本巣町、旧真正町、旧糸貫町に限る。)、海津市、岐南町、笠松町、養老町、垂井町、神戸町、輪之内町、安八町、揖斐川町、大野町、池田町、北方町
	静岡県	浜松市、熱海市、三島市、富士宮市、島田市、掛川市、袋井市、裾野市、湖西市、伊豆市、菊川市、伊豆の国市、西伊豆町、函南町、長泉町、森町
	愛知県	名古屋市、岡崎市、一宮市、瀬戸市、半田市、春日井市、豊川市、津島市、碧南市、刈谷市、豊田市(旧稲武町を除く。)、安城市、西尾市、蒲郡市、犬山市、常滑市、江南市、小牧市、稲沢市、新城市、東海市、大府市、知多市、知立市、尾張旭市、高浜市、岩倉市、豊明市、日進市、田原市、愛西市、清須市、北名古屋市、弥富市、みよし市、あま市、長久手市、東郷町、豊山町、大口町、扶桑町、大治町、蟹江町、飛島村、阿久比町、東浦町、南知多町、美浜町、武豊町、幸田町
	三重県	津市(旧津市、旧久居市、旧河芸町、旧芸濃町、旧美里村、旧安濃町、旧香良洲町、旧一志町、旧白山町に限る。)、四日市市、伊勢市、松阪市、桑名市、鈴鹿市、尾鷲市、亀山市、鳥羽市、いなべ市(旧員弁町、旧大安町に限る。)、志摩市、木曽岬町、東員町、菰野町、朝日町、川越町、多気町、明和町、大台町、玉城町、度会町、大紀町、南伊勢町、紀北町
	滋賀県	近江八幡市、草津市、守山市
	京都府	京都市、舞鶴市、宇治市、城陽市、向日市、長岡京市、八幡市、京田辺市、木津川市、大山崎町、久御山町、井手町、精華町、伊根町
	大阪府	大阪市、堺市、岸和田市、豊中市、池田市、吹田市、泉大津市、高槻市、貝塚市、守口市、枚方市、茨木市、八尾市、泉佐野市、富田林市、寝屋川市、河内長野市、松原市、大東市、和泉市、箕面市、柏原市、羽曳野市、門真市、摂津市、高石市、藤井寺市、東大阪市、泉南市、四條畷市、交野市、大阪狭山市、阪南市、島本町、忠岡町、熊取町、田尻町、太子町、河南町、千早赤阪村
	兵庫県	神戸市、姫路市、尼崎市、明石市、西宮市、洲本市、芦屋市、伊丹市、相生市、加古川市、赤穂市、宝塚市、三木市、高砂市、川西市、小野市、南あわじ市、淡路市、たつの市、稲美町、播磨町、福崎町、太子町、香美町(旧村岡町、旧美方町を除く。)、新温泉町(旧浜坂町に限る。)
	奈良県	奈良市(旧都祁村を除く。)、大和高田市、大和郡山市、天理市、橿原市、桜井市、五條市(旧大塔村を除く。)、御所市、香芝市、葛城市、三郷町、斑鳩町、安堵町、川西町、三宅町、田原本町、高取町、明日香村、上牧町、王寺町、広陵町、河合町
	和歌山県	海南市、橋本市、有田市、田辺市(旧本宮町に限る。)、紀の川市、岩出市、紀美野町、かつらぎ町(旧花園村を除く。)、九度山町、湯浅町、広川町、有田川町、日高町、由良町、日高川町(旧川辺町、旧中津村に限る。)、上富田町、北山村
	鳥取県	鳥取市、米子市、境港市、岩美町、湯梨浜町、琴浦町、北栄町、日吉津村、大山町、伯耆町
	島根県	松江市、浜田市、出雲市、益田市(旧益田市に限る。)、大田市、安来市、江津市、海士町、西ノ島町、知夫村、隠岐の島町
	岡山県	岡山市、倉敷市、玉野市、笠岡市、井原市、総社市、瀬戸内市、赤磐市、浅口市、早島町、里庄町、矢掛町
	広島県	広島市、呉市、竹原市、三原市、尾道市、福山市、大竹市、廿日市市(旧佐伯町、旧吉和村を除く。)、江田島市、府中町、海田町、坂町、大崎上島町
	山口県	宇部市、山口市、萩市(旧萩市、旧川上村、旧田万川町、旧須佐町、旧旭村に限る。)、防府市、下松市、岩国市、光市、長門市、柳井市、周南市、山陽小野田市、周防大島町、和木町、上関町、田布施町、平生町、阿武町

地域の区分	都道府県名	市町村
6	徳島県	徳島市、鳴門市、吉野川市、阿波市、美馬市、勝浦町、佐那河内村、石井町、神山町、那賀町、牟岐町、松茂町、北島町、藍住町、板野町、上板町、つるぎ町、東みよし町
	香川県	全ての市町
	愛媛県	今治市、八幡浜市、西条市、大洲市(旧大洲市、旧長浜町に限る。)、伊予市、四国中央市、西予市、東温市、上島町、砥部町、内子町(旧内子町、旧五十崎町に限る。)、伊方町、松野町、鬼北町
	高知県	香美市、馬路村、いの町(旧伊野町に限る。)、佐川町、越知町、日高村、津野町、四万十町、三原村、黒潮町
	福岡県	北九州市、大牟田市、久留米市、直方市、飯塚市、田川市、柳川市、八女市、筑後市、大川市、行橋市、豊前市、中間市、小郡市、筑紫野市、春日市、大野城市、宗像市、太宰府市、古賀市、福津市、うきは市、宮若市、嘉麻市、朝倉市、みやま市、糸島市、那珂川市、宇美町、篠栗町、須恵町、久山町、水巻町、岡垣町、遠賀町、小竹町、鞍手町、桂川町、筑前町、大刀洗町、大木町、広川町、香春町、添田町、糸田町、川崎町、大任町、赤村、福智町、苅田町、みやこ町、吉富町、上毛町、築上町
	佐賀県	全ての市町
	長崎県	佐世保市、松浦市、対馬市、雲仙市(旧小浜町に限る。)、東彼杵町、川棚町、波佐見町、佐々町
	熊本県	八代市(旧坂本村、旧東陽村に限る。)、人吉市、荒尾市、玉名市、山鹿市、菊池市、合志市、美里町、玉東町、南関町、和水町、大津町、菊陽町、西原村、御船町、益城町、甲佐町、錦町、多良木町、湯前町、相良村、山江村、球磨村、あさぎり町
	大分県	大分市(旧野津原町に限る。)、別府市、中津市、日田市、臼杵市、津久見市、竹田市、豊後高田市、杵築市、宇佐市、豊後大野市、由布市(旧挾間町、旧庄内町に限る。)、国東市、姫島村、日出町
	宮崎県	小林市、えびの市、高原町、西米良村、諸塚村、美郷町、高千穂町、日之影町
	鹿児島県	伊佐市、湧水町
7	千葉県	館山市、勝浦市
	東京都	大島町、利島村、新島村、神津島村、三宅村、御蔵島村、八丈町、青ヶ島村
	神奈川県	横須賀市、藤沢市、三浦市
	静岡県	静岡市、沼津市、伊東市、富士市、磐田市、焼津市、藤枝市、下田市、御前崎市、牧之原市、東伊豆町、河津町、南伊豆町、松崎町、清水町、吉田町
	愛知県	豊橋市
	三重県	熊野市、御浜町、紀宝町
	大阪府	岬町
	和歌山県	和歌山市、御坊市、田辺市(旧龍神村、旧本宮町を除く。)、新宮市、美浜町、印南町、みなべ町、白浜町、すさみ町、那智勝浦町、太地町、古座川町、串本町
	山口県	下関市(旧豊田町を除く。)
	徳島県	小松島市、阿南市、美波町、海陽町
	愛媛県	松山市、宇和島市、新居浜市(旧新居浜市に限る。)、松前町、愛南町
	高知県	高知市、室戸市、安芸市、南国市、土佐市、須崎市、宿毛市、土佐清水市、四万十市、香南市、東洋町、奈半利町、田野町、安田町、北川村、芸西村、中土佐町、大月町
	福岡県	福岡市、志免町、新宮町、粕屋町、芦屋町
	長崎県	長崎市、島原市、諫早市、大村市、平戸市、壱岐市、五島市、西海市、雲仙市(旧小浜町を除く。)、南島原市、長与町、時津町、小値賀町、新上五島町
	熊本県	熊本市、八代市(旧八代市、旧千丁町、旧鏡町に限る。)、水俣市、宇土市、上天草市、宇城市、天草市、長洲町、嘉島町、氷川町、芦北町、津奈木町、苓北町
	大分県	大分市(旧野津原町を除く。)、佐伯市(旧宇目町を除く。)
	宮崎県	宮崎市、都城市、延岡市、日南市、日向市、串間市、西都市、三股町、国富町、綾町、高鍋町、新富町、木城町、川南町、都農町、門川町
	鹿児島県	鹿児島市、鹿屋市、枕崎市、阿久根市、出水市、指宿市、西之表市、垂水市、薩摩川内市、日置市、曽於市、霧島市、いちき串木野市、南さつま市、志布志市、南九州市、始良市、三島村、十島村、さつま町、長島町、大崎町、東串良町、錦江町、南大隅町、肝付町、中種子町、南種子町、屋久島町
8	東京都	小笠原村
	鹿児島県	奄美市、大和村、宇検村、瀬戸内町、龍郷町、喜界町、徳之島町、天城町、伊仙町、和泊町、知名町、与論町
	沖縄県	全ての市町村

注) この表に掲げる区域は、令和元年5月1日における行政区画によって表示されたものとする。
ただし、括弧内に記載する区域は、平成13年8月1日における旧行政区画によって表示されたものとする。

付録8

表1・表2は、一般社団法人日本サッシ協会作成資料を転載したものである。

表1　大部分がガラスで構成されている窓等の開口部の熱貫流率

建具の仕様	ガラスの仕様		中空層の仕様		開口部の熱貫流率[W/(m^2·K)]※2			
			ガスの封入※1	中空層の厚さ	付属部材なし	シャッター・雨戸付	和障子付	風除室あり
樹脂製建具又は木製建具	3層複層ガラス	Low-Eガラス2枚	されている	13mm以上	1.60	1.49	1.43	1.38
				10mm以上13mm未満	1.70	1.58	1.51	1.46
				7mm以上10mm未満	1.90	1.75	1.66	1.60
				7mm未満	2.15	1.96	1.86	1.77
			されていない	13mm以上	1.70	1.58	1.51	1.46
				9mm以上13mm未満	1.90	1.75	1.66	1.60
				7mm以上9mm未満	2.15	1.96	1.86	1.77
				7mm未満	2.33	2.11	1.99	1.89
		Low-Eガラス1枚	されている	10mm以上	1.90	1.75	1.66	1.60
				10mm未満	2.15	1.96	1.86	1.77
			されていない	13mm以上	1.90	1.75	1.66	1.60
				9mm以上13mm未満	2.15	1.96	1.86	1.77
				7mm以上9mm未満	2.33	2.11	1.99	1.89
				7mm未満	2.91	2.59	2.41	2.26
		一般ガラス	されていない	12mm以上	2.33	2.11	1.99	1.89
				12mm未満	2.91	2.59	2.41	2.26
	複層ガラス	Low-Eガラス	されている	10mm以上	2.15	1.96	1.86	1.77
				8mm以上10mm未満	2.33	2.11	1.99	1.89
				8mm未満	2.91	2.59	2.41	2.26
			されていない	14mm以上	2.15	1.96	1.86	1.77
				11mm以上14mm未満	2.33	2.11	1.99	1.89
				11mm未満	2.91	2.59	2.41	2.26
		一般ガラス	されていない	13mm以上	2.91	2.59	2.41	2.26
				13mm未満	3.49	3.04	2.82	2.59
	単板ガラス	–	–	–	6.51	5.23	4.76	3.95
樹脂(又は木)と金属の複合材料製建具	3層複層ガラス	Low-Eガラス2枚	されている	12mm以上	1.90	1.75	1.66	1.60
				8mm以上12mm未満	2.15	1.96	1.86	1.77
				8mm未満	2.33	2.11	1.99	1.89
			されていない	16mm以上	1.90	1.75	1.66	1.60
				10mm以上16mm未満	2.15	1.96	1.86	1.77
				8mm以上10mm未満	2.33	2.11	1.99	1.89
				8mm未満	2.91	2.59	2.41	2.26
		Low-Eガラス1枚	されている	12mm以上	2.15	1.96	1.86	1.77
				9mm以上12mm未満	2.33	2.11	1.99	1.89
				9mm未満	2.91	2.59	2.41	2.26
			されていない	16mm以上	2.15	1.96	1.86	1.77
				12mm以上16mm未満	2.33	2.11	1.99	1.89
				12mm未満	2.91	2.59	2.41	2.26
		一般ガラス	されていない	7mm以上	2.91	2.59	2.41	2.26
				7mm未満	3.49	3.04	2.82	2.59
	複層ガラス	Low-Eガラス	されている	14mm以上	2.33	2.11	1.99	1.89
				14mm未満	2.91	2.59	2.41	2.26
			されていない	9mm以上	2.91	2.59	2.41	2.26
				9mm未満	3.49	3.04	2.82	2.59
		一般ガラス	されていない	11mm以上	3.49	3.04	2.82	2.59
				11mm未満	4.07	3.49	3.21	2.90
	単板ガラス	–	–	–	6.51	5.23	4.76	3.95
その他 ・金属製建具 ・金属製熱遮断構造建具等	複層ガラス	Low-Eガラス	されている	10mm以上	2.91	2.59	2.41	2.26
				10mm未満	3.49	3.04	2.82	2.59
			されていない	14mm以上	2.91	2.59	2.41	2.26
				7mm以上14mm未満	3.49	3.04	2.82	2.59
				7mm未満	4.07	3.49	3.21	2.90
		一般ガラス	されていない	8mm以上	4.07	3.49	3.21	2.90
				8mm未満	4.65	3.92	3.60	3.18
	単板ガラス	–	–	–	6.51	5.23	4.76	3.95

表中の用語の定義については、国立研究開発法人建築研究所が公表する「平成28年省エネルギー基準に準拠したエネルギー消費性能の評価に関する技術情報(住宅)」の「2.エネルギー消費性能の算定方法　2.1 算定方法　第一章 概要と用語の定義」を参照(https://www.kenken.go.jp/becc/house.html)。

※1　「ガス」とは、アルゴンガス又は熱伝導率がこれと同等以下のものをいう。

※2　国立研究開発法人建築研究所ホームページ内「平成28年省エネルギー基準に準拠したエネルギー消費性能の評価に関する技術情報」の熱貫流率及び線熱貫流率(ドア等の大部分がガラスで構成されない開口部)の熱貫流率の表及び風除室に面する場合の計算式による。

表2　大部分がガラスで構成されていないドア等の開口部の熱貫流率

適用範囲：2ロックかつ掘込み錠式のドア等(面付け錠式のドア、欄間付のドア、袖付のドア、面付け錠式の引戸、欄間付の引戸及び袖付の引戸には適用できない)

枠の仕様	戸の仕様			ガラスの仕様	中空層の仕様		開口部の熱貫流率[W/(m²·K)]※2	
					ガスの封入※1	中空層の厚さ	付属部材なし	風除室あり
金属製熱遮断構造	金属製高断熱フラッシュ構造	ポストなし	ドア内ガラスなし	−	−	−	1.60	1.38
			ドア内ガラスあり	Low-E複層ガラス	されている	7mm以上	1.90	1.60
						7mm未満	2.33	1.89
					されていない	9mm以上	1.90	1.60
						9mm未満	2.33	1.89
				複層ガラス	されていない	中空層厚問わない	2.33	1.89
		ポストあり	ドア内ガラスなし	−	−	−	1.60	1.38
			ドア内ガラスあり	Low-E複層ガラス	されている	9mm以上	1.90	1.60
						9mm未満	2.33	1.89
					されていない	12mm以上	1.90	1.60
						12mm未満	2.33	1.89
				複層ガラス	されていない	中空層厚問わない	2.33	1.89
	金属製断熱フラッシュ構造	ポストなし	ドア内ガラスなし	−	−	−	1.90	1.60
			ドア内ガラスあり	Low-E複層ガラス	されている	10mm以上	2.33	1.89
						10mm未満	2.91	2.26
					されていない	14mm以上	2.33	1.89
						14mm未満	2.91	2.26
				複層ガラス	されていない	中空層厚問わない	2.91	2.26
		ポストあり	ドア内ガラスなし	−	−	−	1.90	1.60
			ドア内ガラスあり	Low-E複層ガラス	されている	14mm以上	2.33	1.89
						14mm未満	2.91	2.26
					されていない	中空層厚問わない	2.91	2.26
				複層ガラス	されていない	中空層厚問わない	2.91	2.26
	金属製フラッシュ構造	ポストなし	ドア内ガラスなし	−	−	−	1.90	1.60
			ドア内ガラスあり	Low-E複層ガラス	されている	中空層厚問わない	2.91	2.26
					されていない	中空層厚問わない	2.91	2.26
				複層ガラス	されていない	中空層厚問わない	2.91	2.26
		ポストあり	ドア内ガラスなし	−	−	−	2.33	1.89
			ドア内ガラスあり	Low-E複層ガラス	されている	中空層厚問わない	2.91	2.26
					されていない	中空層厚問わない	2.91	2.26
				複層ガラス	されていない	中空層厚問わない	2.91	2.26
	金属製ハニカムフラッシュ構造	ポストなし	ドア内ガラスなし	−	−	−	2.91	2.26
			ドア内ガラスあり	Low-E複層ガラス	されている	中空層厚問わない	3.49	2.59
					されていない	中空層厚問わない	3.49	2.59
				複層ガラス	されていない	中空層厚問わない	3.49	2.59
		ポストあり	ドア内ガラスなし	−	−	−	2.91	2.26
			ドア内ガラスあり	Low-E複層ガラス	されている	中空層厚問わない	3.49	2.59
					されていない	中空層厚問わない	3.49	2.59
				複層ガラス	されていない	中空層厚問わない	3.49	2.59
複合材料製	金属製高断熱フラッシュ構造	ポストなし	ドア内ガラスなし	−	−	−	1.60	1.38
			ドア内ガラスあり	Low-E複層ガラス	されている	8mm以上	1.90	1.60
						8mm未満	2.33	1.89
					されていない	10mm以上	1.90	1.60
						10mm未満	2.33	1.89
				複層ガラス	されていない	中空層厚問わない	2.33	1.89
		ポストあり	ドア内ガラスなし	−	−	−	1.60	1.38
			ドア内ガラスあり	Low-E複層ガラス	されている	13mm以上	1.90	1.60
						13mm未満	2.33	1.89
					されていない	15mm以上	2.33	1.89
						15mm未満	2.91	2.26
				複層ガラス	されていない	中空層厚問わない	2.91	2.26
	金属製断熱フラッシュ構造	ポストなし	ドア内ガラスなし	−	−	−	1.90	1.60
			ドア内ガラスあり	Low-E複層ガラス	されている	11mm以上	2.33	1.89
						11mm未満	2.91	2.26
					されていない	15mm以上	2.33	1.89
						15mm未満	2.91	2.26
				複層ガラス	されていない	中空層厚問わない	2.91	2.26
		ポストあり	ドア内ガラスなし	−	−	−	1.90	1.60
			ドア内ガラスあり	Low-E複層ガラス	されている	中空層厚問わない	2.91	2.26
					されていない	中空層厚問わない	2.91	2.26
				複層ガラス	されていない	中空層厚問わない	2.91	2.26
	金属製フラッシュ構造	ポストなし	ドア内ガラスなし	−	−	−	2.33	1.89
			ドア内ガラスあり	Low-E複層ガラス	されている	中空層厚問わない	2.91	2.26
					されていない	中空層厚問わない	2.91	2.26
				複層ガラス	されていない	中空層厚問わない	2.91	2.26
		ポストあり	ドア内ガラスなし	−	−	−	2.33	1.89
			ドア内ガラスあり	Low-E複層ガラス	されている	中空層厚問わない	2.91	2.26
					されていない	中空層厚問わない	2.91	2.26
				複層ガラス	されていない	中空層厚問わない	2.91	2.26
	金属製ハニカムフラッシュ構造	ポストなし	ドア内ガラスなし	−	−	−	2.91	2.26
			ドア内ガラスあり	Low-E複層ガラス	されている	中空層厚問わない	3.49	2.59
					されていない	中空層厚問わない	3.49	2.59
				複層ガラス	されていない	中空層厚問わない	3.49	2.59
		ポストあり	ドア内ガラスなし	−	−	−	2.91	2.26
			ドア内ガラスあり	Low-E複層ガラス	されている	中空層厚問わない	3.49	2.59
					されていない	中空層厚問わない	3.49	2.59
				複層ガラス	されていない	中空層厚問わない	3.49	2.59

枠の仕様	戸の仕様			ガラスの仕様	中空層の仕様		開口部の熱貫流率[W/(m^2・K)]※2	
					ガスの封入※1	中空層の厚さ	付属部材なし	風除室あり
金属製 又はその他	金属製 フラッシュ構造	ポストなし	ドア内ガラスなし	−	−	−	2.33	1.89
			ドア内ガラスあり	Low-E複層ガラス	されている	中空層厚問わない	2.91	2.26
					されていない	中空層厚問わない	2.91	2.26
				複層ガラス	されていない	中空層厚問わない	2.91	2.26
		ポストあり	ドア内ガラスなし	−	−	−	2.33	1.89
			ドア内ガラスあり	Low-E複層ガラス	されている	中空層厚問わない	2.91	2.26
					されていない	中空層厚問わない	2.91	2.26
				複層ガラス	されていない	中空層厚問わない	2.91	2.26
	金属製 ハニカム フラッシュ構造	ポストなし	ドア内ガラスなし	−	−	−	2.91	2.26
			ドア内ガラスあり	Low-E複層ガラス	されている	中空層厚問わない	3.49	2.59
					されていない	中空層厚問わない	3.49	2.59
				複層ガラス	されていない	8mm以上	3.49	2.59
						8mm未満	4.07	2.90
				単板ガラス	−	−	4.07	2.90
		ポストあり	ドア内ガラスなし	−	−	−	2.91	2.26
			ドア内ガラスあり	Low-E複層ガラス	されている	中空層厚問わない	3.49	2.59
					されていない	中空層厚問わない	3.49	2.59
				複層ガラス	されていない	中空層厚問わない	4.07	2.90
				単板ガラス	−	−	4.07	2.90
	金属製 又はその他	ポストなし	ドア内ガラスなし	−	−	−	6.51	3.95
			ドア内ガラスあり	Low-E複層ガラス	されている	中空層厚問わない	6.51	3.95
					されていない	中空層厚問わない	6.51	3.95
				複層ガラス	されていない	中空層厚問わない	6.51	3.95
				単板ガラス	−	−	6.51	3.95
		ポストあり	ドア内ガラスなし	−	−	−	6.51	3.95
			ドア内ガラスあり	Low-E複層ガラス	されている	中空層厚問わない	6.51	3.95
					されていない	中空層厚問わない	6.51	3.95
				複層ガラス	されていない	中空層厚問わない	6.51	3.95
				単板ガラス	−	−	6.51	3.95
表中の用語の定義については、国立研究開発法人建築研究所が公表する「平成28年省エネルギー基準に準拠したエネルギー消費性能の評価に関する技術情報(住宅)」の「2.エネルギー消費性能の算定方法　2.1 算定方法　第一章 概要と用語の定義」を参照(https://www.kenken.go.jp/becc/house.html)。								

※1 「ガス」とは、アルゴンガス又は熱伝導率がこれと同等以下のものをいう。

※2 国立研究開発法人建築研究所ホームページ内「平成28年省エネルギー基準に準拠したエネルギー消費性能の評価に関する技術情報」の熱貫流率及び線熱貫流率(ドア等の大部分がガラスで構成されない開口部)の熱貫流率の表及び風除室に面する場合の計算式による。

付録10　材料種別の熱伝導率表

熱貫流率等の計算に用いる材料の熱伝導率は、以下のいずれかによる。

・当該建材等のJISに定めがある場合の熱物性値で、JIS表示品または同等以上の性能を有していると確認されたもの。

・JIS A1420により求めた熱伝導率。

・下表の熱伝導率。

分　類	建　材　名　称	熱伝導率λ (W/(m·K))
金属	鋼	55
	アルミニウム	210
	銅	370
	ステンレス鋼	15
岩石・土壌	岩石	3.1
	土壌	1.0
コンクリート系材料	コンクリート	1.6
	軽量コンクリート(軽量1種)	0.8
	軽量コンクリート(軽量2種)	0.5
	軽量気泡コンクリートパネル(ALCパネル)※1	0.19
	コンクリートブロック(重量)	1.1
	コンクリートブロック(軽量)	0.53
	セメント・モルタル	1.5
	押出成形セメント板	0.40
非木質系 壁材・下地材	せっこうプラスター	0.60
	せっこうボード(GB-R、GB-D、GB-L、GB-NC)※2※3	0.221
	せっこうボード(GB-S、GB-F)※2※3	0.241
	硬質せっこうボード(GB-R-H、GB-S-H、GB-D-H)※2※3	0.366
	しっくい	0.74
	土壁	0.69
	ガラス	1.0
	タイル	1.3
	れんが	0.64
	かわら	1.0
	ロックウール化粧吸音板	0.064
	火山性ガラス質複層板	0.13
	0.8 ケイ酸カルシウム板※4	0.18
	1.0 ケイ酸カルシウム板※4	0.24
木質系 壁材・下地材	天然木材	0.12
	合板	0.16
	タタミボード※5	0.056
	シージングボード※5	0.067
	A級インシュレーションボード※5	0.058
	パーティクルボード※6	0.167
	木毛セメント板	0.13
	木片セメント板	0.15
	ハードファイバーボード(HB)	0.17
	ミディアムデンシティファイバーボード(MDF)	0.12
	直交集成板(CLTパネル)	0.12

分類	建材名称		熱伝導率λ (W/(m·K))
床材	ビニル系床材		0.19
	FRP		0.26
	アスファルト類		0.11
	畳		0.083
	カーペット		0.08
	稲わら畳床※7		0.07
	ポリスチレンフォームサンドイッチ稲わら畳床		0.054
	タタミボードサンドイッチ稲わら畳床		0.063
	建材畳床(Ⅰ形)※8		0.062
	建材畳床(Ⅱ形)※8		0.053
	建材畳床(Ⅲ形)※8		0.052
	建材畳床(K形、N形)※8		0.050
グラスウール断熱材※9	通常品	10-50	0.050
		10-49	0.049
		10-48	0.048
		12-45	0.045
		12-44	0.044
		16-45	0.045
		16-44	0.044
		20-42	0.042
		20-41	0.041
		20-40	0.040
		24-38	0.038
		32-36	0.036
		40-36	0.036
		48-35	0.035
		64-35	0.035
		80-33	0.033
		96-33	0.033
	高性能品	HG10-47	0.047
		HG10-46	0.046
		HG10-45	0.045
		HG10-44	0.044
		HG10-43	0.043
		HG12-43	0.043
		HG12-42	0.042
		HG12-41	0.041
		HG14-38	0.038
		HG14-37	0.037
		HG16-38	0.038
		HG16-37	0.037
		HG16-36	0.036
		HG20-38	0.038
		HG20-37	0.037
		HG20-36	0.036
		HG20-35	0.035
		HG20-34	0.034
		HG20-33	0.033

分　類	建 材 名 称			熱伝導率λ (W/(m·K))
グラスウール断熱材※9	高性能品	HG20-32		0.032
		HG24-36		0.036
		HG24-35		0.035
		HG24-34		0.034
		HG24-33		0.033
		HG24-32		0.032
		HG28-35		0.035
		HG28-34		0.034
		HG28-33		0.033
		HG28-32		0.032
		HG32-35		0.035
		HG32-34		0.034
		HG32-33		0.033
		HG36-34		0.034
		HG36-33		0.033
		HG36-32		0.032
		HG36-31		0.031
		HG38-34		0.034
		HG38-33		0.033
		HG38-32		0.032
		HG38-31		0.031
		HG40-34		0.034
		HG40-33		0.033
		HG40-32		0.032
		HG48-33		0.033
		HG48-32		0.032
		HG48-31		0.031
ロックウール断熱材※9	LA			0.045
	LB			0.043
	LC			0.041
	LD			0.039
	MA			0.038
	MB			0.037
	MC			0.036
	HA			0.036
	HB			0.035
	HC			0.034
木質繊維断熱材※9	ファイバーマット			0.040
	ファイバーボード	1種	1号	0.052
			2号	
		2種	1号A	0.052
			1号B	0.045
			1号C	0.040
			2号A	0.052
			2号B	0.045
			2号C	0.040

分類	建材名称			熱伝導率λ (W/(m·K))
ポリエステル繊維断熱材※9	通常品	11-50		0.050
		14-46		0.046
		16-44		0.044
		20-42		0.042
		24-38		0.038
		30-37		0.037
		O33-36		0.036
	高性能品	F11-46		0.046
		F14-41		0.041
		F16-39		0.039
		F20-38		0.038
		F24-36		0.036
		F30-35		0.035
		FO33-34		0.034
ビーズ法ポリスチレンフォーム断熱材※9	1号			0.034
	2号			0.036
	3号			0.038
	4号			0.041
押出法ポリスチレンフォーム断熱材※9	1種	b	A	0.040
			B	0.038
			C	0.036
	2種	b	A	0.034
			B	0.032
			C	0.030
	3種	a	A	0.028
			B	0.026
			C	0.024
			D	0.022
			E	0.020
		b	A	0.028
			B	0.026
			C	0.024
			D	0.022
			E	0.020
	3種	a	AⅠ、AⅡ	0.028
			BⅠ、BⅡ	0.026
			CⅠ、CⅡ	0.024
			DⅠ、DⅡ	0.022
			EⅠ、EⅡ	0.020
		b	AⅠ、AⅡ	0.028
			BⅠ、BⅡ	0.026
			CⅠ、CⅡ	0.024
			DⅠ、DⅡ	0.022
			EⅠ、EⅡ	0.020

分類	建材名称			熱伝導率λ (W/(m·K))
硬質ウレタンフォーム断熱材※9	1種	1号	Ⅰ、Ⅱ	0.029
		2号	Ⅰ、Ⅱ	0.024
		3号	Ⅰ、Ⅱ	0.025
	2種	1号	AⅠ、AⅡ	0.023
			BⅠ、BⅡ	0.022
			CⅠ、CⅡ	0.021
			DⅠ、DⅡ	0.020
			EⅠ、EⅡ	0.019
			FⅠ、FⅡ	0.018
			GⅠ、GⅡ	0.017
		2号	AⅠ、AⅡ	0.024
			BⅠ、BⅡ	0.023
			CⅠ、CⅡ	0.022
			DⅠ、DⅡ	0.021
			EⅠ、EⅡ	0.020
			FⅠ、FⅡ	0.019
			GⅠ、GⅡ	0.018
			HⅠ、HⅡ	0.017
	3種	1号	AⅠ、AⅡ	0.026
			BⅠ、BⅡ	0.025
			CⅠ、CⅡ	0.024
			DⅠ、DⅡ	0.023
			EⅠ、EⅡ	0.022
		2号	AⅠ、AⅡ	0.026
			BⅠ、BⅡ	0.025
			CⅠ、CⅡ	0.024
			DⅠ、DⅡ	0.023
			EⅠ、EⅡ	0.022
ポリエチレンフォーム断熱材※9	1種	1号		0.042
		2号		
	2種			0.038
	3種			0.034
フェノールフォーム断熱材※9	1種	1号	AⅠ、AⅡ	0.022
			BⅠ、BⅡ	0.021
			CⅠ、CⅡ	0.020
			DⅠ、DⅡ	0.019
			EⅠ、EⅡ	0.018
			FⅠ、FⅡ	0.017
			GⅠ、GⅡ	0.016
		2号	AⅠ、AⅡ	0.022
			BⅠ、BⅡ	0.021
			CⅠ、CⅡ	0.020
			DⅠ、DⅡ	0.019
			EⅠ、EⅡ	0.018
			FⅠ、FⅡ	0.017
			GⅠ、GⅡ	0.016

分　類	建材名称			熱伝導率λ (W/(m·K))
フェノールフォーム断熱材※9	1種	3号	AⅠ、AⅡ	0.022
			BⅠ、BⅡ	0.021
			CⅠ、CⅡ	0.020
			DⅠ、DⅡ	0.019
			EⅠ、EⅡ	0.018
			FⅠ、FⅡ	0.017
			GⅠ、GⅡ	0.016
	2種	1号	AⅠ、AⅡ	0.036
		2号	AⅠ、AⅡ	0.034
		3号	AⅠ、AⅡ	0.028
	3種	1号	AⅠ、AⅡ	0.035
吹込み用グラスウール断熱材※10	LFGW1052			0.052
	LFGW1352			0.052
	LFGW1852			0.052
	LFGW2040			0.040
	LFGW2238			0.038
	LFGW3238			0.038
	LFGW3240			0.040
	LFGW3540			0.040
吹込み用ロックウール断熱材※10	LFRW2547			0.047
	LFRW3046			0.046
	LFRW6038			0.038
吹込み用セルローズファイバー断熱材※10	LFCF2540			0.040
	LFCF4040			0.040
	LFCF4540			0.040
	LFCF5040			0.040
	LFCF5540			0.040
吹付け硬質ウレタンフォーム断熱材※11	A種	1		0.034
		1H		0.026
		2		0.034
		2H		0.026
		3		0.040

上表は、国立研究開発法人建築研究所がホームページ（https://www.kenken.go.jp/becc/house.html）で公表する「平成28年省エネルギー基準に準拠したエネルギー消費性能の評価に関する技術情報（住宅）」の「2.エネルギー消費性能の算定方法　2.1 算定方法　第三章 暖冷房負荷と外皮性能」に掲載されている「建材等の熱物性値」を参照して掲載している。
当該物性値については、予告なく変更される場合があるので、最新の物性値は上記建築研究所ホームページで確認すること。
※1 「JIS A 5416：2016 軽量気泡コンクリートパネル（ALCパネル）」における熱抵抗値から算出。
※2 「JIS A 6901：2014 せっこうボード製品」における熱抵抗値から算出し、各厚さの値のうち熱伝導率として最も大きい値を採用。
※3 末尾に「-He」が付いたものも含む。
※4 「JIS A 5430：2013 繊維強化セメント板」
※5 「JIS A 5905：2014 繊維板」
※6 「JIS A 5908：2003 パーティクルボード」における熱抵抗値から算出し、各厚さの値のうち熱伝導率として最も大きい値を採用。
※7 「JIS A 5901：2014 稲わら畳床及び稲わらサンドイッチ畳床」
※8 「JIS A 5914：2013 建材畳床」
※9 「JIS A 9521：2022 建築用断熱材」
※10 「JIS A 9523：2016 吹込み繊維質断熱材」
※11 「JIS A 9526：2017 建築物断熱用吹付け硬質ウレタンフォーム」

付録11　透湿抵抗比による防露性能の確認方法

透湿抵抗比の計算は、以下の計算式、適用範囲に基づき行う。

透湿抵抗比とは、壁体が外装材、通気層、防風層、断熱材、防湿層、内装材の構成となっている場合、断熱材より内側（断熱材を含む）の透湿抵抗の合計を、断熱材の外側すなわち防風層から外側の透湿抵抗の合計で割った値のことをいう。

$$透湿抵抗比=\frac{「室内側透湿抵抗の合計」}{「外気側透湿抵抗の合計」}=\frac{（断熱層+防湿層+せっこうボード）の透湿抵抗}{（通気層（+外装材）+防風層+構造用面材）の透湿抵抗}$$

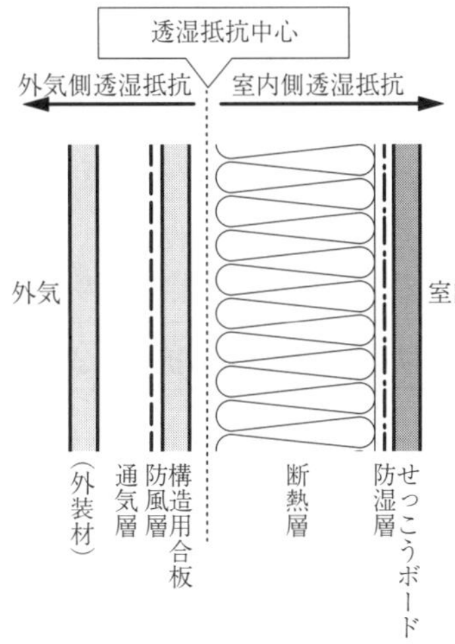

透湿抵抗R＝「材料の厚さ（単位：m）」÷「透湿率（単位：ng/（m･s･Pa）」
＝「透湿比抵抗（単位：m･s･Pa/ng）」×「材料の厚さ（単位：m）」

注）外装材表面の塗装、内装仕上材（ビニルクロスなど）の透湿抵抗は算入できない。

透湿抵抗比による防湿材省略の検討は、外壁、屋根、小屋裏換気を行っている場合の天井、外気に接する床及び小屋裏に接する断熱壁において行うことができ、小屋裏換気を行っていない天井、基礎及び床においては行えない。

また、断熱層が単一の材料で均質に構成される壁体を対象としており、以下の壁体は対象外となっている。

- 断熱性能（熱伝導率）及び透湿性能（透湿率）の異なる複数の断熱材が、同一壁体内にある場合
- 断熱性能（熱伝導率）及び透湿性能（透湿率）が同じ複数の断熱材同士の間に、異なる材料がある場合

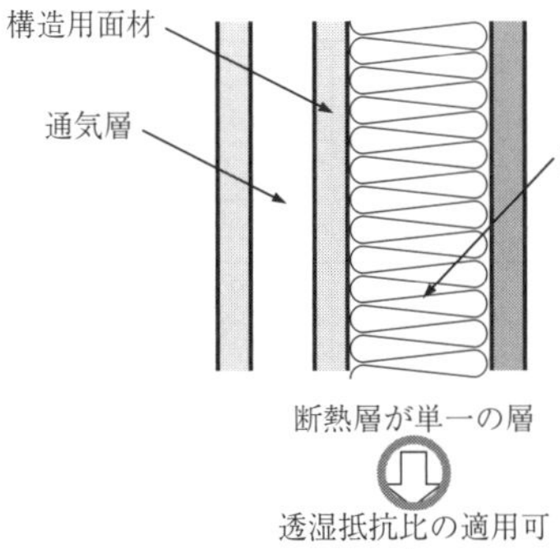

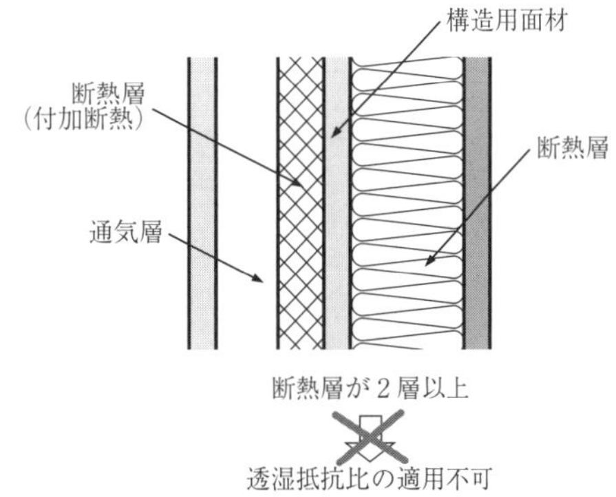

付属防湿層（及び防風層）付きの断熱材は、断熱材と分離してそれぞれの材料として扱い、付属防湿層は室内側透湿抵抗に、付属防風層は外気側透湿抵抗に加算する。プラスチック系断熱材のうち、JIS A 9521（建築用断熱材）に規定する発泡プラスチック断熱材、JIS A 9526に規定する吹付け硬質ウレタンフォームA種1もしくはA種2またはこれらと同等以上の透湿抵抗を有するもので、両面に同等の透湿抵抗をもつフィルム及び面材等が貼付されたプラスチック系断熱材については、断熱材と一体のものとして扱うことができる。

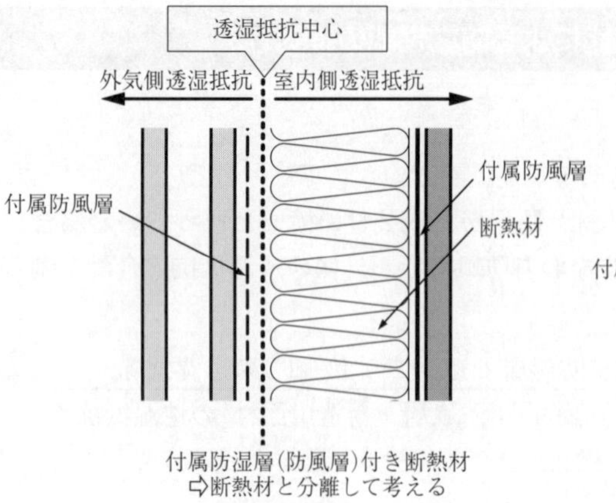

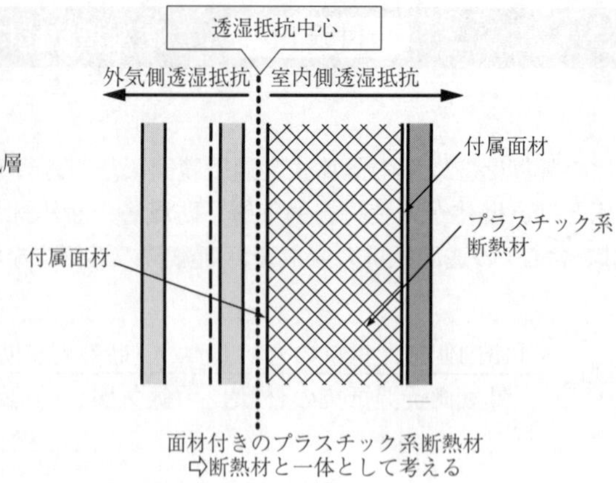

天井断熱で、小屋裏に換気孔を設置するなど換気上有効な措置が講じられている場合は、小屋裏空間の容積が通気層の容積と比べて大きいため、外気側の透湿抵抗を小さくできる。

よって、外気側透湿抵抗は、下表のR'_oの値を用いてよい。ただし、断熱材の外気側にフィルムなどの材料がある場合は、その透湿抵抗をR'_oの値に加算する。また、室内側透湿抵抗の総和から下表C_rの値を減じる。

天井断熱における外気側透湿抵抗、及び移流補正係数

地域の区分	1・2・3地域	4地域	5・6・7地域
外気側透湿抵抗R'_o (m²·s·Pa/ng)	2.16×10^{-4}	1.59×10^{-4}	1.59×10^{-4}
移流補正係数C_r (m²·s·Pa/ng)	2.75×10^{-2}	8.96×10^{-3}	1.44×10^{-3}

$$\text{天井断熱の透湿抵抗比}=\frac{「\text{室内側透湿抵抗の総和}R'_i」-「\text{移流補正係数}C_r」}{「\text{外気側透湿抵抗の合計}R'_o」}$$

壁における透湿抵抗比の計算例を、以下に示す。

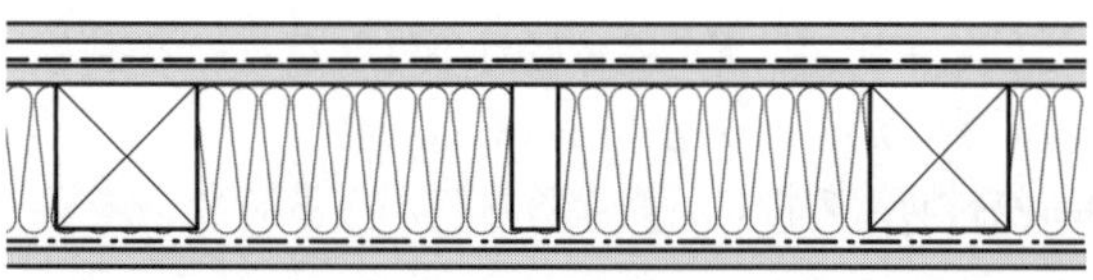

・外装材(モルタル30 mm)
・透湿防水シート
・合板12mm
・グラスウール(ロックウール)90 mm
・住宅用プラスチック系防湿フィルムB種
・せっこうボード9.5 mm

	構成材料等	透湿比抵抗 (m·s·Pa/ng)	厚さ (m)	透湿抵抗 (m²·s·Pa/ng)	外気側・室内側透湿抵抗の総和 (m²·s·Pa/ng)
外気側	①外装材(モルタル)	0.617	0.03	0.01851	
	②透湿防水シート	—	—	0.00019	
	③合板	0.901	0.012	0.010812	【分母】0.029512
室内側	④グラスウール(ロックウール)	0.00588	0.09	0.0005292	
	⑤住宅用プラスチック系防湿フィルムB種	—	—	0.144	
	⑥せっこうボード	0.0252	0.0095	0.0002394	【分子】0.1447686
				透湿抵抗比(分子÷分母)	4.905

付録12　各種材料、通気層の透湿率、透湿比抵抗、透湿抵抗

材料名	透湿率		透湿比抵抗		厚さ	透湿抵抗（＝透湿比抵抗×厚さ[m]）		備考	出典
	ng/(m·S·Pa)	g/(m·h·mmHg)	m·s·Pa/ng	m·h·mmHg/g	mm	m^2·s·Pa/ng	m^2·h·mmHg/g		
グラスウール・ロックウール	170	0.0816	0.00588	12.3	100	0.000588	1.23		1)
セルローズファイバー	155	0.0744	0.00645	13.4	100	0.000645	1.34		1)
ビーズ法ポリスチレンフォーム断熱材　1号	3.6	0.0017	0.28	570	25	0.00690	14.4	JISA9521：2017※1	
ビーズ法ポリスチレンフォーム断熱材　2号	5.1	0.0025	0.20	410	25	0.00488	10.2	JISA9521：2017※1	
ビーズ法ポリスチレンフォーム断熱材　3号	6.3	0.0030	0.16	330	25	0.00400	8.33	JISA9521：2017※1	
ビーズ法ポリスチレンフォーム断熱材　4号	7.3	0.0035	0.14	290	25	0.00345	7.18	JISA9521：2017※1	
押出法ポリスチレンフォーム断熱材 1種b、2種b、3種a、3種b（スキンなし）	3.6	0.0017	0.28	570	25	0.00690	14.4	JISA9521：2017※1	
押出法ポリスチレンフォーム断熱材 3種a、3種b（スキンあり）	1.4	0.00066	0.73	1,500	25	0.018	38	JISA9521：2017※1	
硬質ウレタンフォーム断熱材　1種	4.6	0.0022	0.22	450	25	0.00541	11.3	JISA9521：2017※1	
硬質ウレタンフォーム断熱材　2種1号、2種2号、2種3号、2種4号	1.0	0.00048	1.0	2,100	25	0.025	52	JISA9521：2017※1	
ポリエチレンフォーム断熱材　1種1号	0.75	0.00036	1.3	2,800	25	0.033	69	JISA9521：2017※1	
ポリエチレンフォーム断熱材　1種2号	1.4	0.00066	0.73	1,500	25	0.018	38	JISA9521：2017※1	
ポリエチレンフォーム断熱材　2種	0.75	0.00036	1.3	2,800	25	0.033	69	JISA9521：2017※1	
ポリエチレンフォーム断熱材　3種	3.8	0.0018	0.27	560	25	0.00667	13.9	JISA9521：2017※1	
フェノールフォーム断熱材　1種1号、1種2号	1.5	0.00072	0.67	1,400	25	0.0167	35	JISA9521：2017※1	
フェノールフォーム断熱材　2種1号、2種2号、2種3号、3種1号	3.6	0.0017	0.28	570	25	0.00690	14.4	JISA9521：2017※1	
吹付け硬質ウレタンフォーム断熱材　A種1	9.0	0.0043	0.11	230	25	0.0028	5.75	JISA9526：2015	
吹付け硬質ウレタンフォーム断熱材　A種2、B種	4.5	0.0022	0.22	460	25	0.0056	11.5	JISA9526：2015	
吹付け硬質ウレタンフォーム断熱材　A種3	31.7	0.0152	0.0315	65.7	25	0.00079	1.64		2)
土壁	20.7	0.00994	0.0483	101	100	0.00483	10.1		3)
ケイ酸カルシウム板	52.1	0.0250	0.0192	40	24.7	0.000474	0.988		5)
コンクリート	2.98	0.00143	0.336	699	100	0.0336	69.9		4)
ALC	37.9	0.0182	0.0264	55.0	100	0.00264	5.50	表面処理なし	5)
合板	1.11	0.000533	0.901	1,880	12	0.011	23		6)
せっこうボード	39.7	0.0191	0.0252	52.5	12	0.00030	0.63		1)
OSB	0.594	0.000285	1.68	3,510	12	0.020	42		6)
MDF	3.96	0.0019	0.253	526	12	0.0030	6.3		6)
軟質繊維板	18.8	0.00902	0.0532	111	12	0.00064	1.3		6)
木材	4.00	0.00192	0.250	521	20	0.0050	10		
モルタル　2210kg/m^3	1.62	0.000778	0.617	1,290	25	0.015	32		5)
しっくい	52.1	0.0250	0.0192	40.0	12	0.00023	0.48		5)
コンクリートブロック	7.7	0.0037	0.13	270	200	0.026	54		
窯業系サイディング	2.1	0.0010	0.48	1,000	12	0.0058	12	塗装なし	5)
住宅用プラスチック系防湿フィルムA種	–	–	–	–	–	0.082	170	JISA6930：1997	
住宅用プラスチック系防湿フィルムB種	–	–	–	–	–	0.144	300	JISA6930：1997	
透湿防水シート	–	–	–	–	–	0.00019	0.40	JISA6111：2004 透湿防水シートA※2	
アスファルトフェルト　20kg	–	–	–	–	–	0.002	5	20kg/巻	5)
アスファルトルーフィング　22kg	–	–	–	–	–	0.144	300	22kg/巻	5)
通気層＋外装材（カテゴリーⅠ）	–	–	–	–	–	0.00086	1.8	外壁：通気層厚さ18mm以上	
通気層＋外装材（カテゴリーⅡ）	–	–	–	–	–	0.0017	3.6	外壁：通気層厚さ18mm以上（通気経路上に障害物がある場合）、通気層厚さ9mm以上 屋根：通気層厚さ18mm以上	
通気層＋外装材（カテゴリーⅢ）	–	–	–	–	–	0.0026	5.4	外壁：通気層厚さ9mm以上（通気経路上に障害物がある場合） 屋根：通気層厚さ9mm以上 外気に接する床：軒天井内部が通気層同等と判断できる場合※3	
難燃木毛セメント板	80	0.04	0.01	30	24	0.0003	0.6		5)
断熱木毛セメント板	39	0.019	0.026	54	24.2	0.00062	1.3		5)
GRC板	–	–	–	–	–	0.035	72		5)
ロックウール系天井材	5.9	0.0028	0.17	350	12.5	0.0021	4.4	ロックウール吸音板	5)
せっこう系天井材	7.8	0.0038	0.13	270	9	0.0012	2.4	化粧せっこう	5)

出典

1) Kumaran, M.K.：A Thermal and Moisture Property Database for Common Building and Insulation Materials, ASHRAE Transactions, Vol.112, pp.1-13, 2006.6
2) 公的試験機関測定値
3) 水沼信、澤地孝男、鈴木大隆、瀬戸裕直、齋藤宏昭、中村安弘、中園眞人：温暖地における土壁住宅の外気側充填断熱工法の提案と断熱防露性能の検証、日本建築学会環境系論文集 第624号、pp.175-182
4) 日本建築学会湿気物性学術規準
5) 山田雅士：建築の結露、井上書院、1979より引用
6) 齋藤宏昭：温暖地の木造断熱外壁のための簡易防露設計法に関する研究、東京大学学位請求論文、2006.12

※1　透湿抵抗は、厚さ25mm当たりの透湿係数［ng/(m^2·s·Pa)］の逆数を求め、有効数字となるよう四捨五入した数値。
透湿率は、厚さ25mm当たりの透湿係数［ng/(m^2·s·Pa)］に、0.025mを乗じて有効数字2桁となるよう四捨五入した数値。

※2　透湿性（透湿抵抗）[m^2·s·Pa/μg]を[m^2·s·Pa/ng］に単位換算した数値。

※3　下記いずれかの場合に、軒天井内部が通気層同等と判断する。
①軒天井が全面有孔ボード（開口率2.5%以上）張りである。
②上下外壁の通気層と通じており、外壁の通気層が有効である。
なお、軒天井内部が通気層同等と判断できない場合は、軒天井内部の空間は、密閉空気層として扱い、密閉空気層と軒天井材の透湿抵抗を用いる。

付録13　【フラット35】の省エネルギー基準の評価方法

【フラット35】の省エネルギー基準では、「外皮性能」と「一次エネルギー消費性能」の両方の基準に適合する必要がある。両性能を評価する計算方法等は複数存在するが、ここでは、評価方法の選択肢が最も多い建築物エネルギー消費性能基準の判断方法を記載する。

1. 外皮性能基準の判断方法

建築物エネルギー消費性能基準における外皮性能基準の判断方法には、断熱等性能等級の判断方法として用いられている標準計算法と仕様基準以外に、簡易計算法及びフロア入力法がある。

判断方法	概　　要	適　用	
		一戸建て	一戸建て以外※
標準計算法	評価対象住戸の外皮面積を用いて外皮平均熱貫流率等を算出し、基準の適否を判断。	○	○
仕様基準	評価対象住戸の仕様(窓、断熱材等)により、基準の適否を判断。	○	○
簡易計算法（モデル住宅法）	評価対象住戸の外皮面積を用いずに外皮平均熱貫流率等を算出し、基準の適否を判断。	○	–
フロア入力法	フロアごとの仕様により仕棟単位外皮平均熱貫流率等を算出し、基準の適否を判断。	–	○

※連続建て、重ね建て又は共同建ての住宅。

2. 一次エネルギー消費量に関する基準の判断方法

建築物エネルギー消費性能基準における一次エネルギー消費量に関する基準の判断方法には、一次エネルギー消費量等級の判断方法として用いられている標準計算法と仕様基準以外に、簡易計算法及びフロア入力法がある。

判断方法	概　　要	適　用	
		一戸建て	一戸建て以外※
標準計算法	評価対象住戸の外皮面積を用いて算出した外皮平均熱貫流率等により、設計一次エネルギー消費量を計算し、基準の適否を判断。	○	○
仕様基準	評価対象住戸の仕様(設備機器の種類、効率等)により、基準の適否を判断。	○	○
簡易計算法（モデル住宅法）	評価対象住戸の外皮面積を用いずに外皮平均熱貫流率等を算出し、設備機器等の種類を基に、基準の適否を判断。	○	–
フロア入力法	フロアごとの仕様により仕棟単位の一次エネルギー消費量を算出し、基準の適否を判断。	–	○

※連続建て、重ね建て又は共同建ての住宅。

3. 簡易計算法(モデル住宅法)

「建築物のエネルギー消費性能の向上に関する法律」(平成27年法律第53号)(通称 建築物省エネ法)の改正により、新たにできた評価方法である。

これは、簡易計算シートを用いて外皮性能と一次エネルギー消費性能の両方を算定し、基準への適否を簡易に確認する方法である。外皮性能は、各部位の性能値だけを用いて手計算で判断でき、一次エネルギー消費性能は、仕様に基づくポイントを計算して基準の適否を判断する。他の計算ルートに比べて簡易に評価できるが、評価結果が厳しく(性能が低く)算出されるため、作業量と評価結果のバランスを考慮して活用することが必要となる。

簡易計算シートの入手先は、4の(3)の記載先である。

外皮性能の計算シート
（2枚で１組の構成）

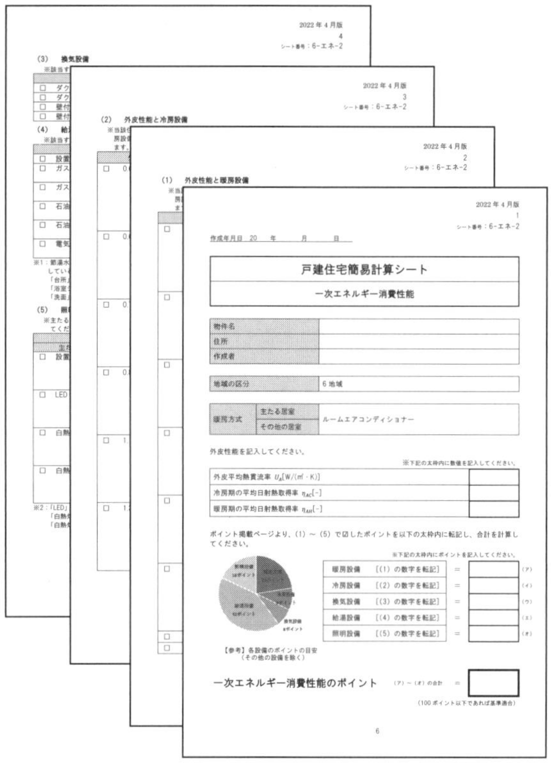

一次エネルギー消費性能の計算シート
（4枚で１組の構成）

4. 各種計算ツール等の入手先

(1) 外皮計算用Excel（一般社団法人住宅性能評価・表示協会ホームページ）
https://www2.hyoukakyoukai.or.jp/seminar/gaihi/

(2) 外皮計算・一次エネルギー消費量計算Webプログラム（国立研究開発法人建築研究所ホームページ）
https://house.lowenergy.jp/

(3) モデル住宅法　簡易計算シート（国立研究開発法人建築研究所ホームページ）
https://house.lowenergy.jp/handcalc

(4) 共同住宅フロア入力法　計算プログラム（国立研究開発法人建築研究所ホームページ）
https://house.lowenergy.jp/program

付録14　国土交通大臣が許容応力度及び材料強度を指定した海外の一般的な規格に適合する建築資材

平成13年国土交通省告示第1540号の「第2 材料」においては、構造耐力上主要な部分に使用する材料として日本農林規格に規定する製材等を用いることが定められているが、国土交通大臣がその樹種、区分及び等級等に応じてそれぞれ許容応力度及び材料強度を指定したものについては、その使用が認められている。

以下に、現在認定の海外の規格に適合する建築資材について紹介する。

なお、当該認定されている最新情報は、アメリカの格付規格に適合する資材についてはアメリカ針葉樹協議会に、カナダの格付規格に適合する資材についてはカナダ林産業審議会(COFI)に問い合わせされたい。

1. アメリカの格付規格に適合する資材

I　枠組壁工法構造用製材

表1の格付規格の欄に掲げる格付規格に適合するものとして、表1の格付機関の欄に掲げる格付機関により格付けされた、表1の樹種の欄に掲げる樹種について、圧縮、引張り、曲げ及びせん断の各基準強度(それぞれF_c、F_t、F_b及びF_s)は、表2の値に表3の数値を乗じた数値とする。さらに、並列材にあっては、曲げに対する基準強度F_bの数値について、当該部材群に構造用合板またはこれと同等以上の面材を張る場合には1.25を、その他の場合には1.15を乗じた数値とすることができる。

表1

<table>
<tr><th>格付規格</th><th>格付機関</th><th>樹 種 群</th><th>樹　種</th><th>記　号</th></tr>
<tr><td>NeLMA-2012</td><td>NeLMA, MLB,
RRA, SPIB,
SIWP, TP</td><td rowspan="2">Spruce Pine Fir (south)</td><td rowspan="2">ブラックスプルース
レッドスプルース
ホワイトスプルース
ジャックパイン
ノルウェー(レッド)パイン
バルサムファー
エンゲルマンスプルース
ロッジポールパイン
シトカスプルース</td><td rowspan="2">S-P-Fs</td></tr>
<tr><td>NSLB-2007</td><td>NSLB, NeLMA,
RRA, SPIB,
SIWP, TP</td></tr>
<tr><td rowspan="2">WCLIB-2004</td><td rowspan="2">WCLIB,
CI, NeLMA,
NSLB, PLIB,
RIS, RRA,
SIWP, SPIB,
TP, WWPA</td><td>Douglas Fir-Larch</td><td>ダグラスファー
ウェスタンラーチ</td><td>D Fir-L</td></tr>
<tr><td rowspan="2">Hem-Fir</td><td rowspan="2">カリフォルニアレッドファー
グランドファー
ノーブルファー
パシフィックシルバーファー
ウェスタンヘムロック
ホワイトファー</td><td rowspan="2">Hem-Fir</td></tr>
<tr><td rowspan="3">WWPA-2011</td><td rowspan="3">WWPA,
CI, NeLMA,
NSLB, PLIB,
RIS, RRA,
SIWP, SPIB,
TP, WCLIB</td></tr>
<tr><td>Spruce Pine Fir (south)</td><td>バルサムファー
ブラックスプルース
ジャックパイン
レッドスプルース
ノルウェー(レッド)パイン
ホワイトスプルース
エンゲルマンスプルース
ロッジポールパイン
シトカスプルース</td><td>S-P-Fs</td></tr>
<tr><td>Western Cedar</td><td>アラスカシーダー
インセンスシーダー
ポートオーフォードシーダー
ウェスタンレッドシーダー</td><td>W Cedar</td></tr>
<tr><td>RIS-2000</td><td>RIS, CI,
PLIB, TP,
WCLIB, WWPA</td><td>Redwood</td><td>レッドウッド</td><td>W Cedar</td></tr>
<tr><td>SPIB-2002</td><td>SPIB,
NeLMA, RRA,
SIWP, TP,
WCLIB, WWPA</td><td>Southern Pine</td><td>ロブロリーパイン
ロングリーフパイン
ショートリーフパイン
スラッシュパイン</td><td>SYP</td></tr>
</table>

表1中、格付機関は以下の機関を示す。

CI (Continental Inspection Agency)
　所在地：P.O. Box 785, Lodi, CA 95241, United States of America
　代表者：George Reinking
MLB(Maritime Lumber Bureau)
　所在地：P.O. Box 459, Amherst, Nova Scotia, B4H 4A1, Canada
　代表者：Diana Blenkhorn
NeLMA(Northeast Lumber Manufacturers Association)
　所在地：272 Tuttle Road, P.O. Box 87A, Cumberland Center, Maine 04021, United States of America
　代表者：Jeff Easterling
NSLB(Northern Softwood Lumber Bureau)
　所在地：272 Tuttle Road, P.O. Box 87A, Cumberland Center, Maine 04021, United States of America
　代表者：Jeff Easterling
PLIB(Pacific Lumber Inspection Bureau)
　所在地：1010 South 336th Street, Ste 300, Federal Way, WA 98003, United States of America
　代表者：Jeff Fantozzi
RIS(Redwood Inspection Service)
　所在地：818 Grayson Road, Suite 201, Pleasant Hill, CA 94523-2693, United States of America
　代表者：Charles J. Jourdain
RRA(Renewable Resource Associates)
　所在地：860 Johnson Ferry Road, Suite 140-194, Atlanta, GA 30342, United States of America
　代表者：Lon J. Sibert
SIWP (Stafford Inspection and Consulting, LLC)
　所在地：14418 Roxane Drive, Orlando, FL 32832, United States of America
　代表者：Tina Stafford
SPIB(Southern Pine Inspection Bureau)
　所在地：4709 Scenic Highway, P.O Box 10915, Pensacola, Florida 32504-0915, United States of America
　代表者：Robert M. Browder
TP(Timber Products Inspection)
　所在地：P.O. Box 919, Conyers, Georgia 30012, United States of America
　代表者：Jay Moore
WCLIB(West Coast Lumber Inspection Bureau)
　所在地：Box 23145, Portland, Oregon 97281-3145, United States of America
　代表者：Don DeVisser
WWPA(Western Wood Product Association)
　所在地：522 SW Fifth Avenue, Suite 500, Portland, Oregon 97204-2122, United States of America
　代表者：Kevin Binam

表2

記　号	等　級	基準強度(N/mm²)			
		F_c	F_t	F_b	F_s
D Fir-L	SS	25.2	24.0	35.4	2.4
	No.1	22.2	16.2	24.0	2.4
	No.2	20.4	13.8	21.6	2.4
	No.3	12.0	7.8	12.6	2.4
	Construction	21.6	9.6	15.0	2.4
	Standard	18.6	5.4	8.4	2.4
	Utility	12.0	3.0	4.2	2.4
Hem-Fir	SS	22.2	22.2	33.0	2.1
	No.1	20.4	15.0	23.4	2.1
	No.2	19.2	12.6	20.4	2.1
	No.3	10.8	7.2	12.0	2.1
	Construction	20.4	9.0	14.4	2.1
	Standard	17.4	4.8	8.4	2.1
	Utility	11.4	2.4	3.6	2.1
S-P-Fs	SS	18.0	13.8	30.6	1.8
	No.1	15.6	9.6	21.0	1.8
	No.2	15.0	8.4	18.6	1.8
	No.3	9.0	4.8	10.2	1.8
	Construction	15.6	6.0	13.2	1.8
	Standard	13.8	3.6	7.8	1.8
	Utility	9.0	1.8	3.6	1.8

W Cedar	SS	15.0	14.4	24.0	1.8
	No.1	12.6	10.2	17.4	1.8
	No.2	10.2	10.2	16.8	1.8
	No.3	6.0	6.0	9.6	1.8
	Construction	11.4	7.2	12.0	1.8
	Standard	9.0	4.2	6.6	1.8
	Utility	6.0	1.8	3.6	1.8
SYP	SS	24.8	24.3	34.6	2.4
	No.1	21.6	14.7	22.1	2.4
	No.2	18.9	9.9	16.2	2.4
	No.3	11.1	5.8	9.5	2.4
	Construction	20.9	6.5	11.4	2.4
	Standard	17.0	3.6	6.2	2.4
	Utility	11.1	1.6	2.9	2.4

表3

応力の種類 / 寸法型式	F_c	F_t	F_b	F_s
104、203、204、404	1.00	1.00	1.00	1.00
106、206、406	0.96	0.84	0.84	
208、408	0.93	0.75	0.75	
210	0.91	0.68	0.68	
212	0.89	0.63	0.63	

Ⅱ　枠組壁工法構造用たて継ぎ材

表4の格付規格の欄に掲げる格付規格に適合するものとして、表4の格付機関の欄に掲げる格付機関により格付けされた、表4の樹種の欄に掲げる樹種について、圧縮、引張り、曲げ及びせん断の各基準強度(それぞれF_c、F_t、F_b及びF_s)は、表5の値に表6の数値を乗じた数値とする。さらに、並列材にあっては、曲げに対する基準強度F_bの数値について、当該部材群に構造用合板またはこれと同等以上の面材を張る場合には1.25を、その他の場合には1.15を乗じた数値とすることができる。

表4

格付規格	品質基準	格付機関	樹 種 群	樹　種	記　号
WCLIB-2004	WCLIBの構造用たて継ぎ材品質基準	WCLIB RRA	Douglas Fir-Larch	ダグラスファー ウェスタンラーチ	D Fir-L
			Hem-Fir	カリフォルニアレッドファー グランドファー ノーブルファー パシフィックシルバーファー ウェスタンヘムロック ホワイトファー	Hem-Fir
WWPA-2011	WWPAの構造用たて継ぎ材品質基準	WWPA MLB NeLMA NSLB PLIB RRA TP	Spruce Pine Fir (south)	バルサムファー ブラックスプルース ジャックパイン レッドスプルース ノルウェー(レッド)パイン ホワイトスプルース エンゲルマンスプルース ロッジポールパイン シトカスプルース	S-P-Fs
NeLMA-2012 NSLB-2007 RIS-2000 SPIB-2002 WCLIB-2004 WWPA-2011	TPの構造用たて継ぎ材品質基準	TP	Western Cedar	アラスカシーダー インセンスシーダー ポートオーフォードシーダー ウェスタンレッドシーダー	W Cedar
SPIB-2002	SPIBの構造用たて継ぎ材品質基準	SPIB RRA	Southern Pine	ロブロリーパイン ロングリーフパイン ショートリーフパイン スラッシュパイン	SYP

表4中、格付機関は以下の機関を示す。

MLB(Maritime Lumber Bureau)
所在地：P.O. Box 459, Amherst, Nova Scotia, B4H 4A1, Canada
代表者：Diana Blenkhorn
NeLMA(Northeast Lumber Manufacturers Association)
所在地：272 Tuttle Road, P.O. Box 87A, Cumberland Center, Maine 04021, United States of America
代表者：Jeff Easterling
NSLB(Northern Softwood Lumber Bureau)
所在地：272 Tuttle Road, P.O. Box 87A, Cumberland Center, Maine 04021, United States of America
代表者：Jeff Easterling
PLIB(Pacific Lumber Inspection Bureau)
所在地：1010 South 336th Street, Ste 300, Federal Way, WA 98003, United States of America
代表者：Jeff Fantozzi
RRA(Renewable Resource Associates)
所在地：860 Johnson Ferry Road, Suite 140-194, Atlanta, GA 30342, United States of America
代表者：Lon J. Sibert
SPIB(Southern Pine Inspection Bureau)
所在地：4709 Scenic Highway, P.O. Box 10915, Pensacola, Florida 32504, United States of America
代表者：Robert M. Browder
TP(Timber Products Inspection)
所在地：P.O. Box 919, Conyers, Georgia 30012, United States of America
代表者：Jay Moore
WCLIB(West Coast Lumber Inspection Bureau)
所在地：Box 23145, Portland, Oregon 97281-3145, United States of America
代表者：Don Devisser
WWPA(Western Wood Product Association)
所在地：522 SW Fifth Avenue, Suite 500, Portland, Oregon 97204-2122, United States of America
代表者：Kevin Binam

表5

記　号	等　級	基準強度(N/mm^2)			
		F_c	F_t	F_b	F_s
D Fir-L	SS	25.2	24.0	35.4	2.4
	No.1	22.2	16.2	24.0	2.4
	No.2	20.4	13.8	21.6	2.4
	No.3	12.0	7.8	12.6	2.4
	Construction	21.6	9.6	15.0	2.4
	Standard	18.6	5.4	8.4	2.4
	Utility	12.0	3.0	4.2	2.4
Hem-Fir	SS	22.2	22.2	33.0	2.1
	No.1	20.4	15.0	23.4	2.1
	No.2	19.2	12.6	20.4	2.1
	No.3	10.8	7.2	12.0	2.1
	Construction	20.4	9.0	14.4	2.1
	Standard	17.4	4.8	8.4	2.1
	Utility	11.4	2.4	3.6	2.1
S-P-Fs	SS	18.0	13.8	30.6	1.8
	No.1	15.6	9.6	21.0	1.8
	No.2	15.0	8.4	18.6	1.8
	No.3	9.0	4.8	10.2	1.8
	Construction	15.6	6.0	13.2	1.8
	Standard	13.8	3.6	7.8	1.8
	Utility	9.0	1.8	3.6	1.8
W Cedar	SS	15.0	14.4	24.0	1.8
	No.1	12.6	10.2	17.4	1.8
	No.2	10.2	10.2	16.8	1.8
	No.3	6.0	6.0	9.6	1.8
	Construction	11.4	7.2	12.0	1.8
	Standard	9.0	4.2	6.6	1.8
	Utility	6.0	1.8	3.6	1.8

SYP	SS	24.8	24.3	34.6	2.4
	No.1	21.6	14.7	22.1	2.4
	No.2	18.9	9.9	16.2	2.4
	No.3	11.1	5.8	9.5	2.4
	Construction	20.9	6.5	11.4	2.4
	Standard	17.0	3.6	6.2	2.4
	Utility	11.1	1.6	2.9	2.4

表6

寸法型式 ＼ 応力の種類	F_c	F_t	F_b	F_s
204	1.00	1.00	1.00	1.00
206	0.96	0.84	0.84	

Ⅲ　機械による曲げ応力等級区分を行う枠組壁工法構造用製材

表7の格付規格の欄に掲げる格付規格に適合するものとして、表7の格付機関の欄に掲げる格付機関により格付けされた、機械による曲げ応力等級区分を行う枠組壁工法構造用製材の圧縮、引張り、曲げ及びせん断の各基準強度(それぞれF_c、F_t、F_b及びF_s)は、表8の数値とする。ただし、並列材にあっては、曲げに対する基準強度F_bの数値について、当該部材群に構造用合板またはこれと同等以上の面材を張る場合には1.15を乗じた数値とすることができる。

表7

格付規格	格付機関	等　級	樹 種 群	樹　種
WCLIB-2004	WCLIB RRA	900f-1.0E 1200f-1.2E 1350f-1.3E 1450f-1.3E 1500f-1.4E 1650f-1.5E 1800f-1.6E 1950f-1.7E 2100f-1.8E 2250f-1.9E 2400f-2.0E 2550f-2.1E 2700f-2.2E 2850f-2.3E	Douglas Fir-Larch	ダグラスファー ウェスタンラーチ
			Hem-Fir	カリフォルニアレッドファー グランドファー ノーブルファー パシフィックシルバーファー ウェスタンヘムロック ホワイトファー
			Spruce Pine Fir (south)	バルサムファー ブラックスプルース ジャックパイン レッドスプルース ノルウェー(レッド)パイン ホワイトスプルース エンゲルマンスプルース ロッジポールパイン シトカスプルース
			Western Cedar	アラスカシーダー インセンスシーダー ポートオーフォードシーダー ウェスタンレッドシーダー
WWPA-2011	WWPA NeLMA PLIB RIS RRA TP	900f-1.0E 1200f-1.2E 1350f-1.3E 1450f-1.3E 1500f-1.4E 1650f-1.5E 1800f-1.6E 1950f-1.7E 2100f-1.8E 2250f-1.9E 2400f-2.0E 2550f-2.1E 2700f-2.2E 2850f-2.3E	Douglas Fir-Larch	ダグラスファー ウェスタンラーチ
			Hem-Fir	カリフォルニアレッドファー グランドファー ノーブルファー パシフィックシルバーファー ウェスタンヘムロック ホワイトファー
			Spruce Pine Fir (south)	バルサムファー ブラックスプルース ジャックパイン レッドスプルース ノルウェー(レッド)パイン ホワイトスプルース エンゲルマンスプルース ロッジポールパイン シトカスプルース

			Western Cedar	アラスカシーダー インセンスシーダー ポートオーフォードシーダー ウェスタンレッドシーダー
SPIB-2002	SPIB RRA TP	750f-1.4E 850f-1.4E 975f-1.6E 1050f-1.2E 1050f-1.6E 1200f-1.3E 1200f-1.6E 1250f-1.6E 1350f-1.4E 1450f-1.3E 1500f-1.5E 1500f-1.6E 1500f-1.7E 1650f-1.5E 1650f-1.7E 1800f-1.6E 1850f-1.7E 1950f-1.5E 1950f-1.7E 2100f-1.8E 2250f-1.9E 2400f-2.0E 2550f-1.8E 2550f-2.1E 2700f-2.2E 2850f-1.8E 2850f-2.3E 3000f-2.4E	Southern Pine	ロブロリーパイン ロングリーフパイン ショートリーフパイン スラッシュパイン

表7中、格付機関は以下の機関を示す。

NeLMA(Northeast Lumber Manufacturers Association)
　所在地：272 Tuttle Road, P.O. Box 87A, Cumberland Center, Maine 04021, United States of America
　代表者：Jeff Easterling
PLIB(Pacific Lumber Inspection Bureau)
　所在地：1010 South 336th Street, Ste 300, Federal Way, WA 98003, United States of America
　代表者：Jeff Fantozzi
RIS(Redwood Inspection Service)
　所在地：818 Grayson Road, Suite 201, Pleasant Hill, CA 94523-2693, United States of America
　代表者：Charles J. Jourdain
RRA(Renewable Resource Associates)
　所在地：860 Johnson Ferry Road, Suite 140-194, Atlanta, GA 30342, United States of America
　代表者：Lon J. Sibert
SPIB(Southern Pine Inspection Bureau)
　所在地：4709 Scenic Highway, P.O. Box 10915, Pensacola, Florida 32504, United States of America
　代表者：Robert M. Browder
TP(Timber Products Inspection)
　所在地：P.O. Box 919, Conyers, Georgia 30012, United States of America
　代表者：Jay Moore
WCLIB(West Coast Lumber Inspection Bureau)
　所在地：Box 23145, Portland, Oregon 97281-3145, United States of America
　代表者：Don DeVisser
WWPA(Western Wood Product Association)
　所在地：522 SW Fifth Avenue, Suite 500, Portland, Oregon 97204-2122, United States of America
　代表者：Kevin Binam

表8

格付規格	曲げ応力等級	基準強度(N/mm²)			
		F_c	F_t	F_b	F_s
WCLIB-2004 及び WWPA-2011	900f-1.0E	13.8	5.4	13.2	樹種群に応じ表9により設定。
	1200f-1.2E	18.6	9.0	17.4	
	1350f-1.3E	21.0	11.4	19.8	
	1450f-1.3E	21.6	12.0	21.0	
	1500f-1.4E	21.6	13.2	22.2	
	1650f-1.5E	22.8	15.0	24.0	
	1800f-1.6E	23.4	17.4	26.4	
	1950f-1.7E	24.0	20.4	28.8	
	2100f-1.8E	24.6	23.4	30.6	
	2250f-1.9E	25.2	25.8	33.0	
	2400f-2.0E	26.4	28.2	34.8	
	2550f-2.1E	27.0	30.0	37.2	
	2700f-2.2E	27.6	31.2	39.6	
	2850f-2.3E	28.2	33.6	41.4	
SPIB-2002	750f-1.4E	12.1	6.1	10.8	樹種群に応じ表9により設定。
	850f-1.4E	12.7	6.8	12.3	
	975f-1.6E	18.9	7.9	14.1	
	1050f-1.2E	16.0	6.5	15.2	
	1050f-1.6E	19.6	8.3	15.2	
	1200f-1.3E	18.3	8.6	17.3	
	1200f-1.6E	20.3	9.4	17.3	
	1250f-1.6E	20.9	10.4	18.0	
	1350f-1.4E	20.9	10.8	19.5	
	1450f-1.3E	20.9	11.9	20.9	
	1500f-1.5E	21.6	13.0	21.7	
	1500f-1.6E	21.6	13.0	21.7	
	1500f-1.7E	21.6	13.0	21.7	
	1650f-1.5E	22.8	15.0	24.0	
	1650f-1.7E	22.9	14.7	23.8	
	1800f-1.6E	23.4	17.4	26.4	
	1850f-1.7E	24.2	17.0	26.7	
	1950f-1.5E	23.5	19.9	28.2	
	1950f-1.7E	24.0	20.4	28.8	
	2100f-1.8E	24.6	23.4	30.6	
	2250f-1.9E	25.2	25.8	33.0	
	2400f-2.0E	26.4	28.2	34.8	
	2550f-1.8E	26.2	20.2	36.9	
	2550f-2.1E	27.0	30.0	37.2	
	2700f-2.2E	27.6	31.2	39.6	
	2850f-1.8E	27.5	23.1	41.2	

表9

樹種群	基準強度N/mm²
	F_s
Douglas Fir-Larch	2.4
Hem-Fir	2.1
Spruce Pine Fir(South)	1.8
Western Cedar	1.8
Southern Pine	2.4

Ⅰ　米国の格付規格に係る格付マークについて

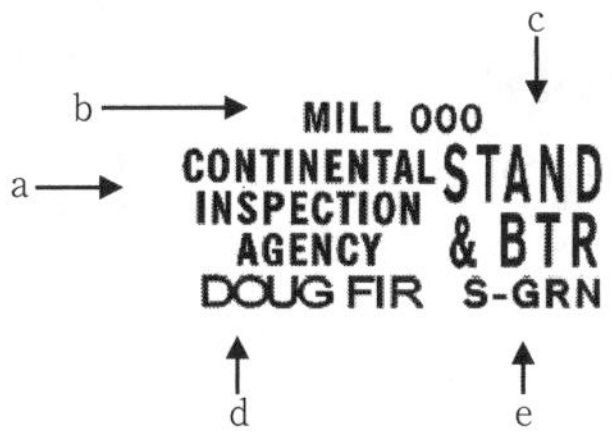

CI による格付マーク

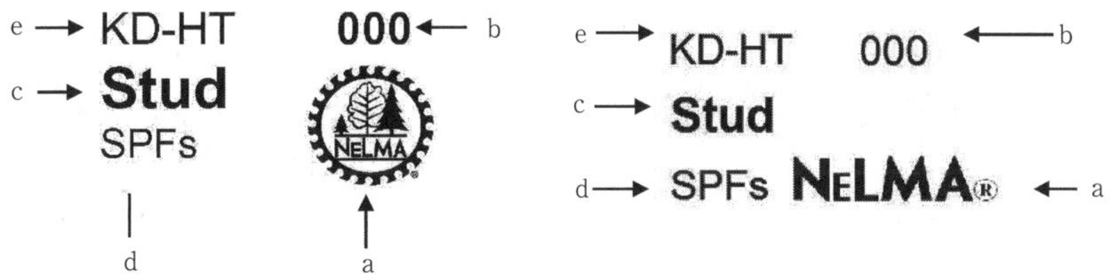

NELMA による格付マーク

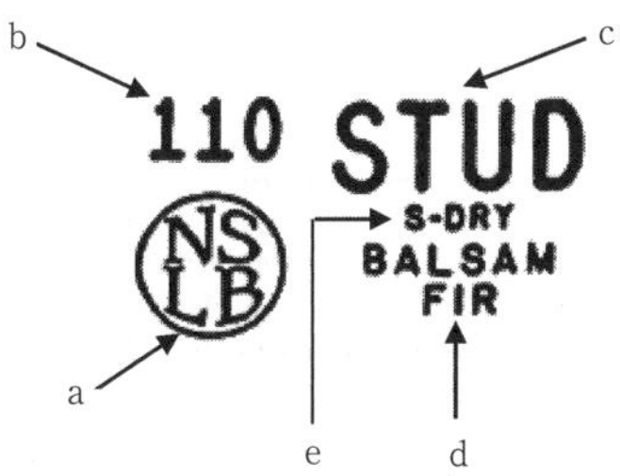

NSLB による格付マーク

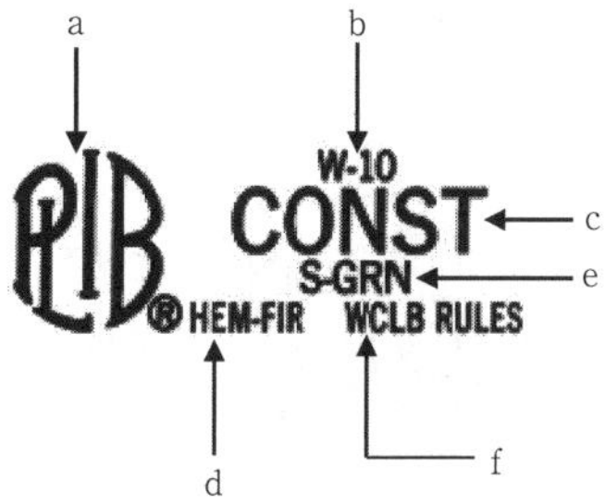

PLIB による格付マーク

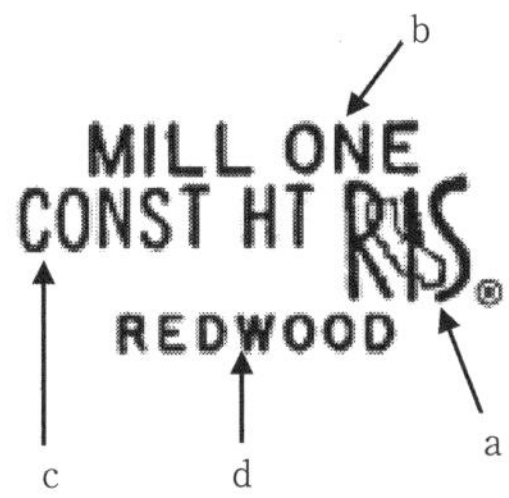

RIS による格付マーク

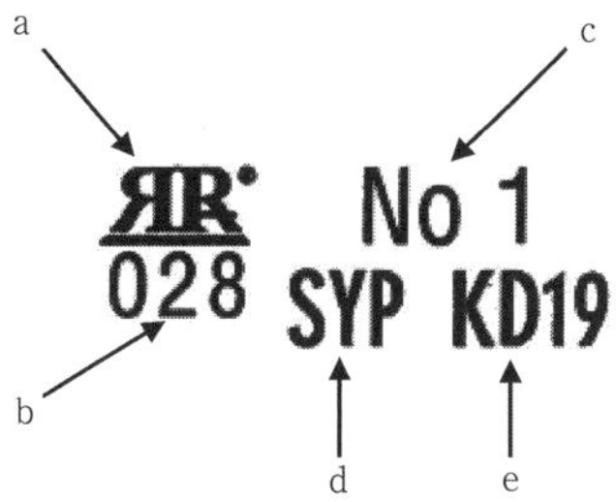

RRA による格付マーク

格付マーク中の各記号が表す内容

a：格付機関を表す。
b：工場番号または工場名を表す。
c：等級を表す。
d：樹種または樹種群を表す。
e：含水率を表す。
f：格付規格を表す。

米国の構造用製材の格付規格に係る格付マーク①

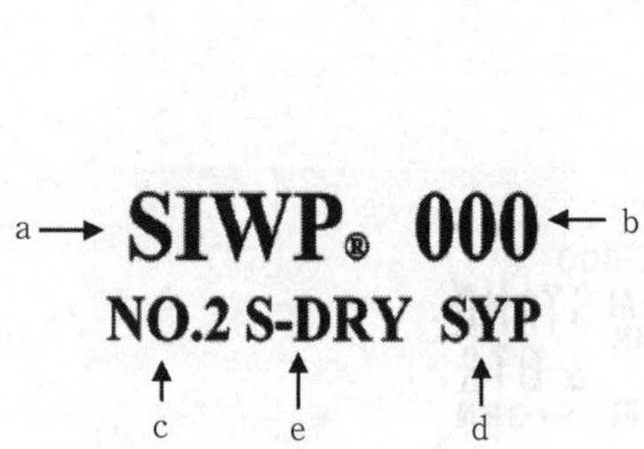

SIWP による格付マーク

SPIB による格付マーク

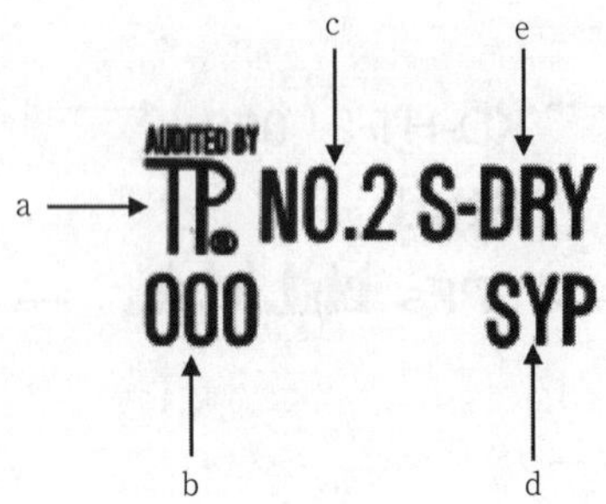

TP による格付マーク

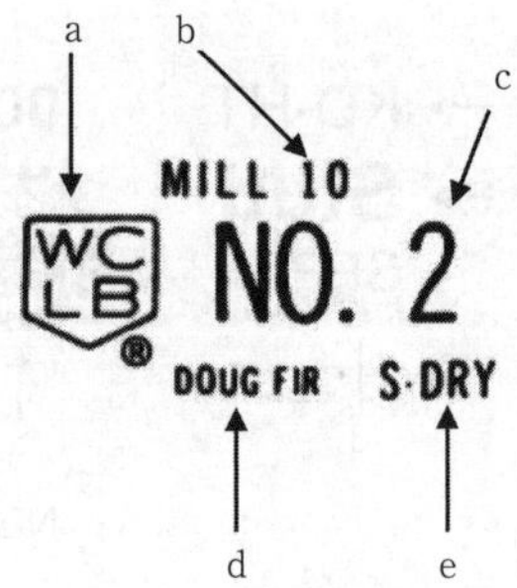

WCLIB による格付マーク

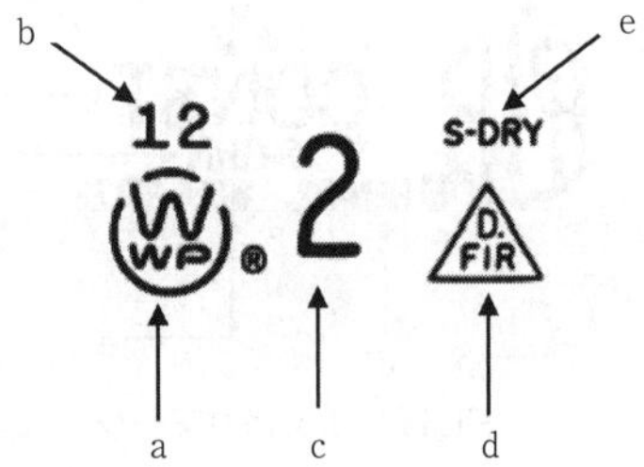

WWPA による格付マーク

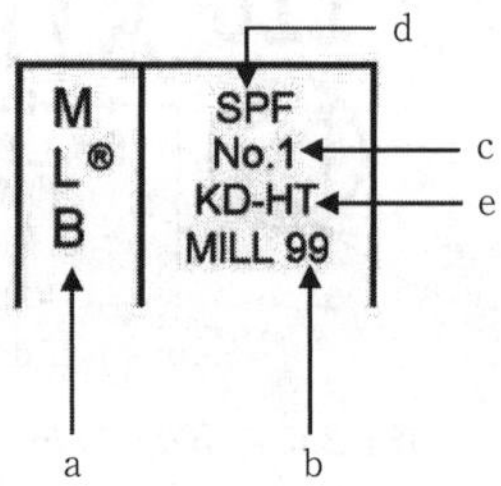

MLB による格付マーク

格付マーク中の各記号が表す内容

a：格付機関を表す。
b：工場番号または工場名を表す。
c：等級を表す。
d：樹種または樹種群を表す。
e：含水率を表す。
f：格付規格を表す。

米国の構造用製材の格付規格に係る格付マーク②

Ⅱ　米国の構造用たて継ぎ材規格に係る格付マークについて

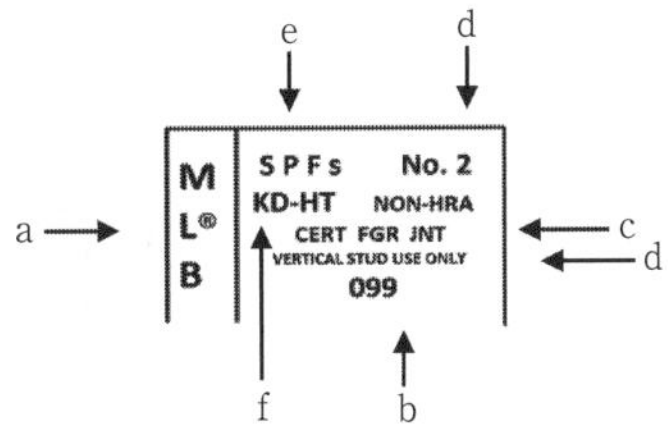

MLB による格付マーク

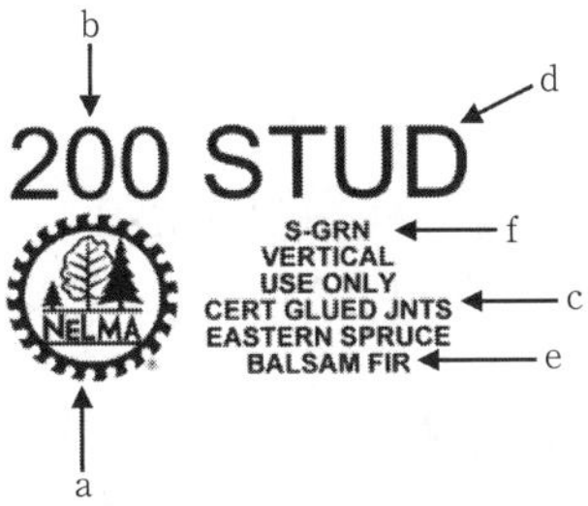

NELMA による格付マーク

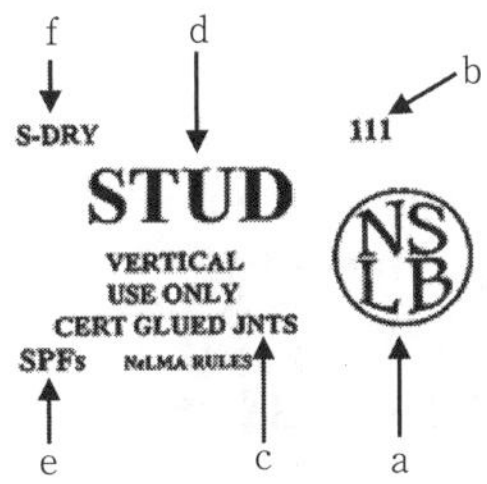

NSLB による格付マーク

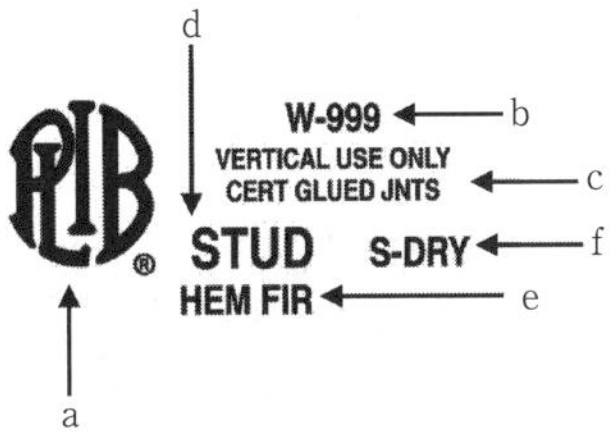

PLIB による格付マーク

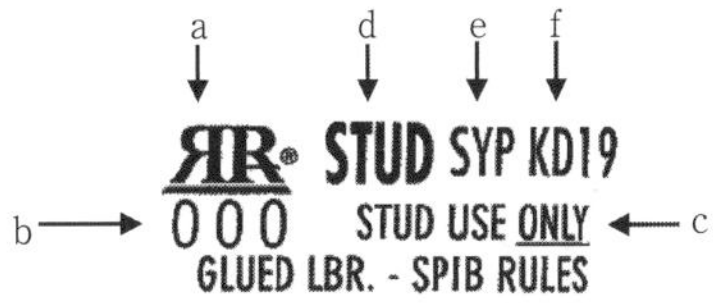

RRA による格付マーク

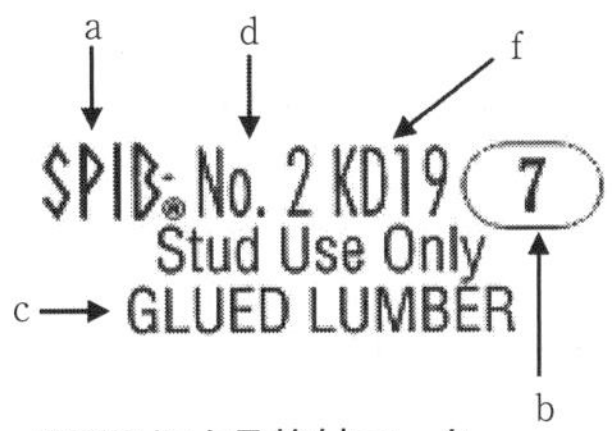

SPIB による格付マーク

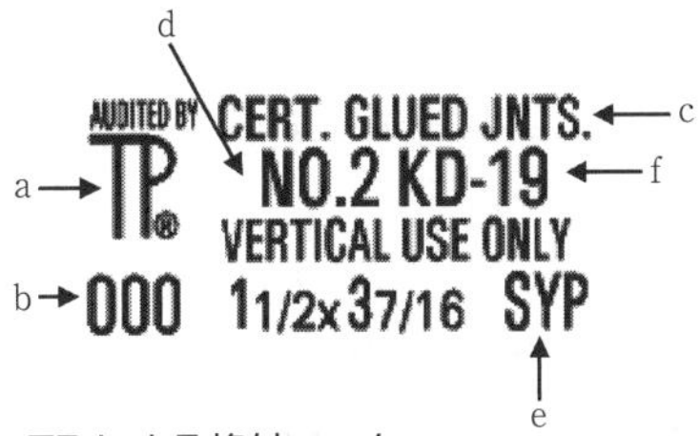

TP による格付マーク

WCLIB による格付マーク

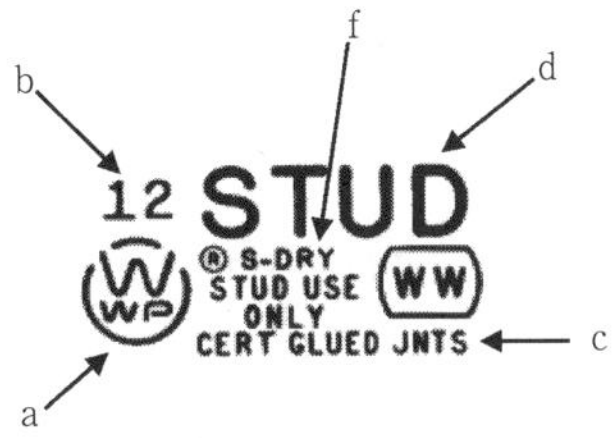

WWPA による格付マーク

格付マーク中の各記号が表す内容

a：格付機関を表す。
b：工場番号または工場名を表す。
c：構造用たて継ぎ材を表す。
d：構造用たて継ぎ材の等級を表す。
e：樹種または樹種群を表す。
f：含水率を表す。

米国の構造用たて継ぎ材の格付規格に係る格付マーク

Ⅲ　米国の規格に規定するMSR製材規格に係る格付マークについて

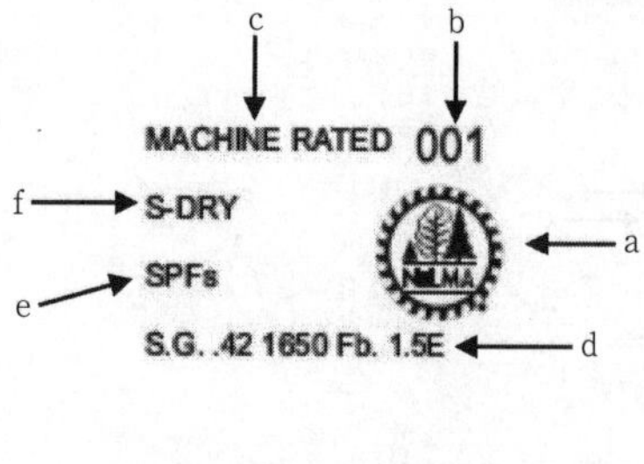

NELMA による格付マーク

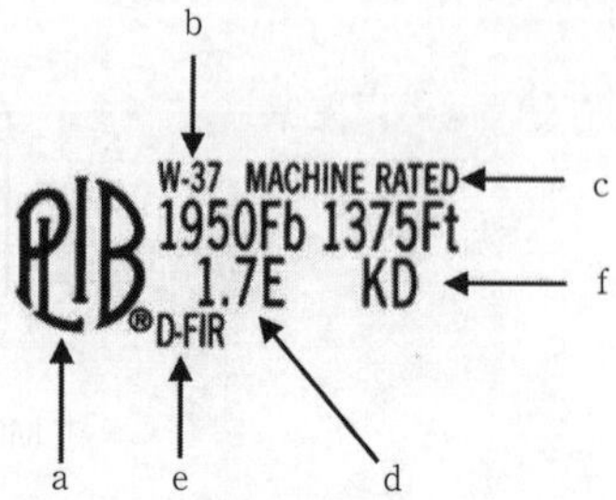

PLIB による格付マーク

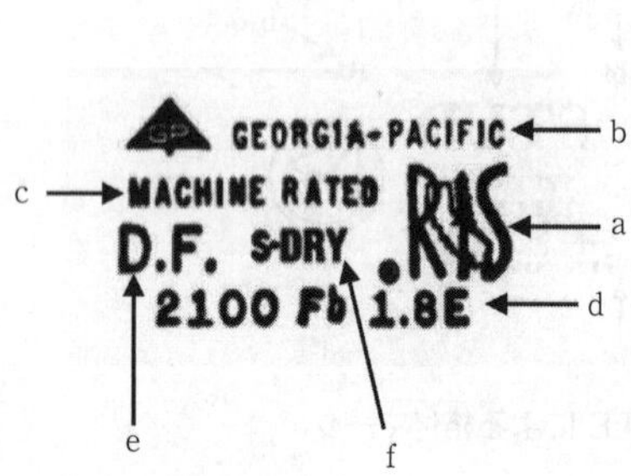

RIS による格付マーク

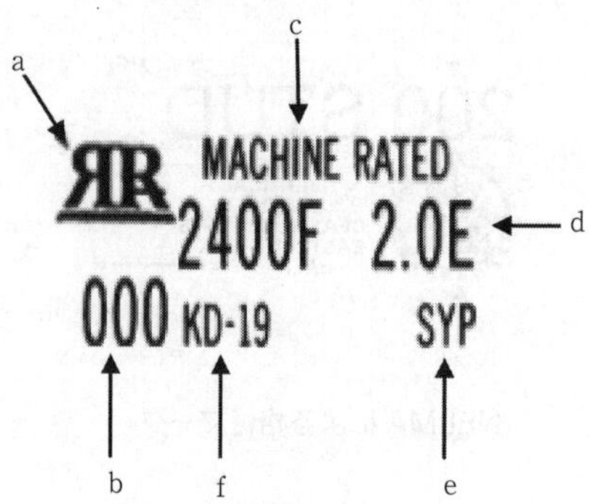

RRA による格付マーク

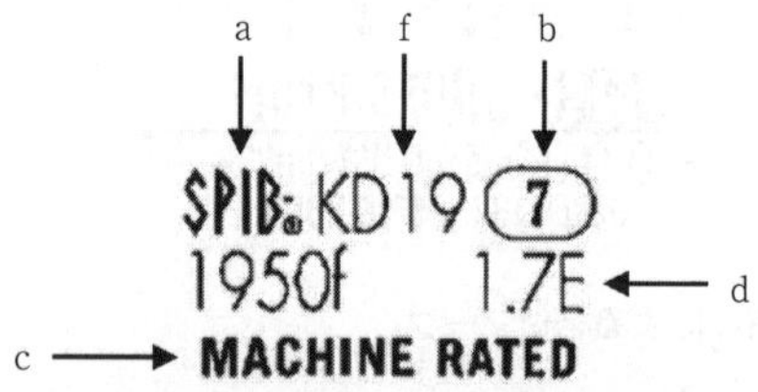

SPIB による格付マーク

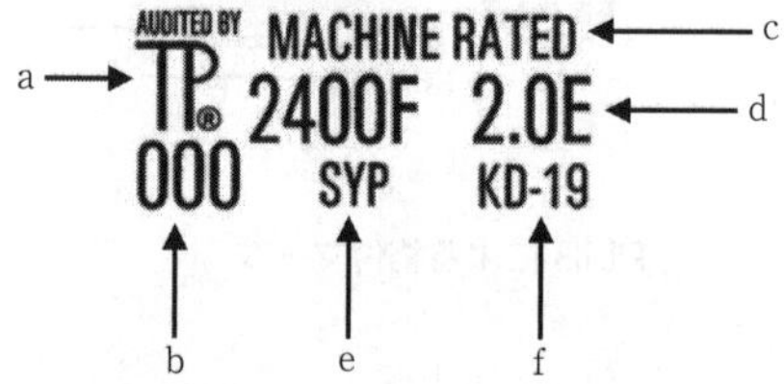

TP による格付マーク

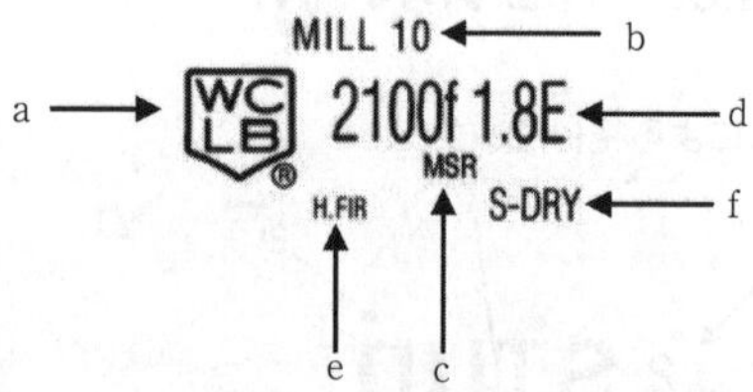

WCLIB による格付マーク

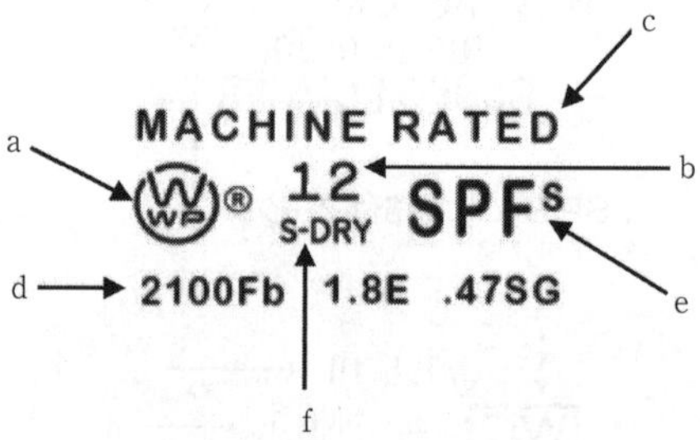

WWPA による格付マーク

格付マーク中の各記号が表す内容

a：格付機関を表す。
b：認定工場番号または認定工場名を表す。
c：MACHINE STRESS-RATED LUMBER(MSR)である旨を表す。
d：等級を表す。
e：樹種または樹種群を表す。
f：含水率を表す。

米国のMSR材の格付規格に係る格付マーク

2. カナダの格付規格に適合する資材

Ⅰ　枠組壁工法構造用製材

表1の格付規格の欄に掲げる格付規格に適合するものとして、表1の格付機関の欄に掲げる格付機関により格付けされた、表1の樹種の欄に掲げる樹種について、曲げ、圧縮、引張り、せん断の各基準強度は、表2の値に表3の数値を乗じた数値とする。さらに、並列材にあっては、曲げに対する基準強度の数値F_bの数値について、当該部材群に構造用合板またはこれと同等の面材を張る場合には1.25を、その他の場合には1.15を乗じた数値とすることができる。

表1

格付規格	格付機関	樹　種	記　号
NLGAのNLGA-2003	AFPA CFPA CLA CMSA COFI CSIA MI MLB NLLPA OLMA PLIB QFIC	ダグラスファー、ウェスタンラーチ	D Fir-L(N)
		イースタンヘムロック、タマラック、パシフィックコーストイエローシーダー	Hem-Tam(N)
		ウェスタンヘムロック、アマビリスファー、グランドファー	Hem-Fir(N)
		ホワイトスプルース、エンゲルマンスプルース、ブラックスプルース、ロッジポールパイン、ジャックパイン、アルパインファー、バルサムファー、コーストシトカスプルース、ポンデローサパイン	S-P-F
		ウェスタンレッドシーダー、レッドパイン、ウェスタンホワイトパイン	W Cedar

表1中、格付機関はCanadian Lumber Standard Accreditation Boardから承認を受けた以下の機関を示す(表4及び表7において同じ)。

AFPA(Alberta Forest Products Association)
　所在地：500, 10709 Jasper Avenue, Edmonton, Alberta T5J 3N3, Canada
CFPA(Central Forest Products Association)
　所在地：Box 1169 Hudson Bay, Saskatchewan S0E 0Y0, Canada
CLA(Canadian Lumbermen's Association)
　所在地：30 Concourse Gate , Suite 200, Ottawa, ON, K2E 7V7, Canada
CMSA(Canadian Mill Services Association)
　所在地：#200, 601-6th Street, New Westminster, BC V3L 3C1, Canada
COFI(Council of Forest Industries)
　所在地：(本部事務所)　1501-700 West Pender Street, Pender Place I Business Building, Vancouver, BC V6C 1G8, Canada
　(南部事務所)　360-1855 Kirschner Rd, Kelowna, BC V1Y 4N7 Canada
　(北部事務所)　400-1488 Fourth Ave. Prince George, BC V2L 4Y2 Canada
CSIA(Canadian Softwood Inspection Agency)
　所在地：1047-250A Street, Aldergrove, BC, V4W 2S8,Canada
MI(Macdonald Inspection Services)
　所在地：842 Eland Drive Campbell River, B.C. V9W 6Y8, Canada
MLB(Maritime Lumber Bureau)
　所在地：P.O. Box 459, Amherst, Nova Scotia B4H 4A1, Canada
NLLPA(Newfoundland & Labrador Lumber Producers Association)
　所在地：P.O. Box 8, Glovertown, NF, A0G 2L0, Canada
OLMA(Ontario Lumber Manufacturers' Association)
　所在地：210-65 Queen St. W. Toronto, ON, M5H 2M5, Canada
PLIB (Pacific Lumber Inspection Bureau)
　所在地：33442 First Way South, Suite 300, Federal Way, Washington 98003 USA
QFIC(Quebec Forest Industry Council)
　所在地：1175, avenue Lavigerie, Suite 200, Québec, G1V 4P1, Canada

表2

記　号	等　級	基準強度(N/mm²)			
		F_c	F_t	F_b	F_s
D Fir-L(N)	SS	27.6	20.4	32.4	2.4
	No.1	23.4	13.8	22.2	2.4
	No.2	20.4	12.6	19.8	2.4
	No.3	12.0	7.2	11.4	2.4
	Construction	22.2	9.6	15.0	2.4

	Standard	18.0	5.4	8.4	2.4
	Utility	12.0	2.4	4.2	2.4
Hem-Tam(N)	SS	18.0	13.8	29.4	2.1
	No.1	15.0	8.4	18.6	2.1
	No.2	12.6	6.6	13.8	2.1
	No.3	7.2	3.6	8.4	2.1
	Construction	14.4	4.8	10.2	2.1
	Standard	11.4	3.0	5.4	2.1
	Utility	7.2	1.2	3.0	2.1
Hem-Fir(N)	SS	24.6	18.6	32.4	2.1
	No.1	22.2	13.8	24.0	2.1
	No.2	21.0	13.8	24.0	2.1
	No.3	12.6	7.8	14.4	2.1
	Construction	22.2	10.2	18.6	2.1
	Standard	18.6	6.0	10.2	2.1
	Utility	12.6	3.0	4.8	2.1
S-P-F	SS	20.4	16.8	30.0	1.8
	No.1	18.0	12.0	22.2	1.8
	No.2	17.4	11.4	21.6	1.8
	No.3	10.2	6.6	12.6	1.8
	Construction	18.6	8.4	16.2	1.8
	Standard	15.6	4.8	9.0	1.8
	Utility	10.2	2.4	4.2	1.8
W Cedar	SS	15.0	14.4	24.0	1.8
	No.1	12.6	10.2	17.4	1.8
	No.2	10.2	10.2	16.8	1.8
	No.3	6.0	6.0	9.6	1.8
	Construction	11.4	7.2	12.0	1.8
	Standard	9.0	4.2	6.6	1.8
	Utility	6.0	1.8	3.6	1.8

表3

寸法型式	応力の種類			
	F_c	F_t	F_b	F_s
104、203、204、404	1.00	1.00	1.00	1.00
206、406	0.96	0.84	0.84	
208、408	0.93	0.75	0.75	
210	0.91	0.68	0.68	
212	0.89	0.63	0.63	

Ⅱ　枠組壁工法構造用たて継ぎ材

表4の格付規格の欄に掲げる格付規格に適合するものとして、表4の格付機関の欄に掲げる格付機関により格付けされた、表4の樹種の欄に掲げる樹種について、曲げ、圧縮、引張り、せん断の各基準強度は、表5の値に表6の数値を乗じた数値とする。さらに、並列材にあっては、曲げに対する基準強度の数値F_bの数値について、当該部材群に構造用合板またはこれと同等以上の面材を張る場合には1.25を、その他の場合には1.15を乗じた数値とすることができる。

表4

格付規格	格付機関	樹　種	記　号
NLGAのSPS 1-2003 NLGAのSPS 3-2003	AFPA CFPA CLA CMSA COFI CSIA MI MLB OLMA PLIB QFIC	ダグラスファー ウェスタンラーチ	D Fir-L(N)
		イースタンヘムロック、タマラック、パシフィックコーストイエローシーダー	Hem-Tam(N)
		ウェスタンヘムロック、アマビリスファー、グランドファー	Hem-Fir(N)
		ホワイトスプルース、エンゲルマンスプルース、ブラックスプルース、ロッジポールパイン、ジャックパイン、アルパインファー、バルサムファー、コーストシトカスプルース、ポンデローサパイン	S-P-F
		ウェスタンレッドシーダー、レッドパイン、ウェスタンホワイトパイン	W Cedar

付録14

表5

記　号	等　級	基準強度(N/mm²)			
		F_c	F_t	F_b	F_s
D Fir-L(N)	SS	27.6	20.4	32.4	2.4
	No.1	23.4	13.8	22.2	2.4
	No.2	20.4	12.6	19.8	2.4
	No.3	12.0	7.2	11.4	2.4
	Construction	22.2	9.6	15.0	2.4
	Standard	18.0	5.4	8.4	2.4
	Utility	12.0	2.4	4.2	2.4
Hem-Tam(N)	SS	18.0	13.8	29.4	2.1
	No.1	15.0	8.4	18.6	2.1
	No.2	12.6	6.6	13.8	2.1
	No.3	7.2	3.6	8.4	2.1
	Construction	14.4	4.8	10.2	2.1
	Standard	11.4	3.0	5.4	2.1
	Utility	7.2	1.2	3.0	2.1
Hem-Fir(N)	SS	24.6	18.6	32.4	2.1
	No.1	22.2	13.8	24.0	2.1
	No.2	21.0	13.8	24.0	2.1
	No.3	12.6	7.8	14.4	2.1
	Construction	22.2	10.2	18.6	2.1
	Standard	18.6	6.0	10.2	2.1
	Utility	12.6	3.0	4.8	2.1
S-P-F	SS	20.4	16.8	30.0	1.8
	No.1	18.0	12.0	22.2	1.8
	No.2	17.4	11.4	21.6	1.8
	No.3	10.2	6.6	12.6	1.8
	Construction	18.6	8.4	16.2	1.8
	Standard	15.6	4.8	9.0	1.8
	Utility	10.2	2.4	4.2	1.8
W Cedar	SS	15.0	14.4	24.0	1.8
	No.1	12.6	10.2	17.4	1.8
	No.2	10.2	10.2	16.8	1.8
	No.3	6.0	6.0	9.6	1.8
	Construction	11.4	7.2	12.0	1.8
	Standard	9.0	4.2	6.6	1.8
	Utility	6.0	1.8	3.6	1.8

表6

寸法型式	応力の種類			
	F_c	F_t	F_b	F_s
104、203、204、404	1.00	1.00	1.00	1.00
206、406	0.96	0.84	0.84	
208、408	0.93	0.75	0.75	
210	0.91	0.68	0.68	
212	0.89	0.63	0.63	

Ⅲ　機械による曲げ応力等級区分を行う枠組壁工法構造製材

表7の格付規格の作成する格付規格に適合する機械による曲げ応力等級区分を行う枠組壁工法構造製材の曲げ、圧縮、引張り、せん断の各基準強度は、表8の数値とする。ただし、並列材にあっては、曲げに対する基準強度F_bの数値について、当該部材群に構造用合板又はこれと同等以上の面材を張る場合には1.15を乗じた数値とすることができる。

表7

格付規格	等　級	格付機関	樹　種	記　号
NLGAのSPS 2-2003	1200Fb-1.2E 1350Fb-1.3E 1450Fb-1.3E 1500Fb-1.4E 1650Fb-1.5E 1800Fb-1.6E 1950Fb-1.7E 2100Fb-1.8E 2250Fb-1.9E 2400Fb-2.0E 2550Fb-2.1E 2700Fb-2.2E 2850Fb-2.3E 3000Fb-2.4E	AFPA CFPA CLA CMSA COFI CSIA MI OLMA PLIB QFIC	ダグラスファー ウェスタンラーチ	D Fir-L(N)
			イースタンヘムロック、タマラック、パシフィックコーストイエローシーダー	Hem-Tam(N)
			ウェスタンヘムロック、アマビリスファー、グランドファー	Hem-Fir(N)
			ホワイトスプルース、エンゲルマンスプルース、ブラックスプルース、ロッジポールパイン、ジャックパイン、アルパインファー、バルサムファー、コーストシトカスプルース、ポンデローサパイン	S-P-F
			ウェスタンレッドシーダー、レッドパイン、ウェスタンホワイトパイン	W Cedar

表8

曲げ応力等級	基準強度N/mm^2			
	F_c	F_t	F_b	F_s
1200f-1.2E	18.6	9.0	17.4	樹種群に応じ表9により設定。
1350f-1.3E	21.0	11.4	19.8	
1450f-1.3E	21.6	12.0	21.0	
1500f-1.4E	21.6	13.2	22.2	
1650f-1.5E	22.8	15.0	24.0	
1800f-1.6E	23.4	17.4	26.4	
1950f-1.7E	24.0	20.4	28.8	
2100f-1.8E	24.6	23.4	30.6	
2250f-1.9E	25.2	25.8	33.0	
2400f-2.0E	26.4	28.2	34.8	
2550f-2.1E	27.0	30.0	37.2	
2700f-2.2E	27.6	31.2	39.6	
2850f-2.3E	28.2	33.6	41.4	
3000f-2.4E	29.4	34.8	43.8	

表9

樹　種	基準強度N/mm^2
	F_s
D Fir-L(N)	2.4
Hem-Tam(N)	2.1
Hem-Fir(N)	2.1
S-P-F	1.8
WRC	1.8

Ⅰ　格付規格NLGA-2003に適合する枠組壁工法構造用製材

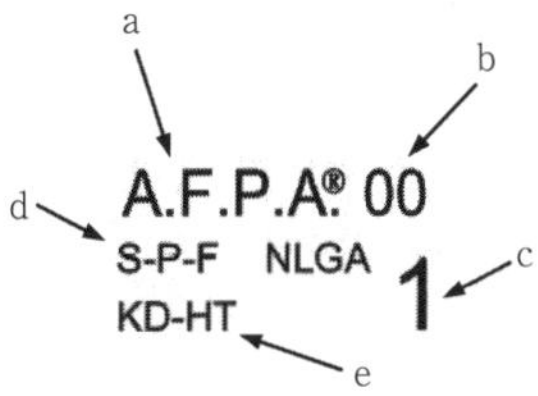

AFPAによる格付マーク

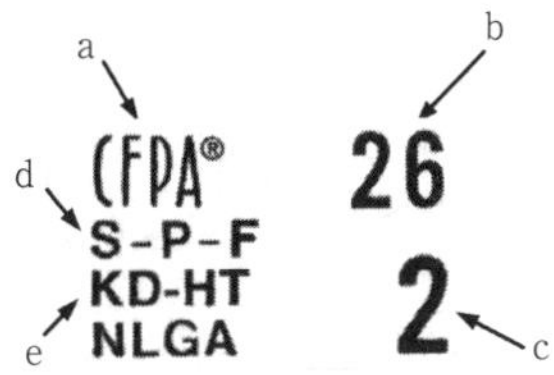

CFPAによる格付マーク

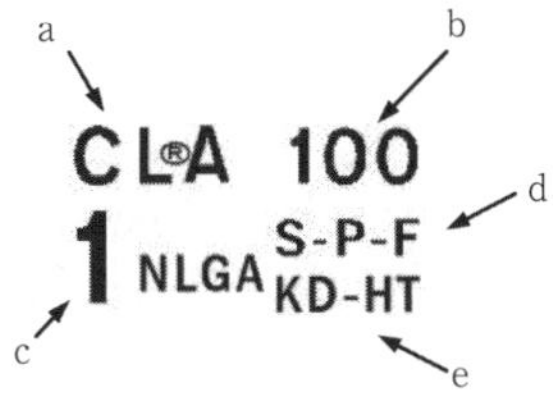

CLAによる格付マーク

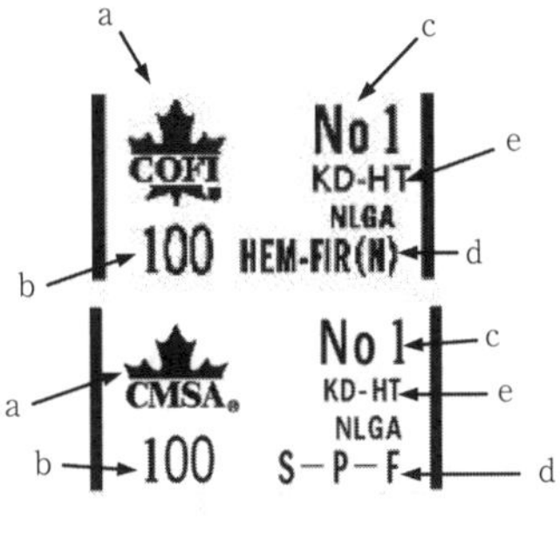

CMSAによる格付マーク

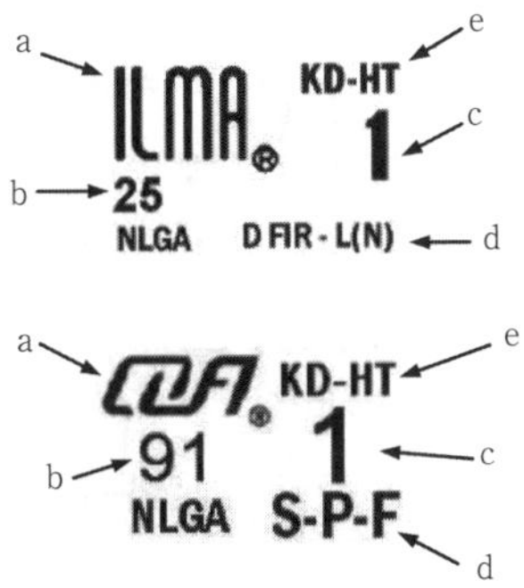

COFIによる格付マーク

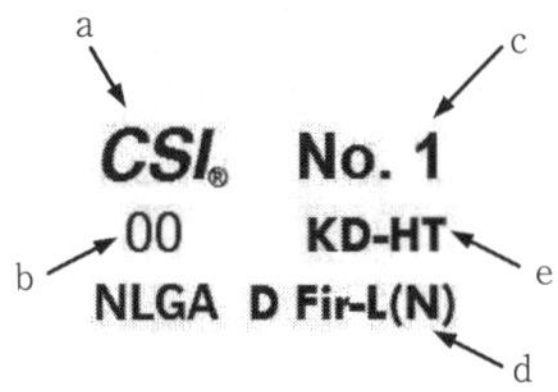

CSIAによる格付マーク

MIによる格付マーク

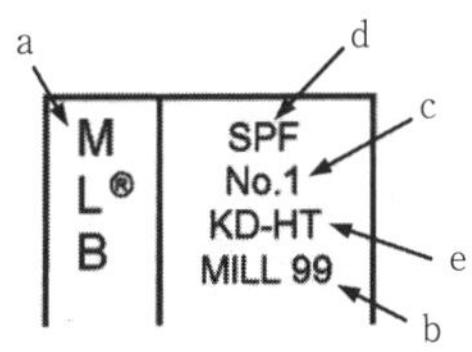

MLBによる格付マーク

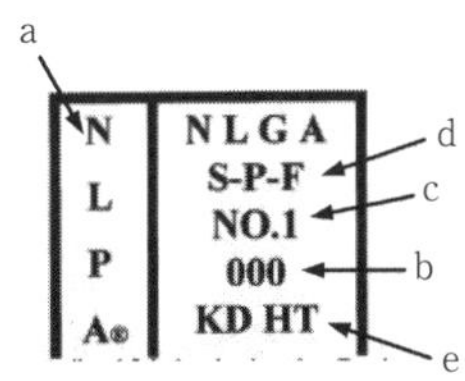

NLLPAによる格付マーク

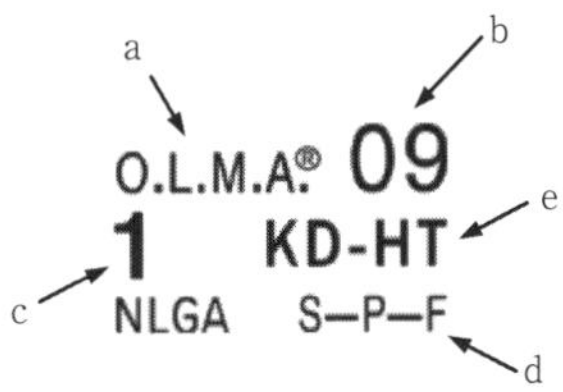

OLMAによる格付マーク

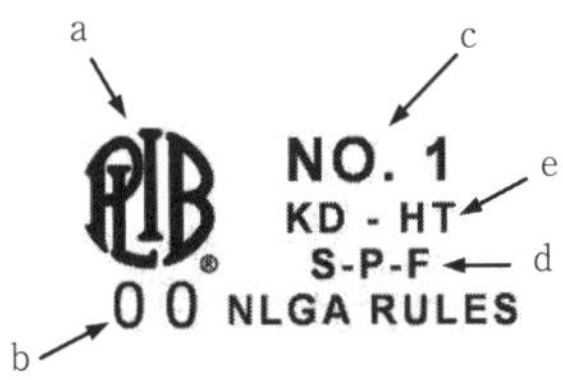

PLIBによる格付マーク

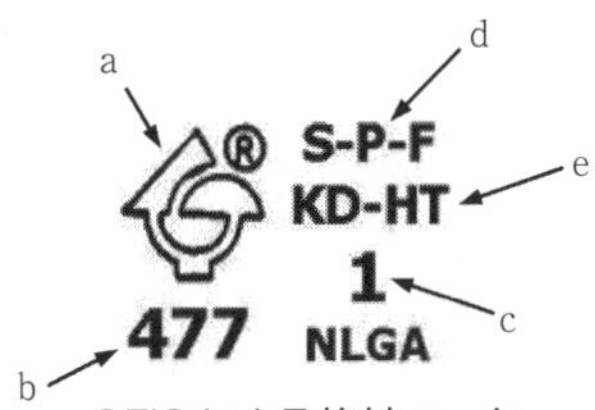

QFICによる格付マーク

格付マーク中の各記号が表す内容

a：等級格付機関
b：メーカー番号またはメーカー名
c：等級
d：樹種または樹種群
e：含水率

Ⅱ　格付規格NLGA SPS1-2003に適合する枠組壁工法構造用たて継ぎ材

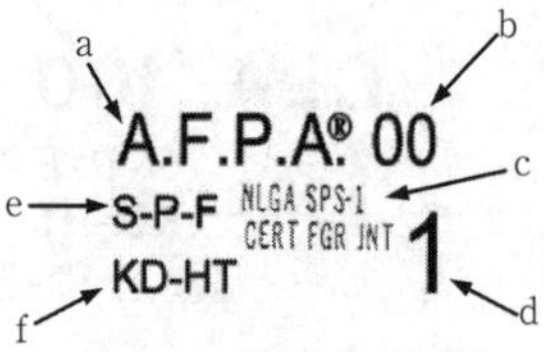

AFPAによる格付マーク

CFPAによる格付マーク

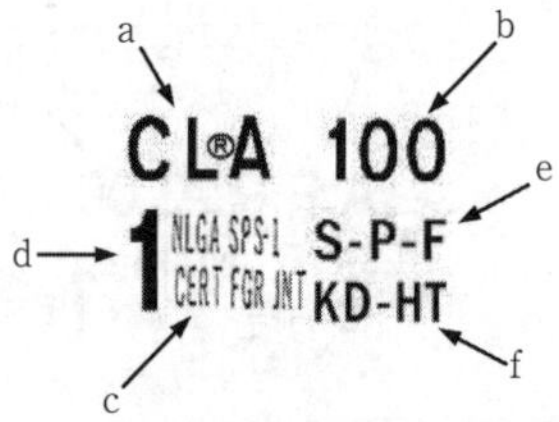

CLAによる格付マーク

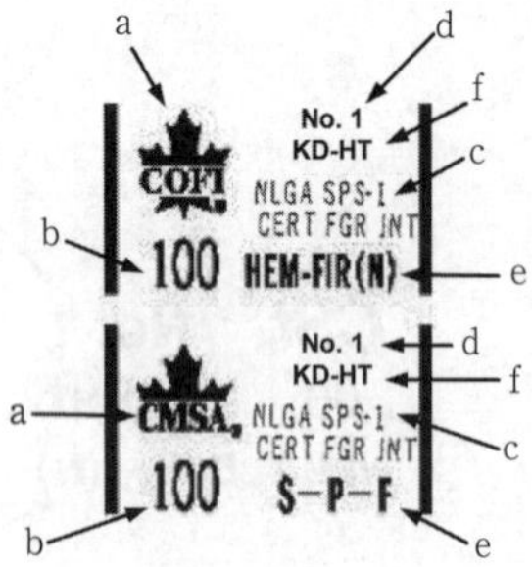

CMSAによる格付マーク

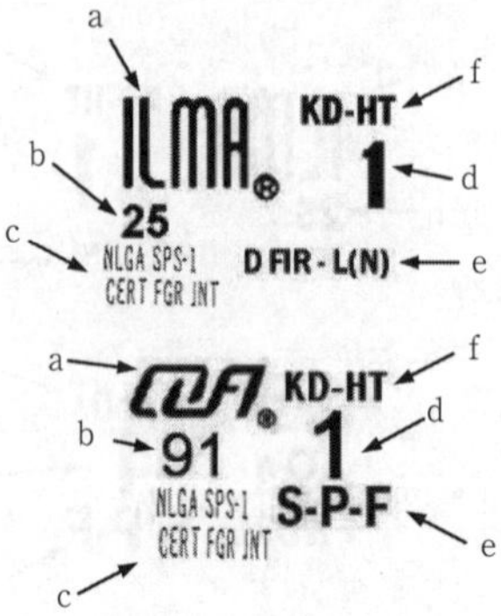

COFIによる格付マーク

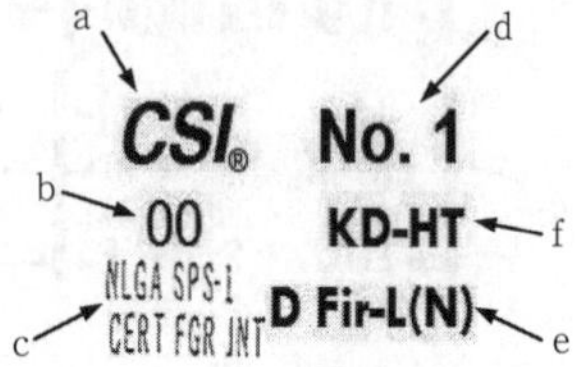

CSIAによる格付マーク

MIによる格付マーク

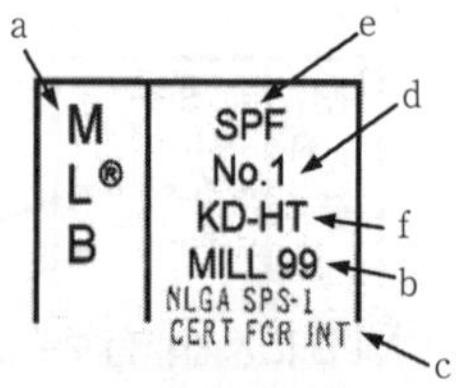

MLBによる格付マーク

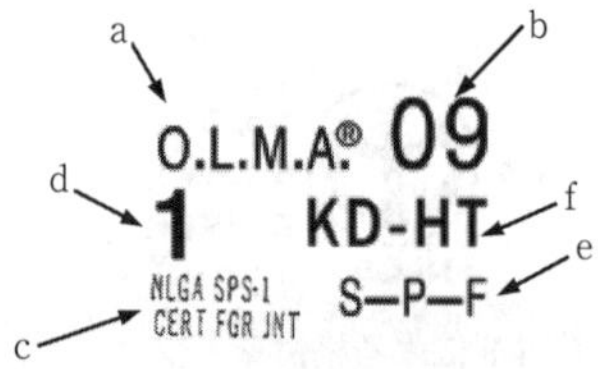

OLMAによる格付マーク

PLIBによる格付マーク

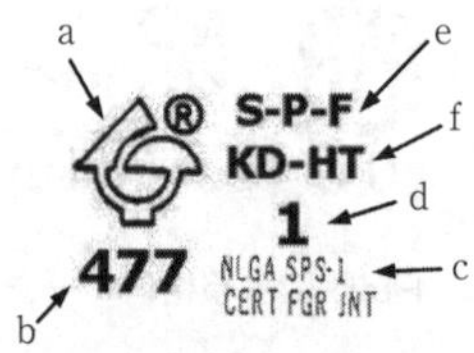

QFICによる格付マーク

格付マーク中の各記号が表す内容

a：等級格付機関
b：メーカー番号またはメーカー名
c：SPS1格付規格
d：SPS1格付規格に規定する等級
e：樹種または樹種群
f：含水率

Ⅲ　格付規格NLGA SPS3-2003に適合する枠組壁工法構造用たて継ぎ材

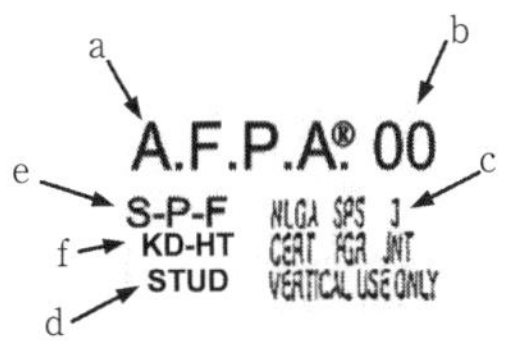

AFPA による格付マーク

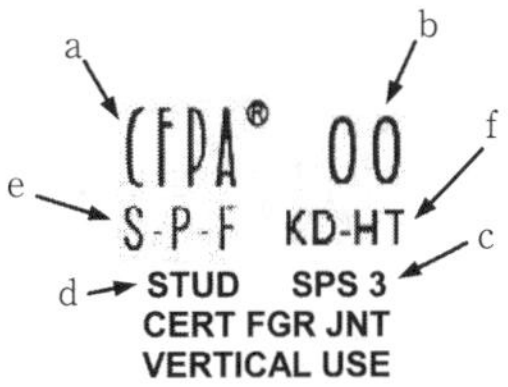

CFPA による格付マーク

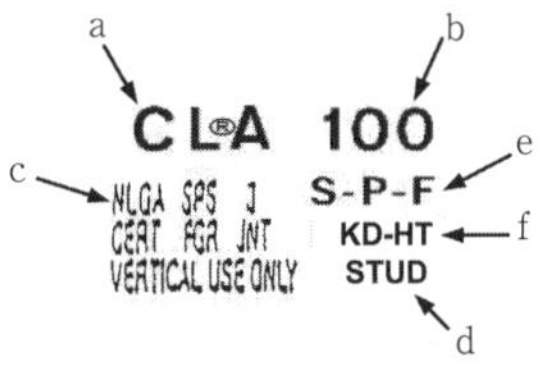

CLA による格付マーク

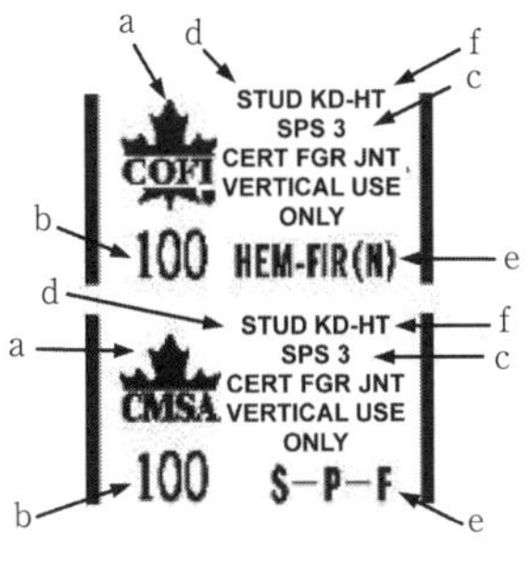

CMSA による格付マーク

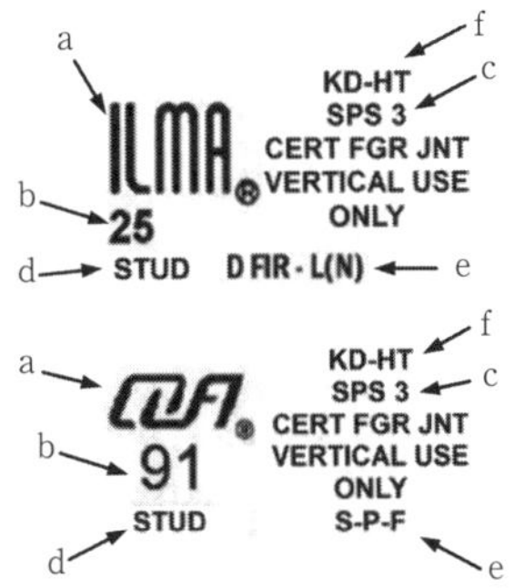

COFI による格付マーク

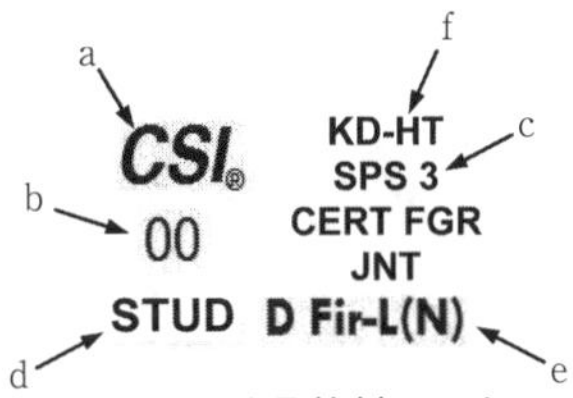

CSIA による格付マーク

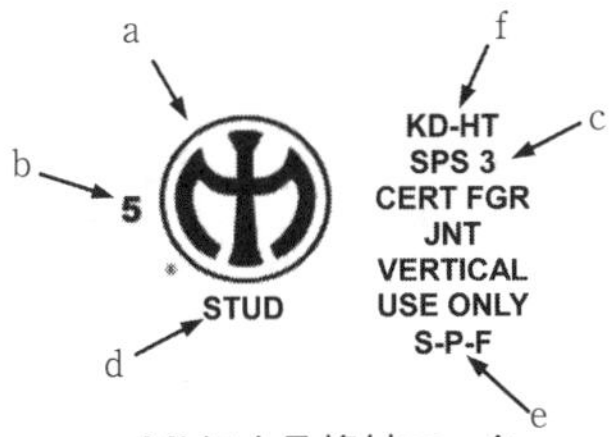

MI による格付マーク

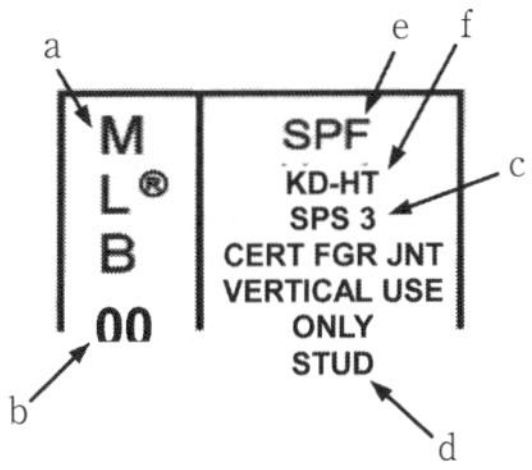

MLB による格付マーク

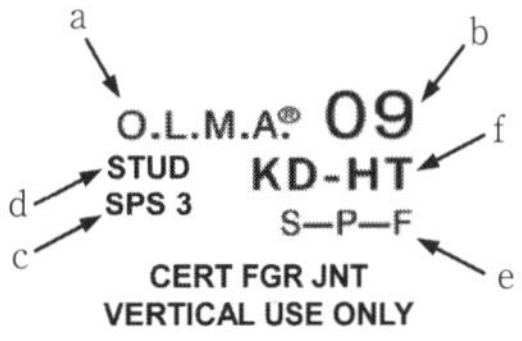

OLMA による格付マーク

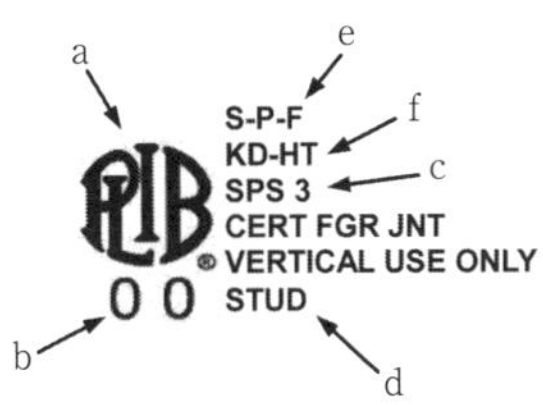

PLIB による格付マーク

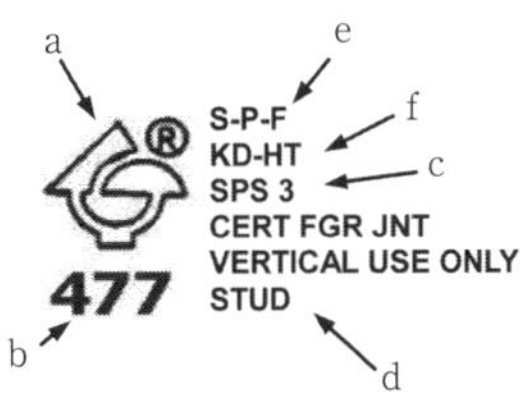

QFIC による格付マーク

格付マーク中の各記号が表す内容

a：等級格付機関
b：メーカー番号またはメーカー名
c：SPS3格付規格
d：SPS3格付規格に規定する等級
e：樹種または樹種群
f：含水率

Ⅳ　格付規格NLGA SPS2-2003に適合する機械による曲げ応力等級区分を行う枠組壁工法構造製材

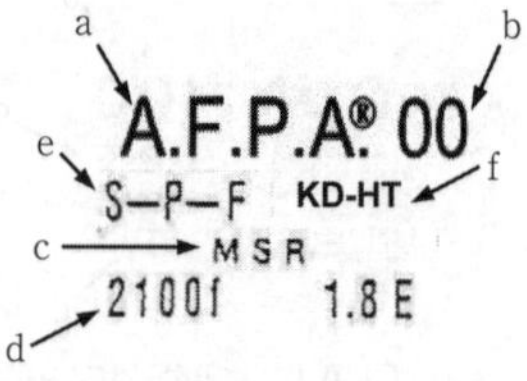

AFPA による格付マーク

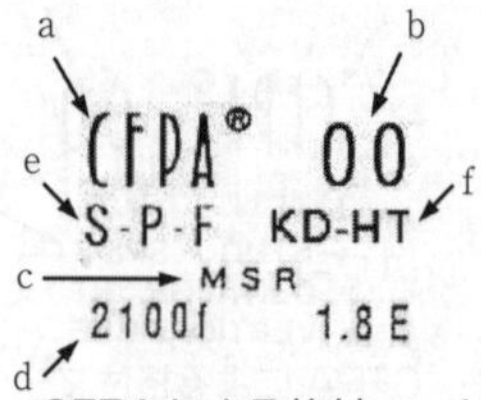

CFPA による格付マーク

CLA による格付マーク

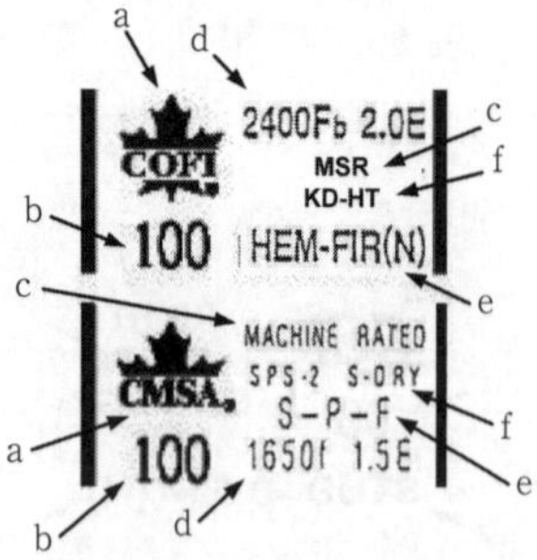

CMSA による格付マーク

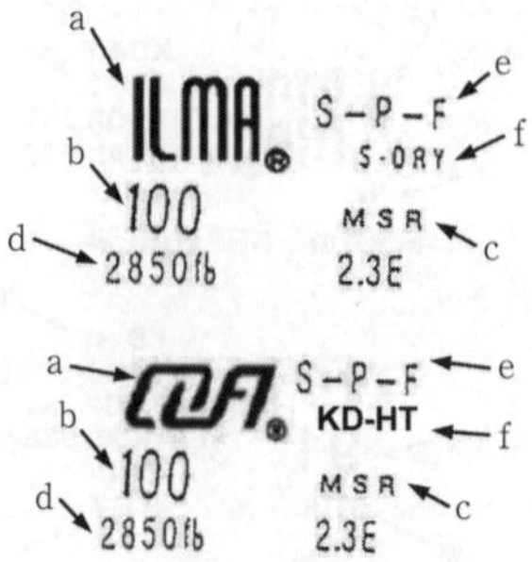

COFI による格付マーク

CSIA による格付マーク

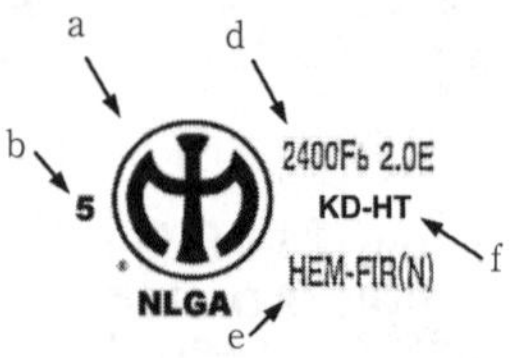

MI による格付マーク

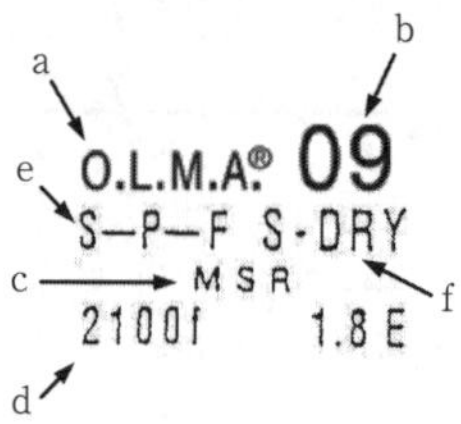

OLMA による格付マーク

PLIB による格付マーク

QFIC による格付マーク

格付マーク中の各記号が表す内容

a：等級格付機関
b：メーカー番号またはメーカー名
c：MACHINE STRESS-RATED LUMBER(MSR)である旨を表す
d：MACHINE STRESS-RATED LUMBER(MSR)等級
e：樹種または樹種群
f：含水率

付録15　木造住宅の長寿命化を支える耐久設計のポイント

わが国の住宅は、取り壊されるまでの平均築後経過年数が約30年と、イギリスの約77年、アメリカの約55年に比較して短い。地形・地質・気象等の国土・自然条件や地震の発生頻度等の地理的な条件、国民性の違いや歴史的背景などから単純に比較できないものの、こうした現状は、諸外国と比較してわが国の住宅が短命であることがわかる。

一方で、今後は人口・世帯数の減少に伴い、これまでのように都市への人口集中や地価の上昇などを前提にして住宅の建設を考えることは難しくなるものと予想される。また、住宅地に対する開発圧力も減少すると考えられることから、わが国においても利用価値がある住宅を長く使っていくことが求められるよう、市場が変化していくことになるだろう。

経済的観点、地球環境の観点からも実現が望まれるこうした変化に適切に対応し、住宅の長寿命化に取り組むことは今後ますます重要となる。

以下は、木造住宅の耐久設計のポイントである。これらを参考に、成熟社会において良質ストックとして活用される住宅づくりに取り組むことを推奨する。

1. 耐久性向上のための3要素と耐久性能との関係

地盤、気象条件が一定と仮定した場合、木造住宅の構造材の耐久性能は、主に①設計、②施工、③使用・維持管理という3つの要素によって決定される。これらは、建物のライフサイクルのほぼすべての段階でさまざまな要因と関連しており、それぞれは耐久性能確保上、下図のような関係にあると考えられる。

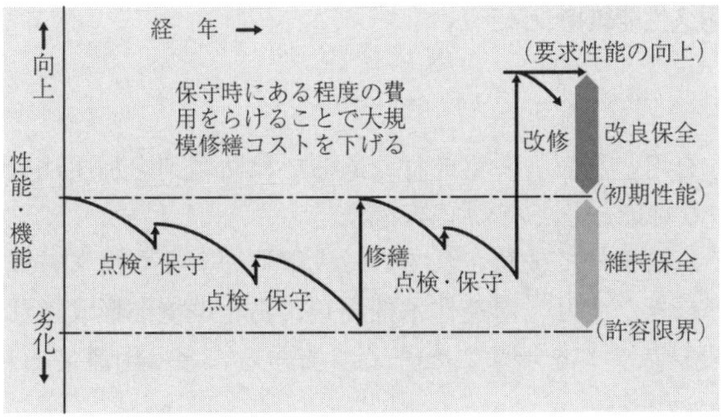

図1　保全の概念

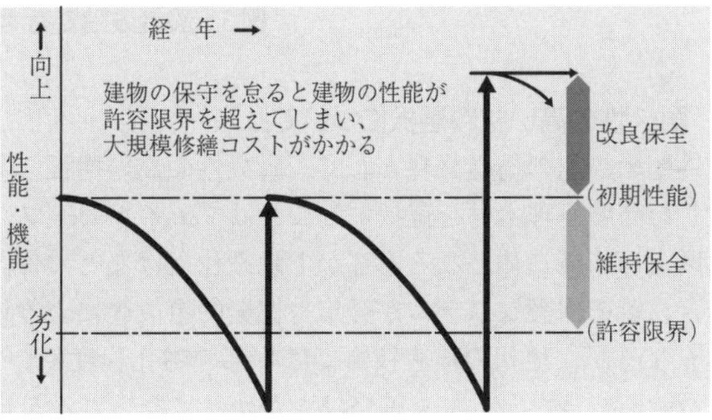

図2　点検・保守を怠った場合

すなわち、材料選択を含めた設計によって初期耐久性能値が決まるが、施工の善し悪しによってはその値が低下してしまう場合がある。また、耐久性能低下の進み具合は、住宅をどのように使い、維持管理していくかによって決定される。つまり、これら3要素のすべてをうまくコントロールすることによって、建物の耐久性が向上することになる。

2. 維持管理のための設計上の工夫

適切な維持管理は、住宅の耐久性向上のみならず、住宅のライフサイクルにおけるトータルコスト（建築費、修繕費等）の抑制にもつながる。

具体的には、日常点検、定期点検などの通常点検を計画的に実施するとともに、雨漏りなどの事故や、地震、強風、大雨などの災害発生時にすみやかに臨時点検（不定期点検）を実施することで、発生した不具合を早期に発見して修繕を行うことが可能になり、その結果、建物の損傷程度を小さくして維持管理コストを抑えることができる。

このため、点検・更新を容易に実施できるよう設計段階から工夫することが重要であり、そうすることが建物の長寿命化に有効な措置となる。

例えば、点検しやすさに関しては、床下空間などの人が進入して点検する空間ではその経路確保が必要であり、配管スペースなどの人が進入できない箇所は配管継手等の確認ができる点検口を適切に設置することが重要となる。

また、更新しやすさに関しては、例えば、基礎内に設置したスリーブ内に配管を通すことや、各階とも同じ位置に配管スペースを確保するなど、更新にあたり、基礎や壁などの構造部の損傷範囲を最小限にとどめるよう配慮するとよい。

3. フェイルセーフの概念の導入

枠組壁工法住宅の耐久性を確保するためには、木質材料の耐久性能を低下させる原因となる水分・湿分を長期間継続的に木部に作用させないシステムを導入することが求められる。

ただし、何らかの故障あるいは許容限度を超える事象が生じる場合もあることから、そのシステムには、二重、三重に水分・湿分の作用・挙動をコントロールするサブシステム（例えば壁の場合、壁体内に浸入した湿分を屋外に放出するため、透湿防水シートと通気層を設置すること等）が組み込まれていることが必要となる。また、構造材料に生じている何らかの危険な事態を察知し、それらを容易に補修できることも重要である。

このように、耐久性に配慮した設計を行うには、万が一の事態に対する対策として、フェイルセーフ（作用する可能性のある危険に対して幾重もの安全装置を設けること）の概念を導入するとよい。

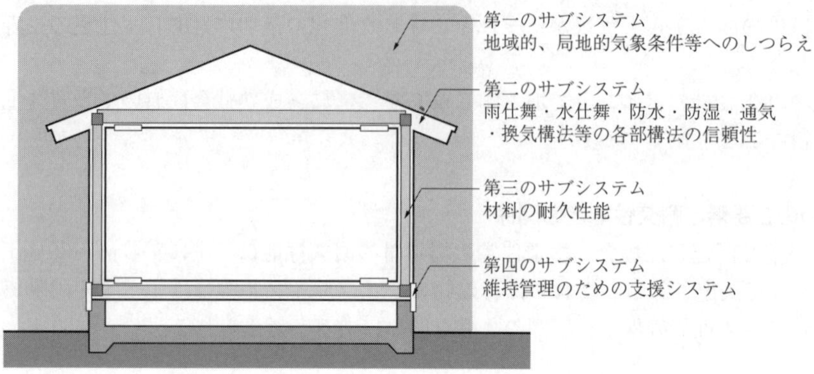

図3　設計段階で考慮すべき耐久性能維持システム

4. 耐久性の高い材料選択について

外壁の枠組の構造材料として、耐久性の高い樹種の心材部分を用いた製材・集成材、あるいは防腐剤を加圧注入処理した防腐処理木材を選択することはフェイルセーフに該当する対策として有効である。

例えば、構造体となる木部が下地や仕上げなどの保護システムによって被覆されている大壁造のような構造方式の場合、その保護システムが経年や偶発的事故等により性能低下をきたすと、構造体木部周辺に劣化環境が形成されやすくなるが、現状の検査技術では木部の劣化程度について保護システムを壊すことなく診断することは困難であり、また診断できたとしても補修は大がかりにならざるを得ない場合が多い。

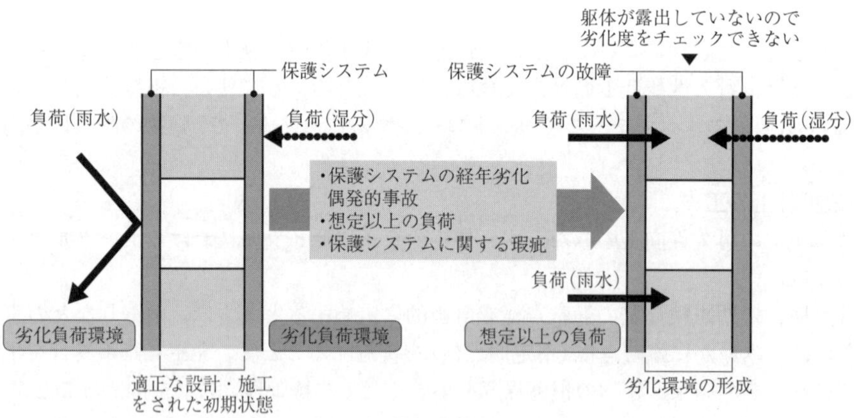

図4　外壁密閉部材の保護システム（内部部材に水分・湿分が作用しないようにする機能）

このように点検、維持管理が困難な部位においては、高い耐久性を有した材料選択が重要となる。

耐久性の高い材料を選択した場合は、万が一、保護システムが故障あるいは性能低下した場合でも劣化速度が遅くなり、限界耐用状態になるまでの時間を遅らせることができる。また、その間に保護システムの性能回復を図り、目標とする耐用年数を全うできるようになる。

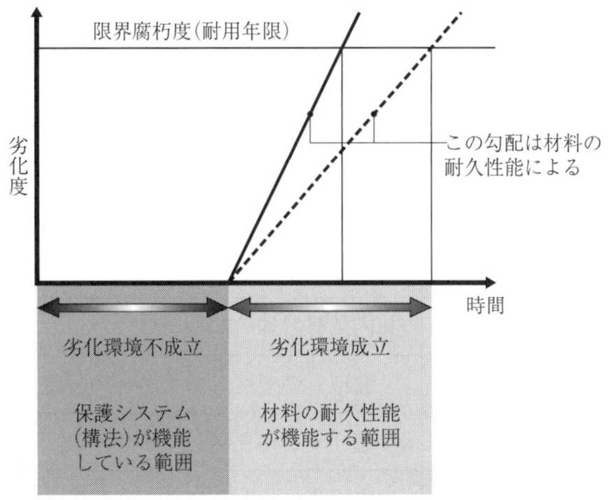

図5　材料による劣化対策の意味

5. リフォームによる長寿命化

維持管理による保守が、主に初期性能の持続を目的とする一方、リフォームによる改修には居住性能の向上を図りながら、現在の住宅を永く使っていくという目的が含まれている。

戸建て住宅のリフォーム工事として、あらかじめ利用が想定される住宅設備・内外装の変更工事等を行いやすい設計とすることは、適切なリフォーム工事の実施を促し、ひいては住宅の長寿命化につながると考えられる。

例えば、住宅設備には「配管・機器の更新しやすさ」、内装には「既存内装材の撤去しやすさ」、外装には「外装材更新後も雨漏りしにくいおさめ方」、間取りには「変更しやすさ」、「電灯スイッチ、天井コンセント位置の柔軟性」、窓サッシには「サッシをあと付けしやすいおさめ方」など、計画段階からその後の改修に配慮しておくことが重要である。

図6　リフォーム工事の内容(複数回答)

[参考文献]
・長持ち住宅の手引き(国土交通省住宅局)
・知っておきたい木造建築物の耐久性向上のポイント(一般社団法人木を活かす建築推進協議会)
・平成26年度 第12回 住宅リフォーム実例調査(一般社団法人住宅リフォーム推進協議会)

■木造住宅の長寿命化に向けた設計・施工上の配慮事項(主なもの)

木造住宅を長寿命化するためには、長期優良住宅の普及の促進に関する法律（平成20年法律第87号）に係る認定基準に適合する仕様(本仕様書第Ⅳ章7参照)とすることが望ましい。

さらに、将来的な維持管理と改修の実施等を考慮すると、下表の項目についても、十分に検討したうえで、設計・施工することが肝要である。

下表の項目は、①についてはリフォーム工事の多い事項を、②については瑕疵保険事故の多い事項を参考に選定・掲載しているものである。この他に配慮すべき事項については、建設地域の特性や施主の要望等に応じて、設計者が検討・工夫することが望ましい。

項目		配慮事項	本仕様書掲載頁
①維持管理を容易に実施するための工夫	住宅設備	基礎配管スリーブの設置	P47
		将来の設備更新への備え	P172
	内装	内装材料等の記録	P244
	間取り	間取りの変更しやすさへの配慮	P244
	窓	窓サッシの更新しやすさへの配慮	P250
	基礎・床組等	床下点検のしやすさへの配慮	P47
②改修が困難な部位に使用する材料選択など	地盤・基礎	地盤調査のポイント	P43
		基礎の立上り高さの確保	P47
		土壌処理、土壌処理と同等の効力を有するもの	P81
	土台・床	防腐・防蟻措置が必要な木部	P80
		水切りの設置について	P80
		木材の耐腐朽性・耐蟻性	P80
		床下換気	P42
	壁	外壁内通気措置と防水	P118
		外壁開口部まわりの防水と窓台等の耐久性	P249
		シーリング材について	P235
	屋根	屋根まわりにおいて雨漏りの発生しやすい箇所	P152
	柱・はり その他躯体	集成材利用時の留意点	P62
		跳出しバルコニーの支持方法	P99
		適切なバルコニーの排水の確保	P257

付録16　住宅の維持管理方法のポイント

住宅は、適切に維持管理を実施することで、さまざまな自然条件や使用状況の中で発生する機能低下や劣化を未然に防ぐことが可能となる。また、万が一、不具合が発生した場合にもこれを早期に察知し修繕することで、住宅の性能を長きにわたり維持することが可能となる。住宅の適切な維持管理に向けて、日常の清掃、定期的な点検・更新のポイントを以下に紹介する。

1. 日常の清掃について

住宅を清潔に保ち、適切に換気を行う等の日常の保守を実施することは、生活の快適さを維持するだけでなく、住宅の各部の傷みや不具合などを早期に発見するきっかけとなる。また、適切に手入れを行うことが、住宅や設備を長持ちさせることにもつながる。

清掃を中心とした日常からの保守が住宅の長寿命化の前提となることを、住まい手自らが正しく認識し、継続的な実施に務めることが重要である。

参考表1　日常の清掃項目とスケジュール※(例)

	毎日	毎週一回	毎月一回	半年に一回
玄関・ポーチ	・砂やホコリを掃き出す	・ポーチの水洗い ・ドア、引戸のから拭き	・アルミ製ドア、引戸の洗剤拭き ・下駄箱の整理と掃除	・木製ドア、引戸のワックス掛け、つや出し ・タイル水洗い、油性ワックス掛け
すべての寝室	・窓を開けて換気する ・フローリングのから拭き ・カーペットの掃除機掛け ・たたみのほうき掛け	・壁のはたき掛け、から拭き	・天井のすす払い、はたき掛け ・壁のスイッチまわりの手あか掃除	・カーペットの簡易クリーニング ・壁、天井のから拭き(耐水性のものは洗剤拭き) ・フローリングのワックス掛け
キッチン	・シンクやガスレンジの汚れを落とす ・使用後は水気を拭き取る ・生ゴミの処理	・流し台天板、シンクの洗剤拭き ・ガスコンロ(電気コンロ)の掃除 ・壁、天井の洗剤拭き	・換気扇の掃除 ・食器戸棚、収納戸の整理	
浴室	・最後に入浴した人が床や壁を水で流し、換気する ・浴槽、排水口の掃除	・浴室用洗剤で浴室全体の掃除	・風呂釜、床排水口のトラップ内の洗浄 ・壁、床、天井のカビ取り	
トイレ	・便器の床の汚れを落とす	・トイレ用洗剤で便器の掃除		
洗面所	・使用後は洗面台や床にとんだ水を拭き取る	・洗面化粧台の洗剤拭き ・水洗器具磨き、排水口の掃除		
外部建具 内部建具		・ガラス拭き	・アルミ製ドア、引戸の洗剤拭き ・下駄箱の整理と掃除 ・木製ドア、障子、ふすまをから拭き	・木製ドア、引戸のワックス掛け、つや出し
バルコニー		・床面の清掃 ・排水口の清掃		
設備機器		・頻繁に使用する季節はエアコンのフィルター掃除	・フィルターの水洗い ・ガス漏れ警報器の作動確認	・照明器具の掃除 ・雑排水ますの掃除
外壁				・汚れ落とし
屋根				・落ち葉ゴミの掃除 ・雨どいの掃除
建物周囲			・床下換気孔まわりの整頓 ・排水溝の清掃 ・屋外コンセントの点検	

※上記のほか、年に1回以上の頻度で、家具や収納物を取り出して、畳干し、カーペットクリーニング、押入・収納の掃除等を実施すること。

参考表2　保守項目の年間実施計画表(例)

1月	2月	3月
◆1年の初めに、大まかなお手入れの計画をたてましょう。 ◆火災に備えて、消火器は家族の誰もが使えるように、置き場所や使い方を確認しておきましょう。 ◆部屋の空気がこもりがちなので、換気に注意しましょう。	◆暖房による結露に注意しましょう。 ◆水道管の凍結防止策を講じましょう。	◆雪解け後のお掃除をしましょう。 ◆冬季に傷んだ箇所を点検しましょう。 ◆暖房器具のお手入れをしましょう。 ◆春一番の吹く季節です、家の中に吹き込んだ埃をこまめに掃除しましょう。
4月	**5月**	**6月**
◆生垣の刈込み、庭のお手入れをしましょう。 ◆シロアリに注意しましょう。 羽蟻を見つけたらシロアリかどうか確認し、シロアリの被害が見つかったら大小に関わらず専門業者に対応を依頼しましょう。 (4～7月は羽蟻の活動期です)	◆草刈りをしましょう。(5月､7月､9月) ◆梅雨に備えて排水溝などを掃除しておきましょう。 ◆ホウ酸塩などの木材防虫防腐剤等で、ヒラタキクイ虫の繁殖を防ぎましょう。 (5～6月が活動期) ◆壁紙のはがれや塗装のはがれを点検し、必要であれば直しておきましょう。	◆除湿、カビ防止のため、雨天以外は窓を開け、通風・防臭に努めましょう。 ◆屋根や雨どいの点検をして、雨漏りに注意しましょう。
7月	**8月**	**9月**
◆外部の塗装に最適の季節です。塗装がはがれている箇所は塗り替えましょう。(7月、10月) ◆網戸の点検と取付けをしましょう。 ◆草刈りをしましょう。(5月､7月､9月) ◆梅雨があけたら畳を上げて大掃除しましょう。	◆台風に備えて住戸内外の点検をしましょう。 (屋根、雨どい、窓、雨戸、排水溝)	◆網戸、雨戸のお手入れをしましょう。 ◆冷房器具のお手入れをしましょう。 ◆草刈りをしましょう。(5月､7月､9月) ◆屋根、雨どい、塀など家のまわりを点検し、破損箇所は早めに補修しましょう。
10月	**11月**	**12月**
◆台風で傷んだ箇所を点検しましょう。 ◆落ち葉を取り除きましょう。 ◆外部の塗装に最適の季節です。塗装がはがれている箇所は塗り替えましょう。(7月、10月)	◆暖房器具の準備とすきま風を防ぐ工夫をしましょう。 ◆修繕等で専門家に依頼する仕事は早めに手配し、当月中に済ませましょう。 (12月は混み合います)	◆凍害、雪害に備えましょう。 ◆大掃除と各部の点検をあわせて行いましょう。

2. 定期的な点検・更新について

長きにわたり住宅の性能を維持し利用するには、目標とする住宅の運用期間に係る維持保全計画を新築段階で作成するとともに、当該計画に従って定期的に点検・更新を行う必要がある。

なお、維持保全計画の策定にあたっては、住宅を構成する各部の耐用年数を把握することが重要である。各部の部材・部品群を機能別・耐用年数別に分類することで、各部材間の耐用年数の違いが明確になり、耐用年数の長い部材を傷つけずに耐用年数の短い部材を交換する計画づくりも可能となる。

参考表3　戸建木造住宅の標準的な点検項目と更新時期について(例)

点検部位			主な点検項目	点検時期の目安	定期的な手入れ	更新・取替えの目安
地盤	地盤	地盤	ひび割れ、沈下、ゆるみ	4～5年ごと	–	–
		擁壁	ひび割れ、亀裂、水抜き孔の詰まり、はらみ	4～5年ごと★	–	–
構造躯体	基礎	コンクリート基礎立上り	ひび割れ、欠損、沈下、換気口のふさがり、さび、蟻道	5～6年ごと★	–	建て替えの際に更新
	床組	土台	基礎からのずれ・浮き、断面欠損、腐朽、蟻害、割れ	4～5年ごと★	5～10年で防腐・防蟻再処理	建て替えの際に更新(補修は適宜)
		大引き、床束、根太	腐朽、さび、蟻害、傾斜、たわみ、床鳴り、振動、断面欠損	4～5年ごと★	5～10年で防腐・防蟻再処理	20～30年位で全面取替えを検討
	軸組	柱、間柱、筋かい、胴差し	傾斜、断面欠損、腐朽、さび、蟻害、ひび割れ	10～15年ごと★	–	建て替えの際に更新(補修は適宜)
	小屋組	たる木、母屋、むな木、小屋束	腐朽、さび、たわみ、雨漏り、蟻害、ひび割れ、小屋裏の湿気、変形、傾斜	10～15年ごと★	–	建て替えの際に更新(補修は適宜)

点検部位			主な点検項目	点検時期の目安	定期的な手入れ	更新・取替えの目安
外部仕上げ	屋根	かわらぶき	ずれ、はがれ、浮き、ひび割れ、さび、雨漏り、変形	5～6年ごと ★	－	20～30年位で全面ふき替えを検討
		住宅屋根用化粧スレート	褪色、ずれ、ひび割れ、鉄部のさび、雨漏り、はがれ	4～6年ごと ★	－	15～30年位で全面ふき替えを検討
		金属板ぶき	褪色、さび、浮き、変形、雨漏り	2～3年ごと ★	3～5年ごとに塗替え	10～15年位で全面ふき替えを検討
	外壁	モルタル壁	汚れ、褪色、ひび割れ、はくり、雨漏り、浮き	2～3年ごと ★	トップコート吹替え3～4年ごと	15～20年位で全面補修を検討（亀裂等の状況により幅がある）
		サイディング壁（窯素系、ALC系）	汚れ、褪色、シーリングの劣化、雨漏り、割れ、欠損	3～4年ごと ★	トップコート吹替え3～4年ごと	15～20年位で全面補修を検討
		金属板・金属サイディング	汚れ、さび、変形、接合部のゆるみ、割れ、雨漏り	2～3年ごと ★	3～5年ごとに塗替え	15～20年位で全面補修を検討
		板張り壁	反り、腐朽、すき間、汚れ、雨漏り	2～3年ごと ★	3～5年ごとに塗替え	15～20年位で全面補修を検討
		目地シーリング	劣化、ひび割れ、汚れ、浮き、雨漏り	2～3年ごと ★	－	10～15年位で全面打ち替えを検討
	雨どい	雨どい	詰まり、はずれ、ひび、軒樋の垂れ下がり	2～3年ごと ★ 随時詰まり除去	－	7～8年位で全面取替えを検討
	軒裏	軒裏天井	腐朽、雨漏り、はがれ、たわみ、ひび割れ	2～3年ごと ★	－	15～20年位で全面補修を検討
	バルコニー・濡れ縁	木部	腐朽、破損、蟻害、手すりぐらつき	1～3年ごと	3～5年ごとに塗替え	15～20年位で全面補修を検討
		鉄部	さび、破損、固定不良、手すりぐらつき	2～3年ごと	3～5年ごとに塗替え	15～20年位で全面取替えを検討
		アルミ部	腐食、破損、固定不良、手すりぐらつき	4～5年ごと	－	15～20年位で全面取替えを検討
		床	雨漏り、ひび割れ	1～3年ごと	－	15～20年位で全面取替えを検討
内部仕上げ	床	木製	はがれ、ひび割れ、浮き、腐朽、傾斜、汚れ、反り、きしみ	日常点検による	－	3～25年で全面取替えを検討
		畳	汚れ、変形、ダニ、凹凸	日常点検による	2～3年で畳表を裏返し さらに、2～3年で畳表交換	12～25年で全面取替えを検討
		カーペット	汚れ、変色、ダニ	日常点検による	－	6～12年で全面取替えを検討
	壁	クロス張り、板張り、繊維壁・砂壁	ひび割れ、雨漏り、目地破断、腐朽、蟻害、汚れ、傾斜、はがれ、カビ、しみ	日常点検による	－	10～15年で全面張り替えを検討
	天井	クロス張り、板張り	ひび割れ、雨漏り、目地破断、腐朽、蟻害、汚れ、傾斜、はがれ、カビ、しみ	日常点検による	－	10～15年で全面張り替えを検討
	階段	木製	腐朽、さび、ひび割れ、手すりぐらつき、沈み	日常点検による	－	10～15年で全面取替えを検討
	造作・収納	床の間、回り縁、幅木、造付け家具	汚れ、きず、建具の建付け不良	日常点検による	－	特に定めない
建具	外部建具	玄関建具	すき間、建付け不良、付属金属異常、腐食	2～3年ごと 建付け調整は随時	－	木製は15～20年で アルミ製は20～30年で取替えを検討
		アルミサッシ	建付け不良、腐食、さび	2～3年ごと 建付け調整は随時	－	20～30年で取替えを検討
		雨戸・網戸	さび、建付け不良、腐食	2～3年ごと 建付け調整は随時	－	木製は10～15年で アルミ製は20～30年で取替えを検討

点検部位			主な点検項目	点検時期の目安	定期的な手入れ	更新・取替えの目安
建具	外部建具	窓枠・戸袋などの木部	腐朽、雨漏り、シーリングの劣化、さび	2～3年ごと	3～5年ごとに塗替え	建具と同時に取替えを検討
	内部建具	木製建具	すき間、建付け不良、付属金属異常	2～3年ごと 建付け調整は随時	–	15～20年位で取替えを検討
		ふすま	すき間、建付け不良、破損、汚れ	日常点検による 建付け調整は随時	2～3年ごとに貼り替え	15～20年位で取替えを検討
		障子	すき間、建付け不良、破損、汚れ	日常点検による 建付け調整は随時	1～2年ごとに貼り替え	15～20年位で取替えを検討
設備	給水	給水管	水漏れ、赤水、管表面の結露	随時	水漏れはただちに補修	15～20年位で全面取替えを検討
		水栓器具	水漏れ、パッキングの異常、作動不良	随時	3～5年でパッキング交換	給水管取替えの際更新
	排水	排水管、トラップ	水漏れ、詰まり、悪臭	随時	水漏れはただちに補修	15～20年位で全面取替えを検討
		浄化槽	悪臭、水漏れ	専門業者との維持管理契約による	専門業者との維持管理契約による	建て替えの際更新
	台所	台所シンク	水漏れ、ひび割れ、腐食	随時（水漏れはただちに補修）	–	10～20年位で取替えを検討
	洗面所	洗面台	水漏れ、ひび割れ、腐食	随時（水漏れはただちに補修）	–	10～20年位で取替えを検討
	便所	便器、水洗タンク	水漏れ、ひび割れ	随時（水漏れはただちに補修）	–	15～20年位で取替えを検討
	浴室	在来工法 ユニットバス	タイル等の割れ、汚れ、シーリングの劣化、カビ、ジョイント部の割れ・すき間、汚れ	随時（水漏れはただちに補修）	–	10～15年位で取替えを検討
	ガス	洗面台	ガス漏れ、ゴム管の劣化	随時（ガス漏れはただちに補修）	1～3年でゴム管交換	15～20年位で全面取替えを検討
		給湯器	水漏れ、ガス漏れ、器具の異常	随時（ガス漏れはただちに補修）	–	10年位で取替えを検討
	換気設備	換気扇、ダクト、フィルター	作動不良、フィルターの目詰まり、破損	随時	フィルター掃除	15～20年位で取替えを検討
	電気設備	配線、スイッチ、コンセント	スイッチ作動不良、破損	随時	–	15～20年位で取替えを検討
	感知警報装置	住宅用火災警報機	動作確認	1年ごと動作確認	電池式は定期的に電池の交換	10年位で取替えを検討

「点検時期の目安」欄に★印の記載がある項目は、台風や大きな地震の後の「臨時点検」の際にも点検することが望ましいことをさしています。
注）この表は、木造住宅をベースとして一般的な目安をまとめたものです。また、屋根や外壁などは、その種類によって点検周期や点検内容が異なります。

3. 住まいの履歴情報の保管について

長きにわたり住宅の性能を維持していくには、計画的に点検を行い、補修や交換をしたり、リフォームなどを行い、住宅の価値を維持・向上させることが求められる。また、災害などにあった場合には、すみやかに点検を行い、安全を確認するとともに、必要に応じて補修をしておくことが重要である。

建設時における設計図書などとあわせて、どのように維持管理されてきたかという記録を残すことで、補修・交換やリフォームが適切で合理的になされるとともに、住宅の情報が明らかになることで、売買や賃貸の際に、住宅の価値が適切に評価されることが期待される。

(1)　住宅履歴情報の具体的な例

新築段階	建築確認	地盤調査、建築確認、工事監理、完了検査、開発行為に係る書類や図面
	住宅性能評価	設計住宅性能評価、建設住宅性能評価(新築)に係る書類や図面
	認定長期優良住宅	認定手続のために作成される書類や図面
	新築工事関係	住宅の竣工時とそれまでにつくられた書類や図面等
維持管理段階	維持管理計画	メンテナンスプログラム等
	点検・診断	自主点検、サービス点検、法定点検、住宅診断に係る書類や図面等
	修繕	計画修繕、その他の修繕に係る書類や図面等
	リフォーム・改修	性能、仕様等の向上のためのリフォーム・改修工事に係る書類や図面等
	認定長期優良住宅の維持保全	保存が義務付けられている維持管理の記録等
	住宅性能評価	建設住宅性能評価(既存)に係る書類や図面
売買時	重要事項説明	重要事項説明書、告知書等

(出典：一般社団法人住宅履歴情報蓄積・活用推進協議会ホームページ)

(2)　さまざまな制度で活用されている住宅履歴情報

①　長期優良住宅

長期優良住宅とは、「長期優良住宅の普及の促進に関する法律」に基づき、長期にわたり良好な状態で使用するための性能や維持管理の計画について定められた認定基準に適合する住宅のこと。

長期優良住宅の認定を受けた施主は、認定を受けた計画に基づいて住宅を建築し、竣工後は維持保全を行うともとに、維持保全の状況について記録を作成し(＝住宅履歴情報)、保存することになる。

新築についての認定制度は2009年から、既存住宅についての認定制度は2016年から開始している。

②　安心R住宅

既存住宅の流通促進に向けて、従来のマイナスイメージを払拭し、「住みたい」「買いたい」既存住宅を選択できる環境を整備するため、2017年に国が創設した制度である。

安心R住宅のRとは、Reuse(リユース・再利用)、Reform(リフォーム・改修)、Renovation(リノベーション・改装)を意味する。

インスペクション(建物状況調査等)が正しく行われて、以下の要件を満たしている優れた住宅であり、リフォーム等について正しく情報提供が行われる既存住宅である。

要件1：耐震性等の基礎的な品質を備えている

要件2：リフォームを実施済みまたはリフォーム提案が付いている

要件3：点検記録等(＝住宅履歴情報)の保管状況について情報提供が行われる

要件に適合すれば、ロゴマークを付けて、安心R住宅であることを公表することができる。

③　住宅を売買する際の重要事項説明

2016年に宅地建物取引業法が改正され、住宅を売却・購入するとき(媒介契約締結時)には、建物状況調査(インスペクション)の活用を促すほか、重要事項説明時に建物状況調査の結果の概要や建物の建築・維持保全の状況に関する書類(＝住宅履歴情報)の保存状況の説明が追加された。

索　引

2023年版住宅工事仕様書　改訂原案作成委員会

2023年3月
（敬称略、順不同）

1　本委員会

委員長	中島　正夫	関東学院大学 名誉教授
委　員	石川　廣三	東海大学 名誉教授
	大橋　好光	東京都市大学 名誉教授
	鎌田　元康	東京大学 名誉教授
	河野　守	東京理科大学理工学研究科国際火災科学専攻 教授
	佐藤　克志	日本女子大学家政学部住居学科 教授
	鈴木　大隆	地方独立行政法人北海道立総合研究機構 理事
	安村　基	静岡大学 名誉教授
	眞方山　美穂	国土交通省国土技術政策総合研究所 住宅研究部長
	布田　健	国立研究開発法人建築研究所 建築生産研究グループ長
	桃原　郁夫	国立研究開発法人森林研究・整備機構森林総合研究所 関西支所長
	大野　年司	一般社団法人JBN・全国工務店協会 会長
	髙橋　健二	全国建設労働組合総連合 住宅対策部長
	加藤　邦彦	一般社団法人日本ツーバイフォー建築協会 専務理事
	越海　興一	一般社団法人日本木造住宅産業協会 専務理事
	飯島　敏夫	公益財団法人日本住宅・木材技術センター 参与兼認証部長
	冨岡　進太郎	一般社団法人住宅瑕疵担保責任保険協会 事務局次長
	長崎　卓	一般財団法人ベターリビング 常務理事（～2022年9月）
	呉　祐一郎	一般財団法人ベターリビング 常務理事（2022年10月～）
	脇出　一郎	一般社団法人住宅性能評価・表示協会 事務局長
	渡邊　靖司	公益財団法人住宅リフォーム・紛争処理支援センター 参与
	山上　義嗣	日本建築行政会議（千葉県県土整備部都市整備局建築指導課構造設備審査班 副主査）
協力委員	細萱　英也	国土交通省住宅局住宅経済・法制課住宅金融室 企画専門官（～2022年7月）
	山口　義敬	国土交通省住宅局住宅経済・法制課住宅金融室 企画専門官（2022年7月～）
	福井　武夫	国土交通省住宅局参事官（建築企画担当）付 建築設計環境適正化推進官（～2022年6月）
	岡野　大志	国土交通省住宅局参事官（建築企画担当）付 企画専門官（2022年7月～）
	高梨　潤	国土交通省住宅局住宅生産課木造住宅振興室 課長補佐
	片岡　泰子	一級建築士事務所木造建築環境設計所 代表
	戸田　淳二	株式会社中央設計 代表取締役
	神田　雅子	アーキキャラバン建築設計事務所 代表

2 部会

(1) 木造住宅部会

主　査	大橋　好光	東京都市大学 名誉教授
委　員	河合　直人	工学院大学建築学部建築学科 教授
	齋藤　宏昭	足利大学工学部創生工学科 教授
	鈴木　大隆	地方独立行政法人北海道立総合研究機構 理事
	松留　愼一郎	職業能力開発総合大学校 名誉教授
	宮村　雅史	国土交通省国土技術政策総合研究所建築研究部構造基準研究室 研究官
	桃原　郁夫	国立研究開発法人森林研究・整備機構森林総合研究所 関西支所長
	広瀬　達雄	全国建設労働組合総連合 設計・施工委員
	齊藤　年男	一般社団法人全国住宅産業協会 戸建住宅委員
	髙橋　雅司	一般社団法人日本木造住宅産業協会 技術開発部長
	佐藤　喜夫	一般社団法人JBN・全国工務店協会 環境委員
協力委員	長　奈緒子	国土交通省住宅局住宅生産課木造住宅振興室 係員
	今田　多映	国土交通省住宅局参事官(建築企画担当)付 構造係長
	片岡　泰子	一級建築士事務所木造建築環境設計所 代表
	戸田　淳二	株式会社中央設計 代表取締役
	神田　雅子	アーキキャラバン建築設計事務所 代表

(2) 枠組壁工法住宅部会

主　査	安村　基	静岡大学 名誉教授
委　員	佐藤　雅俊	東京大学 名誉教授
	河合　直人	工学院大学建築学部建築学科 教授
	桃原　郁夫	国立研究開発法人森林研究・整備機構森林総合研究所 関西支所長
	太田　啓明	一般社団法人日本ツーバイフォー建築協会 技術委員
	友井　政利	アメリカ針葉樹協議会 技術顧問
	練子　祐介	カナダ林産業審議会 技術部長
協力委員	長　奈緒子	国土交通省住宅局住宅生産課木造住宅振興室 係員
	今田　多映	国土交通省住宅局参事官(建築企画担当)付 構造係長
	片岡　泰子	一級建築士事務所木造建築環境設計所 代表
	戸田　淳二	株式会社中央設計 代表取締役
	神田　雅子	アーキキャラバン建築設計事務所 代表

事務局(独立行政法人住宅金融支援機構 マンション・まちづくり支援部技術統括室、2023年3月現在)

嘉藤　鋭	技術統括室長
野上　雅浩	技術支援グループ長
井上　理一郎	技術支援グループ総括調査役
鳥越　重己	技術支援グループ専任役
織田　真実	技術支援グループ副調査役
岸本　万理奈	技術支援グループ副調査役
佐分利悠貴子	技術支援グループ係員